下野新聞模擬テスト過去問題集

資料編

志望校決定に
役立つデータ収録！

問題編

令和３年度

10月　3日実施　第186回
11月　7日実施　第187回
12月　5日実施　第188回
1月23日実施　第189回

令和２年度

10月　4日実施　第180回
11月　1日実施　第181回
12月　6日実施　第182回
1月24日実施　第183回

解答・解説編

令和３年度

10月　3日実施　第186回
11月　7日実施　第187回
12月　5日実施　第188回
1月23日実施　第189回

令和２年度

10月　4日実施　第180回
11月　1日実施　第181回
12月　6日実施　第182回
1月24日実施　第183回

解答用紙

2020・2021

[令和5年高校入試受験用]

下野新聞社

受験生の皆さんへ

下野新聞社は高校受験生を応援しています！

下野新聞社は50余年にわたり、高校入試の対策として中学３年生を対象に下野新聞模擬テストを実施しています。下野新聞模擬テストは県内で最も多くの中学生が受験する信頼度の高いテストで、試験結果のデータは志望校を決定するのに役立ち、高い評価を得ています。

平成24年度から下野新聞模擬テストの過去の問題と解答・解説を収録した「下野新聞模擬テスト過去問題集」を発行しています。

本書には、令和２年度と令和３年度に実施した各４回分の問題と解答・解説に加え、前年度実施した188回下野新聞模擬テストの試験結果のデータも収録しています。総合得点、偏差値、志望校別得点順位などのデータは自分の適性に応じた志望校を選択するのに役立つ資料です。５教科すべての問題が解き終わったら採点をして、試験結果のデータを見ながら自分がどのくらいの位置にいるのかを確認してください。下野偏差値ランキング2022で昨年度の合格者の偏差値も確認してみましょう。

また、解けなかった問題を解答・解説で十分に理解しましょう。自分の苦手な教科や弱点を克服することで志望校合格につながります。間違えた箇所はしっかり復習することが大切です。

受験生の皆さん、早めに学習計画を組み立て志望校合格に向けてがんばりましょう。下野新聞社は高校受験生を応援しています。

CONTENTS
〈目次〉

資料編

問題編

掲載広告

解答・解説編

下野新聞模擬テスト過去問題集

本書の使い方

下野新聞模擬テストは県内の各中学校の学習進度を十分配慮して問題を作成しています。問題を解くにあたり学習進度に合った実施月の問題を解くことをお薦めします。
下記の順番で過去問に取り組み、自分の位置を確認してみましょう。

STEP 1 解答用紙を準備

巻末にある解答用紙を切り取りましょう。拡大コピーすると使いやすくなります。

STEP 2 制限時間で解く

教科ごとの制限時間は県立高校入試と同じ時間で、国語・数学・英語は50分、社会・理科は45分です。時間を計って制限時間内で問題を解きましょう。

STEP 3 解答・解説で自己採点

5教科すべての問題が解き終わったら、解答・解説を見ながら採点をして、5教科の合計得点を出しましょう。

STEP 4 参考集計表で自分の位置を確認

得点	偏差値	宇都宮	宇都宮東	宇都宮南	宇都宮
学科名		普通	普通	普通	普通
定員		280	160	320	32
(最高点)		(476)	(452)	(366)	(399
500〜491					
490〜481					
480〜471	76.3〜75.5	1			
470〜461	75.2〜74.3	4			
460〜451	74.2〜73.1	8	1		
450〜441	73.0〜71.9	20			
440〜431	71.8〜70.7	37			
430〜421	70.6〜69.5	69			
420〜411	69.4〜68.3	110 A	2		
410〜401	68.2〜67.1	153 B	3		
400〜391	67.0〜65.9	209	7		
390〜381	65.8〜64.7	255	11		
380〜371	64.6〜63.5	303	15		
370〜361	63.4〜62.3	339	21	1	1

令和3年12月実施の第188回の下野新聞模擬テストの試験結果を参考集計表として掲載しています。合計得点が出たら、同じ実施月の参考集計表にある志望校別得点順位表を使って自分の位置を確認しましょう。

STEP 5 下野偏差値ランキング2022で志望校の偏差値を確認

下野偏差値ランキング2022 合格者50%ライン

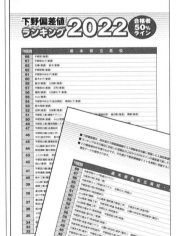

参考集計表で確認した自分の志望校偏差値と「下野偏差値ランキング2022」で昨年度の合格者の志望校偏差値を比較しましょう。志望校を決定する目安となります。

※6ページの「下野偏差値ランキング2022」は昨年度の下野新聞模擬テスト受験者を対象に実施した入試結果を基に算出しています。ランキングはその高校に合格した受験生の上位から50%ラインの偏差値で表しています。下野新聞模擬テストを受験して、志望校に対する自分の位置を確認することも大切です。成績表には合格可能性を含め高校受験に必要なデータが収録されています。

STEP 6 苦手な教科や弱点を克服

解けなかった問題を解答・解説で十分に理解しましょう。苦手な教科や弱点を克服することが志望校合格へとつながります。しっかり復習しましょう。

下野偏差値ランキング2022 合格者50%ライン

下野偏差値	栃木県立高校
68	宇都宮(普通)
67	宇都宮女子(普通)
63	石橋(普通)　栃木(普通)
62	宇都宮東(普通)
61	宇都宮中央(普通)
60	栃木女子(普通)
58	鹿沼(普通)　大田原(普通)
57	宇都宮北(普通)　足利(普通)
56	真岡(普通)　大田原女子(普通)
55	小山(普通)
54	宇都宮中央(総合家庭)　真岡女子(普通)
53	栃木翔南(普通)
52	佐野(普通)　矢板東(普通)
51	宇都宮工業(建築デザイン)　宇都宮商業(商業)　宇都宮商業(情報処理)　鹿沼東(普通)　黒磯(普通)
50	宇都宮南(普通)　小山(数理科学)　小山西(普通)
49	宇都宮工業(電気情報システム)　宇都宮工業(機械システム)　佐野東(普通)　那須拓陽(普通)
47	宇都宮白楊(流通経済)　茂木(総合学科)　さくら清修(総合学科)
46	宇都宮白楊(生物工学)　宇都宮白楊(食品科学)　宇都宮白楊(服飾デザイン)　宇都宮工業(環境建設システム) 今市(総合学科)　栃木商業(商業)
45	宇都宮白楊(農業経営)　宇都宮白楊(情報技術)　栃木商業(情報処理)　黒磯南(総合学科)
44	小山城南(総合学科)　栃木工業(電子情報)　佐野松桜(商業)　足利清風(普通)　真岡工業(電子) 那須清峰(電気情報)
43	上三川(普通)　那須拓陽(食物文化)
42	宇都宮清陵(普通)　鹿沼商工(情報科学)　栃木工業(機械)　佐野松桜(介護福祉)　佐野松桜(家政)　真岡工業(機械) 烏山(普通)　那須拓陽(生物工学)
41	宇都宮白楊(農業工学)　鹿沼商工(商業)　壬生(普通)　佐野松桜(情報制御)　足利工業(産業デザイン) 足利清風(商業)　那須拓陽(食品化学)　那須清峰(機械)　那須清峰(商業)
40	栃木工業(電気)　那須清峰(機械制御)
39	小山南(普通)　足利工業(電気システム)　真岡北陵(食品科学)　真岡北陵(介護福祉)　真岡工業(生産機械) 真岡工業(建設)　矢板(介護福祉)　高根沢(普通)
38	鹿沼南(普通)　足利南(総合学科)　足利工業(機械)　真岡北陵(生物生産)　真岡北陵(総合ビジネス) 益子芳星(普通)　那須拓陽(農業経営)　那須清峰(建設工学)
37	鹿沼南(環境緑地)　鹿沼南(ライフデザイン)　今市工業(電気)　栃木農業(動物科学)　栃木農業(食品科学) 黒羽(普通)　矢板(栄養食物)
36	栃木農業(植物科学)　真岡北陵(農業機械)　矢板(機械)　高根沢(商業)
35	今市工業(機械)　日光明峰(普通)　小山南(スポーツ)　小山北桜(食料環境)　小山北桜(建築システム) 小山北桜(総合ビジネス)　小山北桜(生活文化)
34	鹿沼南(食料生産)　今市工業(建設工学)　栃木農業(環境デザイン)　矢板(電子)
33	馬頭(普通)　馬頭(水産)　那須(普通)　矢板(農業経営)
32	那須(リゾート観光)

■下野偏差値は、昨年度の下野新聞模擬テスト受験者を対象に実施した入試結果調査を基に算出しています。
■ランキングはその高校に合格した受験生の上位から50%ラインの偏差値で表しています。一つの指標としてください。
■この偏差値は昨年度のものです。今年度の下野新聞模擬テストを実際に受験することにより、正確なあなたの志望校選定データが提供されます。

下野偏差値	栃木県内私立高校・国立
69	作新学院(トップ英進SIクラス)
67	文星芸大附(英進Ⅰ類)
66	作新学院(トップ英進SⅡクラス)　佐野日大(特進α)
65	宇都宮短大附(特別選抜)
62	國學院栃木(特別選抜S)
61	小山高専(建築)　小山高専(電気電子創造工学)　文星芸大附(英進Ⅱ類)
60	小山高専(物質工学)　作新学院(英進・英進選抜)　白鷗大学足利(特別進学〈富田〉)
59	小山高専(機械工学)　佐野日大(特別進学)
58	宇都宮文星女子(秀英特進)　宇都宮短大附(特進)
57	宇都宮海星(星の杜)(普通)
56	宇都宮文星女子(秀英特進〈英語〉)
55	作新学院(英進・英進クラス)　白鷗大学足利(進学〈富田〉)　國學院栃木(特別選抜)　矢板中央(特進)
51	作新学院(総合進学・特別進学)　宇都宮短大附(進学)　足利短大附(特進)　足利大附(特進)　佐野日大(スーパー進学)
49	文星芸大附(進学)　宇都宮文星女子(普通〈選抜進学〉)　國學院栃木(選抜)
46	宇都宮短大附(応用文理)　白鷗大学足利(文理進学〈本校〉)　佐野日大(進学)
45	作新学院(総合進学・進学)　宇都宮短大附(音楽)
44	國學院栃木(文理)
43	作新学院(美術デザイン)
42	作新学院(電気電子システム)　宇都宮文星女子(普通〈美術〉)　宇都宮短大附(情報商業)　足利大附(フロンティア)
41	作新学院(商業システム)　宇都宮短大附(生活教養〈女〉)　宇都宮短大附(調理)　足利短大附(進学)　矢板中央(普通)
40	作新学院(自動車整備士養成)　文星芸大附(美術デザイン)　足利大附(情報処理)　白鷗大学足利(総合進学〈本校〉)
39	文星芸大附(総合)　宇都宮文星女子(普通〈文理探究〉)
38	作新学院(ライフデザイン)　作新学院(普通科総合選択)　宇都宮文星女子(総合ビジネス〈ICT〉)　足利大附(工業)　青藍泰斗(普通)
37	足利短大附(福祉教養)
36	宇都宮文星女子(総合ビジネス〈会計・流通〉)　佐野清澄(生活デザイン)　青藍泰斗(総合ビジネス)
35	文星芸大附(総合ビジネス)　足利大附(自動車)　青藍泰斗(総合生活〈女〉)
34	佐野清澄(普通)
32	矢板中央(スポーツ)

高校入試CHUサポ講座

合格への近道

下野新聞は、過去40年以上にわたり高校進学を目指す中学生の進学指導を行っており、教育関係者の方々より高い評価を得ています。4月から土曜日と日曜日の週2回、11月からは月・水・金・土・日曜日の週5回**「高校入試CHUサポ講座」**を新聞紙上に掲載しています。学校の授業内容と並行して出題される問題を通じ、実力アップを図ってください。

下野新聞社キャラクター「どっとこちゃん」

令和4年度 日程・出題内容一覧表

下野新聞紙上で連載中!

◆国語・社会・数学・理科・英語各25回ずつ掲載。基礎からしっかり学べます。

回＼教科	国語	社会	数学	理科	英語
1	4/9(土) 説明的文章、漢字	4/10(日) 地球の姿をとらえよう	4/16(土) 正の数・負の数	4/17(日) 植物の特徴と分類	4/23(土) be動詞(現在、過去)
2	4/24(日) 説明的文章、漢字	4/30(土) 文明のおこりと日本の成り立ち、古代国家の歩みと東アジアの世界	5/1(日) 文字式と式の計算	5/7(土) 動物の特徴と分類	5/8(日) 一般動詞(現在、過去)
3	5/14(土) 文学的文章(小説)、漢字	5/15(日) 世界の国々の姿をとらえよう	5/21(土) 1次方程式とその利用	5/22(日) いろいろな物質、気体の発生と性質	5/28(土) 進行形
4	5/29(日) 説明的文章、漢字	6/4(土) 中世社会の展開と東アジアの情勢、世界の動きと天下統一	6/5(日) 比例と反比例	6/11(土) 水溶液、物質の状態変化	6/12(日) 助動詞、未来表現
5	6/18(土) 古文、小問	6/19(日) 日本の姿をとらえよう、身近な世界を調べよう	6/25(土) 平面図形と空間図形	6/26(日) 光による現象、音による現象	7/2(土) 名詞、代名詞、冠詞
6	7/3(日) 文学的文章(随筆)、漢字	7/9(土) 近世社会の発展、近代ヨーロッパの世界支配と日本の開国	7/10(日) 連立方程式の基礎	7/16(土) 力による現象	7/17(日) 形容詞、副詞
7	7/23(土) 文学的文章(小説)、漢字	7/24(日) 世界の国々を調べよう	7/30(土) 連立方程式の利用	7/31(日) 火山、地震	8/6(土) 比較
8	8/7(日) 説明的文章、漢字	8/13(土) 近代日本の歩み	8/14(日) 1次関数の基礎	8/20(土) 地層、大地の変動	8/21(日) いろいろな文(命令文、There is～など)
9	8/27(土) 俳句・短歌(和歌)	8/28(日) 世界から見た日本の姿	9/3(土) 1次関数の応用	9/4(日) 物質の成り立ち、さまざまな化学変化	9/10(土) いろいろな疑問文
10	9/11(日) 説明的文章、漢字	9/17(土) 現代社会とわたしたちの生活	9/18(日) 平行と合同 ※反例追加	9/24(土) 化学変化と物質の質量の規則性	9/25(日) 不定詞(1)
11	10/1(土) 文学的文章(随筆)、漢字	10/2(日) 二度の世界大戦と日本、現代の日本と世界	10/8(土) 三角形	10/9(日) 生物の体をつくる細胞、植物の体のつくりとはたらき	10/15(土) 不定詞(2)、動名詞(1)
12	10/16(日) 説明的文章、漢字	10/22(土) 都道府県を調べよう	10/23(日) 平行四辺形	10/29(土) 動物の体のつくりとはたらき、感覚と運動のしくみ	10/30(日) 1・2年の総復習
13	11/2(水) 古文、小問	11/4(金) 人間の尊重と日本国憲法	11/5(土) データの活用と確率 ※箱ひげ図追加	11/6(日) 地球の大気と天気の変化	11/7(月) 受け身
14	11/9(水) 説明的文章、漢字、敬語	11/11(金) 歴史のまとめ(古代～平安時代)	11/12(土) 展開と因数分解	11/13(日) 電流の性質	11/16(水) 現在完了(1)
15	11/18(金) 文学的文章(小説)、漢字	11/19(土) 世界地理のまとめ	11/20(日) 平方根	11/21(月) 電流の正体、電流と磁界	11/23(水) 現在完了(2)、現在完了進行形
16	11/25(金) 説明的文章、漢字	11/26(土) 現代の民主政治と社会	11/27(日) 2次方程式とその利用	11/28(月) 生命の連続性 ※多様性と進化追加	11/30(水) 前置詞、接続詞、連語
17	12/2(金) 古文	12/3(土) 歴史のまとめ(鎌倉～江戸時代)	12/4(日) 関数y=ax²	12/5(月) 力と物体の運動 ※水圧、浮力追加	12/7(水) いろいろな会話(1)、原形不定詞
18	12/9(金) 説明的文章、漢字	12/10(土) 日本地理のまとめ	12/11(日) 関数y=ax²の応用	12/14(水) 仕事とエネルギー	12/16(金) 関係代名詞
19	12/17(土) 文学的文章(小説)、漢字	12/18(日) わたしたちの暮らしと経済	12/19(月) 図形と相似の基礎 ※誤差と有効数字追加	12/21(水) 水溶液とイオン	12/23(金) 分詞、動名詞(2)
20	12/24(土) 文学的文章(随筆)、漢字	12/25(日) 歴史のまとめ(明治時代～現代)	1/6(金) 図形と相似の応用	1/7(土) 酸・アルカリと塩	1/8(日) 間接疑問文
21	1/9(月) 小問、古典総合	1/11(水) 地球社会とわたしたち	1/13(金) 円、三平方の定理の基礎	1/14(土) 地球の運動と天体の動き	1/15(日) いろいろな会話(2)
22	1/16(月) 作文	1/18(水) 地理分野の総合	1/20(金) 三平方の定理の応用	1/21(土) 太陽系の天体、恒星の世界	1/22(日) 仮定法
23	1/23(月) 小問、古文	1/25(水) 公民のまとめ(政治)	1/27(金) 図形の総合問題	1/28(土) 自然と人間	1/29(日) 総合問題(Ⅰ)
24	1/30(月) 説明的文章総合	2/1(水) 歴史分野の総合	2/3(金) 数式と規則性の総合問題	2/4(土) 総合問題(1)	2/5(日) 総合問題(Ⅱ)
25	2/6(月) 文学的文章(小説)総合	2/8(水) 公民のまとめ(経済)	2/10(金) 関数の総合問題	2/11(土) 総合問題(2)	2/12(日) 総合問題(Ⅲ)

※新聞休刊日の変更や紙面の都合上、掲載日程や内容が変わる場合がございます。

下野新聞ご購読のお申し込みは

● フリーダイヤル　0120-810081(受付時間〔平日〕午前10時～午後5時)

● ホームページ(SOON) https://www.shimotsuke.co.jp/ ● 携帯サイト(SOON)からもアクセスできます。

※下野新聞は1週間に限り無料で試しにお読みいただくこともできます。お申し込みは上記まで。

月ぎめ購読料 3,350円(税込)

参考集計表

第 188 回 下野新聞模擬テスト
（令和3年12月5日実施）

科目	国語	社会	数学	理科	英語	合計
平均点	57.2	53.9	48.3	47.3	50.8	257.5

◎総合・男女別分布表&順位表
◎教科別得点分布表&%表
◎総合得点・偏差値・順位早見表
◎教科別得点・偏差値・順位早見表
◎志望校別得点順位表

◎全日制高校の普通科および総合学科の受験者数には学区外の受験者数が含まれております。
◎志望校別得点順位表は第一志望者の順位です。
◎偏差値は次の公式を用いて算出しています。
（小数点第1位を四捨五入）

$$偏差値 = \frac{(個人の得点 - 平均点) \times 10}{標準偏差} + 50$$

●この集計表の栃木県内の県立高校・私立高校の募集定員は令和3年度募集定員見込みに基づいて作成しました。
●県外高校につきましては、一部前年度募集定員を適用しております。予めご了承ください。

第188回 下野新聞模擬テスト

総合・男女別分布表&順位表

得点	総合		男子		女子	
	人員	順位	人員	順位	人員	順位
500～496						
495～491						
490～486						
485～481						
480～476	2	1	1	1	1	1
475～471	2	3	2	2		
470～466	5	5	2	4	3	2
465～461	4	10	2	6	2	5
460～456	12	14	9	8	3	7
455～451	11	26	5	17	6	10
450～446	15	37	10	22	5	16
445～441	16	52	9	32	7	21
440～436	19	68	12	41	7	28
435～431	35	87	24	53	11	35
430～426	35	122	17	77	18	46
425～421	53	157	35	94	18	64
420～416	55	210	34	129	21	82
415～411	52	265	29	163	23	103
410～406	67	317	36	192	31	126
405～401	83	384	51	228	32	157
400～396	75	467	36	279	39	189
395～391	95	542	52	315	43	228
390～386	93	637	58	367	35	271
385～381	90	730	53	425	37	306
380～376	105	820	58	478	47	343
375～371	127	925	63	536	64	390
370～366	126	1052	66	599	60	454
365～361	151	1178	79	665	72	514
360～356	137	1329	74	744	63	586
355～351	152	1466	96	818	56	649
350～346	152	1618	89	914	63	705
345～341	148	1770	69	1003	79	768
340～336	160	1918	87	1072	73	847
335～331	167	2078	77	1159	90	920
330～326	185	2245	86	1236	99	1010
325～321	193	2430	90	1322	103	1109
320～316	201	2623	104	1412	97	1212
315～311	176	2824	80	1516	96	1309
310～306	228	3000	114	1596	114	1405
305～301	200	3228	106	1710	94	1519
300～296	203	3428	108	1816	95	1613
295～291	204	3631	95	1924	109	1708
290～286	211	3835	97	2019	114	1817
285～281	227	4046	114	2116	113	1931
280～276	231	4273	114	2230	117	2044
275～271	216	4504	93	2344	123	2161
270～266	213	4720	104	2437	109	2284
265～261	218	4933	101	2541	117	2393
260～256	223	5151	105	2642	118	2510
255～251	223	5374	110	2747	113	2628
250～246	247	5597	125	2857	122	2741
245～241	191	5844	71	2982	120	2863
240～236	223	6035	104	3053	119	2983
235～231	212	6258	100	3157	112	3102
230～226	214	6470	101	3257	113	3214
225～221	212	6684	113	3358	99	3327
220～216	217	6896	100	3471	117	3426
215～211	208	7113	89	3571	119	3543
210～206	242	7321	108	3660	134	3662
205～201	201	7563	100	3768	101	3796
200～196	201	7764	109	3868	92	3897
195～191	187	7965	110	3977	77	3989
190～186	176	8152	86	4087	90	4066
185～181	173	8328	82	4173	91	4156
180～176	160	8501	92	4255	68	4247
175～171	162	8661	81	4347	81	4315
170～166	135	8823	82	4428	53	4396
165～161	174	8958	102	4510	72	4449
160～156	170	9132	77	4612	93	4521
155～151	131	9302	69	4689	62	4614
150～146	142	9433	68	4758	74	4676
145～141	121	9575	66	4826	55	4750
140～136	129	9696	75	4892	54	4805
135～131	86	9825	50	4967	36	4859
130～126	88	9911	52	5017	36	4895
125～121	87	9999	53	5069	34	4931
120～116	87	10086	52	5122	35	4965
115～111	85	10173	55	5174	30	5000
110～106	56	10258	31	5229	25	5030
105～101	60	10314	42	5260	18	5055
100～ 96	33	10374	21	5302	12	5073
95～ 91	46	10407	24	5323	22	5085
90～ 86	35	10453	21	5347	14	5107
85～ 81	28	10488	16	5368	12	5121
80～ 76	25	10516	16	5384	9	5133
75～ 71	27	10541	16	5400	11	5142
70～ 66	16	10568	12	5416	4	5153
65～ 61	13	10584	11	5428	2	5157
60～ 56	8	10597	7	5439	1	5159
55～ 51	2	10605	1	5446	1	5160
50～ 46	3	10607	2	5447	1	5161
45～ 41	3	10610	3	5449		
40～ 36	2	10613	2	5452		
35～ 31						
30～ 26	1	10615	1	5454		
25 以下						
合計	10615		5454		5161	

第188回 下野新聞模擬テスト

教科別得点分布表&%表

得点	国語		社会		数学		理科		英語	
	人員	%	人員	%	人員	%	人員	%	人員	%
100			1	0.01	13	0.12	8	0.08	7	0.07
99					4	0.04				
98			9	0.08	12	0.11	4	0.04	20	0.19
97					5	0.05	4	0.04	4	0.04
96	1	0.01	20	0.19	14	0.13	10	0.09	29	0.27
95					24	0.23	10	0.09	12	0.11
94	4	0.04	45	0.42	11	0.10	14	0.13	28	0.26
93	1	0.01			12	0.11	14	0.13	49	0.46
92	2	0.02	51	0.48	18	0.17	20	0.19	32	0.30
91	3	0.03			26	0.24	28	0.26	45	0.42
90	5	0.05	95	0.89	29	0.27	25	0.24	47	0.44
89	12	0.11			29	0.27	23	0.22	54	0.51
88	29	0.27	103	0.97	27	0.25	30	0.28	66	0.62
87	27	0.25			31	0.29	33	0.31	80	0.75
86	24	0.23	149	1.40	57	0.54	52	0.49	81	0.76
85	24	0.23			49	0.46	44	0.41	71	0.67
84	26	0.24	191	1.80	49	0.46	51	0.48	95	0.89
83	68	0.64			48	0.45	55	0.52	74	0.70
82	57	0.54	211	1.99	49	0.46	52	0.49	85	0.80
81	55	0.52			79	0.74	70	0.66	110	1.04
80	82	0.77	232	2.18	80	0.75	69	0.65	85	0.80
79	88	0.83			68	0.64	70	0.66	88	0.83
78	108	1.02	228	2.15	89	0.84	69	0.65	113	1.06
77	130	1.22			92	0.87	110	1.04	107	1.01
76	127	1.20	299	2.82	89	0.84	68	0.64	104	0.98
75	143	1.35			106	1.00	100	0.94	109	1.03
74	166	1.56	309	2.91	101	0.95	98	0.92	126	1.19
73	169	1.59			88	0.83	84	0.79	139	1.31
72	173	1.63	338	3.18	118	1.11	118	1.11	116	1.09
71	196	1.84			112	1.05	102	0.96	117	1.10
70	249	2.34	357	3.36	116	1.09	137	1.29	128	1.21
69	233	2.19			111	1.04	118	1.11	141	1.33
68	232	2.18	339	3.19	142	1.34	119	1.12	160	1.51
67	289	2.72			126	1.19	123	1.16	126	1.19
66	291	2.74	356	3.35	142	1.34	129	1.22	147	1.38
65	296	2.79			162	1.52	132	1.24	153	1.44
64	306	2.88	375	3.53	176	1.66	153	1.44	151	1.42
63	303	2.85			163	1.53	145	1.37	166	1.56
62	317	2.98	383	3.61	157	1.48	172	1.62	153	1.44
61	316	2.97			165	1.55	148	1.39	153	1.44
60	327	3.08	389	3.66	181	1.70	174	1.64	162	1.53
59	276	2.60			198	1.86	153	1.44	169	1.59
58	326	3.07	398	3.75	193	1.82	177	1.67	140	1.32
57	311	2.93			180	1.69	150	1.41	167	1.57
56	304	2.86	378	3.56	168	1.58	169	1.59	185	1.74
55	286	2.69			187	1.76	182	1.71	137	1.29
54	292	2.75	362	3.41	216	2.03	173	1.63	144	1.36
53	263	2.48			192	1.81	169	1.59	176	1.66
52	271	2.55	390	3.67	201	1.89	180	1.70	161	1.52
51	251	2.36			223	2.10	192	1.81	190	1.79

得点	国語		社会		数学		理科		英語	
	人員	%	人員	%	人員	%	人員	%	人員	%
50	234	2.20	379	3.57	196	1.84	172	1.62	180	1.69
49	247	2.32			215	2.02	211	1.99	174	1.64
48	241	2.27	351	3.30	207	1.95	190	1.79	173	1.63
47	213	2.00			178	1.68	207	1.95	176	1.66
46	202	1.90	356	3.35	182	1.71	214	2.02	173	1.63
45	179	1.68			188	1.77	193	1.82	172	1.62
44	163	1.53	323	3.04	187	1.76	200	1.88	179	1.69
43	166	1.56			156	1.47	175	1.65	158	1.49
42	148	1.39	323	3.04	177	1.67	194	1.83	167	1.57
41	134	1.26			183	1.72	201	1.89	176	1.66
40	130	1.22	301	2.83	171	1.61	193	1.82	162	1.53
39	120	1.13			173	1.63	199	1.87	161	1.52
38	100	0.94	319	3.00	140	1.32	182	1.71	149	1.40
37	99	0.93			166	1.56	216	2.03	168	1.58
36	95	0.89	264	2.49	150	1.41	170	1.60	165	1.55
35	97	0.91			155	1.46	184	1.73	157	1.48
34	75	0.71	254	2.39	176	1.66	174	1.64	176	1.66
33	79	0.74			144	1.36	209	1.97	169	1.59
32	50	0.47	253	2.38	171	1.61	156	1.47	169	1.59
31	57	0.54			157	1.48	163	1.54	163	1.53
30	42	0.40	231	2.17	147	1.38	137	1.29	166	1.56
29	37	0.35			142	1.34	157	1.48	170	1.60
28	34	0.32	193	1.82	127	1.20	147	1.38	149	1.40
27	26	0.24			148	1.39	127	1.20	154	1.45
26	25	0.24	188	1.77	133	1.25	127	1.20	156	1.47
25	26	0.24			119	1.12	138	1.30	128	1.21
24	28	0.26	178	1.68	140	1.32	126	1.19	116	1.09
23	20	0.19			117	1.10	128	1.21	127	1.20
22	27	0.25	158	1.49	115	1.08	133	1.25	123	1.16
21	13	0.12			106	1.00	117	1.10	91	0.86
20	9	0.08	126	1.19	117	1.10	101	0.95	89	0.84
19	6	0.06			75	0.71	100	0.94	99	0.93
18	7	0.07	102	0.96	110	1.04	110	1.04	90	0.85
17	10	0.09			55	0.52	60	0.57	70	0.66
16	2	0.02	99	0.93	103	0.97	108	1.02	64	0.60
15	7	0.07			41	0.39	55	0.52	59	0.56
14	6	0.06	73	0.69	90	0.85	90	0.85	56	0.53
13	2	0.02			27	0.25	50	0.47	35	0.33
12	1	0.01	51	0.48	85	0.80	65	0.61	29	0.27
11	3	0.03			18	0.17	27	0.25	27	0.25
10			46	0.43	74	0.70	74	0.70	14	0.13
9	2	0.02			9	0.08	12	0.11	10	0.09
8	2	0.02	23	0.22	52	0.49	30	0.28	11	0.10
7	1	0.01			2	0.02	6	0.06	6	0.06
6	2	0.02	14	0.13	30	0.28	34	0.32	3	0.03
5					1	0.01	1	0.01	3	0.03
4			6	0.06	31	0.29	19	0.18	7	0.07
3					1	0.01	1	0.01	1	0.01
2			1	0.01	11	0.10	3	0.03		
1										
0			1	0.01			1	0.01		
総計	10626		10621		10626		10617		10622	

第188回 下野新聞模擬テスト

総合得点・偏差値・順位早見表

得　点	偏差値	同点者数	順位	得　点	偏差値	同点者数	順位	得　点	偏差値	同点者数	順位
500				450	73	3	37	400	67	16	467
499				449	73	1	40	399	67	12	483
498				448	73	2	41	398	67	13	495
497				447	73	4	43	397	67	20	508
496				446	73	5	47	396	67	14	528
495				445	72	2	52	395	66	20	542
494				444	72	2	54	394	66	19	562
493				443	72	2	56	393	66	14	581
492				442	72	4	58	392	66	19	595
491				441	72	6	62	391	66	23	614
490				440	72	2	68	390	66	25	637
489				439	72	5	70	389	66	11	662
488				438	72	3	75	388	66	20	673
487				437	71	5	78	387	65	21	693
486				436	71	4	83	386	65	16	714
485				435	71	6	87	385	65	20	730
484				434	71	8	93	384	65	13	750
483				433	71	8	101	383	65	13	763
482				432	71	5	109	382	65	17	776
481				431	71	8	114	381	65	27	793
480				430	71	5	122	380	65	19	820
479				429	71	5	127	379	65	23	839
478	76	1	1	428	70	4	132	378	64	17	862
477				427	70	11	136	377	64	17	879
476	76	1	2	426	70	10	147	376	64	29	896
475				425	70	9	157	375	64	21	925
474				424	70	7	166	374	64	21	946
473				423	70	12	173	373	64	31	967
472	76	1	3	422	70	12	185	372	64	31	998
471	76	1	4	421	70	13	197	371	64	23	1029
470				420	69	9	210	370	63	21	1052
469	75	1	5	419	69	11	219	369	63	28	1073
468	75	3	6	418	69	12	230	368	63	29	1101
467	75	1	9	417	69	9	242	367	63	29	1130
466				416	69	14	251	366	63	19	1159
465				415	69	10	265	365	63	26	1178
464				414	69	9	275	364	63	32	1204
463	75	1	10	413	69	15	284	363	63	35	1236
462	74	1	11	412	68	6	299	362	63	32	1271
461	74	2	12	411	68	12	305	361	62	26	1303
460	74	2	14	410	68	13	317	360	62	23	1329
459	74	2	16	409	68	13	330	359	62	31	1352
458	74	4	18	408	68	9	343	358	62	28	1383
457	74	2	22	407	68	20	352	357	62	30	1411
456	74	2	24	406	68	12	372	356	62	25	1441
455				405	68	21	384	355	62	38	1466
454	73	2	26	404	68	16	405	354	62	24	1504
453	73	3	28	403	67	17	421	353	61	23	1528
452	73	4	31	402	67	16	438	352	61	34	1551
451	73	2	35	401	67	13	454	351	61	33	1585
		36				430				1151	

得　点	偏差値	同点者数	順位	得　点	偏差値	同点者数	順位	得　点	偏差値	同点者数	順位
350	61	26	1618	300	55	38	3428	250	49	40	5597
349	61	28	1644	299	55	40	3466	249	49	55	5637
348	61	29	1672	298	55	38	3506	248	49	51	5692
347	61	34	1701	297	55	40	3544	247	49	52	5743
346	61	35	1735	296	55	47	3584	246	49	49	5795
345	60	31	1770	295	55	41	3631	245	49	30	5844
344	60	33	1801	294	54	35	3672	244	48	35	5874
343	60	22	1834	293	54	40	3707	243	48	35	5909
342	60	33	1856	292	54	40	3747	242	48	48	5944
341	60	29	1889	291	54	48	3787	241	48	43	5992
340	60	32	1918	290	54	41	3835	240	48	47	6035
339	60	29	1950	289	54	39	3876	239	48	46	6082
338	60	34	1979	288	54	43	3915	238	48	33	6128
337	60	38	2013	287	54	43	3958	237	48	53	6161
336	59	27	2051	286	53	45	4001	236	47	44	6214
335	59	39	2078	285	53	51	4046	235	47	38	6258
334	59	26	2117	284	53	35	4097	234	47	42	6296
333	59	45	2143	283	53	52	4132	233	47	56	6338
332	59	24	2188	282	53	42	4184	232	47	40	6394
331	59	33	2212	281	53	47	4226	231	47	36	6434
330	59	41	2245	280	53	45	4273	230	47	50	6470
329	59	34	2286	279	53	44	4318	229	47	52	6520
328	58	44	2320	278	52	48	4362	228	47	30	6572
327	58	42	2364	277	52	50	4410	227	46	43	6602
326	58	24	2406	276	52	44	4460	226	46	39	6645
325	58	38	2430	275	52	47	4504	225	46	44	6684
324	58	37	2468	274	52	41	4551	224	46	49	6728
323	58	40	2505	273	52	48	4592	223	46	42	6777
322	58	41	2545	272	52	42	4640	222	46	33	6819
321	58	37	2586	271	52	38	4682	221	46	44	6852
320	58	38	2623	270	52	40	4720	220	46	44	6896
319	57	40	2661	269	51	48	4760	219	45	53	6940
318	57	40	2701	268	51	38	4808	218	45	38	6993
317	57	43	2741	267	51	50	4846	217	45	43	7031
316	57	40	2784	266	51	37	4896	216	45	39	7074
315	57	37	2824	265	51	52	4933	215	45	29	7113
314	57	38	2861	264	51	40	4985	214	45	54	7142
313	57	31	2899	263	51	50	5025	213	45	40	7196
312	57	35	2930	262	51	42	5075	212	45	46	7236
311	56	35	2965	261	50	34	5117	211	45	39	7282
310	56	42	3000	260	50	46	5151	210	44	45	7321
309	56	41	3042	259	50	39	5197	209	44	52	7366
308	56	52	3083	258	50	52	5236	208	44	51	7418
307	56	46	3135	257	50	49	5288	207	44	41	7469
306	56	47	3181	256	50	37	5337	206	44	53	7510
305	56	51	3228	255	50	41	5374	205	44	38	7563
304	56	36	3279	254	50	37	5415	204	44	47	7601
303	55	34	3315	253	50	44	5452	203	44	33	7648
302	55	30	3349	252	49	39	5496	202	43	45	7681
301	55	49	3379	251	49	62	5535	201	43	38	7726
		1810				2169				2167	

得　点	偏差値	同点者数	順位	得　点	偏差値	同点者数	順位	得　点	偏差値	同点者数	順位
200	43	40	7764	150	37	27	9433	100	31	6	10374
199	43	53	7804	149	37	26	9460	99	31	9	10380
198	43	40	7857	148	37	33	9486	98	31	7	10389
197	43	39	7897	147	37	30	9519	97	31	6	10396
196	43	29	7936	146	37	26	9549	96	31	5	10402
195	43	40	7965	145	37	27	9575	95	31	6	10407
194	42	39	8005	144	37	28	9602	94	31	11	10413
193	42	45	8044	143	36	22	9630	93	30	9	10424
192	42	36	8089	142	36	23	9652	92	30	10	10433
191	42	27	8125	141	36	21	9675	91	30	10	10443
190	42	36	8152	140	36	28	9696	90	30	6	10453
189	42	37	8188	139	36	31	9724	89	30	6	10459
188	42	34	8225	138	36	22	9755	88	30	11	10465
187	42	33	8259	137	36	27	9777	87	30	7	10476
186	42	36	8292	136	36	21	9804	86	30	5	10483
185	41	28	8328	135	35	13	9825	85	29	5	10488
184	41	35	8356	134	35	18	9838	84	29	7	10493
183	41	38	8391	133	35	21	9856	83	29	4	10500
182	41	40	8429	132	35	22	9877	82	29	6	10504
181	41	32	8469	131	35	12	9899	81	29	6	10510
180	41	37	8501	130	35	26	9911	80	29	8	10516
179	41	36	8538	129	35	11	9937	79	29	5	10524
178	41	30	8574	128	35	18	9948	78	29	6	10529
177	40	21	8604	127	34	19	9966	77	29	2	10535
176	40	36	8625	126	34	14	9985	76	28	4	10537
175	40	35	8661	125	34	23	9999	75	28	3	10541
174	40	24	8696	124	34	11	10022	74	28	5	10544
173	40	32	8720	123	34	15	10033	73	28	4	10549
172	40	31	8752	122	34	15	10048	72	28	6	10553
171	40	40	8783	121	34	23	10063	71	28	9	10559
170	40	35	8823	120	34	22	10086	70	28	1	10568
169	39	23	8858	119	34	19	10108	69	28	3	10569
168	39	26	8881	118	33	14	10127	68	27	3	10572
167	39	24	8907	117	33	12	10141	67	27	5	10575
166	39	27	8931	116	33	20	10153	66	27	4	10580
165	39	33	8958	115	33	21	10173	65	27	3	10584
164	39	37	8991	114	33	22	10194	64	27	3	10587
163	39	32	9028	113	33	16	10216	63	27	1	10590
162	39	39	9060	112	33	13	10232	62	27	3	10591
161	39	33	9099	111	33	13	10245	61	27	3	10594
160	38	31	9132	110	32	15	10258	60	26	1	10597
159	38	40	9163	109	32	9	10273	59	26	2	10598
158	38	37	9203	108	32	10	10282	58			
157	38	35	9240	107	32	11	10292	57	26	3	10600
156	38	27	9275	106	32	11	10303	56	26	2	10603
155	38	40	9302	105	32	13	10314	55			
154	38	23	9342	104	32	11	10327	54	26	1	10605
153	38	18	9365	103	32	19	10338	53	26	1	10606
152	37	21	9383	102	32	11	10357	52			
151	37	29	9404	101	31	6	10368	51			
		1669				941				233	

得　点	偏差値	同点者数	順位	得　点	偏差値	同点者数	順位	得　点	偏差値	同点者数	順位
50	25	1	10607								
49											
48	25	1	10608								
47											
46	25	1	10609								
45											
44	25	1	10610								
43	24	1	10611								
42											
41	24	1	10612								
40	24	1	10613								
39											
38											
37	24	1	10614								
36											
35											
34											
33											
32											
31											
30											
29											
28											
27	23	1	10615								
26											
25											
24											
23											
22											
21											
20											
19											
18											
17											
16											
15											
14											
13											
12											
11											
10											
9											
8											
7											
6											
5											
4											
3											
2											
1											
0											
		9									

第188回 下野新聞模擬テスト

教科別得点・偏差値・順位早見表

得点	国語			社会			数学			理科			英語		
	偏差値	同点者数	順位	偏差値	同点者数	順位	偏差値	同点者数	順位	偏差値	同点者数	順位	偏差値	同点者数	順位
100				74	1	1	76	13	1	77	8	1	74	7	1
99							76	4	14						
98				73	9	2	75	12	18	76	4	9	73	20	8
97							75	5	30	75	4	13	72	4	28
96	79	1	1	72	20	11	74	14	35	75	10	17	72	29	32
95							74	24	49	74	10	27	72	12	61
94	77	4	2	71	45	31	73	11	73	74	14	37	71	28	73
93	76	1	6				73	12	84	73	14	51	71	49	101
92	76	2	7	70	51	76	72	18	96	73	20	65	70	32	150
91	75	3	9				72	26	114	72	28	85	70	45	182
90	74	5	12	69	95	127	71	29	140	72	25	113	69	47	227
89	74	12	17				71	29	169	71	23	138	69	54	274
88	73	29	29	68	103	222	70	27	198	71	30	161	68	66	328
87	72	27	58				70	31	225	70	33	191	68	80	394
86	71	24	85	67	149	325	69	57	256	70	52	224	67	81	474
85	71	24	109				69	49	313	69	44	276	67	71	555
84	70	26	133	66	191	474	68	49	362	69	51	320	66	95	626
83	69	68	159				68	48	411	68	55	371	66	74	721
82	68	57	227	65	211	665	67	49	459	68	52	426	65	85	795
81	68	55	284				67	79	508	67	70	478	65	110	880
80	67	82	339	63	232	876	66	80	587	67	69	548	64	85	990
79	66	88	421				66	68	667	66	70	617	64	88	1075
78	65	108	509	62	228	1108	65	89	735	66	69	687	63	113	1163
77	65	130	617				65	92	824	65	110	756	63	107	1276
76	64	127	747	61	299	1336	64	89	916	65	68	866	62	104	1383
75	63	143	874				64	106	1005	64	100	934	62	109	1487
74	62	166	1017	60	309	1635	63	101	1111	64	98	1034	61	126	1596
73	62	169	1183				62	88	1212	63	84	1132	61	139	1722
72	61	173	1352	59	338	1944	62	118	1300	63	118	1216	60	116	1861
71	60	196	1525				61	112	1418	62	102	1334	60	117	1977
70	59	249	1721	58	357	2282	61	116	1530	62	137	1436	59	128	2094
69	59	233	1970				60	111	1646	61	118	1573	59	141	2222
68	58	232	2203	57	339	2639	60	142	1757	61	119	1691	58	160	2363
67	57	289	2435				59	126	1899	60	123	1810	58	126	2523
66	57	291	2724	56	356	2978	59	142	2025	60	129	1933	57	147	2649
65	56	296	3015				58	162	2167	59	132	2062	57	153	2796
64	55	306	3311	55	375	3334	58	176	2329	59	153	2194	56	151	2949
63	54	303	3617				57	163	2505	58	145	2347	56	166	3100
62	54	317	3920	54	383	3709	57	157	2668	58	172	2492	55	153	3266
61	53	316	4237				56	165	2825	57	148	2664	55	153	3419
60	52	327	4553	53	389	4092	56	181	2990	57	174	2812	55	162	3572
59	51	276	4880				55	198	3171	56	153	2986	54	169	3734
58	51	326	5156	52	398	4481	55	193	3369	56	177	3139	54	140	3903
57	50	311	5482				54	180	3562	55	150	3316	53	167	4043
56	49	304	5793	51	378	4879	54	168	3742	54	169	3466	53	185	4210
55	48	286	6097				53	187	3910	54	182	3635	52	137	4395
54	48	292	6383	50	362	5257	53	216	4097	53	173	3817	52	144	4532
53	47	263	6675				52	192	4313	53	169	3990	51	176	4676
52	46	271	6938	49	390	5619	52	201	4505	52	180	4159	51	161	4852
51	45	251	7209				51	223	4706	52	192	4339	50	190	5013

得点	国語			社会			数学			理科			英語		
	偏差値	同点者数	順位	偏差値	同点者数	順位	偏差値	同点者数	順位	偏差値	同点者数	順位	偏差値	同点者数	順位
50	45	234	7460	48	379	6009	51	196	4929	51	172	4531	50	180	5203
49	44	247	7694				50	215	5125	51	211	4703	49	174	5383
48	43	241	7941	47	351	6388	50	207	5340	50	190	4914	49	173	5557
47	43	213	8182				49	178	5547	50	207	5104	48	176	5730
46	42	202	8395	46	356	6739	49	182	5725	49	214	5311	48	173	5906
45	41	179	8597				48	188	5907	49	193	5525	47	172	6079
44	40	163	8776	45	323	7095	48	187	6095	48	200	5718	47	179	6251
43	40	166	8939				47	156	6282	48	175	5918	46	158	6430
42	39	148	9105	44	323	7418	47	177	6438	47	194	6093	46	167	6588
41	38	134	9253				46	183	6615	47	201	6287	45	176	6755
40	37	130	9387	43	301	7741	46	171	6798	46	193	6488	45	162	6931
39	37	120	9517				45	173	6969	46	199	6681	44	161	7093
38	36	100	9637	42	319	8042	45	140	7142	45	182	6880	44	149	7254
37	35	99	9737				44	166	7282	45	216	7062	43	168	7403
36	34	95	9836	41	264	8361	44	150	7448	44	170	7278	43	165	7571
35	34	97	9931				43	155	7598	44	184	7448	42	157	7736
34	33	75	10028	40	254	8625	43	176	7753	43	174	7632	42	176	7893
33	32	79	10103				42	144	7929	43	209	7806	41	169	8069
32	31	50	10182	39	253	8879	42	171	8073	42	156	8015	41	169	8238
31	31	57	10232				41	157	8244	42	163	8171	40	163	8407
30	30	42	10289	38	231	9132	41	147	8401	41	137	8334	40	166	8570
29	29	37	10331				40	142	8548	41	157	8471	39	170	8736
28	29	34	10368	37	193	9363	40	127	8690	40	147	8628	39	149	8906
27	28	26	10402				39	148	8817	40	127	8775	38	154	9055
26	27	25	10428	36	188	9556	39	133	8965	39	127	8902	38	156	9209
25	26	26	10453				38	119	9098	39	138	9029	38	128	9365
24	26	28	10479	35	178	9744	38	140	9217	38	126	9167	37	116	9493
23	25	20	10507				37	117	9357	38	128	9293	37	127	9609
22	24	27	10527	34	158	9922	37	115	9474	37	133	9421	36	123	9736
21	23	13	10554				36	106	9589	37	117	9554	36	91	9859
20	23	9	10567	33	126	10080	36	117	9695	36	101	9671	35	89	9950
19	22	6	10576				35	75	9812	36	100	9772	35	99	10039
18	21	7	10582	32	102	10206	35	110	9887	35	110	9872	34	90	10138
17	20	10	10589				34	55	9997	35	60	9982	34	70	10228
16	20	2	10599	31	99	10308	34	103	10052	34	108	10042	33	64	10298
15	20	7	10601				33	41	10155	34	55	10150	33	59	10362
14	20	6	10608	30	73	10407	33	90	10196	33	90	10205	32	56	10421
13	20	2	10614				32	27	10286	33	50	10295	32	35	10477
12	20	1	10616	28	51	10480	32	85	10313	32	65	10345	31	29	10512
11	20	3	10617				31	18	10398	32	27	10410	31	27	10541
10				27	46	10531	31	74	10416	31	74	10437	30	14	10568
9	20	2	10620				30	9	10490	30	12	10511	30	10	10582
8	20	2	10622	26	23	10577	30	52	10499	30	30	10523	29	11	10592
7	20	1	10624				29	2	10551	29	6	10553	29	6	10603
6	20	2	10625	25	14	10600	29	30	10553	29	34	10559	28	3	10609
5							28	1	10583	28	1	10593	28	3	10612
4				24	6	10614	28	31	10584	28	19	10594	27	7	10615
3							27	1	10615	27	1	10613	27	1	10622
2				23	1	10620	27	11	10616	27	3	10614			
1															
0															

志望校別得点順位表の見方

志望校別得点順位表は、第188回下野新聞模擬テストの受験者の中での志望校別の順位がわかります。

得点 ＼ 偏差値 ＼ 志望校名 学科名 定員		宇都宮	宇都宮東	宇都宮南		
		普通	普通	普通	普通	普
		280	160	320	320	280
（最高点）		(476)	(452)	(366)	(399)	(478)
500～491						
490～481						
480～471	76.3～75.5	1				1
470～461	75.2～74.3	4				2
460～451	74.2～73.1	8	1			7
450～441	73.0～71.9	20				14
440～431	71.8～70.7	37				26
430～421	70.6～69.5	69				41
420～411	69.4～68.3	110 Ⓐ	2			71
410～401	68.2～67.1	153 Ⓑ	3			103
400～391	67.0～65.9	209	7		1	149
390～381	65.8～64.7	255	11		3	207
380～371	64.6～63.5	303	15		6	241
370～361	63.4～62.3	339	21	1	12	284
360～351	62.2～61.2	371	24	2	18	322
350～341	61.0～60.0	394	30		30	3
340～331	59.8～58.8	405	37	3	48	
330～321	58.6～57.6	418	42	6	76	
～311	57.5～56.4	424	46	13	1	
301	56.3～55.2	432	51	16		
	55.1～54.0	439	59			
	～52.8					

①まず第188回下野新聞模擬テストをやり、採点をして、自分の得点を確認します。

②得点は10点ごとに表示されているので、自分の得点が含まれた欄と志望校の交差した欄を見ますⒶ。

③次に、その欄の下を見て、その数から1を引きますⒷ。

④これで、あなたの順位がA～B番までの範囲にあるということがわかります。

⑤例えば、あなたの第一志望が宇都宮高校で、得点が415点だった場合、順位表の得点[420～411]と、[宇都宮高　普通]の交差した欄を見ます。その数[110]と、その欄の下の数字から1を引いた数[(153－1＝)152]の範囲に、あなたが位置していることになります。つまり、順位が[110～152]番だったことがわかります。

⑥もしあなたが学区外の高校を志望している場合は、志望する高校の[学区外]を選び、後は上記の②～④と同様の手順を繰り返してください。

第188回 下野新聞模擬テスト

志望校別得点順位表

得点	偏差値	宇都宮	宇都宮東	宇都宮南	宇都宮北	宇都宮女子	宇都宮中央	宇都宮中央	宇都宮白楊	宇都宮白楊	宇都宮白楊	宇都宮白楊	宇都宮白楊	宇都宮白楊	宇都宮白楊	宇都宮工業	宇都宮工業	宇都宮工業	宇都宮工業	宇都宮商業	宇都宮商業	宇都宮清陵	鹿沼	鹿沼東	鹿沼南
学科名		普通	普通	普通	普通	普通	普通	総合家庭	農業経営	生物工学	食品科学	農業工学	情報技術	流通経済	服飾デザイン	建築デザイン	環境建設システム	電気情報システム	機械システム	商業	情報処理	普通	普通	普通	食料生産
定員		280	160	320	320	280	240	40	40	40	40	40	40	40	40	40	80	80	120	200	80	200	240	200	40
(最高点)		(476)	(452)	(366)	(399)	(478)	(428)	(362)	(321)	(365)	(301)	(314)	(282)	(315)	(278)	(367)	(310)	(397)	(357)	(338)	(358)	(286)	(416)	(367)	(190)
500～491																									
490～481																									
480～471	76.3～75.5	1				1																			
470～461	75.2～74.3	4				2																			
460～451	74.2～73.1	8	1			7																			
450～441	73.0～71.9	20				14																			
440～431	71.8～70.7	37				26																			
430～421	70.6～69.5	69				41	1																		
420～411	69.4～68.3	110	2			71	3																1		
410～401	68.2～67.1	153	3			103	6																		
400～391	67.0～65.9	209	7		1	149	9											1					2		
390～381	65.8～64.7	255	11		3	207	11											3					5		
380～371	64.6～63.5	303	15		6	241	24																8		
370～361	63.4～62.3	339	21	1	12	284	55	1		1						1							14	1	
360～351	62.2～61.2	371	24	2	18	322	92											5	1		1		24		
350～341	61.0～60.0	394	30		30	346	123	2										7			2		44		
340～331	59.8～58.8	405	37	3	48	366	176	3								2				1	3		69	2	
330～321	58.6～57.6	418	42	6	76	387	218	5	1										2	4			93		
320～311	57.5～56.4	424	46	13	107	397	280	8				1		1		4			6	7	4		117	3	
310～301	56.3～55.2	432	51	16	150	405	338	10			1			3		7	1	8	8	13	6		156	10	
300～291	55.1～54.0	439	59	26	209	411	391	14	2					4		12	3	13	11	16	11		191	21	
290～281	53.9～52.8		62	32	255	412	441	18		2			1	5		16	5	20	15	28	14	1	214	31	
280～271	52.7～51.6	444	63	50	315	413	462	25	4		2				1	19	6	26	23	37	16	2	243	43	
270～261	51.5～50.4	445	66	81	363		487	27	5	4	9			6	4	26	7	32	28	48	25	3	258	57	
260～251	50.3～49.2	447		115	399		509	32			11		2	9	5	30	9	35	39	74	31	7	270	80	
250～241	49.1～48.0	448		146	431	415	519	41	7	7	14	2	4	12	6	39	14	41	44	101	36	11	277	98	
240～231	47.9～46.8		67	189	458	416	525	45	11	13	19	3	7	14	10	47	15	48	54	129	45	17	281	115	
230～221	46.7～45.6	449		226	482		528		13	15	24		10	20	14	49	23	58	71	148	51	25	290	127	
220～211	45.5～44.5			264	497	417	533	47	16	21	30	4	15	27	15	50	29	66	83	170	57	37	294	135	
210～201	44.3～43.3			308	506		536	48	19	23	37	6	18	32	18	55	36	76	96	189	58	44		150	
200～191	43.1～42.1	450		332	516		540		23	26	42	7	26	44	25	61	38	82	107	201	62	55	296	161	
190～181	41.9～40.9			349	518			49	30	29	45	12	33	47	28	65	44	90	117	213	65	61		167	1
180～171	40.8～39.7			359	520		542		38	32	50	16	41	52	35	68	48		121	222	66	74	298	171	
170～161	39.6～38.5			377	524				42	35	52	22	44	56	42	71	52	92	132	228		84			2
160～151	38.4～37.3			385	525		544		45	39	58	28	48	58	43	73	57	95	135	233	69	95	299		4
150～141	37.2～36.1			393	527		545		47	40	60	35	54	62	46	74	59	97	138	238		110			8
140～131	36.0～34.9			395	528				54	41	63	41	58	63			61	98	141	241		120			9
130～121	34.8～33.7			397				50	57	45		42	59	64	48				143	243		125			12
120～111	33.6～32.5	452		401							65	43	60				62	100				135			
110～101	32.4～31.3				529			51			66	45	65		50		65	101				139			13
100～ 91	31.2～30.1								59		67		66							244		141		174	14
90～ 81	30.0～28.9				530					48		46							144						15
80～ 71	28.8～27.8	453									68											142			
70～ 61	27.6～26.6																67								
60～ 51	26.4～25.6																	102							18
50～ 41	25.3～24.2																								
40～ 31	24.1～23.7																								
30～ 21	22.5～22.5																								
20～以下																									
縦計		453	67	404	530	417	545	51	59	48	68	47	66	65	50	74	67	102	144	245	72	142	299	175	18

得点	偏差値	鹿沼南	鹿沼南	鹿沼南	鹿沼商工	鹿沼商工	今市	今市工業	今市工業	今市工業	日光明峰	石橋	上三川	小山	小山	小山南	小山南	小山西	小山北桜	小山北桜	小山北桜	小山北桜	小山城南	栃木	栃木女子
学科名		環境緑地	ライフデザイン	普通	情報科学	商業	総合学科	機械	電気	建設工学	普通	普通	普通	普通	数理科学	普通	スポーツ	普通	食料環境	建築システム	総合ビジネス	生活文化	総合学科	普通	普通
定員		40	40	40	40	120	160	80	40	40	80	240	160	200	40	80	80	200	40	40	40	40	200	240	240
(最高点)		(147)	(190)	(276)	(245)	(297)	(299)	(240)	(198)	(205)	(300)	(427)	(334)	(370)	(349)	(347)	(212)	(342)	(173)	(178)	(164)	(175)	(339)	(457)	(452)
500～491																									
490～481																									
480～471	76.3～75.5																								
470～461	75.2～74.3																								
460～451	74.2～73.1																							1	1
450～441	73.0～71.9																							3	
440～431	71.8～70.7																							5	2
430～421	70.6～69.5											1												8	4
420～411	69.4～68.3											6												16	6
410～401	68.2～67.1											13												24	10
400～391	67.0～65.9											23												40	16
390～381	65.8～64.7											44												55	25
380～371	64.6～63.5											69												73	38
370～361	63.4～62.3											103		1										96	57
360～351	62.2～61.2											142		5										126	85
350～341	61.0～60.0											192		10	1	1		1						172	109
340～331	59.8～58.8											226	1	23									1	193	137
330～321	58.6～57.6											256	2	34	3								2	213	170
320～311	57.5～56.4											296		50				2						239	203
310～301	56.3～55.2											310		79	4			6						249	214
300～291	55.1～54.0					1	1				1	327		96	6			12						265	233
290～281	53.9～52.8						5					340	3	123	11			22					3	268	249
280～271	52.7～51.6			1			8					349		148	12			41					4	272	269
270～261	51.5～50.4						13					355		168				58					8	276	280
260～251	50.3～49.2						20					358	4	186	15			88					12		284
250～241	49.1～48.0				1	2	24					362	6	207	22	2		114					19		290
240～231	47.9～46.8				2	3	37	1				363	11	219	24	3		136					25		294
230～221	46.7～45.6				3		47						15	228	26	4		165					36		295
220～211	45.5～44.5			2	9	4	59						24	235	30	5	1	182					44		
210～201	44.3～43.3				11	10	84			1		365	29	239	34	8	2	196					61		
200～191	43.1～42.1			3	15	15	105		1	2	2		35	240	38	12		213					82		298
190～181	41.9～40.9		1	5	19	18	123	2		3			50			16		228					107	277	299
180～171	40.8～39.7		2		22	25	137						64	244	41	19		234	1	1		1	121		
170～161	39.6～38.5		5	6	26	33	147	3					73	246	42	24	3	242	2		1		137		300
160～151	38.4～37.3		6	9	28	41	152	4					89			32	6		4	3	2	3	148		
150～141	37.2～36.1	1	9	11	29	47	158	7		4	3		105	247		42	9	244	5	4	4	4	157		
140～131	36.0～34.9			13	33	54	165		2				119			48	10	245		6	8	10	168		
130～121	34.8～33.7	2	12	17	35	56	171	8			4		126			56	12	246	6		9	11	173		
120～111	33.6～32.5	6	15		38	61	172	9			5		131	248		65	16	247	8	9		12	177		
110～101	32.4～31.3	7		19	42	64	173	10	3				133			77	21		9	11		13	178		
100～ 91	31.2～30.1	8	17	20						5			134			81			10		12				
90～ 81	30.0～28.9		18	21		66	174	12					137			85	26		14	13			182	279	
80～ 71	28.8～27.8	9	20		45			13			6								17		13	14	183		
70～ 61	27.6～26.6	10		22		67					7					86			19		14				
60～ 51	26.4～25.6									6															
50～ 41	25.3～24.2																		20						
40～ 31	24.1～23.7																								
30～ 21	22.5～22.5																								
20～ 以下																									
縦計		11	21	22	46	67	176	15	3	6	7	365	137	248	42	86	28	247	20	14	15	15	183	279	300

得点	偏差値	栃木農業	栃木農業	栃木農業	栃木農業	栃木工業	栃木工業	栃木工業	栃木商業	栃木商業	栃木翔南	壬生	佐野	佐野東	佐野松桜	佐野松桜	佐野松桜	佐野松桜	足利	足利南	足利工業	足利工業	足利工業	足利清風	足利清風
学科名		植物科学	動物科学	食品科学	環境デザイン	機械	電気	電子情報	商業	情報処理	普通	普通	普通	普通	商業	介護福祉	情報制御	家政	普通	総合学科	産業デザイン	電気システム	機械	普通	商業
定員		40	40	40	40	80	40	40	120	40	160	160	160	200	80	30	80	40	240	160	40	40	80	120	80
(最高点)		(222)	(265)	(254)	(164)	(350)	(325)	(304)	(311)	(289)	(387)	(302)	(388)	(405)	(296)	(234)	(275)	(270)	(434)	(265)	(289)	(259)	(300)	(300)	(291)
500～491																									
490～481																									
480～471	76.3～75.5																								
470～461	75.2～74.3																								
460～451	74.2～73.1																								
450～441	73.0～71.9																								
440～431	71.8～70.7																		1						
430～421	70.6～69.5																								
420～411	69.4～68.3																		2						
410～401	68.2～67.1													1											
400～391	67.0～65.9																		5						
390～381	65.8～64.7										1		1						7						
380～371	64.6～63.5																		13						
370～361	63.4～62.3										2			2					26						
360～351	62.2～61.2										4			3					37						
350～341	61.0～60.0					1					5			4					52						
340～331	59.8～58.8										8			5					73						
330～321	58.6～57.6						1				16		2	7					95						
320～311	57.5～56.4								1		25		3	11					132						
310～301	56.3～55.2						2	1			40	1	4	13					156						
300～291	55.1～54.0										51	2	9	21	1				192				1	1	1
290～281	53.9～52.8							2	2	1	68	3	13	32	2				214		1			4	2
280～271	52.7～51.6							3	5	3	82		15	45	5		1		249					6	
270～261	51.5～50.4		1			2		4	7		104		18	59				1	275	1				7	
260～251	50.3～49.2			1		4			12	4	128	4	23	78	7				293	2	2	1		9	
250～241	49.1～48.0					5		5	18	8	154	6	25	106	10		2	3	304	4	3			18	3
240～231	47.9～46.8			2		9		6	21	9	169	8	31	127	20	1	4		320					20	
230～221	46.7～45.6	1				12	3	9	32	11	181	9	32	145	22	2	5	6	328	7		2	3	33	6
220～211	45.5～44.5		2	3		15	4	12	49	14	187	13	36	170	25	3	10	10	332	9			4	40	7
210～201	44.3～43.3		3			19	5	14	57	17	196	16	42	192	33	4	14	13	336	11	4		7	44	9
200～191	43.1～42.1		5			26	6	19	66		201	27	43	203	46		20		337	15	5	3	10	56	10
190～181	41.9～40.9	2		5		31	9	22	79	21	207	39		214	51		26	18	340	18	7	4	13	72	17
180～171	40.8～39.7			6		36	11	24	87	24	212	51	44	220	59	8	29	21	345	25	10	6	14	76	26
170～161	39.6～38.5	3	6	7	1	40	13	25	90	27		65		226	62	9	34	24	347	32	12	7	22	82	27
160～151	38.4～37.3		8	9	3	49	17	28	96	29		80		232	65	11	42	25	348	42	13	10	28	92	
150～141	37.2～36.1	4	10	10	5	54	24	31	97	30	213	97	45	234	70	13	46	31		49	17	11	33	100	32
140～131	36.0～34.9	6	11	13	6	57	26		100			106			72	15	52	32	351	60	18	12	36	103	37
130～121	34.8～33.7	7	14	15	7	61	31		104			112	46			18	57	34		67	19	14	39	105	41
120～111	33.6～32.5	9	17	16	12	64	32	32	107			117			76	21	58	37	354	75	20	16	43		42
110～101	32.4～31.3	11	20		19		34			32		127	47	235	77		63			82	21		49	106	
100～ 91	31.2～30.1	12	23		23							128		236			65			91	23		50		43
90～ 81	30.0～28.9	14	24		26							133					66		356	100		20	51		44
80～ 71	28.8～27.8		30		28															101	24	21	52		
70～ 61	27.6～26.6				32	66											67			103			53	107	45
60～ 51	26.4～25.6		31	20	34															105					
50～ 41	25.3～24.2				36															106		22			
40～ 31	24.1～23.7	17		22																					
30～ 21	22.5～22.5																								
20～ 以下																									
縦計		17	31	22	36	66	35	34	109	33	214	133	47	236	77	22	67	37	356	106	24	22	53	107	45

得点 \ 偏差値 \ 志望校名		真岡	真岡女子	真岡北陵	真岡北陵	真岡北陵	真岡北陵	真岡北陵	真岡工業	真岡工業	真岡工業	真岡工業	益子芳星	茂木	烏山	馬頭	馬頭	大田原	大田原女子	黒羽	那須拓陽	那須拓陽	那須拓陽	那須拓陽	那須拓陽
学科名		普通	普通	生物生産	農業機械	食品科学	総合ビジネス	介護福祉	機械	電子	生産機械	建設	普通	総合学科	普通	普通	水産	普通	普通	普通	農業経営	生物工学	食品化学	食物文化	普通
定員		200	200	40	40	40	40	30	40	40	40	40	160	160	160	80	25	200	200	120	40	40	40	40	80
(最高点)		(415)	(432)	(216)	(207)	(226)	(209)	(229)	(274)	(257)	(222)	(225)	(281)	(335)	(296)	(221)	(149)	(415)	(419)	(220)	(212)	(228)	(249)	(242)	(341)
500～491																									
490～481																									
480～471	76.3～75.5																								
470～461	75.2～74.3																								
460～451	74.2～73.1																								
450～441	73.0～71.9																								
440～431	71.8～70.7		1																						
430～421	70.6～69.5																								
420～411	69.4～68.3	1																1	1						
410～401	68.2～67.1	2	2															3							
400～391	67.0～65.9	5																6							
390～381	65.8～64.7	6																11	3						
380～371	64.6～63.5	8	3															20	4						
370～361	63.4～62.3	12	5															26	6						
360～351	62.2～61.2	18	9															40	10						
350～341	61.0～60.0	26	14															46	15						1
340～331	59.8～58.8	34	16											1				61	20						
330～321	58.6～57.6	50	21															83	25						
320～311	57.5～56.4	61	26															100	38						
310～301	56.3～55.2	79	39											2				118	56						2
300～291	55.1～54.0	97	52											4	1			131	68						3
290～281	53.9～52.8	112	64										1	9	2			150	83						6
280～271	52.7～51.6	130	78						1					13				164	99						10
270～261	51.5～50.4	145	96											16				183	118						13
260～251	50.3～49.2	156	107							1			2	25				190	131						21
250～241	49.1～48.0	161	124							2				36	3			194	137				1	1	22
240～231	47.9～46.8	166	132						2	3			3	43	4			197	143					2	28
230～221	46.7～45.6	172	141			1		1	5	4	1	1		56	7	1		201	148			1	2	5	35
220～211	45.5～44.5	178	144	1					7	5		2	4	71	13			203	149	1	1		3	9	38
210～201	44.3～43.3	180	151		1	2	1			7	2	3	7	78	18			204	150	3			4	11	40
200～191	43.1～42.1	186	154				2	2	9	9	3	6	9	91	23			207		4	2			15	41
190～181	41.9～40.9		155	2	2	4	4	3	10	10	5	9	12	102	26			209			3	2	5	16	45
180～171	40.8～39.7	187	159			5	6		12	13		10	18	107	32	2		210		5	5	4	8		49
170～161	39.6～38.5	188		4	3	6	12		15	15	6	12	20	110	35					6	6	5	9	20	52
160～151	38.4～37.3		160	5		8	13		17	17	9	17	23	112	40					7			11		
150～141	37.2～36.1		161		4	9	15	5	23	18	11	20	24	116	45		1			9	9	6		22	53
140～131	36.0～34.9			6	6	10	16	8	24	19	14	21	30	119	52		2			10	10	9		23	54
130～121	34.8～33.7			12	10		19	10	27	20	15		35		59					11			12	24	
120～111	33.6～32.5				11	13			29			23	37	122		3				12		10	14	25	
110～101	32.4～31.3			14	12	15	22	11			17		43	124	60					13				26	
100～ 91	31.2～30.1		162	17	13	17	24		31			24	45							16					
90～ 81	30.0～28.9				16			12	32				48		64					18					
80～ 71	28.8～27.8			18	17		25		33				50												
70～ 61	27.6～26.6			19				13					53												
60～ 51	26.4～25.6																								
50～ 41	25.3～24.2			20													3								
40～ 31	24.1～23.7																								
30～ 21	22.5～22.5																								
20～ 以下																									
縦計		188	162	20	19	17	25	13	34	20	17	24	54	124	64	3	3	210	151	18	11	10	14	26	54

得点	偏差値	那須清峰	那須清峰	那須清峰	那須清峰	那須清峰	那須	那須	黒磯	黒磯南	矢板	矢板	矢板	矢板	矢板	矢板東	高根沢	高根沢	さくら清修	小山高専	小山高専	小山高専	小山高専	作新学院	作新学院
	学科名	機械	建設工学	電気情報	機械制御	商業	普通	リゾート観光	普通	総合学科	農業経営	機械	電子	介護福祉	栄養食物	普通	商業	普通	総合学科	機械工学	物質工学	建築	電気電子創造工学	トップ英進SＩク	トップ英進SⅡク
	定員	40	40	40	40	40	80	40	160	160	40	40	40	30	40	160	120	80	240	40	40	40	80	20	60
(最高点)		(226)	(207)	(260)	(230)	(208)	(163)	(87)	(357)	(294)	(184)	(203)	(324)	(218)	(209)	(372)	(223)	(215)	(346)	(458)	(404)	(459)	(459)	(478)	(472)
500～491																									
490～481																									
480～471	76.3～75.5																							1	1
470～461	75.2～74.3																							5	2
460～451	74.2～73.1																			1		1	1	14	5
450～441	73.0～71.9																							34	13
440～431	71.8～70.7																						2	57	19
430～421	70.6～69.5																			2		2	3	96	31
420～411	69.4～68.3																						5	153	66
410～401	68.2～67.1																				1		6	219	103
400～391	67.0～65.9																			4	2		7	290	150
390～381	65.8～64.7																			7	4	3	11	354	222
380～371	64.6～63.5															1				8	10	4	14	408	279
370～361	63.4～62.3															2				9	11	8	17	446	344
360～351	62.2～61.2								1											14	13	13	27	476	397
350～341	61.0～60.0								2							4			1	21	16	19	35	500	445
340～331	59.8～58.8								3							8				31	20	24	47	514	470
330～321	58.6～57.6								5				1			10				39	25	29	56	531	503
320～311	57.5～56.4								7							14			2	43	31	32	64	541	521
310～301	56.3～55.2								12							16			4	49	32	35	72	546	531
300～291	55.1～54.0								16	1						18			8	53	39	37	76	550	541
290～281	53.9～52.8								21							21			10	61	43	42	83	551	549
280～271	52.7～51.6								35							24			14	67	47	43	85	553	554
270～261	51.5～50.4								52							28			23	72	50	45	89	554	559
260～251	50.3～49.2			1					62	2						30			34	75	51	46	94		560
250～241	49.1～48.0								77	5						35			55			48	96		562
240～231	47.9～46.8			4					94	8						37			70	77			98	555	
230～221	46.7～45.6	1			1				110	11						43	1		89	78	55	49	99	556	
220～211	45.5～44.5	2		5					119	17				1		48		1	110	82					
210～201	44.3～43.3	3	1	6	2	1			128	26		1			1	50			128				100	557	
200～191	43.1～42.1	5		9					132	36						51			154	83				558	
190～181	41.9～40.9	7	2	11		4			134	45	1		2	2	2		2		172						
180～171	40.8～39.7	8			3				136	52				3	5	52	4	2	184					562	
170～161	39.6～38.5		5	13	4		1		137	54	4			4	6		7	8	198	85					
160～151	38.4～37.3	10	9	14	5	5			139	58			3	6	8		10	10	207						
150～141	37.2～36.1	12				6				63		2	4	7	9		12	13	221					563	
140～131	36.0～34.9		10		6	7				66		3	5	8	11			17	232				102	564	
130～121	34.8～33.7	15	11	17			2			68		5	6	10	13		14	20	238			50			
120～111	33.6～32.5			18						69	5	6		11	14	55	15	23	241						
110～101	32.4～31.3	16		20			4				8	7	7					24	242						
100～ 91	31.2～30.1	17									9	11		13			18	27							
90～ 81	30.0～28.9							1				12					19	29	243					566	
80～ 71	28.8～27.8											13				56		31							
70～ 61	27.6～26.6		12																						
60～ 51	26.4～25.6																								
50～ 41	25.3～24.2																								
40～ 31	24.1～23.7																								
30～ 21	22.5～22.5																								
20～ 以下																									
縦計		17	12	20	7	9	4	1	140	70	9	14	7	14	14	56	20	31	243	85	55	50	102	566	562

得点	偏差値	作新学院	作新学院	作新学院	作新学院	作新学院	作新学院	作新学院	作新学院	作新学院	作新学院	文星芸大附	文星芸大附	文星芸大附	文星芸大附	文星芸大附	文星芸大附	宇都宮文星女子	宇都宮文星女子	宇都宮文星女子	宇都宮文星女子	宇都宮文星女子	宇都宮文星女子	宇都宮文星女子	宇都宮短大附
学科名		英進・英進選抜	英進・英進クラス	総合進学・特別進	総合進学・進学	電気電子システム	美術デザイン	ライフデザイン	普通科総合選択	自動車整備士養成	商業システム	英進Ⅰ類	英進Ⅱ類	進学	総合	美術デザイン	総合ビジネス	秀英特進	秀英特進<英語>	普通<美術>	普通<選抜進学>	普通<文理探求>	総合ビジネス<Ⅰ	総合ビジネス<会	特別選抜
定員		70	150	60	450	80	80	80	280	80	80	20	40	60	200	20	180	40	30	30	35	205	20	120	30
(最高点)		(426)	(419)	(405)	(367)	(383)	(337)	(339)	(346)	(278)	(329)	(468)	(429)	(357)	(297)	(302)	(385)	(404)	(351)	(273)	(348)	(341)	(358)	(268)	(478)
500〜491																									
490〜481																									
480〜471	76.3〜75.5																								1
470〜461	75.2〜74.3											1													4
460〜451	74.2〜73.1																								6
450〜441	73.0〜71.9											2													13
440〜431	71.8〜70.7											5													26
430〜421	70.6〜69.5	1										9	1												51
420〜411	69.4〜68.3	4	1									16	3												74
410〜401	68.2〜67.1	6		1								25						1							105
400〜391	67.0〜65.9	14	6	2								44	4					2							156
390〜381	65.8〜64.7	30	10			1						59	8				1	3							201
380〜371	64.6〜63.5	48	14	3								72	10					4							244
370〜361	63.4〜62.3	81	27	6	1							84	14					5							297
360〜351	62.2〜61.2	139	48	13	4							95	22	1				8	1				1		350
350〜341	61.0〜60.0	205	80	18	5	2			1			102	33	2				13	2		1	1			395
340〜331	59.8〜58.8	258	119	28	9		1	1				106	42					15	3		3				441
330〜321	58.6〜57.6	323	165	35	13	4					1	111	52	4				19			5				472
320〜311	57.5〜56.4	397	238	49	18							115	61	6				23			6	2			503
310〜301	56.3〜55.2	459	324	64	37	5			2			120	72	9		1		30	4		13	4			530
300〜291	55.1〜54.0	508	429	96	52				3			121	80	11	1			39	5		19	5			546
290〜281	53.9〜52.8	549	516	121	67	8	3		4		2		87	15	2			45			23	6			556
280〜271	52.7〜51.6	574	608	167	109	10	4		5	1	5	122	95	23	3			49		1	28	9			564
270〜261	51.5〜50.4	595	693	217	158		6	2	7		6		100	31	5			52		2	34	14		1	565
260〜251	50.3〜49.2	605	754	260	214	14	10		18	4	8		103	38	6			59			41	19	2		
250〜241	49.1〜48.0	607	799	305	284	17	11	3	24		11		105	44	7		2	60		3	52	25			570
240〜231	47.9〜46.8	612	826	347	369	25	12	6	42	5	20		108	50	13						55	29		3	571
230〜221	46.7〜45.6		850	382	466	37	18	12	57	7	28			63	21	2	3				64	37	5		
220〜211	45.5〜44.5	617	865	416	570	49	23	16	82	9	43			67	29	4	7	61		4	69	40	6	5	
210〜201	44.3〜43.3		874	443	680	63	28	25	112	11	54			75	36	5	10	62	6		71	51	8	6	
200〜191	43.1〜42.1	621	879	462	797	77	33	37	150	16	72			89	47		12			7	77	63	11	8	572
190〜181	41.9〜40.9		881	470	882	91	42	45	193	25	83			94	62	6	16			8	80	74	12	10	
180〜171	40.8〜39.7		883	478	955	108	49	63	241	27	95		110	100	82	7	24			10	82	94	16	14	573
170〜161	39.6〜38.5			486	1022	121	57	77	289	35	112			108	96		33				84	113	20	15	
160〜151	38.4〜37.3		887	493	1078	137	63	89	338	40	124			112	119	8	46			13	86	129	24	17	
150〜141	37.2〜36.1		888	496	1133	146	68	108	399	45	136			117	145		61			14	88	152	26	20	
140〜131	36.0〜34.9			499	1185	151	73	121	450	47	148			120	168		78	63			91	177	30	30	
130〜121	34.8〜33.7			503	1211	164	77	129	485	56	156			121	190	10	97			16	97	186	33	35	
120〜111	33.6〜32.5			504	1234	174	80	137	523	59	166			125	205		118			17	98	204	34	40	
110〜101	32.4〜31.3			505	1253	185	81	140	563	62	178			126	216	12	136					215	35	47	
100〜 91	31.2〜30.1				1265	195		148	586	63	180			129	227		148				100	222	38	52	
90〜 81	30.0〜28.9			507	1271	197	84	152	607	65	182			130	235		165				101	229	39	60	
80〜 71	28.8〜27.8				1272	199	85	155	621	67	184				238	13	179					232	40	62	
70〜 61	27.6〜26.6					203	86	162	627	69	187				243	14	187					238		66	
60〜 51	26.4〜25.6					204		163	635						247		192								
50〜 41	25.3〜24.2								638								195								
40〜 31	24.1〜23.7														248		196								
30〜 21	22.5〜22.5																								
20〜以下																									
縦計		621	888	507	1275	204	86	163	638	70	188	122	110	130	248	14	196	63	6	17	102	238	40	67	573

志望校名		宇都宮短大附	宇都宮短大附	宇都宮短大附	宇都宮短大附	宇都宮短大附	宇都宮短大附	宇都宮短大附	足利短大附	足利短大附	足利短大附	足利大付	足利大付	足利大付	足利大付	足利大付	白鷗大学足利	白鷗大学足利	白鷗大学足利	國學院栃木	國學院栃木	國學院栃木	國學院栃木	矢板中央	矢板中央
学科名		特進	進学	応用文理	生活教養<女>	情報商業	調理	音楽	特進	進学	福祉教養	特進	フロンティア	工業	情報処理	自動車	特別進学<富田>	進学<富田>	文理進学<本校>	選抜	特別選抜	文理	特別選抜S	特進	普通
得点	偏差値 \ 定員	90	160	230	120	120	80	40	25	90	45	160	160	320	40	100	35	210	175	150	150	270	30	60	300
(最高点)		(447)	(397)	(362)	(339)	(383)	(313)	(355)	(420)	(348)	(234)	(347)	(310)	(350)	(296)	(236)	(452)	(427)	(405)	(447)	(410)	(331)	(457)	(372)	(350)
500～491																									
490～481																									
480～471	76.3～75.5																								
470～461	75.2～74.3																								
460～451	74.2～73.1																1						1		
450～441	73.0～71.9	1																		1			3		
440～431	71.8～70.7	2															2			2			8		
430～421	70.6～69.5	6															4	1					12		
420～411	69.4～68.3	7							1								7						21		
410～401	68.2～67.1	14															11	2	1		1		31		
400～391	67.0～65.9	24	1														17			3	5		50		
390～381	65.8～64.7	38	2			1											23	4			8		68		
380～371	64.6～63.5	61	6						2								38	8		4	12		88	1	
370～361	63.4～62.3	94	11	1													60	14			20		113	2	
360～351	62.2～61.2	142	20	2				1	3								84	15		6	33		153		
350～341	61.0～60.0	191	27						4	1		1		1			111	27	2	9	57		183	4	1
340～331	59.8～58.8	279	46	3	1	2						2					130	41	3	10	83	1	208	6	
330～321	58.6～57.6	363	69	4		3			8	2		5					158	60	5	15	103		226	12	2
320～311	57.5～56.4	459	96	9		5	1		11			8					186	94	6	21	132		251	20	3
310～301	56.3～55.2	562	143	12		6	2	2	12			11	1	2			207	123	9	27	160	2	264	27	5
300～291	55.1～54.0	674	203	22			3		13	3		15	3	4	1		229	168	13	37	187	4	277	38	8
290～281	53.9～52.8	776	275	36	3	7	5		18	7		17	4				243	207	20	54	213	7	282	53	10
280～271	52.7～51.6	868	369	51	4	16	6		25	9		20					257	257	28	67	241	12	288	62	16
270～261	51.5～50.4	929	471	85	5	19	9		29	11		27	5	8			267	306	40	87	276	17	291	75	19
260～251	50.3～49.2	984	579	127	8	28	11	3	33	14		32	8	11	3		275	351	53	116	301	21	292	84	24
250～241	49.1～48.0	1028	689	168	13	42	17		39	17		42	15	16	5		283	390	80	146	320	38	297	98	30
240～231	47.9～46.8	1058	799	222	21	54	22	4	51	22	1	46	20	19	7	1	291	425	106	168	325	46	298	109	36
230～221	46.7～45.6	1080	905	270	30	73	29		52	26	3	52	28	20	8	3	297	446	138	194	332	61	301	120	45
220～211	45.5～44.5	1097	983	335	40	98	33		55	37	5	59	37	25	12	4	300	468	173	210	336	75	302	131	53
210～201	44.3～43.3	1106	1058	410	52	118	39	6	58	43	6	62	47	33	16	5	304	486	206	224		91		140	70
200～191	43.1～42.1	1114	1108	477	81	154	48		61	50	8	67	59	42	23	7	307	498	237	235	338	111		142	87
190～181	41.9～40.9	1116	1137	549	92	180	51	8	63	59	10	73	65	51	31	8	309	515	272	240	342	135		147	107
180～171	40.8～39.7	1120	1157	589	107	202	61			73	13	75	72	61	37	9		525	291	247	343	150			133
170～161	39.6～38.5		1176	636	124	233	63	11		75	16	77	79	75	43	13		530	311	255		164		149	149
160～151	38.4～37.3		1186	667	132	250	74		66	85	21	81	92	94	49	18	313	534	329	258		175	304		173
150～141	37.2～36.1		1196	694	152	275	84			95	23	86	98	106	56	19		538	344	259		183		150	192
140～131	36.0～34.9		1200	714	165	292	90	12		103	30	89	104	118	58	20			352			187		151	211
130～121	34.8～33.7		1202	731	171	304	98			111	35		107	127	64	24	315		359	262		191		152	231
120～111	33.6～32.5		1203	737	173	315	100			114	42	91	110	136	66	25		539	364	263		195			247
110～101	32.4～31.3			741	178	326	107	13		119	45		116	155	69	30						197			260
100～ 91	31.2～30.1		1206	746	179	329	111			122	48	92	119	161	71	33			367			198			276
90～ 81	30.0～28.9	1121			180	330	112			123	51		122	166		34									282
80～ 71	28.8～27.8						114			124	52			171	72	38									290
70～ 61	27.6～26.6										53	93		175	73			540				199			295
60～ 51	26.4～25.6									125				181											
50～ 41	25.3～24.2													182											
40～ 31	24.1～23.7																								
30～ 21	22.5～22.5													183											
20～ 以下																									
縦計		1121	1206	746	181	330	116	13	66	125	53	93	122	183	74	42	316	540	367	263	343	199	304	153	295

得点	偏差値	矢板中央 スポーツ	佐野日大 特進α	佐野日大 特別進学	佐野日大 進学	佐野日大 スーパー進学	青藍泰斗 普通	青藍泰斗 総合ビジネス	青藍泰斗 総合生活<女>
定員		40	30	120	200	160	160	120	120
(最高点)		(286)	(458)	(452)	(351)	(380)	(269)	(283)	(289)
500～491									
490～481									
480～471	76.3～75.5								
470～461	75.2～74.3								
460～451	74.2～73.1		1	1					
450～441	73.0～71.9		3						
440～431	71.8～70.7		5	2					
430～421	70.6～69.5		9	3					
420～411	69.4～68.3		17						
410～401	68.2～67.1		29	6					
400～391	67.0～65.9		48	10					
390～381	65.8～64.7		59	12					
380～371	64.6～63.5		74	18		1			
370～361	63.4～62.3		86	35		3			
360～351	62.2～61.2		100	53	1	6			
350～341	61.0～60.0		112	71	2	9			
340～331	59.8～58.8		119	90	3	13			
330～321	58.6～57.6		124	116	5	17			
320～311	57.5～56.4		128	154	10	28			
310～301	56.3～55.2		131	174	16	34			
300～291	55.1～54.0		134	191	22	45			
290～281	53.9～52.8	1		202	34	56		1	1
280～271	52.7～51.6	3	136	213	43	61		2	
270～261	51.5～50.4			225	51	72	1	3	
260～251	50.3～49.2		137	231	58	87	2	4	
250～241	49.1～48.0			237	75	98			2
240～231	47.9～46.8			239	91	112	4		
230～221	46.7～45.6				103	121	5	5	
220～211	45.5～44.5	4	139		115	132	8	8	3
210～201	44.3～43.3				123	136	17	12	5
200～191	43.1～42.1	5			132	142	25	23	
190～181	41.9～40.9	6			137		36	26	11
180～171	40.8～39.7	7			141	146	44	30	13
170～161	39.6～38.5	8			147	147	52	34	14
160～151	38.4～37.3	11			151	150	61	41	15
150～141	37.2～36.1				153		73	48	17
140～131	36.0～34.9				154		85	54	19
130～121	34.8～33.7	13					99	63	23
120～111	33.6～32.5	14			155		104	73	28
110～101	32.4～31.3	16			156	151	118	82	31
100～ 91	31.2～30.1	17					127	85	35
90～ 81	30.0～28.9	19					135		37
80～ 71	28.8～27.8				157		142	90	41
70～ 61	27.6～26.6						144	92	
60～ 51	26.4～25.6						146	95	
50～ 41	25.3～24.2						149		42
40～ 31	24.1～23.7						150		
30～ 21	22.5～22.5								
20～ 以下									
縦計		19	139	243	157	151	150	95	42

得点 ＼ 偏差値 ＼ 志望校名 / 学科名 / 定員		白鷗大学足利	宇都宮海星	宇都宮海星	佐野清澄	佐野清澄
		総合進学<本校>	普通<進学>	普通<特別選抜>	生活デザイン	普通
		245	130	20	90	70
(最高点)		(215)	(220)	(252)	(267)	(212)
300～291						
290～281						
280～271						
270～261	72.7～72.7				1	
260～251	69.6～69.6			1		
250～241						
240～231						
230～221	64.3～64.3			2		
220～211	63.1～61.4	1	1			1
210～201	60.8～59.2	2	2	3		
200～191	58.8～57.1		3	6		2
190～181	56.9～55.1	4	4	12		
180～171	54.9～53.0	10	6	15		
170～161	52.8～51.0	22	9	21		
160～151	50.3～48.9	31	16	22		
150～141	48.7～46.9	47	20	23	2	
140～131	46.7～44.8	69	28		3	3
130～121	44.6～42.8	100	34	24	6	8
120～111	42.6～40.7	145	41	25	7	10
110～101	40.5～38.7	194	43	26	11	17
100～ 91	38.5～36.6	235	46	27	15	22
90～ 81	36.4～34.6	267	50		21	30
80～ 71	34.4～32.5	291			34	40
70～ 61	32.3～30.5	307			44	48
60～ 51	30.3～28.6	314			49	55
50～ 41	28.2～26.8		51		53	61
40～ 31	25.8～24.3				55	62
30～ 21	23.1～22.3					63
20～ 以下						
縦計		318	51	27	56	65

志望校名		太田	太田東	太田女子	館林	館林女子	桐生第一	桐生第一	桐生第一	樹徳	樹徳	樹徳	常磐	関東学園大附	岩瀬	下館第一	下館第二	結城第一	鬼怒商業高	古河第一	古河第一	古河第二	古河第二	古河第三	岩瀬日大
学科名		普通	普通	普通	普通	普通	普通・特別進学	普通・スポーツ	普通・総合	K組	S組	J組	体育	普通	衛生看護	普通	普通	普通	商業	普通	商業	普通	福祉	普通	進学c
得点	偏差値 \ 定員	280	240	240	200	200	40	120	250					240	40	240	240	120	160	80	200	200	40	240	
(最高点)		(418)	(382)	(397)	(397)	(356)	(422)	(193)	(305)	(386)	(306)	(296)	(193)	(305)	(304)	(364)	(352)	(250)	(334)	(300)	(277)	(221)	(255)	(344)	(388)
500〜491																									
490〜481																									
480〜471	76.3〜75.5																								
470〜461	75.2〜74.3																								
460〜451	74.2〜73.1																								
450〜441	73.0〜71.9																								
440〜431	71.8〜70.7																								
430〜421	70.6〜69.5						1																		
420〜411	69.4〜68.3	1																							
410〜401	68.2〜67.1	4																							
400〜391	67.0〜65.9	5		1	1																				
390〜381	65.8〜64.7	6	1							1															
380〜371	64.6〜63.5	7																							1
370〜361	63.4〜62.3		2	2						2						1									2
360〜351	62.2〜61.2			3		1											1								3
350〜341	61.0〜60.0		3	5						4														1	5
340〜331	59.8〜58.8	12		6												2			1					2	6
330〜321	58.6〜57.6	13								5						5								4	7
320〜311	57.5〜56.4															8	2							6	10
310〜301	56.3〜55.2	14	4	8					1	6	1			1	1	12	5							12	13
300〜291	55.1〜54.0		6		2						2	1				18	6			1				13	18
290〜281	53.9〜52.8		7	10	3						3					24	7							15	23
280〜271	52.7〜51.6		9			2					4					25	8			2	1			17	29
270〜261	51.5〜50.4	17	12	11	5					7				3	2		10							20	34
260〜251	50.3〜49.2	18		13	7	3					5				3	28	12			3			1	24	43
250〜241	49.1〜48.0	20	13	14	8	5			2					4	4	30	16	1			2			28	52
240〜231	47.9〜46.8		14		10	8										31	21		2		3				61
230〜221	46.7〜45.6						2		3		6	2		5	5	32	22			4		1			69
220〜211	45.5〜44.5					9			5		8	5		6			25			7		2			76
210〜201	44.3〜43.3					10			6		9	6		7	7				3	9				30	79
200〜191	43.1〜42.1					14		1			10		1	8	9		26		4	13	4	3		31	83
190〜181	41.9〜40.9	21				16	3		7		11	7	2	10	10		28			14	6	5			89
180〜171	40.8〜39.7		15						10			8					29	2		15		7	2		96
170〜161	39.6〜38.5				11			2	12								30		6		9	9	3		99
160〜151	38.4〜37.3							3	14			9		12			33				10	13			102
150〜141	37.2〜36.1						4		17					14					7			15			107
140〜131	36.0〜34.9							4	20					15							13	18			
130〜121	34.8〜33.7	22							24			10			12					17		19			
120〜111	33.6〜32.5						5		29				3	16	13	33		3				20	4		
110〜101	32.4〜31.3								33					17				6			14				
100〜 91	31.2〜30.1								35								35	7							
90〜 81	30.0〜28.9							5						18				8				23	6		
80〜 71	28.8〜27.8								37														7		
70〜 61	27.6〜26.6																	9							
60〜 51	26.4〜25.6																								
50〜 41	25.3〜24.2																								
40〜 31	24.1〜23.7																								
30〜 21	22.5〜22.5																								
20〜以下																									
縦計		22	15	14	11	17	5	5	38	7	11	11	3	19	13	33	35	9	9	17	14	23	7	31	109

得点 ＼ 偏差値 ＼ 志望校名 / 学科名 / 定員		岩瀬日大 特別進学 c
(最高点)		(408)
500～491		
490～481		
480～471	76.3～75.5	
470～461	75.2～74.3	
460～451	74.2～73.1	
450～441	73.0～71.9	
440～431	71.8～70.7	
430～421	70.6～69.5	
420～411	69.4～68.3	
410～401	68.2～67.1	1
400～391	67.0～65.9	
390～381	65.8～64.7	2
380～371	64.6～63.5	3
370～361	63.4～62.3	5
360～351	62.2～61.2	7
350～341	61.0～60.0	11
340～331	59.8～58.8	13
330～321	58.6～57.6	19
320～311	57.5～56.4	24
310～301	56.3～55.2	31
300～291	55.1～54.0	43
290～281	53.9～52.8	56
280～271	52.7～51.6	59
270～261	51.5～50.4	63
260～251	50.3～49.2	65
250～241	49.1～48.0	66
240～231	47.9～46.8	68
230～221	46.7～45.6	69
220～211	45.5～44.5	70
210～201	44.3～43.3	
200～191	43.1～42.1	72
190～181	41.9～40.9	
180～171	40.8～39.7	
170～161	39.6～38.5	
160～151	38.4～37.3	73
150～141	37.2～36.1	
140～131	36.0～34.9	74
130～121	34.8～33.7	
120～111	33.6～32.5	
110～101	32.4～31.3	
100～ 91	31.2～30.1	
90～ 81	30.0～28.9	
80～ 71	28.8～27.8	
70～ 61	27.6～26.6	
60～ 51	26.4～25.6	
50～ 41	25.3～24.2	
40～ 31	24.1～23.7	
30～ 21	22.5～22.5	
20～ 以下		
縦　計		74

MEMO

下野新聞模擬テスト過去2年8回分掲載

問題編

令和3年度

10月　3日実施　第186回
11月　7日実施　第187回
12月　5日実施　第188回
1月23日実施　第189回

令和2年度

10月　4日実施　第180回
11月　1日実施　第181回
12月　6日実施　第182回
1月24日実施　第183回

2020・2021

[令和5年高校入試受験用]

MEMO

問題編

令和３年度

10月　3日実施　第186回
11月　7日実施　第187回
12月　5日実施　第188回
1月23日実施　第189回

2020・2021
[令和5年高校入試受験用]

第186回 下野新聞模擬テスト
社 会

1 次の**1**から**4**までの問いに答えなさい。

1 **図1**は，経線と緯線が15度間隔で引かれた地図である。これを見て，あとの(1)，(2)，(3)の問いに答えなさい。

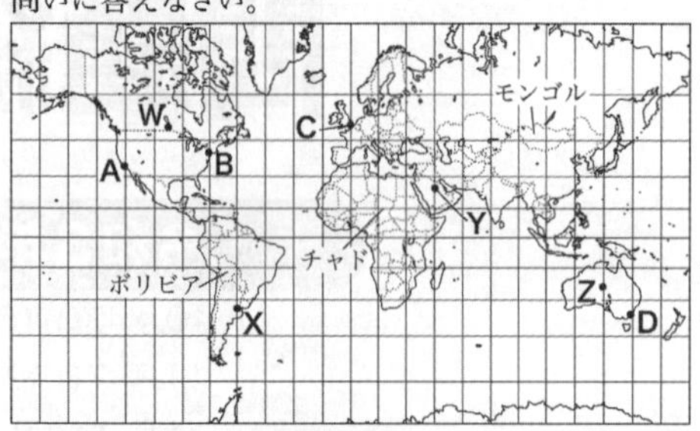

図1

	1月(℃)	7月(℃)	降水量が最も多い月の降水量(mm)
ア	−16.5	19.6	93.7（6月）
イ	24.8	11.0	144.7（1月）
ウ	29.5	11.9	40.7（12月）
エ	14.5	36.6	34.4（4月）

図2（「理科年表」により作成）

(1) 東京が1月20日の午前10時の時，1月19日午後8時の都市は，**図1**中の**A**，**B**，**C**，**D**のどれか。なお，日時は現地時間とする。

(2) **図2**は，**図1**中の**W**，**X**，**Y**，**Z**の都市における1月と7月の平均気温，降水量が最も多い月の降水量(平均値)を示している。**X**の都市は，**図2**中の**ア**，**イ**，**ウ**，**エ**のどれか。

(3) **図1**中のモンゴル，チャド，ボリビアについて述べた，次の文中の□に当てはまる語を書きなさい。

> 三つの国は，それぞれ違った州に属した国であるが，国境が海に面していない点で共通している。このような国境線の特徴を持つ国を□という。

2 **図3**を見て，次の(1)，(2)の問いに答えなさい。

(1) 次の文は，**図3**中の**ア**，**イ**，**ウ**，**エ**のいずれかの県について述べている。この県はどれか。

> ○黒潮(日本海流)が沖合を流れる県と陸地で県境を接している。
> ○県名と県庁所在地名が異なる県と陸地で県境を接している。
> ○中国・四国地方で最も人口が多く，地方中枢都市が位置する県と，本州・四国連絡橋でつながっている。

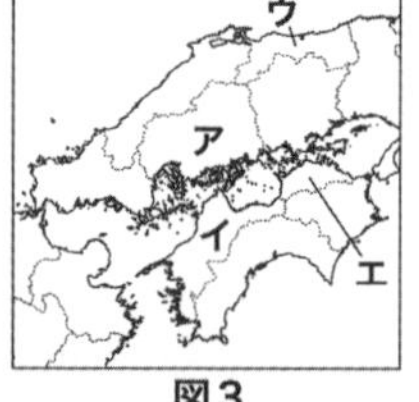

図3

(2) **図4**は，ため池の数が多い都道府県の上位3位とため池の数を示している。これについて述べた，次の文中の□に共通して当てはまる語を書きなさい。なお，**図4**中の**ア**，**エ**は，**図3**中の**ア**，**エ**と同じである。

> ため池の数が多い都道府県は，瀬戸内海に面していることで共通している。この地域は，冬の□は中国山地に，夏の□は四国山地にさえぎられ，水蒸気が運び込まれにくく，水不足が発生する。そのため，ため池が多く造られている。

	ため池の数(か所)
兵庫県	24,400
ア	18,938
エ	14,614

図4（「農林水産省ホームページ」により作成）

3 **図5**は，州別人口の移り変わりを示している。これについての先生と生徒の会話文中の□に当てはまる文を，「医療」の語を用いて，簡潔に書きなさい。

> 生徒：「**図5**を見ると，アジア州やアフリカ州の人口増加が著しいですね。」
> 先生：「これは，□ことと，高いままの出生率が原因です。」
> 生徒：「人口が増加する国にはどのような特徴がありますか。」
> 先生：「発展途上国で人口が増加する傾向があります。」

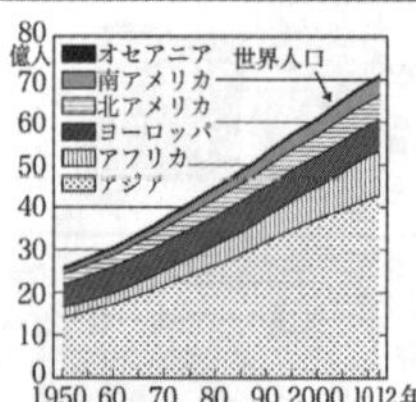

図5
（「世界の統計」などにより作成）

解答・解説 P248・P251

4 次の文は，生徒が**図6**中に示した━━の経路で歩いた様子について述べたものである。下線部の内容が**誤っている**ものを**二つ**選びなさい。

> **A**地点から線路を通過した直後に**ア**右折した。**イ**図書館の西側にある市役所に用事があったので，用事を済ませ，**ウ**船尾山山頂より山頂の標高が高い城ケ峰のふもとにある永正寺に向かった。永正寺から船尾にある小学校に向かう途中，**B**地点で落とし物を拾ったため，**B**地点から**エ**約250m西に向かった先にある交番に落とし物を届けた。

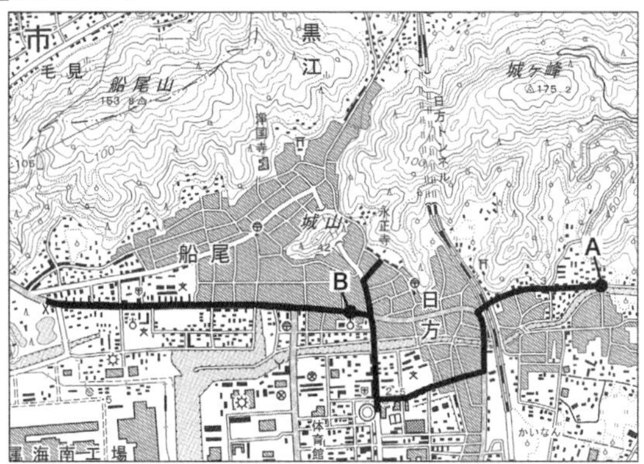

図6（「国土地理院発行2万5千分の1地形図」により作成）

2 **図1**は，人口が多い上位10か国の位置を示している。これを見て，次の**1**から**6**までの問いに答えなさい。

1 人口密度について述べた，次の文中の［ I ］，［ II ］に当てはまる語の組み合わせとして正しいのはどれか。

> インド，バングラデシュを流れる［ I ］川やパキスタンを流れるインダス川周辺は，アジア州の中でも人口密度が［ II ］地域である。

ア I－メコン　II－高い
イ I－ガンジス　II－高い
ウ I－メコン　II－低い
エ I－ガンジス　II－低い

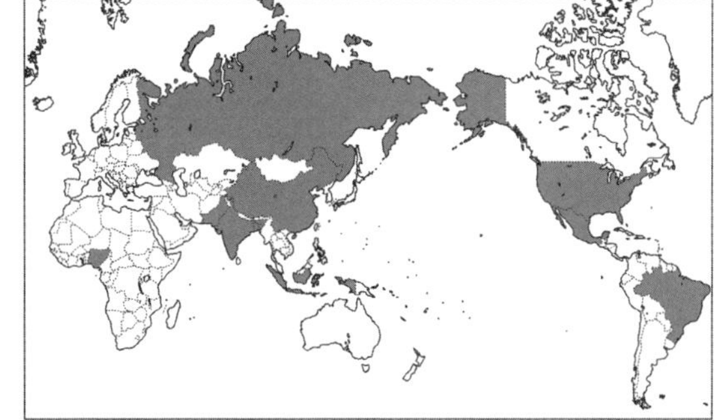

図1

2 インドネシアの農業について述べた，次の文中の［　　］に当てはまる語を，**カタカナ**で書きなさい。

> インドネシアでは，植民地時代の影響を受けた大規模な農園である［　　］で，あぶらやしやコーヒー豆の生産が盛んである。近年では，農園の経営を現地の人々で行うようになり，開発規模が大きくなっている。

3 **図2**中の**a**，**b**，**c**には，中国，ブラジル，ロシアのいずれかが当てはまる。**a**，**b**，**c**に当てはまる国の組み合わせとして正しいのはどれか。

ア **a**－ロシア　**b**－ブラジル　**c**－中国
イ **a**－ロシア　**b**－中国　**c**－ブラジル
ウ **a**－中国　**b**－ブラジル　**c**－ロシア
エ **a**－中国　**b**－ロシア　**c**－ブラジル

	石炭産出量(万t)(2017年)	木材伐採高(千m^3)(2018年)	木材伐採高うち針葉樹(千m^3)(2018年)
a	352,356	343,156	94,347
b	31,281	236,000	186,802
c	482	281,523	47,871

図2（「世界国勢図会」により作成）

4 **図3**は，ブラジル，メキシコ，インドネシアの輸出総額に占める割合の多い国上位3か国(2018年)を示している。メキシコは**A**，**B**のどちらか。また，［ C ］，［ D ］には，中国かアメリカのいずれかが当てはまる。アメリカは**C**，**D**のどちらか。なお，同じ記号には同じ語が当てはまる。

	1位	2位	3位
A	［ C ］(79.5％)	カナダ(3.1)	［ D ］(1.6)
B	［ D ］(26.4)	［ C ］(12.0)	アルゼンチン(6.2)
インドネシア	［ D ］(15.6)	日本(11.2)	［ C ］(10.6)

図3（「世界国勢図会」により作成）

5　**図4**は，アメリカ，インド，中国，日本のいずれかの自動車生産台数の推移を示している。中国に当てはまるのはどれか。

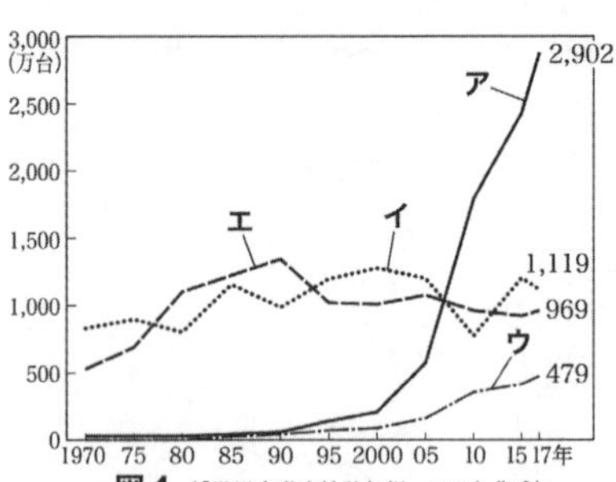

図4（「世界自動車統計年報」により作成）

6　**図5**は，アジア州，アフリカ州，ヨーロッパ州，北アメリカ州，南アメリカ州，オセアニア州の人口と穀物生産量を示している。**図5**を参考にして，アフリカ州が他の州に比べ，飢餓の対策が必要と言われる理由を，簡潔に書きなさい。

	人口(千万人) (2020年)	穀物生産量(百万t) (2018年)
アジア州	464	1,450
アフリカ州	134	203
ヨーロッパ州	75	499
北アメリカ州	59	569
南アメリカ州	43	207
オセアニア州	4	35

図5（「世界国勢図会」により作成）

3　かいとさんは，利用客の多い空港について**図1**のようにまとめた。これを見て，**1**から**7**までの問いに答えなさい。

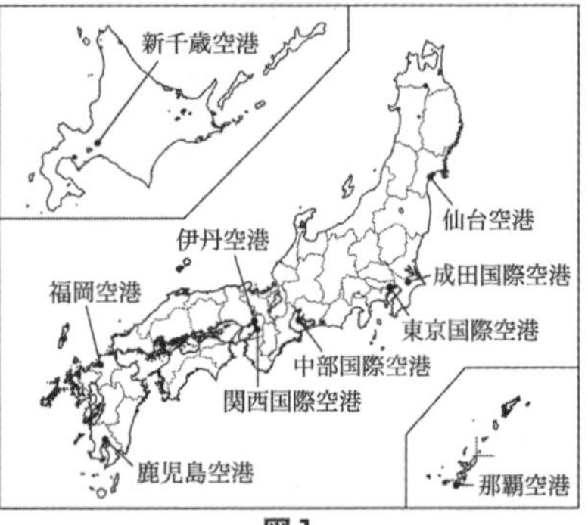

図1

1　新千歳空港のある北海道について，次の(1)，(2)の問いに答えなさい。

(1)　北海道の観光地について述べた，次の文中の［　　］に当てはまる語を書きなさい。

> 北海道には，世界自然遺産に登録されている［　　］半島がある。ここでは，美しい自然が残されており，温泉も多くの観光客をひきつけている。

(2)　**図2**は，かいとさんが北海道の農業について発表するために集めた資料である。**図2**から，全国と比べた北海道の農業の特色を，「主業農家」の語を用いて，簡潔に説明しなさい。

0%　20　40　60　80　100
北海道
全　国
主業農家　準主業農家　副業的農家

	耕地面積 (ha) (2019年)	農業従事者数 (人) (2015年)
北海道	1,144,000	103,923
全国平均	70,717	71,630

(注) 主業農家は農業収入が主な収入の農家，準主業農家は農業以外の収入が主な収入の農家，副業的農家は65歳未満の自営農業従事60日以上の者がいない農家のこと。

図2（「県勢」により作成）

2　東京国際空港から外国へ輸出される数量が最も多い品目はどれか。
ア　鉄鉱石　　**イ**　自動車　　**ウ**　半導体　　**エ**　野菜

3　中部国際空港のある愛知県は，日本で最も工業出荷額の高い工業地帯の中心地である。この工業地帯を何というか。

4　**図3**は，大阪府，奈良県，和歌山県，兵庫県のいずれかの昼夜間人口比率(昼夜間人口比率は，夜間を100%とした時の昼間人口の割合)を示している。関西国際空港のある大阪府はどれか。

(2015年)

	昼夜間人口比率(%)
ア	95.7
イ	98.2
ウ	90.0
エ	104.4

図3（「県勢」により作成）

5　仙台空港のある仙台市の伝統的な祭りについて述べた，次の文中の［　　］に当てはまる語を書きなさい。

> 東北地方では農家の生活と結びついた夏祭りが開催される。仙台市では，例年8月の6日から，仙台［　　］まつりが行われ，仙台市の街中には色鮮やかな飾りが立ち並ぶ。飾りには「無病息災」「商売繁盛」など，様々な想いが込められている。

解答・解説　P248・P251

6 **図4**は，福岡空港の訪日外国人の出身地域を示している(2017年)。**X** には，アジア州を五つに区分したうちの一つの語が当てはまる。**X** に当てはまる語を書きなさい。

その他 6.5%
X アジア 93.5%

図4(「福岡市ホームページ」により作成)

7 那覇空港のある沖縄県について述べたものとして，**当てはまらない**のはどれか。
ア 観光業が盛んで，第三次産業の就業者人口割合が全国的にも高い。
イ 火山活動の結果，巨大なカルデラが形成されており，茶や豚肉の生産が盛んである。
ウ 台風が通過することが多く，伝統的な住居の周りは石垣で囲まれ，屋根が低く作られている。
エ 日本国内のアメリカ軍基地の約75％が，沖縄県内に設置されている。

4 次の**A**から**E**は，古代から中世までの資料の一部を現代語訳したものである。これを読み，**1**から**6**までの問いに答えなさい。

A	今後は(新しく土地を開墾すれば)私有することを認め，期限を設けることなく永久に国に収めなくてもよい。
B	諸国の守護の職務は，(源)頼朝公の時代に定められたように，京都の御所の警備と，謀反や殺人などの犯罪人の取り締まりに限る。
C	今日，山城の有力な武士たちが集会をした。年齢は上が60歳，下が15，16歳という。同様に国中の人々も集まった。今度の両畠山軍の撤退を申し入れるためだという。もっともなことであるが，また□□のきわみともいえるだろう。
D	今日発表された大臣の人事について。大政大臣に平清盛。兵仗(へいじょう)(太刀や弓矢)を与えられた。
E	このごろ都ではやっているものは，夜襲，強盗，天皇のにせの命令

1 **A**の資料について，**図**は，**A**の資料の頃の税制度の一部をまとめたものである。**X** に当てはまる語を書きなさい。

	税の内容
租	稲(収穫量の3％)
X	絹，糸，真綿，布，特産物など
庸	労役10日のかわりに布(麻布など)

図

2 下線部の人物が開いた幕府の立地について，正しく述べているのはどれか。
ア 奈良盆地の北部に，唐の都の長安にならってつくられた。
イ 京都に開かれ，将軍の邸宅には名木が取り寄せられたことから「花の御所」とよばれた。
ウ 水城や大野城に代表される朝鮮式山城などに囲まれた場所に立地された。
エ 周りを山や海の自然に囲まれた，防備機能の高い場所に立地された。

3 **C**の資料について述べた，次の文中と資料中の□□に共通して当てはまる語を書きなさい。

> **C**の資料は，山城国一揆について述べられた資料の一部である。山城国では，国に住む有力な武士や農民たちが，守護大名の跡目を争っていた畠山氏の軍勢に対して一揆をおこし，国外に追放した。これは，領民や武士という下の身分の者が，上の身分の者である守護大名を実力で打ち倒す□□の代表的な例である。

4 **D**の資料の頃の社会の状況について，正しく述べているのはどれか。
ア 最澄や空海が唐から帰国し，新しい仏教を伝えた。
イ 行基が一般の人々の間で布教し，人々とともに橋や用水路をつくった。
ウ 兵庫の港が改修され，宋との貿易が行われるようになった。
エ 土倉や酒屋をおそって借金の帳消しなどを求める土一揆がおこった。

5 **E**の資料は，後醍醐天皇が行った建武の新政に対する批判を記したものである。建武の新政は，政権が打ち立てられて，約2年という短期間で崩れた政治であった。この政権が批判された理由を，「武士」「貴族」の二つの語を用いて，簡潔に書きなさい。

6 **A**から**E**の資料を，年代の古い順に並べ替えなさい。なお，**A**が最初である。

5 次の文を読み，**1**から**6**までの問いに答えなさい。

> 徳川家康を初代将軍とする江戸幕府は，約260年間続いた。この江戸時代には，第三代将軍のⓐ徳川家光や第八代将軍の徳川吉宗など，将軍による政治改革だけでなく，ⓑ田沼意次や水野忠邦などの，老中による政治改革も見られた。
> 幕府がほろんだ後は，明治政府がⓒ天皇への集権化を図る政策を行った。特に欧米諸国を意識した政策が展開され，経済や軍事力の充実を優先した。日清戦争，ⓓ日露戦争，第一次世界大戦を経て，1920年，日本はⓔ国際連盟の常任理事国入りを果たしたが，1933年にⓕ国際連盟脱退を通告し，第二次世界大戦での敗戦を経験した。

下野模擬問題(第186回)◆社会

1　**図1**は，下線部ⓐの人物が出した法律の一部を示している。**図1**について述べた，次の文中の□に当てはまる語を書きなさい。

> **図1**は，徳川家光が出した武家諸法度の一部である。この制度は，江戸から遠くに配置された□大名にとって，とくに藩の財政を苦しめるものとなった。

> 一　大名・小名は領国と江戸に交代ですむこと。毎年四月中に参勤せよ。
> (部分要約)

図1（「徳川禁令考」により作成）

2　下線部ⓑの人物が行った政治改革について述べた，次の文中の［Ⅰ］，［Ⅱ］に当てはまる語の組み合わせとして正しいのはどれか。

> 田沼意次は，幕府の財政を立て直すため，蝦夷地の調査を行い，長崎貿易での［Ⅰ］の輸出を拡大した。また，［Ⅱ］をつくることを奨励し，そこから税を納めさせるなどの改革を行った。

ア　Ⅰ－俵物　Ⅱ－株仲間　　**イ**　Ⅰ－俵物　Ⅱ－座
ウ　Ⅰ－生糸　Ⅱ－株仲間　　**エ**　Ⅰ－生糸　Ⅱ－座

3　下線部ⓒに関して，藩主に土地と人民を政府に返させた政策を何というか。

4　下線部ⓓに関して，日露戦争が終結した後の状況について，正しく述べているのはどれか。

ア　日英同盟を結んだ。　　**イ**　日本が韓国を併合した。
ウ　甲午農民戦争がおきた。　　**エ**　三国干渉を受けた。

5　下線部ⓔに関して，国際連盟に関する次の文Ⅰ，Ⅱ，Ⅲの正誤の組み合わせとして，正しいのはどれか。

> Ⅰ　アメリカ，フランスも常任理事国入りした。
> Ⅱ　アメリカのウィルソン大統領が提案して発足した。
> Ⅲ　国際的に大きな影響力は持たなかった。

ア　Ⅰ－正　Ⅱ－正　Ⅲ－誤　　**イ**　Ⅰ－正　Ⅱ－誤　Ⅲ－正
ウ　Ⅰ－正　Ⅱ－誤　Ⅲ－誤　　**エ**　Ⅰ－誤　Ⅱ－正　Ⅲ－正
オ　Ⅰ－誤　Ⅱ－正　Ⅲ－誤　　**カ**　Ⅰ－誤　Ⅱ－誤　Ⅲ－正

6　下線部ⓕについて，日本が国際連盟脱退を通告した直接的な理由について，正しく述べているのはどれか。

ア　ワシントン会議が開かれ，海軍の軍備が制限されたため。
イ　米騒動がおき，全国的に暴動が拡大していたため。
ウ　国際連盟で満州国の建国を認められなかったため。
エ　ドイツが独ソ不可侵条約を破り，ソ連に侵攻したため。

6

次の**1**から**5**までの問いに答えなさい。

1　戦後の占領された日本について述べた，次の文中の□に当てはまる人物名を書きなさい。

> 日本本土は，アメリカ軍を主力とする連合国軍によって占領された。占領の中心にあたったのは連合国軍最高司令官総司令部(GHQ)で，その最高司令官は□であった。GHQの指導のもと，財閥解体や農地改革などが行われ，日本は民主化が進んだ。

2　**図1**は，1940年の製造業全体の工業生産指数を100としたときの，工業生産指数の推移を示している。これについて述べた，次の文中と**図1**中の［X］に共通して当てはまる語を書きなさい。

> 1950年に始まり，1953年に停戦協定を結んだ［X］の影響で，アメリカが軍需物資を調達するため，日本は経済が回復した。これを特需景気とよび，経済の回復は，日本の戦後復興の足がかりとなった。

図1（「明治以降本邦主要経済統計」により作成）

3　冷戦について述べた，次の文中の［Ⅰ］，［Ⅱ］に当てはまる語の組み合わせとして正しいのはどれか。

> 第二次世界大戦後，世界はアメリカを中心とする［Ⅰ］の西側と，ソ連が率いる［Ⅱ］の東側の二つの勢力に分裂し，この対立は，冷たい戦争(冷戦)とよばれた。

ア　Ⅰ－帝国主義　Ⅱ－社会主義　　**イ**　Ⅰ－資本主義　Ⅱ－社会主義
ウ　Ⅰ－資本主義　Ⅱ－帝国主義　　**エ**　Ⅰ－社会主義　Ⅱ－資本主義

解答・解説 P248・P251

4　戦後の日本の外交についてまとめた**図2**の略年表を見て，次の(1)，(2)の問いに答えなさい。

(1)　下線部の条約と同時に結ばれ，アメリカ軍基地が日本国内に残されることなどが決められた条約は何か。

(2)　日韓基本条約が結ばれたのは，**図2**中の**ア**，**イ**，**ウ**，**エ**のどの時期か。

年	主なできごと	時期
1951	サンフランシスコ平和条約を結ぶ……	
		ア
1956	日ソ共同宣言に調印する……	
		イ
1972	日中共同声明に調印する……	
		ウ
1978	日中平和友好条約に調印する……	
		エ
1992	国際平和協力法が成立する……	

図2

5　**図3**は，国際連合加盟国数の推移を示している。1945年から1970年にかけて，最も加盟国数が増えた州名を明らかにしながら，その州の加盟国数が増えた理由を，「植民地」の語を用いて，簡潔に書きなさい。

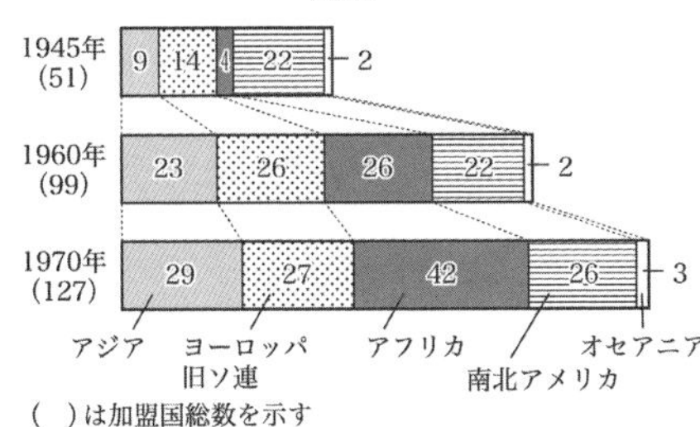

図3（「国際連合広報センター資料」により作成）

7　次の**1**から**4**までの問いに答えなさい。

1　情報社会について述べた，次の文中の□に当てはまる語を，**カタカナ**で書きなさい。

> 情報社会の進展や，人工知能(AI)の開発により，わたしたちの生活は便利になっている。一方，インターネットの犯罪件数などは増えており，情報を正しく理解し，活用する能力である情報□を養うことが大切である。

2　**図1**は，日本の品目別食料自給率を示している。次の(1)，(2)の問いに答えなさい。

(1)　**図1**中の**a**，**b**，**c**には，肉類，米，小麦のいずれかが当てはまる。**a**，**b**，**c**に当てはまる品目の組み合わせとして正しいのはどれか。

ア　**a**－肉類　**b**－小麦　**c**－米
イ　**a**－米　**b**－肉類　**c**－小麦
ウ　**a**－小麦　**b**－米　**c**－肉類
エ　**a**－米　**b**－小麦　**c**－肉類

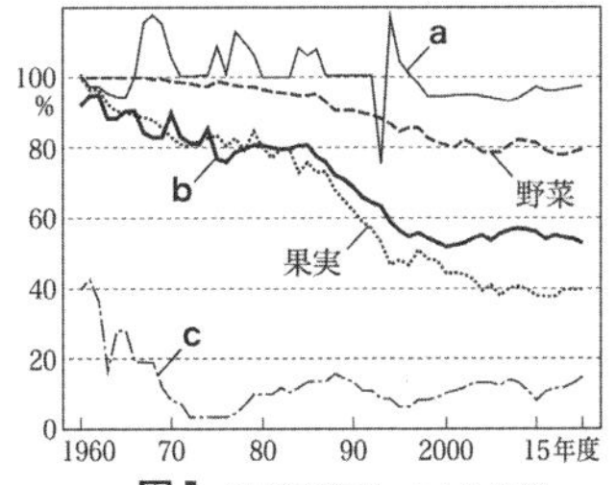

図1（「食料需給表」により作成）

(2)　**図2**は，オレンジ(みかん)の国産価格と国際価格を示している。**図2**を参考にして，**図1**中の果実の自給率が下がっている理由を，簡潔に書きなさい。

	2015年(円/kg)
国産価格	262
国際価格	151

図2（「東京都中央卸売市場市場統計情報」などにより作成）

3　近年の日本で減少傾向にあるものとして当てはまるのはどれか。

ア　総人口　　**イ**　スマートフォンの保有率
ウ　インターネット広告費　　**エ**　核家族世帯数

4　少子高齢化について，正しく述べているのはどれか。

ア　少子化が進むことによって，医療費や公的年金などの社会保障費の支出が増加している。
イ　結婚する平均年齢が上がる晩婚化により，高齢化が進んでいる。
ウ　少子化を防ぐために，保育所や子育てを支援する制度の整備が急がれている。
エ　合計特殊出生率が上昇していることが，高齢化につながっている。

令和3年
10月3日実施

第186回 下野新聞模擬テスト
数　学

制限時間 50分

1 次の**1**から**14**までの問いに答えなさい。

1 $-2+5$ を計算しなさい。

2 $-6a^2b^3 \div 2ab$ を計算しなさい。

3 $a=-3$，$b=-1$のとき，a^2+b^3 の値を求めなさい。

4 x^2-6x+9 を因数分解しなさい。

5 $m=\dfrac{2a-b}{3}$ をbについて解きなさい。

6 $a \leqq 0$，$b<0$であるとき，次の**ア**，**イ**，**ウ**，**エ**のうちから，内容が正しいものを1つ選んで，記号で答えなさい。

ア $a+b$の値は0になることがある。
イ $a-b$の値は必ず正の数になる。
ウ $a \times b$の値は0になることがある。
エ $a \div b$の値は必ず0以下の数になる。

7 右の図で，$\ell /\!/ m$であるとき，$\angle x$の大きさを求めなさい。

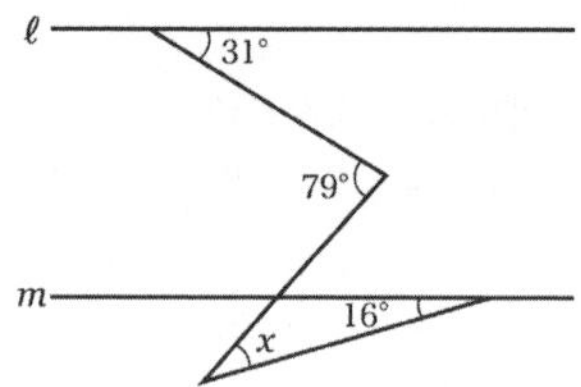

8 yはxに反比例し，$x=4$のとき$y=-8$である。比例定数を求めなさい。

9 右の図のような，点Oを中心とする直径6cmの球がある。この球の体積を求めなさい。ただし，円周率はπとする。

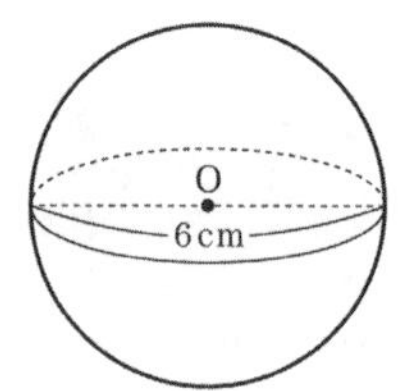

10 $\sqrt{2}-\sqrt{18}$ を計算しなさい。

11 2次方程式 $x^2+11x+28=0$ を解きなさい。

12 xLのお茶があり，3人でymLずつ飲んだが，まだzmL残っていた。zをx，yを用いて表しなさい。

13 右の図のような立方体ABCD－EFGHがあり，点Mは辺ABの中点である，この立方体を頂点C，頂点E，点Mを通る平面で切断したとき，その切り口は何という図形になるか。ただし，三角形や四角形以外の語で書くこと。

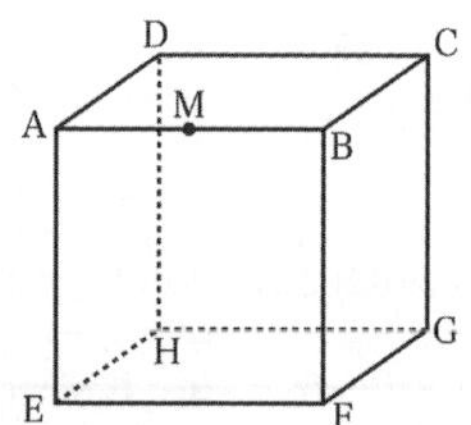

14 次の文の（　　）に当てはまるものとして最も適切なものを，**ア**，**イ**，**ウ**，**エ**のうちから1つ選んで，記号で答えなさい。ただし，円周率はπとする。

> 右の図の正方形ABCDにおいて，うすく塗っている2つの部分の面積の和は（　　）cm²である。

ア 2　　**イ** $\pi-1$
ウ π　　**エ** $\pi+1$

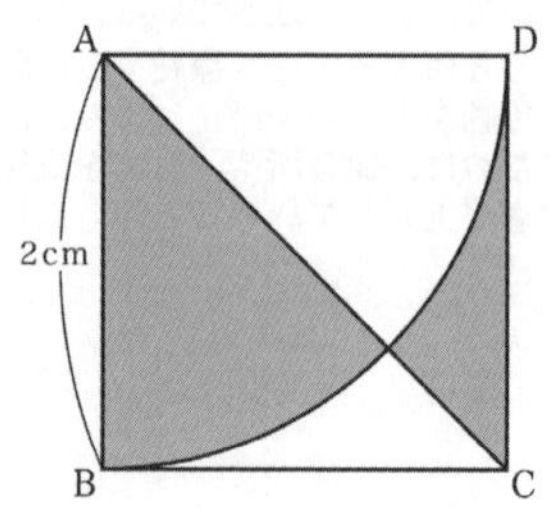

解答・解説 P249・P255

2 次の**1**，**2**，**3**の問いに答えなさい。

1　右の図のような△ABCにおいて，頂点Bを中心とし，辺ABを半径とする円の一部がかかれている。△ABCの辺BCを底辺としたときに，その高さとなる線分AHを，かかれている円の一部を利用して作図によって求めなさい。ただし，作図には定規とコンパスを使い，また，作図に用いた線は消さないこと。

2　1個のオセロ石(オセロゲームに使う石)を投げて，右の図のように，黒い面が上を向いたときを「黒の状態」，白い面が上を向いたときを「白の状態」とする。オセロ石を続けて2回投げたとき，少なくとも1回は「黒の状態」になる確率を求めなさい。ただし，「黒の状態」になることも「白の状態」になることも同様に確からしいものとし，オセロ石が側面を下にして立つことはないものとする。

3　右の図のような，座標平面上の点A(6，6)で交わっている関数$y=ax+4$のグラフと，関数$y=-3x+24$のグラフがあり，点Bは関数$y=ax+4$のグラフとy軸との交点，点Cは関数$y=-3x+24$のグラフとx軸との交点である。

次の文は，四角形OBACの面積を求めるまでの手順について述べたものである。文中の①，②に当てはまる数をそれぞれ求めなさい。

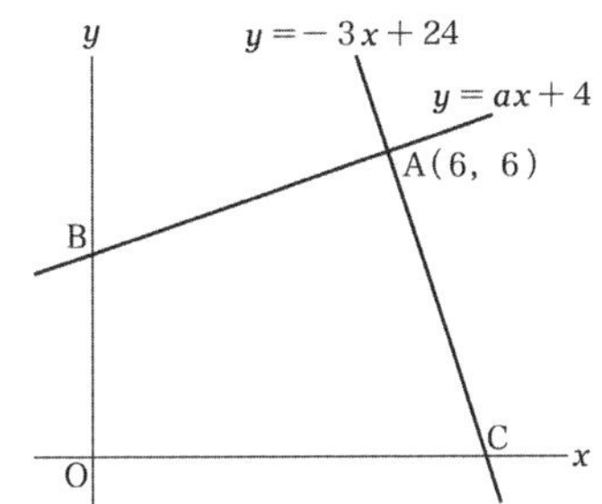

> $y=ax+4$のグラフの切片であることから，点Bのy座標はすでにわかっている。また，$y=-3x+24$に$y=$ (　①　) を代入することで，点Cのx座標も求められる。次に，対角線OAを引いて四角形OBACを2つの三角形に分割することで，四角形OBACの面積は (　②　) であることが求められる。

3 次の**1**，**2**の問いに答えなさい。

1　A地点からB地点まで行くのに，上り坂になっているA地点からP地点までは毎時3kmの速さで，下り坂になっているP地点からB地点までは毎時5kmの速さで歩いたところ，2時間かかった。また，帰りも同様に，上り坂になっているB地点からP地点までは毎時3kmの速さで，下り坂になっているP地点からA地点までは毎時5kmの速さで歩いたところ，2時間16分かかった。A地点からP地点までの道のりを$x$km，P地点からB地点までの道のりを$y$kmとして連立方程式をつくり，A地点からB地点までの道のりを求めなさい。ただし，途中の計算も書くこと。

2　ある中学校の3年生を対象として，通学時間の調査が行われた。右の表は，1組と2組の生徒の結果を，度数分布表にまとめたものである。

このとき，次の(1)，(2)，(3)の問いに答えなさい。

(1)　1組と2組の結果を合わせると，中央値(メジアン)は何分以上何分未満の階級に入るか。

(2)　次の文の①，②に当てはまる数をそれぞれ求めなさい。

階級〔分〕			度数〔人〕	
以上		未満	1組	2組
0	～	4	0	0
4	～	8	7	8
8	～	12	5	6
12	～	16	8	5
16	～	20	6	4
20	～	24	1	2
24	～	28	1	0
計			28	25

下野模擬問題（第186回）◆数学

1組の生徒について，階級値が6分である階級の相対度数は，小数で（　①　）と表される。また，同じく1組の生徒について，実際の通学時間の分布の範囲（レンジ）は（　②　）分未満であることがわかる。

(3)　学校の周辺で行われていた道路工事の現場が移動したため，2組の生徒7人の通学時間に影響が出た。7人のうちの何人かは通学時間が4分だけ短くなり，残りは4分だけ長くなった。そのため，2組全員の個々のデータを使って求めた通学時間の平均値が0.48分だけ短くなった。通学時間が短くなった生徒は何人であったか。

4　次の**1**，**2**の問いに答えなさい。

1　右の図のような正三角形ABCがある。辺BC上に点Dを，辺AC上に点EをBD＝CEとなるようにとるとき，△ABD≡△BCEであることを証明しなさい。

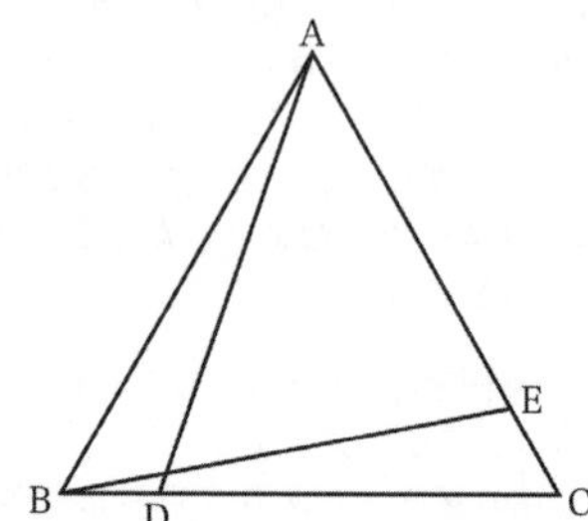

2　右の図のような正八面体ABCDEFがあり，その対角線BDの長さは12cmである。
　このとき，次の(1)，(2)の問いに答えなさい。

(1)　面ACDと平行な面はどの面か。

(2)　正八面体ABCDEFの体積を求めなさい。

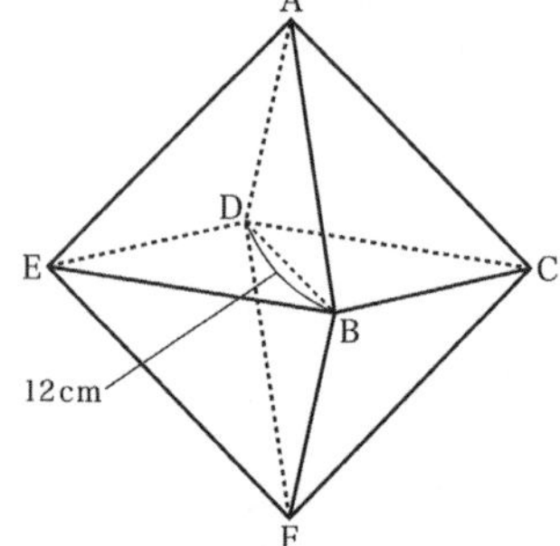

5　図1のような，∠C＝90°である直角三角形ABCと長方形ACDEがある。これらの直角三角形と長方形は辺ACを共有していて，AB＝15cm，BC＝9cm，AC＝12cm，CD＝6cmである。
　点Pは，頂点Bを出発してから毎秒1cmの速さで，頂点B→頂点A→頂点Cの順に辺上を移動する点で，頂点Cに到着したら止まるものとする。
　図2は，点Pが頂点Bを出発してからの時間をx秒，△PBDの面積をy cm²として，点Pが頂点Cに到着するまでのxとyの関係を表したグラフである。

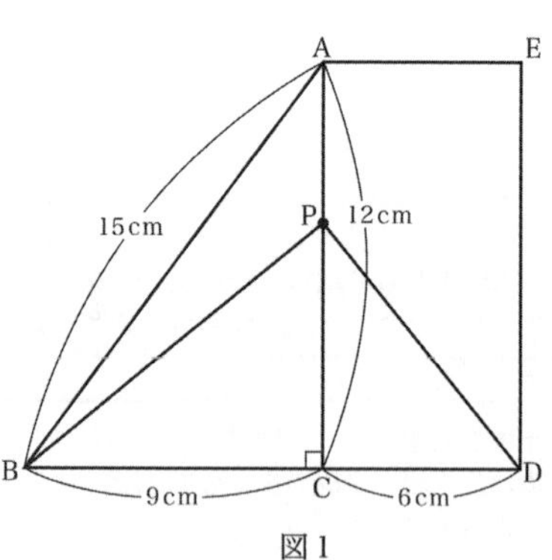

図1

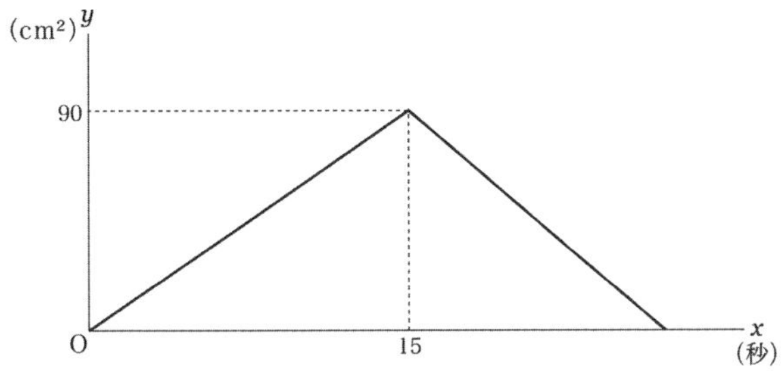

(cm^2) y 90 O 15 x (秒)

図2

このとき，次の**1**，**2**，**3**の問いに答えなさい。

1　点Pが辺AB上を移動しているとき，△PBDの面積は1秒間につき何 cm^2 ずつ増加するか。

2　点Pが辺AC上にあるとき，y を x の式で表しなさい。

3　△PABの面積が△PCDの面積の3倍になるのは，点Pが頂点Bを出発してから何秒後か。

6　図1のような，1辺の長さが10 cmの正三角形の形をしたタイルがたくさんある。

これらのタイルを，図2のように規則正しく並べて，1番目，2番目，3番目，…と，大きな図形を順につくっていくものとする。

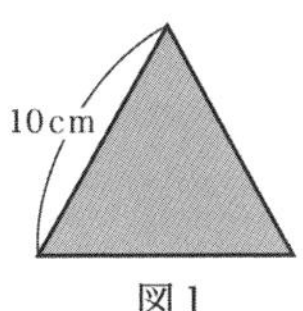

図1

1番目　2番目　3番目　・・・

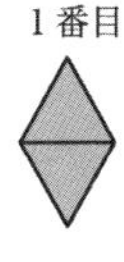

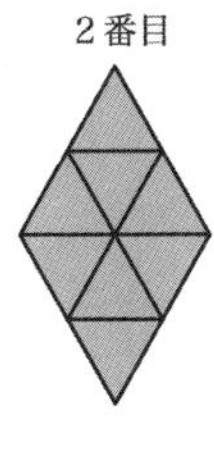

・・・

図2

また，1番目，2番目，3番目，…の大きな図形の周の長さ，並んでいるタイルの枚数を，下の表のように整理した。

	1番目	2番目	3番目	…
大きな図形の周の長さ(cm)	40	80	120	…
並んでいるタイルの枚数(枚)	2	8	18	…

このとき，次の**1**，**2**，**3**の問いに答えなさい。

1　次の文の①，②に当てはまる数をそれぞれ求めなさい。

> 4番目の大きな図形について，その周の長さは（　①　）cmである。また，全部で（　②　）枚のタイルが並んでいる。

2　n 番目の大きな図形には，全部で何枚のタイルが並んでいるか，n を用いた最も簡単な式で表しなさい。

3　大きな図形の周の長さを p cm，並んでいるタイルの枚数を q 枚としたとき，$q-p=138$ になるのは何番目の大きな図形か。ただし，途中の計算も書くこと。

問題 R3 186 187 188 189 【数学】第186回

第186回 下野新聞模擬テスト
理　科

1 次の**1**から**8**までの問いに答えなさい。

1 日本で用いられている震度階級の中で，弱と強の２段階に分けて表されている階級を正しく組み合わせているものは，次のうちどれか。

ア 3と4　　**イ** 4と5　　**ウ** 5と6　　**エ** 6と7

2 「1kWh」は，<u>ある時間</u>に消費した電力の量を表している。下線部の時間は，次のうちどれか。

ア 1秒間　　**イ** 1分間　　**ウ** 1時間　　**エ** 1日間

3 ある1匹の単細胞生物が，1回目の分裂によって2匹の個体になった。この後も新たにできた個体が同時に分裂を繰り返していくものとすると，5回目の分裂が終わった直後の個体数を表しているものは，次のうちどれか。

ア 8匹　　**イ** 16匹　　**ウ** 24匹　　**エ** 32匹

4 次のうち，金属に共通する性質に**当てはまらないもの**はどれか。

ア たたくと粉々になる。　　**イ** 引っぱると細くのびる。
ウ 熱を伝えやすい。　　**エ** こすると光沢が現れる。

5 あるとき，乾湿計の乾球温度計が17℃，湿球温度計が13℃を示していた。右の表(湿度表の一部)をもとにすると，このときの湿度は何％であったことがわかるか。

乾球の示度〔℃〕	乾球と湿球の示度の差〔℃〕				
	1	2	3	4	5
18	90	80	71	62	53
17	90	80	70	61	51
16	89	79	69	59	50
15	89	78	68	58	48
14	89	78	67	57	46
13	88	77	66	55	45

6 右の図のように，検流計につないだコイルに棒磁石のN極をすばやく近づけたところ，検流計の針が振れた。この操作によってコイルに流れた電流を何というか。

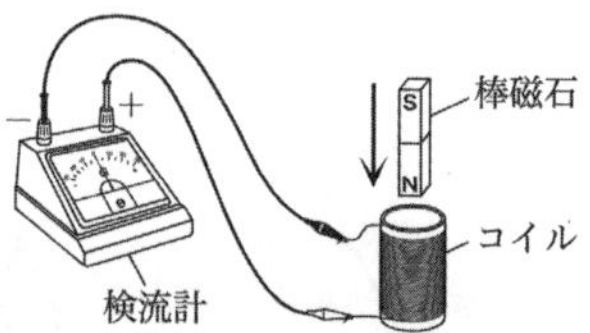

7 右の図は，エビやカニなどと同じなかまに分類される，ある生物の外観を表したものである。この生物は，節足動物の中では何類に分類されるか。

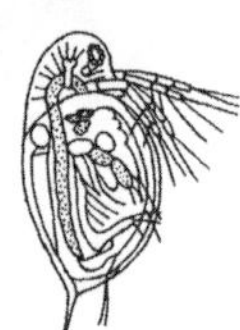

8 試験管の中でうすい塩酸と石灰石を反応させると，何という気体が発生するか。その気体の名称を書きなさい。

2 右の図は，ある年の10月15日の午後3時の天気図で，図の中央付近に見られる低気圧は，A，Bで示した前線をともなった温帯低気圧である。

このことについて，次の**1**，**2**，**3**の問いに答えなさい。

120°　130°　140°　150°　高　40°　1000　低　994　1020　A　30°　B

1 Aで示した前線の名称は，次のうちどれか。

ア 温暖前線　　**イ** 寒冷前線
ウ 停滞前線　　**エ** 閉そく前線

2 次の□内の文は，Bで示した前線付近で降っている雨について述べたものである。①，②に当てはまる語をそれぞれ(　　)の中から選んで書きなさい。

> Bで示した前線の ①(東側・西側) の区域においては，②(積乱雲・乱層雲) という雲ができることによって，比較的せまい範囲に雨が降っていることが多い。

解答・解説 P249・P257

3 図の天気図の日から3日後の10月18日は，偏西風によって流されてきた高気圧が日本付近を通過していったため，全国的に晴天になった。この高気圧のような，偏西風の影響で日本付近を西から東の向きに通過していく高気圧を，特に何高気圧というか。

3 右の図のように，凸レンズの中心から左の方に40cm離れた位置に火のついたろうそくを立てた後，光軸に沿ってついたてを動かして，ついたてにろうそくのはっきりした像を映したところ，凸レンズの中心からついたてまでの距離は24cmであった。

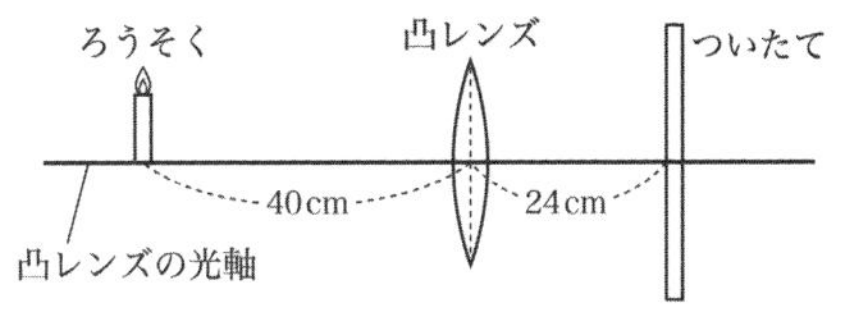

このことについて，次の**1**，**2**，**3**の問いに答えなさい。なお，ろうそくとついたては，いずれも凸レンズの光軸と垂直になっている。

1 ついたてに映ったろうそくの像を何というか。

2 次の□内の文章は，ついたてに映ったろうそくの像の大きさと向きについて述べたものである。①，②に当てはまる語をそれぞれ(　　)の中から選んで書きなさい。

> ついたてに映った像の大きさは，実物のろうそくよりも ①(大きかった・小さかった)。また，像の向きは，上下が実物のろうそくと ②(同じ向き・逆の向き) になっていた。

3 この操作で使用した凸レンズの焦点距離をd〔cm〕とする。dの値またはdの値が属する範囲を正しく表しているものを，次の**ア**から**オ**のうちから一つ選び，記号で書きなさい。

ア $d=12$　　**イ** $12<d<24$　　**ウ** $d=24$　　**エ** $24<d<40$　　**オ** $d=40$

4 ホウセンカの葉の断面(葉脈を含む部分)を，顕微鏡を用いて観察した。右の図は，観察した葉の断面の一部を表したものである。

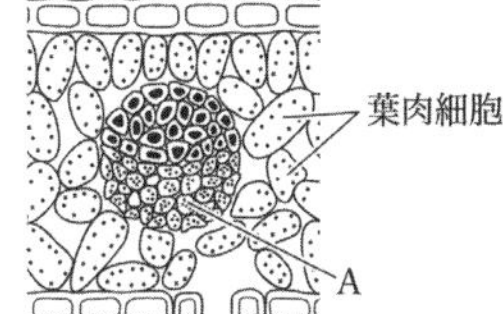

このことについて，次の**1**，**2**，**3**の問いに答えなさい。

1 ホウセンカの葉脈は網目状に広がっていた。このことから，ホウセンカの発芽時には，何枚の子葉が出ることがわかるか。

2 図において，Aで示した管を何というか。**漢字2字**で書きなさい。また，その管の役割は何か。「葉」という語を用いて簡潔に書きなさい。

3 次の□内の文は，図中の葉肉細胞の中に見られる粒について述べたものである。①，②に当てはまる語をそれぞれ書きなさい。

> 葉肉細胞の中に見られる緑色の粒は（　①　）とよばれる細胞のつくりで，その中では，デンプンなどの栄養分をつくり出す（　②　）というはたらきが行われている。

5 物質に起こる化学変化について調べるために，次の実験(1)，(2)，(3)を順に行った。

> (1) 鉄粉と硫黄の粉末を適量ずつ混ぜ合わせたものをアルミニウムはくで包み，すき間ができないように両端をねじった筒を2本(筒A，筒Bとする)つくった。
>
> (2) 右の図のように，筒Aをガスバーナーで熱し，赤くなってきたところで筒を砂皿の上に置いたが，反応はそのまま最後まで進行した。なお，筒Bは熱さずにそのままにしておいた。
>
> (3) 筒Aが十分に冷えるまで待ってから，筒Aと筒Bに磁石を近づけて引き寄せられ方を調べた。その結果のちがいから，筒Aと筒Bの中の物質は，互いに異なる物質であることがわかった。

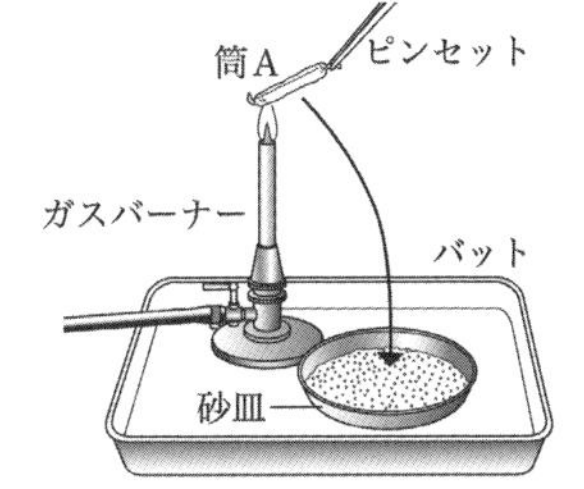

このことについて，次の**1**，**2**，**3**の問いに答えなさい。

1 実験に用いた硫黄は，どのような化学式によって表されるか。

2　実験(2)で，筒Aを砂皿の上に置いた後も反応が進行したことから，筒Aの中では熱が出入りする反応が起こっていることがわかった。熱を発生したり吸収したりする反応のうち，鉄粉と硫黄の粉末に起こった化学変化を何反応というか。

3　次の□内の文章は，実験(3)について述べたものである。①，②に当てはまる語をそれぞれ(　)の中から選んで書きなさい。

> 実験(3)では，①(筒A・筒B)は磁石に引き寄せられなかった。このことから，①の中の物質は，鉄と硫黄による②(混合物・化合物)であると考えられる。

6　ある地域の地下で地層が重なっているようすについて，次の(1)，(2)，(3)，(4)のようなことを調べた。

(1)　調べた地域の地形図(一部)は図1のように表される。なお，図1内に書かれている数値は標高〔m〕を表していて，A地点を基準にすると，B地点は真東に，C地点は真南に位置している。

(2)　図1のA，B，C地点では，過去にボーリングが行われたことがあり，図2は，そのときに得られたサンプルをもとに作成した地質柱状図である。

(3)　図2にXで示した砂岩の層には，アンモナイトの化石が含まれている。

(4)　詳細な地質調査によって，図1の地域の地下の地層について，次の二つのことがらがわかっている。

・それぞれの地層は連続してほぼ平行に重なっていて，ある一つの方角に向かって傾斜して(低くなるように傾いて)いる。

・地層の上下の逆転や断層，しゅう曲などは見られず，凝灰岩の層は1枚しかない。

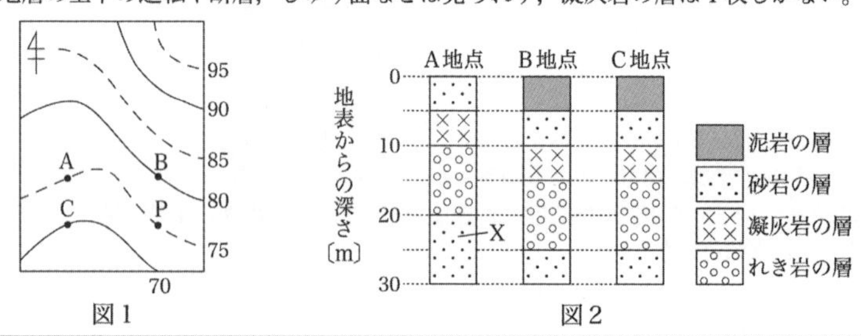

図1　　図2

このことについて，次の**1**，**2**，**3**，**4**の問いに答えなさい。

1　図2に見られる凝灰岩の層をつくる堆積物が積もったころ，調べた地域の付近ではどのような自然現象が起こったと考えられるか，簡潔に書きなさい。

2　調べた地域の地下の地層は，どの方角に向かって傾斜して(低くなるように傾いて)いると考えられるか。その方角を**漢字**で書きなさい。

3　図1のP地点は，B地点の真南でC地点の真東に位置している。このP地点においては，地表から何mの深さのところに凝灰岩の層の上端があると考えられるか。

4　次の□内の文は，アンモナイトが生息していた地質年代について述べたものである。①，②に当てはまる語をそれぞれ(　)の中から選んで書きなさい。

> 地質年代を，約5.42億年前〜約2.51億年前，約2.51億年前〜約0.66億年前，約0.66億年前〜現在の三つに区分した場合，アンモナイトは①(ビカリア・フズリナ・恐竜)などと同じく，②(古生代・中生代・新生代)とよばれる地質年代に生息していたと考えられている。

解答・解説 P249・P257

7 点灯する電球の明るさがつなぎ方によってどのように異なるかについて調べるために，次の実験(1)，(2)，(3)を順に行った。

(1) 図1のような，「100 V－100 W」と表示されている電球X，Yと，「100 V－25 W」と表示されている電球P，Qを用意した。

(2) 電球X，Pを用いて図2の回路図で表される回路を組み立て，100 Vのコンセントに回路をつないだところ，電球X，Pはどちらも点灯したが，それぞれの電球の明るさは異なっていた。

図1

(3) 電球Y，Qを用いて図3の回路図で表される回路を組み立て，100 Vのコンセントに回路をつないだところ，電球Y，Qはどちらも点灯したが，それぞれの電球の明るさは異なっていた。

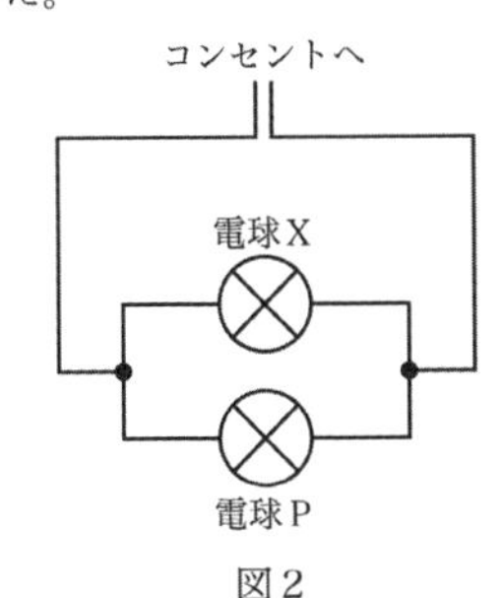

図2

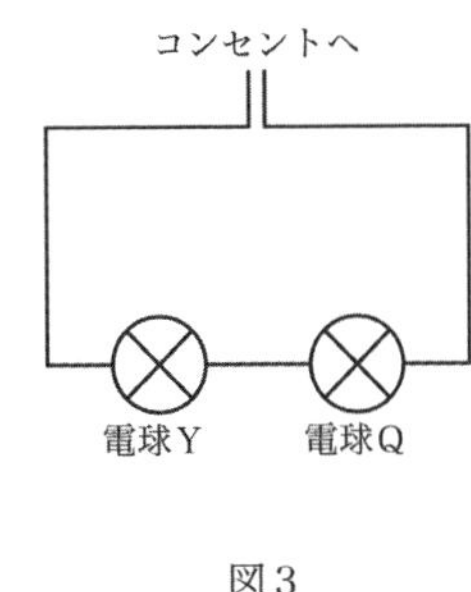

図3

このことについて，次の**1**，**2**，**3**，**4**の問いに答えなさい。ただし，実験で組み立てた2種類の回路のどちらにも電球以外に抵抗はないものとし，それぞれの電球の抵抗は常に一定であるものとする。

1 図2のような2個の電球のつなぎ方を何つなぎというか。

2 実験で使用した電球Xのみを100 Vのコンセントにつないだとすると，電球Xには何Aの電流が流れるか。また，電球Pの抵抗は，次のうちどれか。

ア 1 Ω　　**イ** 4 Ω　　**ウ** 100 Ω　　**エ** 400 Ω

3 実験(3)で，電球Y，Qが点灯していたとき，電球Qが消費していた電力は何Wか。

4 次の□内の文章は，実験(2)，(3)における電球の明るさについて述べたものである。①，②に当てはまるものは，それぞれ電球X，Y，P，Qのうちどれか。

> 実験(2)，(3)において，点灯していた電球X，Y，P，Qのうち，最も明るく点灯していた電球は電球（ ① ）であった。また，最も暗く点灯していた電球は電球（ ② ）であった。

問題
R3
186
187
188
189
【理科】第186回

8 有性生殖によって被子植物がなかまをふやす過程について，次の(1)，(2)のようなことを調べた。

(1) 被子植物は，ある時期になると花をさかせ，おしべのやくにできた花粉がめしべの先端部分につく。このことを受粉といい，図1は，受粉が行われた後の，ある被子植物のめしべの縦断面を模式的に表したものである。

(2) 図1の状態からしばらくすると，花が熟して(成長して)果実ができる。図2は，図1の被子植物の果実の縦断面を模式的に表したものである。

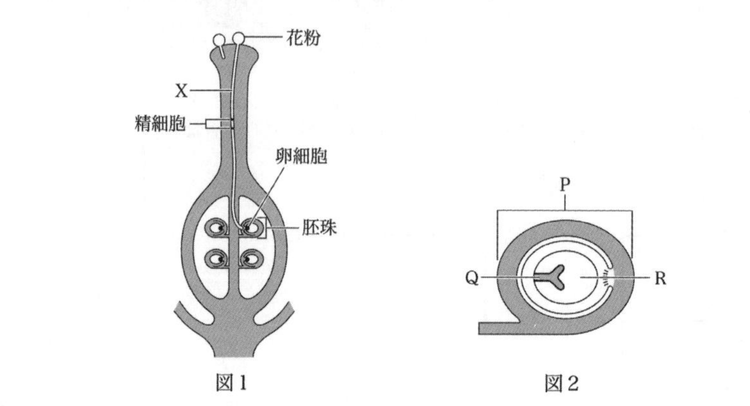

図1　図2

このことについて，次の**1**，**2**，**3**，**4**の問いに答えなさい。

1 被子植物とは，胚珠がどのようになっている植物のことをいうか。めしべの一部分を表す語を用いて簡潔に書きなさい。

2 図1にXで示したものを何というか。

3 次の□内の文章は，被子植物の新しい個体ができるまでの過程について述べたものである。①に当てはまる語を書きなさい。また，②に当てはまるものは，図2のP，Q，Rのうちどれか。

> 図1で，花粉がめしべの先端部分につくと，Xで示したものが胚珠に向かってのびていき，その先端が胚珠に達すると，Xによって運ばれてきた精細胞の核と胚珠の卵細胞の核が合体する。この合体によってできた細胞を（ ① ）といい，（ ① ）は細胞分裂をくり返しながら成長していき，やがて根，茎，葉のもととなる（ ② ）になる。

4 図3は，精細胞，卵細胞における染色体のようすを模式的に表したものである。これらの精細胞の核と卵細胞の核が合体してできた細胞が一度だけ細胞分裂したとき，新たにできる二つの細胞における染色体のようすを，解答用紙にかき入れなさい。

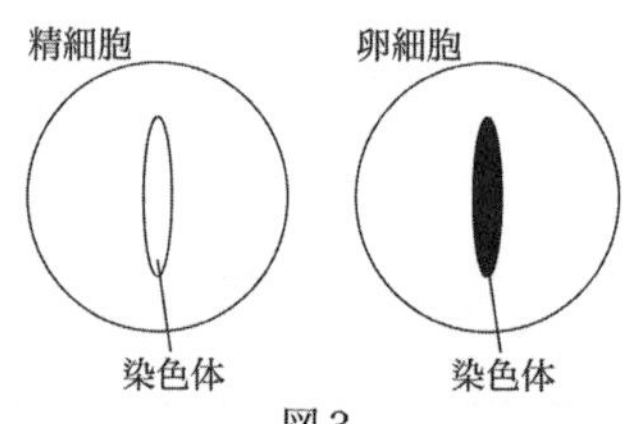

図3

9 うすい塩酸に電流を流したときに起こる化学変化について調べるために，次の実験(1)，(2)，(3)，(4)を順に行った。

(1) 下の図のような簡易電気分解装置をうすい塩酸で満たした後，ゴム栓をした。

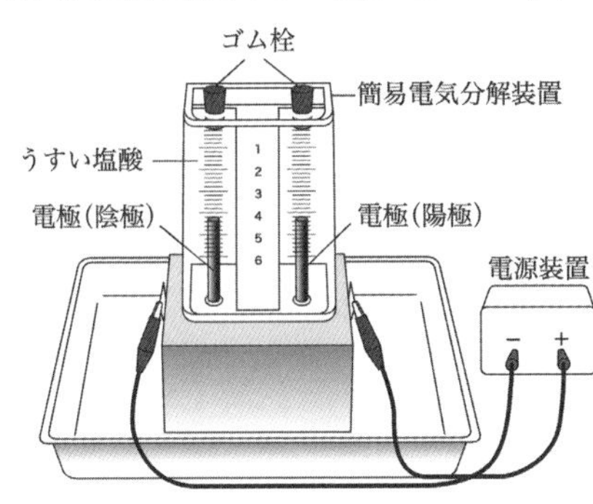

(2) 電源装置のスイッチを入れて電圧を加えたところ，陽極と陰極の両方の電極から気体が発生してきた。

(3) 簡易電気分解装置の中（ゴム栓のすぐ下）に気体がある程度集まったところで電源装置のスイッチを切り，電圧を加えるのを止めた。このとき，陽極側に集まっていた気体の体積は，陰極側に集まっていた気体の体積に比べると極端に少なかった。

(4) 陽極側と陰極側に集まっていた気体の性質を，それぞれ調べた。

このことについて，次の**1**，**2**，**3**，**4**の問いに答えなさい。

1 次の□内の文章は，うすい塩酸の溶質について述べたものである。①，②に当てはまる語をそれぞれ書きなさい。

うすい塩酸の溶質は（ ① ）という気体であり，（ ① ）はうすい塩酸の中で陽イオンと陰イオンとに分かれている。このように，水溶液中で溶質が陽イオンと陰イオンとに分かれることを（ ② ）という。

2 実験(3)で，陽極側に集まっていた気体の体積が，陰極側に集まっていた気体の体積に比べると極端に少なかったのは，陽極側に集まっていた気体にどのような性質があるからか。その気体の名称を表す語を用いて簡潔に書きなさい。

3 実験(4)で，陰極側に集まっていた気体が何であるかを特定した操作は，次のうちどれか。

ア 赤インクをしみ込ませたろ紙を気体の中に入れた。
イ 気体のにおいを調べた。
ウ 水で湿らせた赤色リトマス紙を気体の中に入れた。
エ マッチの炎を気体に近づけた。

4 実験において，電圧を加えることによってうすい塩酸の溶質に起こった化学変化を，化学反応式で表しなさい。

令和3年
10月3日実施

第186回 下野新聞模擬テスト
英　語

制限時間 **50**分

1　これは聞き方の問題である。指示に従って答えなさい。

1〔英語の対話とその内容についての質問を聞いて，答えとして最も適切なものを選ぶ問題〕

(1) ア　イ　ウ　エ
(2) ア　イ　ウ　エ
(3) ア　イ　ウ　エ

2〔英語の対話とその内容についての質問を聞いて，答えとして最も適切なものを選ぶ問題〕

(1) ①　**ア**　A mountain.　　**イ**　A museum.
　　　ウ　A popular zoo.　　**エ**　A big park.
　②　**ア**　Because the zoo was popular.　　**イ**　Because it was too cold.
　　　ウ　Because they were too busy.　　**エ**　Because they had to come back home.

(2)

GREEN WEB SHOP

■**T-shirts**

	Style One	Style Two	Style Three
Style			
size	S / M / L	S / M / L	S / M / L
price	¥3,500	¥1,500	¥2,000
color	blue　yellow red	blue　yellow red	blue　white

①　**ア**　3,000 yen.　**イ**　3,500 yen.　**ウ**　5,000 yen.　**エ**　7,000 yen.
②　**ア**　Style One in a size small.　　**イ**　Style One in a size large.
　　ウ　Style Three in a size small.　　**エ**　Style Three in a size large.

3〔ジェニー(Jennie)の「私の夢」という英語のスピーチを聞いて，メモを完成させる問題〕
※数字も英語で書くこと。

About Jennie's dream
・Jennie came to Tochigi from Canada when she was (1)(　　　　).
・She began to take pictures when she didn't understand Japanese well.
・She likes taking pictures because pictures can tell something to us without (2)(　　　　).
・In the future, she wants to take pictures around the (3)(　　　　).
・She hopes many people will enjoy famous places (4)(　　　　) her pictures. That's her dream.

解答・解説 P248・P252

2 次の**1**，**2**の問いに答えなさい。

1 次の英文中の (1) から (6) に入る語句として，下の(1)から(6)の**ア**，**イ**，**ウ**，**エ**のうち，それぞれ最も適切なものはどれか。

I like swimming. I (1) practicing it since I was six years old. When I went to a *swimming pool with my father and sister (2) the first time, I couldn't swim well. But he helped me and I (3) a lot. After that, I could swim (4) than my sister, and swimming became my favorite sport. Now I am a member of this swimming school. I cannot swim so (5) , but I enjoy swimming with other members. Next summer, my father will (6) me to Okinawa. I hope I can swim in the sea there.

〔**注**〕*swimming pool＝水泳用のプール

(1) **ア** am　**イ** was　**ウ** been　**エ** have been
(2) **ア** on　**イ** for　**ウ** during　**エ** at
(3) **ア** practice　**イ** practices　**ウ** practiced　**エ** practicing
(4) **ア** best　**イ** most　**ウ** better　**エ** well
(5) **ア** fast　**イ** early　**ウ** late　**エ** soon
(6) **ア** tell　**イ** bring　**ウ** show　**エ** take

2 次の(1)，(2)，(3)の(　　)内の語句を意味が通るように並べかえて，(1)と(2)は**ア**，**イ**，**ウ**，**エ**，(3)は**ア**，**イ**，**ウ**，**エ**，**オ**の記号を用いて答えなさい。ただし，文頭にくる語も小文字で示してある。

(1) (**ア** is　**イ** called　**ウ** dog　**エ** that) Pochi.
(2) (**ア** yet　**イ** has　**ウ** arrived　**エ** the train)?
(3) I (**ア** to　**イ** of　**ウ** take　**エ** had　**オ** care) my sister yesterday.

3 次の英文は，高校生の俊(Shun)と留学生のニック(Nick)との対話の一部である。また，右の図はそのとき二人で見ていたチラシ(leaflet)の一部である。これらに関して，**1**から**6**までの問いに答えなさい。

Shun: What are you doing, Nick?
Nick: I'm looking at a leaflet about the History Museum. I want to learn more about Japanese history during my stay in Japan. Have you ever [A] the museum?
Shun: Yes. I went there last month. That's a really interesting museum. If you go there next Sunday, I can go with you.
Nick: I'll be happy if you come with me, Shun. Look at this picture. It is *ukiyoe*, right? It's beautiful and interesting. In this picture, ______(1)______?
Shun: I think she is cooking something.
Nick: I see. Reading Japanese is [B] for me, so will you read it with me?
Shun: Sure. This is the information about a special *exhibition. It's about Japanese life in old times. The woman in the leaflet says that ______(2)______ in *the Edo period from *ukiyoe*.
Nick: Oh, sounds interesting. I want to see the exhibition.
Shun: You are a student, so you need to buy your *ticket. It's 800 yen.
Nick: Of course.
Shun: *Actually, I don't need a ticket.
Nick: (3)What do you mean? I know children don't have to pay, but you are a student like me.
Shun: I'm a member of the museum. I *paid three thousand yen to become a member because the members can see any exhibitions *for free.
Nick: Oh, I see. What can I do if I become a member?
Shun: Look here. Every month, the members can ______(4)______. And there are some special classes about history only for the members.

問題 R3
186
187
188
189
【英語】第186回

Nick： That's great! Well, Shun, can we have lunch at the museum?
Shun： Yes. There is a restaurant in the museum. We can also do the shopping at the museum shop. They sell some special *goods for the exhibition.
Nick： That's nice. I want to buy some of those goods for my family in my country. I want to do some shopping first. How about having lunch after that?
Shun： That's (5)a good idea. Then, let's meet at the museum at nine in the morning.
Nick： No problem. Shun, I have one more question. I want to try to eat some Japanese food, too. (6)What food should I eat?

〔注〕*exhibition＝展示会　*the Edo period＝江戸時代　*ticket＝チケット
*actually＝実は　*paid＝payの過去形　*for free＝無料で　*goods＝商品

歴史博物館　展示のお知らせ

◆特別展示

浮世絵に見る昔のくらし

10月12日～10月31日

江戸時代の生活について，浮世絵から学ぶことができますよ。

◆ご利用案内

開館時間　9：00 a.m. ― 5：00 p.m.
休館日　毎週月曜日
ミュージアムショップ　10：00 a.m. ― 5：00 p.m.
レストラン　11：00 a.m. ― 4：00 p.m.

◆入館料

	通常展示のみ	特別展示を含む
大人（18歳以上）	300円	1,000円
学生（中学生，高校生，大学生）	100円	800円
こども（小学生以下）	無料	700円

◆歴史博物館会員のご案内

・年会費3,000円（特別展示を含めて，無料で入館できます。）
・毎月，博物館からの手紙を受け取ることができます。
・会員の方限定の歴史講座を開催します。

1　二人の対話が成り立つよう，［ A ］に入る適切な英語を**1語**または**2語**で書きなさい。

2　上のチラシを参考に，二人の対話が成り立つよう，下線部(1)，(2)，(4)に適切な英語を書きなさい。

3　本文中の［ B ］に入る語として，最も適切なものはどれか。
ア　personal　　**イ**　delicious　　**ウ**　careful　　**エ**　difficult

4　下線部(3)のようにニックが言った理由は何か。解答用紙の書き出しに続けて，日本語で書きなさい。

5　次の［　　］内の英文は，下線部(5)の内容を表している。①，②に入る適切な英語を，本文から**1語**ずつ抜き出して書きなさい。

> Nick wants to (　①　) some special goods for the exhibition. So he will have lunch (　②　) he enjoys shopping with Shun.

6　下線部(6)について，あなたなら，どんな日本の食べ物をニックに紹介しますか。つながりのある**4文から6文程度**の英語で書きなさい。ただし，紹介する日本の食べ物の名前は，ローマ字で書いてもよい。

解答・解説　P248・P252

4 真理(Mari)が遊園地(amusement park)で体験したことについての次の英文を読んで，**1**から**5**の問いに答えなさい。

Last Sunday, my family went to ‘Happy Park’ to enjoy our holiday. It is a popular amusement park near our city. It was a nice day, and there were many people in the park. They looked happy.

When we had lunch in a restaurant, I saw a *poster about a special program in the park. “In this program, you can work with our park *staff and also learn a lot about the park,” the poster said. The program had some kinds of jobs. One of the jobs was to clean the park. I said to my father, “This park is beautiful. I want to know about the job to clean the park. Can I join this program?” “Of course. I will join it with you,” he said. We decided to join it and I was (**A**).

We went to the staff room. One of the staff said, “Hello, welcome to our Happy Park.” His name was Mr. Kato. At first, he *explained Happy Park. It was built ten years ago and is still very popular. About one thousand people come to the park every day. I asked Mr. Kato, “Could you tell us about your job?” He said, “Of course. There are about fifty other staff members here. We clean the streets in the park and collect *trash in *trash cans.” “I see. I want to try the job. Can I help you?” I asked. “Sure,” he said.

Collecting trash was a hard job. Many people enjoyed eating and drinking, so there was a lot of trash in the park. Mr. Kato said, “This is not the only job for us. We have <u>another job</u> after this. Among the trash, there are some things to use again, so finding them is also our job. Well, let's do it together.” My father and I did this job with the staff. When we finished the job, my father said, “This job was really hard, too.” I said, “I think so, too.” The job was interesting, but I was very (**B**).

Mr. Kato said, “These plastic bottles are used to make our uniforms. Look at this uniform.” I said, “It's nice. I like it.” He said, “In the park, we try to use a lot of things again. Each of them is a small thing, but we hope that doing them is good for our *environment.” I said, “We cannot do big things for our environment, but we can do many small things. I learned it from this program.” “Oh, Mari, you've learned an important thing,” my father said. I said to Mr. Kato, “Thank you for today. I want to start something at my school for our environment.” He said, “I'm glad to hear that. I want to work harder, too.” My father and I had a good time at the park.

〔**注**〕*poster＝ポスター　*staff＝(遊園地の)スタッフの人たち　*explain＝説明する
*trash＝ゴミ　*trash can＝ゴミ箱　*environment＝環境

1 本文中の(**A**)，(**B**)に入る真理の気持ちを表している語の組み合わせとして，最も適切なものはどれか。

ア **A**：tired — **B**：sad　　**イ** **A**：excited — **B**：tired
ウ **A**：happy — **B**：excited　　**エ** **A**：sad — **B**：happy

2 次の**質問**に答えるとき，**答え**の[　　]に入る適切な英語**2語**を，第2段落(When we had ～. で始まる段落)から抜き出して書きなさい。

質問：Why did Mari want to join the special program?
答え：Because she wanted to know about the job [　　] the park.

3 下線部の指す内容は何か。日本語で書きなさい。

4 次の[　　]は，遊園地での体験から，真理が気付いたことについてまとめたものである。(①)と(②)に適切な日本語を書きなさい。

私たちは（　　①　　）をすることはできないが，（　　②　　）をすることはできる。

問題 R3 186 187 188 189 【英語】第186回

5 本文の内容と一致するものはどれか。

ア Mari went to Happy Park with her friends last Sunday because they had to work there for their homework.

イ Mr. Kato explained that about one thousand people were working hard every day in Happy Park.

ウ Happy Park collects plastic bottles in trash cans and uses them to make their staff's uniforms.

エ Mari thought that she should work harder to do something good for Happy Park in the future.

5 交通信号(traffic light)のルール(rule)について書かれた次の英文を読んで，**1**，**2**，**3**，**4**の問いに答えなさい。

Today we can go when the traffic light is green. This is one of the *basic rules in our *society. But do you know that a different color was used for "Go" at first?

About one hundred and sixty years ago, the first traffic light was used. It was for trains. To drive trains at [A], train *companies turned on a light as the traffic light. It was a white light. Train *drivers could see "White" the best of all the colors, so white was used for "Go." Also two other colors were needed for "Stop" and "*Caution." Red and green were used for them.

In those days, to [B], *colored glass was put in front of the light. When the colored glass was broken, train drivers thought the traffic light was white for "Go," not red or green. This was a big problem.

Then, many people began to have their houses around the station, and there were many white lights when it got *dark. The drivers couldn't find the right one. This became another problem.

Train companies thought about <u>these problems</u>. They decided to stop using the white light. And then they started using the green light for "Go" just like today.

We usually think that the rules will never change, but sometimes we have to change them. The rules are needed when we live in society, but our society is changing.

〔注〕*basic＝基本的な　*society＝社会　*company＝会社　*driver＝運転士
*caution＝注意　*colored glass＝色付きのガラス　*dark＝暗い

1 本文中の[A]に入る語として，最も適切なものはどれか。

ア home　イ night　ウ work　エ noon

2 本文中の[B]に入るものとして，最も適切なものはどれか。

ア get a white light　イ use many kinds of lights

ウ give people good lights　エ make the light red and green

3 下線部について，何をすることによって問題を解決しようと考えたか。日本語で書きなさい。

4 次の[　　]内の英文は，筆者が伝えたいことをまとめたものである。(　　)に入る最も適切なものはどれか。

> The white light was used for "Go" at first, but today the green light is used for it. Like this example, (　　　).

ア we shouldn't change the rules to build a good society

イ we should change our society to make new rules for the future

ウ we should change the rules when they are not useful for society

エ we shouldn't make new rules because they are not useful

解答・解説 P248・P252

「文章？」
「なぐり書きっていうのかな、泣きながら書いたり、おこりながら書いたり。書くとちょっとはすっきりとするの。でも、読み返したりはしないんだ。書いたそばからやぶって、小さく小さくちぎっちゃう。もし、絵をかいたとしても、かいたそばからやぶっちゃうかもしれないね」
続く言葉を待ったけれど、あたしの話はもうやめよう、とミーミは首をふった。 エ
「あの絵、とっても、あったかかった」
おふくろが出してくれたあんころもちを口に入れる。絶妙のあまさが口に広がる。
「うまい！」
絵がじょうずとかへたとかじゃなくて、あったかいから好きだというミーミの言葉が、やさしい風のように顔をなでていった。[(3)]

（にしがきようこ「おれのミューズ！」〈小学館〉から）

（注）ヒメシャラ＝ツバキ科の落葉高木。

1 □に入る語句として最も適当なものはどれか。
ア やさしく　イ ういういしく
ウ かぐわしく　エ めざましく

2 ミーミは正座をし、背筋をのばして話しはじめた[(1)] とあるが、この表現からわかるミーミの気持ちとして最も適当なものはどれか。
ア 先生気取りでヒッキーを少しからかってみようという気持ち。
イ ヒッキーの絵のよかった点をきちんと説明しようという気持ち。
ウ 自分の考えに本当は自信がないことをかくそうという気持ち。
エ ヒッキーと違って自分は真剣であることを示そうという気持ち。

3 本文中の ア ～ エ のいずれかに、次の一文が入る。最も適当な位置はどれか。

おどろいた。

4 そうなんだ[(2)] とあるが、この言葉についての説明として最も適当なものはどれか。
ア 自分がヒッキーの絵から聞き取ったと思った内容が、ヒッキーが実際に言っていたことと同じだったことを確認している。
イ ヒッキーが絵をかくときには、ぶつぶつ言いながらかいていると思ったことがまちがっていなかったことを喜んでいる。
ウ 自分の、絵を見るとき話を聞くように見るという習慣について、ヒッキーが全くおどろかなかったので、落胆している。
エ 自分はヒッキーの絵からいろいろなことを聞いたと思い込んでいたが、実際はヒッキーが絵に語りかけていたわけではなかったので驚いている。

5 ミーミの言葉が、やさしい風のように顔をなでていった[(3)] とあるが、この表現から読み取れる「おれ」の気持ちを、「思い」「あったかい絵」という語を用いて、四十字以上五十字以内で書きなさい。

6 本文の内容に合うものとして最も適当なものはどれか。
ア ヒッキーはぶつぶつ言いながら絵をかいていることを自覚していなかったが、ミーミに言われて初めて気づいた。
イ ヒッキーは自分の絵に自信がなかったが、ミーミが自分のことのようにほめてくれて、自信を深めている。
ウ ヒッキーは自分の絵のよさがわかっていなかったが、ミーミの的を射た説明に自分の絵が理解されていると感じた。
エ ヒッキーはこれまで気を入れて絵をかいていなかったが、ミーミにほめられて、本気でかいてみようと思っている。

5

「メールと手紙の使い分け」について、あなたの考えを国語解答用紙(2)に二百四十字以上三百字以内で書きなさい。
なお、次の《条件》に従って書くこと。

《条件》
（Ⅰ）二段落構成とすること。
（Ⅱ）各段落は次の内容について書くこと。

第一段落
・あなたは、「メール」と「手書きの手紙」にはそれぞれどのようなよさがあると思うか、具体的に説明しなさい。

第二段落
・第一段落で書いたことを踏まえて、あなたがこれからしたいと考える「メールと手紙の使い分け」について書きなさい。

解答・解説 P248・P250

5 ⑷アルキメデスの時代と比べて、むしろ科学とは縁遠くなったと言うべきなのだろうか　とあるが、筆者はアルキメデスのどのような点を評価しているのか。

ア　ヒエロン王から厳しい条件を与えられても、時間をかけて手続きを踏むことによって、偽物を科学的に暴いた点。

イ　ヒエロン王から厳しい条件を与えられて困ったときに、非日常的な現象を考え出すことによって詐術を見破った点。

ウ　ヒエロン王から厳しい条件を与えられても、反論することなく偽物を疑い続けることによって誠実さを示した点。

エ　ヒエロン王から厳しい条件を与えられてもあきらめず、自分の考えが科学的であると証明する方法を思いついた点。

6 本文の特徴を説明したものとして最も適当なものはどれか。

ア　現代科学の問題点を物質的欲望の面から述べることによって、科学的な真偽の見分け方について処方を提示している。

イ　現代科学と物質的欲望との結びつきについて、歴史的な経過をたどって詳述することによって現代社会に警告している。

ウ　印象的な標語を提示したあとで現代科学の問題点を具体的に述べ、科学本来の姿を例示することによって対比させている。

エ　物質的欲望の強さを標語化することで印象付け、克服するために取るべき態度について故事を引用して述べている。

4

次の文章を読んで、1から6までの問いに答えなさい。

（中学二年生の樹（「おれ」）の家で、互いに「ヒッキー」「ミーミ」と呼び合っている幼なじみの美海と、展覧会に展示された樹の絵について話している場面である。）

「あの絵さ、どこがいいんだろうな。いつもより、ちょっと気を入れてかいたけどさ」

「へえ、わからないんだ。では、ミーミ先生が、どこがよかったか解説してあげる。すわりなさい。まず、構図がよかった」

おれは、こたつに足をつっこんですわりこんだ。⑴ミーミは正座をし、背筋をのばして話しはじめた。

「ヒメシャラ(注)の木、プレートのかかったその木がね、すっくと立ってた。そして、つぼみが□て、近よってもっとよく見たいって、まず思った。見る人をひきつけるって、大切だと思うな。つぼみにのっていたしずく、かわいかった。背景の校舎のよごれ具合、カーテンの色、やぶれ具合もリアルだったな。木をとりかこむマリーゴールドの花もていねいにかかれてた。そうそう、つぼみのふくらみ、おもわずさわりたくなっちゃった。この木が好きなんだっていう声が聞こえてくるようだった」

［ア］

「おい、待て。かいているときにミーミ、そばにいなかったよな」

「え？　いなかったよ。当たり前じゃない」

「でも、おれ、いま言われたようなことをぶつぶつと言いながらかいたおぼえがある」

⑵「そうなんだ」

ちょっと笑うと、「まちがってなかったんだ」と、言葉をつなげた。

「なにが？」

「あたしは絵を見るとき、話を聞くみたいにして見るの。だから、話しかけてくれない絵は好きじゃないの。どんなにじょうずにかけていても、語りかけてくれないと、はじき飛ばされちゃうっていうか、さびしくなっちゃう。前、少女の絵を見せてくれたときあったでしょ？　あの子、すごくしゃべりかけてくれて、あたし、聞くのに精いっぱいになっちゃったの。あたし、あの子、大好き」

手袋をはずしながら言葉をつないでいく。

「技術とか、技法っていうのは、あたし、まだわからないんだけどね。子どもがかいたようなっていうのかな、そういう絵の中で、ものすごくたくさん話しかけてくれるのがあるの。そんな絵が好きだな」

［イ］

「ふうん」

「ヒッキーの展示されてた絵、すごくたくさん話してくれたよ。学校の話を。かきながらぶつぶつ言ってたことや、ヒッキーの中の言葉にならない思いなんかも聞こえてきたのかな。あの絵、好きだな」

［ウ］ミーミはしきりに感心していた。

「ミーミは、絵はかかないのか？」

「うん、どっちかっていうと、文章にしちゃうんだ」

下野模擬問題（第186回）◆国語

ていくからだ。あるいは、実験によって思いがけない新現象が発見され、それによって科学の世界が大きく広がったこともある。しかしながら、あくまで科学を推進しているのは好奇心や想像力、つまり創造への意欲であり、精神的欲望がその出発点なのである。それが萎（な）えてしまえば科学は立ち枯れてしまい、技術的改良のみのつまらない内容になってしまうだろう。（中略）

もう一つ、物質的欲望の昂進（注2）（こうしん）は必然的に偽物（にせもの）の横行を招くことになる。全く異なった物質であるにもかかわらず、見かけ上似たものが多いから真贋（注3）（しんがん）の区別がつきにくい。そこにだまそうとする人間の作為が入る。物質的欲望に目がくらんだ者を相手にするのだから、ごく単純な操作で本物と思わせることができる。それを暴くためには科学的な□が不可欠だが、手が込んでいると一般の人々には簡単に見破ることができないから、結局体（てい）よくだまされてしまうのである。もっとも昨今は、安ければ偽物でもいい、どうせ本物と見分けがつかないのだから、というわけで偽物も大手を振ってまかり通るようになっている。こうして本物と偽物が堂々と共存するようになり、人々もこだわらなくなった。(3)科学的真実に対する態度にもそれが現れるようになっていると言えば、それはうがちすぎ（注4）だろうか。科学であろうと非科学であろうと、おもしろければそれでいいと。

偽物を作る手口を最初に科学的に暴いたのはアルキメデス（注5）であった。ヒエロン王から、完成した王冠を前にして、その王冠を作製するために細工師に与えた金すべてを使ったのか、鉛や銀を混ぜて金との差額を瞞着（注6）（まんちゃく）したのか、それを明らかにするよう命じられたのだ。科学の出発点は疑いを抱くことであり、ヒエロン王は見える部分について形式が整えられていることは知りつつ、見えない部分についても真実を知りたいと追求する、明敏（注7）な頭脳の持ち主であったことがわかる。その命令では、王冠を壊してはならないとの条件がついていた。腕力ではなく頭脳の力を使え、というわけだ。これもヒエロン王の明敏さを表している。王冠の重さは与えた金と同じであり、見かけ上は区別がつかない。壊すこともできない。うまい方策が見つからず、悩んだアルキメデスは公衆浴場に行って湯船に体を浸し、そこでインスピレーション（注8）を得た。水中に沈んだ体積と同じ量だけの水があふれることだ。この当たり前と思っている事実が大きなヒントとなった。重さは同じであっても、金だけでできた王冠が排除する水の量は少なく、鉛や銀を混ぜれば体積が大きくなり、水は多くあふれることになる。これに気づいてアルキメデスは見事に細工師の詐術を見破ることができたのだった。

科学とは、疑いを抱くことから始まり、厳しい条件を克服して、真実を見抜く行為である。現代人は時間が加速されているせいか、この手続きを踏むことを省略するようになってしまった。物質的欲望に駆られているから、一足飛びに結論を得ることを望むのである。科学の時代であるにもかかわらず、(4)アルキメデスの時代と比べて、むしろ科学とは縁遠くなったと言うべきなのだろうか。

（池内了（いけうちさとる）「科学と人間の不協和音」〈角川書店〉から）

（注1）イノベーション＝技術革新。　（注2）昂進＝高ぶり進むこと。
（注3）真贋＝本物と偽物。
（注4）うがちすぎ＝物事の本質をとらえようとするあまり、逆に真実からかけ離れてしまうこと。
（注5）アルキメデス＝古代ギリシャの数学者・物理学者。
（注6）瞞着＝ごまかすこと。　（注7）明敏＝頭の働きが鋭いこと。
（注8）インスピレーション＝ひらめき。

1 (1)現代は「発明は必要の母」となった　を説明したものとして最も適当なものはどれか。

ア 改良品を発明であると見せかけるようになったということ。
イ 物質がなければ精神的欲望が生まれなくなったということ。
ウ 必要性がなくても発明品が生まれるようになったということ。
エ 物質によって消費の欲望が喚起されるようになったということ。

2 (2)科学は物質的基盤がなければ進歩しない　とあるが、筆者がこのように言うのはなぜか。その理由を「実験」「知見」「新現象」という語を用いて四十字以上五十字以内で書きなさい。

3 □に入る語として最も適当なものはどれか。

ア 論証　**イ** 実証　**ウ** 検証　**エ** 確証

4 (3)科学的真実に対する態度　とあるが、その内容が具体的に表されている一文を本文中から抜き出し、初めの五字を書きなさい。

と誦(注6)しけるに、(1)人々、音を加(注7)へて、たびたびになるに、あばれ(注8)たる中門の、かくれ(注9)なる蓬の中に、老いたる尼のよにあやしげなるが、露にそぼち(注10)つつ、夜もすがらをりけるが、「今夜の御遊び、いといとめでたくて、涙もとまりはべらぬに、この詩こそ、及ばぬ耳にも僻事(注11)を詠じおはしますかな、と聞きはべれ」といふ。

(2)人々笑ひて、「興(注12)ある尼かな。いづくのわろきぞ」と①いへば、「さら(注13)なり。さぞおぼすらむ。されどおもひたまふるは、月はなじかは楼にはのぼるべき。『月にはのぼる(注14)』とぞ故三位殿は詠じたまひし。おのれは御物張り(注15)にて、おのづから承りしなり」と②いひければ、恥ぢて、みな立ちにけり。

（「十訓抄」から）

（注1）菅三位の亭＝菅三位は人物の呼び名。亭は屋敷。
（注2）さるべき＝しかるべき。
（注3）旧き跡をしのびて＝昔をしのんで。
（注4）遊ぶこと＝和歌や漢詩を口ずさむこと。
（注5）百尺の楼＝高層の建物。
（注6）誦しけるに＝口ずさんだところ。（注7）加へて＝合わせて。
（注8）あばれたる＝荒れ果てた。（注9）かくれなる＝人目につかない。
（注10）そぼちつつ＝濡れながら。
（注11）僻事＝まちがい。（注12）興ある＝面白い。
（注13）さらなり。さぞおぼすらむ＝そう思われるのも当然です。
（注14）月にはのぼる＝月に誘われて楼にのぼる。
（注15）御物張り＝洗い物や裁縫などをする使用人。

1 をりける は現代ではどう読むか。現代かなづかいを用いて、すべてひらがなで書きなさい。

2 ①いへ ②いひ について、それぞれの主語にあたる人物の組み合わせとして適当なものはどれか。

ア ①人々　②人々　**イ** ①人々　②尼
ウ ①尼　②尼　**エ** ①尼　②人々

3 (1)人々、音を加へて、たびたびになるに の様子として最も適当なものはどれか。

ア いろいろな漢詩を何度も口ずさみあっている様子。
イ 漢詩に対して何度も意見を述べあっている様子。
ウ 漢詩を皆で何度も口ずさんで盛り上がっている様子。
エ 次々と漢詩が詠まれるのでいつまでも終わらない様子。

4 (2)人々笑ひて とあるが、人々はなぜ笑ったのか。二十字以上三十字以内の現代語で書きなさい。

5 本文の内容と合うものはどれか。

ア 人々は見苦しい身なりの尼の言うことを軽い気持ちで聞いてみたが、菅三位の漢詩との違いを指摘されて恥じ入った。
イ 人々は菅三位の使用人であった尼の言うことなので、よく考えずに信用してしまい、後から恥をかいてしまった。
ウ 人々は自分たちが詠んだ漢詩よりも菅三位の漢詩がすぐれていると尼に言われたが、あやしんで信用しなかった。
エ 人々は菅三位の使用人であった尼が詠んだ漢詩が、自分たちが詠んだ漢詩よりも優れていたので、恥じて立ち去った。

3

次の文章を読んで、**1**から**6**までの問いに答えなさい。

かつては「必要は発明の母」であった。技術は物質的な欲望から出発したのは事実だが、必要という精神の飢えが発明という物質的生産へと導いたことを忘れてはならない。精神が物質をコントロールしていたのだ。しかし、(1)現代は「発明は必要の母」となった。発明品を改良して新たな機能を付加することにより、人々に必要であったと錯覚させ、消費を加速したのである。必要と発明の関係が逆転し、物質が精神を先導するようになったと言える。でも、それでは真のイノベーション(注1)はあり得ない。精神的欲望は時間を区切らないが、物質的欲望は短期の目標で進む。現代科学を底の浅いものにしているのは、物質的欲望を第一義としてきたためだろう。現代科学は物質的欲望に翻弄されていると言えるかもしれない。大量生産・大量消費・大量廃棄こそが現代社会を構築している基本構造であり、買い換え・使い捨てが奨励されている。そして、科学や技術をそれに動員することこそが至上命令になっている。（中略）

確かに、(2)科学は物質的基盤がなければ進歩しない。実験の技術開発があればこそ仮説が実証され、それを基礎にして新たな知見が得られ

令和3年10月3日実施

第186回 下野新聞模擬テスト

国語

制限時間 50分

1 次の1から4までの問いに答えなさい。

1 次の――線の部分の読みをひらがなで書きなさい。

(1) 架空の物語を楽しむ。　(2) 大きな川が氾濫する。
(3) 動物を虐げる。　(4) 母に叱られる。
(5) 祭りで足袋を履く。

2 次の――線の部分を漢字で書きなさい。

(1) 手厚くカンゴされる。　(2) 長年会社にツトめる。
(3) サンミの強い料理。　(4) 機械の操作をアヤマる。
(5) ツウカイな時代劇。

3 次は生徒たちが短歌について話している場面である。これについて、(1)から(4)までの問いに答えなさい。

> わが側(そば)に子は立てりけり顔洗ふ間(ま)をだに父を珍しがるか　島木赤彦(しまきあかひこ)
>
> Aさん「この短歌の『子』はどうしてお父さんを珍しがっているんだろう。入院でもしていたのかな。」
>
> Bさん「作者が単身赴任先から実家へ帰ったときの作品らしいと、先生から①聞いたよ。子どもにはしばらく振りに目のあたりにするお父さんの姿が②新鮮なんだね。」
>
> Aさん「なるほど、そうか。うれしくてたまらない子どもの様子が□という表現から強く伝わってくるね。」
>
> Bさん「そして、自分を見て珍しがっている子どもを見ている作者自身もうれしく思っていることが伝わってくるよ。」

(1) この句に用いられている句切れはどれか。

ア 初句切れ　イ 二句切れ　ウ 三句切れ
エ 四句切れ　オ 句切れなし

(2) □に入る語として適当なものを、短歌の中から七字で抜き出しなさい。

(3) ①聞いたを正しい敬語表現に改めたものはどれか。

ア お聞きした　イ お聞きになった
ウ 聞かれた　エ お聞きされた

(4) ②新鮮なんだねの文節に含まれる自立語はどれか。

ア 名詞　イ 形容詞　ウ 形容動詞　エ 連体詞

4 次の漢文の書き下し文として正しいものはどれか。

景(けい)公(こう)問(フ)二政(まつりごとヲ)於孔(こう)子(しニ)一。（「論語」）

ア 景公　政を孔子に問ふ。
イ 景公　孔子に政を問ふ。
ウ 景公　政を問ふ孔子に。
エ 景公　孔子に問ふ政を。

2 次の文章を読んで、1から5までの問いに答えなさい。

二条よりは南、京極(きょうごく)よりは東は、(注1)菅三位(かんさんみ)の亭なり。三位失せてのち、年ごろ経て、月の明き夜、(注2)さるべき人々、(注3)旧(ふる)き跡をしのびて、かしこに集まりて、月を見て遊ぶ(注4)ことありけり。終はりがたに、ある人、

月はのぼる(注5)百尺(ひゃくせき)の楼(ろう)

解答・解説 P248・P250

第187回 下野新聞模擬テスト
社　会

1 次の**1**から**4**までの問いに答えなさい。

1 **図1**を見て，(1)から(4)までの問いに答えなさい。

(1) 赤道が通る国は，**図1**中の**ア**，**イ**，**ウ**，**エ**のどれか。

(2) **図1**中の**P**の都市の雨温図を示したものとして正しいのは，**図2**中の**ア**，**イ**，**ウ**のどれか。

図1

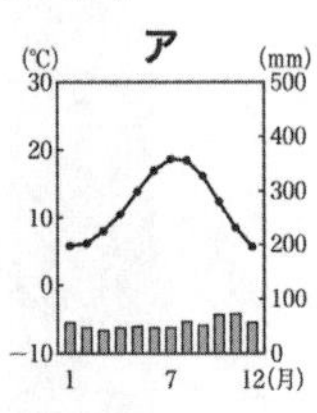

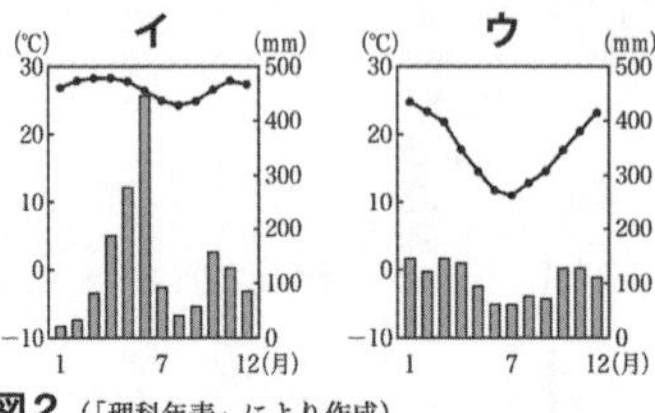

図2（「理科年表」により作成）

(3) 世界を六つの州に区分したときの**Q**の州について述べた，次の文中の［ I ］，［ II ］に当てはまる語の組み合わせとして正しいのはどれか。

> **Q**の州では，宗教の分布が北部と中南部で大別される。北部は［ I ］を信仰する人々が多く，中南部では植民地化の影響を受けて，［ II ］や現地に根付いていた宗教を信仰する人々が多い。

ア I－イスラム教　II－ヒンドゥー教
イ I－ヒンドゥー教　II－イスラム教
ウ I－イスラム教　II－キリスト教
エ I－ヒンドゥー教　II－キリスト教

	出生率	死亡率
a	12.4	8.5
b	20.5	9.4
c	37.9	11.9

注）aは2015年，b，cは2018年で人口千人当たりの数値。
図3（「世界国勢図会」により作成）

(4) **図3**中のa，b，cには，**図1**中のナイジェリア，アメリカ合衆国，南アフリカ共和国のいずれかが当てはまる。a，b，cに当てはまる国の組み合わせとして正しいのはどれか。

ア a－ナイジェリア　b－南アフリカ共和国　c－アメリカ合衆国
イ a－ナイジェリア　b－アメリカ合衆国　c－南アフリカ共和国
ウ a－アメリカ合衆国　b－ナイジェリア　c－南アフリカ共和国
エ a－アメリカ合衆国　b－南アフリカ共和国　c－ナイジェリア

2 **図4**は，コーヒー，鉄鉱石，パイナップルの世界の生産量に占める上位3か国を示している。［　］に共通して当てはまる国名を書きなさい。

	第1位	第2位	第3位
コーヒー（2018年）	［　］	ベトナム	インドネシア
鉄鉱石（2017年）	オーストラリア	［　］	中国
パイナップル（2018年）	コスタリカ	フィリピン	［　］

図4（「世界国勢図会」により作成）

3 世界で最も高い山を含む山脈について述べた文として，**当てはまらない**のはどれか。

ア ネパールの国旗はこの山脈を形どったものである。
イ 低地では熱帯性の作物を育て，高地の寒冷地ではリャマやアルパカを飼っている。
ウ チベット高原とならんで「世界の屋根」ともよばれる。
エ 世界に二つある大規模な造山帯に属する山脈で，大きな地震がおきることがある。

4 **図5**の**資料1**は，ドイツへの移住者の出身国を，**資料2**は，ドイツとポーランドの一時間当たり賃金を示している。これについて述べた，次の会話文中の［　　］に当てはまる文を，簡潔に書きなさい。

解答・解説 P258・P261

生徒：**資料1**のドイツへの移住者を見ると，ポーランド出身が最も多いですね。

先生：そうですね。これにはヨーロッパで組織されているEUが関係しています。

生徒：EUは政治的・経済的な統合を目的とした組織と学習しました。

先生：そのEUの加盟国どうしであっても，課題があります。**資料2**に見られるように，[　　　]ため，ポーランドからドイツへの移住者が多くなりました。その結果，ドイツ国民の働く場所が少なくなるという現象がおきています。

資料1　(2019年)

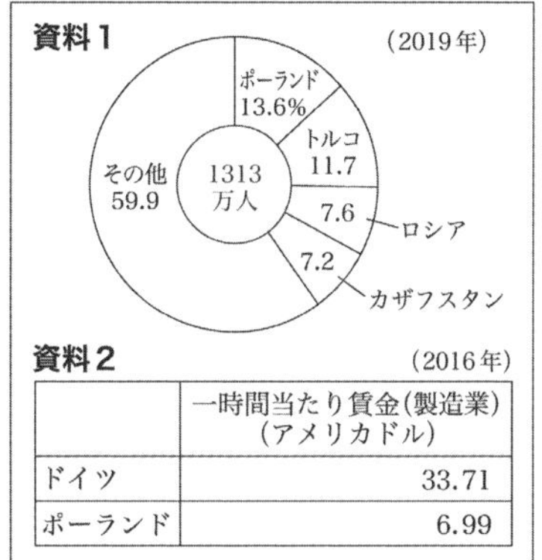

資料2　(2016年)

	一時間当たり賃金(製造業)(アメリカドル)
ドイツ	33.71
ポーランド	6.99

図5(「世界国勢図会」により作成)

2 けいすけさんは，現存する天守をもつ江戸時代以前からあった城に興味をもち，**図1**にまとめた。これを見て，**1**から**6**までの問いに答えなさい。

城名	県名	城名	県名
弘前城	青森県	**イ**松江城	島根県
松本城	長野県	備中松山城	岡山県
丸岡城	福井県	**ウ**丸亀城	香川県
犬山城	愛知県	高知城	高知県
彦根城	滋賀県	松山城	愛媛県
ア姫路城	兵庫県	**エ**宇和島城	愛媛県

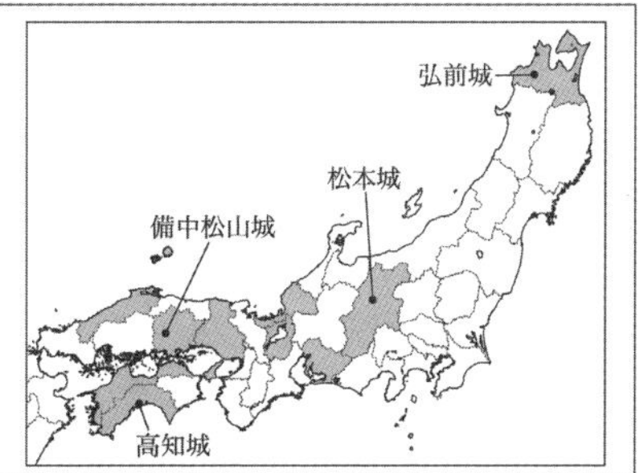

図1

1 日本の標準時子午線が通過する県に位置する城として正しいのは，**図1**中の下線部**ア**，**イ**，**ウ**，**エ**のどれか。

2 **図2**は，**図1**中の備中松山城，松本城，弘前城，高知城が位置する都市における1月と8月のそれぞれの平均気温と降水量(平均値)を示している。高知城が位置する都市はどれか。

	1月(℃)	降水量(mm)	8月(℃)	降水量(mm)
ア	2.8	39.4	27.0	112.3
イ	－0.4	35.9	24.7	92.1
ウ	－1.5	125.5	23.5	140.7
エ	6.3	58.6	27.5	282.5

図2(「気象庁ホームページ」などにより作成)

3 丸岡城の位置する福井県について述べた，次の文中の[　　　]に共通して当てはまる語を書きなさい。

> 福井県は，日本で最も[　　　]発電所が多い。東日本大震災以後，[　　　]発電のあり方について広く議論されており，一時稼働を停止する発電所もあった。

4 **図3**は，愛知県，高知県，兵庫県，青森県における産業別就業者割合(2017年)を示している。愛知県はどれか。

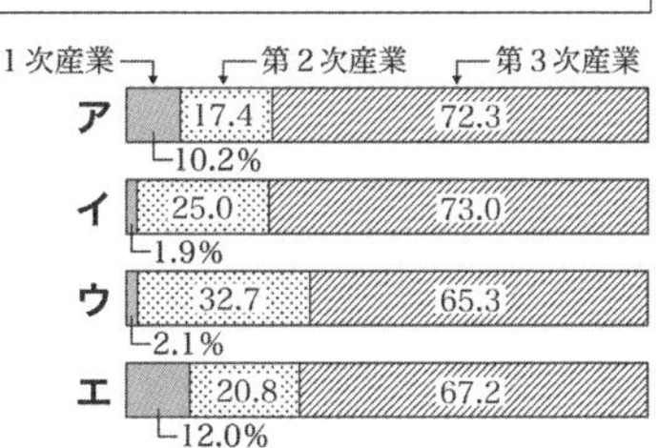

図3(「県勢」により作成)

5 彦根城は日本最大の湖の東側に立地している。この湖を何というか。

6 松山城と宇和島城を訪れたけいすけさんは，愛媛県の特産品であるみかんに興味を持ち，みかんについて調べた。その中で，日本の果実産業において自給率が低下していることを知り，さらに詳しく調べ，**図4**の資料を集めた。**図4**から分かる果実の自給率低下の原因を，「価格」「輸入」の語を用いて簡潔に書きなさい。

資料1 日本の果実の自給率と輸入量国産量の推移

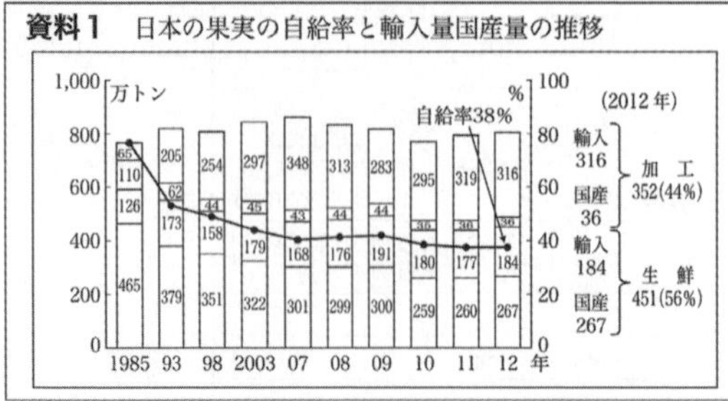

資料2 果実の国産・外国産価格 (2018年)

	国産価格	外国産価格
うんしゅうみかん	269円/kg	(アメリカ産オレンジ) 184円/kg
りんご	292円/kg	(ニュージーランド産) 240円/kg
ぶどう	1,041円/kg	(アメリカ産) 347円/kg

図4 (「農林水産省ホームページ」により作成)

3 次の**A**から**F**は，古代から近世までの栃木県に関わりのある歴史上の人物についてまとめたものの一部である。これを読み，**1**から**7**までの問いに答えなさい。

A	道鏡(どうきょう)	病気になった天皇を治したことから政治にも深く関わるが，天皇に即位しようとして失敗し，下野国(栃木県)で亡くなった僧。僧が政治に関与したことは，のちにⓐ桓武天皇が都を移したことにも影響を与えた。
B	足利尊氏	下野国足利荘出身の先祖をもち，ⓑ後醍醐天皇と協力し，幕府を倒した。のちに後醍醐天皇と対立し，新しく天皇をたてて征夷大将軍に任じられた。
C	親鸞(しんらん)	法然に学び，仏教の新しい宗派をおこした。ⓒ後鳥羽上皇の怒りにふれ，越後国(新潟県)に流罪となるも，後に許され，下野国などで布教活動を行った。
D	徳川光圀(とくがわみつくに)	栃木県の一部地域は水戸藩の領地であった。水戸藩はⓓ参勤交代を行わず，藩主の徳川光圀は江戸に住んでおり，領国を巡回していた。
E	藤原秀郷(ふじわらのひでさと)	武勇や軍略にすぐれた武将で，関東に非常に攻めにくい城を建てた。ⓔ平将門の乱を平定し，下野国の政治と軍事を任された。
F	高久靄厓(たかくあいがい)	下野出身の画家で，ⓕ異国船打払令によりアメリカ商船を砲撃した事件を批判し処罰された渡辺崋山と交友があった。

1 下線部ⓐの時期のできごととして当てはまるのはどれか。

ア 白村江の戦いで日本が大敗した。 **イ** 正倉院が建てられ，宝物がおさめられた。
ウ 行基が一般の人々に仏教を布教した。 **エ** 坂上田村麻呂が蝦夷の拠点を攻めた。

2 下線部ⓑの人物が約2年間行った政治を何というか。

3 下線部ⓒの人物に関して，**図1**はこの時代の幕府のしくみを示している。下線部ⓒの人物が幕府をたおそうと兵をあげた後につくられた組織(役職)は，**図1**中の**ア**，**イ**，**ウ**，**エ**のどれか。また，この組織(役職)がつくられた目的を簡潔に書きなさい。

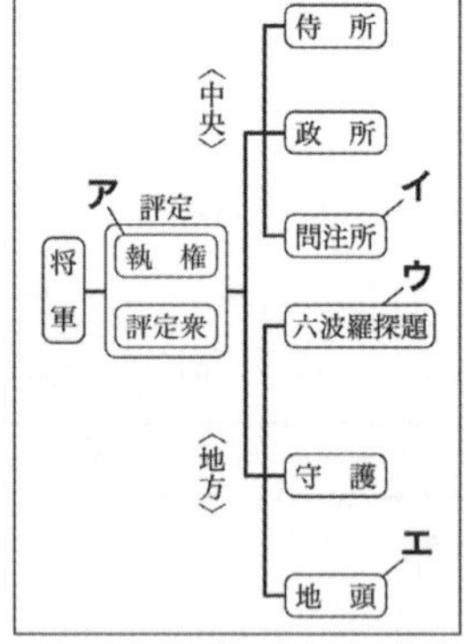

図1

4 下線部ⓓの制度が定められた時期の政治について述べた，次の文中の□に当てはまる語を書きなさい。

> 参勤交代が制度化された時期，朱印船貿易も停止された。さらに，日本人の出国と帰国も一切禁止され，鎖国体制が強化されていた。そんな中，天草四郎(益田時貞)という少年を大将とした一揆である□がおきたことをきっかけに，鎖国体制をさらに強化するため，中国船とオランダ船だけが，長崎での貿易を許されるようになった。

5 下線部ⓔに関して述べた，次の文中の[I]，[II]に当てはまる語の組み合わせとして正しいのはどれか。

> 平将門の乱は，北関東でおきた反乱で，一時的に関東は平将門により支配された。この反乱と同じ時期，[I]地方でも藤原純友が反乱をおこしており，朝廷はその反乱に対応するために[II]を派遣している。

ア Ⅰ－瀬戸内 Ⅱ－武士団　イ Ⅰ－瀬戸内 Ⅱ－僧兵
ウ Ⅰ－東北 Ⅱ－武士団　エ Ⅰ－東北 Ⅱ－僧兵

6 下線部ⓕに関して，**図2**は，異国船打払令が出された頃のイギリス，インド，中国(清)の三角貿易を示している。**図2**中の X に当てはまる語を書きなさい。

7 **A**から**F**を，年代の古い順に並べ替えなさい。なお，**A**は最初，**F**は最後である。

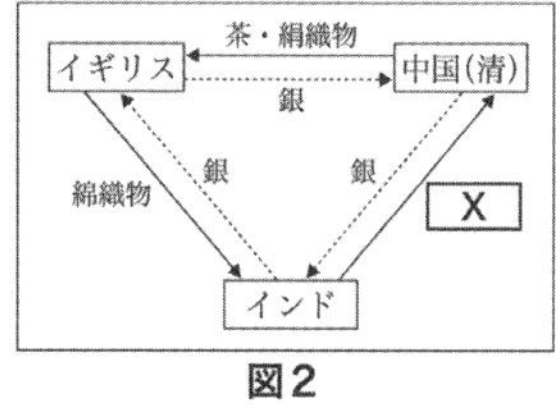

図2

4 次の文を読み，**1**から**6**までの問いに答えなさい。

明治時代に殖産興業をかかげた政府は，ⓐ産業を主導するようになった。政府が建設した官営の大規模な工場としては，フランスの技術を取り入れた富岡製糸場や八幡製鉄所が有名である。ⓑ軽工業や重工業の産業革命がおき，産業の発展などにより日本は国際社会での地位を確立して，ついにⓒ国際連盟の常任理事国となった。その後，第二次世界大戦後の経済の民主化により，それまでⓓ日本の経済を支配し，政治にも関与していた企業は解体され，日本の産業は各分野で自由化が図られた。1950年代半ばには，戦争前の水準まで経済が回復し，重化学工業が発展したⓔ1960年代は，ⓕ高度経済成長により大きく経済が成長した。高度経済成長が終わると，自動車や電気機械の産業が発達し，貿易額が増えた。

1 下線部ⓐに関して，産業の発展に必要な交通網の整備において，日本で初めて開通した鉄道の路線として正しいのはどれか。
ア 神戸・大阪間　イ 大阪・京都間　ウ 小樽・札幌間　エ 新橋・横浜間

2 下線部ⓑに関して，この時期の日本の産業の状況として正しいのはどれか。
ア 問屋が農民に織機やお金を貸して製品をつくらせ，それを買い取る問屋制家内工業が行われた。
イ 北海道に開拓使という役所が置かれ，農地の開墾や鉄道や道路の建設が進められた。
ウ 紡績業や製糸業では，多くの女性が長時間低賃金の労働に従事していた。
エ 急激な経済発展により，四大公害病などが発生し，社会問題となった。

3 下線部ⓒのできごと以後におきた次のできごとを，年代の古い順に並べ替えなさい。
ア 学徒出陣により，文系の大学生が戦地へ向かうようになった。
イ 五・一五事件がおこり，犬養毅首相が暗殺された。
ウ 第二次護憲運動がおき，加藤高明内閣が成立すると，普通選挙法が出された。
エ 初めて女性に参政権が与えられた。

4 下線部ⓓのような企業を何というか。

5 下線部ⓔの時期の世界のできごととして正しいのはどれか。
ア アジア・アフリカ会議が開催された。　イ ベトナム戦争が終結した。
ウ ベルリンの壁が崩壊した。　エ 日本と韓国の国交が回復した。

6 下線部ⓕに関して，**図**は，高度経済成長期の石炭国内生産量と石油輸入量を示している。この時期に日本のエネルギー事情はどのような変化をしたか，**図**を参考に，「依存」の語を用いて簡潔に書きなさい。

	石炭国内生産量(百万t)	石油輸入量(百万kl)
1965年	51	88
1973年	27	289

図（「資源・エネルギー統計年報・月報」などにより作成

5 次の**1**から**6**までの問いに答えなさい。

1 持続可能な社会を実現するための取り組みとして**適切でない**のはどれか。
ア 魚介類を漁獲できる期間や漁獲可能な大きさを定める。
イ 伝統文化に触れる機会を設け，後継者を育てる援助を行う。
ウ 食料品を生産予定量より大量に生産し，余った分を廃棄処分にする。
エ 公園を増やし，災害時に避難できる場所を増やす。

2 **図1**について述べた，次の文中の[ ]に当てはまる語を書きなさい。

図1は，ヨーロッパでつくられた航空機を示しており，部品別に各国で生産されていることが分かる。これは，競争力の強いものを自国で生産し，競争力の弱いものは他国から輸入し，一つの製品をつくり上げる[ ]の代表的な例と言える。

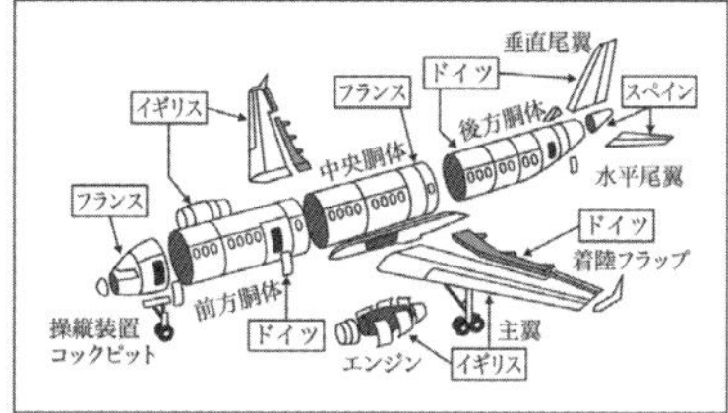

図1

3 図2は，日本の年中行事を示している。「端午の節句」が当てはまるのはどれか。

4 日本のあるハンバーガーチェーン店がインドネシアに進出するときに，インドネシアの文化に配慮して行った工夫として正しいのはどれか。
ア 日曜日は全店休店にした。
イ 肉にはすべて魚を使用した。
ウ 豚肉を使用するメニューを牛肉に替えた。
エ 牛肉を使用するメニューを豚肉に替えた。

1月	初詣	7月	お盆(盂蘭盆会)
2月	[ア]，節分	8月	
3月	ひな祭り，春祭り	9月	[ウ]
4月	花祭り(灌仏会)	10月	[エ]，秋祭り
5月	[イ]，田植え祭り	11月	七五三
6月	更衣	12月	大掃除(すすはらい)

図2

5 次の文中の[Ⅰ]，[Ⅱ]に当てはまる語の組み合わせとして，正しいのはどれか。

> 情報化が進展したことで，私たちには情報を正しく活用する力である[Ⅰ]を身に付けることが求められている。また，インターネットをうまく利用できれば，普段ふれる機会の少ない北海道や樺太(サハリン)，千島列島の先住民族だった[Ⅱ]民族の文化にもふれることができるなど，インターネットを通して多様な文化にふれる機会も増えた。

ア Ⅰ－情報モラル　Ⅱ－琉球　イ Ⅰ－情報モラル　Ⅱ－アイヌ
ウ Ⅰ－情報リテラシー　Ⅱ－琉球　エ Ⅰ－情報リテラシー　Ⅱ－アイヌ

6 多数決の特徴について述べているものとして，正しいものを**二つ**選びなさい。
ア 決定に時間がかかることがある。　イ 少数意見が反映されにくい。
ウ 全員が納得できる。　エ 短時間で決まる。

[6] ゆいさんと先生の会話文を読み，**1**から**6**までの問いに答えなさい。

> ゆい：「人は誰でも基本的人権をもっていると学習しました。ⓐ人権はこれまで，どういった考え方がされてきたのですか。」
> 先生：「近代で最初に主張されたのがⓑ自由権とⓒ平等権です。20世紀にはⓓ社会権が認められました。ⓔ日本国憲法ではそれ以外にも参政権などが保障されています。」
> ゆい：「しかし，時代とともに，社会も変わりますよね。」
> 先生：「その通りです。社会の変化に伴って，ⓕ新しい人権も必要となってきています。」

1 下線部ⓐに関して，**図1**は，人権の歴史において活躍した思想家についてまとめたものの一部である。[Ⅰ]，[Ⅱ]に当てはまる人物名の組み合わせとして正しいのはどれか。

人物	国	内容
[Ⅰ]	フランス	「法の精神」で三権分立の必要性を説いた。
[Ⅱ]	イギリス	「統治二論」で抵抗権を唱えた。

図1

ア Ⅰ－ロック　Ⅱ－モンテスキュー　イ Ⅰ－ルソー　Ⅱ－ロック
ウ Ⅰ－モンテスキュー　Ⅱ－ロック　エ Ⅰ－モンテスキュー　Ⅱ－ルソー

2 下線部ⓑに関して，自由権について述べた，次の文中の[　]に当てはまる語は，あとの**ア**，**イ**，**ウ**のどれか。

> 自由権の中でも，住む場所や移転，職業を選ぶ自由は[　]の自由に含まれる。

ア 経済活動　イ 精神(精神活動)　ウ 身体(生命・身体)

3 下線部ⓒに関して，男女が対等な立場であらゆる社会活動に参加し，利益と責任を分かち合う社会の実現を目指して，1999年に制定された法律を何というか。

4 下線部ⓓに関して，社会権について述べた，次の文中の[Ⅰ]，[Ⅱ]に当てはまる語の組み合わせとして正しいのはどれか。

> 社会権は，私たちが人間らしい豊かな生活を送る権利のことである。この権利が初めて制定されたのは，[Ⅰ]のワイマール憲法で，現在では日本国憲法でも保障されている。社会権の中でも基本的な権利が生存権で，日本国憲法では「[Ⅱ]な最低限度の生活を営む権利」として規定している。

ア Ⅰ－フランス　Ⅱ－多様で創造的　イ Ⅰ－ドイツ　Ⅱ－多様で創造的
ウ Ⅰ－ドイツ　Ⅱ－健康で文化的　エ Ⅰ－フランス　Ⅱ－健康で文化的

5 下線部ⓔに関して，日本国憲法の改正の手続きについて述べた，次の文中の[　]に当てはまる語を書きなさい。

> 日本国憲法を改正するためには，各議院の総議員の3分の2以上の賛成を得た後，[　]を行い，有効投票総数の過半数の賛成を得ると，改正案が成立し，天皇が国民の名において公布する。

解答・解説 P258・P261

6　下線部ⓕに関して，**図2**についてのゆいさんと先生の会話文中の□に当てはまる文を，「個人情報」の語を用いて簡潔に書きなさい。

先生：「**図2**は，インターネットでの人権侵害事件数の推移と内容を示しています。これは新しい人権で保護すべき内容です。」
ゆい：「最も多くなっている内容が，プライバシーの侵害ですね。」
先生：「はい。情報化の進展によって□ことなどが多くなり，プライバシーの権利の必要性が高まりました。」

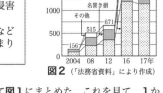

2000件／1500／1000／500／0
156　515　671　1909　2217
プライバシーの侵害　名誉き損　その他
2004　08　12　16　17年

図2（「法務省資料」により作成）

7　たかしさんは，栃木県と国際交流のある国や地域について**図1**にまとめた。これを見て，**1**から**5**までの問いに答えなさい。

中国(浙江省(せっこうしょう))	1993年に正式にⓐ国際交流を開始。人口が栃木県より多く，茶の生産量が中国国内でも多い。
フランス(ヴォークリューズ県)	面積は栃木県の半分程度で，ⓑさくらんぼなどの農産物の生産が多い。
ⓒアメリカ(インディアナ州)	ⓓアメリカの五大湖に接する州。自動車産業が盛んで，有名な自動車レースも行われている。
ⓔ台湾(高雄市)	面積は栃木県の半分程度で，金属産業や造船業が盛んである。

図1

1　下線部ⓐに関して，次の文中の□に当てはまる語を書きなさい。

グローバル化が進んだ結果，多くの外国人が日本を訪れるようになった。その中で，外国人であることや言語・性別，障がいの有無などに関わらず，誰もが利用しやすいように工夫した□の製品やサービスを生み出すことが重要視されている。

2　下線部ⓑに関して，**図2**は国内のさくらんぼ(おうとう)の収穫量と総収穫量に占める割合の高い道県を示している。**X**に当てはまる県はどれか。

ア　岐阜県　　**イ**　青森県
ウ　山形県　　**エ**　愛媛県

(2020年)

	さくらんぼ(おうとう)収穫量(t)	総収穫量に占める割合(%)
X	13,000	76
北海道	1,310	8
山梨県	974	6

図2（「農林水産省資料」により作成）

3　下線部ⓒに関して，アメリカの独立宣言を調べていたたかしさんは，アメリカの独立宣言と日本国憲法第13条は似ている言葉が使われていることに気付き，**図3**でそれぞれの条文を比較してみた。**図3**中の**Y**に当てはまる語はどれか。

【独立宣言】我々は以下のことを自明の真理であると信じる。～中略～その中には，生命，自由，幸福の追求がふくまれていること，である。	【日本国憲法第13条】すべて国民は，個人として尊重される。生命，自由及び幸福追求に対する国民の権利については，**Y**に反しない限り，立法その他の国政の上で，最大の尊重を必要とする。

図3

ア　投票の秘密　　**イ**　公共の福祉　　**ウ**　法の下の平等　　**エ**　両性の本質的平等

4　下線部ⓓに関して，アメリカの五大湖周辺で自動車産業が発達した理由を，**図3**を参考にして，「鉄鋼」の語を用いて簡潔に書きなさい。

■ 石炭
天然ガス
▲ 鉄鉱石
鉄鋼
自動車

図3（「Goode's World Atlas2010」ほかにより作成）

5　下線部ⓔに関して，台湾について述べた次の文中の**Ⅰ**，**Ⅱ**にそれぞれ共通して当てはまる語の組み合わせとして正しいのはどれか。

第二次世界大戦後，中国国内では中国**Ⅰ**と中国**Ⅱ**による争いが再びおこった。争いの結果，中国**Ⅰ**が勝利し，中国**Ⅱ**は台湾にのがれた。そのため台湾は独自の体制で統治されている。

ア　Ⅰ－国民党　Ⅱ－共産党　　**イ**　Ⅰ－労働党　Ⅱ－国民党
ウ　Ⅰ－共産党　Ⅱ－労働党　　**エ**　Ⅰ－共産党　Ⅱ－国民党

令和3年
11月7日実施

第187回 下野新聞模擬テスト

数　学

1　次の1から14までの問いに答えなさい。

1　$(-9)+(+5)$ を計算しなさい。

2　$\frac{1}{4}x \times (-8y^2)$ を計算しなさい。

3　$a=2$，$b=-4$ のとき，$\frac{a^3}{b^2}$ の値を求めなさい。

4　x^2-64 を因数分解しなさい。

5　$m=\frac{1}{2}(a+b)$ を a について解きなさい。

6　次のア，イ，ウ，エのうちから，内容が正しいものを1つ選んで，記号で答えなさい。

ア　0以上の整数を自然数という。
イ　a を整数，b を0でない整数としたとき，無理数は $\frac{a}{b}$ の形で表すことができない。
ウ　循環小数は有理数ではない。
エ　$\sqrt{16}$ は無理数である。

7　右の図で，△ABCは∠Cを頂角とする直角二等辺三角形，△ACDは正三角形であるとき，∠x の大きさを求めなさい。

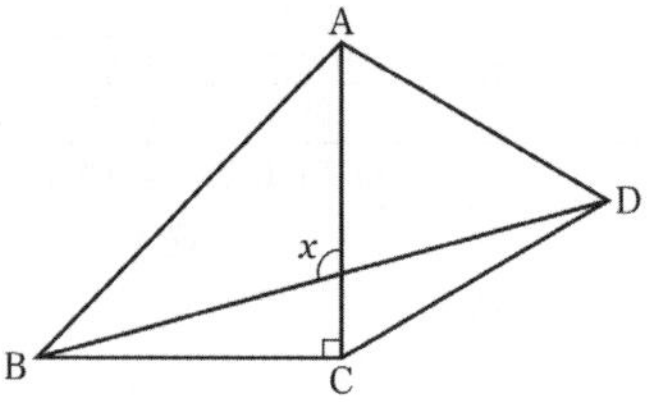

8　関数 $y=3x-1$ について，x の増加量が2であるときの y の増加量を求めなさい。

9　右の図は，ある円柱の投影図を表したものである。この円柱の体積を求めなさい。ただし，円周率は π とする。

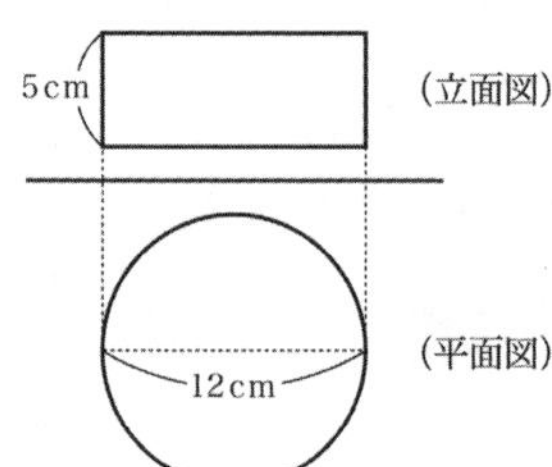

10　$\sqrt{15} \times \sqrt{10}$ を計算しなさい。

11　2次方程式 $x^2+3x+1=0$ を解きなさい。

12　x 円の商品に10％の消費税が加算されると，1000円では買うことができない。この数量の関係を不等式で表しなさい。

13　2つの方程式 $3x+4y=12$ と $x-2y=4$ のグラフの交点の座標を求めなさい。

14　次の文の(　　)に当てはまる用語として最も適切なものを，ア，イ，ウ，エのうちから1つ選んで，記号で答えなさい。

> 右の図のように，平面上で3本の直線が交わっているとき，∠a と∠b の関係を（　　）という。

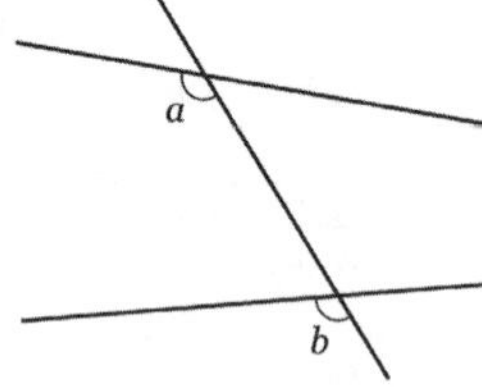

ア　対頂角　　　イ　同位角
ウ　錯角　　　　エ　同側内角

2 次の**1**，**2**，**3**の問いに答えなさい。

1 右の図のような線分ABと点Oがある。線分ABを，点Oを回転の中心として180°回転移動させた線分PQを作図によって求めなさい。ただし，作図には定規とコンパスを使い，また，作図に用いた線は消さないこと。

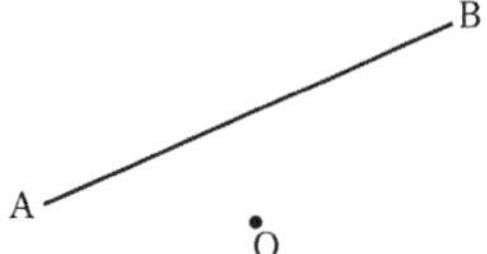

2 SさんとTさんの2人が，1から6までの目があるさいころをそれぞれ1回ずつ振り，出た目の数によって，次のようなルールで得点をつけるものとする。

Sさん：奇数が出たら5点，偶数が出たら1点とする。 Tさん：出た目の数をそのまま得点とする。

Sさんの得点の方がTさんの得点よりも高くなる確率を求めなさい。ただし，さいころのどの目が出ることも同様に確からしいものとする。

3 右の図のように，関数 $y = ax^2$ のグラフがある。2点A，Bは関数 $y = ax^2$ のグラフ上にあり，点Aの座標は(－4，4)，点Bの x 座標は2である。

次の文は，a の値を求める手順と，x の変域が $-4 \leqq x \leqq 2$ のときの y の変域について述べたものである。文中の①，②に当てはまる数をそれぞれ求めなさい。

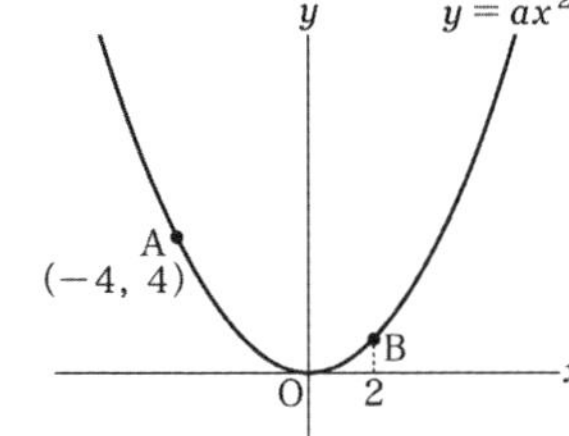

点A(－4，4)が関数 $y = ax^2$ のグラフ上の点であることから，a =（ ① ）であることが求められる。また，x の変域が $-4 \leqq x \leqq 2$ であるとき，y の変域は（ ② ）$\leqq y \leqq 4$ である。

3 次の**1**，**2**の問いに答えなさい。

1 今日11月3日は，鈴木先生と明さんの誕生日である。来年の誕生日には，鈴木先生の年齢は明さんの年齢のちょうど4倍になり，今日から6年後の誕生日には，鈴木先生の年齢は明さんの年齢のちょうど3倍になる。今日の鈴木先生の年齢を x 歳，明さんの年齢を y 歳として連立方程式をつくり，今日の鈴木先生と明さんの年齢をそれぞれ求めなさい。ただし，途中の計算も書くこと。

2 下の15個の整数は，1から50までの間にある素数を小さい方から順に並べたもので，この15個の整数を1つの資料とする。

2	3	5	7	11	13	17	19	23	29	31	37	41	43	47

このとき，次の(1)，(2)，(3)の問いに答えなさい。

(1) 分布の範囲(レンジ)を求めなさい。

(2) 次の文の①，②に当てはまる数をそれぞれ求めなさい。

第2四分位数は資料における中央値(メジアン)のことだから，（ ① ）である。また，第1四分位数は（ ② ）になる。

(3) 四分位範囲を求めなさい。

下野模擬問題（第187回）◆数学

4　次の**1**，**2**の問いに答えなさい。

1　右の図のような，∠A＝90°，AB＜ACの直角三角形ABCがある。∠Bの二等分線と辺ACとの交点をDとし，点Dから辺BCに引いた垂線と辺BCとの交点をEとするとき，△ABD≡△EBDであることを証明しなさい。

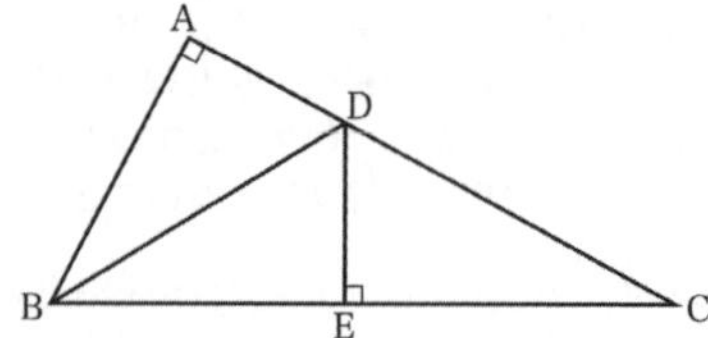

2　AB＝10cm，AC＝8cm，BC＝6cm，∠ACB＝90°の△ABCを底面とする三角柱ABC－DEFがあり，その高さは7cmである。右の図のように，この三角柱の辺CF上にCP＝5cmとなる点Pをとり，三角錐P－DEFを切り離した。

このとき，次の(1)，(2)の問いに答えなさい。

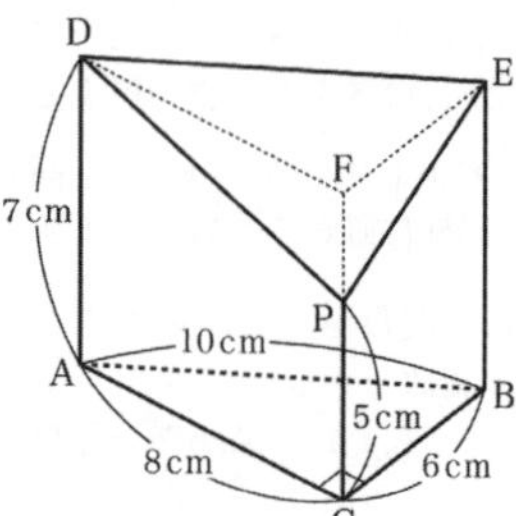

(1)　三角錐P－DEFの体積を求めなさい。

(2)　三角錐P－DEFと立体ABC－DEPの表面積で，大きい方から小さい方をひいた差を求めなさい。

5　図1のように，兄の太郎さんと妹の花子さんの家から720m離れたところにバス停がある。太郎さんは，9時ちょうどに家を出発し，9時13分に発車するバスに乗るため，ある一定の速さでバス停に向かって歩いた。また，花子さんは，9時5分に家を出発し，太郎さんとは異なる一定の速さでバス停に向かって歩き始めた。

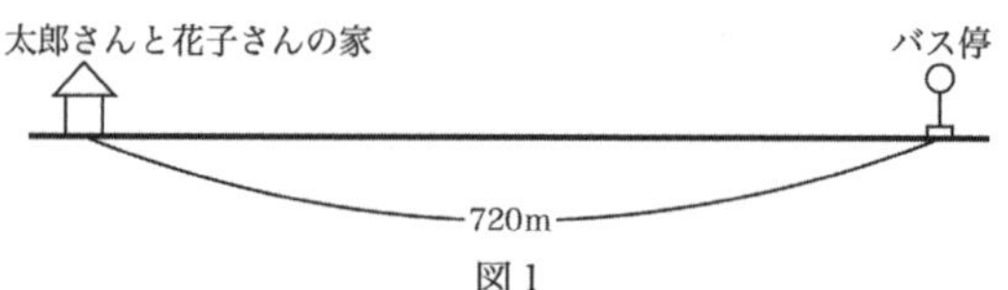

図1

図2は，太郎さんが家を出発してからの時間をx分，$0 \leqq x \leqq 5$の範囲では，家から太郎さんがいる地点までの距離をym，$x \geqq 5$の範囲では，太郎さんと花子さんの距離をymとして，xとyの関係を表したグラフの一部である。

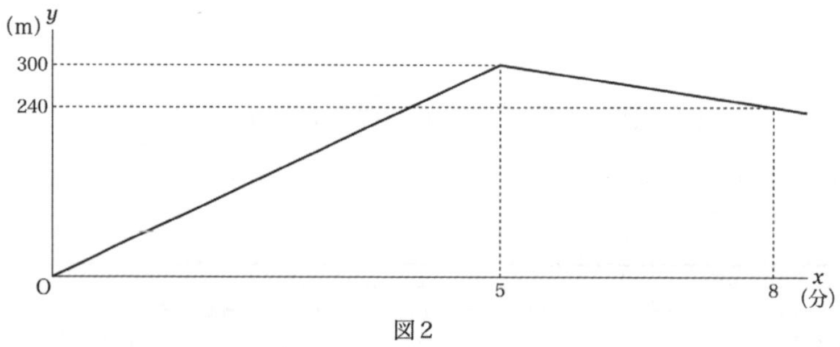

図2

このとき，次の**1**，**2**，**3**の問いに答えなさい。

1　太郎さんが歩いた速さは毎分何mか。

2　図2で，$5 \leqq x \leqq 8$の範囲において，xとyの関係を式で表しなさい。

3　太郎さんがバス停に着いたとき，花子さんはバス停の手前のP地点にいた。太郎さんと同じく9時13分に発車するバスに乗るためには，花子さんはP地点からバス停まで，毎分何m以上の速さで走ればよいか。ただし，花子さんがバスに乗り込むための時間は考えないものとする。

解答・解説 P259・P266

6 下の図のように，長方形の形をしたテーブルを並べていき，そのまわりに椅子を並べていく。ただし，3番目の並べ方においては，椅子はかかれていない。

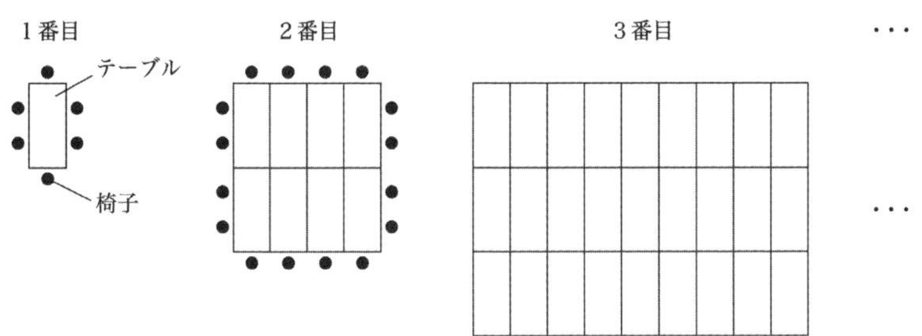

また，下の表は，1番目，2番目，3番目，…の並べ方における，テーブルの縦の列数，横の列数，総数，および椅子の数(3番目以降は省略)をまとめたものである。

並べ方		1番目	2番目	3番目	…
テーブル	縦の列数〔列〕	1	2	3	…
	横の列数〔列〕	1	4	9	…
	総数〔台〕	1	8	27	…
椅子の数〔脚〕		6	16		

このとき，次の**1**，**2**，**3**の問いに答えなさい。

1 次の文の①，②に当てはまる数をそれぞれ求めなさい。

> 3番目の並べ方における椅子の数は（ ① ）脚である。また，4番目の並べ方において，テーブルの横の列数は（ ② ）列である。

2 n番目の並べ方におけるテーブルの総数を，nを用いた最も簡単な式で表しなさい。

3 椅子の数が198脚になるのは何番目の並べ方か。ただし，途中の計算も書くこと。

第187回 下野新聞模擬テスト

理科

制限時間 45分

1 次の**1**から**8**までの問いに答えなさい。

1 次のうち，溶岩のねばりけが最も小さい火山はどれか。
ア 雲仙普賢岳　**イ** 桜島　**ウ** 昭和新山　**エ** マウナロア

2 次のうち，アンモニアの性質として当てはまらないものはどれか。
ア 水に溶けやすい。　**イ** 水溶液は中性を示す。
ウ 特有の刺激臭がある。　**エ** 空気よりも密度が小さい。

3 次のうち，だ液に含まれていて，デンプンの消化に関わっている消化酵素はどれか。
ア アミラーゼ　**イ** ペプシン　**ウ** リパーゼ　**エ** トリプシン

4 次のうち，圧力の単位として用いられているものはどれか。
ア N　**イ** g/cm^3　**ウ** Pa　**エ** J

5 右の図は，地震計によって記録された，ある地震によって引き起こされた２種類のゆれのようすを表したものである。ゆれXを伝える波を何波というか。何の部分を**アルファベット１字**(大文字)で書きなさい。

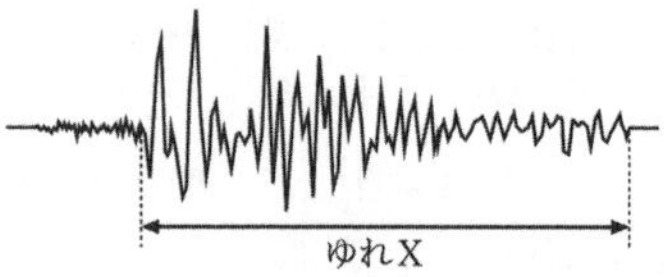

6 右の図は，「S」，「Cu」という元素記号(原子の記号)で表される２種類の原子が１：１の個数の割合で結びついた物質を，原子のモデルを使って表したものである。この物質は何という物質か，名称を書きなさい。

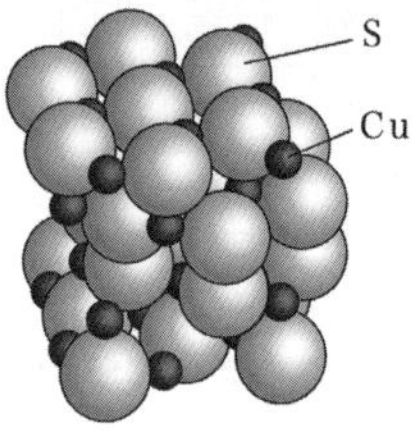

7 右の図は，ツツジの５枚の花弁のようすを表したものである。このような形状の花弁をしている花を何というか。

8 右の図は，コンピュータの画面に表示された音の波形で，横軸は時間を，縦軸は振幅を表している。横軸の１目盛りが0.005秒に相当するものとすると，この音の振動数は何Hzか。

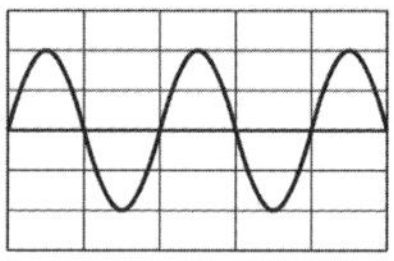

2 右の表は，マグマが冷え固まってできた岩石を，冷え方のちがいによって深成岩と火山岩に分類し，さらに，深成岩と火山岩を，含まれる有色鉱物と無色鉱物の割合をもとに，それぞれ３種類ずつに分類したものである。

深成岩	斑れい岩	岩石X	花こう岩
火山岩	玄武岩	岩石Y	流紋岩
含まれる鉱物の割合 ■有色鉱物 □無色鉱物	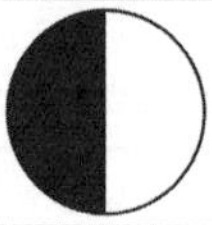	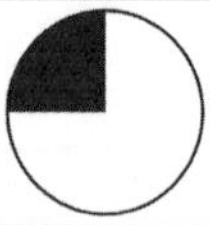	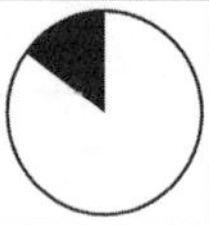

このことについて，次の**1**，**2**，**3**の問いに答えなさい。

1 火山岩は，マグマがどのような冷え方をすることでできたか。冷えた場所と冷えるまでにかかった時間にふれて簡潔に書きなさい。

2 次の□内の文章は，表中の岩石について述べたものである。①，②に当てはまる語をそれぞれ（　）の中から選んで書きなさい。

> 表中の岩石のうち，色合いが白っぽくて等粒状組織をしているものは ①(斑れい・花こう・玄武・流紋) 岩である。また，岩石Xは ②(安山・凝灰・せん緑・石灰) 岩である。

解答・解説 P259・P267

3 表中の6種類の岩石すべてに含まれていて，主に白色やうす桃色で柱状や短冊状の鉱物は，次のうちどれか。

ア チョウ石　**イ** セキエイ　**ウ** クロウンモ　**エ** カンラン石

3 化学変化における質量の関係について調べるために，次の実験(1)，(2)，(3)を順に行った。

(1) うすい塩酸30mLを入れたビーカー全体の質量をはかったところ，135.0gであった。

(2) (1)のビーカーに0.5gの粉末の炭酸カルシウムを加えたところ，炭酸カルシウムが溶けて気体が発生したので，反応がおさまってから再びビーカー全体の質量をはかった。

(3) (2)のビーカーに炭酸カルシウムを0.5gずつ，合計の質量が2.5gになるまで追加していき，(2)と同様の操作を行った。下の表は，これらの結果をまとめたものであるが，加えた炭酸カルシウムの合計の質量が2.0gと2.5gのときには，炭酸カルシウムが少し溶け残っていた。

加えた炭酸カルシウムの合計の質量〔g〕	0.5	1.0	1.5	2.0	2.5
反応後のビーカー全体の質量〔g〕	135.3	135.6	135.9	136.4	136.9

このことについて，次の**1**，**2**，**3**の問いに答えなさい。

1 実験(2)で発生した気体は，どのような化学式によって表されるか。

2 表より，加えた炭酸カルシウムの合計の質量が1.0gのとき，何gの気体が発生したことがわかるか。また，このように，実験の結果から発生した気体の質量を求めることができるのは，化学変化に関する何の法則とよばれる法則が成り立つからか。

3 実験(3)において，加えた炭酸カルシウムの合計の質量が2.5gのとき，溶け残っていた炭酸カルシウムを完全に反応させるためには，実験で使用したうすい塩酸をさらに何mL以上加える必要があるか。

4 酸素と二酸化炭素の出入りをともなう，植物の葉が行っている二つのはたらきについて調べ，これらをはたらきX，Yとして，右の図のように模式的に表した。

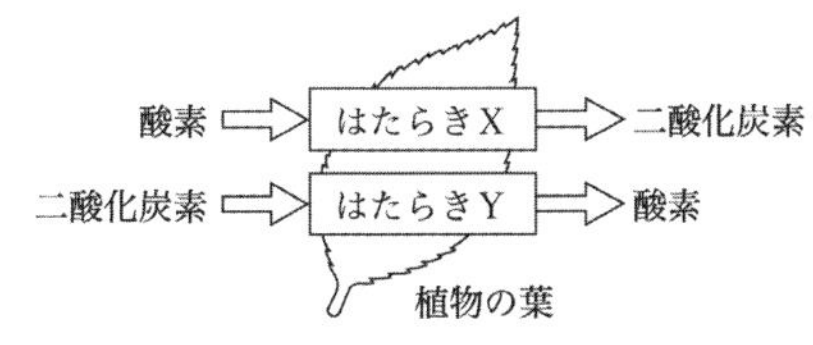

このことについて，次の**1**，**2**，**3**の問いに答えなさい。

1 次の□内の文は，図のはたらきX，Yについて述べたものである。①，②に当てはまる語をそれぞれ書きなさい。

> 酸素と二酸化炭素の出入りのようすから，はたらきXは（ ① ）というはたらきで，はたらきYは（ ② ）というはたらきであることがわかる。

2 図のはたらきに関係する酸素と二酸化炭素は，主に植物の葉に分布している何というすき間を通って出入りしているか。

3 一般に，日光が十分に当たっている昼間と，日光がまったく当たらない夜間におけるはたらきX，Yによる気体の放出量の大小関係を，不等号や等号を用いて表しているものは，それぞれ次のうちどれか。

ア (はたらきXによる気体の放出量)＞(はたらきYによる気体の放出量)＞0

イ (はたらきXによる気体の放出量)＞(はたらきYによる気体の放出量)＝0

ウ (はたらきYによる気体の放出量)＞(はたらきXによる気体の放出量)＞0

エ (はたらきYによる気体の放出量)＞(はたらきXによる気体の放出量)＝0

下野模擬問題（第187回）◆理科

5 圧力を小さくした空間を電流が流れる現象について調べるために，内部の圧力を非常に小さくしたクルックス管を用いて，次の実験(1)，(2)を順に行った。

(1) クルックス管の二つの電極がそれぞれ陽極と陰極になるように，これらの電極をある器具に接続した。

(2) 下線部の器具によって電極に電圧を加えたところ，右の図のように，陽極側のガラス壁が黄緑色に光り，十字形の金属板の影ができた。

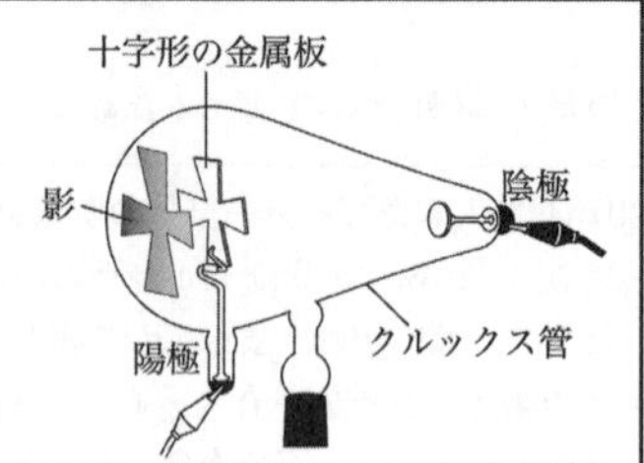

このことについて，次の**1**，**2**，**3**の問いに答えなさい。

1 実験(2)より，陰極から何らかの粒子が出ていることがわかった。この粒子を何というか。

2 クルックス管の二つの電極を接続した，実験(1)の下線部の器具は，次のうちどれか。また，下線部の器具に接続した理由は何か。「電圧」という語句を用いて簡潔に書きなさい。

ア オシロスコープ　　**イ** 真空ポンプ　　**ウ** 手回し発電機　　**エ** 誘導コイル

3 実験を行ったことで，クルックス管の内部の空間を電流が流れたことが確認できた。このように，圧力を小さくした空間を電流が流れる現象を何というか。**漢字4字**で書きなさい。

6 空気中の水蒸気の変化や湿度について調べるために，理科実験室で，次の実験(1)，(2)，(3)を順に行った。

(1) 銅製の容器に水と温度計を入れ，一昼夜そのままにしておいた。

(2) 翌日，実験を始める直前に容器の水の中に入れておいた温度計を見たところ，25℃を示していた。

(3) 右の図のように，氷のかたまりを容器の水の中に入れ，ガラス棒で静かにかき混ぜていったところ，温度計が19℃を示したときに容器の表面がくもり始めた。次に，資料集を用いて飽和水蒸気量について調べ，19℃から25℃までの気温に対する飽和水蒸気量を，下の表のようにまとめた。

気温〔℃〕	19	20	21	22	23	24	25
飽和水蒸気量〔g/m³〕	16.3	17.3	18.3	19.4	20.6	21.8	23.1

このことについて，次の**1**，**2**，**3**，**4**の問いに答えなさい。

1 実験(1)において，容器に入れた水を一昼夜そのままにしておいた理由を述べているものは，次のうちどれか。

ア 水に溶けている塩素などを追い出すため。
イ 水の温度を変化しやすくするため。
ウ 水の中にいる目に見えない生物を死滅させるため。
エ 水の温度を理科実験室の気温と同じにするため。

2 実験(3)で，容器の表面がくもり始めたときの水温（19℃）を，理科実験室内の空気の何というか。

解答・解説 P259・P267

3　実験を行ったときにおける，理科実験室内の空気の湿度の値に最も近いものは，次のうちどれか。

ア　65％　　　**イ**　71％　　　**ウ**　76％　　　**エ**　82％

4　理科実験室内の空気中に含まれている水蒸気の量はそのままで，気温だけが25℃から23℃まで下がったとする。このとき，理科実験室内の空気中には，あと何gの水蒸気を含むことができる状態になっているか。ただし，理科実験室の容積を180 m^3とし，室内と室外との間での空気の出入りはないものとする。

7　うすい塩酸，およびうすい水酸化ナトリウム水溶液が示す性質について調べるために，次の実験(1)，(2)，(3)，(4)を順に行った。

(1)　ガラス板上に食塩水(または硝酸カリウム水溶液)をしみ込ませたろ紙を置き，両端を目玉クリップではさんで固定した。次に，赤色リトマス紙の小片A，B，青色リトマス紙の小片C，Dをろ紙の上にのせてから，ろ紙の中央付近にうすい塩酸をしみ込ませた糸を置いた。

(2)　(1)の直後に，下の図のように，それぞれの目玉クリップを電極として電源装置につないで電圧を加えたところ，4枚のリトマス紙の小片のうちの1枚だけがもとの色から別の色へと変化した。

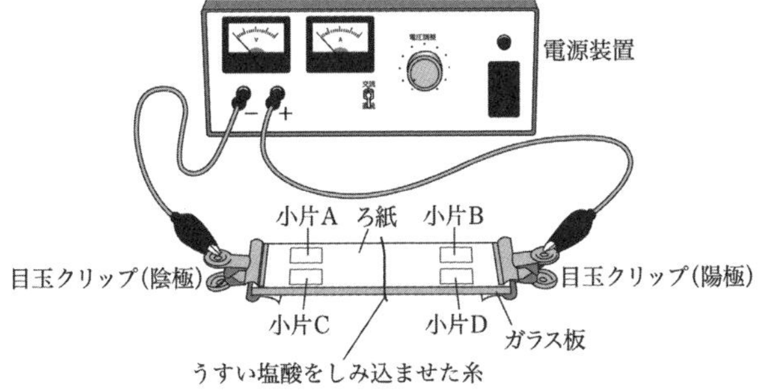

(3)　(1)でつくったものと同じものをもう1組つくった。ただし，ろ紙の中央付近には，うすい塩酸のかわりにうすい水酸化ナトリウム水溶液をしみ込ませた糸を置いた。

(4)　(2)と同様に電圧を加えたところ，この場合も，4枚のリトマス紙の小片のうちの1枚だけがもとの色から別の色へと変化した。

このことについて，次の**1**，**2**，**3**，**4**の問いに答えなさい。

1　実験(1)で，ろ紙に食塩水(または硝酸カリウム水溶液)をしみ込ませたのはなぜか。「電極間」という語を用いて簡潔に書きなさい。

2　実験(2)で，電圧を加えた後に色が変化したのはどのリトマス紙の小片か。小片A，B，C，Dのうちから一つ選び，記号で書きなさい。また，その小片は，もとの色から何色へと変化したか。

3　実験(4)で，4枚のリトマス紙の小片のうちの1枚の色を変化させる原因となったイオンは何か。そのイオンを表す化学式を書きなさい。

4　うすい塩酸とうすい水酸化ナトリウム水溶液を混ぜ合わせたときに生成する，水以外の物質は何か。その具体的な名称を書きなさい。

問題
R3
186
187
188
189
【理科】
第187回

8 エンドウの種子の形状という形質に関する遺伝の規則性について，次の(1)，(2)のようなことを調べた。

(1) エンドウの種子の形状には，「丸」であるものと「しわ」であるものの２種類のみの形質がある。

(2) エンドウの種子の形状に関して，親の代から子の代，さらには子の代から孫の代への遺伝のようすを，下の図のように模式的に表した。なお，親の代のエンドウは，形状が「丸」のものも「しわ」のものも純系であり，形状を「丸」にする遺伝子をA，「しわ」にする遺伝子をａと表記するものとする。

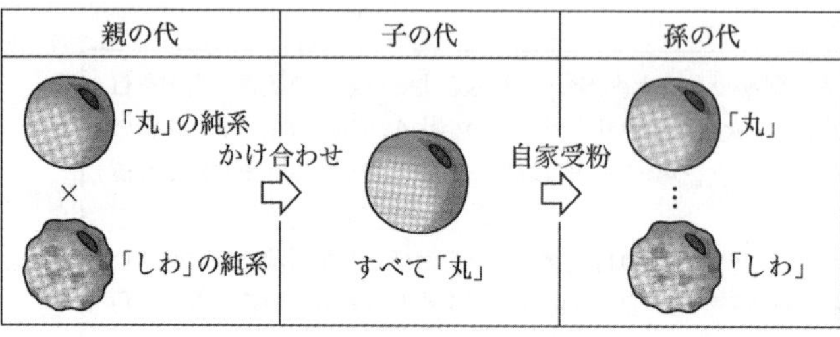

このことについて，次の**1**，**2**，**3**，**4**の問いに答えなさい。ただし，種子の形状の遺伝に関しては，メンデルによって発見・提唱された法則が常に成り立つものとする。

1 (1)より，エンドウの種子の形状は，「丸」か「しわ」のいずれかしか現れない。この種子の形状のように，２種類のうちの一方しか現れない形質どうしを何形質というか。

2 次の[　　]内の文章は，エンドウの種子の形状という形質について述べたものである。①，②に当てはまる語をそれぞれ書きなさい。

> 図のように，種子の形状が「丸」の純系と「しわ」の純系の親のかけ合わせからできた子の代では，種子の形状は「丸」のものだけが現れ，「しわ」のものは現れなかった。このことから，種子の形状が「丸」である形質のことを，形状が「しわ」である形質に対して（　①　）形質という。また，種子の形状が「しわ」である形質のことを，形状が「丸」である形質に対して（　②　）形質という。

3 孫の代でできたすべての種子の遺伝子の組み合わせのうち，理論上，最も数が多いと考えられるものの組み合わせは，Aやａを用いてどのように表記されるか。

4 孫の代でできた種子のうち，形状が「しわ」であるものの個数をn個とする。このとき，孫の代でできたすべての種子の個数をnを用いて表しているものとして最も近いものは，次のうちどれか。

ア　2n個　　**イ**　3n個　　**ウ**　4n個　　**エ**　5n個

9 物体の運動について調べるために，次の実験(1)，(2)，(3)，(4)を順に行った。

(1) 斜面と水平面をなめらかにつないだコースを組み立てた。

(2) 斜面上のA点に小球を手で支えて静止させた後，静かに小球から手を離した。

(3) (2)の後に小球が行った運動について，1秒間に10回発光するストロボスコープを用いて，図1のようなストロボ写真を撮影した。

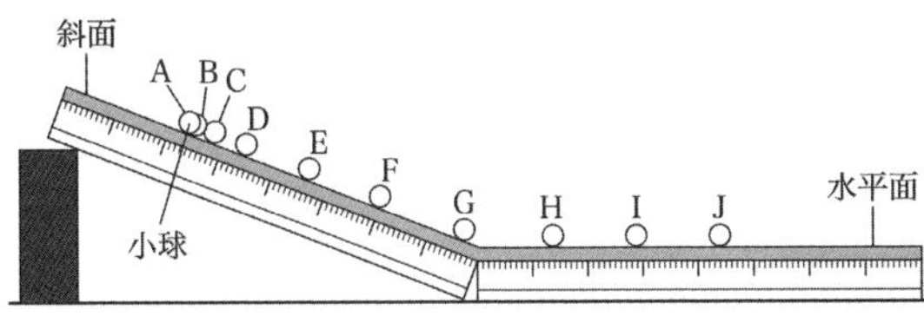

図1

(4) (3)のストロボ写真をもとに，隣り合う点の間の距離(区間の距離)を調べ，下の表のようにまとめた。

区間	A−B	B−C	C−D	D−E	E−F	F−G	G−H	H−I	I−J
距離〔cm〕	1.2	3.6	6.0	8.4	10.8	13.2	14.9	15.1	15.1

このことについて，次の**1**，**2**，**3**，**4**の問いに答えなさい。ただし，空気の抵抗や摩擦については考えないものとする。

1 図2は，斜面上を運動している小球にはたらいている重力を，矢印を用いて表したものである。この重力を斜面に平行な向きと垂直な向きに分解した二つの分力のうち，斜面上で小球を運動させる原因となっている方の分力を，解答用紙に矢印を用いてかき入れなさい。ただし，もう一方の分力については何もかき入れないこと。

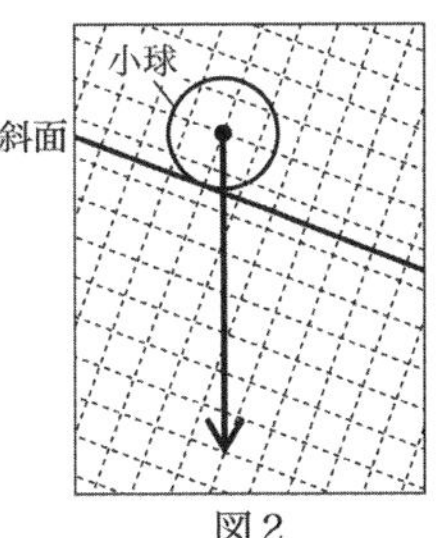

図2

2 運動を始めてからC点を通過するまでにおける，小球の平均の速さは何cm/sか。

3 最初に小球を静止させる位置を，A点よりも少し高い位置に変更して実験と同様のことを行ったとする。運動を始めてから0.3秒後の小球の瞬間の速さは，実験のときと比べてどのようになっていると考えられるか。簡潔に書きなさい。

4 次の□内の文章は，水平面上での小球の運動について述べたものである。①，②に当てはまる語をそれぞれ書きなさい。

> 図1と表から，水平面上での小球は（ ① ）という運動を行っていたことがわかる。また，このときの小球にはたらいている重力は，同じく小球にはたらいている（ ② ）という力とつり合っている。

第187回 下野新聞模擬テスト
英　語

制限時間 50分

1　これは聞き方の問題である。指示に従って答えなさい。

1〔英語の対話とその内容についての質問を聞いて，答えとして最も適切なものを選ぶ問題〕

(1) ア  イ  ウ  エ 

(2) ア  イ  ウ  エ 

(3) ア 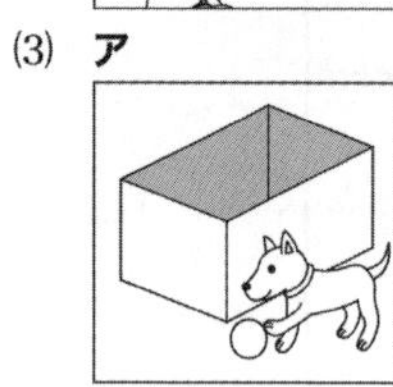 イ 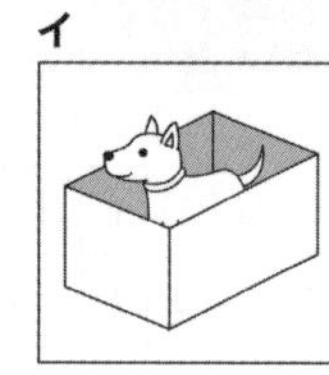 ウ  エ 

2〔英語の対話とその内容についての質問を聞いて，答えとして最も適切なものを選ぶ問題〕

(1) ① ア Because she will wait for her family there.
　　イ Because she will go to school there.
　　ウ Because she will meet her friend there.
　　エ Because she will have dinner there.

② ア 11:10.　イ 11:20.　ウ 11:30.　エ 11:40.

(2)

	Day		15	16	17	18	19	20
			Monday	Tuesday	Wednesday	Thursday	Friday	Saturday
Utsunomiya	Weather		☀	☀	☁	☂	☀	☀
	℃	Highest	15.4℃	17℃	14.7℃	14.9℃	15.1℃	15℃
		Lowest	5.2℃	5.3℃	4.6℃	4.4℃	4℃	4.5℃
Osaka	Weather		☀	☁	☂	☁	☂	☂
	℃	Highest	17.4℃	17.6℃	16.9℃	17.2℃	16.7℃	17℃
		Lowest	10℃	9.8℃	9℃	9.5℃	9.3℃	9.1℃

① ア Monday.　イ Tuesday.　ウ Friday.　エ Saturday.
② ア Three days.　イ Four days.　ウ Five days.　エ Six days.

3〔ホワイト先生(Ms. White)からの英語の授業で行う活動についての説明を聞いて，メモを完成させる問題〕

For next Wednesday's special class
・Saturday and Sunday : find my (1)(　　　　) thing
　don't choose any (2)(　　　　)
　write about it in English
・Monday : bring Ms. White my (3)(　　　　)
・Tuesday : Ms. White will give it back to me
　(4)(　　　　) talking a lot in English

解答・解説 P258・P262

2 次の**1**，**2**の問いに答えなさい。

1 次の英文中の (1) から (6) に入る語句として，下の(1)から(6)の**ア**，**イ**，**ウ**，**エ**のうち，それぞれ最も適切なものはどれか。

Friday, May 7

Today, I *made a speech in English class. I (1) a good job! In class, Mr. Hill told us some important things when we made a speech. First, we shouldn't (2) too fast or too *slowly. Second, we should (3) to the people (4) are listening to our speeches. Third, we (5) use difficult English. Easy English is enough. I will remember (6) things.

〔**注**〕*make a speech＝スピーチをする　*slowly＝ゆっくりと

(1) **ア** do　**イ** does　**ウ** did　**エ** done
(2) **ア** speak　**イ** read　**ウ** watch　**エ** hear
(3) **ア** play　**イ** talk　**ウ** listen　**エ** like
(4) **ア** which　**イ** who　**ウ** when　**エ** what
(5) **ア** have to　**イ** has to　**ウ** don't have to　**エ** doesn't have to
(6) **ア** my　**イ** our　**ウ** this　**エ** these

2 次の(1)，(2)，(3)の(　　)内の語を意味が通るように並べかえて，(1)と(2)は**ア**，**イ**，**ウ**，**エ**，(3)は**ア**，**イ**，**ウ**，**エ**，**オ**の記号を用いて答えなさい。ただし，文頭にくる語も小文字で示してある。

(1) I think baseball (**ア** popular　**イ** than　**ウ** is　**エ** more) basketball in Japan.
(2) (**ア** been　**イ** you　**ウ** ever　**エ** have) to Hokkaido?
(3) It's (**ア** easy　**イ** me　**ウ** to　**エ** for　**オ** not) get up early every day.

3 次の英文は，オーストラリアからの留学生のジャック(Jack)と高校生の英太(Eita)との対話の一部である。また，右の図はそのとき二人が見ていたチラシ(leaflet)の一部である。これらに関して，**1**から**6**までの問いに答えなさい。

Jack: Hi, Eita. What is that leaflet?
Eita: Hi, Jack. This leaflet is about the fall festival. We have it every year at Asahi Park.
Jack: The fall festival? What do you do at the festival?
Eita: Look at the leaflet. This picture shows the *fireworks at the festival last year. The man in the leaflet says that ＿＿(1)＿＿ the fireworks.
Jack: Oh, it's very beautiful. Eita, there are other pictures. In this picture, some girls ＿＿(2)＿＿. They look very happy.
Eita: We can enjoy some shows at the festival. This year, the shows will start at 5:30.
Jack: When will you [A] the festival?
Eita: It's going to be held on Saturday, November 20. Do you want to come with my family?
Jack: Of course. I want to go, but ....
Eita: Oh, do you have anything to do?
Jack: Yes. (3)I will be busy until 5:00. I practice *kendo* every Saturday afternoon.
Eita: Don't worry. If you arrive at the park by 6:00, you can enjoy *wadaiko* show and see the fireworks, too.
Jack: What is *wadaiko*?
Eita: It is the "traditional Japanese *drum." We can join the *wadaiko* class there.
Jack: It must be [B]. In Australia, I was in a *brass band and played the drum. But I've never heard of *wadaiko*.
Eita: My brother is a member of the *wadaiko* team. You can learn how to play it. Do you want to join his class?

Jack： Sure. Where shall we meet?
Eita： Let's meet at Kitayama Station. There is a *bus service every twenty minutes for Asahi Park. It ＿＿＿(4)＿＿＿ from Kitayama Station to Asahi Park.
Jack： OK. So which bus should we take from Kitayama Station?
Eita： Well .... Let's take the 5:40 bus. We'll arrive before the *wadaiko* show starts. How about (5)this plan?
Jack： Sounds great. Eita, like the fall festival, we also have some interesting events at our school, right? (6)What school event do you like the best? Can you introduce one of them to me?

〔注〕*fireworks＝花火　*drum＝太鼓，ドラム　*brass band＝ブラスバンド
*bus service＝バスの運行

第21回　あさひ公園秋祭り

◆開催日　11月20日（土曜日）

◆日程
5:00　開会式
5:30　ダンスショー
6:00　和太鼓(わだいこ)ショー
（演奏後，和太鼓体験教室があります。）
7:00～8:30　花火大会

◆会場　あさひ公園　北山駅からバスで10分です

◆臨時バス時刻表
北山駅発⇒あさひ公園行き
4:20　4:40　5:00　5:20　5:40　6:00　6:20
あさひ公園発⇒北山駅行き
8:20　8:40　9:00　9:20

1　上のチラシを参考に，二人の対話が成り立つよう，下線部(1)，(2)，(4)に適切な英語を書きなさい。ただし，数字も英語で書くこと。

2　二人の対話が成り立つよう，［ A ］に入る適切な英語**1語**を書きなさい。

3　下線部(3)とジャックが言った理由は何か。解答用紙の書き出しに続けて，日本語で書きなさい。

4　本文中の［ B ］に入る語として，最も適切なものはどれか。

ア　healthy　　イ　exciting　　ウ　early　　エ　dangerous

5　次の［　　］内の英文は，下線部(5)の内容を表している。①，②に入る適切な英語を，本文から**1語**ずつ抜き出して書きなさい。

> Jack will go to the fall festival at Asahi Park with Eita's (　①　). They will meet at Kitayama Station and take the 5:40 bus for Asahi Park. They will see the *wadaiko* show and after the show, they will (　②　) the way to play the *wadaiko*. They will enjoy the fireworks, too.

6　下線部(6)について，一つの例を挙げ，ジャックに紹介する内容をつながりのある**4文から6文程度**の英語で書きなさい。ただし，紹介する内容の一部をローマ字で書いてもよい。

解答・解説　P258・P262

4 智子(Tomoko)がカナダ(Canada)でのホームステイで体験したことについての次の英文を読んで，**1**から**5**の問いに答えなさい。

Last summer I visited Canada and stayed with a host family for a month. My host family lived in a small town with a lot of mountains. When I met my host father, he said, "Welcome to our town, Tomoko. Please enjoy your stay." I said, "Thank you, Mr. Green. I'm from a small town near a mountain in Tochigi, Japan. I'm (**A**) because this town looks like my town in Japan." During my stay in Canada, Jane, my host sister, often took me to some interesting places in her town. I enjoyed doing many things with her.

One day Jane and I went to a beautiful forest. We saw some people there. They were working in the forest. I asked Jane, "What are they doing?" Jane said, "They are taking care of trees. They *weed and *plant young trees to *grow the forest." I saw some boys and girls. They were working with other *adult people. I said, "There are some children here. Are they working, too?" Jane said, "Yes. They are helping the adult people as volunteers. I also sometimes help them." I thought they were great. Then Jane *added, "They are planting young trees now. Today you can plant some young trees and help them. Do you want to try? I'm sure you'll enjoy it." I became (**B**) to hear that.

I tried to plant a young tree with Jane. It was my first experience. Planting a tree was a little difficult for me, but I enjoyed it very much. After planting the tree, Jane asked me, "What do Japanese people do for forests?" I could not answer <u>her question</u> because I didn't know anything about forests. Then Jane said, "Forests are important to us. Forests give us *fresh air, a lot of water and other important things. They also protect us from *natural disasters. So in Canada, people plant young trees every year to grow forests." I learned many things about forests from Jane.

After coming back to Tochigi, I talked with my friends about forests. But they didn't know much about them. I talked with my father, too. He said, "Many people lived in our town to work in the mountains before. But now, there aren't so many people that work in the mountains here." I think young Japanese people need to know more about forests. I'm sure we can do something for them in our country.

〔注〕*weed＝草刈りをする　*plant＝植える　*grow＝育てる　*adult＝大人の
*add＝つけ加える　*fresh air＝新鮮な空気　*natural disaster＝自然災害

1 本文中の(**A**)，(**B**)に入る智子の気持ちを表している語の組み合わせとして，最も適切なものはどれか。

ア **A**：happy ― **B**：sorry　　**イ** **A**：excited ― **B**：sad
ウ **A**：sad ― **B**：sorry　　**エ** **A**：happy ― **B**：excited

2 下線部の指す内容は何か。具体的に日本語で書きなさい。

3 次の**質問**に答えるとき，**答え**の[　　　]に入る適切な英語**2語**を，第3段落(I tried to ～. で始まる段落)から抜き出して書きなさい。

質問：Why do people in Canada grow forests?
答え：Because they think forests are [　　　] them.

4 次の[　　　]は，カナダでの体験を通して見られる智子の考えの変化についてまとめたものである。(①)と(②)に適切な日本語を書きなさい。

智子は，以前は日本の森のことについて，(①)が，日本の若い人たちは森についてもっと知る必要があり，自国の森のためにきっと(②)と考えるようになった。

5 本文の内容と一致するものはどれか。

ア Tomoko stayed in a small town with a lot of mountains in Canada for one week last summer.

イ One day Tomoko went to a beautiful forest with Jane to help Mr. Green with taking care of trees.

ウ To help volunteers, Tomoko planted a young tree in the forest for the first time.

エ After coming back to Tochigi, Tomoko learned something about forests from her friends at school.

5 介護ロボット(Nursing Care Robot)について書かれた次の英文を読んで，1，2，3，4の問いに答えなさい。

Today, some *nursing homes have already started to use robots to take care of *elderly people. They are [A] Nursing Care Robots. What can they do for elderly people? Let's see some examples.

There are many difficult things to do when we take care of elderly people. For example, it is very hard to take elderly people to their beds or to the *restroom. Some Nursing Care Robots can help *caregivers when they do the work. The robots have more power, so caregivers [B]. If this kind of robots are used more often, caregivers' work will become easier. Then elderly people's life will become easier, too.

Many elderly people often cannot walk well. Some other Nursing Care Robots can help them with <u>their problem</u>. When elderly people use these robots, they can do many things without caregivers' help. For example, the robots can help elderly people when they want to walk to the restroom *by themselves. Some elderly people feel sorry when they ask a caregiver for help. This kind of robots can make such people happy.

Some people do not think that using Nursing Care Robots in nursing homes is good. They think people should be taken care of by people. In Japan today, however, there are more and more elderly people, so we will need more caregivers. Nursing Care Robots will be very useful for both caregivers and elderly people. If we use them at the right time and in the right place, we will *be able to make elderly people's life much better.

〔注〕*nursing home＝介護施設　*elderly people＝お年寄り　*restroom＝トイレ
*caregiver＝介護者　*by themselves＝自分で　*be able to ～＝～できる

1 本文中の[A]に入る語として，最も適切なものはどれか。

ア used　イ called　ウ needed　エ made

2 本文中の[B]に入るものとして，最も適切なものはどれか。

ア cannot live with elderly people　イ can easily take care of elderly people
ウ can be helped by elderly people　エ cannot give elderly people food

3 下線部について，具体的にどのような問題か。日本語で書きなさい。

4 次の[　　]内の英文は，筆者が伝えたいことをまとめたものである。(　　)に入る最も適切なものはどれか。

> In Japan, more caregivers are needed, so Nursing Care Robots are useful. Elderly people's life will be better and easier (　　　　).

ア if we work harder as caregivers
イ if we do not use robots to take care of them
ウ if we use robots in the right way
エ if we must work without robots' help

解答・解説 P258・P262

(注1) 家督を譲る＝経営者としての地位や権利を引き渡す。
(注2) 粳米＝粘り気の少ないふつうの米。餅や赤飯には粘り気の多い糯米を使う。

1 □に入る語として最も適当なものはどれか。
ア 振り　**イ** かしげ　**ウ** もたげ　**エ** 落とし

2 (1)犬なりに、二三とは格別の間柄であることをわきまえているらしい とあるが、この表現からわかることとして最も適当なものはどれか。
ア くろと二三には特別な縁があるので、くろが二三には逆らわないということ。
イ くろと二三は特別な生い立ちなので、くろが二三には素直に甘えるということ。
ウ くろと二三は特別に仲が良いので、だれもくろと二三の間には入れないということ。
エ くろは二三には特別な恩義を感じているので、くろは二三には従順であるということ。

3 (2)よしは、毎年一家五人では食べきれないほどの柏餅を拵えた とあるが、よしの気持ちの説明として最も適当なものはどれか。
ア 端午の節句に柏餅を食べるという、一家繁栄を祈願する大切な行事に責任を感じる気持ち。
イ 一人前に成長した亮太を子どもあつかいできるのは今日だけだと、さみしく思う気持ち。
ウ 端午の節句にこどもたちのすこやかな成長を祝い、一家の先祖代々の労苦に感謝する気持ち。
エ 一家の代々の繁栄を祈願し、跡取りの亮太にたくさん柏餅を食べさせてやりたいという気持ち。

4 (3)二三は、わざと顔をしかめた とあるが、このときの二三の気持ちを、「気づかう」という語を用いて、十五字以上二十字以内で書きなさい。

5 (4)花を落としたあとには、菜種が実を結んでいる とあるが、この表現から感じとれる家族の様子を、「家業」「跡取り」という語を用いて、二十字以上三十字以内で書きなさい。

6 本文の内容に合うものとして最も適当なものはどれか。
ア 亮助は、村の農家の女房に亮太が一人前だとうらやましがられるのはうれしいが、さらに成長してほしいと思っている。
イ 二三は、一家の仕事を直接手伝えるほど成長していないが、早く大きくなって自分も家族の手伝いをしたいと考えている。
ウ 亮助とよしは、亮太や家族がすこやかでいられることが何よりだと思い、そのことに喜びを感じている。
エ 亮太とみさきは、二三がくろと遊んでばかりいるのは、まだ子どもだからやむを得ないことだと思っている。

5

「自分にとって将来最も役に立つと思う教科」について、あなたの考えを国語解答用紙(2)に二百四十字以上三百字以内で書きなさい。
なお、次の《条件》に従って書くこと。

《条件》
(Ⅰ) 二段落構成とすること。
(Ⅱ) 各段落は次の内容について書くこと。

第一段落
・あなたが現在大切だと思っている教科、得意だと思っている教科、好きだと思っている教科などについて具体的に説明しなさい。

第二段落
・第一段落で書いたことを踏まえて、あなたが「自分にとって将来最も役に立つと思う教科」について書きなさい。第一段落で書いた教科とは別の教科でもよい。

下野模擬問題（第187回）◆国語

6　段落の関係について説明したものとして最も適当なものはどれか。

ア　③段落は、②段落まで説明した内容をまとめた上で、次の段落以降の発展的主張への導入の役割をしている。

イ　④段落は、前段までの内容をまとめて自分の身近な話題に関連させて具体的に述べることで、前半の結論を述べている。

ウ　⑤段落は、④段落の内容と対立する内容を含みながら前の段落と関連する内容で、最終段落につないでいる。

エ　⑥段落は、⑤段落で提起した問題の答えとなる内容を述べながら、全体のまとまりとなる結論を述べている。

4

次の文章を読んで、1から6までの問いに答えなさい。

天保五（一八三四）年五月五日。朝から空は青く晴れ上がり、五ツ（午前八時）を過ぎると二三が遊ぶ庭にも陽光が届いていた。

「くろ、そっちに行ったら駄目だって」

庭を駆け回る犬を、二三が呼び止めた。走っていた犬が立ち止まり、二三に振り返った。

くろは二三の誕生に先駆けて、父親の亮助が浜の漁師からもらった犬だ。

「犬は安産のお守りだからよう」

二三誕生の数日前にもらってきた子犬は、二三の誕生までは名なしだった。が、鼻が真っ黒で黒目の大きい子犬を見た亮太とみさきは、勝手にくろと呼んでいた。

丈夫な二三が誕生したあと、子犬はくろと命名された。

二三と同い年の四歳だが、くろはもはや成犬である。それでも(1)犬なりに、二三とは格別の間柄であることをわきまえているらしい。まだこどもの二三には、ことのほか従順だった。

「柏の葉っぱを踏んだら、おかあちゃんに叱られるでしょ」

大きな犬が、子犬のようにクウンと鼻声で鳴いた。

「ほんとうに分かったのかなあ」

二三は首を□ながら、くろのあたまを撫でた。

今日は端午の節句である。亮太はもう十二歳で、しっかりと菜種作りの家業を手伝っていた。

「亮太はほんまによう働くのう。亮助さんが、うらやましいがね」

村の農家の女房は、亮太の働きぶりをうらやましがった。周りからは一人前だとみなされている亮太だが、端午の節句の柏餅を、だれよりも楽しみにしていた。

柏は、新しい葉が出ると、古い葉を落とす。そのさまは、あたかも跡継ぎができたのを見定めて、家督(注1)を譲るかのようである。

端午の節句に柏餅を食べるのは、この柏の葉のありさまに、代々の一家繁栄祈願を重ね合わせて祝うのが、興りのひとつとされた。

とはいえ、亮太が柏餅をだれよりも喜ぶのは、甘い物好きだからである。が、たとえそうであっても跡取りがすこやかに育っているのは、亮助とよしにはこのうえない喜びだった。

それゆえよしは、(2)毎年一家五人では食べきれないほどの柏餅を拵えた。庭に干してあるのは、これから餅をくるむ柏の葉である。

この朝早く、よしは庭にむしろを敷き、百枚の葉を並べた。家族と一緒に、くろも甘い餅にありつくことができた。干された葉が、柏餅に使われることも知っているのだろう。

二三に何度叱られても、くろは葉が気になって仕方がないようだ。

母親のよしは、台所であずきの餡を拵えている。七歳のみさきが、台所の隅で糝粉を練っていた。粳米(注2)を水に浸けて柔らかくしたあと、風で乾かしてから粉にしたものが糝粉である。これをよく練ったものを、柏餅の生地に使うのだ。

亮太の好物を拵えるのは、よしとみさきの仕事だった。あずきの餡が、出来上がりつつある。甘い香りが、庭にまで漂っていた。

二三とくろが、一緒に鼻をひくひくさせた。

「お昼過ぎには、柏餅ができるんだって。お前も楽しみでしょう？」

ワン、ワンと続けて吠えて、くろが尻尾を振った。(3)二三は、わざと顔をしかめた。

「おかあちゃんが蒸かしてくれるのは、おにいちゃんとおとうちゃんが、畑から帰ってきてからだよ。ちょっと畑を見に行ってみようか」

立ち上がった二三が、先に駆け出した。くろがあとを追い始めた。

小さな坂道を登った先には、一面の菜の花畑が広がっている。五月五日のいまは、花はすっかり落ちていた。(4)花を落としたあとには、菜種が実を結んでいる。

（山本一力「菜種晴れ」〈中央公論新社〉から）

投げかけているからこそ成立することです。［　　］「その人」が私に腹だたしい「まなざし」を投げかけている場合と、親しみに満ちた「まなざし」を投げかけている場合とでは、私の「その人」に対する認識は変わってくるでしょう。つまり、自分が「あの人」をとらえるというような一方通行のかたちで認識はおこなわれているのではなく、「あの人」からのベクトル(注2)が私に向けられているからこそ、私は「その人」を認識できるのです。

④　ときどき私はこんなことを考えたりします。たとえば自己紹介をすることになったとします。普通は私は何年生まれとか、いまどこに勤めているのかといったことを言うことになるでしょう。たいていのケースではそれでよいのですが、しかしこの自己紹介は「私はどんな人間なのか」をその本質にまで迫るかたちで語っているわけではありません。きわめて表面的なことを二、三伝えているにすぎません。では(3)私の本質まで伝えられるような自己紹介をしようとしたら、そんなことは可能なのでしょうか。先ほど述べたように「私が知っている私」も「私が認識している私」にすぎないのですから、その「私」が正確な「私」だとはかぎりません。

⑤　ところがひとつだけ「本物の私」を伝える方法があると私は思っています。それは「私はどんな関係のなかで暮らしているのか」を可能なかぎりていねいに伝えるという方法です。私は半分は上野村(注3)で暮らしていますから、上野村の自然とはどんな関係を結んで暮らしているのか、自分の畑や山とはどんな関係をつくっているのか、村人とはどんな関係を結んでいるのか。さらに東京では地域とどんな関係をもっているのか、家族との関係は、仕事はどんな関係をとおしておこなっているのか……。そういうことを手当たり次第に話していけば、おそらく聞いている人は「この人はこんな人なのだろう」と、「私なるもの」を認識しはじめるでしょう。

⑥　それは何を意味しているのかというと、(4)「私は私がつくりだしている関係の総和」という存在だということです。つまり人間の本質とか実態というものは固有のものとしてつくられているのではなく、関係の総和としてつくられているということなのです。私は人間の本質を関係としてとらえています。そしてそうだとするなら、関係をつくり、コミュニティを生みだしながら自分たちの存在の場所を形成していくことは、たんなる手段ではなく、人間の本質に属することのはずなのです。

（内山節(うちやまたかし)「内山節のローカリズム原論　新しい共同体をデザインする」〈農文協〉から）

（注1）カント＝一七二四―一八〇四年。ドイツの哲学者。
（注2）ベクトル＝大きさと向きをもつ量。
（注3）上野村＝群馬県の南西部にある村。

1　(1)「本物のあの人」はどこかにいるはずなのに、それは「認識できないあの人」でありつづける　とあるが、その理由として最も適当なものはどれか。

ア　「本物のあの人」がどこにいるのか知ることはできないから。
イ　自分が本物であるかどうかもわからず認識しているから。
ウ　認識された人が「本物のあの人」である保証が得られないから。
エ　「本物のあの人」という存在がいるかどうかはわからないから。

2　(2)自分の意識が対象を認識していると思ってしまうこと自体に問題があったのではないか　とあるが、その説明として最も適当なものはどれか。

ア　認識は自分の意識によって主体的におこなわれるのではなく、相手の働きかけによっているのではないかということ。
イ　認識は単なる自己による認識なのではなく、対象の反応によって自己の感情が変化するのではないかということ。
ウ　認識は、自分が認識していることが相手にも認められることによって成立する行為なのではないかということ。
エ　認識は自己による一方通行の行為なのではなく、自己と対象との間で行われる相互作用なのではないかということ。

3　［　　］に入る語として最も適当なものはどれか。

ア　たとえば　**イ**　それで　**ウ**　しかし　**エ**　なぜなら

4　(3)私の本質まで伝えられるような自己紹介　とあるが、それはどのような自己紹介か。「～自己紹介。」につながる部分を本文中から三十六字で抜き出し、初めと終わりの五字を書きなさい。

5　(4)「私は私がつくりだしている関係の総和」という存在　とあるが、筆者は人間にとっての「関係」をどのように考えているか。三十字以上四十字以内で書きなさい。

下野模擬問題（第187回）◆国語

2

次の文章を読んで、**1**から**5**までの問いに答えなさい。

何某（なにがし）村に、（注1）昼盗の入りしを主人（あるじ）はるかに①見て、棒を提げ其（そ）の跡を追ひゆき、(1)今市といふ町を過ぐるにも声をかけず、町を（注2）一町ばかりもすぎて、「待てよ盗人。町を過ぐる時声をかけなば、わかきものどもの（注3）棒ちぎり木にて馳（は）せ集（あつま）り、汝（なんぢ）を害せんも計りがたし。ここにて呼びかけしは汝をたすくるの一計（いっけい）なり。盗みし物をことごとく返さば外に望みはなし。いかにいかに」と②近よりしに、盗人土に手をつき詫言（わびごと）して、取りしものはことごとく返して去りけるが、其の後一年ばかりすぎて、(2)この盗人よき脇指（わきざし）をもて来りて、「過ぎし昼、盗みしてゆるされし命の恩をむくいん」といひしかば、主人、「汝が物をとらんとならば、其の時其の儘（まま）にてかへさんや」と叱りたれば、盗人涙をおとして辞し去りぬとぞ。

（「筆（ふで）のすさび」から）

（注1）昼盗の入りしを＝昼間盗人が入ったのを。
（注2）一町ばかりもすぎて＝百メートルほど過ぎて。
（注3）棒ちぎり＝棒を持って。

1 追ひゆき　は現代ではどう読むか。現代かなづかいを用いて、すべてひらがなで書きなさい。

2 ①見て　②近よりし　について、それぞれの主語にあたる人物の組み合わせとして適当なものはどれか。

ア ①主人　②主人　　**イ** ①主人　②盗人
ウ ①盗人　②盗人　　**エ** ①盗人　②主人

3 (1)今市といふ町を過ぐるにも声をかけず　の理由として最も適当なものはどれか。

ア 声をかけると自分の身に害がおよぶと思ったから。
イ 声をかけると自分の身分が明らかになると思ったから。
ウ 声をかけると盗人が逃げてしまうと思ったから。
エ 声をかけると盗人の身が危うくなると思ったから。

4 (2)この盗人よき脇指（わきざし）をもて来りて　とあるが、盗人はなぜ「よき脇指」をもってきたのか。二十字以上三十字以内の現代語で書きなさい。

5 本文の内容と合うものはどれか。

ア 主人は盗まれたものを惜しいとも思わず盗人に与えたので、盗人は感動してのちに立派な人物になり、あいさつに来た。
イ 主人は盗人をわかものたちが捕らえようとするのを引き止め、盗人を逃がしたので、盗人は改心して主人に謝罪した。
ウ 盗人は盗んだものをわかものたちに奪われ、主人に命を助けられたので謝罪をしたが、悔しさのあまり涙があふれた。
エ 盗人は自分が盗みをしたのに、主人にとがめられず助けられたばかりか、少しも見返りを求めない態度に感動した。

3

次の文章を読んで、**1**から**6**までの問いに答えなさい。①〜⑥は形式段落の番号である。

① 古代ギリシアの時代から、「認識された現実」と「本物の現実」が同じものなのかどうかは難しい問題でした。たとえば私たちは「あの人はこういう人だ」というかたちで他の人を認識します。しかしそれは「私がとらえたあの人」であって、それが「本物のあの人」である保証はないばかりか、おそらく違っているでしょう。とすると「本物のあの人」はどこにいるのでしょう。じつは人間たちが知りえるのは、「認識されたあの人」でしかないのです。「自分がとらえている自分」でさえ、「自分が認識している自分」にすぎないのです。(1)「本物のあの人」はどこかにいるはずなのに、それは「認識できないあの人」でありつづけることになります。

② とすると、人間たちは物事の本質を認識することはできるのでしょうか。（注1）カントは、認識できたと思った瞬間に人間は通常の意識のなかでとらえられてしまうから、それは本物の物自体ではない、と述べている。つまり認識できるけれど、認識できたととらえることのできないものが本質だということなのです。

③ 二十世紀に入ると、(2)自分の意識が対象を認識していると思ってしまうこと自体に問題があったのではないかという提起が生まれてくることになります。認識とは単なる自己による認識ではなく、自己と対象との相互作用のなかでおこなわれているのではないかという発想です。たとえば私がある人に出会ったとします。私は「この人はこんな人だろう」と認識します。しかしその認識は自分の行為としてのみ実現しているのではなく「その人」が私に「まなざし」を

令和3年11月7日実施

第187回 下野新聞模擬テスト

国語

制限時間 50分

1 次の1から3までの問いに答えなさい。

1 次の――線の部分の読みをひらがなで書きなさい。

(1) 細菌を培養する。 (2) 転んで足を打撲する。

(3) 発言を控える。 (4) ぞうきんを絞る。

(5) 息子に旅をさせる。

2 次の――線の部分を漢字で書きなさい。

(1) 事件のインガ関係。 (2) 大試合の緊張にナれる。

(3) キョウリに暮らす母。 (4) 暑さで果物がイタむ。

(5) 社長にシュウニンする。

3 次は、生徒たちが短歌について話している場面である。これについて、(1)から(5)までの問いに答えなさい。

> A 街をゆき子供の傍(そば)を通る時
> 蜜柑(みかん)の香(か)せり（ ① ）がまたくる
>
> B 足ぶみする子供の力寄り集(あつま)り
> とどろとどろと廊下が鳴るも
>
> 木下利玄(きのしたりげん)

中村さん 「この歌人には子供の歌がとても多いそうだよ。内容も親しみやすいもの**ア**がたくさんあるね。」

山田さん 「そうだね。Aの歌は、子供が食べている蜜柑の香りから（ ① ）の訪れ**イ**を感じ取っている歌だね。」

中村さん 「Bの歌は、幼稚園児の様子が（ ② ）ね。子供たちの足ぶみの③たどたどしさが初句と第三句の（ ④ ）の技法から伝わってくるよ。」

山田さん 「それと（ ⑤ ）という音の表現も子供たちの様子を生き生き**ウ**と伝えているね。」

中村さん 「他にも子供を詠(よ)んだ歌が**エ**ないか調べてみようと思うよ。」

(1) （ ① ）に共通して入る季節として正しいものはどれか。

ア 春 **イ** 夏 **ウ** 秋 **エ** 冬

(2) （ ② ）に入る慣用句として最も適当なものはどれか。

ア 舌を巻く **イ** 目に浮かぶ

ウ 手に負えない **エ** 胸を打つ

(3) ③たどたどしさ と同じ品詞である語は〰〰部**ア**から**エ**のどれか。

(4) （ ④ ）に入る表現技法として最も適当なものはどれか。

ア 字余り **イ** 掛詞(かけことば) **ウ** 反復法 **エ** 句切れ

(5) （ ⑤ ）に入る語として最も適当なものはどれか。

ア 足ぶみする

イ 子供の力寄り集り

ウ とどろとどろと

エ 廊下が鳴るも

解答・解説 P258・P260

第188回 下野新聞模擬テスト
社 会

1 **図1**は，世界を六つの州に区分したときのGDP(国内総生産)の州別上位2位までの国(2018年，日本を除く)を，**図2**は，ロンドンを中心とした距離と方位が正しい地図を示している。これを見て，**1**から**7**までの問いに答えなさい。

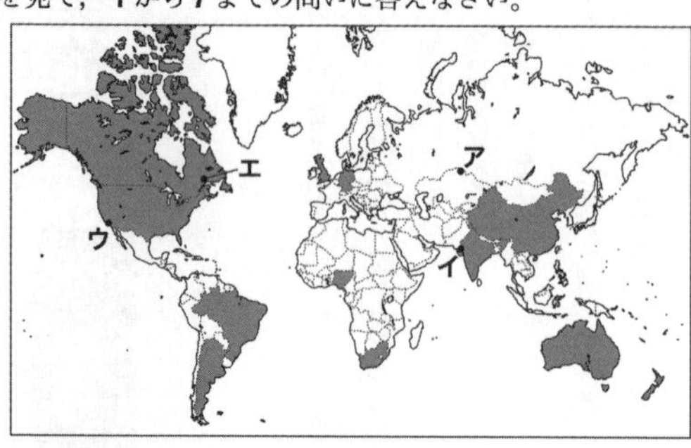

図1

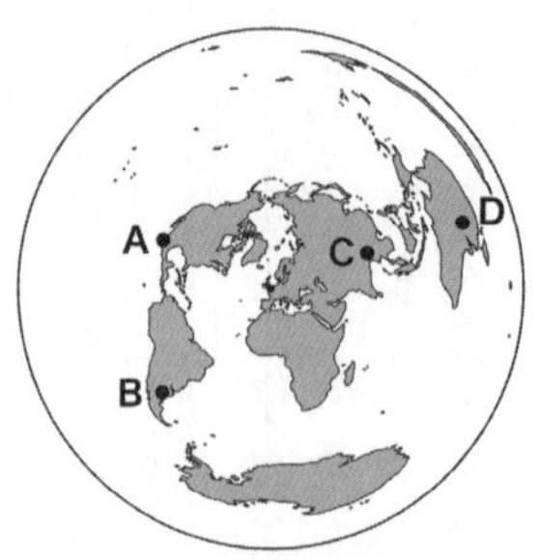

図2

1 **図1**中の**ア**，**イ**，**ウ**，**エ**の地点のうち，ロンドンから東へ行くと通過する地点はどれか。**図2**を参考にして答えなさい。

2 南緯30度，東経140度の地点を示しているのは，**図2**中の**A**，**B**，**C**，**D**のどれか。

3 **図3**中のa，b，cには，カナダ，ナイジェリア，インドのいずれかが当てはまる。a，b，cに当てはまる国の組み合わせとして正しいのはどれか。

	主な宗教	主な言語
a	イスラム教，キリスト教	英語，ハウサ語
b	キリスト教	英語，フランス語
c	ヒンドゥー教，イスラム教	ヒンディー語，英語

図3

ア a－ナイジェリア　b－インド　c－カナダ
イ a－インド　b－カナダ　c－ナイジェリア
ウ a－ナイジェリア　b－カナダ　c－インド
エ a－インド　b－ナイジェリア　c－カナダ

4 ドイツの農業について述べた，次の文中の□に当てはまる語を書きなさい。

> ドイツでは，小麦や大麦といった穀物栽培と，豚や牛を中心とした家畜の飼育を組み合わせた□農業が行われている。

5 **図4**は，**図5**のようにアメリカを区分したときの工業生産額の割合の変化を示している。**図5**中の「南部」が当てはまるのは，**図4**中の**ア**，**イ**，**ウ**，**エ**のどれか。

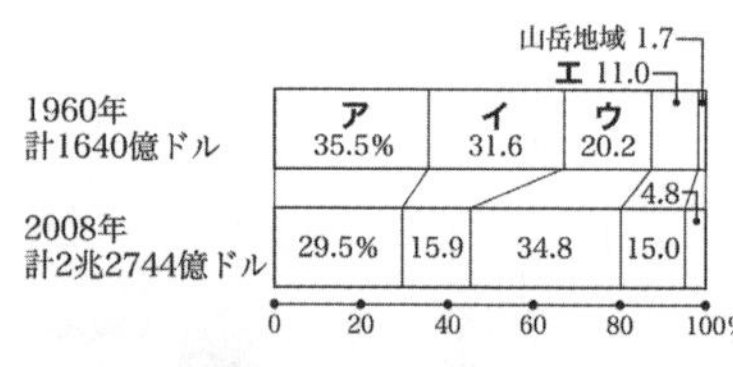

図4（「現代アメリカデータ総覧」により作成）

太平洋岸
山岳地域
中西部
北東部
南部

※ハワイ，アラスカは含まない。

図5（「現代アメリカデータ総覧」により作成）

6 次の文は，**図1**中の⬬で示したある国について述べている。ある国とはどこか。

> 首都の1月の平均気温は20.8度で，7月の平均気温は5.8度となり温帯に属するが，国土の大半は乾燥帯である。人口の多くは，国の南東部から東部，南西部に集中している。GDP(国内総生産)が高い国々の中でも，鉄鉱石や石炭といった原料を多く輸出していることは珍しく，日本にも多く輸出している。

解答・解説　P268・P271

7　**図6**は，ブラジル，中国，オーストラリア，インドの発電エネルギー源別割合と総発電量1kWh当たり二酸化炭素排出量を示している(2017年)。**図6**から読み取れるブラジルの特色を「再生可能エネルギー」の語を用いて，簡潔に書きなさい。

	発電エネルギー源別割合(%)				総発電量1kWh当たり二酸化炭素排出量(g-CO_2)
	水力	火力	原子力	地熱・新エネルギー	
ブラジル	62.9	27.0	2.7	7.3	117
中国	17.9	71.9	3.7	6.4	623
オーストラリア	6.3	85.7	0.0	8.0	743
インド	9.3	83.2	2.5	5.0	718

図6(「世界国勢図会」により作成)

2　**図1**は，たろうさんが，現在のプロ野球チームの本拠地とされる球場が位置する都道府県についてまとめたものである。これを見て，次の**1**から**5**までの問いに答えなさい。

1　北海道の気候について述べた，次の文中の［ I ］，［ II ］に当てはまる語の組み合わせとして正しいのはどれか。

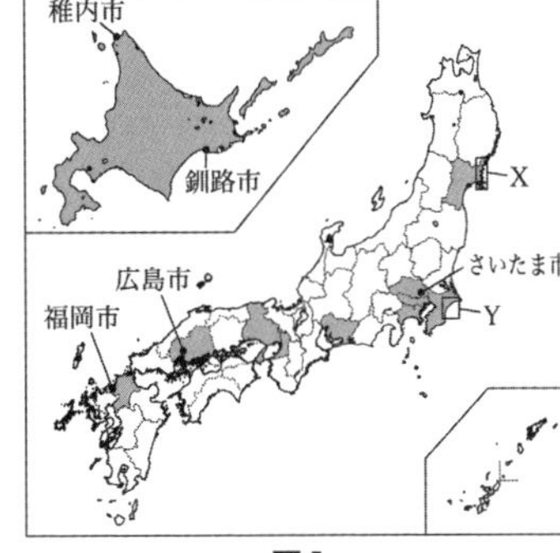

図1

> **図2**で，稚内市よりも南に位置する釧路市の方が平均気温が低い理由は，夏の［ I ］が寒流の［ II ］によって冷やされ，濃霧が発生するからである。

(℃)

	7月平均気温	8月平均気温
稚内市	16.8	19.6
釧路市	15.3	18.0

(注)数値は1981年から2010年までの平均値

図2(「理科年表」により作成)

ア　I－季節風　II－親潮(千島海流)　　**イ**　I－季節風　II－リマン海流

ウ　I－偏西風　II－親潮(千島海流)　　**エ**　I－偏西風　II－リマン海流

2　たろうさんは，プロ野球の試合で大漁旗が振られていたことに興味を持ち，**図3**の資料を集めた。宮城県が当てはまるのは**資料1**のa，bのどちらか，記号を書き，それが宮城県と判断できる理由を，**資料2**，**資料3**から読み取れることを含め，簡潔に書きなさい。なお，**資料2**は**図1**中のXの海岸線，**資料3**はYの海岸線の拡大図である。

【資料1】宮城県と千葉県の養殖漁業　(2018年)

	a	b
養殖漁業の産出額(億円)	226	26
養殖漁業の収穫量(t)	81,173	7,261

(注)数値については海面養殖業の数値　(「県勢」により作成)

【資料2】　**【資料3】**

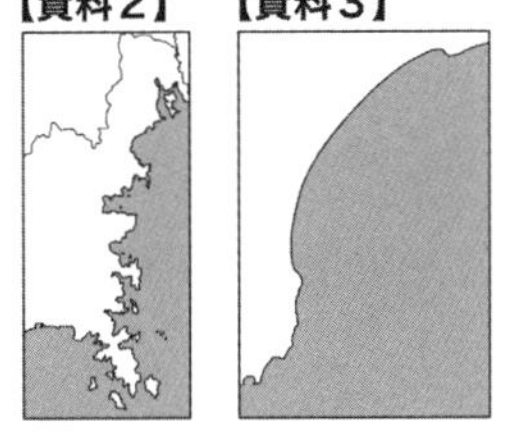

図3

3　関東地方の工業について，(1)，(2)の問いに答えなさい。

(1)　関東地方の内陸部に点在する，高速道路のインターチェンジ付近などに計画的に工場を集めた地域を何というか。

(2)　**図4**は，東京都，大阪府，北海道，愛知県の輸送用機械器具，金属製品，食料品，印刷関連業の製造品出荷額を示している。印刷関連業はどれか。

(2019年)(億円)

	東京都	大阪府	北海道	愛知県
ア	7,368	13,112	22,310	17,439
イ	3,150	17,073	3,214	16,548
ウ	14,874	15,142	3,771	269,549
エ	7,816	4,634	1,085	3,132

図4(「県勢」により作成)

4　兵庫県の農業について述べた，次の文中の［　　］に当てはまる語を書きなさい。

> 兵庫県では，大都市への近さを利用して，たまねぎや生花，いちじくなど，新鮮さを求められる農産物を大都市に向けて出荷している。このような農業を［　　］農業といい，京都府や千葉県でも盛んに行われている。

5 **図5**は，さいたま市，広島市，福岡市の面積，人口，製造品出荷額を示している。**図5**を読み取った文として，正しいものを**二つ**選びなさい。

	面積 (㎢)	人口 (人)	製造品出荷額 (億円)
さいたま市	217.43	1,314,145	8,896
広島市	906.68	1,195,775	31,667
福岡市	343.46	1,554,229	5,773

(注) 面積は2019年，人口は2020年，製造品出荷額は2018年の数値。

図5(「県勢」により作成)

ア 福岡市の人口密度は，広島市よりも高いが，さいたま市よりも低い。
イ 広島市の製造品出荷額は，さいたま市と福岡市の製造品出荷額の合計より少ない。
ウ 人口が多い市の順に，面積が広い。
エ すべての市は，政令指定都市に認定されている。

3 次の古代から近世までの戦いや武具について述べた**A**から**F**の文を読み，**1**から**8**までの問いに答えなさい。

A	古墳から馬具や鉄製の武器，農具などが出土しており，古墳の埋葬者がどのような人物であったかが分かる。
B	一時期を除き，大きな戦乱はなかった。藩では，武士に学問や武術を教えるため藩校が開かれ，幕府も⒜昌平坂学問所などの⒝教育機関をつくる一方，刀は武士のほこりとされていた。
C	執権の北条時宗が，元の使者を退けたため，元は高麗の軍勢も合わせて日本に攻めてきた。元軍の集団戦法や火薬を使った武器に幕府軍は苦しみながらも，何とか退けた。
D	弓や刀を持った武士が力を持つようになり，武士団をつくり戦いで活躍した。⒞後白河天皇と崇徳上皇の天皇と上皇の対立をもとにした戦いでは，武士団の源氏と平氏が活躍している。
E	守護大名どうしの戦いである応仁の乱では，足軽という軽装で，機動力の高い雇われ兵士が活躍した。
F	ポルトガル人によって日本に鉄砲が伝えられた。⒟織田信長がそれを有効に活用した戦いで勝つなど，戦いの方法も大きく変わっていった。

1 **A**の時期のできごととして当てはまるのはどれか。
ア 青銅器や鉄器などが日本に伝わった。 **イ** 倭の五王が中国に使いを送った。
ウ 仮名文字がつくられた。 **エ** 千歯こきや唐みが使われた。

2 下線部⒜をつくった人物が行った政策について述べた，次の文中の□に当てはまる語を書きなさい。

> 昌平坂学問所では，朱子学以外の学問を教えることを禁止した。また，旗本や御家人の借金を帳消しにし，各地に倉を設けて米をたくわえさせるなどした，□の改革を実施した。

3 下線部⒝に関連して，**B**の時期に庶民が読み・書き・そろばんなどの実用的な知識や技能を学んだ教育機関を何というか。

4 **C**のできごとの後の状況について，正しく述べているのはどれか。
ア 国ごとに守護，荘園や公領ごとに地頭が置かれた。
イ 御成敗式目が定められ，政治の判断の基準とされた。
ウ 摂政や関白の役職に就いた人物が政治を行うようになった。
エ 困窮した御家人を救うため，徳政令が出されるなどしたが，効果は薄かった。

5 下線部⒞の戦いを何というか。

6 **E**のできごとと最も近い時期の文化はどれか。
ア 東山文化 **イ** 北山文化 **ウ** 桃山文化 **エ** 天平文化

7 **図**は，下線部⒟の人物が行った政策を示している。**図**中の下線部の座とはどのような団体か，「独占」の語を用いて，簡潔に書きなさい。

> 一 この安土の町は楽市としたので，いろいろな座は廃止し，様々な税や労役は免除する。
> (一部要約)

図

8 **A**から**F**を，年代の古い順に並べ替えなさい。なお，**A**が最初，**B**が最後である。

解答・解説 P268・P271

4 略年表を見て，1から6までの問いに答えなさい。

時代	主なできごと
明治	ⓐ自由党と立憲改進党が結成される
	日露戦争がおこる……（A始）
大正	第一次世界大戦がおこる　A
	ⓑ原敬内閣が成立する……（A終）
昭和	ⓒ小作争議の件数が急増する
	ⓓ文科系大学生が軍隊に召集される……（B始）
	非核三原則が発表される　B
	日中平和友好条約が結ばれる……（B終）

1 下線部ⓐについて述べた，次の文中の[I]，[II]に当てはまる語の組み合わせとして正しいのはどれか。

> 自由民権運動が広がり，政党が結成された。自由党は[I]を党首とし，立憲改進党は[II]を党首として結成された。

ア Ⅰ－伊藤博文　Ⅱ－板垣退助
イ Ⅰ－板垣退助　Ⅱ－大隈重信
ウ Ⅰ－板垣退助　Ⅱ－伊藤博文
エ Ⅰ－大隈重信　Ⅱ－板垣退助

2 Aの時期におきたできごとを年代の古い順に並べ替えなさい。
ア ロシア革命がおこる。　イ 韓国を併合する。
ウ 米騒動がおこる。　エ ポーツマス条約を結ぶ。

3 下線部ⓑについて述べた，次の文中の[　　]に当てはまる語を書きなさい。

> 原敬内閣は，陸・海軍と外務大臣以外のすべての大臣を，最も議席獲得数が多い政党であった立憲政友会の議員が務める，本格的な[　　]であった。この流れは，犬養毅首相が暗殺されるまで続いた。

4 下線部ⓒについて，図は，主な農産物の生産価格の変化(1929年を100とする)を示している。小作争議の件数が急増した理由を，図から読み取れることをふまえ，「生活」の語を用いて簡潔に書きなさい。

年	米	麦	まゆ	果実
1929	100	100	100	100
1930	70.5	75.0	46.4	87.6
1931	57.6	57.2	42.1	76.8
1932	77.9	58.3	45.3	80.5
1933	90.5	81.8	76.4	93.1
1934	87.4	94.7	31.1	87.3
1935	101.7	101.5	53.6	97.2

図（「本邦農業要覧」により作成）

5 下線部ⓓのことを何というか。

6 Bの時期におきたできごととして**当てはまらない**のはどれか。
ア アメリカとソ連が冷戦の終結を宣言したのち，ソ連が崩壊した。
イ 佐藤栄作内閣がアメリカ政府との交渉を進め，沖縄が日本に返還された。
ウ テレビ，洗濯機，冷蔵庫などの電化製品が普及した。
エ アジアで初めてのオリンピック・パラリンピックが，東京で開催された。

5 はなこさんは，社会科の授業で現代社会と日本国憲法の関わりについて発表した。次の文はその発表原稿の一部である。これを読み，1から5までの問いに答えなさい。

> 現代社会は，ⓐグローバル化や情報化，少子高齢化などが進んでいます。1946年に公布されたⓑ日本国憲法は，ⓒ基本的人権を保障していますが，現代社会の進展にともなって，条文には直接規定されていないⓓ新しい人権が主張されるようになっています。
> 少子高齢化にともない，労働力の確保が必要となってきました。現在，外国人就労者をどれだけ受け入れるかなど，新しく労働力をつくりだすための環境整備やⓔ労働基本権の保障について議論されています。

1 下線部ⓐについて述べた文として**当てはまらない**のはどれか。
ア アメリカやヨーロッパが不況になっても，日本の経済に与える影響は少なくなっている。
イ ある製品について国際競争が激しくなると，価格が安くなる傾向がある。
ウ 安い外国産の食料品を大量に輸入しているため，日本は食料自給率が約38％と低い。
エ 自動車の部品を海外でつくり，日本に輸入して組み立てる国際分業が行われている。

2 下線部ⓑに関して，図は，日本国憲法の三つの基本原理を示している。図中の[　　]に当てはまる語を書きなさい。

日本の政治		
国民主権	基本的人権の尊重	[　　]
日本国憲法		

図

3 下線部ⓒに関して，基本的人権の一つである参政権に関する次の文Ⅰ，Ⅱ，Ⅲの正誤の組み合わせとして，正しいのはどれか。

Ⅰ　満18歳以上の国民に選挙権と被選挙権の両方が認められている。 Ⅱ　国や地方の役所に直接要望を訴える権利を請願権という。 Ⅲ　外国に住んでいても，日本の国籍を持っていれば選挙権を有す。

ア　Ⅰ－正　Ⅱ－正　Ⅲ－誤　**イ**　Ⅰ－正　Ⅱ－誤　Ⅲ－正　**ウ**　Ⅰ－正　Ⅱ－誤　Ⅲ－誤
エ　Ⅰ－誤　Ⅱ－正　Ⅲ－正　**オ**　Ⅰ－誤　Ⅱ－正　Ⅲ－誤　**カ**　Ⅰ－誤　Ⅱ－誤　Ⅲ－正

4　下線部ⓓに関して，(1)，(2)の問いに答えなさい。
(1)　知る権利について述べた，次の文中の［　　］に当てはまる語を書きなさい。

政治について判断するためには，国や地方がどのような政治を行っているかという情報を手に入れる必要がある。そのために「知る権利」が認められている。また国や地方には［　　］制度が設けられており，人々の要請に応じて必要な情報を提供する。

(2)　自己決定権に関わる内容を述べているものとして正しいのはどれか。
ア　大規模な開発を行う場合に，事前に環境への影響を調査する。
イ　住所や電話番号，他人が写っている写真などを公開しない。
ウ　医療現場において，インフォームド・コンセントが実施されている。
エ　自分の意見を，公の場で発表する。

5　下線部ⓔに関して，労働基本権のうち労働者が要求を実現するために，ストライキなどを行う権利のことを何というか。

6　次の**1**から**5**までの問いに答えなさい。

1　日本の選挙について，(1)，(2)の問いに答えなさい。
(1)　選挙の基本原則について述べた，次の文中の［　　］に当てはまる語を書きなさい。

選挙においては四つの基本原則が必要だと言われている。そのうちの一つである［　　］選挙は，選挙の際にどの政党や候補者に投票したかを他人に知られないようにすることである。

(2)　**図1**は，比例代表制で選挙を行ったと仮定したときの，模擬投票結果を示している。これについて述べた，次の文中の［Ⅰ］，［Ⅱ］に当てはまる語の組み合わせとして正しいのはどれか。

A党	B党	C党	D党
96票	74票	58票	42票

図1

図1の選挙区の比例代表制で5人が当選する場合，**A**から**D**の政党のうち，当選者が1人のみの政党は［Ⅰ］つある。このことから，比例代表制は［Ⅱ］の意見を取り入れやすい制度といえる。

ア　Ⅰ－二　Ⅱ－大きな政党　**イ**　Ⅰ－三　Ⅱ－大きな政党
ウ　Ⅰ－二　Ⅱ－小さな政党　**エ**　Ⅰ－三　Ⅱ－小さな政党

2　**図2**は，衆議院と参議院のしくみの一部を示している。衆議院は参議院と比べて，国会の議決において権限を少し強めた衆議院の優越が認められている。その理由を，**図2**を参考にし，「意見」の語を用いて簡潔に書きなさい。

	衆議院	参議院
議員定数	465人	245人
任期	4年(解散あり)	6年(解散なし)

(注) 参議院の定数は2022年の選挙で248人に増える予定

図2

3　内閣について，正しく述べているのはどれか。
ア　国会から提案された予算案について，審議や議決を行う。
イ　内閣不信任決議が可決すると，10日以内に衆議院の解散を行うか，総辞職しなければならない。
ウ　内閣総理大臣は，野党の党首が就任することが多い。
エ　議会と連帯して責任を負う大統領制とは違い，議会(国会)と完全に分離・独立している。

4　裁判所について述べた，次の文中の下線部の内容が正しいものを二つ選びなさい。

例えば，地方裁判所から始まったある民事裁判で，判決が不服であれば高等裁判所へ**ア**上告，高等裁判所の判決が不服であれば最高裁判所へ**イ**控訴することができる。これを三審制といい，慎重に議論して，**ウ**間違った判決を出さないようにするために設けられた制度である。 司法権の独立を確保するため，最高裁判所の裁判官は，心身の病気や国会の**エ**弾劾裁判，国民による**オ**国民投票などを除いて，辞めさせることはできない。

解答・解説　P268・P271

5 地方財政について述べた，次の文中の□に当てはまる語を書きなさい。

> 地方公共団体の収入には，地方公共団体が独自に集める自主財源と，国などから支払われる依存財源がある。依存財源のうち，教育や道路の整備といった特定の仕事の費用を国が一部負担する財源のことを□という。

7 **図1**は，2015年の国連総会で採択された「持続可能な開発のための2030アジェンダ」の開発目標の一部を示している。**図1**を見て，**1**から**5**までの問いに答えなさい。

> 2．飢餓に終止符を打ち，食料の安定確保と栄養状態の改善を達成するとともに，ⓐ持続可能な農業を推進する。
> 4．すべての人々に包摂(ほうせつ)的かつ公平で質の高いⓑ教育を提供し，生涯学習の機会を促進する。
> 5．ⓒ性別による差や社会的区別の平等を達成し，すべての女性と女児の能力強化を図る。
> 12．持続可能なⓓ消費と生産のパターンを確保する。
> 16．持続可能な開発に向けて平和で不平等でない社会を推進し，すべての人々にⓔ司法へのアクセスを提供するとともに，あらゆるレベルにおいて効果的で責任ある制度を構築する。

(注) 包摂的…一定の範囲につつみこむこと。　**図1**

1 下線部ⓐに関して，持続可能な農業を推進させるうえで，日本が抱える農業の課題について，正しく述べているのはどれか。

ア 人口爆発にともなって，食料生産量も増加させなければならないため，生産効率を向上させつつ人口の抑制も図らなければならない。

イ 農業に従事する人口や後継者も減っているため，農家数が減り，農村では荒れた土地が増えている。

ウ 放牧や耕作する土地を拡大しすぎているため，もともと自生していた森林が伐採され，砂漠化が進行している。

エ 輸出品における，農産物の割合が大きすぎるため，その年の気候や取引価格の影響を大きく受けてしまう。

2 下線部ⓑについて述べた，次の文中の□に当てはまる語を書きなさい。

> 日本の教育は，様々な制度によって整備されてきた。とくに，明治時代に入り，満6歳になった男女はすべて，小学校で授業を受けさせるよう義務化した□が制定されて以後，学校制度の改善が続けられてきている。

3 下線部ⓒに関して，**図2**は，育児休業の取得率の推移を示している。1991年に制定された育児・介護休業法について，この法律を制定することによる労働力確保の視点から見た利点を，簡潔に書きなさい。また，**図2**から，今後改善すべき課題を，簡潔に書きなさい。

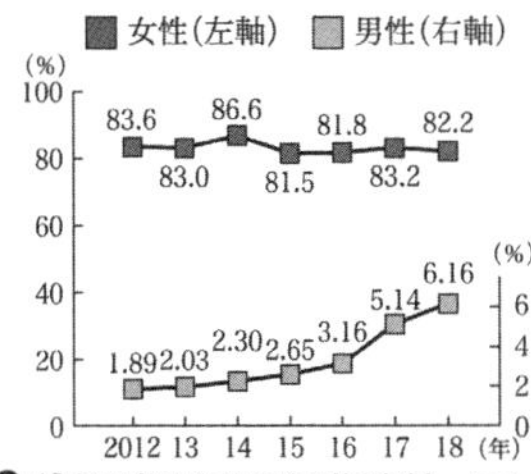

図2(「内閣府男女共同参画局資料」により作成)

4 下線部ⓓに関して，**図3**は，アメリカ，中国，サウジアラビア，日本の原油の産出量と国内供給量を示している。サウジアラビアはどれか。

5 下線部ⓔに関して，国民が刑事裁判に参加し，被告人が有罪か無罪かの判断や有罪の場合の刑罰の内容を決める制度のことを何というか。

(2017年)(万t)

	産出量	国内供給量
ア	49,642	14,533
イ	46,127	81,575
ウ	18	15,695
エ	19,151	59,347

図3(「世界国勢図会」により作成)

第188回 下野新聞模擬テスト
数　学

制限時間

1 次の1から14までの問いに答えなさい。

1 $8+(-2)$ を計算しなさい。

2 $-4a^3b\times 3ab^2$ を計算しなさい。

3 $a=-2$，$b=3$のとき，$a-b^2$ の値を求めなさい。

4 $x^2+10x+25$ を因数分解しなさい。

5 $V=\frac{1}{3}Sh$ をhについて解きなさい。

6 関数 $y=ax^2$ のグラフについて，次の**ア**，**イ**，**ウ**，**エ**のうちから，内容が誤っているものを1つ選んで，記号で答えなさい。
ア 原点を頂点とするグラフになる。
イ aの値の絶対値が大きいほど，グラフの開き方は小さい。
ウ y軸について，$y=-ax^2$のグラフと線対称である。
エ $a>0$のときは，グラフは上に開いた形になる。

7 右の図は，正十角形の一部を表している。1つの外角である，$\angle x$の大きさを求めなさい。

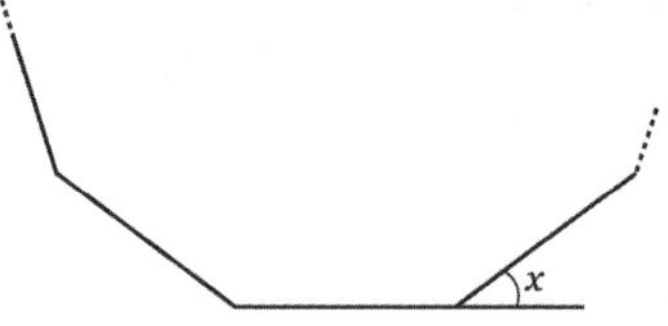

8 関数 $y=\frac{12}{x}$ について，xの値が3倍になると，yの値は何倍になるか。

9 右の図のような，点Oを中心とする半径3cmの球がある。この球の表面積を求めなさい。ただし，円周率はπとする。

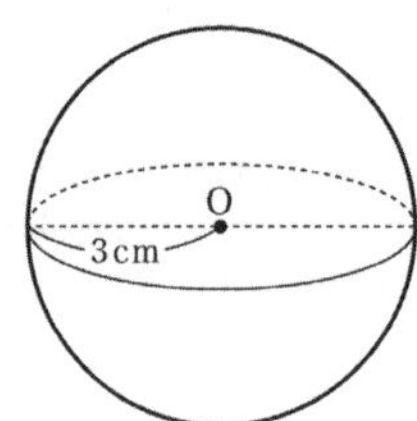

10 $\sqrt{48}-\sqrt{3}$ を計算しなさい。

11 2次方程式 $x^2-81=0$ を解きなさい。

12 縦の長さが$a$cm，横の長さが$b$cmの長方形があり，その周の長さはℓcmである。この数量の関係を等式で表しなさい。ただし，等式の右辺はℓにすること。

13 右の図で，$\ell /\!/ m /\!/ n$であるとき，aの値を求めなさい。

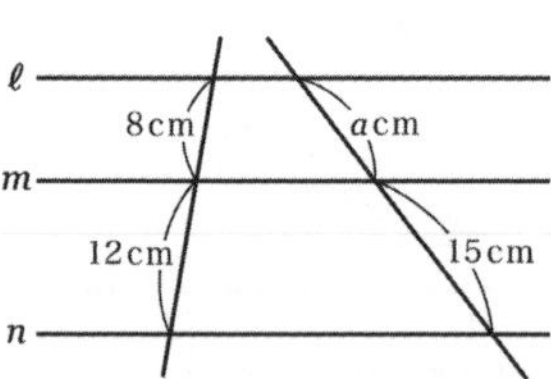

14 次の文の（　　）に当てはまる条件として最も適切なものを，**ア**，**イ**，**ウ**，**エ**のうちから1つ選んで，記号で答えなさい。

> 右の図において，（　　）という条件が加わると，△ACDと△BCDの面積が等しくなる。

ア AB＝CD　　**イ** AB//CD
ウ AC＝BD　　**エ** AC//BD

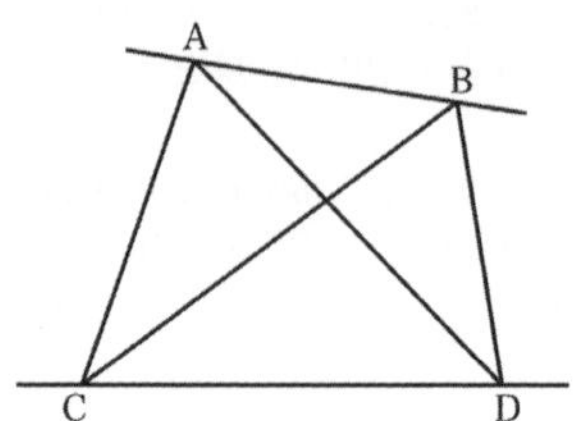

解答・解説 P269・P275

2 次の**1**，**2**，**3**の問いに答えなさい。

1 右の図のような円Oがあり，線分OPは円Oの半径である。点Pを通る直線のうち，OP⊥ℓとなるような直線ℓを作図によって求めなさい。ただし，作図には定規とコンパスを使い，また，作図に用いた線は消さないこと。

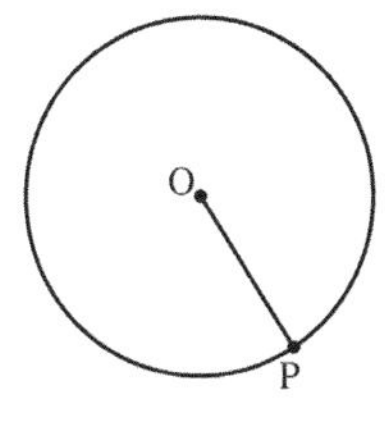

2 右の図のように，箱Aには1，2，3，4，6の数字が1つずつ書かれた5枚のカードが入っている。また，箱Bには0，2，3，4の数字が1つずつ書かれた4枚のカードが入っている。それぞれの箱からカードを1枚ずつ取り出し，箱Aから取り出したカードに書かれた数を十の位の数，箱Bから取り出したカードに書かれた数を一の位の数として2けたの整数をつくる。

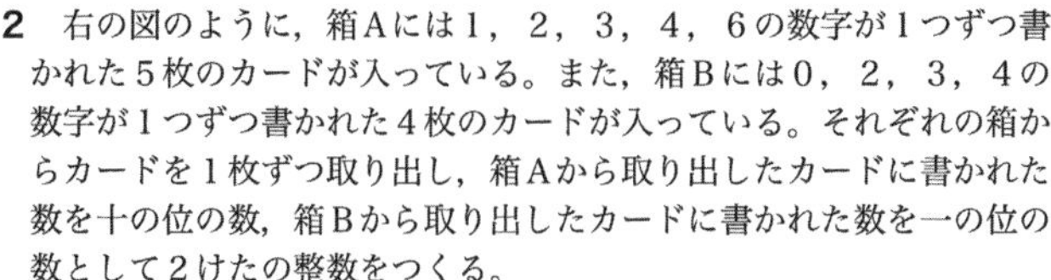

次の文は，この方法でつくった2けたの整数は，3の倍数になりやすいか，それとも5の倍数になりやすいかについて説明したものである。文中の①に当てはまる数を求めなさい。また，②には3か5のどちらかの数を書きなさい。ただし，どのカードが取り出されることも同様に確からしいものとする。

> 2けたの整数が3の倍数になる確率は（ ① ）である。一方，2けたの整数が5の倍数になる確率は$\frac{1}{4}$である。したがって，2けたの整数は（ ② ）の倍数になりやすい。

3 右の図のように，関数$y=\frac{1}{2}x^2$のグラフがあり，2点A，Bはこの関数のグラフ上の点で，点Aのy座標は8，点Bのx座標は-2である。直線ABとy軸との交点をCとするとき，点Cのy座標を求めなさい。ただし，点Aのx座標は正とする。

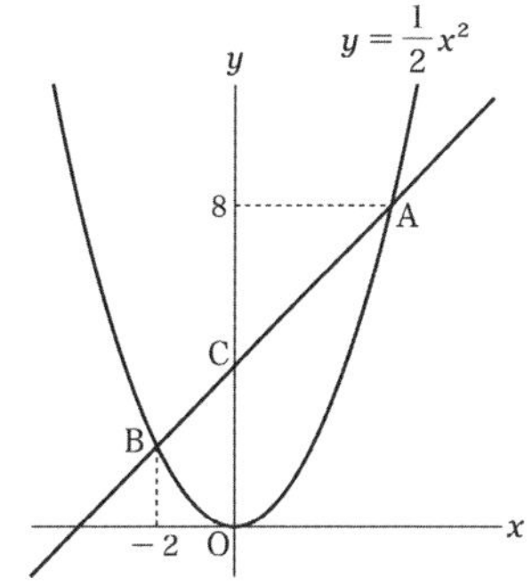

3 次の**1**，**2**の問いに答えなさい。

1 ある自然数を2乗して3を加えるという計算を行うところを，誤って3倍してから2を加えてしまったため，正しい計算の結果よりも11小さくなった。ある自然数をxとして2次方程式をつくり，ある自然数を求めなさい。ただし，途中の計算も書くこと。

2 あるクラスの女子生徒全員が100点満点の数学のテストを受けたが，100点の生徒は1人もいなかった。右の度数折れ線は，このテストの結果をもとに作成しようとしたものであるが，未完成である。

このとき，次の(1)，(2)，(3)の問いに答えなさい。

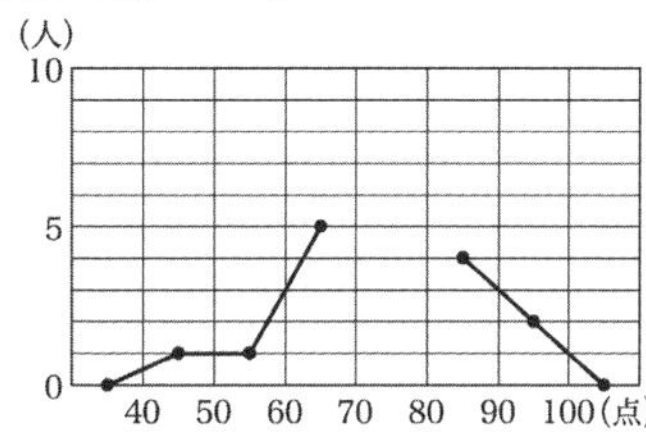

(1) 次の文の①，②に当てはまる数をそれぞれ求めなさい。

> 60点以上70点未満の階級について，その階級値は（ ① ）点である。また，最初の階級から60点以上70点未満の階級までの累積度数は（ ② ）人である。

(2) テストの点数はすべて整数であったとすると，実際の点数の分布の範囲(レンジ)は，最小で何点であると考えられるか。

(3) 70点以上80点未満の階級の相対度数を求めると，0.35になった。このクラスの女子生徒全員の人数をx人として方程式をつくり，70点以上80点未満の階級の度数を求めなさい。ただし，途中の計算も書くこと。

下野模擬問題(第188回)◆数学

4 次の**1**，**2**の問いに答えなさい。

1 右の図のような長方形ABCDがあり，点Oは対角線BDの中点である。点Oを通る直線を引き，辺AD，BCとの交点をそれぞれE，Fとする。

このとき，四角形EBFDは平行四辺形であることを証明しなさい。ただし，平行四辺形になるための条件は，2本の対角線に関するものを用いること。

2 図1のような，1辺の長さが6cmの立方体ABCDEFGHがある。図2は，図1の立方体から，4つの立体ABCF，ADCH，AEFH，CGFHを切り離してできる立体ACFHを表している。

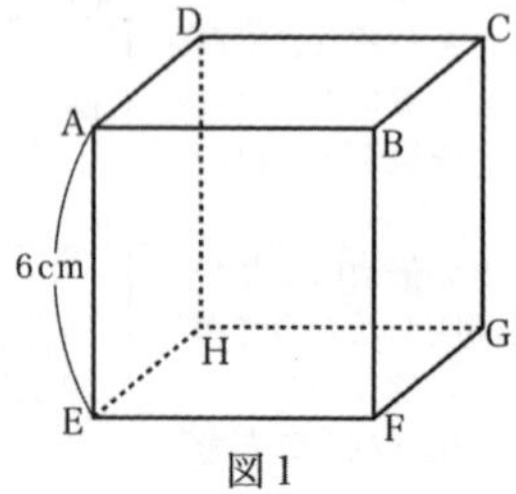

図1

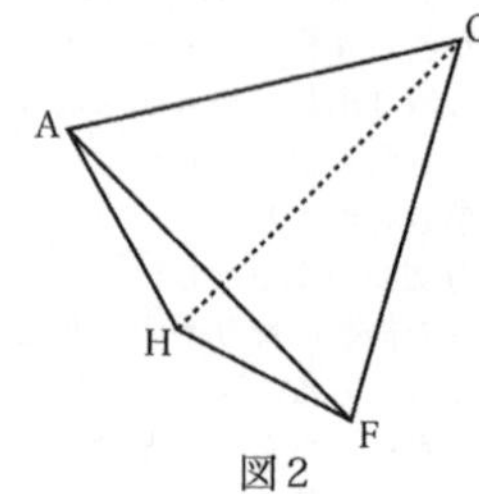

図2

このとき，次の(1)，(2)の問いに答えなさい。

(1) 図1の立方体ABCDEFGHにおいて，対角線AGとねじれの位置にある辺は何本あるか。

(2) 図2の立体ACFHの体積を求めなさい。

5 図1のように，AB＝4cm，AD＝8cmの長方形ABCDと，1辺の長さが8cmよりも長い正方形PQRSがあり，長方形の辺BCと正方形の辺QRはどちらも直線ℓ上にある。また，長方形の頂点Cと正方形の頂点Qは重なっている。

図1の状態から，直線ℓに沿って長方形を矢印の向きに毎秒2cmの速さで15秒間だけ移動させた。図2は，長方形が移動し始めてからの時間をx秒，長方形と正方形が重なった部分の面積をy cm²として，xとyの関係を表したグラフである。

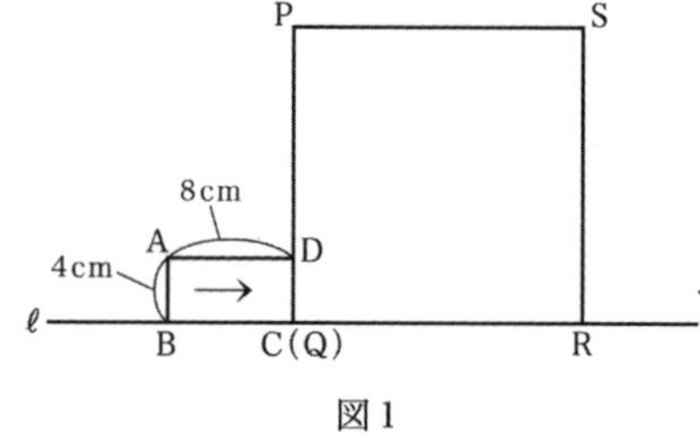

図1

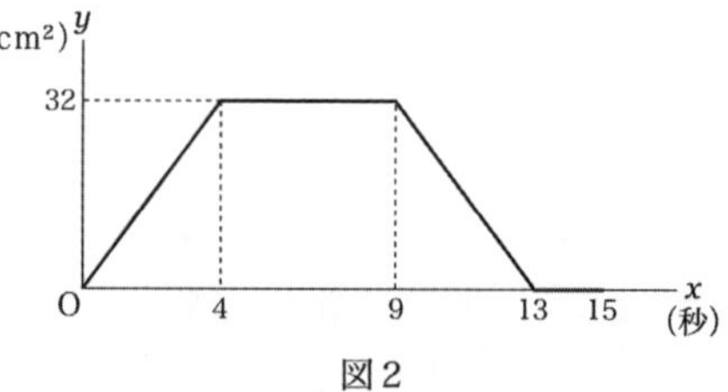

図2

このとき，次の**1**，**2**，**3**の問いに答えなさい。

1 長方形が移動し始めてから1秒後の，長方形と正方形が重なった部分の面積を求めなさい。

2 正方形の1辺の長さを求めなさい。

3 点Sと点Dを結んでつくる四角形DCRSの面積が88cm²になるのは，長方形が移動し始めてから何秒後と何秒後か。ただし，途中の計算も書くこと。

6 下の図のように，黒石1個を1番目の図形とし，1番目の図形の右・下・右下に白石を並べたものを2番目の図形，2番目の図形の右・下・右下に黒石を並べたものを3番目の図形とする。この後も同様に，4番目の図形，5番目の図形，6番目の図形，…と正方形状に黒石と白石を並べていくものとする。

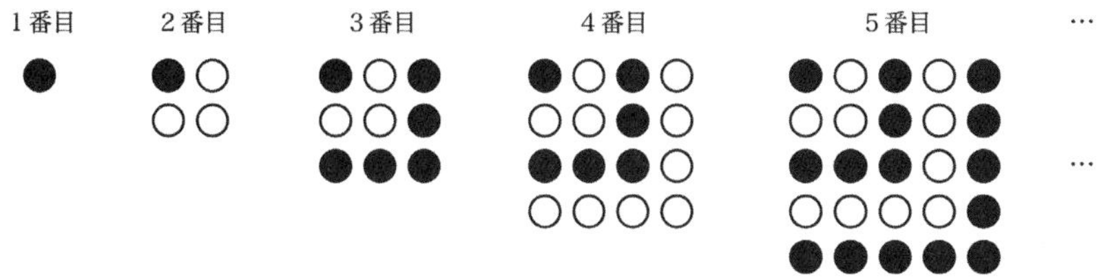

1番目　2番目　3番目　4番目　5番目　…

●

●○
○○

●○●
○○●
●●●

●○●○
○○●○
●●●○
○○○○

●○●○●
○○●○●
●●●○●
○○○○●
●●●●●

…

また，下の表は，1番目の図形から5番目の図形までにおいて，黒石の個数，白石の個数，黒石の個数と白石の個数の和，黒石の個数から白石の個数を引いた差をまとめたものである。

	1番目	2番目	3番目	4番目	5番目
黒石の個数	1	1	6	6	15
白石の個数	0	3	3	10	10
黒石の個数と白石の個数の和	1	4	9	16	25
黒石の個数から白石の個数を引いた差	1	−2	3	−4	5

このとき，次の**1**，**2**，**3**の問いに答えなさい。

1 6番目の図形において，黒石の個数から白石の個数を引いた差を求めなさい。

2 7番目の図形をつくるとき，6番目の図形の右・下・右下に合計何個の黒石を並べればよいか。

3 nを自然数とすると，奇数は$2n-1$と表される。$(2n-1)$番目の図形において，次の(1)，(2)の問いに答えなさい。

(1) 黒石の個数と白石の個数の和を，nを用いた最も簡単な式で表しなさい。ただし，かっこをはずした形で表すこと。

(2) 白石の個数を，nを用いた最も簡単な式で表しなさい。ただし，かっこをはずした形で表すこと。

第188回 下野新聞模擬テスト
理　科

1 次の**1**から**8**までの問いに答えなさい。

1 空気の重さによって生じる圧力を大気圧(気圧)という。次のうち，1気圧のおよその大きさを表しているものはどれか。

ア 10.13 hPa　　**イ** 101.3 hPa　　**ウ** 1013 hPa　　**エ** 10130 hPa

2 次のうち，うすい塩酸に亜鉛を加えたときに発生する気体を表す化学式はどれか。

ア H_2　　**イ** CO_2　　**ウ** Cl_2　　**エ** NH_3

3 次のうち，ゼニゴケやスギゴケなどのコケ植物に見られる，体を地面などに固定させる役割をしている根のようなつくりの名称はどれか。

ア 側根　　**イ** 仮根　　**ウ** ひげ根　　**エ** 主根

4 R〔Ω〕の抵抗の両端にV〔V〕の電圧を加えた。次のうち，この抵抗を流れる電流I〔A〕を求める式を表しているものはどれか。

ア $I = V \times R$　　**イ** $I = V + R$　　**ウ** $I = V \div R$　　**エ** $I = V - R$

5 右の図は，ある海岸に見られる，階段状の地形の断面を表した模式図である。侵食と隆起を繰り返すことによって形成された，このような地形を何というか。

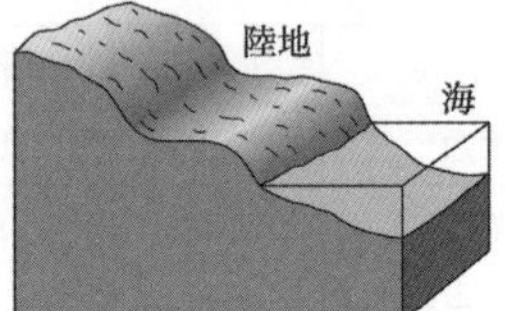

6 あるプラスチック製品には，右の図のようなマークがつけられている。PETという略号(略称)で表記されている，このプラスチックの名称は何か。**カタカナ**で書きなさい。

7 右の図は，あるホニュウ類の頭骨を表したものである。図中に見られる3種類の歯のうち，植物を細かくすりつぶすことに適した歯を何というか。

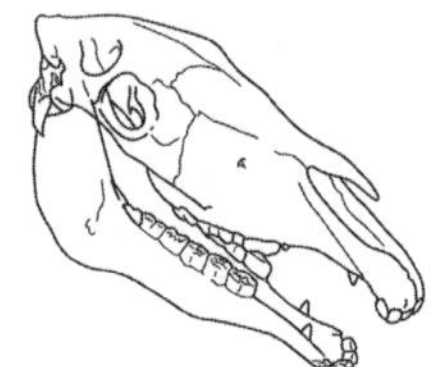

8 右の図は，ある力を矢印を用いて図示したものである。この矢印の長さは，力の三つの要素のうちの力の何を表しているか。

2 ガラスびんの中に少量の水，少しふくらませた風船，<u>線香の煙</u>を入れ，右の図のように，温度計と注射器をとりつけたゴム栓をした。次に，ピストンをすばやく押したり引いたりしたところ，ガラスびんの内部が白くくもったり，そのくもりが消えたりするのが観察され，ガラスびんの内部の気温や風船のようすにも変化が見られた。

このことについて，次の**1**，**2**，**3**の問いに答えなさい。

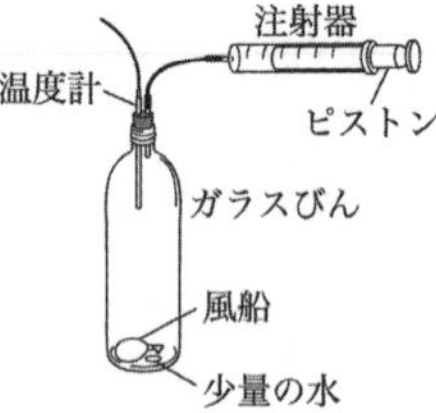

1 ガラスびんの中に下線部の線香の煙を入れた目的は何か。「煙の粒子」，「核」という語を用いて簡潔に書きなさい。

2 次の□内の文章は，ガラスびんの内部で起こったことについて述べたものである。①，②に当てはまる語をそれぞれ(　　)の中から選んで書きなさい。また，ガラスびんの内部が白くもった瞬間に温度計に表示されていた温度(ガラスびんの内部の気温)を何というか。

解答・解説 P269・P277

> ガラスびんの内部が白くくもったのは，注射器のピストンをすばやく ①(押した・引いた) ときであった。このとき，ガラスびんの中に入れておいた風船は，最初の状態に比べて ②(ふくらんで・しぼんで) いた。

3 自然界において，ガラスびんの内部が白くくもったしくみと同様のことが起こり，雲が発生している場所として当てはまるものを，次の**ア**，**イ**，**ウ**，**エ**のうちから**すべて**選び，記号で書きなさい。

ア 温度の異なる２種類の気団どうしが接している前線面の付近。
イ 日本付近を通過している移動性高気圧の中心の上空。
ウ 山を越えてきた風が，山腹に沿って下降しているところ。
エ 夏に，強い日ざしによって熱せられた場所の上空。

3 酸化銀を加熱したときに起こる変化について調べるために，次の実験(1)，(2)を順に行った。

(1) 酸化銀 11.6 g を試験管Aに入れ，右の図のような装置を組み立てて加熱したところ，気体Xが試験管Bに集まった。

(2) 気体Xの発生が見られなくなるまで加熱した後，試験管A内に残った固体Yの質量をはかったところ，10.8 g であった。

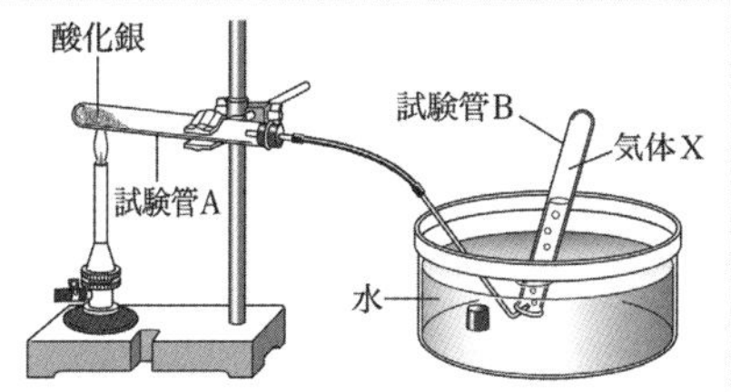

このことについて，次の**1**，**2**，**3**の問いに答えなさい。

1 実験において，加熱によって酸化銀に起こった化学変化を，化学反応式で表しなさい。

2 実験(2)の後，固体Yを薬さじでこすってみたところ，表面が輝いて見えた。このときに固体Yに現れた輝きのことを何というか。**漢字４字**で書きなさい。

3 気体Xは原子Pのみで，固体Yは原子Qのみでできている物質である。このように，１種類の原子のみでできている物質を何というか。また，実験の結果から，１個の原子Pと１個の原子Qの質量比（P：Q）はどのように表されるか。最も簡単な整数比で書きなさい。

4 図１は，カエルの生殖と発生の流れを表したもので，受精によってできた受精卵は，図２のP，Q，R，Sのような過程を経て，カエルの幼生であるおたまじゃくしへと成長していく。ただし，P，Q，R，Sは正しい順には並んでいない。

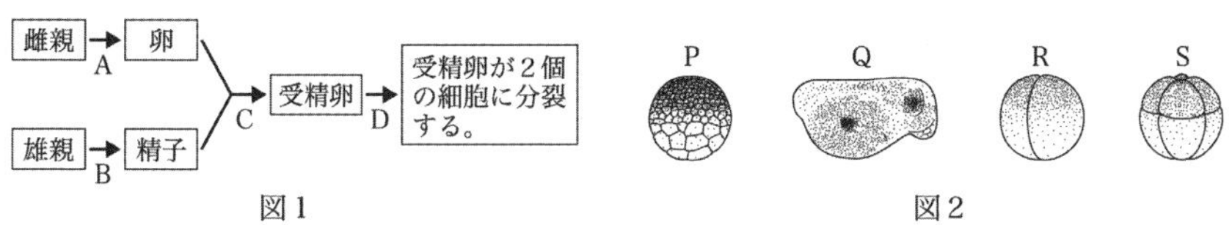

図１　　図２

このことについて，次の**1**，**2**，**3**の問いに答えなさい。

1 カエルの親が生殖細胞である卵や精子をつくるときに成り立つ，分離の法則とはどのようなことか。「対」，「生殖細胞」という語を用いて簡潔に書きなさい。

2 図１において，減数分裂が行われているところを示している矢印はどれか。A，B，C，Dのうちから**すべて**選び，記号で書きなさい。

3 図２を，発生の順に正しく並べたとき，３番目にくるものはどれか。P，Q，R，Sのうちから一つ選び，記号で書きなさい。また，カエルのような多細胞生物の動物の場合，図２の過程も含めて，受精卵が細胞分裂を始めてから，自分で食物をとり始める前までの子の期間を何というか。

下野模擬問題(第188回)◆理科

5 電源装置，抵抗器，コイル，電流計，スイッチなどを用いて右の図のような回路を組み立てた後，スイッチを入れて回路に電流を流したところ，方位磁針AのN極が左に振れた状態で静止し，方位磁針BのN極がある向きに振れた状態で静止した。なお，図では，方位磁針Bの針は省略してある。

このことについて，次の**1**，**2**，**3**の問いに答えなさい。ただし，地球の磁界による影響は考えないものとする。

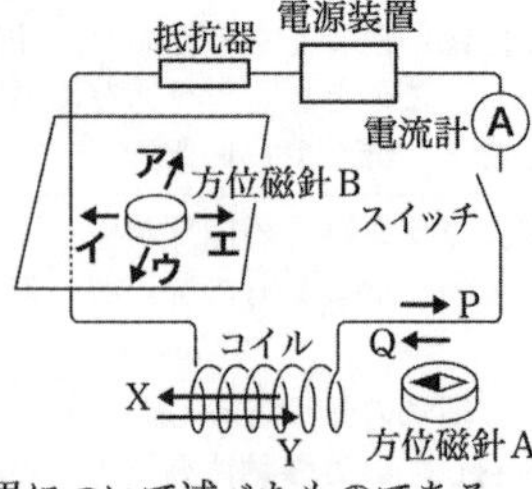

1 次の□内の文章は，導線を流れる電流によってできる磁界について述べたものである。①，②に当てはまる語をそれぞれ書きなさい。

電流が流れている導線のまわりにできる磁界は，導線を中心とした（ ① ）状の磁力線で表すことができる。また，その磁力線の間隔は，導線に近づくにつれて（ ② ）なっている。

2 スイッチを入れた後，コイルの内部にできる磁界の向きと導線を流れる電流の向きは，それぞれどのような向きになっているか。図中のX，YとP，Qのうちからそれぞれ一つずつ選び，記号で書きなさい。

3 回路に電流が流れているとき，方位磁針BのN極はどの向きに振れているか。図中の**ア**，**イ**，**ウ**，**エ**のうちから一つ選び，記号で書きなさい。なお，方位磁針Bは，導線を垂直に通した水平な板の上の，導線の右側に置かれている。

6 ある日の夕方，日本国内で震源の深さがごく浅い地震が発生した。この地震について，次の(1)，(2)，(3)のようなことを調べた。

(1) 三つの地点A，B，Cにおける，この地震による初期微動が始まった時刻，および主要動が始まった時刻を調べ，下の表のようにまとめた。

	初期微動が始まった時刻	主要動が始まった時刻
地点A	17時59分14秒	17時59分50秒
地点B	17時59分05秒	17時59分29秒
地点C	17時58分59秒	17時59分15秒

(2) この地震による主要動について，地点Cにおける人の感じ方や周囲のようすは，それぞれ次のようであった。
・屋内にいた人の大部分がゆれを感じた。また，歩いていた人の中にもゆれを感じた人がいた。
・棚の食器類が音を立てることがあった。また，電線が少しゆれていた。

(3) この地震の発生によって生じたP波は，7 km/sの速さであらゆる方向に伝わっていった。また，S波も一定の速さであらゆる方向に伝わっていったので，三つの地点A，B，Cにおける初期微動継続時間は，それぞれの地点の震源からの距離に比例している。

このことについて，次の**1**，**2**，**3**，**4**の問いに答えなさい。

1 次の□内の文章は，地震に関する基本用語について述べたものである。①，②に当てはまる語をそれぞれ書きなさい。

震源の深さを表す基準となる，震源の真上に位置する地表上の地点を（ ① ）といい，地震によるゆれの分布などを示す地図上においては，その地点は×印によって示されることが多い。また，地震の規模(地震がもつエネルギーの大きさ)を表す値を（ ② ）といい，規模が大きくなるほど，その値は大きくなる。

2 (2)より，地点Cにおける，この地震によるゆれの程度を表す階級(現在の日本で使用されているもの)は，次のうちどれであることがわかるか。

ア 1　　**イ** 3　　**ウ** 5強　　**エ** 7

3 この地震が発生した時刻は，次のうちどれであったと考えられるか。

ア 17時58分44秒　　**イ** 17時58分47秒
ウ 17時58分50秒　　**エ** 17時58分53秒

4 三つの地点A，B，Cのうちで初期微動継続時間が最も長かった地点は，震源から何km離れたところに位置しているか。

7 アルカリ性の水溶液に酸性の水溶液を加えたときに起こる変化について調べるために，次の実験(1)，(2)，(3)，(4)を順に行った。

(1) 5個のビーカーA，B，C，D，Eを用意し，それぞれに同じ濃度の水酸化バリウム水溶液を10mLずつ入れた後，BTB溶液を数滴ずつ加えた。

(2) 図1のように，こまごめピペットを用いて，うすい硫酸をビーカーAには2mL，Bには4mL，Cには6mL，Dには8mL，Eには10mL加えた。

(3) ガラス棒でそれぞれのビーカー内の液をかき混ぜ，液の色を調べた。下の表は，その結果をまとめたものである。

(4) それぞれのビーカーをしばらく放置しておいたところ，どのビーカーの底にも白色の物質Xが沈殿していた。

図1

ビーカー	A	B	C	D	E
加えたうすい硫酸の体積〔mL〕	2	4	6	8	10
ビーカー内の液の色	青色	青色	青色	緑色	黄色

このことについて，次の**1**，**2**，**3**，**4**の問いに答えなさい。

1 次の□内の文章は，実験で起こった化学変化について述べたものである。①，②に当てはまる語をそれぞれ書きなさい。

> 実験では，水酸化バリウム水溶液とうすい硫酸との間に，互いの性質を打ち消し合う化学変化が起こった。この化学変化を（ ① ）といい，物質Xの他に（ ② ）という物質ができた。

2 実験(4)で，白色の物質Xが沈殿していたのはなぜか。「物質Xは」に続けて簡潔に書きなさい。

3 図2中の●印は，ビーカーAの底に沈殿していた物質Xの質量を表している。表の結果をもとに，加えたうすい硫酸の体積と沈殿した物質Xの質量との関係を表すグラフを，解答用紙に完成させなさい。ただし，新たな●印を記入する必要はない。

4 ビーカーEの液の色を緑色にするためには，実験で用いた水酸化バリウム水溶液をさらに何mL加えればよいか。

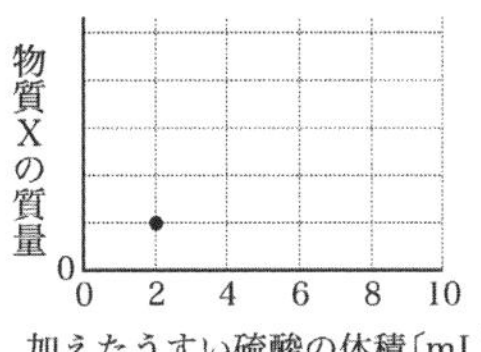

図2

8 デンプンに対するヒトのだ液のはたらきについて調べるために，次の実験(1)，(2)，(3)を順に行った。

(1) デンプンのりを10mLずつ入れた2本の試験管A，Bを用意し，図1のように，試験管Aには水2mLを，試験管Bには水でうすめただ液2mLを加えた。

(2) 図2のように，試験管A，Bを，ビーカーに入れた約40℃の湯の中に10分間ほどつけておいた。

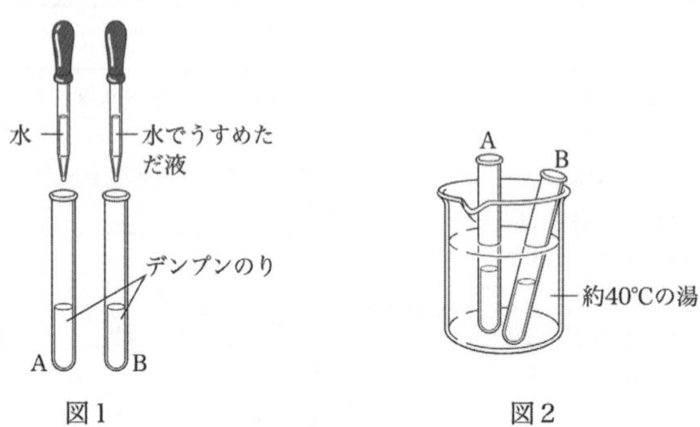

図1　　図2

(3) 試験管A，Bにベネジクト溶液を加えてある操作を行ったところ，試験管Aには特に変化が見られなかったが，試験管Bには赤褐色の沈殿ができた。

このことについて，次の**1**，**2**，**3**，**4**の問いに答えなさい。

1 実験(2)で，試験管A，Bを，ビーカーに入れた約40℃の湯の中につけておいたのはなぜか。「消化酵素」，「体温」という語を用いて簡潔に書きなさい。

2 実験(2)を行ったことで，試験管Bの中のデンプンは，時間がたつにつれて減少していった。このことを確かめるために用いる試薬は何か。また，デンプンが検出された場合のその試薬の色の変化を表しているものは，次のうちどれか。

ア 褐色→黄緑色　　**イ** 褐色→青紫色　　**ウ** 水色→黄緑色　　**エ** 水色→青紫色

3 実験(3)で行った下線部のある操作とは，次のうちどれか。

ア 試験管内の液を加熱した。　　**イ** 試験管内の液をよく振り混ぜた。
ウ 試験管内の液を冷却した。　　**エ** 試験管内の液をしばらく放置した。

4 次の□内の文章は，試験管Bの中のデンプンに起こった変化について述べたものである。①，②に当てはまる語をそれぞれ(　)の中から選んで書きなさい。

> 実験(3)で得られた結果から，試験管Bの中のデンプンは ①(アミノ酸・モノグリセリド・ブドウ糖) が何分子か結合したものへと変化したことがわかる。この変化に最も関係が深い物質は，②(リパーゼ・アミラーゼ・ペプシン) という消化酵素である。

解答・解説 P269・P277

9 物体がされる仕事や仕事率について調べるために，次の実験(1)，(2)を順に行った。

(1) 台車にとりつけた糸の一端をばねばかりにつないだ後，図1のように，台車を水平面から60 cmの高さの位置まで3 cm/sの速さで真上に引き上げた。このとき，ばねばかりが示す値は，台車が水平面を離れた後は12.0 Nで一定であった。

(2) (1)で用いた台車を斜面上の最も下の位置に置いた後，図2のように，台車を斜面に沿ってゆっくりと引き上げたところ，ばねばかりが示す値は，台車が動き始めた後は一定であった。また，台車が斜面に沿って90 cm移動したとき，台車の垂直方向の高さが60 cm高くなった。

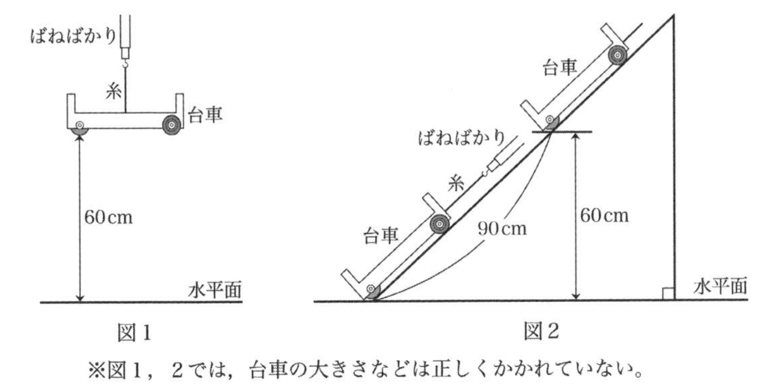

図1　図2

※図1，2では，台車の大きさなどは正しくかかれていない。

このことについて，次の**1**，**2**，**3**，**4**の問いに答えなさい。ただし，実験に用いたばねばかりや糸の質量，および台車と斜面の間の摩擦については考えないものとする。また，糸はまったくのび縮みしないものとする。

1 実験(1)で，台車を床から60 cmの高さの位置まで引き上げたときに台車がされた仕事の大きさは，次のうちどれか。

ア 7.2 J　**イ** 72 J　**ウ** 720 J　**エ** 7200 J

2 次の□内の文章は，実験(1)における仕事率について述べたものである。①，②に当てはまる数値をそれぞれ書きなさい。

> 実験(1)で，台車が水平面を離れてから60 cmの高さの位置まで真上に引き上げるのに要した時間は（ ① ）秒であった。このことから，台車がされた仕事における仕事率の大きさは（ ② ）Wであったことが求められる。

3 ある物体の高さを高くする仕事において，摩擦などを考えないならば，斜面などの道具を用いない場合の仕事の大きさと用いた場合の仕事の大きさとの間には，ある関係が成り立つ。このことを何というか。

4 実験(2)で，台車が動き始めた後，ばねばかりは何Nを示していたか。

第188回 下野新聞模擬テスト

英語

1 これは聞き方の問題である。指示に従って答えなさい。

1〔英語の対話とその内容についての質問を聞いて，答えとして最も適切なものを選ぶ問題〕

(1) ア

イ

ウ

エ

(2) ア

イ

ウ

エ

(3) ア

イ

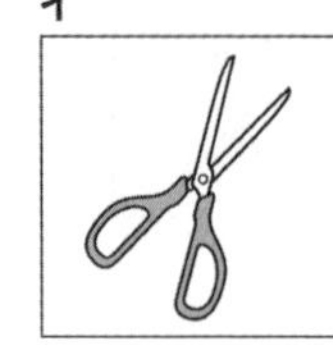

ウ

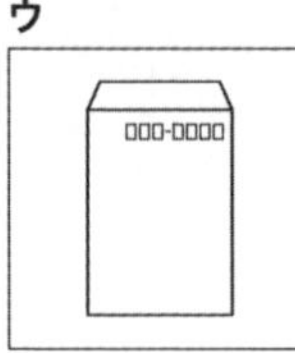

エ

2〔英語の対話とその内容についての質問を聞いて，答えとして最も適切なものを選ぶ問題〕

(1) ① ア For one day. イ For two days.
ウ For three days. エ For four days.

② ア Because he could tell a woman how to go to a temple in Japanese.
イ Because he could talk with Reina about his good experiences during his trip.
ウ Because he could ask a woman about a popular museum in Japan.
エ Because he could visit some famous temples and shrines in Kyoto.

(2)

Work Experience Program

Working Place		Department Store	Library	Post Office	Elementary School
Meeting Place		Station	Bus Stop	School	Park
How to Go		Train	Bus	Foot	Bike
Working Hours	Morning	10:00-12:30	10:00-12:00	8:30-12:00	9:00-12:00
	Afternoon	13:30-16:00	13:00-16:00	13:00-16:00	13:00-16:00

① ア For two hours. イ For two hours and thirty minutes.
ウ For three hours. エ For three hours and thirty minutes.

② ア By bus. イ By bike. ウ By train. エ On foot.

3〔ダニエルからの留守番電話のメッセージを聞いて，英語のメモを完成させる問題〕

○ How to get to the museum from my (1)(　　　　) station
Take the No. 55 bus that goes to the (2)(　　　　).
Its color is white and (3)(　　　　).

○ From the bus stop to the museum
It's (4)(　　　　) from the bus stop.
→Daniel will come there to meet me.

解答・解説 P268・P272

2 次の1，2の問いに答えなさい。

1 次の英文中の (1) から (6) に入る語句として，下の(1)から(6)のア，イ，ウ，エのうち，それぞれ最も適切なものはどれか。

Dear Erika,

My father teaches Japanese at a college in New York. He has many friends in Japan, and Mr. Kato is one of them. Last summer my parents took me to Japan to spend our holidays.

One day, when we were staying in Tokyo, Mr. Kato invited us to his house. Before visiting, my father said, "Betty, you must take (1) your shoes when you go into the house." Then, my mother said, "In his house, you'll find interesting doors (2) *shoji*. But you don't push or pull them. You *slide them when you go in."

When we arrived (3) Mr. Kato's house, Mr. and Mrs. Kato were waiting for us with (4) daughter, Mikiko. Mrs. Kato and Mikiko were wearing beautiful *kimonos*. I said, "Oh, (5) beautiful they are!" They told me a lot of things about life in Japan. I thought, "Every country has its own way of life. I have (6) many things."

Your friend, Betty

〔注〕*slide＝横に滑らせて動かす

(1) ア to　イ on　ウ in　エ off
(2) ア call　イ calls　ウ called　エ calling
(3) ア by　イ at　ウ from　エ with
(4) ア they　イ them　ウ theirs　エ their
(5) ア how　イ who　ウ what　エ which
(6) ア learn　イ learned　ウ learning　エ to learning

2 次の(1)，(2)，(3)の(　　)内の語句を意味が通るように並べかえて，(1)と(2)はア，イ，ウ，エ，(3)はア，イ，ウ，エ，オの記号を用いて答えなさい。

(1) This is a movie (ア that　イ you　ウ sad　エ makes).
(2) Who (ア playing　イ soccer　ウ the boy　エ is) with Kevin?
(3) The (ア found　イ he　ウ pen　エ there　オ which) was mine.

3 次の英文は，高校生のなおき(Naoki)とカナダ(Canada)からの留学生ケイト(Kate)の対話の一部である。また，右の図はそのとき二人がインターネットで見ていた記事(article)の一部である。これらに関して，1から6までの問いに答えなさい。

Kate: Hello, Naoki. What are you doing?
Naoki: Hi, Kate. I'm reading an article on the Internet.
Kate: Oh, really? What is it about?
Naoki: It's about sleeping. It says sleeping enough is important. I usually go to bed before ten. [　　　] do you usually go to bed?
Kate: I usually go to bed before twelve. However, I went to bed at two last night because I had to finish my homework.
Naoki: Oh, it's too (A), Kate. Look at this article. Students sleep more than I thought. Many of them sleep for seven to eight hours.
Kate: About 40 percent of the students (1)<u>do so</u>. How long should we sleep every day?
Naoki: The doctor says that students should sleep for more than eight hours, but only about 25 percent of the students do so.
Kate: I sleep only for about six hours every day. Why do we have to sleep so much?
Naoki: This article says our body makes a lot of *growth hormones *while we are sleeping, so sleeping is very important for children. Also, sleeping cuts down *stress. We need to sleep enough ____(2)____.
Kate: I understand, but it is difficult for me to go to bed before ten. I don't become sleepy so (B).

Naoki: Look at this boy. He gets up at six o'clock. After that, ____(3)____ for his health. Doing sports for a short time like him is very good if you want to sleep well.

Kate: That's a good idea. He can have free time at night, and he goes to bed early.

Naoki: He can do so because ____(4)____ after he comes home.

Kate: I see. He looks at stars in the sky to *relax before going to bed. What do you do to sleep well?

Naoki: I usually read a book before I go to bed. How about you, Kate?

Kate: Well..., I usually play games on my smartphone before going to bed.

Naoki: Oh, you shouldn't do that. I hear that the light is too *bright and it *prevents us sleeping. Also, you shouldn't eat anything late at night. You will have *heartburn, and you won't be able to sleep well. Look at this. We should follow these (5)<u>three rules</u> to sleep well.

Kate: OK, Naoki. I'll try to remember these things. Now, I understand that sleeping is very important for our health. (6)<u>Do you do anything for your health</u>? Many people say eating breakfast is good for our health, so I try to eat breakfast every morning.

〔注〕*growth hormone＝成長ホルモン　*while ～＝～している間に　*stress＝ストレス
*relax＝くつろぐ，リラックスする　*bright＝明るい　*prevent＝妨げる
*heartburn＝胸焼け

学生: 私は今，高校1年生なのですが，睡眠時間はどれくらい取るべきなのでしょうか。

医者: 中学生や高校生の場合は，毎日8時間より多く眠るようにしましょう。
右のグラフは，中高生100人を対象に行った睡眠時間についてのアンケート結果です。
8時間以下の学生が多いですが，記事を参考にして，十分な睡眠時間を取るように心がけてください。

中高生の睡眠時間についてのアンケート結果

45%
40%
35%
30%
25%
20%
15%
10%
5%
0%
5～6時間
6～7時間
7～8時間
8～9時間
9～10時間

ある男子高校生のライフスタイル

6:00～6:30　起床
6:30～7:00　ランニング　（健康のために，公園内を20分間走っています。）
7:00～7:30　シャワー
7:30～8:30　朝食・登校
8:30～16:20　学校
16:20～18:00　帰宅・宿題
18:00～20:00　夕食・入浴
20:00～22:00　自由時間・就寝

Very Good!

リラックスするために，寝る前は，星空を眺めています。

睡眠はなぜ大切なの？

①睡眠中に子どもにとって重要な成長ホルモンを体がたくさんつくります。

②疲れているときは，十分に眠ることで，疲労回復とストレス軽減に効果があります。

よく眠るための三箇条

一　日中に適度な運動をせよ
二　寝る前の携帯電話やゲームを禁止せよ
三　寝る前の食事を禁止せよ

1　二人の対話が成り立つよう，[　　　]に入る適切な英語**2語**を書きなさい。

2　本文中の(　**A**　)，(　**B**　)に入る語の組み合わせとして，最も適切なものはどれか。

ア　**A**：late　**B**：fast　　**イ**　**A**：early　**B**：slowly
ウ　**A**：late　**B**：early　　**エ**　**A**：early　**B**：late

3　下線部(1)が指す具体的な内容は何か。解答用紙の書き出しに続けて，日本語で書きなさい。

4　上の記事を参考に，二人の対話が成り立つよう，下線部(2)，(3)，(4)に適切な英語を書きなさい。ただし，数字も英語で書くこと。

解答・解説 P268・P272

5 次の[　　]内の英文は，下線部(5)の内容をまとめたものである。①，②に入る適切な英語を，本文から**1語**ずつ抜き出して書きなさい。

> First, we should do (　①　) in the daytime. Second, we should stop using our smartphones and playing games before sleeping. Third, do not (　②　) anything before you go to bed.

6 下線部(6)の質問に，あなたならどのように答えますか。つながりのある**4文から6文程度**の英語で書きなさい。ただし，本文及び記事に書かれていること以外で書くこと。

4 大介(Daisuke)，彩子(Ayako)，カレン(Karen)についての次の英文を読んで，**1**から**5**の問いに答えなさい。

My name is Daisuke. I'm fifteen years old and go to junior high school. I live in a small town in Tochigi with my family. I have wanted to meet many people from different countries and enjoy talking with them. Two years ago, I met Karen, a girl from Australia. At first, I thought, "It will be difficult for me to talk to her because I can't speak English well." But I changed my mind later.

Karen came to my town two years ago and stayed with my family for three weeks. Soon she became friends with my older sister, Ayako. They often talked about many things. I was always a little (**A**) after Karen talked to me because I didn't know how to communicate with Karen.

One day during Karen's stay in Tochigi, Ayako and I took Karen to a big department store. When we got there, Karen said, "Today I want to buy a T-shirt *as a memory of my stay here." Ayako said, "Oh, that's a good idea, Karen. What kind of T-shirt are you going to buy?" Karen said, "I want a T-shirt with *kanji* on it. Can you help me with looking for a nice one?" Ayako said, "Sure. Let's go and see some clothes shops."

Then, we went into a clothes shop for women. Karen found a T-shirt with a *kanji* on it at the shop. She showed it to us and said, "I like this one." <u>Ayako and I *laughed when we saw it</u>. Ayako said, "Karen, the *kanji* on the T-shirt means 'rice.' We laughed." Karen also laughed and said, "Oh, I didn't know that. I love Japanese rice, but I don't need to buy this T-shirt. I'll look for another one."

About ten minutes later, Ayako and I found a nice T-shirt. We brought it to Karen and said, "Karen, how about this one?" Karen asked, "Well..., the color is nice, but what is the meaning of the *kanjis* on the T-shirt?" I couldn't say anything because it was very difficult for me to *explain it in English. Then, Ayako said, "We read these *kanjis* like '**Tochigi-Ha*'. The word means that you love Tochigi the best of all *prefectures in Japan." Karen said, "Wow! You've found the best one! I love Tochigi and people in Tochigi, so I'll take it. Thanks a lot, Daisuke and Ayako!" We were very (**B**) to hear that.

*Sadly, three weeks passed so fast. Before Karen went back to Australia, she said to us, "I had a good time with you. If you come to my country, my family and I will welcome you. I hope I can see you again in Australia someday." I thought, "I can enjoy communicating with foreign people if I can think of their feelings." I hope I can visit Australia and see Karen and her family someday.

〔注〕*as a memory of ～＝～の思い出，記念として　*laugh＝笑う
*explain＝説明する　**Tochigi-Ha*＝栃木派　*prefecture＝都道府県
*sadly＝悲しいことに

1 本文中の(**A**)，(**B**)に入る大介の気持ちを表している語の組み合わせとして，最も適切なものはどれか。

ア **A**：glad — **B**：excited　　**イ** **A**：sad — **B**：happy
ウ **A**：glad — **B**：surprised　　**エ** **A**：sad — **B**：sorry

2 下線部の理由は何か。具体的に日本語で書きなさい。

3 次の**質問**に答えるとき，**答え**の[　　　]に入る適切な英語を**2語**で書きなさい。

質問：What did Daisuke and Ayako do for Karen at the department store?

答え：They [　　　] a nice T-shirt together.

4 次の[　　　]は，カレンと一緒に過ごした日々を通して見られる大介の考えの変化についてまとめたものである。(　①　)と(　②　)に適切な日本語を書きなさい。

> 大介は，カレンと出会う前までは，(　　　①　　　)から，外国の人たちとはコミュニケーションを取ることができないと考えていたが，(　　　②　　　)ことができれば，彼らとのコミュニケーションを楽しむことができると考えるようになった。

5 本文の内容と一致するものはどれか。

ア Daisuke has known Karen since they were two years old.

イ It took a lot of time for Ayako to become friends with Karen.

ウ Ayako and Daisuke went to the department store with Karen, and they bought a T-shirt for her.

エ Daisuke wants to go to Australia to visit Karen and her family in the future.

5 次の英文を読んで，**1**，**2**，**3**，**4**の問いに答えなさい。

I found an interesting *article on the Internet. It said, "Most Japanese work [A] than people in other countries." Japanese people usually work hard, but I have a question. Why do they work until late at night or on holidays? In my town in Australia, people have more free time, and they enjoy many things. For example, some people go to a lake to catch fish or enjoy hiking in the mountains. Others go to the beach almost every weekend. They *rest in the sun and enjoy the *breeze from the sea. People can enjoy their free time as they like.

Many of my Japanese friends say, "Working hard is a good thing." I can agree with them because <u>working is a very important part of our lives</u>. By working hard, people can feel happy and make their family happy. However, I think there is something else *other than working to enjoy our lives. Why don't you move away from your busy lives and start something new in your free time? You can become a member of a sports club or learn foreign languages. Also, you [B].

Finally, I'll tell you one more important thing. When you start something new, you should not be afraid of being different from other people. In my country, it is natural for us to be different. If you know this, you can really enjoy your lives.

〔注〕*article＝記事　*rest＝休息する　*breeze＝そよ風　*other than 〜＝〜以外の

1 本文中の[A]に入る語として，最も適切なものはどれか。

ア older　イ longer　ウ earlier　エ shorter

2 下線部について，筆者がこのように考えるのはなぜか。日本語で書きなさい。

3 本文中の[B]に入るものとして，最も適切なものはどれか。

ア can study something for your work

イ cannot work hard every day for yourself

ウ can go to places you have never visited

エ cannot go anywhere to see your friends

4 次の[　　　]内の英文は，筆者が伝えたいことをまとめたものである。(　　　)に入る最も適切なものはどれか。

> Japanese people should learn that it's not bad to be different from other people. Also, they don't have to be afraid of that when (　　　).

ア they try some new things they have never done

イ they go to the beach to enjoy the breeze from the sea

ウ they go to a lake to catch fish or enjoy hiking in the mountain

エ they have to work until late at night or on holidays

解答・解説 P268・P272

れる音がした。〔エ〕そして音の方から一頭の茶色い馬が現れた。すると、その後ろから馬の一群が走ってきた。雪を蹴ちらし、ペシペシ小枝をおりながら、馬の群れはどんどん近づいてきた。昭佳は背中がサーッとあわだった。馬たちは、なん十メートルかの距離をたもち、ふぶきの速度に合わせてついてくる。作太郎が馬たちをじっと見ていた。(3)昭佳は胸がしめつけられるような思いで、この光景を見ていた。「ドォ、ドォ。」ふぶきはピタリと止まり、作太郎が雪の上に乾草をまいた。そして、すぐに作太郎はふぶきに乗ると、そこをはなれた。昭佳は、この出来事で、初めて作太郎という人に出会った気がしたのだった。

(最上一平(もがみいっぺい)「広野の馬」〈新日本出版社〉から)

(注1) かいばおけ=馬に与える餌を入れるおけ。
(注2) 南天=メギ科の常緑低木。

1 □に入る語句として最も適当なものはどれか。

ア おいしい　イ とぼしい
ウ あふれる　エ 欠かせない

2 (1)これは昭佳にとって、なかなかやっかいな仕事だった とあるが、この仕事に対する昭佳の気持ちとして最も適当なものはどれか。

ア 水が重くて歩くたびにこぼれるので、気が進まないが、じいちゃんの手伝いをしなければならないと思っている。
イ 水は重くてこぼれるので、一人では十分にできないところもあって歯がゆいが、なんとかやりきりたいと思っている。
ウ 自分一人ですべてをこなすのは無理だとわかっているが、馬たちがかわいいのでできるだけ面倒をみたいと思っている。
エ 水を運ぶことはなんとかできても、かいばおけの中には一人で入れられないので、できれば別の仕事をしたいと思っている。

3 (2)作太郎が馬に乗っているところを、昭佳は、その時初めて見たとあるが、このとき作太郎の様子を見て、昭佳が感じていることを、文末が「と感じている。」となるように、三十字以上四十字以内で書きなさい。ただし、文末の言葉は字数に含めない。

4 本文中の〔ア〕〜〔エ〕のいずれかに、次の一文が入る。最も適当な位置はどれか。

> しかし、昭佳はこの声をきくと体のしんがカッと熱くなった。

5 (3)昭佳は胸がしめつけられるような思いで、この光景を見ていた とあるが、このときの昭佳の気持ちを、「声」「群れ」という語を用いて、三十字以上四十字以内で書きなさい。

6 本文の特徴を説明したものとして最も適当なものはどれか。

ア 昭佳が馬とかかわる作太郎の姿に強く心引かれて馬の世話をするようになった経緯を、現在と過去を融合させて描いている。
イ 昭佳が野生の馬に興味を持つようになったきっかけを、回想の場面をはさみ込むことによって、より強く印象付けている。
ウ 昭佳が馬の世話を進んでする日常の光景に回想の場面をつなぐことによって、その理由が明かされる推理的な構成になっている。
エ 昭佳が作太郎と馬の世話をする日常の光景と、別人のような作太郎を知った回想の場面を、くらによってたくみにつないでいる。

5

「時間を長く感じたり短く感じたりすること」について、あなたの考えを国語解答用紙(2)に二百四十字以上三百字以内で書きなさい。
なお、次の《条件》に従って書くこと。

《条件》
(Ⅰ) 二段落構成とすること。
(Ⅱ) 各段落は次の内容について書くこと。

〔第一段落〕
・あなたがどのようなときに「時間を長く感じたり短く感じたりするか」について具体的に説明しなさい。あなたが直接体験したことや見たり聞いたりしたことをもとにしてもよい。

〔第二段落〕
・第一段落で書いたことを踏まえて、「あなたは今後どのように時間を過ごしていきたいと考えるか」について、理由を含めて具体的に書きなさい。

解答・解説 P268・P270

ウ　年中「胡瓜」を食べることができる便利な社会になったので、若い人が季節感を感じないのも当然だということ。
エ　温室栽培で消費する石油の量はわずかな量であるが、全体で見れば大きな量になるので、すぐにやめるべきだということ。

5　(4)発想の転換　とあるが、現代の「季節感」についていうとどういうことか。四十字以上五十字以内で書きなさい。

6　筆者の考えに合うものとして最も適当なものはどれか。
ア　古くから実感されてきた季節感を持っている季語は、日本人の美意識の象徴でもあるので、大切にすべきである。
イ　俳句について語ることは、現代社会の問題点を明らかにするだけでなく、伝統的な感覚の発見ももたらす。
ウ　季語の季節感の変化について考えることは、物質的に豊かな私たちの生活のあり方を問うことにつながる。
エ　季語は自然と歴史に育まれて磨き上げられてきたものなので、私たちが季節感の歪みに気づく格好の手段である。

4

次の文章を読んで、**1**から**6**までの問いに答えなさい。

〔昭佳（あきよし）は、作太郎（さくたろう）じいちゃんの家に行き、二人でふぶきといかずちという馬の世話をしている。〕

「じいちゃん、ふぶきといかずちに水やってもいいか。」「ああいいとも。頼む。」「うん。」沢から水を引いた井戸が、家の正面にある。昭佳はバケツを持って、井戸に水くみに行った。水をのませるのも、前になん度かやらせてもらっていた。(1)これは昭佳にとって、なかなかやっかいな仕事だった。水は重たいし、チャプチャプこぼれるから注意がいった。両手でふぶきの前までバケツを運ぶと、「ヨッシャ。」といって、作太郎が木の箱から立った。そして、バケツのつるを両わきからふたりで、「セーノ。」と持ち上げ、バケツごとかいばおけ（注1）の中に入れた。ふたりで声をそろえて持ち上げるのは楽しかったが、もう少し背が高いか、もう少し力が強ければ、ひとりでできるのだがと思うと、昭佳は少し残念だった。

ふぶきは、バケツにすぐ鼻をつっこんで、ゴクリゴクリとのんだ。バケツの水かさがスー、スーッと減って、いっぺんにからになった。

「んまいべ。よし、もうなくなったぞ。もう一回くんできてやっから。」ふぶきも、いかずちも、バケツの水を二はいずつのんだ。昭佳はうっすら汗ばんできた。少し疲れたが、ひと仕事したのが得意だった。「まず、ここさすわって休め。」と、作太郎が席をあけてくれた。

「じいちゃんすわってろ。おれは、あそごの方がいいや。」昭佳は奥にうずたかく積んである、乾草（ほしくさ）やわらのところに行って腰かけた。乾草のにおいがプーンとした。奥にある台の上にはくらが二つ置いてあった。くらを見ながら、昭佳は乾草によりかかった。疲れがスーッと、とれていく気がした。それといっしょに、昨年の冬のことが、まるで映画のようにはっきりと、頭の中にうかんできた。

二月の終わりごろだったろうか。雪がふっていた。ふぶきの背中にはくらがついていて、くらの後ろには左右に、乾草の束が積んであった。(2)作太郎が馬に乗っているところを、昭佳は、その時初めて見た。日ごろ、南天（注2）のつえを手ばなせない作太郎とはうって変わって、馬上の作太郎は別人のようだった。背筋はまっすぐにのび、顔つきがキリリと引きしまってき然としていた。「ハッ。」と、足で合図を送ると、ふぶきは歩きだし、歩速に合わせて作太郎はたくみにリズムをとった。その作太郎の後ろに、昭佳は乗せてもらったのだった。

作太郎の馬は、ふぶきといかずちだけではなかった。山にある昔の放牧場跡には、十数頭の馬が、半分野生になって生きていた。放牧場といっても、今では雑木の林になっているところだった。馬たちは、木の皮や、雪をほりおこし、クマザサやススキを食べて、飢えをしのいでいるのだった。エサの一番□季節になると、作太郎が乾草を持って行き、やっていたのだ。雪の中をふぶきは、作太郎にみちびかれながら進んでいった。「ホッ、ホッ、ホッ。」時どき、作太郎がふぶきをはげますように声をかけた。〔ア〕昭佳は初めて馬に乗り、落ちそうで作太郎の背中にしがみついていた。三十分もそうやって山を登ると、ふぶきを歩かせながら、作太郎が右手を口にやって叫んだ。

「ホーイ、ホーイ、ホーイ。」よく通った声は、四方の山に響いた。〔イ〕南の斜面に向かって、作太郎はまた叫んだ。「ホーイ、ホーイ、ホーイ。」作太郎の腰にまわした手がしびれるように冷たかった。ほおをなでる風も、切るようにいたい。〔ウ〕昭佳は、作太郎が馬をよんでいるんだなと、すぐにわかった。

まわりの山ひだを見まわしてみても、雑木の林がつづいているだけで、何も動くものはない。冷たい雪の中で静まりかえっている。「ホーイ、ホーイ、ホーイ。」しばらくすると、ボキボキッとなにかのお

どのくらいの人が、「胡瓜」に夏を感じるだろうか。俳句の鑑賞と実作を指導していた授業で、私はアンケートを取ってみた。すると、半数以上の学生は、「胡瓜」には季節を感じないと回答し、春の季語だと回答した者も十五パーセント近くに及んだ。中には冬の季語という回答もあり、いずれにせよ、夏の季語と答えた者は少数派であった。それは無理もないことで、今、「胡瓜」は一年中、店頭に並べられているし、あるいは、暖房の効いた部屋で、冷蔵庫で冷やした「胡瓜」のサラダを食べるのがいちばんおいしいのかもしれない。したがって、プロの俳人の中にも、「胡瓜」はすでに季節感を失っているから、季語から外せという意見の人さえ出て来ている。従来の歳時記の枠に捉われていたら、俳句は時代に取り残されてしまうというのである。しかし、季節感に最も敏感で、四季の移ろいに心情を託すべき俳人が、こんなことを軽々しく発言していいのだろうか。

そもそも、「胡瓜」が夏の季語となったのは、何も、無理に夏に押し込めたわけではない。江戸時代には、真夏にならないと食べられないものだったから、□夏の季語となったのである。今、「胡瓜」に夏の季節感を持たないという人は、一年中栽培される、温室栽培、促成栽培のものに慣らされているからにちがいない。

「胡瓜」が年中出回るようになったのは、品種改良その他、大変な研究の蓄積によるものでもあろうが、最も大きな要因は、石油を大量に使って、大規模な温室栽培をするようになったからであろう。(3)その恩恵で我々は年中、「胡瓜」を口にすることができるようになったのである。その経済効果を考えると、それ自体は、決して悪いとも思わない。が、それが本当に暮らしが豊かになったということなのだろうか。石油の大量消費の結果、地球温暖化という、人類の生存にもかかわる環境の変化が起こっている。「胡瓜」の温室栽培に使用される石油量など、高が知れているのかもしれない。が、それでも石油を燃やし続けていることには変わりはない。二十一世紀にはもっと農業人口が減って、大規模栽培が無人で行われる時代になるだろう。そうなった時、野菜、果物の季節感などは、跡形もなく吹き飛んでしまうことだろう。しかし、果たしてそれが豊かさに結び付くものかどうか。

俳諧、俳句の理念に、「わび」「さび」という言葉がある。その本質を簡単に解くことはむずかしいが、一口で言えば、閑寂美ということであろう。が、言葉からしても、「わび」はわびしい、「さび」はさびしいということとつながっている。わびしさ、さびしさをマイナス評価しないで、そこに美を、楽しみを感じて来たのが俳諧、俳句の歴史なのである。真夏になって初めて、自然に実った、独特の香りと甘さを持った「胡瓜」を口にできた昔の人々の心躍りを、もう我々は取り戻せないのだろうか。

暦通りには行かないにしても、季節の「時序（注3）の正しさ」を、ひたすら願って来た我々の祖先の心を思う時、物質的な豊かさよりも、心の豊かさに重きを置くことができるかどうか、(4)発想の転換が迫られているのではないだろうか。季節を見直すというのは、季節に合わなくなったから、季語の位置を変更せよということでは、決してない。自然暦に沿った季節感に照らして、その歪みをグローバル（注4）な環境の視点から、見直す必要はないかということなのである。

（三村昌義「季節をみなおす」『環境文化を学ぶ人のために』〈世界思想社〉から）

（注1）オーソドックス＝正統的・伝統的であること。
（注2）歳時記＝俳句の季語を分類・整理したもの。
（注3）時序＝時の順序。　（注4）グローバル＝全世界的であること。

1 □に入る語として最も適当なものはどれか。

ア いわば　**イ** たやすく　**ウ** さしずめ　**エ** おのずと

2 (1)季節感を持った語 とあるが、筆者は季語の季節感についてどのように説明しているか。三十五字以上四十五字以内で書きなさい。

3 (2)「胡瓜」は真夏の季節感を持ったものとされて来ている とあるが、「胡瓜」の持つ「真夏の季節感」について具体的に述べている部分を五十字以内で抜き出し、初めと終わりの三字を書きなさい。

4 (3)その恩恵で我々は年中、「胡瓜」を口にすることができるようになった とあるが、その結果について筆者が考えていることとして最も適当なものはどれか。

ア 経済効果としては大きなものがあるが、地球温暖化の問題を引き起こしている大きな原因の一つであるということ。

イ 重大な環境の変化を引き起こすと同時に、野菜や果物などの季節感が失われてしまう可能性もあるのではないかということ。

下野模擬問題（第188回）◆国語

2

次の文章を読んで、**1**から**5**までの問いに答えなさい。

ある侯（注1）かかへの鼓打ち、能勢与左衛門といへる人、侯の舞の鼓打ちしに、舞のうち、鼓にあはざる所ありしを、侯、舞ひ終はりて後、(1)召してとがめたまふに、与左衛門毅然として、「今打ち候ふ鼓においては、いささか間拍子（注2）等の違ひなく候ふ。舞にあはざるは、恐れながら、君の御しをち（注3）なり」とて、(2)少しも屈せず。侯怒りて、「さあらば、今一度さきのごとく舞ふべし。鼓打てよ」とて、舞台に出でて舞ひたまふに、果たして侯の過ちにて、鼓にいささか違ひなし。さすが寛量の君にてましますにより、かへつて大いに賞せられて、事すみぬ。与左衛門、甚だ温孝の人にて、衆と親しみ睦みかりしに、禄（注4）を受くる職分の事においては、君に向ひて直言し、いささか諂諛（注5）する事なき志ありしは、(3)ひとしほ賞すべき事なり。

（「思斉漫録」から）

（注1）ある侯かかへの＝ある領主が雇っている。
（注2）間拍子＝リズム。
（注3）御しをち＝ご失敗。
（注4）禄＝給与。
（注5）諂諛＝へつらうこと。

1 いへる は現代ではどう読むか。現代かなづかいを用いて、すべてひらがなで書きなさい。

2 (1)召してとがめたまふ の理由として最も適当なものはどれか。

ア 侯が舞い始めても与左衛門が鼓を打ち始めなかったから。
イ 侯が舞っているときに与左衛門が鼓を打つのをやめたから。
ウ 与左衛門が侯の指示に従わず鼓を合わせなかったから。
エ 与左衛門の鼓が侯の舞と合わないところがあったから。

3 (2)少しも屈せず とあるが、主語として適当なものはどれか。

ア ある侯　**イ** 能勢与左衛門　**ウ** 衆　**エ** 筆者

4 (3)ひとしほ賞すべき事なり とあるが、筆者は侯に対する与左衛門の態度のどのようなところが優れていたと考えているか。二十字以上三十字以内の現代語で書きなさい。

5 本文の内容と合うものはどれか。

ア 与左衛門が自分の鼓に自信を持っていたので、侯に対しても非を認めさせることができたように、芸は身を助けるものである。
イ 与左衛門の侯に対する態度には自分を曲げることのない意思の強さがあったが、侯もまた寛大で度量の大きな人物だった。
ウ 侯は自分の間違いを認めることのない誇り高い人物であったが、与左衛門の言うことだけは受け入れる度量を持っていた。
エ 侯は与左衛門が人々の人望を得ているおかげで、自分も人々に尊敬されていることを知っていたので、与左衛門を重用した。

3

次の文章を読んで、**1**から**6**までの問いに答えなさい。

日本の伝統文芸の一つに俳句がある。もちろん、俳句にもいろいろな作り方があるわけだが、その中で最もオーソドックス（注1）で、支持されているのは、有季定型、つまり、十七音の定型の中に、必ず季語を入れるという作り方である。季語とは何か、これもいろいろと定義されてはいるが、ここでは四季という日本の自然の移り変わりの中で、詩語として日本人の美意識の中で磨き上げられて来て、一句の中において核をなす、(1)季節感を持った語というふうに理解してもらっていいと思う。季語の中には、『万葉集』の昔から存在する、古い歴史を持ったものもあるし、文明の利器の急激な発達によって、新たに登場して来たものもある。が、一つの季語がどの季節に分類されているかは、『古今集』以来の伝統的な和歌の季節感を踏まえつつ、江戸時代の「里」、すなわち農業を中心とした生活の中で実感された季節感を基盤としていると言って差し支えないだろう。

さて、ここに「胡瓜」という季語がある。晩夏のものとされている。『初学抄』（寛永一八［一六四一］）、『世話尽』（明暦二［一六五六］）など、江戸初期の歳時記（注2）も同じように分類していて、それ以来、ずっと(2)「胡瓜」は真夏の季節感を持ったものとされて来ている。が、現在、

令和3年12月5日実施

第188回 下野新聞模擬テスト

国語

制限時間 50分

1

次の1から4までの問いに答えなさい。

1 次の――線の部分の読みをひらがなで書きなさい。

(1) 越権行為を指摘する。
(2) 時間に拘束される。
(3) 名優に思い焦がれる。
(4) 責任を伴う仕事。
(5) 木綿のシャツを着る。

2 次の――線の部分を漢字で書きなさい。

(1) 会員のサンピを問う。
(2) 偶然目にトまる。
(3) 担当者がゼンショする。
(4) 頭から水をアびる。
(5) ベンゼツさわやかな人物。

3 次は生徒たちが俳句について話している場面である。これについて、(1)から(4)までの問いに答えなさい。

> 鳴きわたる鶯（うぐひす）も杖（つゑ）も雨の中　原（はら）　石鼎（せきてい）

Aさん 「この句の季語は『鶯①』だよね。」（ア）

Bさん 「そうだね。この句は『鳴きわたる』という表現が印象的だけど、『杖も』という表現が少しわかり（イ）にくいね。どういう情景を詠んだものなのかな。」

Aさん 「作者が雨の中の庭で杖にすがって、鶯のさえずりを聞きとめたところを詠んだものらしい（ウ）よ。」

Bさん 「なるほど。そうすると、（　②　）と詠んだところに、作者も鶯も同じ空間にいるという一体感が込められているんだね。」

Aさん 「俳句は、③たいしたもので、十七音で広い（エ）世界を表現することもできるんだね。私たちもやってみよう。」

(1) この句に用いられている表現技法はどれか。

ア 対句　**イ** 体言止め　**ウ** 擬人法　**エ** 反復法

(2) ①鶯 と同じ季節を詠んだ俳句はどれか。

ア ある僧の月も待たずに帰りけり　正岡子規（まさおかしき）
イ 涼しさや鐘をはなるるかねの声　与謝蕪村（よさぶそん）
ウ とび下りて弾みやまずよ寒雀（かんすずめ）　川端茅舎（かわばたぼうしゃ）
エ うすぐもり都のすみれ咲きにけり　室生犀星（むろうさいせい）

(3) （　②　）に入る語として適当なものを、俳句の中から四字で抜き出しなさい。

(4) ③たいした と同じ品詞である語は～～部アからエのどれか。

4 次の漢文の書き下し文として正しいものはどれか。

花ニ有リ二清香一月ニ有リレ陰（かげ）　（「春夜」）

ア 花に清香有り陰月に有り
イ 清香花に有り月に陰有り
ウ 花に清香有り月に陰有り
エ 清香花に有り陰月に有り

解答・解説 P268・P270

第189回 下野新聞模擬テスト

社　会

問題 R3
186
187
188
189
【社会】第189回

1 たくみさんが日本について調べた**図1**，**図2**を見て，**1**から**7**までの問いに答えなさい。

1　次の文に当てはまる県として正しいのは，**図1**，**図2**中の**ア**，**イ**，**ウ**，**エ**のどれか。

> 県名と県庁所在地名が異なり，本州四国連絡橋で瀬戸内海をはさんだ向かい側の県とつながっている。降水量が少ないため，ため池の数が多い。また，小豆島のオリーブや讃岐(さぬき)うどんは，観光資源となっている。

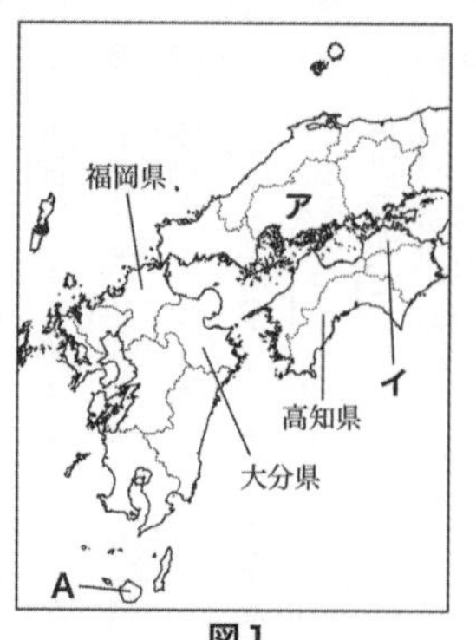

図1

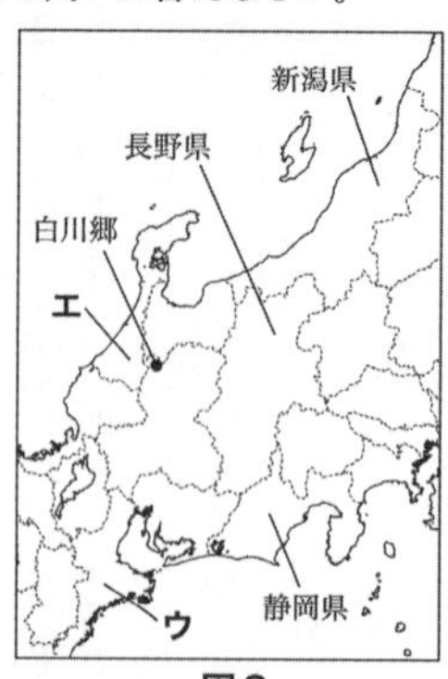

図2

2　静岡県の工業について述べた，次の文中の[　　]に当てはまる語を書きなさい。

> 静岡県の太平洋沿岸は，輸送機械の生産地や豊かな水を利用した製紙・パルプ工業の生産地が位置している。これらの地域は[　　]工業地域とよばれ，太平洋ベルトの一地域として発展している。

3　**A**の島について，正しく述べているのはどれか。

ア　世界遺産に登録された山があり，扇状地が広がる盆地でぶどうや桃が生産されている。
イ　美しい自然や景観が世界遺産に登録されており，晴れた日には海岸から国後島が見える。
ウ　この島の名称が海流の名称にも用いられており，朝鮮半島の国からの観光客が多い。
エ　海岸付近は熱帯の植物，山頂付近では冷帯の植物が見られ，島の中央部に縄文杉がある。

4　**図3**は，福岡県，高知県，新潟県，長野県における米，小麦，なす，レタスの収穫量を示している(2019年)。高知県はどれか。

(t)

	米	小麦	なす	レタス
ア	646,100	136	6,040	―
イ	198,400	6,850	4,000	197,800
ウ	158,900	68,900	18,500	17,800
エ	47,900	8	40,800	―

図3（「県勢」により作成）

5　たくみさんと先生の会話文中の[　　]に当てはまる語を書きなさい。

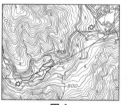

たくみ：「**図4**の長野県の地形図を調べていたのですが，その中に発電所の地図記号がありました。」
先生　：「この地形図は，飛騨山脈の東側にある松本盆地の一部ですよね。」
たくみ：「発電所の立地から考えると，この発電所は[　　]発電所ですか。」
先生　：「私も気になり，調べてみるとその通りでした。ブラジルはこの発電方法の割合が最も多いですね。」

図4
（「国土地理院2万5千分の1地形図」により作成）

6　白川郷の合掌造りは，45度から60度の急傾斜の屋根の建物が特徴的である。これは何のためか，この地域の雨温図を示している**図5**をふまえ，簡潔に書きなさい。

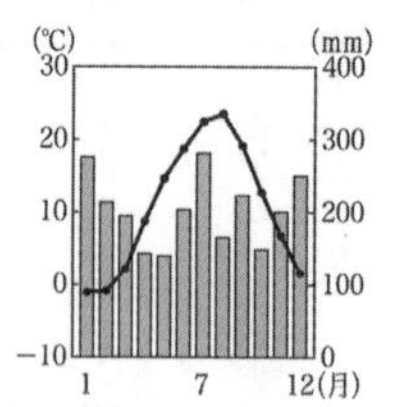

図5（「気象庁ホームページ」により作成）

解答・解説 P278・P281

7　**図6**は，大分県が全国1位のあることがらを示している。□に当てはまる語はどれか。

□の数上位4道県
1位 大分県　2位 鹿児島県　3位 静岡県　4位 北海道

図6(「県勢」により作成)

ア　外国人観光客　　**イ**　騒音苦情　　**ウ**　温泉の源泉　　**エ**　スキー場

2　次の**1**から**6**までの問いに答えなさい。

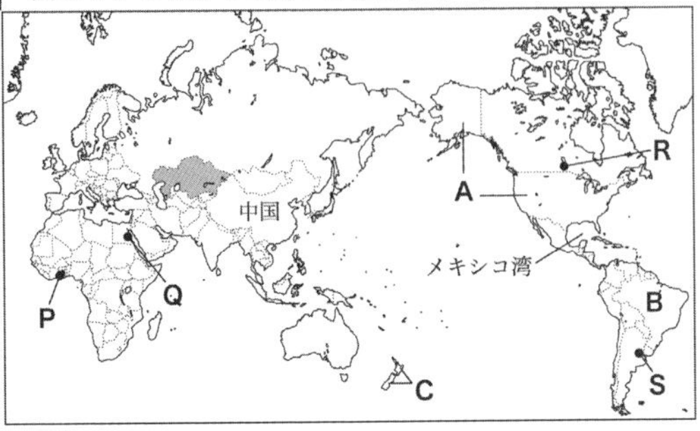

図1

(2018年)

	1月(℃)	7月(℃)	降水量が最も多い月の降水量(mm)
ア	−16.5	19.6	93.7
イ	16.2	34.8	0.7
ウ	26.6	24.8	192.6
エ	24.8	11.0	144.7

図2(「理科年表」により作成)

1　アジア州を細かく区分したとき，(網掛けの楕円)で示した国が当てはまるのはどれか。
ア　東南アジア　　**イ**　西アジア　　**ウ**　中央アジア　　**エ**　南アジア

2　メキシコ湾について述べた，次の文中の□に当てはまる語を書きなさい。

> メキシコ湾周辺には，熱帯や温帯が広がっている。この湾周辺では，8月から9月にかけて空気が温められて，台風に似た熱帯低気圧である□が発生し，周辺の都市に大きな被害をもたらすことがある。

3　**図2**は，**図1**中の**P**，**Q**，**R**，**S**の都市における1月と7月の平均気温，降水量が最も多い月の降水量(平均値)を示している。**P**の都市は，**図2**中の**ア**，**イ**，**ウ**，**エ**のどれか。

4　**図3**は，**図1**中の**A**，**B**，**C**の国と日本の牛，豚，羊の家畜頭数を示している。**C**の国はどれか。

(2018年)(千頭)

	牛	豚	羊
ア	10,107	287	27,296
イ	213,523	41,444	18,949
ウ	94,289	74,550	5,265
エ	3,842	9,189	15

図3(「世界国勢図会」により作成)

5　**図4**は，ある国のICT(情報通信技術)産業に関する資料の一部である。**図4**中の□に当てはまる国名を書きなさい。

【資料1】□におけるICT(情報通信技術)産業の政策

> □では，生活における様々な分野のデジタル化を図る計画が策定されている。また，ICTのベンチャー企業の発展が目覚ましく，国としてもベンチャー企業の起業を後押ししている。
> この国では，植民地時代に英語が普及していたため，アメリカなどの企業が進出し，ICT産業の従事者数が増え続けている。

【資料2】□のICT販売実績の推移

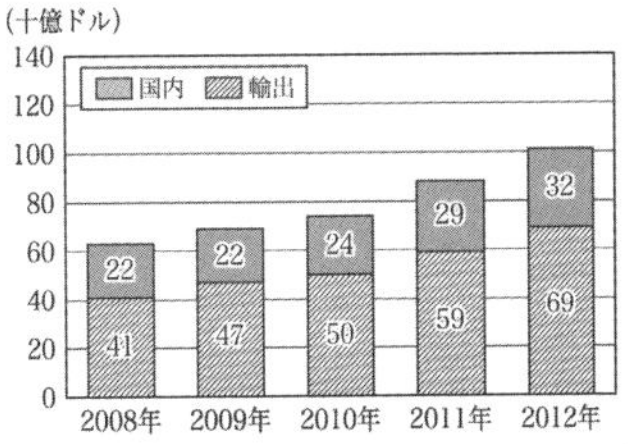

(「総務省ホームページ」により作成)

図4

6　**図5**は，中国の米の生産量と輸入量，それぞれの世界順位を示している(2017年)。**図5**をふまえて，中国の米の生産と輸入における特色を，「消費」の語を用いて簡潔に書きなさい。

米の生産量(千t)	世界順位	米の輸入量(千t)	世界順位
212,676	1位	3,978	1位

図5(「世界国勢図会」により作成)

下野模擬問題（第189回）◆社会

3　次のAからFは，はるかさんが古代から近世までの建築物を，年代の古い順にまとめた資料の一部である。これを読み，1から8までの問いに答えなさい。

A	法隆寺	現存する世界最古の木造建築物で，聖徳太子によって建てられた。ⓐ「日本書紀」に一度焼失したとの記述があり，発掘結果から現在の金堂や五重塔は再建されたものと考えられている。
B	平等院鳳凰堂	ⓑ藤原頼通によって建てられたもので，阿弥陀仏の像が納められている阿弥陀堂が，つばさを広げた鳳凰のような美しい形であることから鳳凰堂とよばれている。
C	東大寺南大門	X らによって彫刻された金剛力士像が安置されている。東大寺の敷地内にあり，武士や貴族，民衆の力を結集して東大寺を再建する際に建てられた。
D	安土城	織田信長によって建てられた豪華な天守をもつ城で，ⓒ武田勝頼を破った戦いの翌年に築城にとりかかった。織田信長は城下町に楽市・楽座の政策を出す一方，ⓓ自治都市や仏教勢力には厳しく対応した。
E	対潮楼（たいちょうろう）	ⓔ対馬藩の宗氏の努力で国交が回復した国からの使節をもてなす建物の宮殿で，「対潮楼」と名付けられた。文化交流の場でもあったこの場所の景観を，使節はおおいにほめたたえた。
F	反射炉	火炎を反射させることで高温を出し，質のよい鉄を製造できる反射炉を，長州藩や肥前藩などがつくって，大砲などを製造した。

1　下線部ⓐと同じ時代に成立した書物として，**当てはまらない**のはどれか。
　ア　風土記　　イ　古今和歌集　　ウ　古事記　　エ　万葉集

2　下線部ⓑの人物について述べた，次の文中の□に当てはまる語を書きなさい。

> 藤原頼通や父の藤原道長など，権力をにぎった貴族には，有力者などから多くの土地が寄進されるようになり，これらの人々は，広大な私有地である□を持つようになった。

3　Cの文中の X に当てはまる人物として正しいのはどれか。
　ア　雪舟　　イ　運慶　　ウ　日蓮　　エ　道元

4　下線部ⓒの戦いを何というか。

5　下線部ⓓに関して，織田信長が武力で従わせた自治都市について，正しく述べているのはどれか。
　ア　刀鍛冶の職人によって鉄砲がつくられていた。
　イ　裕福な商工業者である町衆によって，祇園祭が盛大に行われていた。
　ウ　日明貿易によって発達した都市の中でも，明との距離が最も近かった。
　エ　「将軍のおひざもと」とよばれ，人口が集中していた。

6　下線部ⓔの使節を何というか。

7　CからFの時期に外国でおきたできごとを，年代の古い順に並べ替えなさい。
　ア　イギリスで名誉革命がおき，権利章典(権利の章典)が定められた。
　イ　カトリック教会でなく，聖書に信仰のよりどころを置くプロテスタントが生まれた。
　ウ　ナポレオンが革命の終結を宣言して，皇帝になった。
　エ　アメリカがイギリスから独立した。

8　Fに関する会話文中の□に当てはまる文を，**図**の略年表から読みとれることにふれ，「強化」の語を用いて簡潔に書きなさい。

> はるか：「なぜ反射炉をつくって大砲を製造しようとしたのですか。」
> 先生　：「**図**の略年表から分かるように，□必要性があると感じたからです。」
> はるか：「幕末の動乱は，ここから始まったのですね。」

年	できごと
1792	ラクスマンが来航する
1804	レザノフが来航する
1808	フェートン号事件がおこる
1837	モリソン号事件がおこる
1840	アヘン戦争がおこる

図

解答・解説 P278・P281

4 略年表を見て，次の1から6までの問いに答えなさい。

年	日本と外国の主なできごと
1871	ⓐ廃藩置県が行われる
1910	ⓑ石川啄木が短歌を発表する
1914	ⓒオーストリア皇太子夫妻が暗殺される
1925	ⓓ治安維持法が制定される ↑
1954	ⓔ X 運動が広まる A
1995	阪神・淡路大震災がおこる ↓

1 下線部ⓐについて，正しく述べているのはどれか。

ア 藩主に土地と人民を天皇へ返させた。

イ 県令(のちの県知事)・府知事を政府から派遣した。

ウ 親藩，譜代大名，外様大名が全国に配置された。

エ 中央から国司が派遣され，政治を行った。

2 下線部ⓑに関して，図1は，石川啄木がこの年に発表した，あるできごとを批判した短歌である。あるできごととは何か。**漢字4字**で書きなさい。

地図の上　朝鮮国に黒々と
墨をぬりつつ　秋風を聴く

図1

3 下線部ⓒに関して，この事件の背景にある「ヨーロッパの火薬庫」とよばれた半島は，図2中のア，イ，ウ，エのどれか。

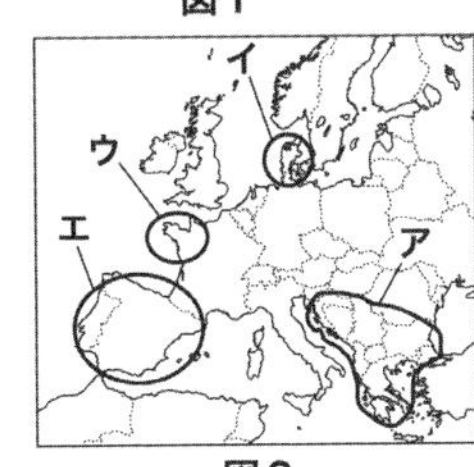

図2

4 下線部ⓓに関して，図3は，この法律の内容の一部を示しており，次の文は，この法律を制定するきっかけとなったできごとについて述べている。この法律の目的の一つを，文中の□に当てはまる国名と「共産主義」の二つの語を用いて簡潔に書きなさい。

革命政府は，干渉戦争としてシベリアに出兵してきた軍に勝利し，1922年に□を成立させた。

第1条　国体を変革し又は私有財産制度を否認することを目的として結社を組織し又は情知りてこれに加入したる者は十年以下の懲役又は禁固に処す。

図3

5 下線部ⓔについて述べた，次の文中と略年表中の X に共通して当てはまる語を書きなさい。

アメリカがビキニ環礁で水爆実験を行ったとき，遠洋まぐろ漁船の第五福竜丸は放射線を出す「死の灰」をあびた。これをきっかけに， X 運動が盛んになった。

6 Aの時期におきた次のできごとを，年代の古い順に並べ替えなさい。

ア 日本の国民総生産(GNP)が，資本主義国で第二位になる。

イ 経済が第二次世界大戦前の水準まで回復する。

ウ 日本経済を支配していた財閥が解体される。

エ バブル経済が崩壊する。

5 次の1から5までの問いに答えなさい。

1 被選挙権について述べた，次の文中の Ⅰ ， Ⅱ に当てはまる語の組み合わせとして，正しいのはどれか。

被選挙権は参政権のうちの一つの権利であり，年齢による制限が設けられている。 Ⅰ などは満30歳以上， Ⅱ や市町村の首長などは満25歳以上とされている。

ア Ⅰ－参議院議員　Ⅱ－衆議院議員　　イ Ⅰ－参議院議員　Ⅱ－都道府県知事

ウ Ⅰ－衆議院議員　Ⅱ－都道府県知事　　エ Ⅰ－衆議院議員　Ⅱ－参議院議員

2 図1は，2015年に行われた衆議院議員小選挙区における，東京1区と宮城5区の議員一人当たりの有権者数を示している。これについて述べた，次の文中の□に当てはまる語はどれか。

東京1区と宮城5区には，議員一人当たりの有権者数に2倍以上の差がある。これは□の選挙課題を示しており，国会においてもこの課題を解決するために法改正を行っている。

ア 投票率の低下　　イ 棄権の増加

ウ 一票の格差　　エ 政治の透明性

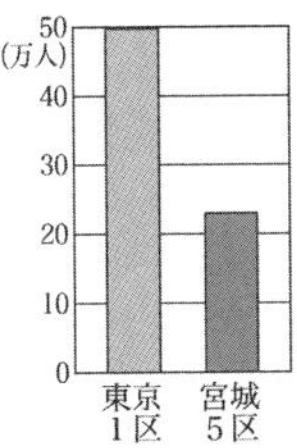

図1

3　衆議院の優越に関する次の文Ⅰ，Ⅱ，Ⅲの正誤の組み合わせとして，正しいのはどれか。

Ⅰ　内閣不信任決議は衆議院のみが行うことができる。
Ⅱ　予算は参議院が先議し，衆議院が議決する。
Ⅲ　内閣総理大臣の指名については，必ず両院協議会で意見を一致させたうえで，衆議院が議決する。

ア　Ⅰ－正　Ⅱ－正　Ⅲ－誤　**イ**　Ⅰ－正　Ⅱ－誤　Ⅲ－正　**ウ**　Ⅰ－正　Ⅱ－誤　Ⅲ－誤
エ　Ⅰ－誤　Ⅱ－正　Ⅲ－正　**オ**　Ⅰ－誤　Ⅱ－正　Ⅲ－誤　**カ**　Ⅰ－誤　Ⅱ－誤　Ⅲ－正

4　最高裁判所について述べたものとして，**誤っている**のはどれか。
ア　三審制で最後の段階の裁判を行う。
イ　国会や内閣が制定する法律や命令などに対する，違憲審査権を持つ。
ウ　高等裁判所から上告された事件を扱う。
エ　最高裁判所長官は国会が指名する。

5　地方自治に関して，(1)，(2)の問いに答えなさい。
(1)　地方自治について述べた，次の文中の□に当てはまる語を書きなさい。

公共施設の建設や市町村合併など，地域の重要な問題については，□によって，住民全体の意見を明らかにする動きがある。

(2)　**図2**は，ある市の年齢別人口を示している。この市で条例の制定を住民が直接請求する場合，最低限必要な署名人数として正しいのはどれか。
ア　20,000人　**イ**　1,200人
ウ　25,000人　**エ**　1,500人

80歳～	7,000人
60歳～79歳	18,000人
40歳～59歳	19,000人
18歳～39歳	16,000人
0歳～17歳	15,000人
全人口	75,000人

図2

6　しゅんきさんのクラスでは，班別に与えられた内容について，疑問点を出し合い，次のテーマを決めた。これを見て，**1**から**5**までの問いに答えなさい。

	内容	テーマ
1班	企業	・ⓐ<u>株式会社</u>はどのような会社で，なぜ最も多い形態なのか
2班	市場経済	・ⓑ<u>商品の価格</u>はどのように決まるのか
3班	景気	・ニュースで見た「ⓒ<u>下落する物価</u>」について
4班	財政	・財政の状況と今後の課題
5班	経済の持続可能性	・現状の地域経済にはどのような課題があるか

1　下線部ⓐについて述べた，次の文中の下線部の内容が正しいものを，**すべて**選びなさい。

株式会社は，株式を発行することで得た資金でつくられた企業である。株式を購入した人を株主といい，株主は，企業が利潤を出したとき，**ア**<u>配当を受け取ることができる</u>。また，株主は**イ**<u>取締役会に出席</u>し，議決に参加することもできる。
株式は，**ウ**<u>証券取引所で売買</u>することができ，売買を通して株価が決まる。一般的に会社の利潤が増える見通しになると，株を購入する人が**エ**<u>増えて</u>，株価が**オ**<u>下がる</u>。

2　下線部ⓑに関して，**図1**は，ある商品における需要量と供給量と価格の関係を示している。ある商品の価格を，**X**に設定するとおきる現象として，正しいのはどれか。
ア　需要量が供給量を上回り，品不足が発生する。
イ　需要量が供給量を上回り，売れ残りが発生する。
ウ　供給量が需要量を上回り，品不足が発生する。
エ　供給量が需要量を上回り，売れ残りが発生する。

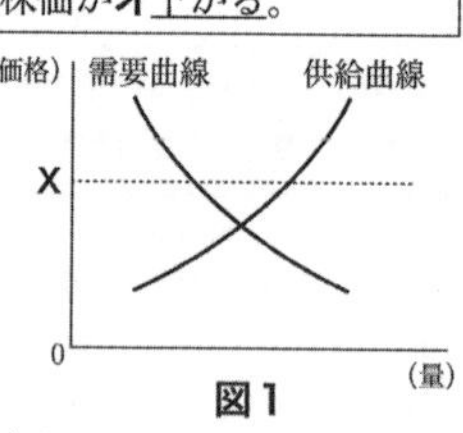

図1

3　下線部ⓒに関して，景気変動において物価が下がる現象を何というか。

4　4班のテーマに関して，(1)，(2)の問いに答えなさい。
(1)　間接税の特色について，正しく述べているのはどれか。
ア　納税者と担税者が同じである。
イ　所得が低い人ほど，所得に占める税金の割合が高くなる。
ウ　所得が高い人ほど，支払う税金の割合が高くなる。
エ　日本では，国の歳入に占める間接税の割合が，直接税より多い。

問題 R3 186 187 188 189 【社会】第189回

(2) **図2**は，日本の税収，歳出，国債発行額の推移を示している。**図2**をふまえて，日本の財政の今後の課題を，「利子や元金」「将来の世代」の語を用いて簡潔に書きなさい。

図2（「財務省資料」により作成）

5 5班のテーマに関して，過疎地域に見られる地域経済について，**誤っている**のはどれか。

ア 人口の減少により，地方財政が衰退している。
イ 地域おこしにより，魅力ある地域づくりに力を入れる地方公共団体もある。
ウ 人口が減少している地域では，一人当たりの労働生産性を減少させることが課題である。
エ 雇用を生み出し，人をよび込むことが課題の一つとされている。

7 のぶかさんと先生の会話文を読み，**1**から**5**までの問いに答えなさい。

のぶか：「先日，新一万円札の肖像画になるⓐ渋沢栄一の出身地のⓑ埼玉県深谷市へ行ってきました。」
先生　：「渋沢栄一といえば，日本最古のⓒ銀行を創立したことで有名な方ですね。」
のぶか：「はい。深谷市に行く前に，渋沢栄一について調べたのですが，実業家としても有名ですし，女子教育やⓓ福祉事業，国際交流にも力を発揮している方でした。」
先生　：「男女平等の実現や国際交流の強化は，今後の持続可能な開発のための目標としても挙げられています。そう考えると，先進的な考え方をしていた方だったのですね。」

1 下線部ⓐに関して，**図1**は，のぶかさんが江戸時代の渋沢栄一についてまとめたメモを示している。メモ中の□に当てはまる語を書きなさい。

○第15代将軍の徳川慶喜に仕えていた
○パリ万国博覧会を視察した
○慶喜が土佐藩のすすめで□を行い，幕府がほろんだため，新政府にフランスからの帰国を命じられた

図1

2 下線部ⓑに関して，**図2**は，埼玉県，神奈川県，愛知県，北海道の鉄道，海上，自動車の貨物輸送量を示している。埼玉県はどれか。

（万t）

	鉄道	海上	自動車
ア	147	10,366	29,161
イ	255	4,154	29,112
ウ	463	7,417	17,968
エ	103	—	24,059

(注) 鉄道は2017年，海上と自動車は2018年の数値。
—は皆無または当てはまる数値のないことを示す。

図2（「県勢」により作成）

3 下線部ⓒに関して，好況時に日本銀行が行う金融政策について，正しく述べているのはどれか。

ア 一般の銀行の貸し出しが増えるように，一般の銀行から国債などを買い取る。
イ 一般の銀行の貸し出しが減るように，一般の銀行に国債などを売る。
ウ 公共投資を増やし，減税を行う。
エ 公共投資を減らし，増税を行う。

4 下線部ⓓに関して，日本の社会保障制度について述べた，次の文中の［Ⅰ］，［Ⅱ］に当てはまる語の組み合わせとして，正しいのはどれか。

社会保障は，社会保険，公的扶助，社会福祉，公衆衛生の四つを基本的な柱としている。このうち，社会保険は［Ⅰ］歳以上の国民全員が加入する介護保険や，一定の年齢になったり，障がいがあったりした場合にお金を給付する［Ⅱ］などがある。

ア Ⅰ－40　Ⅱ－年金保険
イ Ⅰ－40　Ⅱ－医療保険
ウ Ⅰ－20　Ⅱ－年金保険
エ Ⅰ－20　Ⅱ－医療保険

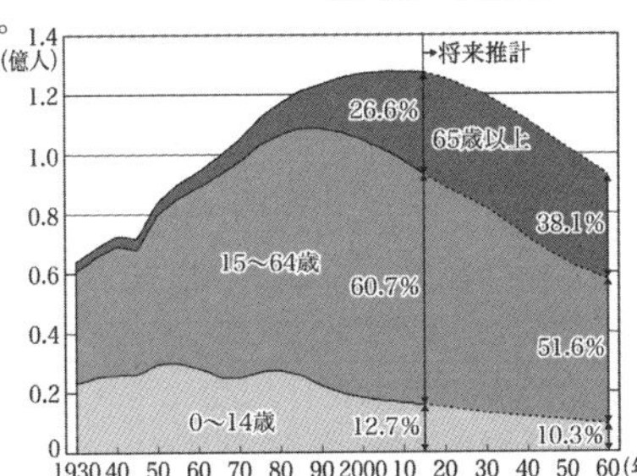

図3（「日本統計年鑑」により作成）

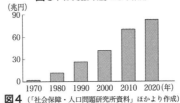

図4（「社会保障・人口問題研究所資料」ほかより作成）

5 **図3**は，日本の年代別人口とその割合の推移を，**図4**は，高齢者関係の社会保障給付費の推移を示している。**図3**と**図4**をふまえて，日本の社会保障の課題を，「給付費」「保険料収入と税収」の語を用いて簡潔に書きなさい。

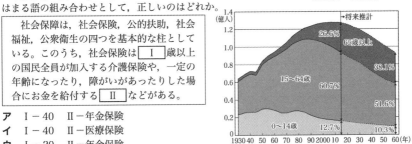

第189回 下野新聞模擬テスト
数　学

1 次の1から14までの問いに答えなさい。

1 $-5+(-1)$ を計算しなさい。

2 $2ab\times3a^2b$ を計算しなさい。

3 $a=1$, $b=-2$のとき，$3a^2-b^2$ の値を求めなさい。

4 x^2+6x+8 を因数分解しなさい。

5 $S=2\pi rh$ をhについて解きなさい。

6 関数 $y=\frac{a}{x}$ について，次の**ア**，**イ**，**ウ**，**エ**のうちから，内容が誤っているものを1つ選んで，記号で答えなさい。

ア xの値が2倍，3倍，…になると，それに対応するyの値は$\frac{1}{2}$倍，$\frac{1}{3}$倍，…になる。
イ グラフはy軸を対称の軸とする。
ウ xの値とyの値の積は一定になる。
エ グラフの曲線を双曲線という。

7 右の図のように，線分ABを直径とする半円Oと線分PQが，$\overset{\frown}{AB}$上の点Cで接している。∠QCB＝63°であるとき，∠xの大きさを求めなさい。

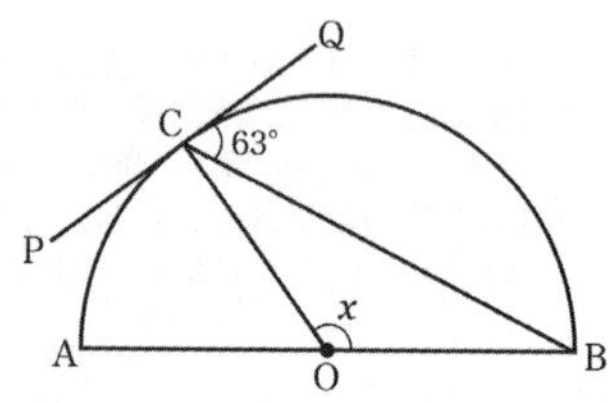

8 関数 $y=2x^2$ について，xの変域が $-1\leqq x\leqq2$ のときのyの変域を求めなさい。

9 右の図のような，底面の半径が3cm，高さが4cmの円柱がある。この円柱の体積を求めなさい。ただし，円周率はπとする。

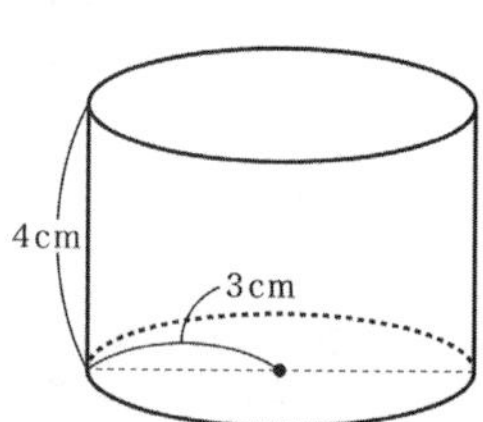

10 $\frac{6}{\sqrt{2}}-\sqrt{2}$ を計算しなさい。

11 2次方程式 $x^2-5x=0$ を解きなさい。

12 aをbで割ると，商がcで余りがdになる。この数量の関係を等式で表しなさい。ただし，等式の左辺はaにすること。

13 右の図のような，AB＝AC＝6cm，BC＝4cmの△ABCがある。この△ABCの面積を求めなさい。

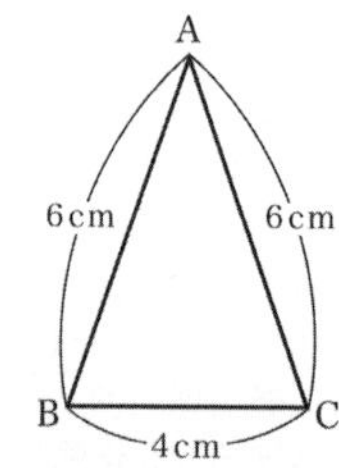

14 次の文の(　　)に当てはまる立体として最も適切なものを，**ア**，**イ**，**ウ**，**エ**のうちから1つ選んで，記号で答えなさい。

> 右の図の立方体ABCD-EFGHにおいて，6つの面の中心(対角線の交点)を6個の頂点とする立体は（　　）である。

ア 正四面体　　**イ** 正六面体
ウ 正八面体　　**エ** 正十二面体

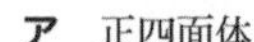

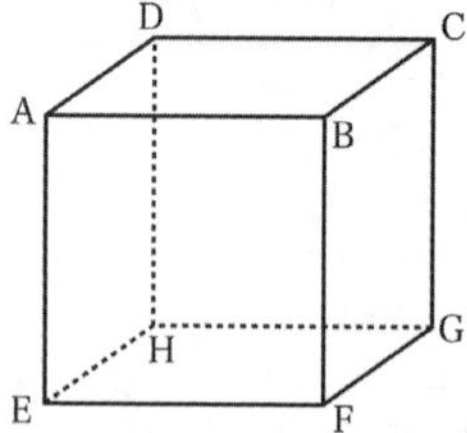

2 次の**1**，**2**，**3**の問いに答えなさい。

1 右の図のような平行四辺形ABCDの辺AD，BC上にそれぞれ点P，Qをとって，点P，Qを頂点とするひし形PBQDを作図によって求めなさい。ただし，作図には定規とコンパスを使い，また，作図に用いた線は消さないこと。

2 1枚の硬貨を投げ，表向きになったら白の碁石(ごいし)を，裏向きになったら黒の碁石を並べていくものとする。例えば，硬貨を続けて3回投げ，1回目と2回目が裏向きに，3回目に表向きになったときには，碁石は右の図のように並ぶ。

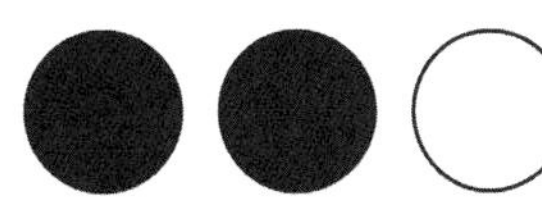

硬貨を続けて4回投げた結果において，表向きと裏向きが2回ずつあり，黒の碁石が2個連続して並ぶ確率を求めなさい。ただし，硬貨は表と裏のどちら向きになることも同様に確からしいものとする。また，硬貨が側面を下にして立つことはないものとする。

3 右の図のように，関数$y=\frac{1}{3}x^2$のグラフがあり，このグラフ上の2点A，Bを通る直線がある。点Cは直線ABとy軸との交点で，点Mは線分ABの中点である。

次の文は，点A，Bのx座標がそれぞれ-3，6であるときに，原点Oと2点A，Mを結んでできる△OAMの面積を求める手順について述べたものである。文中の①，②に当てはまる式や数をそれぞれ求めなさい。

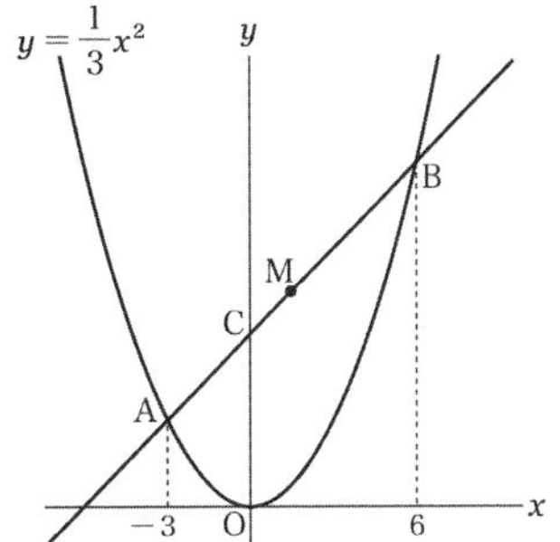

まず，$y=\frac{1}{3}x^2$に$x=-3$，6をそれぞれ代入することで，2点A，Bの座標を求める。次に，2点A，Bの座標から，直線ABの式が$y=$（ ① ）であることが求められる。また，点Mは線分ABの中点であることから，その座標が求められる。最後に，△OAMを線分OCを共通の底辺とする△OACと△OMCに分割することで，△OAMの面積は（ ② ）であることが求められる。

3 次の**1**，**2**の問いに答えなさい。

1 右の図のように，正方形ABCDの辺AB，BC上にそれぞれ点E，Fをとり，正方形ABCDの内部に1辺の長さが9cmの正方形EBFGをつくった。次に，頂点AとC，頂点CとEをそれぞれ結んで△AECをつくったところ，△AECの面積が18cm^{2}になった。線分AEの長さを$x$cmとして2次方程式をつくり，線分AEの長さを求めなさい。ただし，途中の計算も書くこと。

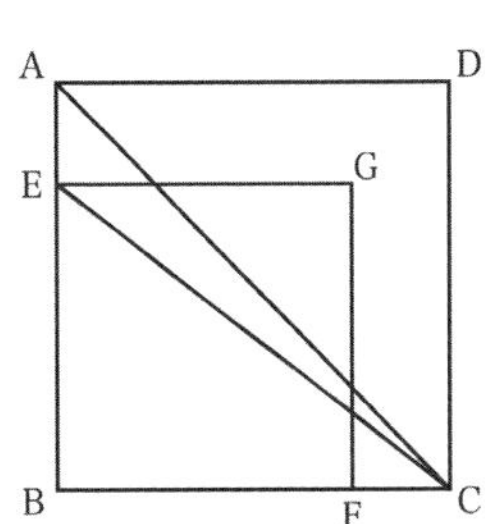

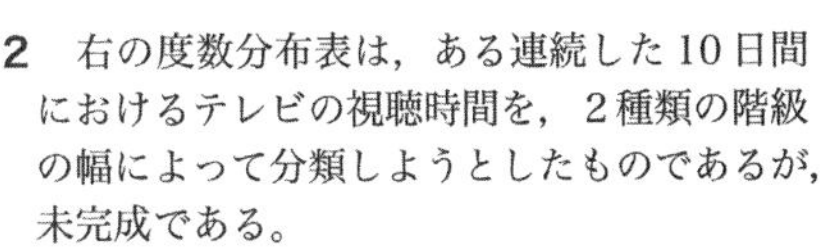

2 右の度数分布表は，ある連続した10日間におけるテレビの視聴時間を，2種類の階級の幅によって分類しようとしたものであるが，未完成である。

このとき，次の(1)，(2)，(3)の問いに答えなさい。

(1) 視聴時間が90分以上120分未満の階級までの累積相対度数を求めなさい。

階級〔分〕			度数〔日〕	
以上		未満	分類A	分類B
0	～	30		
30	～	60		
60	～	90	3	4
90	～	120	1	
120	～	150	0	1
150	～	180	1	
計			10	10

(2) 次の文の①，②に当てはまる数をそれぞれ求めなさい。

> 分類Bについて，階級の幅は（　①　）分になっている。また，分類Bにおける最頻値(モード)は（　②　）分である。

(3) 分類Bから求められる視聴時間の平均値を求めなさい。

4 次の**1**，**2**の問いに答えなさい。

1 右の図のような△ABCがあり，辺AB上に点Dを，辺AC上に点Eを，∠BDC＝∠BECとなるようにとり，頂点Bと点E，頂点Cと点Dをそれぞれ結んだ。

このとき，△ABE∽△ACDであることを証明しなさい。

2 図1のような，∠ADC＝∠BCD＝90°，AD＝5cm，BC＝8cm，CD＝6cmの台形ABCDを底面とし，側面が正方形と長方形である四角柱ABCD-EFGHがあり，CG＝8cmである。

このとき，次の(1)，(2)の問いに答えなさい。

(1) 図1の四角柱の辺BC上に，DP＋PFの長さが最も短くなるような点Pをとる。次の文の①，②に当てはまる数をそれぞれ求めなさい。

> 点Pは，BP＝（　①　）cmとなる位置にとればよい。また，このとき，DP＋PFの長さは（　②　）cmになる。

(2) 図2のように，3点A，C，Fを通る平面で四角柱ABCD-EFGHを切断して2つの立体に分け，辺BFを含む立体の体積をVcm³，辺DHを含む立体の体積をWcm³とする。このとき，2つの立体の体積の比$V:W$を最も簡単な整数の比で表しなさい。

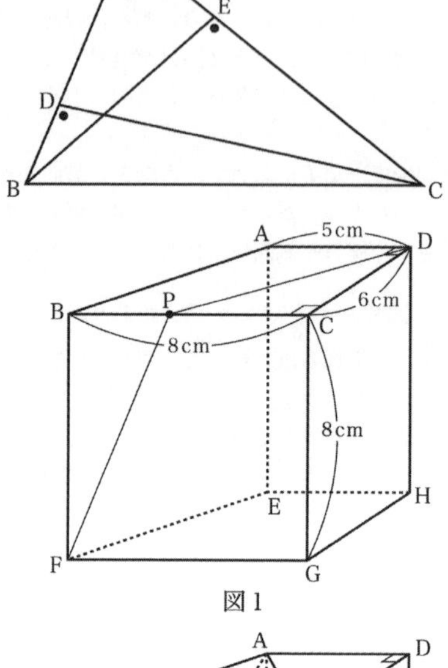

図1

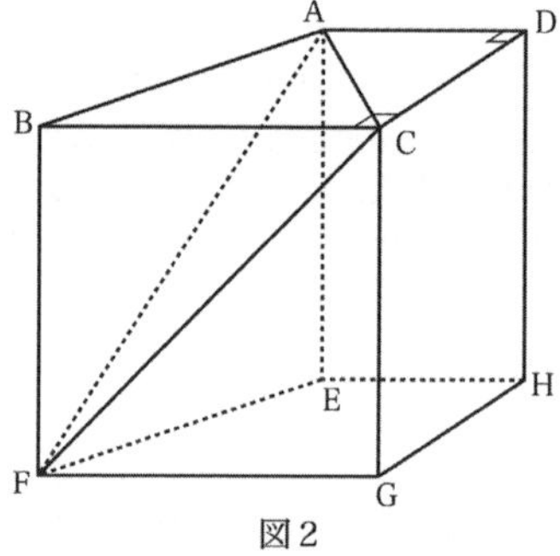

図2

5 図1のような，底面に毎分2Lの割合で排水する排水口Aと，毎分4Lの割合で排水する排水口Bがついている水槽(そう)がある。

この水槽を満水にしてから，最初の8分間は排水口Aのみから排水し，次の5分間は排水口A，Bの両方から排水し，その後は排水口Bのみから排水したところ，排水を始めてから19分後に水槽は空(から)になった。

図2は，排水を始めてからの時間をx分，水槽内に残っている水の量をyLとして，xとyの関係を表したグラフである。

このとき，次の**1**，**2**，**3**の問いに答えなさい。

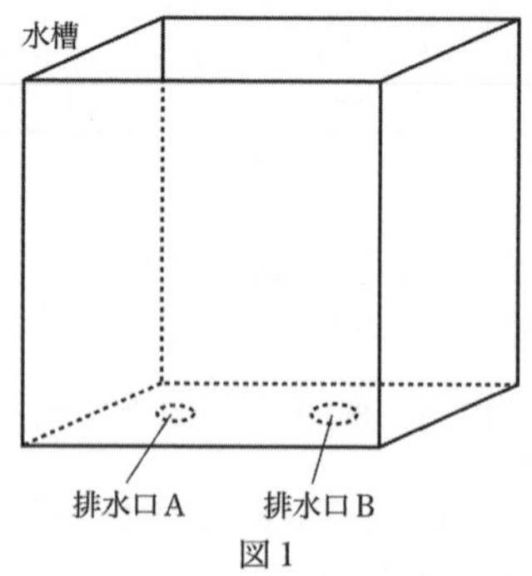

図1

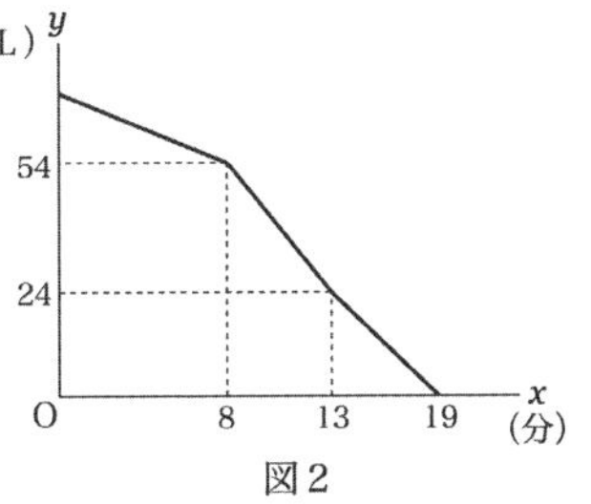

図2

1 排水をする前に水槽に入っていた，満水の状態の水の量は何Lか。

2 排水を始めてから，8分後から13分後までのxとyの関係を式で表しなさい。

3 満水の状態から，最初の9分間は排水口Bのみから排水し，次の数分間は排水口A，Bの両方から排水し，その後は排水口Aのみから排水したところ，排水を始めてから17分30秒後に水槽は空になった。排水口A，Bの両方から排水したのは何分何秒間であったか。ただし，途中の計算も書くこと。

6 図1のような，正方形の黒いタイルと長方形の白いタイルがあり，白いタイルを2枚並べると，黒いタイルと同じ大きさの正方形ができる。これらのタイルを，図2の1番目の図形，2番目の図形，3番目の図形，4番目の図形のように並べ，この後も同様の並べ方を繰り返し，5番目の図形，6番目の図形，…と順につくっていくものとする。

図1

1番目　2番目　3番目　4番目　…

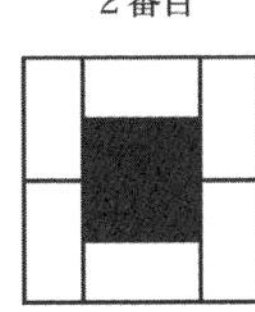

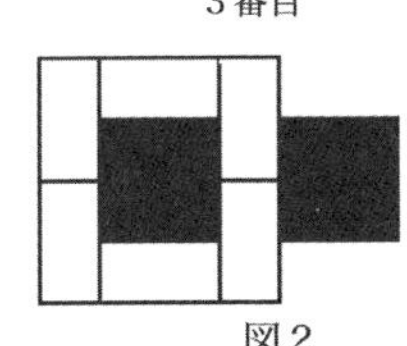

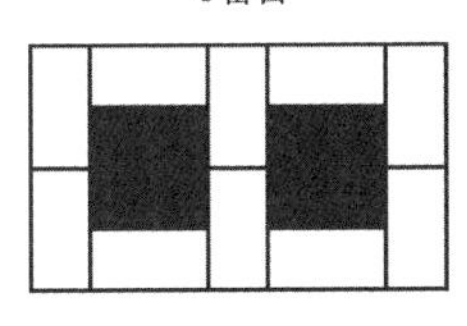

…

図2

また，1番目の図形，2番目の図形，3番目の図形，4番目の図形をつくるのに使用した黒いタイルと白いタイルの枚数を，下の表のように整理した。

	1番目	2番目	3番目	4番目
黒いタイルの枚数〔枚〕	1	1	2	2
白いタイルの枚数〔枚〕	0	6	6	10

このとき，次の**1**，**2**，**3**の問いに答えなさい。

1 次の文は，5番目の図形と6番目の図形について述べたものである。文中の①，②に当てはまる数をそれぞれ求めなさい。

> 5番目の図形をつくるのに使用する黒いタイルの枚数は（ ① ）枚である。また，6番目の図形をつくるのに使用する白いタイルの枚数は（ ② ）枚である。

2 nを自然数とする。$2n$番目の図形をつくるのに使用するすべてのタイルの枚数を，nを用いた最も簡単な式で表しなさい。

3 使用するすべてのタイルの枚数が353枚になるのは何番目の図形か。

第189回 下野新聞模擬テスト

理　科

問題
R3
186
187
188
189
【理科】第189回

1 次の**1**から**8**までの問いに答えなさい。

1 次の科学者のうち，遺伝に関するさまざまな規則性を19世紀に発見した人物はどれか。

ア ドルトン　　**イ** メンデル　　**ウ** パスカル　　**エ** ダーウィン

2 次のうち，炭酸水素ナトリウムを熱分解することによって得られる固体の物質はどれか。

ア 塩化ナトリウム　　**イ** 硫酸ナトリウム
ウ 水酸化ナトリウム　　**エ** 炭酸ナトリウム

3 右の図は，スクリーンにはっきりした像ができるときの，物体，凸レンズ，スクリーンを真横から見た位置関係を，模式的に表したものである。この凸レンズの焦点距離は，次のうちどれか。ただし，方眼の1目盛りを5cmとする。

ア 5cm　　**イ** 10cm
ウ 15cm　　**エ** 20cm

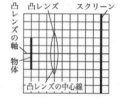

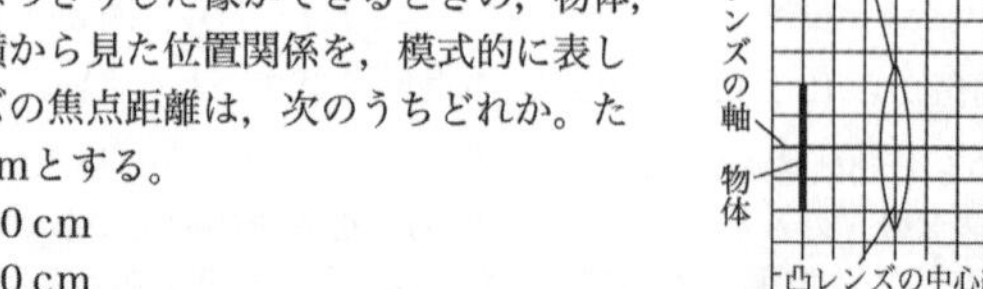

4 次のうち，火山の噴火によって噴出した火山灰などが堆積して固まってできた岩石はどれか。

ア 石灰岩　　**イ** 泥岩　　**ウ** 凝灰岩　　**エ** チャート

5 右の図は，植物の葉に見られる気孔を表している。気孔をとり囲んでいる，一対の三日月形の細胞を何細胞というか。

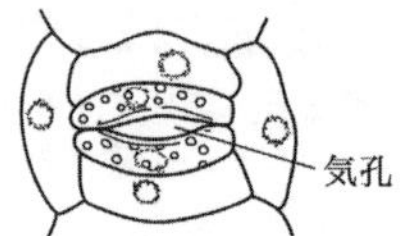

6 右の図のように，化学式でMnO_2と表記される黒色の物質Xにオキシドール(うすい過酸化水素水)を加えることで，酸素を発生させた。物質Xは何という物質か。

7 右の図は，抵抗値が30Ωの電熱線の両端に接続している電圧計のようすを表したものである。このとき，電熱線を何Aの電流が流れているか。

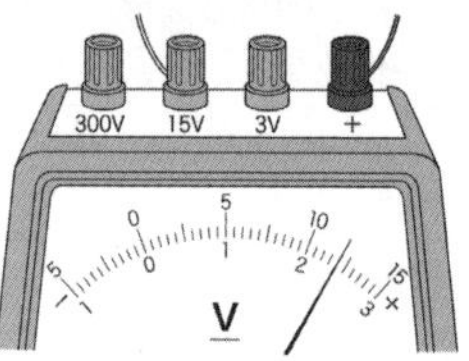

8 右の図は，ある前線を表す記号である。この前線ができるもととなった2種類の前線のうち，一般に進む速さが速い方の前線を何前線というか。

2 右の図は，6種類のセキツイ動物における，前あしやそれに相当する部分の骨格のようすを表したものである。

このことについて，次の**1**，**2**，**3**の問いに答えなさい。

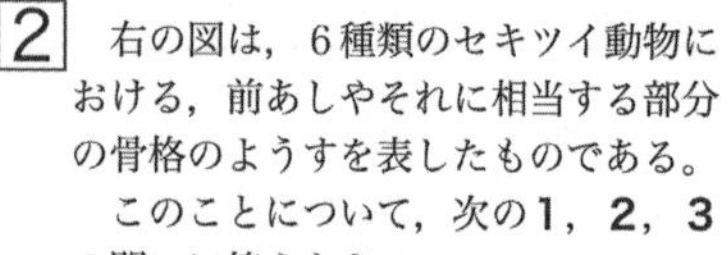

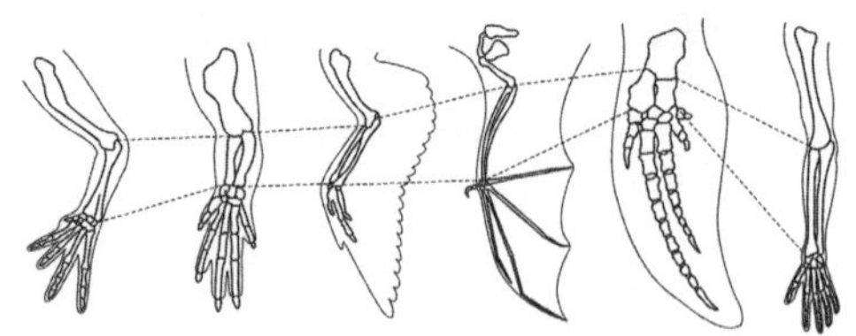

1 図の6種類の動物のうちの数種類は変温動物である。変温動物とはどのような動物のことをいうか。「外界」，「体温」という語を用いて簡潔に書きなさい。

2 次の□内の文章は，図のような器官と，現在見られるセキツイ動物について述べたものである。①，②に当てはまる語をそれぞれ書きなさい。

> 図のように，現在の形やはたらきは異なっていても，基本的なつくりには共通点があり，もとは同じものから変化したと考えられる器官を（　①　）器官という。また，生物の体の特徴が，長い年月をかけて代を重ねる間に変化することを（　②　）といい，現在見られるセキツイ動物は，基本的な体のつくりが同じである過去のセキツイ動物が，長い年月の間に（　②　）することで出現したと考えられている。

3　図の6種類の動物が属するなかまの中で，地球上に出現した年代が最も古いと考えられているなかまは，次のうちどれか。

ア　ホニュウ類　　**イ**　両生類　　**ウ**　ハチュウ類　　**エ**　鳥類

3　60℃の水100gに固体の物質Xを50g加えてかき混ぜたところ，物質Xはすべて水に溶けた。次に，この水溶液の温度を20℃まで下げたところ，水溶液の中に物質Xの結晶が出てきたので，ろ過を行ってその結晶をとり出した。右の図は，水の温度と物質Xが100gの水に溶ける質量(限度の質量)との関係を表したグラフである。

このことについて，次の**1**，**2**，**3**の問いに答えなさい。ただし，固体の物質Xに水分は含まれていないものとする。

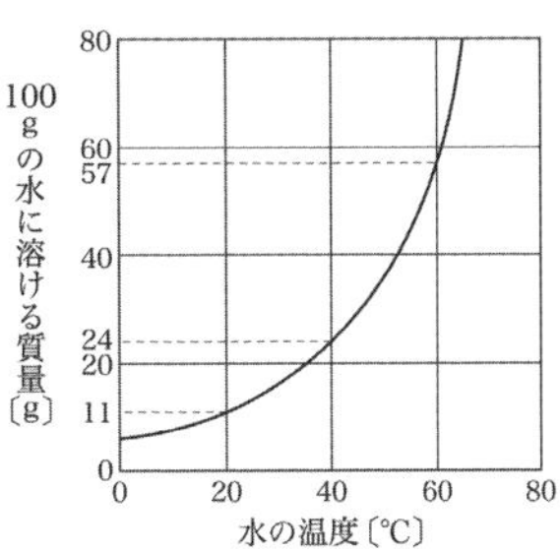

1　60℃の水100gに物質Xを50g加えてつくった水溶液の質量パーセント濃度は何%か。小数第2位を四捨五入して，小数第1位までの数で書きなさい。

2　水溶液の温度を20℃まで下げたとき，出てきた物質Xの結晶は何gであったか。

3　次の□内の文は，60℃の水100gに物質Xを50g加えてつくった水溶液を，沈殿物のない飽和水溶液にする方法について述べたものである。①，②に当てはまる数値をそれぞれ(　　)の中から選んで書きなさい。

> 水溶液の温度を約 ①(41・58)℃まで下げるという方法や，水溶液の温度を60℃に保ったまま水だけを約 ②(12・17) g蒸発させるという方法などが考えられる。

4　コイルの内部の磁界が変化することによって得られる電流について調べるために，次の実験(1)，(2)を順に行った。

> (1)　右の図のように，コイルに検流計をつないだ装置を組み立てた後，上方からコイルの上端にN極を下向きにした棒磁石をすばやく近づけたところ，検流計の針が右側に振れた。
>
> (2)　コイルに対する棒磁石の極や動きなどをいろいろと変え，そのつど検流計の針の振れ方を調べた。

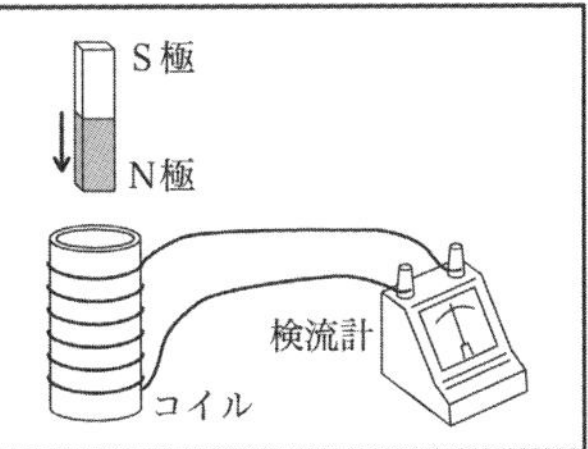

このことについて，次の**1**，**2**，**3**の問いに答えなさい。

1　実験(1)では，コイルに電圧が生じて電流が流れるという現象が起こった。このような現象を何というか。

2　実験(2)で，「S極を下向きにした棒磁石を，空中に保持したコイルの上端側から落下させてコイルの中を通過させる」という操作を行った。この操作における，検流計の針の振れ方を正しく述べているものは，次のうちどれか。

ア　右側に2回振れた。　　**イ**　左側に2回振れた。
ウ　右側に振れた後，左側に振れた。　　**エ**　左側に振れた後，右側に振れた。

3　コイルの中の中央付近に，実験で用いた棒磁石よりも磁力の強い棒磁石のN極を静止させた場合，検流計の針はどのようになると考えられるか。その理由も含めて，「磁界」という語を用いて簡潔に書きなさい。

下野模擬問題(第189回)◆理科

5 晴れた日の昼間には，右の図のように，海に面した地域では海風とよばれる風がふくことが多くなる。

このことについて，次の**1**，**2**，**3**の問いに答えなさい。

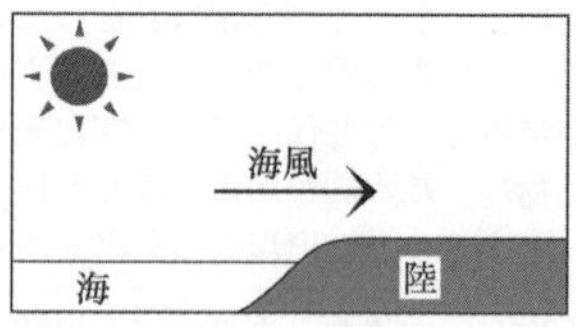

1 次の□内の文章は，海風がふく原因について述べたものである。①，②に当てはまる語をそれぞれ(　　)の中から選んで書きなさい。

> 晴れた日の昼間は，陸上の空気の方が海上の空気よりも ①(高温・低温) になり，陸上の方が気圧が ②(高く・低く) なる。このことによって空気の流れが発生し，海上から陸上に向かって海風がふく。

2 海に面した地域を，東アジアに位置する日本の周辺という広い範囲に置き換えると，海風，および海に面した地域で夜間に陸上から海上に向かってふく陸風は，まとめて何とよばれる風に相当するか。

3 **2**で答えた風のうち，海風と陸風に相当する風の風向は，それぞれ次のうちどれか。

ア 北西　　**イ** 南西　　**ウ** 北東　　**エ** 南東

6 陸上に生育する身近な5種類の植物について調べるために，次の分類(1)，(2)，(3)，(4)を順に行った。

> (1) 5種類の植物を，「種子をつくる」ものと「種子をつくらない」ものとに分けた。
> (2) 「種子をつくる」ものについては，「胚珠が子房の中にある」ものと「胚珠がむき出しである」ものとに，「種子をつくらない」ものについては，「維管束がある」ものと「維管束がない」ものとに分けた。
> (3) 「胚珠が子房の中にある」ものについて，「子葉が2枚」のものと「子葉が1枚」のものとに分けた。
> (4) (1)，(2)，(3)の分類のようすを，図1のようにまとめた。

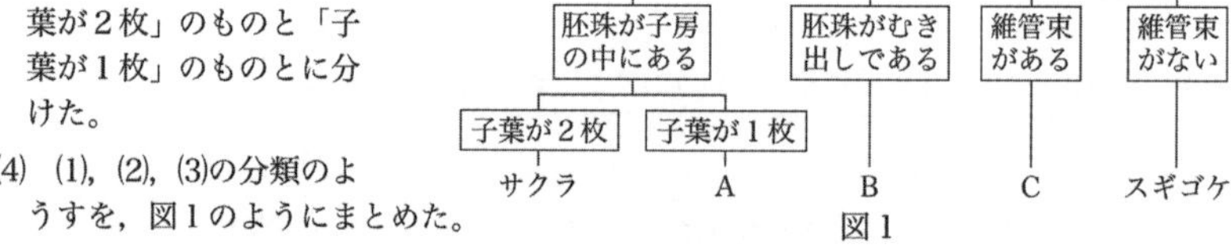

図1

このことについて，次の**1**，**2**，**3**，**4**の問いに答えなさい。

1 次の□内の文は，「胚珠が子房の中にある」植物について述べたものである。①，②に当てはまる語をそれぞれ書きなさい。

> 「胚珠が子房の中にある」植物のなかまを（　①　）植物といい，この植物のうち，「子葉が1枚」のなかまを（　②　）類という。

2 「子葉が2枚」のなかまは，花弁のようすから，さらに2種類のなかまに分類することができるが，サクラの場合，花弁はどのようになっているか。簡潔に書きなさい。

3 図2は，スギゴケの2種類の株のうちの一方をスケッチしたものである。Xで示した部分でつくられるものは何か。また，Yで示した部分を何というか。

X
Y
図2

4 図1で，A，B，Cに当てはまる植物を正しく組み合わせているものはどれか。次の**ア**から**ク**のうちから一つ選び，記号で書きなさい。

ア A：アブラナ　B：トウモロコシ　C：ソテツ
イ A：アブラナ　B：トウモロコシ　C：ゼンマイ
ウ A：アブラナ　B：イチョウ　C：ソテツ
エ A：アブラナ　B：イチョウ　C：ゼンマイ
オ A：ツユクサ　B：トウモロコシ　C：ソテツ
カ A：ツユクサ　B：トウモロコシ　C：ゼンマイ
キ A：ツユクサ　B：イチョウ　C：ソテツ
ク A：ツユクサ　B：イチョウ　C：ゼンマイ

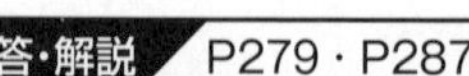
解答・解説 P279・P287

7 化学変化を利用して電流をとり出す装置の一種である，ダニエル電池とよばれる電池について調べるために，次の実験(1)，(2)，(3)，(4)を順に行った。

(1) 硫酸亜鉛水溶液を入れたビーカーに亜鉛板をひたした。

(2) 図1のように，硫酸銅水溶液にひたした銅板が入っているセロハンチューブ(下の端を結んで閉じている)を，(1)のビーカーに入れた。

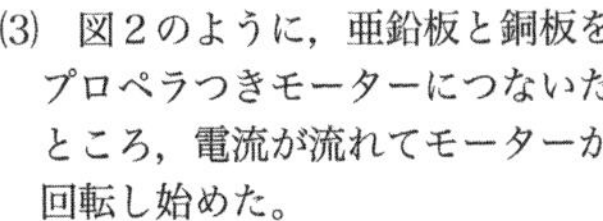

図1

(3) 図2のように，亜鉛板と銅板をプロペラつきモーターにつないだところ，電流が流れてモーターが回転し始めた。

(4) しばらくプロペラつきモーターを回転させてから，亜鉛板と銅板の表面のようすをそれぞれ観察した。

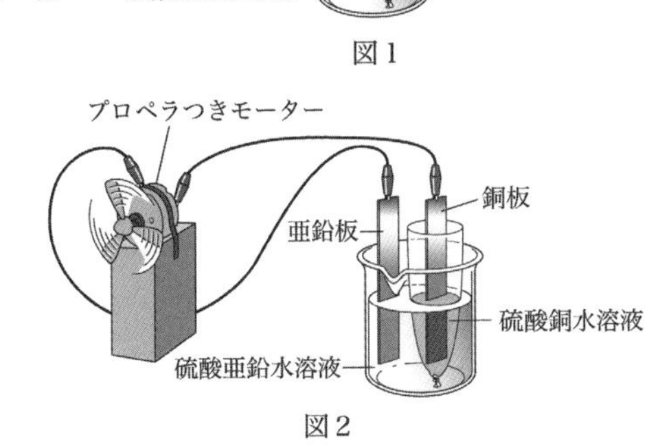

図2

このことについて，次の**1**，**2**，**3**，**4**の問いに答えなさい。

1 実験(1)でビーカーに入れた硫酸亜鉛水溶液，および実験(2)でセロハンチューブに入れた硫酸銅水溶液の中には，ある共通するイオンが生じている。そのイオンを表す化学式を書きなさい。

2 実験(3)，(4)で，プロペラつきモーターが回転していたときに，亜鉛板の表面で起こっていた変化を表している化学反応式は，次のうちどれか。なお，e^-は1個の電子を表している。

ア $Zn + e^- \rightarrow Zn^+$
イ $Zn + 2e^- \rightarrow Zn^{2+}$
ウ $Zn \rightarrow Zn^+ + e^-$
エ $Zn \rightarrow Zn^{2+} + 2e^-$

3 実験(4)で見られた，亜鉛板と銅板の表面のようすを正しく組み合わせているものは，次のうちどれか。

ア 亜鉛板：黒っぽくボロボロになっていた。　銅板：黒っぽくボロボロになっていた。
イ 亜鉛板：黒っぽくボロボロになっていた。　銅板：赤色の物質が付着していた。
ウ 亜鉛板：赤色の物質が付着していた。　銅板：黒っぽくボロボロになっていた。
エ 亜鉛板：赤色の物質が付着していた。　銅板：赤色の物質が付着していた。

4 ダニエル電池で＋極となるのは亜鉛板，銅板のどちらか。また，アルカリ乾電池やマンガン乾電池，リチウム電池のような，充電ができない使いきりタイプの電池を何電池というか。

8 物体の運動，および物体がもつエネルギーについて調べるために，次の実験(1)，(2)，(3)を順に行った。

(1) レールと木片を用いて，図1のような，二つの斜面と一つの水平面からなるコースを組み立てた。なお，斜面ACの傾きは，斜面DEの傾きよりも大きくなっている。

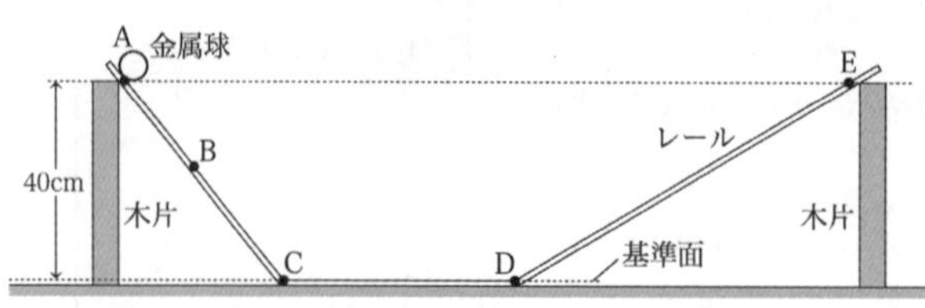

図1

(2) 基準面からの高さが40 cmのA点に金属球を静止させた後，斜面ACに沿って金属球を静かに転がしたところ，金属球はB点，C点，D点を通過した後，斜面DE上のE点(A点と同じ高さ)まで移動した。

(3) (2)で，金属球がA点からD点まで移動する間における，金属球の位置と金属球がもつ位置エネルギーの変化のようすを，図2のようなグラフに表した。

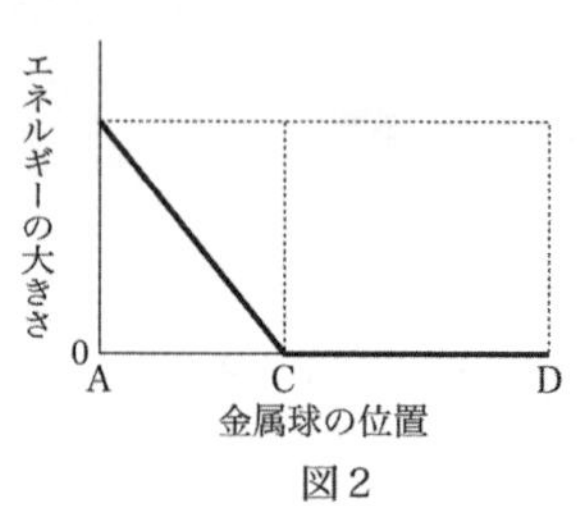

図2

このことについて，次の**1**，**2**，**3**，**4**の問いに答えなさい。ただし，空気の抵抗や摩擦については考えないものとする。また，物体の質量が等しい場合，位置エネルギーの大きさは基準面からの高さに比例するものとする。

1 一般に，位置エネルギーや運動エネルギーの大きさを表す単位として使用されているものは，次のうちどれか。

ア V　　**イ** J　　**ウ** W　　**エ** Hz

2 金属球がもつ位置エネルギーと運動エネルギーの和を何というか。

3 図3は，図2の位置エネルギーの変化を表すグラフを消去したものである。実験(2)で，金属球がA点からD点まで移動する間における，**2**で答えたエネルギーの大きさを表すグラフを，解答用紙に実線でかき入れなさい。

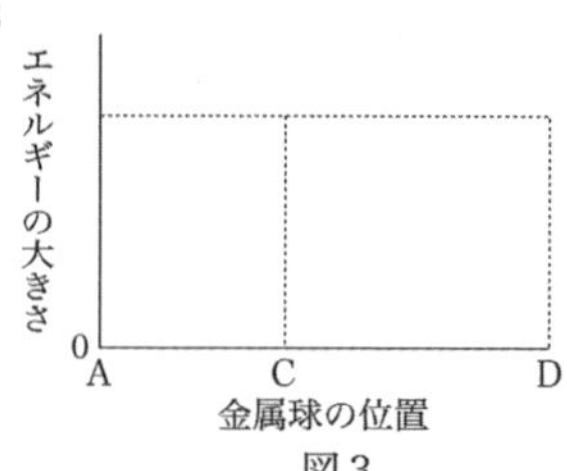

図3

4 実験(2)で，図1のB点を通過した瞬間に金属球がもっていた位置エネルギーの大きさをx，運動エネルギーの大きさをyとすると，$x：y=3：2$であった。このことから，B点の基準面からの高さは何cmであることがわかるか。

9 日本のある地点で，星座の見え方について調べるために，次の観測(1)，(2)と調査(3)を順に行った。

> (1) ある日の午前0時に南の空を見たところ，図1のように，ほぼ真南の方角の空におとめ座が見られた。
> (2) 午前0時以降も観測を続けたところ，図1のおとめ座は，時間の経過とともにある向きへと移動していった。
> (3) おとめ座と太陽，および地球との位置関係を調べ，太陽のまわりを公転している地球のようすとともに，図2のように模式的に表した。なお，図2は地球の北極側から見たものである。

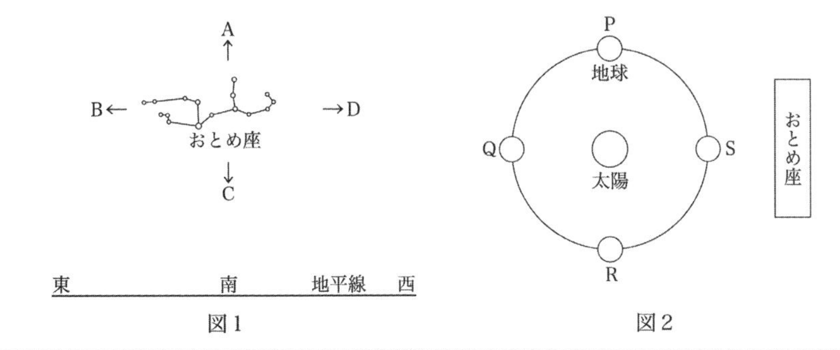

図1　　図2

このことについて，次の**1**，**2**，**3**，**4**の問いに答えなさい。

1 おとめ座などのいろいろな星座を形づくる星のように，自ら光を放っている天体を何というか。**漢字2字**で書きなさい。

2 観測(2)において，午前0時以降，おとめ座はどの向きへと移動していったか。図1のA，B，C，Dのうちから一つ選び，記号で書きなさい。

3 次の□内の文章は，観測(2)において，おとめ座が**2**で答えた向きへと移動していった理由について述べたものである。①，②に当てはまる数値や語をそれぞれ書きなさい。

> 地球は，自転という回転運動を行っている。そのため，時間の経過とともに天体は，1時間に約（　①　）度の割合で天球上を動いていくように見える。このような天体の見かけの動きを，その天体の（　②　）運動という。

4 観測を行った日，地球は太陽やおとめ座に対してどのような位置にあったか。図2のP，Q，R，Sのうちから，最も適当なものを一つ選び，記号で書きなさい。また，観測を行った日からちょうど半年後には，おとめ座を見ることは一晩中ほぼできなくなる。この理由を，「地球」，「太陽」，「おとめ座」という語を用いて簡潔に書きなさい。

第189回 下野新聞模擬テスト
英　語

制限時間 50分

1 これは聞き方の問題である。指示に従って答えなさい。

1〔英語の対話とその内容についての質問を聞いて，答えとして最も適切なものを選ぶ問題〕

(1) ア　イ　ウ　エ
(2) ア　イ　ウ　エ
(3) ア　イ　ウ　エ

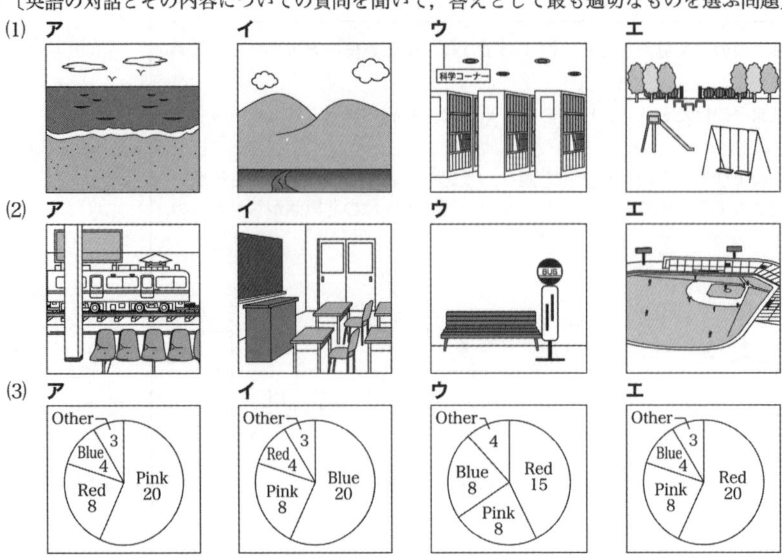

2〔英語の対話とその内容についての質問を聞いて，答えとして最も適切なものを選ぶ問題〕

(1) ① **ア** They were interesting.　**イ** They were difficult.
　　ウ They were boring.　**エ** They were easy.

② **ア** To talk with his friends in Japanese and write letters in Japanese.
　イ To read Japanese comics and watch some Japanese movies.
　ウ To watch some Japanese movies and write letters in Japanese.
　エ To read Japanese comics and talk with his friends in Japanese.

(2)

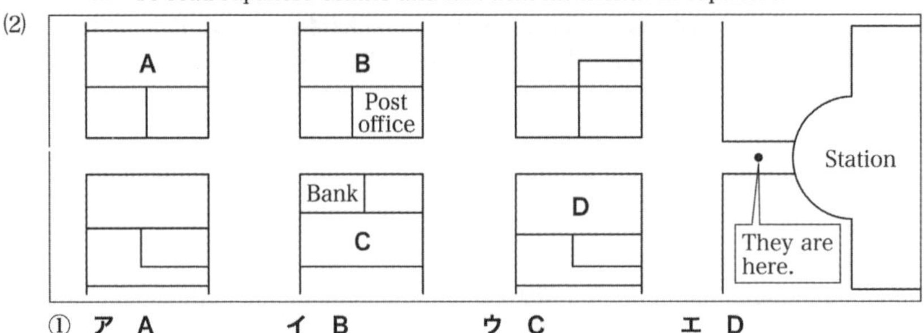

① **ア** A　**イ** B　**ウ** C　**エ** D

② **ア** Because she wants to work at the hospital as a nurse.
　イ Because she wants to go out with her son after meeting in front of the hospital.
　ウ Because she wants to see her son who works at the hospital as a doctor.
　エ Because she wants to see her sick son who is in the hospital.

3〔英会話クラブの部員会議でのブラウン先生の連絡を聞いて，英語のメモを完成させる問題〕

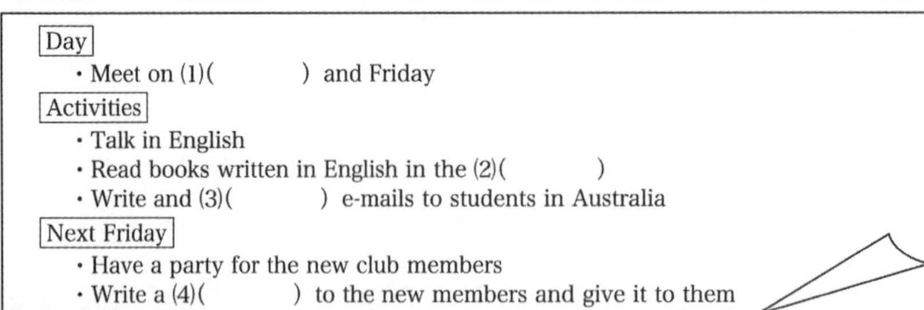

Day
・Meet on (1)(　　　　) and Friday

Activities
・Talk in English
・Read books written in English in the (2)(　　　　)
・Write and (3)(　　　　) e-mails to students in Australia

Next Friday
・Have a party for the new club members
・Write a (4)(　　　　) to the new members and give it to them

解答・解説 P278・P282

2 次の**1**，**2**の問いに答えなさい。

1 次の英文中の (1) から (6) に入る語句として，下の(1)から(6)の**ア**，**イ**，**ウ**，**エ**のうち，それぞれ最も適切なものはどれか。

Dear Emily,

How are you? I'm writing this e-mail in the [(1)]. I broke my left leg last Friday, and my father took me here. At first, it *hurt so much that I couldn't [(2)] up.

My parents come to see me every day. Ryota, my brother, brought me some popular books yesterday. My mother brings me some of my favorite food. Everyone is so nice to me, but am I really happy or not? I don't know. Life in the hospital is not very [(3)] because I have to keep quiet in bed all day. And I have to go to sleep earlier than usual, but my leg still hurts. It is very [(4)] to go to sleep at night. I wish I [(5)] strong legs.

In just four days, I can go home. I will still have a *cast on my left leg, but my [(6)] will take it off in about a month. I'm looking forward to seeing you at school again.

〔注〕*hurt（過去形：hurt）＝痛む　*cast＝ギプス

(1) **ア** house　**イ** school　**ウ** hospital　**エ** park
(2) **ア** make　**イ** wake　**ウ** stay　**エ** stand
(3) **ア** interesting　**イ** safe　**ウ** important　**エ** dangerous
(4) **ア** easy　**イ** exciting　**ウ** interested　**エ** difficult
(5) **ア** has　**イ** have　**ウ** had　**エ** will have
(6) **ア** friends　**イ** doctor　**ウ** parents　**エ** teacher

2 次の(1)，(2)，(3)の（　　）内の語を意味が通るように並べかえて，(1)と(2)は**ア**，**イ**，**ウ**，**エ**，(3)は**ア**，**イ**，**ウ**，**エ**，**オ**の記号を用いて答えなさい。ただし，文頭にくる語も小文字で示してある。

(1) Do you (**ア** when　**イ** met　**ウ** we　**エ** remember) for the first time?
(2) They (**ア** tennis　**イ** been　**ウ** have　**エ** playing) for about an hour.
(3) (**ア** him　**イ** how　**ウ** asking　**エ** to　**オ** about) carry these boxes?

3 次の英文は，中学生の友香（Yuka）とオーストラリアからの留学生ボブ（Bob）との対話の一部である。また，右の図はそのとき二人が見ていたポスター（poster）の一部である。これらに関して，**1**から**6**までの問いに答えなさい。

Bob：What is this poster, Yuka?
Yuka：It's about the language study abroad programs during the summer vacation.
Bob：Oh, that will be a good chance to learn English. Are you interested in the programs?
Yuka：Yes, I want to join one of them.
Bob：Can you tell me about the programs?
Yuka：Sure. Each program has some good points. In Program A, I can study English at a language school five days a week, but I can stay only for ten days.
Bob：I think that's too [A].
Yuka：I think so, too. Program B is about a month long, but it's for high school students, not for junior high school students.
Bob：Then, do you want to join Program C?
Yuka：Yes. I can study English at a language school in Sydney and ＿＿＿(1)＿＿＿ weeks.
Bob：Oh, that's good. How many students can join it?
Yuka：Twenty-five students can. I really want to join it. I've wanted to go to Australia since I was a child.
Bob：I'm glad to hear that. I think there are many things you don't know about my country. For example, "How many people live in Australia?" or "What foods do they often eat?"
Yuka：Well..., you're right.
Bob：I think it's important for you to learn about Australia before going there.

Yuka : OK. I'll try to do (2)<u>so</u>.

Bob : [B] can *apply for it?

Yuka : Students who are interested in studying at a language school and homestay can. Also, ＿＿(3)＿＿ the *orientation meeting.

Bob : I see. Well..., what's this graph?

Yuka : It shows the answers to the question, "What countries do you want to visit?" All the students in our school answered. Australia is the ＿＿(4)＿＿.

Bob : Oh, that's good. About sixty girls answered so. I have a Japanese friend who lives in Tsutsuji City, and we often *exchange e-mails. I'll ask him in an e-mail, "(5)<u>What countries do you want to visit?</u>"

Yuka : Oh, that's a good idea.

〔注〕*apply for ～＝～に申し込む　*orientation meeting＝事前説明会
*exchange＝交換する

20XX年5月25日

みどり中学校　英語だより　第76号

みどり市語学留学プログラムのお知らせ

プログラム	プログラムA	プログラムB	プログラムC
滞在国(都市)	イギリス(ロンドン)	アメリカ(ニューヨーク)	オーストラリア(シドニー)
期間(日数)	8月1日～8月10日(10日間)	7月28日～8月26日(30日間)	7月31日～8月20日(21日間)
語学学校	週5日	週3日(月・水・金)	週2日(火・金)
募集人数	10人	40人	25人
対象学年	中学3年生	高校生	中学3年生～高校生
参加資格	語学学校での勉強とホームステイに興味がある生徒		
備考	語学学校がない日は，自由時間，またはホストファミリーと過ごすことになります。		

事前説明会

日付：6月20日
時刻：午後4時20分
場所：みどり中学校体育館

<u><注意>すべての参加希望者は，事前説明会に参加する必要があります。</u>

英語コラム　～全校生徒を対象に行ったアンケートの結果発表～

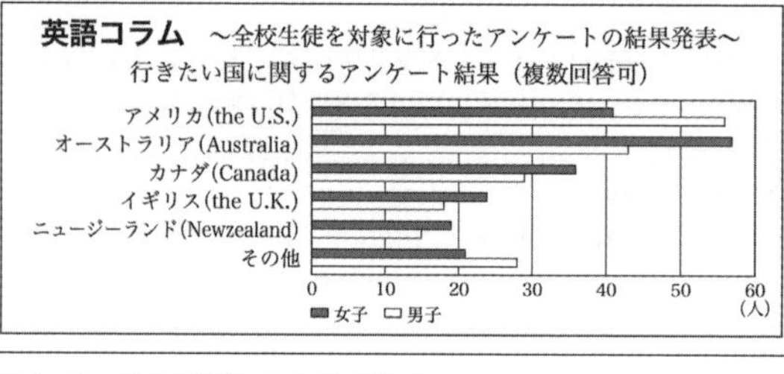

1　本文中の[A]に入る語として，最も適切なものはどれか。

ア　early　**イ**　short　**ウ**　fast　**エ**　long

2　上のポスターを参考に，二人の対話が成り立つよう，下線部(1)，(3)，(4)に適切な英語を書きなさい。ただし，数字も英語で書くこと。

3　下線部(2)が指す内容は何か。具体的に日本語で書きなさい。

4　二人の対話が成り立つよう，[B]に入る適切な英語**1語**を書きなさい。

5　次の[　　]内の英文は，語学留学プログラムの内容について簡単にまとめたものである。①，②に入る適切な英語を，上のポスターを参考に**1語**ずつ書きなさい。ただし，数字も英語で書くこと。

> Ten students can join in Program A, and they can study at a language school almost every day. (　①　) students can join in Program B, but it's for only high school students. Twenty-five students can join in Program C, and both junior high school students and high school students can join. When they don't have any classes at a language school, they'll have (　②　) time or spend time with their host family.

6　下線部(5)について，あなたならどのように答えますか。その理由も含めて，つながりのある**4文から6文程度**の英語で書きなさい。

4 かなこ(Kanako)と西先生(Mr. Nishi)についての次の英文を読んで，**1**から**5**の問いに答えなさい。

I go to junior high school in Tochigi. One day, in my English class, I learned about volunteers. I thought they were really great. After that, I became interested in working as a volunteer. Now I work with a volunteer group. The group does many things to help poor children in foreign countries. For example, it opens *bazaars to send money to them.

One day in September, Mr. Nishi, my English teacher, said to us in his class, "There is an English speech contest at the *civic hall next month. If you want to join it, please tell me." When I heard that, I thought, "We need more volunteers who help our work. It may be a good chance to tell many people about our volunteer work through my speech." So I decided to join the contest. Mr. Nishi looked happy when he learned that I wanted to join it.

After that, I began to practice for the contest. Mr. Nishi helped me a lot. First, I wrote my speech in Japanese and then put it into English. Then, I practiced my speech again and again, but I could not *pronounce some English words well. Soon, I was beginning to lose *confidence. Mr. Nishi said to me, "Don't worry about that, Kanako. The most important thing in a speech is to try to tell people about the things you really want to." I said with a smile, "Thank you for your advice, Mr. Nishi."

Finally, the day of the contest came. After I got to the hall, I asked Mr. Nishi, "How many people are there in the hall?" He said, "There are about three hundred people, but you don't have to be (**A**)." I said, "All right, Mr. Nishi. I try to think they will be interested in my speech."

About an hour later, my *turn came. I began to talk about why we need to do volunteer work. When I saw a lot of people in front of me, I suddenly became *frightened and my voice became weak. Then, I remembered <u>Mr. Nishi's advice during my practice</u>. I said in a (**B**) voice, "There are a lot of poor children who need our support all over the world. We really want to help them. Our volunteer group needs your help. Why don't you join us?"

I could not get a *prize in the contest, but something wonderful happened later. The next week, about thirty young people who *were impressed with my speech visited our volunteer group. They wanted to join us and work for poor children as volunteers. I thought, "I'm really glad I joined the contest and made a speech."

〔**注**〕*bazaar＝バザー(慈善事業の資金を得るために開催する即売会)
*civic hall＝市民ホール　*pronounce＝発音する　*confidence＝自信
*turn＝順番　*frightened＝怖がって，恐れて　*prize＝賞
*be impressed with ～＝～に感銘を受ける

1 本文中の(**A**)，(**B**)に入る語の組み合わせとして，最も適切なものはどれか。

ア **A**：excited — **B**：worried　**イ** **A**：special — **B**：cute
ウ **A**：full — **B**：hard　**エ** **A**：afraid — **B**：strong

2 次の[　　]は，下線部の指す内容についてまとめたものである。(　　　　)に適切な日本語を書きなさい。

スピーチで最も大切なことは，(　　　　　　) である。

3 次の**質問**に答えるとき，**答え**の[　　　]に入る適切な英語**3語**を，本文中から抜き出して書きなさい。

質問：Why did Kanako start working as a volunteer?
答え：Because she [　　　] it after she learned about volunteers.

4 次の[　　]は，かなこがスピーチコンテストに参加した後に起きたことについて，まとめたものである。(　①　)と(　②　)に適切な日本語を書きなさい。

かなこのスピーチに感銘を受けた（　　　　①　　　　）が，ボランティアグループを訪ねて来て，グループに加わり，ボランティアとして（　　　　②　　　　）ことを希望した。

問題 R3
186
187
188
189

【英語】第189回

5 本文の内容と一致するものはどれか。

ア Bazaars are often held by poor children in foreign countries and the volunteer group.
イ Kanako joined the speech contest because she wanted many people to know about the volunteer work.
ウ Mr. Nishi told Kanako to practice her speech hard because she couldn't pronounce any English words well.
エ Kanako made a great speech and made many people happy at the contest, so she got a prize.

5 地球温暖化(global warming)について書かれた次の英文を読んで，1，2，3，4の問いに答えなさい。

The earth is getting hotter and hotter now. This summer, it was around 35℃ on many days in most parts of Japan and some people died. It was near 40℃ in some cities in Japan. It is because of global warming.

We see many changes in nature around the world because of global warming. The ice on the *North and South Poles is *melting, and the *sea level is rising, for example. The *glaciers of the high mountains in the world are melting, too. We may also [A] many beaches, islands, some kinds of animals and plants living in such places.

One of the reasons is that we use too much *oil. Thousands of years ago, people found oil, and they [B]. Now, we use oil when we use cars, ships and planes. We also need oil even when we use lights and play video games. We use a lot of oil, and then we *release *carbon dioxide at the same time. So, the earth is getting hotter. Many countries are trying to cut down on carbon dioxide, but some countries are not. They are still using a lot of oil for cars and *factories and releasing carbon dioxide. This is <u>a big problem</u>.

How can we stop global warming? How can we use less oil? It is a very difficult problem for us. However, there are some small things we can do in our daily lives. For example, we should use bikes, buses, and trains more often than our family cars. Also, we should use *fans in summer and *kotatsu* in winter more often than *air conditioners. Then, we will not use too much oil. You may think they are small things, but when we all do these things together, global warming can be stopped in the future.

〔注〕*North and South Poles＝北極と南極　*melt＝溶ける　*sea level＝海面
*glacier＝氷河　*oil＝石油　*release＝放出する　*carbon dioxide＝二酸化炭素
*factory＝工場　*fan＝扇風機　*air conditioner＝エアコン

1 本文中の[A]に入る語として，最も適切なものはどれか。

ア enjoy　イ buy　ウ lose　エ swim

2 本文中の[B]に入るものとして，最も適切なものはどれか。

ア learned that it was very useful
イ didn't learn that it kept the earth clean
ウ learned that it was good for animals
エ didn't learn that it could reduce carbon dioxide

3 下線部について，具体的にどのような問題か。日本語で書きなさい。

4 次の[　　]内の英文は，筆者が伝えたいことをまとめたものである。(　　)に入る最も適切なものはどれか。

> We should do something for the earth. For example, we shouldn't use cars and air conditioners too much. If many people in the world try them, (　　).

ア we will be able to learn about many changes because of global warming
イ we will be able to see many trees in nature
ウ we will be able to get much oil
エ we will be able to stop global warming

浮かした。洪作は三人の少年たちの海を何とも思っていない動作が、まぶしく感じられた。きらきらしたものが飛び込み台の上にやってきては、あっという間にそこからいなくなっている。

洪作は飛び込み台から下へ降りると、そこにあったボートに乗り移り、飛び込み台の脚にくくりつけてあった縄を解いた。洪作はボートへ乗ったことはあったが、オールを手にすることは初めてであった。こげるかどうか、自信は全くなかったが、(5)三人の救援者たちに対して、ボートもこげないとは言えなかった。

(井上靖「夏草冬濤」〈新潮社〉から)

(注) 四年生＝旧制中学の四年生。現在の高校一年。

1 □に入る語句として最も適当なものはどれか。

ア 見回す　イ 見返す
ウ 見下げる　エ 見守る

2 (1)若サマハ　ココニイラシッタ　(2)ドウレ　デハ、オ助ケ申ソウカという表現からわかることとして最も適当なものはどれか。

ア 三人の少年が一つの命令に従って動いていること。
イ 多少からかいながらも、本心では同情していること。
ウ 演技性を示すことで、自分たちの役割を楽しんでいること。
エ 洪作にとりいることで、取り引きをしようとしていること。

3 (3)飛び込みはさっきやった　とあるが、この発言から洪作のどのような様子がわかるか。次の文の□に入る言葉を、「見栄」という語を用いて、十五字以上二十字以内で書きなさい。

自分から飛び込んだわけではないのに、□様子。

4 (4)この方は、途中で体を一回転させて、その上で頭から潮の中へはいっていった　とあるが、少年たちの飛び込みの様子からわかることとして最も適当なものはどれか。

ア 洪作が頑張っても地元の少年たちのようにはなれないこと。
イ 仲間であるためには飛び込めるのは当たり前であること。
ウ 泳げない洪作に対してわざと嫌がらせをしていること。
エ 洪作を助けに来た合間にも飛び込みを楽しんでいること。

5 (5)三人の救援者たちに対して、ボートもこげないとは言えなかったとあるが、少年たちに対する洪作の気持ちを、四十字以上五十字以内で書きなさい。

6 本文の特徴を説明したものとして最も適当なものはどれか。

ア 控えめな性格の洪作が少年たちの海での自由自在な動きに圧倒されていく様子が、一人称の視点で生き生きと描かれている。
イ おっとりした様子の洪作と自然の中で生き生きとした動きを見せる少年たちとの交流が、洪作の視点に寄り添って描かれている。
ウ 泳ぎに自信のない洪作が、少年たちとの出会いをきっかけに泳ぐことに興味を抱いていく様子が、多様な視点から描かれている。
エ 自然に対する距離感の違いが心理に影響する様子が、洪作と少年たちの交流を通して、客観的な視点で描かれている。

5

「人とコミュニケーションをとる上で心がけたいと思うこと」について、あなたの考えを国語解答用紙(2)に二百四十字以上三百字以内で書きなさい。

なお、次の《条件》に従って書くこと。

《条件》

(Ⅰ) 二段落構成とすること。
(Ⅱ) 各段落は次の内容について書くこと。

第一段落

・あなたが「人とコミュニケーションをとる上で心がけたいと思うこと」について、理由を含めて具体的に説明しなさい。あなたが直接体験したことや見たり聞いたりしたことをもとにしてもよい。

第二段落

・第一段落で書いたことを踏まえて、人とコミュニケーションをとることを、今後どのように生かしていきたいかについて、あなたの考えを書きなさい。

解答・解説 P278・P280

下野模擬問題（第189回）◆国語

5 (4)その対話を自分一人でもできるようにする　とあるが、それは「考える」ことにおいて、どのような理由があるからか。「視点」という語を用いて、四十字以上五十字以内で書きなさい。

6 本文における筆者の考えとして最も適当なものはどれか。

ア アイディアを出し合う対話は、思考力を高めるためによい訓練であるが、相手の弱点を指摘することは逆効果である。

イ 自分の中にもう一人の自分を置いて現実を冷静に見ることで、さらによいアイディアを生み出すことができる。

ウ 考える力は対話によって身につけることができるが、その際様々な角度から意見を積み重ねることが大切である。

エ 考えているときには、自分と対話しているものなので、実際の相手を想定しなくても対話の訓練をすることができる。

4

次の文章を読んで、**1**から**6**までの問いに答えなさい。

〔洪作は一人で伯母の家に下宿している。泳げない洪作は、沼津の中学に転校して来て二年目に、初めて水泳の講習会に参加したが、上級生である岡のいたずらで飛び込み台の櫓に一人取り残されていた。〕

そのうちに水泳場の浜に三つの小さい人影が現れた。洪作はそれに目を当てていた。三人とも裸である。彼らは浜を横切ってボートの置いてあるところへ行くと、その一そうを押し出し、次々にそれに飛び乗った。洪作はほっとした。だれかが自分を連れに来てくれるのであろうと思った。海面は夕立のために、見違えるほど生き生きとして波立っていた。ボートは体を大きく波に揺られながら、見る見るうちに近づいてきた。二人がこいでおり、一人が突っ立っている。「おおい」洪作は叫んだ。すると、ボートからも返事があった。「おう」突っ立っているのが、手を上げて叫んだ。ボートは体を飛び込み台の脚につけると、一人の少年が飛び込み台の上に上がってきた。少年は台の上に立つと、洪作の頭のてっぺんからつま先までしげしげと見わたしてから、「泳げないのか」と聞いた。「うん」「岡のやつに、ここへ持ってこられて、置いていかれたのか」「うん」「ほう」ひどく感心したように洪作の顔を見入っていたが、飛び込み台の下のボートの方に、(1)「若サマハ　ココニイラシッタ」と、そんなことを奇妙な口調で言った。すると、(2)「ドウレ　デハ、オ助ケ申ソウカ」そんな声が返ってきた。まもなく、もう一人の少年が上がってきた。これも洪作の顔を見守っていたが、この方は何とも言わず、「ケッ、ケッ、ケッ」と、サルの鳴き声のまねをすると、いきなり飛び込み台の上で体を跳躍させた。瞬間、少年の体はみごとなフォームで宙を切っていた。一人が飛び込むと、もう一人も飛び込んだ。この方もみごとなフォームである。二人の少年たちは潮の中で、それぞれ思い思いの方角へクロールで泳いでいったが、途中からまた飛び込み台の方へ引き返してきた。

ボートに残っていた他の一人の少年が、飛び込み台の上に上がってきた。この少年の顔を見た時、洪作は自分より一年上の(注)四年生だなと思った。洪作はこの四年生の顔と名前を知っていた。金枝という少年で、成績がいいらしく級長をしており、朝礼の時、いつも歯切れのいいよくとおる声で号令をかけている。金枝もまた洪作を、頭のてっぺんからつま先まで□ようにしていたが、「岡のやつに、ここに置いていかれたんだって。災難だな」と言った。物を言う時、目が笑っていて、それが優しい感じだった。「泳げないのか、全然」「少しは泳げる」「どのくらい」「四メートルや五メートルは泳げる」すると、「四メートルや五メートル泳げれば、あとはいくらでも泳げるよ。泳げると思って泳げば泳げる。泳げないと思ったら、すぐだめになる。飛び込みだって同じだ。怖いと思ったら飛び込めやあしない。それにしても災難だったな」金枝は笑った。(3)「飛び込みはさっきやった」洪作が言うと、「どこで」「ここで」「じゃ、泳げるじゃないか」「泳げないが、突き落とされて、飛び込んだんだ」「そして、どうした」「浮き上がってきたんで、すぐ櫓の脚につかまった」「ふーむ」金枝は感心したようにうなずいた。そこへ、さっきの二人の少年が上がってきて、色のまっ黒な、見るからに敏捷そうな小柄な少年が言った。「夕暮レモ迫ッテマイリマシタレバ、ソロソロ帰参イタストシテハ、イカガデゴザル」すると、他の一人の、ずんぐりした体つきの、何となく不敵なものを顔に浮かべている少年が言った。「デハ、若君ヲソロソロ、ボートニオ移シ申ソウカ」それから、洪作に、「こげるか」「うん」「それなら、おまえ、こいでいけ。おれたちは泳いでいく」寒いのか、ぶるぶると顔をふるわせていたが、やがて、ずんぐりした方は、ひとつ跳躍すると、いきなり頭を下にして、海面へ突きささっていった。続いてもう一人の小柄な少年が飛び込み台を離れた。(4)この方は、途中で体を一回転させて、その上で頭から潮の中へはいっていった。「ボートへ乗って帰れよ」金枝は洪作に言うと、彼もまた飛び込み台の上で二、三回跳躍し、それからこれもまたみごとなフォームで宙に体を

やディスカッション(注2)のレベルだろう。しかし、そんなことで時間を取っていても仕方がない。

　まず、アイディアを出して、その考えがよくないと思ったら、(2)どんどん違うアイディアを出して乗り越えていくということを、全員がやるようにする。

　これを積み重ねていくと、言葉によって現実をよくしていこうという感覚が生まれてくる。また、相手が話していて、それを聞いてその刺激を受けながら、自分も考えるようになり、思考が進みやすい状態になっていく。

　「考える」とは通常は一人でやる作業だと思われているが、本来は、「対話」が考えを進めるのにはいちばんいい。

　「考える力」をつけるには、スパーリングパートナー(注3)のような人をつくり、徹底して延々とディスカッションすると効果的だ。対話は、「考える力」を伸ばす王道である。

　相手が言ったことに対して「あぁ、そうですね。ごもっともです」などと、ただ同調していても、対話にはならない。

　自分に対して新しい問いかけを行う力がない人が、自分に同調ばかりする人を相手に話していても、同じところをくるくる回るだけで、どこへも行き着かない。そうならないためには、自分と実力が同レベルの対話ができる(3)スパーリングパートナーをもつ必要がある。

　試合ではなくスパーリングだから、ディベート(注4)とは違い、相手の考えを否定して潰すためのものではない。あくまでも、お互いの考えを引き出すためのものだ。

　ディベートは、自分の考えでなくても、主張の立場を変えてもやれるのがよさでもある。ディベートのように、立場を交換しても、それなりに話ができるということを活用する方法もある。

　ただし、アイディアを出し合う対話の場合、ディベートのような、「そこはおかしいだろう」「いまそう言ったが」といった、相手の揚げ足を取るような形の攻め方は反則にしておくべきだ。

　むしろアイディアに弱点がある場合でも、その真意をとらえて、それに対して、どういう点に欠点があるのか、どうすればさらによくなるかなど、違う角度から意見を積み重ねていく対話が、思考力を高めるためのポイントである。

　そして、それができるようになったら、(4)その対話を自分一人でもできるようにする。対話で訓練して、二人でつくった状況を自分の中に組み込んでいき、自分の頭の中で対話を行うようにするのだ。（中略）

「これはありえない。バツ、バツ……」「これはありだな。マル」などと、メモしていく。それができるのも、二人での対話を積み重ねてきた成果だと思う。他の人が自分の中に内在化されて、内側に組み込まれているのだ。二人で対話することによって、二人で言い合っている感覚が、一人になっても耳の中に残る。そこで、自分が言って自分が答えるような構造ができあがる。すると、考えも進む。

　「考える」ことにおいては、視点をずらす、視点移動ということが非常に重要である。あるところから考えようとしても、攻め入ることができなかったら、ちょっとずらして考える。角度を変える。角度を変えて切ってみて、その切り口を見てみる。その「角度」と「切り口」が、「考える力」にとってはキーワードとなる。

（齋藤孝「アイディアを10倍生む考える力」〈大和書房〉から）

（注1）プレゼンテーション＝自分の意見や考えを発表すること。
（注2）ディスカッション＝討論、議論。
（注3）スパーリングパートナー＝ボクシングの練習で打ちあう相手。
（注4）ディベート＝あるテーマで賛否二つのグループに分かれて行う討論。

1　□に入る語として最も適当なものはどれか。

ア　無論　**イ**　論外　**ウ**　極論　**エ**　論点

2　(1)四人一組になって、一人ずつ企画のプレゼンテーションをするという授業　とあるが、この授業の目的はどのようなことだと筆者は述べているか。四十字以上五十字以内で書きなさい。

3　(2)どんどん違うアイディアを出して乗り越えていく　とあるが、その結果どのようなことが生じるか。本文中から二十八字と十六字で二か所抜き出し、それぞれ初めの五字を書きなさい。

4　(3)スパーリングパートナーをもつ必要がある　とあるが、本文における「スパーリングパートナー」の説明として最も適当なものはどれか。

ア　ディスカッションが上手で、感情的にならずに相手の真意をとらえて、よい考えを引き出す対話の相手。
イ　相手の立場を考えて意見を言い合うことができ、相手の考えを否定せずに、意欲を高め合うことのできる相手。
ウ　新しい問いかけをし合うことができ、相手に同調するだけでなく、耳の痛い厳しい指摘もできるような対話の相手。
エ　互いにアイディアを出し合うことができ、相手のアイディアに弱点があっても、さらによくする視点で対話できる相手。

下野模擬問題（第189回）◆国語

2

次の文章を読んで、**1**から**5**までの問いに答えなさい。

挙周朝臣(注1)、重病をうけて、(1)たのみすくなく見えければ、母赤染右衛門、住吉(注2)に①まうでて、七日籠りて、「このたびたすかりがたくは、すみやかにわが命にめしかふべし。」と申して、七日に満ちける日、御幣(注3)のしでに書きつけ侍りける、

かはらんと祈る命は惜しから(注4)でさても別れんことぞかなしき

かくよみてたてまつりけるに、神感(注5)やありけん、挙周が病よくなりにけり。母下向(注6)して、(2)喜びながらこの様を語るに、挙周いみじく歎きて、「われ生きたりとも、母を失ひては何のいさみ(注7)かあらん。かつ(注8)は不孝の身なるべし。」と思ひて、住吉に②まうでて申しけるは、「母われにかはりて命終るべきならば、すみやかにもとのごとくわが命をめして、母をたすけさせ給へ。」と泣く泣く祈りければ、神あはれみて御たすけやありけん、母子ともに事ゆゑなく侍りけり。

（「古今著聞集」から）

（注1）朝臣＝姓名につける敬称。
（注2）住吉＝住吉神社。
（注3）御幣のしで＝お供え物の紙。
（注4）惜しからで＝惜しくはないが。
（注5）神感＝神のご加護。
（注6）下向して＝お参りからもどって。
（注7）いさみ＝生きがい。
（注8）かつは＝また。

1 かはらんと　は現代ではどう読むか。現代かなづかいを用いて、すべてひらがなで書きなさい。

2 ①まうでて　②まうでて　について、それぞれの主語にあたる人物の組み合わせとして適当なものはどれか。

ア ①　母　②　挙周　　**イ** ①　母　②　母
ウ ①　挙周　②　母　　**エ** ①　挙周　②　挙周

3 (1)たのみすくなく見えければ　の意味として最も適当なものはどれか。

ア 頼るところも少ないように見えたので。
イ お祈りが足りないように思われたので。
ウ 治る見込みが少ないように見えたので。
エ あきらめきれないように思われたので。

4 (2)喜びながら　とあるが、母はなぜ喜んだのか。その理由を二十字以上三十字以内の現代語で書きなさい。

5 本文の内容と合うものはどれか。

ア 母は自分の命にかえても挙周の命を助けたいと思っていたが、神はその願いを聞き入れなかった。
イ 母は挙周の命が助からないのなら、自分の命にかえてほしいと神に願ったので、挙周の代わりに病気になった。
ウ 挙周は自分の命は惜しくはないが、母と別れることはつらいと和歌を詠んだので、二人の命が助かった。
エ 挙周と母の、自分の命を顧みずに互いを助けようとする気持ちの深さに、神があわれみを感じて二人の命を助けた。

3

次の文章を読んで、**1**から**6**までの問いに答えなさい。

私は大学で、(1)四人一組になって、一人ずつ企画のプレゼンテーション(注1)をするという授業をする。聞いている三人には、それをもとに、「その企画をよくする具体的なアイディアを出す」ことを求める。「それでいいんじゃないですか」のようなコメントや、ただの批評・批判は不要だといっている。

一人が企画のプレゼンテーションを行っている間に、聞いている側は、それをよくする具体的なアイディアを思いつかなければならない。「この企画を実行に移すとなったら、どうすればいいのか」「どうすればもっとよくなるか」という視点を持ってプレゼンテーションを聞かなければならない。

そして、四人で順番にプレゼンテーションしていき、最終的に、だれがいちばん他人の企画に対してアイディアを出せたかを投票する。アイディアを出すことが場に対する貢献であるということを学ぶのが、この授業の目的である。

コメントがないというのは□だが、コメントを言っていても、ほめたり弱点を突いたりするケースがある。一般的には、それが会議

令和4年1月23日実施

第189回 下野新聞模擬テスト

国語

制限時間 50分

解答・解説 P278・P280

1 次の1から4までの問いに答えなさい。

1 次の――線の部分の読みをひらがなで書きなさい。

(1) 寡黙な人物に会う。　(2) 滑稽なしぐさをする。

(3) 拙いが味わいがある作品。　(4) 乏しい予算でやり繰りする。

(5) 犯人が行方をくらます。

2 次の――線の部分を漢字で書きなさい。

(1) 滋養のホウフな海藻。　(2) 丘の上から大海原をノゾむ。

(3) 先生にサイケツを仰ぐ。　(4) イキオい余って転ぶ。

(5) シンテンの手紙が届く。

3 次は、生徒たちが短歌について話している場面である。これについて、(1)から(4)までの問いに答えなさい。

> A　向日葵（ひまはり）は金の油を身にあびて
> 　　ゆらりと高し日のちひささよ
>
> B　子供等は土手にひそまり空をみる
> 　　またひとりきてならびたるかも
>
> 前田夕暮（まえだゆうぐれ）

山村さん　「Aの歌はとても絵画的な和歌だね。向日葵と太陽が^アとても印象的に対比されているよ。」

中田さん　「そうだね。何といっても『①金の油を身にあびて』という表現が強烈で、^イいかにも（　②　）の光景という感じだね。」

山村さん　「それと『ゆらりと高し』という表現にも季節感を^ウ強調する意図が感じられるよ。それに対して、Bの歌はあまり季節の感じがはっきりしないね。」

中田さん　「『土手にひそまり』という表現や『またひとりきて』という表現に③何かしら（　④　）が感じられるね。」

山村さん　「同じ歌人の和歌でも並べてみると^エ楽しいね。」

(1) ①金の油を身にあびて　に用いられている表現技法はどれか。

ア 擬人法　**イ** 倒置法　**ウ** 体言止め　**エ** 直喩

(2) （　②　）に入る季節として正しいものはどれか。

ア 春　**イ** 夏　**ウ** 秋　**エ** 冬

(3) ③何かしら　と同じ品詞である語は～～部**ア**から**エ**のどれか。

(4) （　④　）に入る語として正しいものはどれか。

ア 明るさ　**イ** 苦しさ　**ウ** 楽しさ　**エ** さみしさ

4 次の漢文の書き下し文として正しいものはどれか。

子（しハ）非（あらズ）レ魚（うをニ）。安（いづクンゾ）知（しランヤ）ニ魚之（の）楽（しむヲ）一。（「荘子」）

ア 安くんぞ魚の楽しむを知らんや。子は魚にあらず。

イ 安くんぞ魚の楽しむを知らんや。子はあらず魚に。

ウ 子は魚にあらず。安くんぞ魚の楽しむを知らんや。

エ 子は魚にあらず。安くんぞ知らんや魚の楽しむを。

MEMO

問題編

令和2年度

10月　4日実施　第180回
11月　1日実施　第181回
12月　6日実施　第182回
1月24日実施　第183回

2020・2021
[令和5年高校入試受験用]

令和2年
10月4日実施

第180回 下野新聞模擬テスト 社会

[1] たいちさんが夏休みを利用して訪れた北海道地方に関して，次の**1**から**4**までの問いに答えなさい。

1 **図1**に関して，次の文は，たいちさんが訪れた場所について調べたものの一部である。これを読み，(1)から(4)までの問いに答えなさい。

> 【札幌市】新千歳空港から最初に訪れた都市。2018年現在，人口が約195万人で，北海道地方で最も大きな都市です。
> 【旭川市】ⓐ明治時代に北海道の警備と開拓のために移住した人々によって開拓が始まり，碁盤の目状に区画された新しい街がつくられました。現在，北海道地方では，札幌市に次いで人口が多い都市です。
> 【知床半島】1月から3月にかけてⓑ流氷が見られるそうです。美しい自然を求めて，多くの観光客が訪れていました。海岸から，ⓒ北方領土の一つである島がよく見えました。

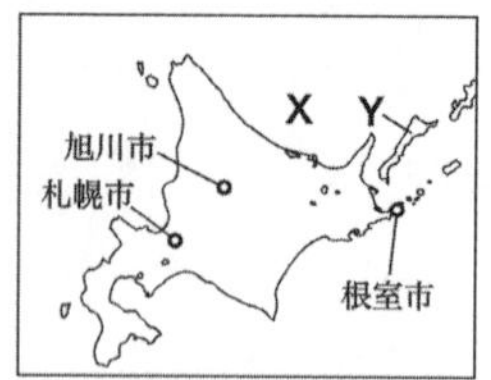

図1

(1) 下線部ⓐについて，このような人々を何というか。

(2) 下線部ⓑについて，これが見られる**図1**の**X**の海洋を何というか。

(3) 下線部ⓒについて，これに当てはまる**図1**の**Y**の島はどれか。

ア 国後島　**イ** 奥尻島　**ウ** 色丹島　**エ** 択捉島

(4) **図2**のⅠ，Ⅱ，Ⅲは，**図1**の札幌市，旭川市，根室市のいずれかの都市の雨温図である。Ⅰ，Ⅱ，Ⅲに当てはまる都市の組み合わせとして正しいのはどれか。

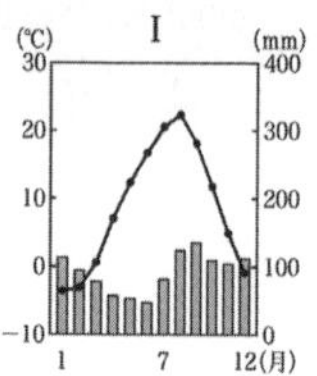

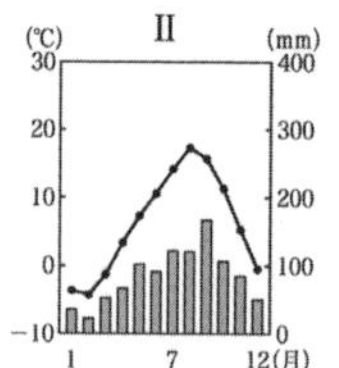

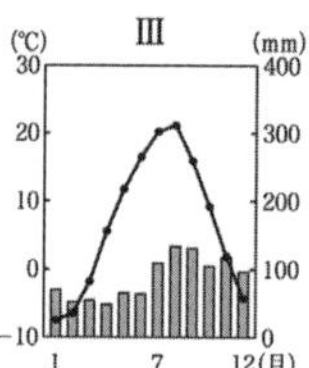

図2（「理科年表 令和2年」により作成）

ア Ⅰ－札幌市　Ⅱ－旭川市　Ⅲ－根室市　**イ** Ⅰ－札幌市　Ⅱ－根室市　Ⅲ－旭川市
ウ Ⅰ－根室市　Ⅱ－札幌市　Ⅲ－旭川市　**エ** Ⅰ－根室市　Ⅱ－旭川市　Ⅲ－札幌市

2 次の文は，**図3**の**ア**，**イ**，**ウ**，**エ**のいずれかの地域について述べたものである。これに当てはまる地域はどれか。

> 日本有数の畑作地帯で，てんさい，じゃがいも，あずきなど寒さに強い作物の栽培が盛んである。一戸あたりの耕地面積が広いので，大型の農業機械を使って農作業が行われている。

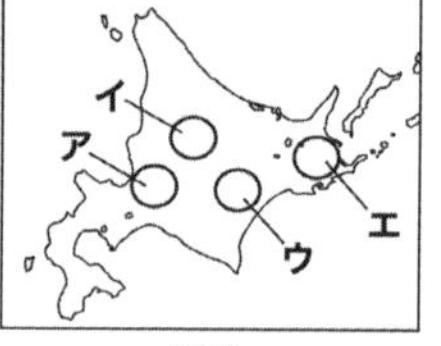

図3

3 **図4**は，北海道，千葉県，富山県，鹿児島県における種目別耕地面積の割合を示している（2018年）。北海道は**ア**，**イ**，**ウ**，**エ**のどれか。

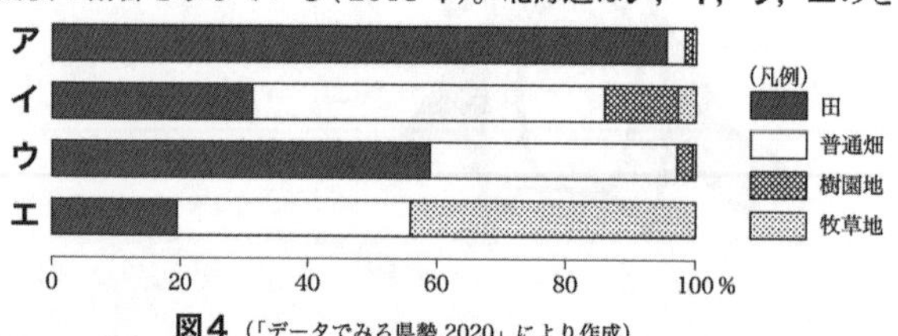

図4（「データでみる県勢 2020」により作成）

4 たいちさんは，北海道の酪農に興味をもち，**図5**の資料を集めた。**図5**から読み取れることをまとめた，**【たいちさんのまとめ】**の［　　　］に当てはまる内容を，「大消費地」，「加工」の二つの語を用いて簡潔に書きなさい。

資料1　日本の生乳生産量（2018年）

都府県	332万トン
北海道	397万トン
合計	729万トン

【たいちさんのまとめ】

・北海道は，日本の生乳の50％以上を生産している。
・生乳の処理量を見ると，北海道は，[　　　　]。

資料2　生乳の処理量（2018年）

都府県
乳製品向け 9%(34万トン)
牛乳向け 91%(345万トン)

北海道
牛乳向け 16%(56万トン)
乳製品向け 84%(289万トン)

(注) 北海道から都府県への生乳移出分等を含むため，生産量と処理量の合計は一致しない。

図5（農林水産省「牛乳乳製品統計」（概算値）により作成）

2 まゆみさんは，南アメリカ州について学習した。次の**1**，**2**，**3**の問いに答えなさい。

1 次の文を読み，(1)から(4)までの問いに答えなさい。

ⓐ<u>南アメリカ州</u>の国々は，かつてはスペインやポルトガルの植民地であったため，ほとんどの国でⓑ<u>スペイン語やポルトガル語が公用語となっている</u>。それぞれの国は，先住民，白人，ⓒ<u>先住民と白人との混血の人々</u>など，多様な人種と民族によって構成されている。

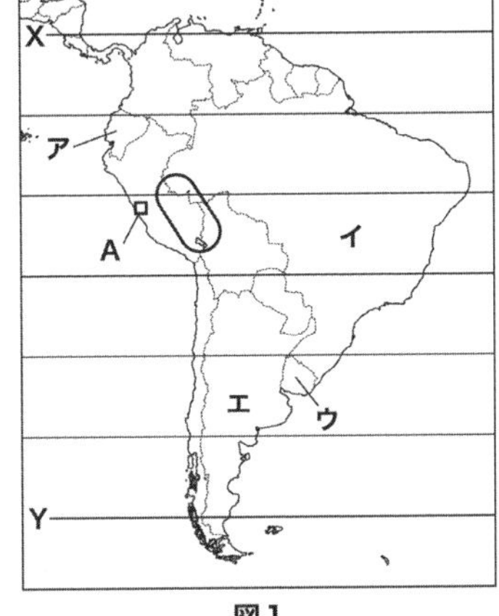

図1

(1) 下線部ⓐについて，**図1**の**X**，**Y**の緯線が示す緯度の組み合わせとして正しいのはどれか。ただし，緯線は10度間隔で引かれている。

ア　**X**－北緯20度　**Y**－南緯40度
イ　**X**－北緯10度　**Y**－南緯50度
ウ　**X**－0度　**Y**－南緯60度
エ　**X**－南緯10度　**Y**－南緯70度

(2) 下線部ⓑについて，スペイン語を公用語とする国は，**図1**の**ア**，**イ**，**ウ**，**エ**のどれか。<u>**すべて**</u>選びなさい。

(3) 下線部ⓒについて，このような人々を何というか。

ア　ヒスパニック　**イ**　マオリ　**ウ**　メスチソ(メスチーソ)　**エ**　アボリジニ

(4) **図1**の都市**A**について，東京が3月3日午前8時のとき，都市**A**は現地時間で，3月何日の何時になるか。午前，午後を明らかにして書きなさい。ただし，標準時の基準となる経線は，東京は東経135度，都市**A**は西経75度であり，サマータイムは考えないものとする。

2 **図2**は，**図1**の⬭で示した地域で行われている農牧業を模式的に示したもので，**ア**，**イ**，**ウ**，**エ**は，じゃがいも，とうもろこし，バナナのそれぞれの耕作地，アルパカ・リャマの放牧地のいずれかである。アルパカ・リャマの放牧地に当てはまるのはどれか。

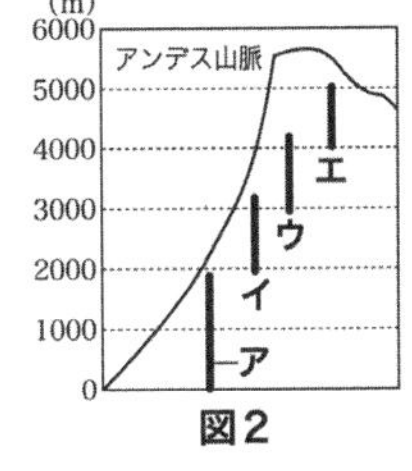

図2

3 ブラジルに関する次の(1)，(2)の問いに答えなさい。

(1) **図3**の**ア**，**イ**，**ウ**，**エ**は，ブラジル，日本，フランス，中国のいずれかの国の2016年における発電量の発電エネルギー源別割合を示している。ブラジルに当てはまるのはどれか。

(2) まゆみさんは，ブラジルの産業について，**図4**の資料を集めた。**図4**から読み取れることを，「原料」の語を用いて簡潔に書きなさい。

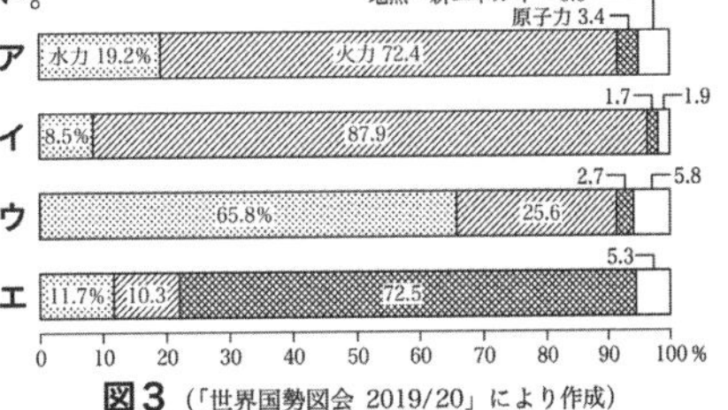

図3（「世界国勢図会 2019/20」により作成）

下野模擬問題(第180回)◆社会

資料1　バイオ燃料の国別生産量
(2016年 万トン)

アメリカ	5,106
ブラジル	2,460
ドイツ	407
中国	340
世界計	10,988

(「世界国勢図会 2019/20」により作成)

資料2　ブラジルの主な農作物の生産量の推移
(千トン)

農作物	2001年	2017年
コーヒー豆	1,820	2,681
オレンジ類	18,108	18,425
さとうきび	345,942	758,548
小麦	3,261	4,324

(「世界国勢図会 2019/20」などにより作成)

図4

3 次の**A**から**E**のカードは，原始・古代から近世までの日本と外国との関係を中心にまとめたものである。これらを読み，**1**から**6**までの問いに答えなさい。

A 邪馬台国の女王［ I ］が中国に使者を送り，皇帝から「親魏倭王」の称号と金印を授けられ，銅鏡100枚などの贈り物を受けた。

B 遣唐使がたびたび派遣されるようになり，留学生や僧なども同行して唐から進んだⓐ制度や文化を学び，日本にもち帰った。

C 将軍足利義満が，明の要求に応じて倭寇を取り締まり，正式な貿易船には明から与えられた［ II ］という合い札を用いて日明貿易を始めた。

D イエズス会の宣教師フランシスコ・ザビエルが来日し，約2年にわたって九州や山口で布教活動を行った。

E 幕府は，平戸にあったオランダ商館を長崎の出島に移して，キリスト教を布教しないⓑオランダ，中国のみに貿易を許した。

1 **A**のカードについて，［ I ］に当てはまる人物名を書きなさい。

2 **B**のカードの下線部ⓐに関して，**図1**は，この頃の税の納入を示す木簡に記された内容である。次の(1)，(2)の問いに答えなさい。

肥後の国益城郡の［ X ］の綿

(注)肥後の国：現在の熊本県

図1

(1) **図1**の［ X ］に当てはまる税の名称を**漢字1字**で書きなさい。

(2) この税は，成人男子が何をどのようにして納めたか，簡潔に書きなさい。

3 **C**のカードの［ II ］に当てはまる語を書きなさい。

4 **C**のカードの時代の社会や文化について正しく述べているのはどれか。

ア 平氏によって焼失した東大寺南大門が，中国の様式を取り入れて再建された。
イ 中国から来日した鑑真が，唐招提寺を建て，仏教の普及に努めた。
ウ 中国や朝鮮半島から日本に移住してきた人々が，仏教や儒教を伝えた。
エ 中国から帰国した雪舟が日本の水墨画を完成させた。

5 **D**のカードについて，次の**ア**，**イ**，**ウ**，**エ**の日本とヨーロッパにおけるキリスト教に関連するできごとを，年代の古い順に並べ替えなさい。

ア カトリック教会の勢力の立て直しを目指して，イエズス会がつくられた。
イ 大友宗麟などのキリシタン大名が，4人の少年使節をローマ教皇のもとに派遣した。
ウ ローマ教皇のよびかけに応じ，初めて十字軍が編成されエルサレムに派遣された。
エ ルターがローマ教皇の方針を批判して，聖書に基づいた信仰が大切であるとして宗教改革を始めた。

6 **E**のカードの下線部ⓑの国は，**図2**の**ア**，**イ**，**ウ**，**エ**のどれか。ただし，国境線は現在のものである。

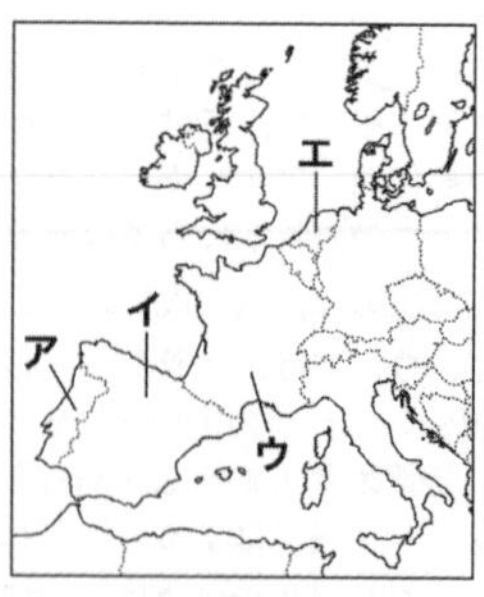

図2

問題 R2
180
181
182
183
【社会】第180回

解答・解説 P290・P293

4 次の**1**，**2**，**3**の問いに答えなさい。

1 **図1**は，1865年における日本の輸出入品とその割合を示している。これについて，次の(1)，(2)の問いに答えなさい。

(1) **図1**の［Ⅰ］，［Ⅱ］に当てはまる語の組み合わせとして正しいのはどれか。

ア Ⅰ－陶磁器　Ⅱ－生糸
イ Ⅰ－陶磁器　Ⅱ－銀
ウ Ⅰ－毛織物　Ⅱ－生糸
エ Ⅰ－毛織物　Ⅱ－銀

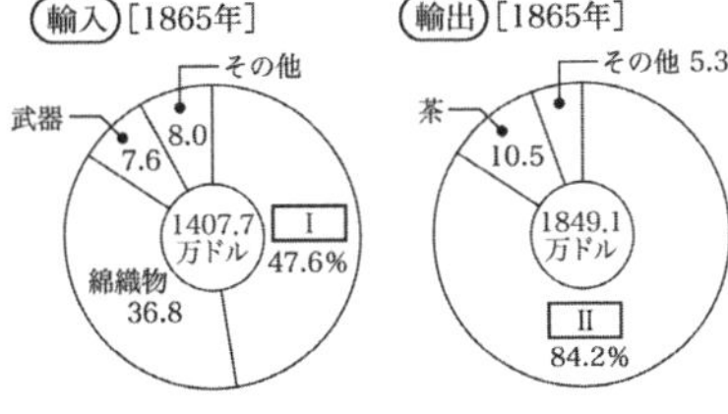

図1（「日本経済史3 開港と維新」により作成）

(2) この頃の社会の様子を述べた文として最も適切なのはどれか。

ア 労働組合が結成され始め，労働条件の改善を求める労働争議が増加した。
イ 浄土真宗の信仰で結びついた武士や農民たちが，各地で一向一揆をおこした。
ウ 特権をうばわれたことに不満をもつ士族たちが，全国各地で反乱をおこした。
エ 「世直し」をとなえる一揆や「ええじゃないか」といって踊りまわるさわぎがおこった。

2 **図2**は，1895年に結ばれた下関条約と1905年に結ばれたポーツマス条約の内容の一部を示している。これについて，次の(1)，(2)の問いに答えなさい。

下関条約

① 清は，朝鮮の独立を認める。
② 清は，遼東半島，台湾，澎湖諸島を日本にゆずりわたす。
③ 清は，日本に賠償金2億両（当時の日本円で約3億1000万円）を支払う。

ポーツマス条約

① ロシアは，韓国における日本の優越権を認める。
② ロシアは，旅順や大連の租借権，長春以南の鉄道利権を日本にゆずる。
③ ロシアは，北緯50度以南の樺太を日本にゆずる。

図2

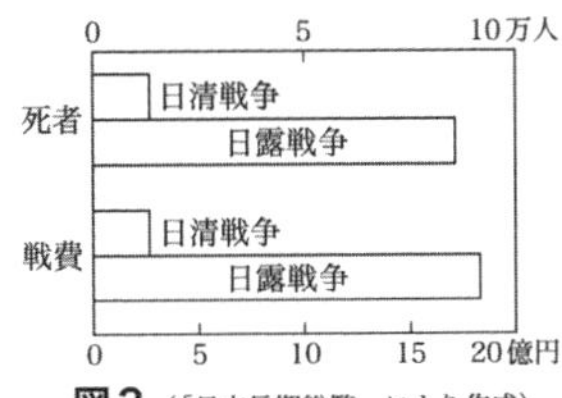

図3（「日本長期総覧」により作成）

(1) 日本は，ロシアなどの勧告を受けて**図2**の下線部の遼東半島を清に返還した。このできごとを何というか。

(2) **図3**は，日清戦争と日露戦争における日本の死者と戦費を示している。日露戦争後，東京でポーツマス条約に反対して，日比谷焼き打ち事件などの暴動がおこった理由を，**図2**，**図3**の資料にふれながら簡潔に書きなさい。

3 **図4**の人物に関する次の文を読み，(1)，(2)の問いに答えなさい。

> 20世紀の初め，中国で清を倒して，近代国家の建設を目指す運動がおこり，三民主義を唱えた［X］がその中心になった。［X］は，臨時大総統となり，南京を首都とするアジアで最初の共和国である［Ⅰ］の建国を宣言した。
> これを，［Ⅱ］といい，まもなく皇帝が退位し，清はほろんだ。

図4

(1) 文中の［X］には，**図4**の人物名が共通して当てはまる。この人物名を書きなさい。

(2) 文中の［Ⅰ］，［Ⅱ］に当てはまる語の組み合わせとして正しいのはどれか。

ア Ⅰ－中華民国　Ⅱ－太平天国の乱
イ Ⅰ－中華民国　Ⅱ－辛亥革命
ウ Ⅰ－中華人民共和国　Ⅱ－太平天国の乱
エ Ⅰ－中華人民共和国　Ⅱ－辛亥革命

5 略年表を見て，次の1から6までの問いに答えなさい。

年	世界と日本の主なできごと
1914	ⓐ第一次世界大戦が始まる
1919	ⓑパリで講和会議が開かれる…… ↑A
1932	ⓒ五・一五事件がおこる…… ↓
1937	ⓓ日中戦争が始まる
1945	ⓔGHQによる戦後改革が始まる

1 下線部ⓐについて述べた文として，**当てはまらない**のはどれか。

ア 日本は日英同盟を理由に三国協商側に立って参戦した。

イ ロシアでは戦争中に革命がおこり，帝政がたおされた。

ウ アメリカは中立をたもち，戦争が終わるまで参戦しなかった。

エ 戦車や飛行機，毒ガスなどの新兵器が登場し，民間人も戦争にまきこむ総力戦であった。

2 Aの時期について，図1は，この時期に日本で制定された法律の一部である。この法律を何というか。

> 一、国の体制を変えようとしたり，私有財産制度を否定したりすることを目的として結社をつくる，またはこれに加入した者には，10年以下の懲役，または禁固の刑に処する。

図1

3 下線部ⓑについて，この会議で連合国とドイツの間に結ばれた条約を何というか。

4 下線部ⓒについて，この頃の社会や経済の様子について述べた文として，最も適切なのはどれか。

ア 昭和恐慌とよばれる深刻な不況が発生し，企業の倒産が相次ぎ，失業者が増大した。
イ 製糸，紡績などの軽工業が発展し，わが国で産業革命の時代をむかえた。
ウ 学制が公布され，6歳以上の子どもに教育を受けさせることを国民の義務とした。
エ 日米安全保障条約が改定されたことに対する激しい反対運動がおこった。

5 下線部ⓓについて，このきっかけとなった日中両国軍の衝突事件がおこった場所は，図2のア，イ，ウ，エのどれか。

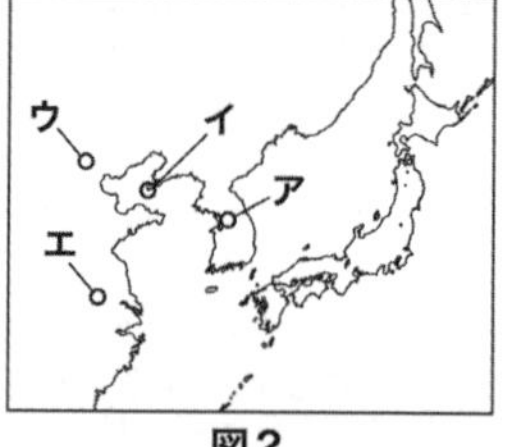

図2

6 下線部ⓔについて，次の文中の［　　］に当てはまる語を書きなさい。

> 経済の面では，これまで日本の産業や経済を独占してきた［　　］が解体された。

6 次の1，2，3の問いに答えなさい。

1 図1は，日本の主な年中行事を示している。7歳，5歳，3歳の子どもの成長を祝う「七五三」が当てはまるのは，ア，イ，ウ，エのどれか。

1月	2月	3月	4月	5月	7月	8月	9月	11月	12月
初詣	節分	ア	灌仏会（かんぶつえ）	イ	七夕	お盆	ウ	エ	除夜

図1

2 次の文中の［　　］に当てはまる内容を，「一定」の語を用いて簡潔に書きなさい。

> 私たちが，たがいの個性や考え方を尊重しあって生活するためには，さまざまな決まりが必要である。決まりをつくるにあたっては，話し合いで十分に議論がなされ，多数決によって集団の意思が決定されることが多い。この多数決には，［　　］という点で「効率」，より多くの人が賛成する案を採用するという点で，「公正」が保たれると考えられている。

3 次の文を読んで，(1)から(4)までの問いに答えなさい。

> 現代の国際社会では，輸送手段とⓐ通信技術の発達，ⓑ貿易の活性化などにより，人，物，お金，ⓒ情報などが，国境をこえて移動することで［　　］化とよばれる世界の一体化が進んでいる。

(1) ［　　］に当てはまる語を，**カタカナ**で書きなさい。

(2) 下線部ⓐについて，**図2**は，テレビ，ラジオ，新聞，インターネットのいずれかの広告費(1年間に使われた広告制作費，媒体費とそれにともなう費用の合計)を示している。インターネットと新聞に当てはまる組み合わせとして正しいのはどれか。

	インターネット	新聞
ア	A	C
イ	A	D
ウ	B	C
エ	B	D

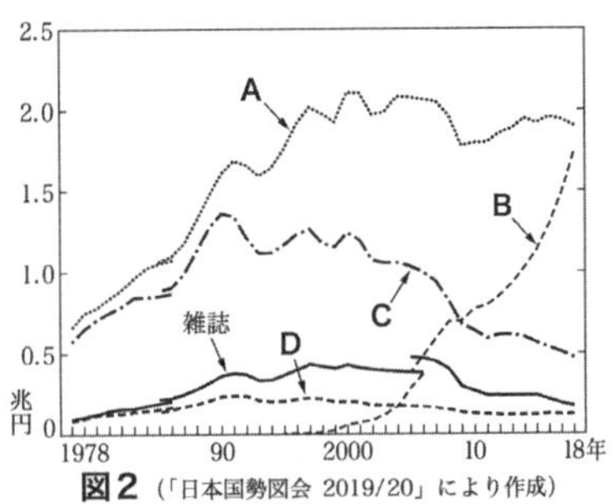

図2（「日本国勢図会 2019/20」により作成）

(3) 下線部ⓑについて，それぞれの国が競争力のある得意な産業に力を入れ，競争力のない不得意な産業については外国からの輸入に頼ることを何というか。**漢字4字**で書きなさい。

(4) 下線部ⓒについて，必要な情報を選び，情報の正しさやその価値を判断したうえで活用する能力のことを何というか。

7 社会科のまとめの時間に，えみさんたちのグループは，人口に関する資料を集め，発表した。次の**1**，**2**，**3**の問いに答えなさい。

1 **図1**は，1950年以降のわが国の総人口，世帯数，1世帯あたりの人数，出生率の推移を示している。これに関して，次の(1)，(2)の問いに答えなさい。

	総人口(千人)	世帯数(千世帯)	1世帯あたりの人数(人)	出生率(人口千人あたり)
1950年	83,200	16,580	5.02	28.1
1970年	103,720	30,374	3.45	18.8
1990年	123,611	41,036	3.01	10.0
2015年	127,095	53,449	2.38	8.0

図1（「日本国勢図会 2019/20」などにより作成）

(1) **図1**から読み取れることを正しく述べているのはどれか。

ア それぞれの期間の人口増加数は，いずれも2000万人以上である。

イ 2015年と1950年を比べると，人口の増加率は，世帯数の増加率よりも低い。

ウ それぞれの年における出生者数は，200万人をこえている。

エ 1990年の出生者数は，2015年の出生者数の2倍以上である。

(2) 次の文中の[　　]に当てはまる語を，**漢字3字**で書きなさい。

> わが国の1世帯あたりの人数が減少している原因として，出生率の低下による少子化，高齢者の単独世帯の増加のほか，家族の形態の変化により[　　]が増加したことがある。

2 **図2**は，2018年12月末現在の栃木県における国籍別外国人住民数の割合を示している。**図2**の**X**には，近年，増加がいちじるしい東南アジアの国が当てはまる。この国はどれか。

ア ベトナム　**イ** パキスタン　**ウ** モンゴル　**エ** イラン

中国 16.6%
X 14.0%
フィリピン 13.5%
ブラジル 10.0%
ペルー 7.5%
その他 38.4%

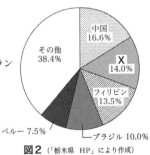

図2（「栃木県 HP」により作成）

3 **図3**は，わが国の産業別就業者数の推移を示している。これに関して，次の(1)，(2)の問いに答えなさい。

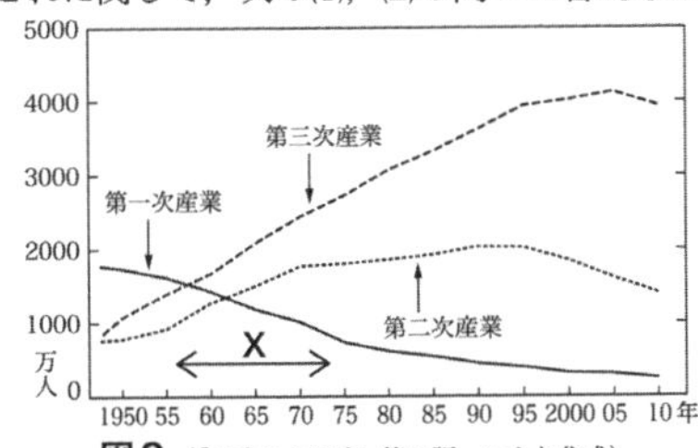

図3（「日本の100年 第6版」により作成）

(1) 第三次産業に当てはまるのはどれか。

ア 農林水産業　**イ** 情報通信業　**ウ** 建設業　**エ** 製造業

(2) **図3**から，←→で示した**X**の時期に産業構造が大きく変化したことがわかる。この変化について，人口移動の観点から，この時期の**経済状態を表す語**を用いて簡潔に書きなさい。

令和2年
10月4日実施

第180回 下野新聞模擬テスト

数学

制限時間 50分

1 次の**1**から**14**までの問いに答えなさい。

1 $24\div(-4)$ を計算しなさい。

2 $-\frac{5}{6}-\frac{1}{2}$ を計算しなさい。

3 $\sqrt{10}\times\sqrt{6}$ を計算しなさい。

4 $(x+3)(x-7)$ を展開しなさい。

5 $\frac{a-b}{2}=-c$ をbについて解きなさい。

6 x^2-6x+9 を因数分解しなさい。

7 1次関数 $y=\frac{1}{2}x-6$ において，xの増加量が4であるときのyの増加量を求めなさい。

8 2次方程式 $x^2-x=0$ を解きなさい。

9 $a=\sqrt{5}-1$であるとき，a^2+2a-3 の値を求めなさい。

10 2人でじゃんけんをするとき，あいこになる確率を求めなさい。ただし，2人とも，グー，チョキ，パーのどの手を出すことも同様に確からしいものとする。

11 すべての面が正三角形でできている正多面体は何種類あるか。次の**ア**，**イ**，**ウ**，**エ**のうちから1つ選んで，記号で答えなさい。

ア 1種類　　**イ** 2種類　　**ウ** 3種類　　**エ** 4種類

12 右の図のような，平行四辺形ABCDがある。辺AD上に，CD＝DEとなるような点Eをとり，頂点Cと点Eを結ぶ。∠ABC＝48°であるとき，∠xの大きさを求めなさい。

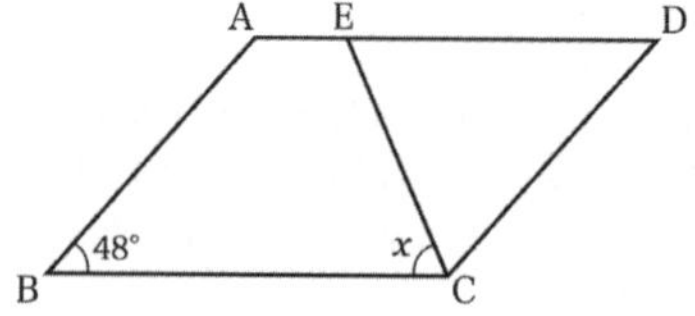

13 右の図は，ある立体の投影図を表したものである。この立体の体積を求めなさい。ただし，円周率はπとする。

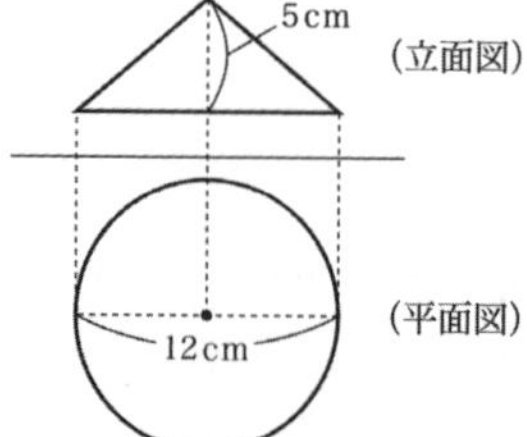

14 右の図は，ある立体の展開図を表したものである。この展開図を組み立てたときに頂点Pと重なる頂点を，図のAからMのうちからすべて選んで，記号で答えなさい。

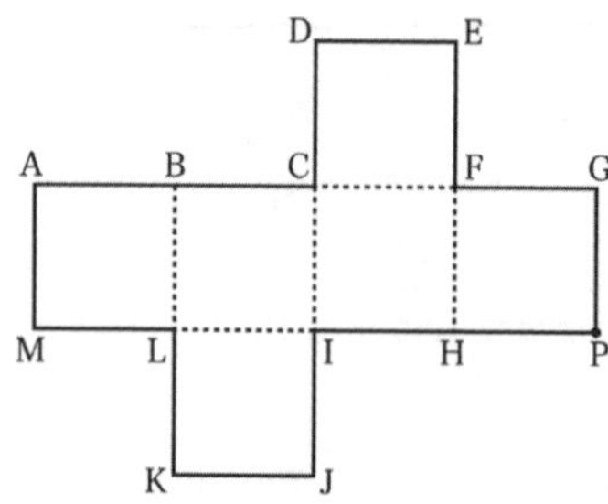

解答・解説 P291・P297

2 次の**1**，**2**，**3**の問いに答えなさい。

1 右の図のように，直線ℓと線分ABがある。線分ABを，直線ℓを対称の軸として対称移動させてできる線分A′B′(点A，Bが移動した点をそれぞれA′，B′とする)を作図によって求めなさい。ただし，作図には定規とコンパスを使い，また，作図に用いた線は消さないこと。

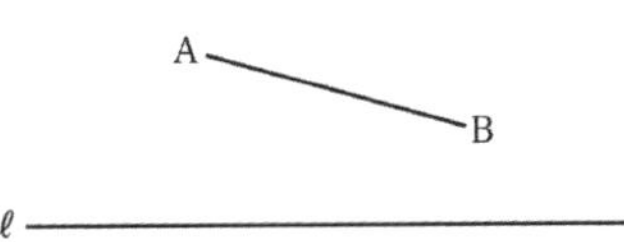

2 5の倍数より3小さい自然数と5の倍数より4小さい自然数の積を5で割ると，余りは2になる。

次の［　］内の文は，このことを証明したものである。文中の［①］，［②］，［③］に当てはまる式(かっこを使わない最も簡単な形)をそれぞれ答えなさい。

> 自然数m，nを用いて，
> 5の倍数より3小さい自然数を$5m-3$，5の倍数より4小さい自然数を$5n-4$と表すと，
> これらの自然数の積は，
> $(5m-3)(5n-4)=$［①］
> $=$［②］$+2$
> $=5($［③］$)+2$
> ［③］は整数であるから，$5($［③］$)$は5の倍数となり，
> $5($［③］$)+2$は5の倍数より2大きい。
> したがって，5の倍数より3小さい自然数と5の倍数より4小さい自然数の積を5で割ると，余りは2になる。

3 右の図のように，座標平面上に関数$y=\dfrac{4}{x}$ $(x>0)$のグラフがある。うすくぬった部分の中に，x座標，y座標がともに整数である点は何個あるか。ただし，関数$y=\dfrac{4}{x}$のグラフ上，x軸上，y軸上の点は除くものとする。

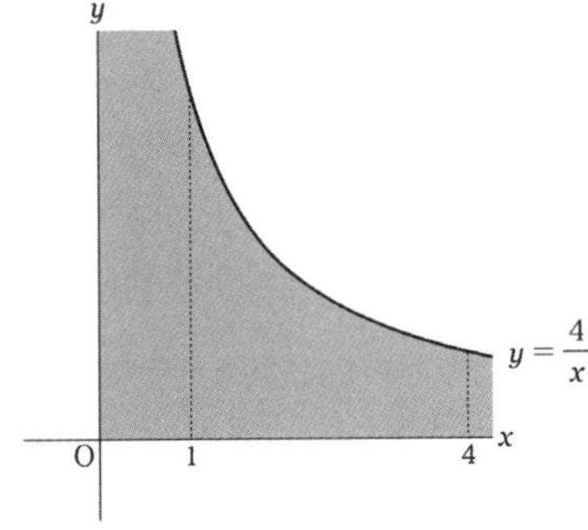

3 次の**1**，**2**の問いに答えなさい。

1 あるテーマパークの入場料金は，一般の人が団体で入場する場合，10人までは1人につき1人あたりの入場料金を支払うが，10人を超えた分については，1人につき1人あたりの入場料金の3割引きになっている。このテーマパークに一般の人19人が団体で入場したとき，全部で13040円の入場料金を支払った。このテーマパークの一般の人1人あたりの入場料金をx円として方程式をつくり，一般の人1人あたりの入場料金を求めなさい。ただし，途中の計算も書くこと。なお，入場料金はすべて消費税を含む金額である。

2 右の度数分布表は，ある個数の卵の質量を調べ，その結果をまとめたものである。ただし，一部は未記入になっている。

このとき，次の(1)，(2)，(3)の問いに答えなさい。

(1) 階級の幅は何gか。

(2) 次の［　］内の文は，調べた卵の個数が19個の場合に定まることについて述べたものである。文中の［①］，［②］に当てはまる数をそれぞれ答えなさい。

階級〔g〕	度数〔個〕
以上　未満 60 ～ 62	1
62 ～ 64	3
64 ～ 66	6
66 ～ 68	
68 ～ 70	2
計	

> 調べた卵の個数が19個の場合には，質量の最頻値(モード)は[①]gで，質量の中央値(メジアン)を含む階級の階級値は[②]gになる。

(3) 66g以上68g未満の階級の度数が何個のとき，質量の平均値が66.0gになるか。

4 次の**1**，**2**の問いに答えなさい。

1 右の図のような平行四辺形ABCDがあり，点E，Fは，それぞれ頂点A，Cから対角線BDに引いた垂線と対角線BDとの交点である。このとき，△EAB≡△FCDであることを証明しなさい。

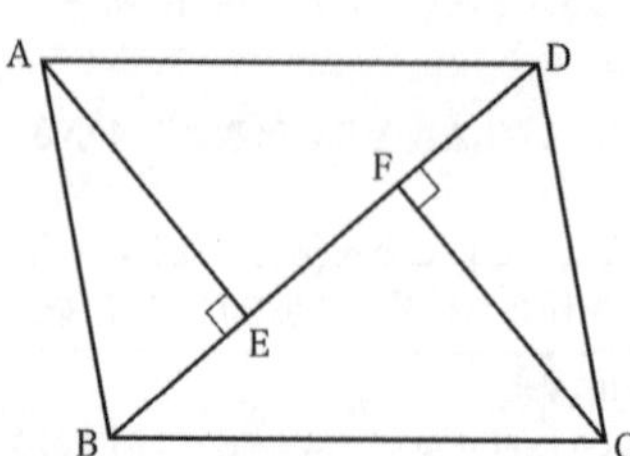

2 右の図のような，∠ABC＝90°の△ABCを底面とする三角錐O－ABCがあり，辺OBは底面に垂直である。また，三角錐O－ABCの辺AB，BC，OBの長さは，それぞれ4cm，6cm，8cmである。

このとき，次の(1)，(2)の問いに答えなさい。

(1) 辺ABとねじれの位置にある辺を答えなさい。

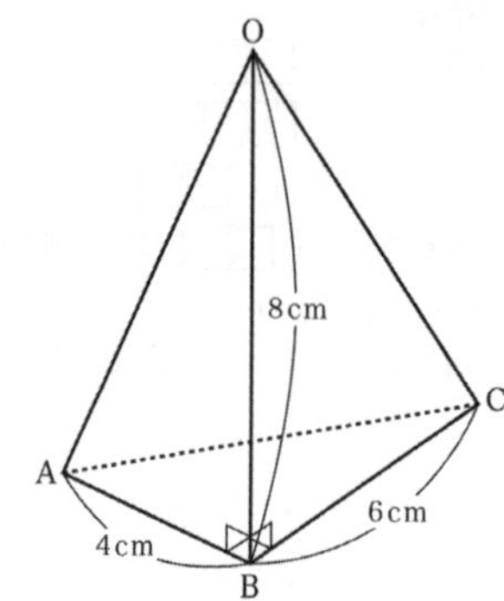

(2) 辺OA上に，OP：PA＝2：1となる点Pをとるとき，立体OPBCの体積を求めなさい。

5 ある山のふもとにあるAバスセンターと，山の中腹付近にあるB停留所の間を，バスが運行している。

午前6時に始発バスとしてAバスセンターを出発するバスは，午前6時25分にB停留所に着いてから10分間停車する。その後，バスはB停留所を出発し，Aバスセンターに戻ってきてからも10分間停車する。これ以降も，最終バスとなるまで，同じようにAバスセンターとB停留所の間を往復し続ける。なお，AバスセンターからB停留所に向かうバスの速さは毎分0.4km，B停留所からAバスセンターに戻ってくるバスの速さは毎分0.5kmで，いずれも一定の速さで走るものとする。

下の図は，午前6時からの経過時間をx分，Aバスセンターからバスまでの道のりを$y$kmとして，午前6時に出発したバスが1往復したあと，再びAバスセンターを出発したところまでのxとyの関係を表したグラフである。

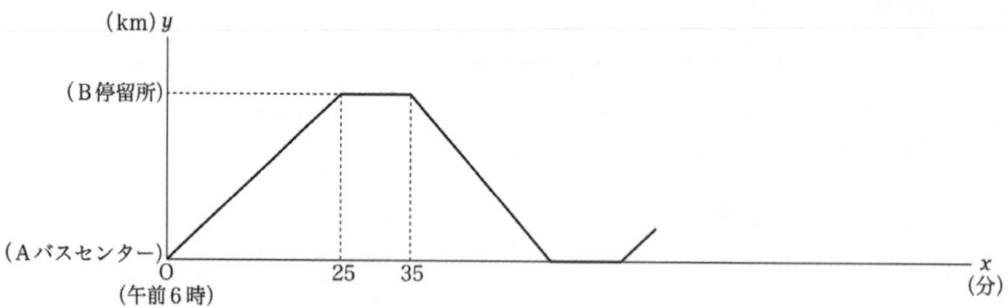

このとき，次の**1**，**2**，**3**の問いに答えなさい。

1 AバスセンターからB停留所までの道のりは何kmか。

2　午前6時35分にB停留所を出発したバスがAバスセンターに戻ってくるまでの間における，xとyの関係を式で表しなさい。

3　拓也さんは，午前6時10分にAバスセンターの前を出発して，B停留所まで毎分0.1 kmの速さで休むことなく歩いたところ，途中で何回かバスと出会った(すれ違ったり追い越されたりした)。これについて，次の(1)，(2)の問いに答えなさい。

(1)　拓也さんは何回バスと出会ったか。

(2)　拓也さんが最後にバスと出会った時刻は，午前何時何分何秒か。

6　半径1 cmの球がたくさんある。平面上において，図1のように，4個の球を正方形状に接するように並べたものの上(中央)に1個の球をのせたものを1番目のかたまりとする。次に，9個の球を正方形状に接するように並べたものの上(中央)に1番目のかたまりをのせたものを2番目のかたまり，16個の球を正方形状に接するように並べたものの上(中央)に2番目のかたまりをのせたものを3番目のかたまりとし，その後も同様に4番目のかたまり，5番目のかたまり，…と順につくっていく。図2は，3番目のかたまりまでを真上から見たようすを表したものである。

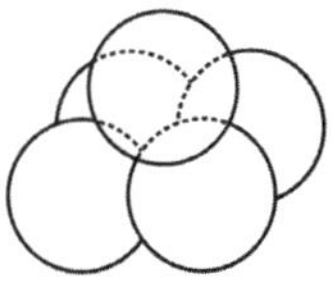

図1

1番目

2番目

3番目

図2

下の表は，図2において，最も下の段に並んでいる球の個数，並んでいるすべての球の個数，真上から見えている球の個数をまとめたものである。

かたまり	1番目	2番目	3番目	…
最も下の段に並んでいる球の個数〔個〕	4	9	16	…
並んでいるすべての球の個数〔個〕	5	14	30	…
真上から見えている球の個数〔個〕	5	13	25	…

このとき，次の**1**，**2**，**3**の問いに答えなさい。

1　4番目のかたまりについて，並んでいるすべての球の個数は何個か。

2　5番目のかたまりについて，真上からは見えていない球の個数は何個か。

3　n番目のかたまりの高さ(平面上から最も上の球の頂上までの距離)を求めるための考察について，次の(1)，(2)の問いに答えなさい。

(1)　図3は，1辺がa cmの正方形を表している。次の［　　］内の文は，図3の正方形の対角線の長さをx cmとしたとき，aとxの間に成り立つ関係式について述べたものである。文中の［①］～［③］に当てはまる単項式をそれぞれ答えなさい。

> 1辺がa cmの正方形の面積は，aを用いて［①］cm²と表される。また，正方形はひし形の一種であることから，対角線の長さがx cmの正方形の面積は，xを用いて［②］cm²と表される。
>
> ［①］=［②］であり，$a>0$，$x>0$であることから，
> x =［③］という関係式が成り立つ。

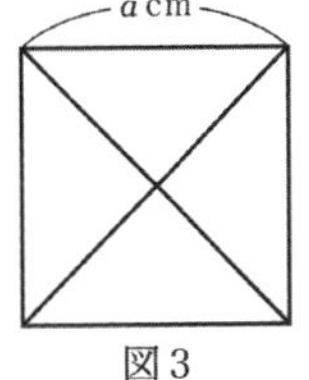

図3

(2)　n番目のかたまりの高さは何cmか。nを用いて表しなさい。

令和2年
10月4日実施

第180回 下野新聞模擬テスト

理　科

制限時間 **45**分

1 次の**1**から**8**までの問いに答えなさい。

1 次のうち，夏の前後においては梅雨前線や秋雨前線とよばれることが多い前線はどれか。

ア 温暖前線　　**イ** 停滞前線　　**ウ** 寒冷前線　　**エ** 閉塞前線

2 ある回路に加わる電圧の大きさを V〔V〕，その回路を流れる電流の大きさを I〔A〕とするとき，これらの積 $V \times I$ によって求められるものは，次のうちどれか。

ア 熱量　　**イ** 電力　　**ウ** 抵抗　　**エ** 周波数

3 次のうち，ソラマメやタマネギの根の細胞分裂において，分裂の直前に核の中で染色体に起こる変化を表す語はどれか。

ア 分離　　**イ** 化合　　**ウ** 複製　　**エ** 減数

4 次のうち，密度の単位として使われているものはどれか。

ア hPa　　**イ** m/s　　**ウ** N/m²　　**エ** g/L

5 右の図は，ある火成岩(表面がよく磨かれている)のつくりをルーペで観察してスケッチしたものである。Xで示した，形がわからないほどの小さな鉱物の集まりやガラス質の部分を何というか。

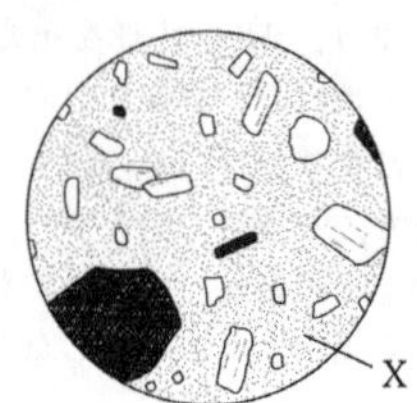

6 右の図は，200Hzの音の波形を表している。1回の振動にかかる，Tで示した時間は何秒か。

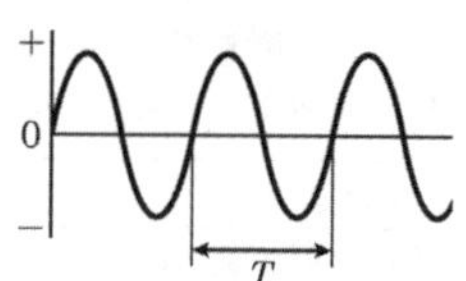

7 右の図は，ヒトの血液中の3種類の固形成分を模式的に表したものである。出血時に血液を固めるはたらきをしている，Aで示した固形成分を何というか。

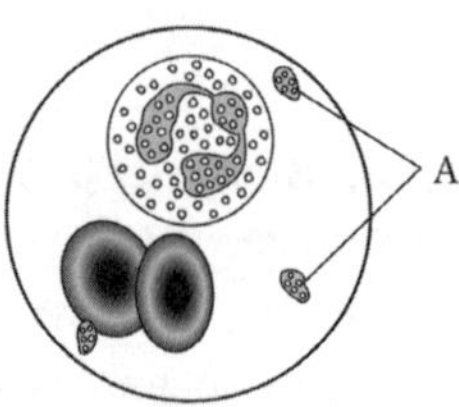

8 製鉄所にある溶鉱炉(高炉)では，鉄鉱石(主成分は酸化鉄)，<u>石炭を蒸し焼きにしたもの</u>などを混ぜ合わせて1500℃ほどに加熱することにより，還元という化学変化を利用して単体の鉄を液体の状態でとり出している。下線部の物質を何というか。**カタカナ**で書きなさい。

2 図1，2は，それぞれある生物の化石を表したもので，これらの生物はすでに絶滅している。

このことについて，次の**1**，**2**，**3**の問いに答えなさい。

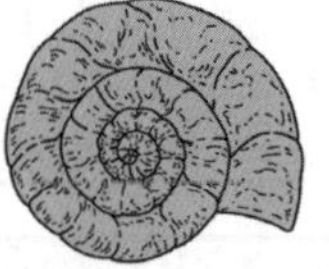
図1

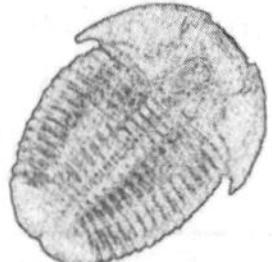
図2

1 図1の化石になった生物は，次のうちどれか。

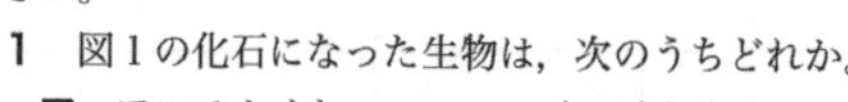

ア アンモナイト　　**イ** ビカリア
ウ シソチョウ　　**エ** フズリナ

2 次の□内の文は，図2について述べたものである。①，②に当てはまる数字や語の組み合わせとして正しいものはどれか。

> 地球の歴史においては，約5.41億年前〜約（ ① ）億年前の期間を（ ② ）とよび，図2の化石になった生物は，この期間に栄えていた。

	①	②
ア	0.66	古生代
イ	0.66	中生代
ウ	2.52	古生代
エ	2.52	中生代

解答・解説 P291・P299

3　図1，2の化石のように，その化石を含む地層が堆積した地質年代を推測する手がかりとなる化石を何化石というか。また，そのような化石であるためには，「個体数が多かった。」ことや「広い範囲に生息していた。」ことの他に，どのような条件が必要か。「時期」という語を用いて簡潔に書きなさい。

3　電源装置，コイル，U字形磁石，電熱線，棒(木製)などを用いて，図のような装置を組み立て，電源装置のスイッチを入れて電流を流したところ，コイルはある向きに振れた。なお，AB間は，Aがある側が西，Bがある側が東を向いていて，電流はBからAの向きに流れている。また，U字形磁石は，S極が上，N極が下になるように置いてある。

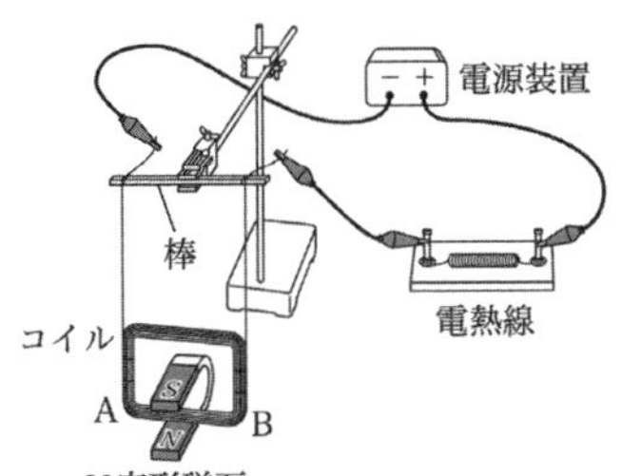

このことについて，次の1，2，3の問いに答えなさい。

1　鉄心を入れたコイルに電流を流すと，コイルの周囲に生じた磁界が鉄心によって増幅され，コイルは磁石としての性質をもつようになる。このような磁石を何というか。

2　次の［　　］内の文は，コイルが振れた理由，およびその向きについて述べたものである。①，②に当てはまる語の組み合わせとして正しいものはどれか。

> コイルが振れたのは，コイルのAB間におけるU字形磁石による(　①　)向きの磁界と，AB間を流れた電流によって生じた磁界が作用し合うことにより，AB間を流れる電流に，これらの二つの磁界どうしが「強め合う側→弱め合う側」の向きである，(　②　)向きの力がはたらいたからである。

	①	②
ア	上	北
イ	上	南
ウ	下	北
エ	下	南

3　この操作では，電流が磁界から力を受ける現象が起こったが，これとは逆に，磁石などを動かすことによってコイルの内部の磁界を変化させると，コイルに電流が流れる。このときに流れる電流を何というか。

4　葉に運ばれてきた水のゆくえについて調べた。右の図は，ある被子植物の葉の断面のようすを模式的に表したものである。ただし，図では，上側が葉の表側，下側が葉の裏側を表している。

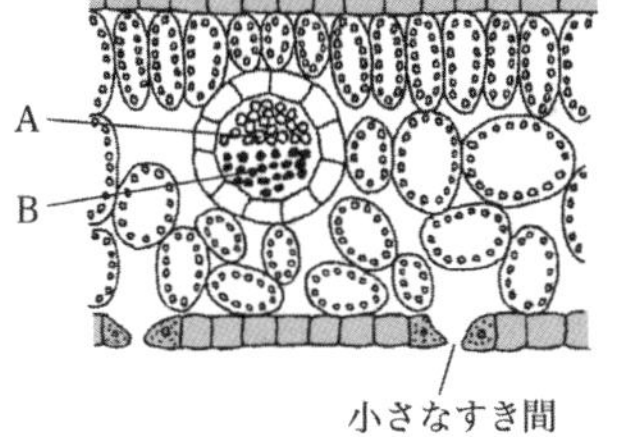

このことについて，次の1，2，3の問いに答えなさい。

1　水は，図の葉脈内のA，Bのうち，どちらの管を通って運ばれてくるか。また，その管の名称は何か。これらの組み合わせとして正しいものは，次のうちどれか。

ア　管：A　名称：道管　　　イ　管：B　名称：道管
ウ　管：A　名称：師管　　　エ　管：B　名称：師管

2　図で，葉の表面に見られる小さなすき間を何というか。また，このすき間を囲んでいる一対の三日月形の細胞を何細胞というか。

3　次の［　　］内の文章は，図の小さなすき間を通して行われている現象について述べたものである。①，②に当てはまる語の組み合わせとして正しいものはどれか。

> 植物の体の中の水が，図の小さなすき間から大気中に放出される現象を(　①　)という。この現象において，水は(　②　)の状態で放出されている。

	①	②
ア	蒸留	液体
イ	蒸留	気体
ウ	蒸散	液体
エ	蒸散	気体

5 右の図のように，チョークの粉(主成分は炭酸カルシウム)にうすい塩酸を加えたところ，気体Xが発生した。

このことについて，次の**1**，**2**，**3**の問いに答えなさい。

うすい塩酸
活栓つきろうと
気体X
フラスコ
チョークの粉

1 気体Xは何という名称の気体か。また，気体Xが乾燥した空気中に占める体積の割合を百分率で表しているものは，次のうちどれか。

ア 約0.04％　　**イ** 約0.9％
ウ 約21％　　**エ** 約78％

2 気体Xを集気びんの中に集めて，その中に火のついた線香を入れたときのようすを述べているものは，次のうちどれか。

ア 線香が炎を上げて燃える。　　**イ** 線香の火がすぐに消える。
ウ 線香はそのまま燃え続ける。　　**エ** 爆発して気体Xが燃える。

3 次の**ア**から**オ**のうちから，気体Xと同じ気体が発生するものをすべて選び，記号で答えなさい。

ア 亜鉛にうすい塩酸を加える。
イ 硫化鉄にうすい塩酸を加える。
ウ 炭酸水素ナトリウムにうすい塩酸を加える。
エ 二酸化マンガンにオキシドールを加える。
オ 酸化銅と炭素の粉末を混ぜ合わせて加熱する。

問題 R2
180
181
182
183
【理科】第180回

6 気温と飽和水蒸気量の関係によって起こる現象について調べるため，次の調査(1)，(2)を行った後，実験(3)，(4)を順に行った。

(1) 飽和水蒸気量の値は，気温が高くなるほど大きくなっていく。

(2) 気温が8℃から15℃の間の飽和水蒸気量について，その値を資料集を用いて調べ，下の表のようにまとめた。

気温〔℃〕	8	9	10	11	12	13	14	15
飽和水蒸気量〔g/m³〕	8.3	8.8	9.4	10.0	10.7	11.4	12.1	12.8

(3) 図1のように，くみ置きの水が入った銅製の容器に温度計を差し込んだところ，温度計は14℃を示した。

(4) 図2のように，ガラス棒で水をかき混ぜながらコップに氷水を少しずつ加えていき，容器の表面を注意深く観察していたところ，容器の表面に水滴がつき始めた。このとき，温度計は9℃を示していた。

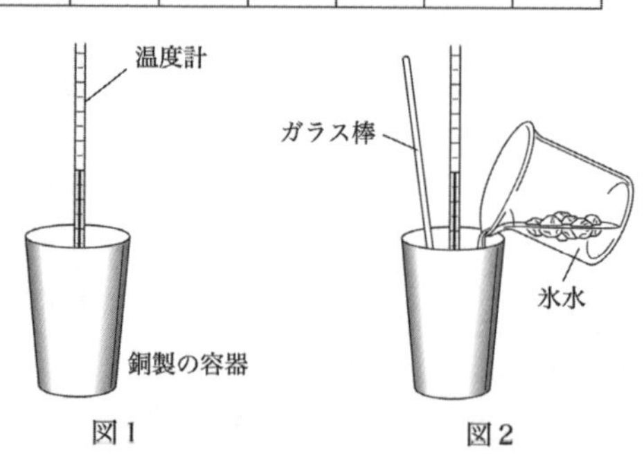

図1　図2

このことについて，次の**1**，**2**，**3**，**4**の問いに答えなさい。

1 調査(1)，(2)における飽和水蒸気量の定義を述べているものは，次のうちどれか。

ア 1 m³の空気中に実際に含まれている水蒸気の質量のことをいう。
イ 1 m³の空気中に含みきれなくなった水蒸気の質量のことをいう。
ウ 1 m³の空気中にさらに含むことができる水蒸気の質量のことをいう。
エ 1 m³の空気中に含むことができる最大の水蒸気の質量のことをいう。

2　実験(4)の下線部について，水滴が生じた理由を述べているものは，次のうちどれか。

ア　容器内の水が蒸発したから。
イ　容器内の水が表面にしみ出したから。
ウ　容器とふれている空気中の水蒸気が状態変化したから。
エ　容器とふれている空気中の酸素と水素が化合したから。

3　実験を行ったときの湿度は何%であったと考えられるか。小数第1位を四捨五入して，整数で答えなさい。

4　地表付近の湿度が100%になった後に見られる，細かい水滴が地表付近に浮遊しているものを何というか。

7　物体が他の物体におよぼしている力や圧力について調べるために，次の実験(1)，(2)，(3)を順に行った。

(1)　図1のような，3辺の長さがそれぞれ8cm，10cm，12cmで質量が1800gの直方体の物体，およびやわらかいゴム板を用意した。

(2)　図2のように，図1の物体のA面を上向きにしてゴム板の上にはみ出さないように置いたところ，ゴム板は少しへこんだ。

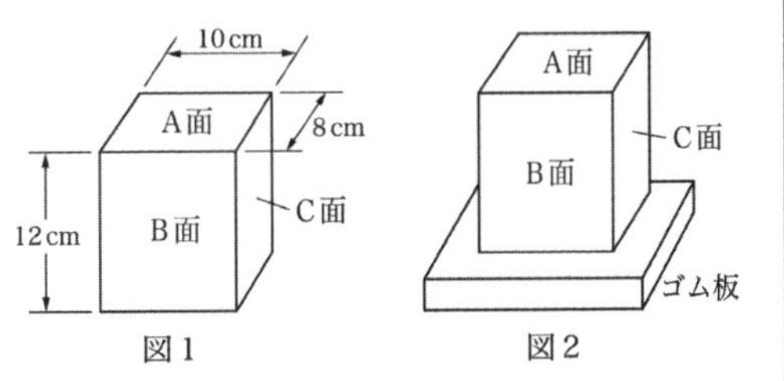

図1　図2

(3)　図1の物体のB面，C面を上向きにしてゴム板の上にはみ出さないように置いて，それぞれの場合のゴム板のへこみ方を調べ，(2)のときのへこみ方と比較した。

このことについて，次の**1**，**2**，**3**，**4**の問いに答えなさい。ただし，質量100gの物体にはたらく重力を1Nとする。

1　実験(2)，(3)において，物体を置くことでへこんだゴム板に生じている，もとの状態に戻ろうとする力を何というか。

2　図2のように，A面を上向きにして物体を置いたときの**1**の力の大きさを表しているものは，次のうちどれか。

ア　1.8N　　**イ**　18N
ウ　180N　　**エ**　1800N

3　図3は，図2を物体のC面側の正面から見たようすを表したものであり，方眼の1目盛りは6Nの力の大きさを表している。このときの物体にはたらいている重力を表す矢印を，力の作用点を●ではっきり示して解答用紙にかき入れなさい。ただし，図3では，ゴム板がへこんでいるようすについては無視されている。

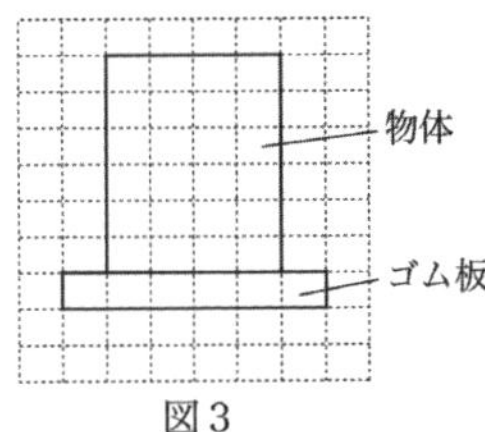

図3

4　次の□内の文章は，実験(2)，(3)の結果について述べたものである。①，②に当てはまる記号(A，B，C)や数値をそれぞれ書きなさい。

> 実験(2)，(3)において，ゴム板のへこみ方が最も小さかったのは，(　①　)面を上向きにして置いたときであった。また，このときに物体がゴム板におよぼしている圧力の大きさは(　②　)Paであった。

8 生物のなかまのふやし方は，大きく２種類のものに分けられる。これらの２種類のなかまのふやし方について，次の調査(1)，(2)，(3)，(4)を行った。

(1) 単細胞生物は，一つの個体が新たな二つの個体に分かれる，分裂とよばれる無性生殖によってなかまをふやしているものが多い。

(2) アメーバが分裂によって新しい個体に分かれるようすは，図１のような模式図によって表される。

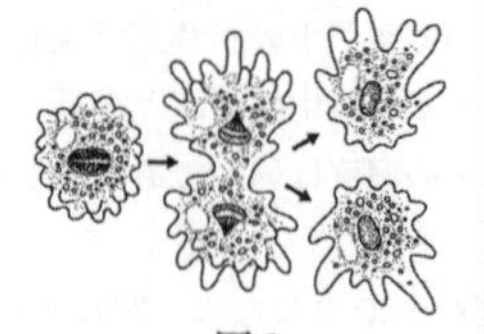

図１

(3) 多細胞生物であるセキツイ動物は，雌雄が関係することによってなかまをふやしていて，このようななかまのふやし方を有性生殖という。

(4) セキツイ動物の両生類に属するカエルがなかまをふやす一連の流れは，図２のような模式図によって表される。

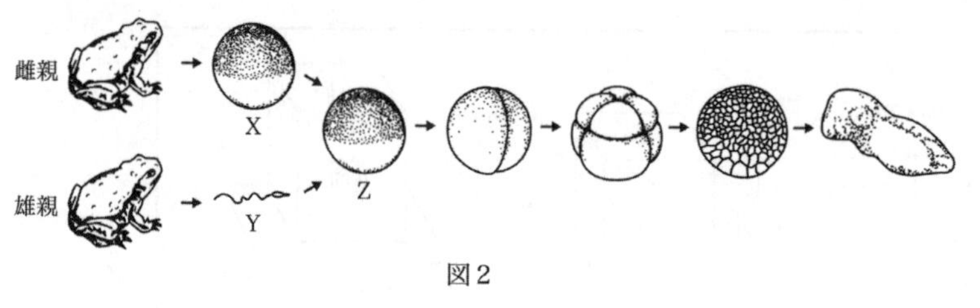

図２

このことについて，次の**1**，**2**，**3**，**4**の問いに答えなさい。

1 調査(1)，(2)について，無性生殖によってできる子の形質は，親の形質と比べてどのようになっているか。「親」という語を用いて簡潔に書きなさい。

2 無性生殖は，図１のような分裂の他にもいろいろなものがある。無性生殖の中で，ジャガイモやサツマイモの「いも」のように，体の一部から新しい個体をつくることを何生殖というか。

3 次の［　　］内の文章は，図２のX，Y，Zについて述べたものである。①，②に当てはまる語の組み合わせとして正しいものはどれか。

> カエルの雌親の体内でつくられたXは，動物の有性生殖においては（　①　）とよばれている。また，XとYの核が合体することによってできたZを（　②　）という。

	①	②
ア	卵	胚
イ	卵	受精卵
ウ	卵細胞	胚
エ	卵細胞	受精卵

4 図２において，XとYの核が合体してから90分後にZは１回目の細胞分裂を終え，その後は30分ごとにそれぞれの細胞が細胞分裂を終えることを繰り返していくものとする。XとYの核が合体してから３時間後にできていると考えられる細胞の個数は，次のうちどれか。また，図２のZが細胞分裂をくり返し，個体としての体のつくりが完成していく過程を何というか。

ア 8個　　**イ** 16個　　**ウ** 32個　　**エ** 64個

解答・解説 P291・P299

9 水溶液に電流を流したときに起こる化学変化について調べるために，次の実験(1)，(2)，(3)，(4)を順に行った。

(1) 簡易型電気分解装置の上部の二つの穴にゴム栓をしてから装置を横に倒し，背面の穴から質量パーセント濃度が5％の塩酸を入れた。

(2) 装置の前面側を塩酸で満たし，前面側に空気が残らないように装置を立てた。

(3) 図1のように，2本の電極を電源装置につないで，ある大きさの電圧を加えて電流を流したところ，陽極にした電極からは気体Xが，陰極にした電極からは気体Yが発生し始めた。

(4) 図1の装置にしばらく電流を流し続けたところ，装置の上部に集まった気体Xと気体Yの体積は大きく異なっていた。

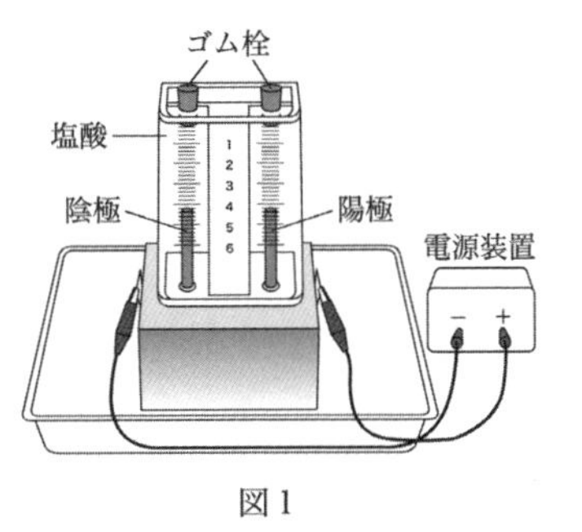

図1

このことについて，次の**1**，**2**，**3**，**4**の問いに答えなさい。

1 実験に用いた塩酸は，塩化水素の分子が水に溶けたものである。塩化水素が水に溶けてイオンに分かれるようすを，化学式とイオン式を使って表しなさい。

2 実験(4)において，下線部のようなことになったのはなぜか。「気体Xの具体的な名称」を表す語を用いて簡潔に書きなさい。

3 実験(3)，(4)で，電流を流すことによって塩酸の溶質(塩化水素)がn分子だけ分解されたとすると，この電気分解によって発生した気体Yは何分子であったと考えられるか。次の**ア**から**オ**のうちから一つ選び，記号で答えなさい。

ア $\frac{1}{4}n$分子　**イ** $\frac{1}{2}n$分子　**ウ** n分子　**エ** $2n$分子　**オ** $4n$分子

4 図2は，気体Xを発生させるもととなったイオンの構造を模式的に表したものである。また，次の□内の文章は，図2のイオンの原子核の中にある粒子について述べたものである。①，②に当てはまる語や数字をそれぞれ書きなさい。

> 図2のイオンの原子核の中には，＋の電気をもっている粒子と電気をもたない粒子とがあり，電気をもたない粒子を（ ① ）という。また，＋の電気をもっている粒子は（ ② ）個ある。

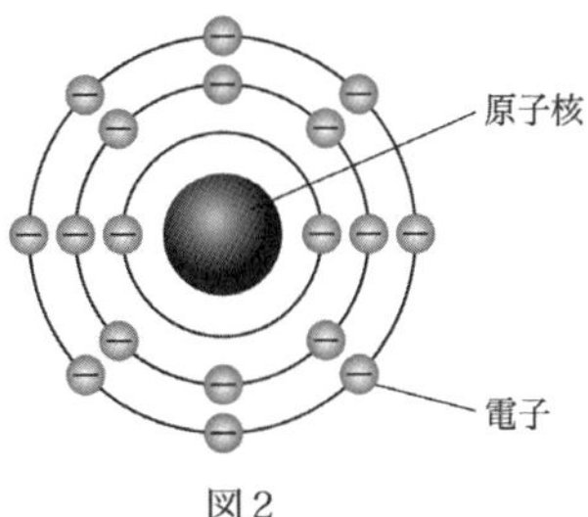

図2

第180回 下野新聞模擬テスト
英語

問題
R2
180
181
182
183
【英語】第180回

1 これは聞き方の問題である。指示に従って答えなさい。

1〔英語の対話とその内容についての質問を聞いて，答えとして最も適切なものを選ぶ問題〕

2〔英語の対話とその内容についての質問を聞いて，答えとして最も適切なものを選ぶ問題〕

(1) ① **ア** To the park.　　**イ** To the city library.
　　ウ To the station.　　**エ** To Higashi High School.

② **ア** At 10：30 this Saturday.　　**イ** At 13：00 this Saturday.
　ウ At 10：30 this Sunday.　　**エ** At 13：00 this Sunday.

(2)

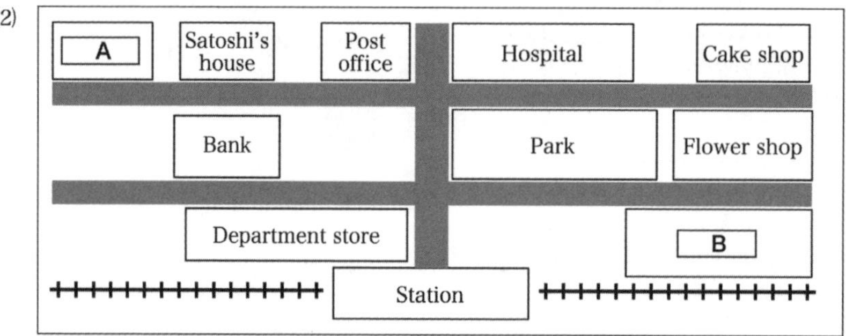

① **ア** She made a cake.　　**イ** She called Satoshi's sister.
　ウ She gave a birthday card.　　**エ** She got flowers in the park.

② **ア** **A**：Restaurant　―　**B**：Library
　イ **A**：Bookstore　―　**B**：Supermarket
　ウ **A**：Restaurant　―　**B**：Supermarket
　エ **A**：Bookstore　―　**B**：Library

3〔クラスメイトのスピーチを聞いて，英語で書いた感想文を完成させる問題〕
※ただし，数字は使用しないこと。

解答・解説 P290・P294

About Mariko's Speech

Mariko made a speech about her summer vacation. She went to Australia with her (1)(　　　　) to see her sister. I have met her sister before, but I didn't know that she started living in Australia (2)(　　　　) years ago.

They left Japan in July, and they got to Australia in August. She told us that she went to the (3)(　　　　) and had a good time there. I also like animals, so I want to go there. August 3 is Mariko's birthday, and she got a book from her sister. I think her sister is very kind.

On August 4, they came back to Japan. They will go to Australia again next (4)(　　　　). I have been there once. After I listened to her speech, I also want to go there again.

2 次の**1**，**2**の問いに答えなさい。

1 次の英文中の (1) から (6) に入れるものとして，下の(1)から(6)の**ア**，**イ**，**ウ**，**エ**のうち，それぞれ最も適切なものはどれか。

I go to Hikari Junior High School. My school is famous [(1)] its strong baseball team. I'm a member of the team. I practice baseball hard [(2)] 16:40 to 18:00 every day.

I also like studying English. I was happy when I [(3)] the English speech contest in Hikari City last year. This year, the contest will be [(4)] on November 22. I'll join it again [(5)] I like English very much. I practice [(6)] English in front of my family at home every day. I hope I will win the contest again.

(1) **ア** for　**イ** in　**ウ** to　**エ** without
(2) **ア** at　**イ** from　**ウ** with　**エ** since
(3) **ア** win　**イ** wins　**ウ** won　**エ** to win
(4) **ア** hold　**イ** holds　**ウ** held　**エ** is holding
(5) **ア** but　**イ** or　**ウ** than　**エ** because
(6) **ア** speak　**イ** speaks　**ウ** to speak　**エ** speaking

2 次の(1)から(3)の(　　)内の語を意味が通るように並べかえて，(1)と(2)は**ア**，**イ**，**ウ**，**エ**，(3)は**ア**，**イ**，**ウ**，**エ**，**オ**の記号を用いて答えなさい。ただし，文頭にくる語も小文字で示してある。

(1) Lucy (**ア** a doll　**イ** for　**ウ** bought　**エ** her) sister.
(2) (**ア** the　**イ** date　**ウ** is　**エ** what) today?
(3) Your (**ア** letter　**イ** happy　**ウ** make　**エ** will　**オ** him).

3 次の英文は，次ページの「お知らせ」に関する，友香(Yuka)とアメリカからの留学生ボブ(Bob)との対話の一部である。これを読んで，**1**から**7**までの問いに答えなさい。

Yuka: Hi, Bob. (**A**) this *poster. It's about the volunteer *activity at the *nursery school. I want to join it.

Bob: That sounds like a good idea. You are interested in volunteer activities, right?

Yuka: Yes. My brother is also interested in them. He joined this volunteer activity last year. He *made a comment in this poster.

Bob: Oh, is this boy your brother?

Yuka: Yes, he is. He said, "When I read books to the children, ＿＿＿＿(1)＿＿＿＿. I was really happy to see their happy faces."

Bob: Your brother is great. I also joined a volunteer activity in my country. I visited a *nursing home with my friends. We enjoyed talking with old people. I learned many things through their stories. Also, we helped (2)<u>them</u> with their walking in the garden.

Yuka: Oh, I'm glad to know that you're also interested in volunteer activities.

Bob: Have you ever done any volunteer activities?

Yuka: Yes, I have. I'm in the music club at school. Last winter we visited a hospital to play music as volunteers.

Bob：(3)<u>That</u> sounds wonderful. I want to join this volunteer activity with you. Where is the nursery school?
Yuka：Here is a map. You know Chuo Park, right? Do you know there is a flower shop next to the park?
Bob：Yes, I do.
Yuka：The nursery school is ＿＿＿(4)＿＿＿ and the police box.
Bob：OK. Thank you, Yuka. What will we do in the nursery school?
Yuka：We'll read books to children and play English games with them. Also, we'll ＿＿＿(5)＿＿＿ together.
Bob：Good. I hope they will feel happy by playing with us.
Yuka：I hope so, too.
Bob：（ **B** ） will we play with them?
Yuka：Well ..., for about two hours.
Bob：All right. Then, let's visit the *website of Aoba City and *apply for the volunteer activity by e-mail.
Yuka：No, Bob. (6)<u>We need to （　　） the *city hall to join it.</u>
Bob：Oh, I see. (7)<u>During my stay in Japan, I want to join many kinds of volunteer activities</u>.

〔注〕*poster＝ポスター　*activity＝活動　*nursery school＝保育所
*make a comment＝コメントをする　*nursing home＝老人ホーム
*website＝ウェブサイト　*apply for ～＝～に申し込む　*city hall＝市役所

ボランティア募集のお知らせ

掲示日　6月15日（月）

日　　時 … 7月22日（水）
午後1時～午後3時
場　　所 … 青葉保育所
対 象 者 … 中学生・高校生
活動内容 … 本の読み聞かせ
英語ゲーム
英語で歌をうたう
募集人数 … 約10名
締め切り … 6月30日（火）
応募方法 … 電話のみ

地図
中央公園　花屋　★青葉保育所　交番

お問い合わせ … 青葉市役所　こども課　ボランティア係
電話番号 … 0282-XX-XXXX

備考
メールでの応募はできませんのでご注意ください。
英語と子どもが好きな皆さんのご応募をお待ちしております。

参加者の声

子どもたちに本を読んであげたとき，彼らは物語を聞くことを楽しんでくれました。彼らの笑顔が見られて，本当にうれしかったです。すばらしい経験になると思うので，ぜひ参加してみてください。

1　本文中の（ **A** ）に入る語句として，最も適切なものはどれか。
ア　Look for　**イ**　Look at　**ウ**　Look like　**エ**　Look after

2　上のポスターを参考に，二人の対話が成り立つよう，下線部(1)，(4)，(5)に適切な英語を書きなさい。

問題R2 180 181 182 183 【英語】第180回

解答・解説 P290・P294

3 下線部(2)は何を指すか。英語**2語**で書きなさい。

4 下線部(3)の指す内容は何か。具体的に日本語で書きなさい。

5 本文中の(**B**)に入る語句として，最も適切なものはどれか。

ア How often　　**イ** What game　　**ウ** How long　　**エ** What time

6 二人の対話が成り立つよう，下線部(6)の(　　)に入る最も適切な英語を書きなさい。

7 下線部(7)について，あなたなら，本文に書かれていること以外で，どんなボランティア活動をボブに紹介しますか。あなたが聞いたことや経験したこともふまえて，つながりのある**4文から6文程度**の英語で書きなさい。

4 次の英文を読んで，1，2，3，4の問いに答えなさい。

One day, my friends, Mariko and Takuya, talked to me in the classroom. Mariko said, "Nancy, what do you want to be in the future? I want to be an English teacher because I like English." Takuya said, "I want to work at a restaurant because I like cooking." I couldn't say anything about my future. I thought, "Mariko and Takuya have future dreams, but I don't."

I like reading books about animals, so I often go to the city library by bus on Saturday. When I go there, a young man often gets on the bus. We get off the bus at the *same bus stop and go to the library. He always reads books there, and they look difficult. I wanted to talk to him, but I didn't have the *courage to do that.

Last Saturday afternoon, I saw the man on the bus again. We got off the bus and went into the library *as usual. When he was reading a book, I saw the *cover of it. It was a book about animals! I became interested in him, and finally I talked to him, "Excuse me. [　　　] you a question?" "Sure," he answered. I said, "I often see you here in the library. Do you like reading books?" "Yes. I'm Kenta Okada. Nice to meet you," he said. I said, "I'm Nancy Williams. Nice to meet you, too. Mr. Okada, what book are you reading today?" "I'm reading a book about animals. I love animals," he said. I was (**A**) to hear that. I said, "Oh, really? I love animals, too! What animals do you like?" Then, we talked about our favorite animals. That day, I didn't have *enough time to talk with him, but I had a very good time.

The next morning, I found that my dog, Sasuke, didn't look fine. My mother and I took him to the animal hospital near the library in her car. When we were waiting in the hospital, I saw Mr. Okada. I was very surprised to learn that he works there as a *vet. Then, he also found me and said, "Oh! Hello, Nancy! What's the matter?"

After that, Mr. Okada did everything for Sasuke. He said to us, "Sasuke is feeling better now. He will get better soon." I said, "Thanks a lot, Mr. Okada!" "You're welcome," he said. Then, he showed me some rooms in the animal hospital. I saw cats, dogs, and other animals. He said, "The *staff and I are taking care of them." They looked very busy. He said to me, "All of us work together for sick animals. It's very hard work, but we want to save all of them. We believe that we can do something for them."

When I heard this, I felt very (**B**). <u>I learned something important through Mr. Okada's words</u>. Now I'm thinking about my own plan for my future *seriously. When I see him again, I want to tell Mr. Okada about that.

〔**注**〕*same bus stop＝同じバス停　*courage＝勇気　*as usual＝いつものように
*cover＝表紙　*enough＝十分な　*vet＝獣医　*staff＝職員
*seriously＝真剣に

1 本文中の[　　　]に，適切な英語を**3語**で書きなさい。

2 本文中の(**A**)，(**B**)に入るナンシー(Nancy)の気持ちを表している語の組み合わせとして最も適切なものはどれか。

ア **A**：happy　—　**B**：warm
イ **A**：sad　—　**B**：glad
ウ **A**：glad　—　**B**：cold
エ **A**：excited　—　**B**：angry

3 下線部のきっかけとなった岡田さん(Mr. Okada)の発言や，その後のナンシーの変化とはどのようなものか。次の[　　]内の(　①　)と(　②　)に適切な日本語を書きなさい。

ナンシーは以前，真理子(Mariko)や拓也(Takuya)のように将来の夢を持っていなかった。しかし，獣医の岡田さんの「私たちは(　　　　①　　　　)と信じているよ」という言葉を聞いて，今は真剣に(　　　　②　　　　)。そして，岡田さんにもう一度会ったときに，そのことについて話をするつもりである。

4 本文の内容と一致するものはどれか。二つ選びなさい。

ア Takuya likes cooking, so he wants to work at a restaurant in the future.
イ Nancy talked about animals with Mr. Okada for a long time last Saturday.
ウ Nancy and her mother took Sasuke to the animal hospital by bus.
エ Last Sunday Nancy saw Mr. Okada in the animal hospital.
オ Nancy knew Mr. Okada was a vet, so she wasn't surprised to see him in the animal hospital.
カ In the future, Nancy wants to be a doctor to save sick people.

5 インターネット(the Internet)について書かれた次の英文を読んで，**1**，**2**，**3**，**4**の問いに答えなさい。

Today many people use the Internet. The Internet is the biggest of all the computer *networks all over the world. Some people use the Internet to work, to study, and to make friends. Maybe they think they can't live without the Internet.

However, about thirty years ago, most people thought using the Internet was very difficult. They thought they needed a lot of practice to use the Internet. Now many people enjoy using the Internet without special *knowledge. They can easily get a lot of information on the Internet. It is very useful to find information on almost anything. [　ア　]

Most schools in Japan have computer classes. Students can learn some ways of using the Internet. [　イ　] In their classes, students send English messages to students in other countries through the Internet. They talk with each other about their school life, their family, and their future dreams. [　ウ　] The Internet is very useful for students when they learn English. [　エ　] Also, the Internet can give them chances to make friends in the world and to learn about their countries.

The Internet can be a great place to meet people. However, just like the *real world, the *virtual world also has important *rules to〔　　　〕. The rules are *true of children, too. *Parents should watch their children's *online activities, and they need to talk about rules about using the Internet.

〔注〕*network＝ネットワーク　*knowledge＝知識　*real＝現実の
*virtual＝架空の　*rule＝ルール　*true of ～＝～についてあてはまる
*parents＝両親　*online activity＝インターネット上での活動

1 下線部の理由は何か。日本語で書きなさい。

2 本文中の[　ア　]から[　エ　]のいずれかに次の1文が入る。最も適切な位置はどれか。

English teachers sometimes use computers in their classes.

3 本文中の〔　　　〕に入れるものとして，最も適切なものはどれか。

ア clean　　**イ** follow　　**ウ** finish　　**エ** write

4 本文を通して，筆者が最も伝えたいことはどれか。

ア Some people use the Internet to study English and learn about other countries.
イ Making friends on the Internet is getting popular now.
ウ Using the Internet is more useful than reading newspapers.
エ The Internet is useful in many ways, but we should have rules when we use it.

 解答・解説 P290・P294

6　本文の特徴を説明したものとして最も適切なものはどれか。

ア　方言を使った会話文を中心に話を進めつつ、第三者の客観的な視点によって主人公の心情を説明している。

イ　擬音語や擬態語を用いることで、登場人物の表情の変化や周囲の景色の様子が鮮やかに描き出されている。

ウ　異性を意識し始める年頃となった真子の心情が、彼女自身の心の中の言葉によって巧みに表現されている。

エ　大人（おとな）びている岩鞍くんと幼さの残る真子とを比較することで、二人の人間性の違いを浮かび上がらせている。

5

下の資料A、Bは、東京近郊に暮らす約四百人の高校生を対象に、「食事中の家族との過ごし方」について調査し、その結果をグラフにまとめたものである。この二つの資料を参考にして、あなたの考えを書きなさい。

なお、次の《注意》に従って書くこと。

《注意》

・二段落構成とすること。
・第一段落には、下の資料A、Bから読み取ったことについて書くこと。
・第二段落には、第一段落に書いたことを踏まえて、「食事中に家族と話をすること」についてのあなたの考えを、自分自身の体験（見聞きしたことなども含む）を交えて書くこと。
・国語解答用紙(2)に二百四十字以上三百字以内で書くこと。
・氏名と題名は書かないこと。
・グラフの数値を原稿用紙に書く場合は、

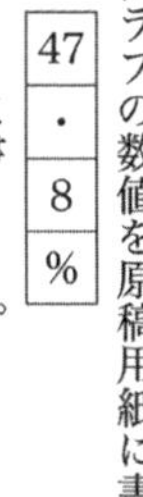

のように書くこと。

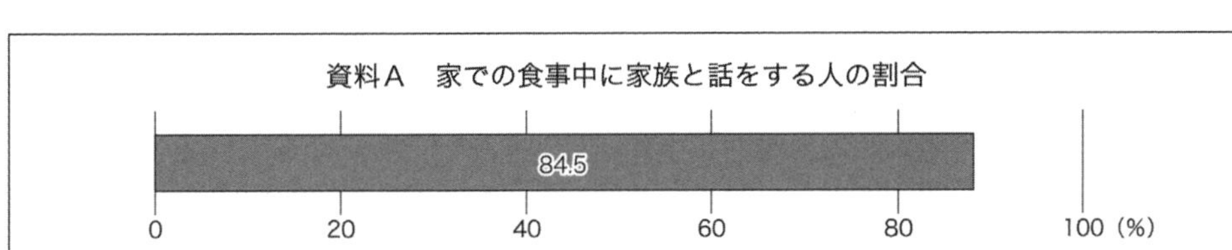

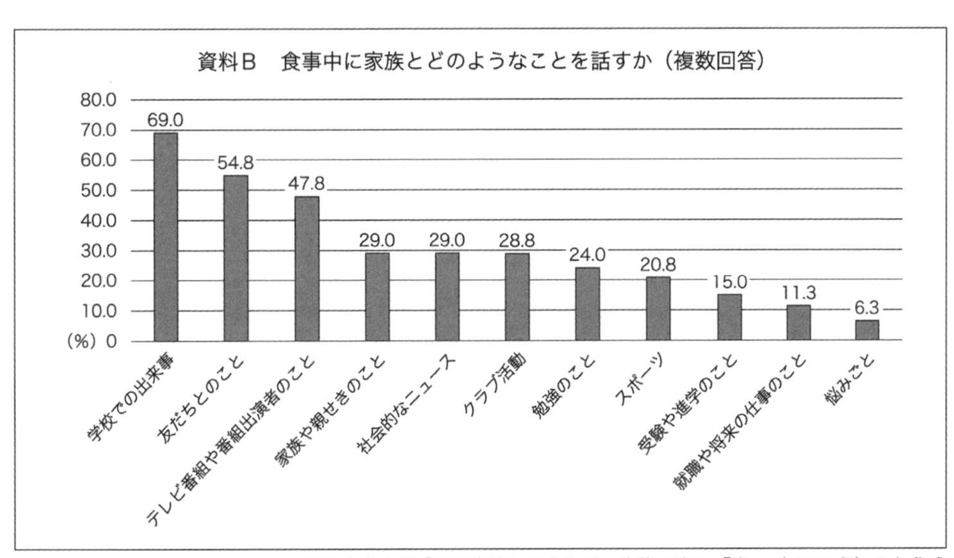

農林中央金庫「現代高校生の食生活　家族で育む『食』」（2017年）より作成

緒に生まれたての赤ん坊のときから育てた牛だ。そのガンコを肉牛とし出荷したときのことを岩鞍くんは作文に書いたのだ。

県のコンクールで金賞を受けた作文に、石鞍くんは寂しいとも、悲しいとも、一言も書かなかった。そんな湿った感情ではなく、堂々とした立派な肉牛だったガンコに対する尊敬の想いが溢れていた。

誇り高く潔い作文だと真子は感じた。

でも、自分の育てたガンコを手放したとき、岩鞍くんの中に風が舞ったはずだ。冷え冷えと身体の芯まで染み入る風が吹き抜けたはずだ。

寂しくないわけがない。悲しくないわけが、辛くないわけがない。それなのに、無遠慮に尋ねてしまった。恥ずかしい。けれど、岩鞍くんは、「うん、おったで」と、あっさり答え、牛舎の隅を指差した。

「あそこに、おったんや」

そこには、他より一回り小さな若い牛が柵に繋がれ、こちらを見ていた。

「ガンコ二世や」

「ユウちゃんが育ててるん？」

「そうや。お父ちゃんと一緒に育ててる」

岩鞍くんは胸を張った。金賞の作文のように、［A］堂々としていると真子は思った。見慣れた岩鞍くんの顔が眩しかった。

中学生になってから、他の男の子たちとはあまり口を利かなくなったけれど、岩鞍くんとだけは、普通におしゃべりができる。おしゃべりといっても、二言三言、言葉を交わすだけだ。

「ガンコ三世(ガンコも三代目になっていた)元気？」

「おう、でっかくなったで。見に来るか」

「行きたい。行ってもええの」

「いつでも、来いや。今度は、ミミ四世も見せたるわ」

「ミミ四世って？」

「豚の赤ん坊。先週、生まれたんや」

そんな会話だ。(4)そんな会話が楽しい。

（あさのあつこ「かんかん橋を渡ったら」〈角川書店〉から）

1 (1)一度遊びに行ったことがある　とあるが、真子が岩鞍くんの家に遊びに行ったときのことが書かれている部分はどこまでか。終わりの五字を本文中から抜き出しなさい。

2 (2)少しぶっきらぼうな口調になった　とあるが、岩鞍くんが、そのような口調になった理由として最も適切なものはどれか。

ア 普段は名字で呼ぶのに、二人きりのときに「ユウちゃん」「マコちゃん」と呼び合うのを照れくさく感じたから。
イ 牛を怖がっているのに、「優しい目ぇやねえ」などと適当に話を合わせてくる真子に、反省を促したかったから。
ウ 真子から「ユウちゃん」となれなれしく呼ばれたことを少し不快に思い、その気持ちを暗に伝えたかったから。
エ 真子から「ほんまに牛が好きなんやね」と言われたことを気恥ずかしく思い、その気持ちを隠したかったから。

3 (3)尋ねて直ぐに、心臓が縮こまった　とあるが、このときの真子の様子について説明した次の文の［　］に当てはまるように、「質問」という言葉を用いて、二十字以上二十五字以内で書きなさい。

> ガンコがいなくなり、寂しさや悲しさ、辛さを抱えているはずの岩鞍くんに対し、［　］様子。

4 ［A］に入る最も適切な語句を、これより前の本文中から四字で抜き出しなさい。

5 (4)そんな会話が楽しい　とあるが、このときの真子の心情として最も適切なものはどれか。

ア 岩鞍くんと交わすとりとめのない会話を心地よく感じている。
イ 岩鞍くんがぎこちなく返してくる言葉をおもしろがっている。
ウ 岩鞍くんとの互いに駆け引きしながらの会話を楽しんでいる。
エ 岩鞍くんが自分だけに話しかけてくれることに満足している。

(II) 実験から得られた結論として最も適切なものはどれか。

ア 葉に当たる光の角度の違いで、主軸(茎)でつくられるオーキシンの量に差が生じ、主軸が曲がらなくなるという結論。

イ 葉に当たる光の量によって、主軸(茎)は分配するオーキシンの量を調整するため、主軸が曲がらなくなるという結論。

ウ 葉に当たる光の量の違いにより、主軸(茎)に送られるオーキシンの量に差が生まれた結果、主軸が曲がるという結論。

エ 葉に当たる光の量やオーキシンの量が減ると、その葉が枯れ落ちて主軸(茎)の重心が傾き、主軸が曲がるという結論。

3 (2)夕方に西を向いているヒマワリは、朝の光を受けたときにはじめて東を向くのか、それとも夜の間にじょじょに東を向くのか とあるが、筆者がたどりついた結論とは、どのようなことか。その内容について説明した次の文の□に当てはまるように、三十字以上三十五字以内で書きなさい。

西を向いていたヒマワリは□ということ。

4 (3)それらの論文をていねいに見ると、おのおのの結果が少なからず違っている とあるが、その理由を、文末が「から。」となるように、二十五字以上三十字以内で書きなさい。ただし、文末の言葉は字数に含めない。

5 (4)一八〇度方向を変えたあとの数日間、ヒマワリは太陽の方向を無視して、あたかも自分がもとの位置にあったかのごとく動いた とあるが、筆者は、ヒマワリがこのように動いた理由について、どのように推察しているか。最も適切なものを選びなさい。

ア 光の当たる方向が正反対になったにもかかわらず、太陽の位置を無視して動くという習性を取り除くことができなかったため。

イ 太陽の方向に葉を向けるという東を向いていたときに毎日繰り返していた動きが、内因的なものとして身についていたため。

ウ ヒマワリの体内のオーキシンの量が極端に減少したことによって、太陽の方向に常に葉を向けようとする本能が衰えたため。

エ 朝は西を向き、夕方には東を向く〝くせ〟がついたことで、以前よりも効率的にオーキシンを生産できるようになったため。

4

次の文章を読んで、**1**から**6**までの問いに答えなさい。

「よっ、おはよう」

少年がすれ違いざまに声を掛けてきた。

「あっ、おはよう」

答えた後、真子は頬がほんのりと熱くなるのを感じた。

岩鞍くんだった。

岩鞍友哉くん。幼稚園、小学校、中学校とずっといっしょだった。

岩鞍くんの家は二十頭の牛と三頭の豚を飼っている畜産農家だ。

(1)一度遊びに行ったことがある。茶褐色の艶やかな体色をした牛たちが、ずらりとならんで、干し草を食んでいた。その大きさに驚き、こわごわ触った体の熱さにまた、びっくりした。

「優しい目ぇ、しとるやろ」

岩鞍くんがにっと笑う。得意げな笑みだった。

「うん。優しい目ぇやねえ」

「牛がこんなに優しい目ぇしとるって、知らんかったやろ」

「うん、知らんかった」

岩鞍くんの手が牛の鼻をそっと撫でる。それこそ、優しい優しい撫で方だった。

「ユウちゃん(そのころは、ユウちゃん、マコちゃんと呼び合っていた。今は名字でしか呼ばない)ほんまに牛が好きなんやね」

真子が言うと、岩鞍くんはまた、笑みを浮かべた。今度は照れたみたいな笑顔だった。それから唇を尖らせて、「マコちゃんも触ってみ」と、(2)少しぶっきらぼうな口調になった。

「触ってもええの?」

「ええよ。マコちゃんなら触っても、牛も怒らんと思うし」

真子はそっと手を差し出し、牛の鼻先に触れてみた。桃色の舌がぐぐっと伸びて来て、指を舐める。大きな黒い目がちらりと真子を見た。牛があんなに綺麗で、儚げな目をしているなんて、そのときまで知らなかった。

「ガンコもここにいたの?」

(3)岩鞍くんが作文に書いた牛のことを尋ねた。売られていった牛だ。尋ねて直ぐに、心臓が縮こまった。ガンコは岩鞍くんがお父さんと一

解答・解説 P290・P292

下野模擬問題(第180回)◆国語

けた葉は多量のオーキシン(成長ホルモン)をつくり、これが主軸(茎)のその葉がついている側に送られるため、主軸は葉のついている側だけがよく伸び、太陽の方へ曲がる。植物の先端が太陽の方向に向いてしまうと、どちらの葉も同じ量の光を受け、ほぼ同量のオーキシンをつくるので、茎はそれ以上曲がらなくなる。このようにして、若いヒマワリは絶えず太陽の方に頭を向け、葉を開いているというのである。この実験は若い植物が太陽の動きを追って首を振る現象を鮮やかに説明するものであり、専門書にもよく紹介されている。

　若いヒマワリがなぜ太陽の動きを追って運動するかについては、このようにみごとな説明が行われたが、(2)夕方に西を向いているヒマワリは、朝の光を受けたときにはじめて東を向くのか、それとも夜の間にじょじょに東を向くのか。もしも夜の間に東を向くとすれば、それはどのようにして東を向くのか。いつだったか、日本科学賞の審査会場にいあわせた先生の間で、このことが話題になった。夜の間、植物を観察しつづけることは大変なので誰も調べないようだが、調べてみるとおもしろいだろうというていどの話ではあったが、諸先生方はこの点にたいへん強い関心を示しておられた。

　その場で、私も即座に返事をすることはできなかったが、家に帰って調べてみると、夜間のヒマワリの動きを調べた研究論文が三編も見つかり、(3)同じような興味をもつ人がたくさんいるのにあらためて驚かされた。それらの論文をていねいに見ると、おのおのの結果が少なからず違っている。どうやら、ヒマワリの品種、年齢、角度の測定法、天候などで、かなり違った結果がえられるようだ。ただ、共通していえることは、夜になると、西を向いていたヒマワリは間もなく立ち上がり始め、明けがた前にはすでに東を向いているということである。夜間といえども、何かがヒマワリに方向を教えているのであろうか。それとも夜間におけるヒマワリの動きは自発的(内因的)なものなのであろうか。もしも夜のヒマワリの動きが内因的なものであるとするならば、昼のヒマワリの動きにも、そのような内因性、いわば〝くせ〟のようなものがあってもよいはずだ。このようなことを考えた柴岡、八巻両氏はおもしろい実験をした。

　彼らは植木鉢に植えて野外においたヒマワリを、ある日の正午に一八〇度回転させ、これまで東を向いていた側が西を向くようにして、その後のヒマワリの動きを調べた。急に方向を変えられたヒマワリはただちに太陽の動きを追って動くのか、それともこれまでのくせにしたがって太陽の位置を無視した動きをするのか。読者の中には前者の考えを支持する人が多いだろうと思う。さきにも話したように、光の方向によって、ヒマワリの体の中のオーキシンの分布が変化し、それによって、ヒマワリは太陽に直面するように動くものと考えられるからだ。

　ところが意外なことに、結果は後者の考えを支持した。(4)一八〇度方向を変えたあとの数日間、ヒマワリは太陽の方向を無視して、あたかも自分がもとの位置にあったかのごとく動いたのだ。いいかえるならば、このヒマワリは毎日、朝は西を向き、夕方には東を向いていた。このようなヒマワリも、しかしながら、数日後には太陽の動きを追うようになった。

　したがって、ヒマワリは本来太陽を追って動くものではあるが、それが繰り返されると、そのように動く〝くせ〟がつき、このくせを取り除くのに数日間を要するものであるらしい。

（瀧本敦(たきもとあつし)「ヒマワリはなぜ東を向くか――植物の不思議な生活」〈中央公論社〉から）

1　[A]に入る語として最も適切なものはどれか。

　ア　だから　**イ**　しかし　**ウ**　また　**エ**　なぜなら

2　(1)その原因をしらべるためにいろいろな実験を行い、次のような結論に達した　について、次の(I)、(II)の問いに答えなさい。

　(I)「その原因」とあるが、どのような現象の原因をしらべるために実験を行ったのか。その現象について説明した語句を、これより後の本文中から二十字で抜き出し、初めの四字を書きなさい。

問題 R2
180
181
182
183

【国語】第180回

2

次の文章を読んで、1から5までの問いに答えなさい。

高雲禅寺の宗融長老は、(注1)肥前国の生まれなり。一人の老母ありて、つかへ養ふ事、きはめて孝なり。母、常に(注2)魚味を好めり。(1)もとより寺中制禁(注3)なれど、母の若き頃より好めるたぐひを、今さらかたく止めはべらば、(注4)老いの力いよいよ衰へ、(注5)寿、保ちがたからんにやと、時々魚類を買ひ求め、(注6)門脇なる男を頼み、その家にて(注7)調味して母にすすめはべりぬ。寺、貧しければ、(2)はかばかしき(注8)下僕もあらず。常に出るに、おほかたは供人もなし。ある時、一人、市を行けるに、母の好める(注9)あざらけき魚を売るにあへり。喜びて、そこらの知人に銭を借りて魚を買ひ、みづから手に提げ、持て帰りて、例の門脇なる屋にて調味して、母にすすめはべりぬ。ひとへに母を愛するの誠深くて、人の(注10)褒貶を思はず、身の(注11)名聞を忘れたるなり。これをもて(注12)いとたふとき法師なる事を知りぬ。

(西川如見「長崎夜話草」から…一部改)

(注1) 肥前国＝現在の佐賀県と、壱岐・対馬を除く長崎県にあたる。
(注2) 魚味＝魚料理。
(注3) 寺中制禁＝寺の中に持ちこむことを禁止された品。
(注4) 老いの力＝老いた母親の体力や気力。
(注5) 寿＝長生きすること。
(注6) 門脇なる男＝寺の門の近くの家に住んでいる男。
(注7) 調味＝料理。
(注8) 下僕＝下働きの者。
(注9) あざらけき＝新鮮な。
(注10) 褒貶＝人からほめられたり、けなされたりすること。
(注11) 名聞＝世間の評判。
(注12) いと＝とても。

1 きはめて　は現代ではどう読むか。現代かなづかいを用いて、すべてひらがなで書きなさい。

2 ア 行ける　イ 売る　ウ 喜び　エ 借り　の中で、主語にあたる人物が異なるものはどれか。

3 (1)もとより寺中制禁なれど　とあるが、魚を寺の中に持ちこむことを禁止されているにもかかわらず、宗融長老が、その決まりを破ったのはなぜか。その理由を説明した次の文の□に当てはまるように、二十五字以上三十字以内の現代語で書きなさい。

> 若い頃からの好物である魚料理を食べられなくなると、□のではないかと、心配になったから。

4 (2)はかばかしき　の意味として最も適切なものはどれか。

ア 頼みごとができる　イ 追い詰められた
ウ 役に立たない　エ 不平不満を言う

5 本文の内容に合うものはどれか。

ア 宗融長老は母親への愛情が深い人物として有名だったが、時がたつにつれ、世間の人から忘れ去られていった。
イ 貧しくとも力を合わせて生きている宗融長老とその母親の存在を知った高貴な僧は、二人を経済的に援助した。
ウ 供の人も連れず、気軽に町を歩く宗融長老が、実は名の知られた偉大な僧であることを知り、世間の人は驚いた。
エ 世間の評判を気にすることなく、母親への孝行を尽くした宗融長老を、得がたい人物として作者は高く評価した。

3

次の文章を読んで、1から5までの問いに答えなさい。

ヒマワリが太陽の動きを追って回るというのは、まったくうその話ともいいきれない。[A]、若いヒマワリを注意深く見ていると、先の方にある葉は常に太陽に直面するような位置をとり、そのため、先端部は太陽を追って動くからだ。ヒマワリに限らず多くの植物が、少なくとも若いときには、常に葉を太陽に直面させ、太陽を追って首を振るのであって、このような現象を見た柴岡弘郎、八巻敏雄両氏は、(1)その原因をしらべるためにいろいろな実験を行い、次のような結論に達した。

直立しているヒマワリに斜め上から光を与えると、片方の葉は多量の光を受けるが、反対側の葉は少量の光しか受けない。多量の光を受

令和2年10月4日実施

第180回　下野新聞模擬テスト

国語

制限時間 50分

1　次の1から3までの問いに答えなさい。

1　次の――線の部分の読みをひらがなで書きなさい。

(1)　自然の摂理に逆らう。　(2)　反省して罪を償う。
(3)　当初の目標に到達する。　(4)　先祖の墓に詣でる。
(5)　範囲を大きく逸脱する。

2　次の――線の部分を漢字で書きなさい。

(1)　楽なシセイで話を聞く。　(2)　ハゲしい風が吹く。
(3)　少しフクザツな気持ちだ。　(4)　返事を明日にノばす。
(5)　候補者を選んでトウヒョウする。

3　次は、中学生の山田さんが書いた職場体験のお礼の手紙である。これを読んで、(1)から(5)までの問いに答えなさい。

> 拝啓（　　①　　）、皆様はいかがお過ごしでしょうか。
> さて、先日はお忙しい中、職場体験をさせていただき、本当にありがとうございました。
> 今回の職業体験を通じて、お客様をおもてなしすることの難しさ（②）を痛感しました。たとえば、お客様が食事を（　③　）上がるときや、浴衣（ゆかた）をお（　④　）になるときなどは、ご満足いただけるよう、常にお客様の気持ちになって考えることが大切なのだと、身をもって知りました。
> また、従業員の皆様からも、たくさんの貴重なお話をうかがうことができ、私にとって大変有意義（⑤）な時間となりました。
> この体験を、今後の生活にも生かしていきたいと思います。
> 最後になりましたが、〇〇旅館の皆様のご健康をお祈り申し上げ、お礼といたします。
> （　⑥　）
> 令和二年七月八日
> 下野東中学校　二年　山田はな
> 〇〇旅館社長
> 栃木八郎様

(1)　（　①　）に入る時候の挨拶文として最も適切なものはどれか。

ア　春一番が吹いて寒さも和らいでまいりましたが
イ　風が初夏の香りを運んでくる季節となりましたが
ウ　暑さが日ごとに増していく今日この頃ですが
エ　立秋とは名ばかりの暑い日が続いていますが

(2)　難しさ（②）の品詞名として最も適切なものはどれか。

ア　名詞　**イ**　動詞　**ウ**　形容詞　**エ**　形容動詞

(3)　（　③　）、（　④　）に共通して入る言葉を、ひらがな二字で書きなさい。

(4)　有意義（⑤）と熟語の構成が同じものはどれか。

ア　注意報　**イ**　同時代　**ウ**　天地人　**エ**　観察眼

(5)　（　⑥　）に入る結語（手紙の結びの部分）として最も適切なものはどれか。

ア　謹言（きんげん）　**イ**　草々　**ウ**　前略　**エ**　敬具

解答・解説 P290・P292

MEMO

令和2年
11月1日実施

第181回 下野新聞模擬テスト

社 会

制限時間

1 次の**1**から**6**までの問いに答えなさい。

図1

1 **図1**の**X**地方について，次の文中の［ⓐ］，［ⓑ］に当てはまる県名を，それぞれ書きなさい。

> **X**地方は，二府五県からなり，そのうち，滋賀県と［ⓐ］県は内陸県である。また，［ⓑ］県明石市には，日本の標準時子午線が通っている。

2 **図1**の**Y**で示した甲府盆地には，川が山間部から平地に流れ出たところに土砂が堆積してできた地形が見られる。このような地形を何というか。

3 次の文は，**図1**の［■］で示した高知県の農業の特色について調べた内容の一部である。文中の［P］に当てはまる語を書きなさい。また，［Ⅰ］と［Ⅱ］に当てはまる語の組み合わせとして正しいのはどれか。

> 高知県では，暖かい気候や温室・ビニールハウスなどの施設を利用したピーマンなどの［P］栽培が盛んである。これは，作物の出荷時期を［Ⅰ］ことで，ほかの産地から市場に出回る野菜の量が［Ⅱ］ときに出荷できるように工夫した栽培方法である。

ア Ⅰ－遅らせる Ⅱ－多い　　**イ** Ⅰ－遅らせる Ⅱ－少ない
ウ Ⅰ－早める Ⅱ－多い　　**エ** Ⅰ－早める Ⅱ－少ない

4 **図2**は，東京都，大阪府，愛知県，福岡県における，人口(2018年)と農業産出額(2017年)，製造品出荷額(2017年)を示している。大阪府と愛知県の組み合わせとして正しいのはどれか。

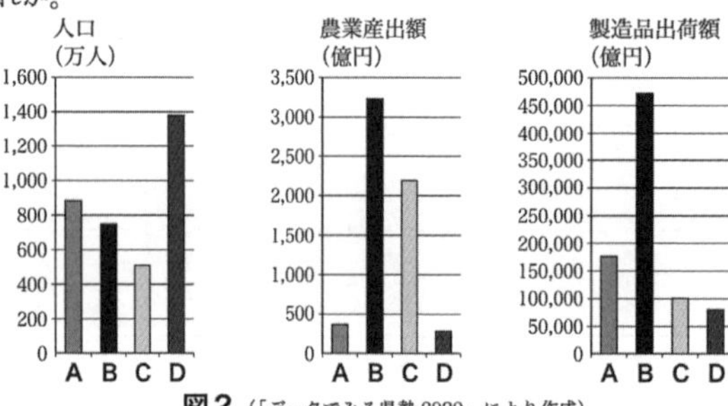

図2（「データでみる県勢 2020」により作成）

ア 大阪府－A 愛知県－B　　**イ** 大阪府－A 愛知県－C
ウ 大阪府－B 愛知県－C　　**エ** 大阪府－B 愛知県－D

5 **図3**は，わが国の漁業部門別生産量の推移を示している。次の文は，**図3**の［　］について述べたものである。［　］に当てはまる漁業の名称を書きなさい。

> 第二次世界大戦後，日本では［　］漁業が盛んになった。しかし，排他的経済水域の設定や資源保護などの視点から漁獲量の制限がきびしくなり，1970年代ごろから，日本の［　］漁業の漁獲量は大幅に減少している。

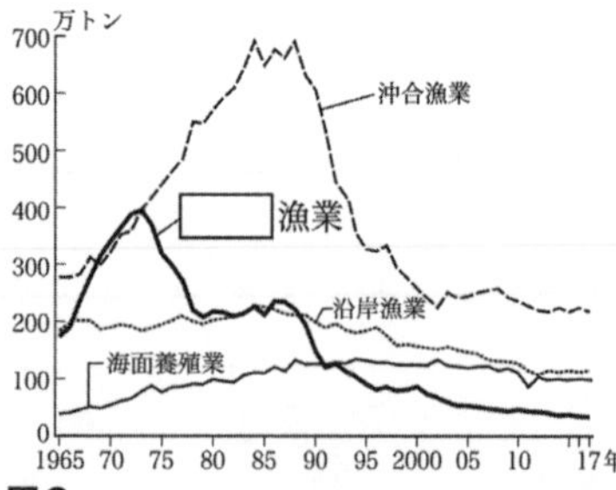

図3（「データブックオブザワールド 2020」により作成）

6 **図4**は，日本の魚介類の国内生産量，輸入量，国内消費量の推移を示している。**図4**から読み取れる，日本の魚介類の自給率の変化について簡潔に書きなさい。

(千トン)

年	国内生産量	輸入量	国内消費量
1980	10,425	1,689	10,734
1990	10,278	3,823	13,028
2017	3,828	4,086	7,374

図4（「日本国勢図会 2019/20」により作成）

解答・解説 P300・P303

2 **図1**は，四つの州の一部を表している。次の**1**から**6**までの問いに答えなさい。ただし，縮尺は同じではない。

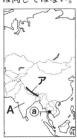

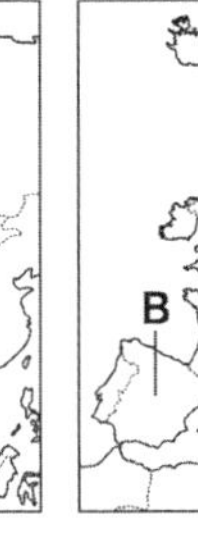
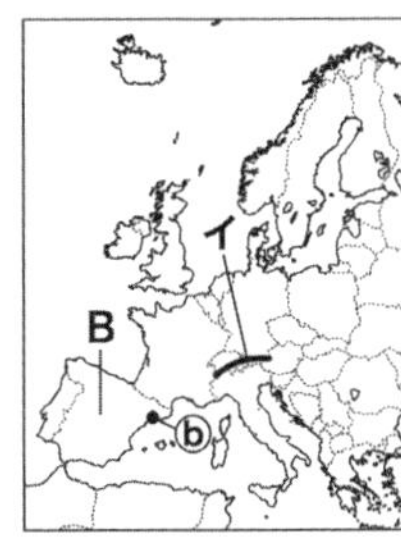

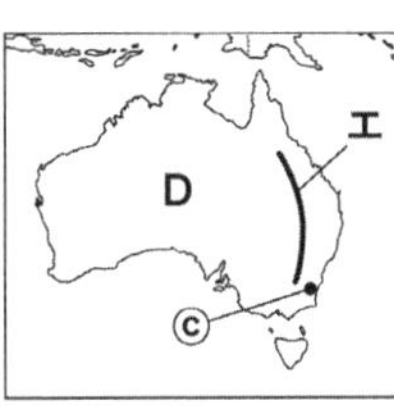

図1

1 **図1**の**ア**，**イ**，**ウ**，**エ**のうち，8000m級の山々が連なり，世界最高峰の山がある山脈はどれか。記号と山脈の名称を書きなさい。

2 **図1**の**A**国および**B**国を含む大陸名を書きなさい。

3 **図2**は，**図1**のⓐ，ⓑ，ⓒのいずれかの都市の雨温図である。この雨温図に当てはまる都市と，この都市の周辺でみられる伝統的な住居の説明の組み合わせとして正しいのはどれか。

(℃) 30 20 10 0 −10　(mm) 400 300 200 100 0　1 7 12(月)

図2（「理科年表 令和2年」により作成）

① 風通しをよくするために竹で壁をつくり，屋根をやしの葉でおおっている。
② 強い日ざしを反射するために壁を白く塗り，窓を小さくしている。
③ 太い丸太を組み合わせてつくられ，窓はじょうぶな二重窓になっている。

ア 都市－ⓐ 住居－①　**イ** 都市－ⓑ 住居－②
ウ 都市－ⓒ 住居－③　**エ** 都市－ⓑ 住居－③

4 次の文は，**図1**の**C**国の工業について述べたものである。文中の［　　］に当てはまる語を書きなさい。

> この国の工業は，かつては北東部の大西洋岸や五大湖周辺の地域が中心であったが，1970年代以降，北緯37度付近から南に位置する［　　］とよばれる温暖な地域で航空機，宇宙産業，電子工業の先端技術産業が発達した。

5 **図3**は，**図1**の**C**国における，ある農産物の生産量上位5州を示している(2018年)。この農産物に当てはまるのはどれか。

ア 綿花　**イ** とうもろこし
ウ 小麦　**エ** オレンジ

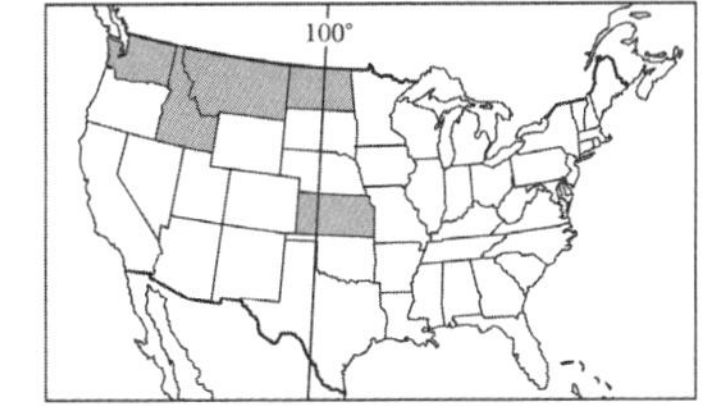

図3（「データブックオブザワールド 2020」により作成）

6 **図1**の**D**国について，**図4**は，**D**国に移住してきた人々の出身地の推移を示している。**図4**から読み取れることについて，次の文中の［　X　］，［　Y　］に当てはまる内容を簡潔に書きなさい。ただし，［　X　］，［　Y　］のいずれにも「移民」の語を用いること。

> **D**国では，20世紀初めから1970年代にかけて「白豪主義」とよばれる政策をとっていたので，［　X　］。しかし，この政策を撤廃した1970年代以降は［　Y　］。

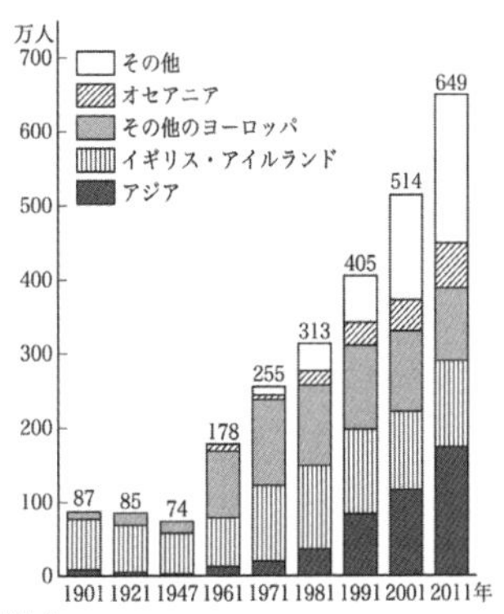

図4（「オーストラリア統計局資料」により作成）

問題 R2
180
181
182
183
【社会】第181回

下野模擬問題(第181回)◆社会

3 次の**1**から**5**までの問いに答えなさい。

1 次の(1), (2)の問いに答えなさい。

(1) 次の説明文に当てはまる古代文明の名称を書きなさい。また，その地域は，**図1**の**ア**，**イ**，**ウ**，**エ**のどれか。

くさび形文字が使われ，月の満ち欠けに基づく太陰暦や，時間を60進法ではかること，1週間を7日とすることが考え出された。

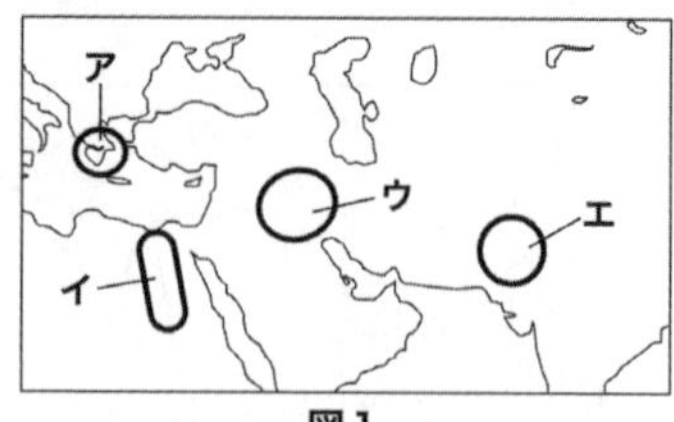

図1

(2) 古代文明が栄えた頃，日本は縄文時代であった。縄文時代に，魔よけや食物が豊かにみのることをいのるために作られた，と考えられている土製の人形を何というか。

2 **図2**は，奈良時代に編集された，わが国最初の和歌集におさめられている和歌である。これについて，次の(1), (2)の問いに答えなさい。

から衣　すそに取りつき　泣く子らを 置きてぞ　来ぬや　母なしにして

図2

(1) この和歌集を何というか。**漢字3字**で書きなさい。

(2) この時代と同じ時代区分のものはどれか。

ア 坂上田村麻呂が蝦夷を征討する征夷大将軍に任命された。
イ 新たに開墾した土地を永久に私有することを認める墾田永年私財法が出された。
ウ 壬申の乱で勝利した大海人皇子が天武天皇として即位した。
エ 遣唐使の派遣が始まった。

3 **図3**は，ある乱に際して北条政子が武士たちに向けて話した内容を要約したものの一部である。これについて述べた次の文中の I ， II に当てはまる語の組み合わせとして正しいのはどれか。

後鳥羽上皇が幕府をたおそうと兵を挙げたが，結束を固めた幕府軍はこれを破った。このできごとを， I といい，この後，幕府は朝廷を監視するために，京都に II を設置した。

みなの者，よく聞きなさい。これが最後の言葉です。頼朝公が朝廷の敵を倒し，幕府を開いてこのかた，官職といい，土地といい，その恩は山より高く，海より深いものでした。それに報いたいという志はきっと浅くないはずです。 (「吾妻鏡」より一部要約)

図3

ア Ⅰ－保元の乱　Ⅱ－六波羅探題　　**イ** Ⅰ－保元の乱　Ⅱ－京都所司代
ウ Ⅰ－承久の乱　Ⅱ－六波羅探題　　**エ** Ⅰ－承久の乱　Ⅱ－京都所司代

4 **図4**は，室町幕府の八代将軍足利義政が京都の東山に建てた東求堂同仁斎の一室である。これについて，次の(1), (2)の問いに答えなさい。

(1) 次の文中の□に当てはまる語を書きなさい。

この建築物には，武家の住居に禅宗の寺院の特徴を取り入れ，たたみをしき，床の間や違い棚などを設けた□という建築様式が用いられている。

図4

(2) この時代の社会の様子として**当てはまらない**のはどれか。

ア 幕府の保護を受けた土倉や酒屋が高利貸しを営み，大きな富をたくわえた。
イ 備中ぐわなどの新しい農具が使われるようになり，農業生産力が向上した。
ウ 定期市が開かれる日数が増え，その取り引きに明から輸入された明銭が使用された。
エ 貿易で発展した堺や博多では，有力な商工業者によって，自治がおこなわれた。

5 **図5**は，江戸幕府が参勤交代の制度を定めた武家諸法度の一部を示している。参勤交代の制度が各藩の財政に与えた影響について，**図5**を参考にして簡潔に書きなさい。

一　大名が自分の領地と江戸とを交代で住むように定める。毎年4月に江戸へ参勤せよ。 (「寛永令」1635年)

図5

解答・解説 P300・P303

4 略年表を見て，次の**1**から**6**までの問いに答えなさい。

年	おもなできごと	
1867	大政奉還がおこなわれる	↕ⓐ
1880	国会期成同盟が結成される	↕ⓑ
1889	大日本帝国憲法が制定される	
1929	世界恐慌がおこる	A
1941	太平洋戦争が始まる	B
1973	石油危機がおこる	C ↕ⓒ
1989	米ソ首脳マルタ会談	

1 ⓐの時期におきたできごとを年代の古い順に並べ替えなさい。

ア 西南戦争がおこった。
イ 徴兵令が出された。
ウ 五箇条の御誓文が発表された。
エ 版籍奉還がおこなわれた。

2 ⓑの時期に，政府は，憲法の制定に向けてどのような準備をすすめたか。「ヨーロッパ」，「内閣制度」の二つの語を用いて簡潔に書きなさい。

3 **A**に関連して，**図**は，この前後における日本，イギリス，ソ連，アメリカの鉱工業生産量について，1929年の生産量を100としたときの変化を示している。**図**の**X**に当てはまる国について正しく述べているのはどれか。

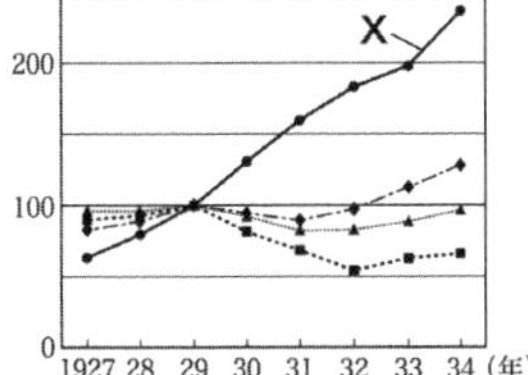

図（「明治以降 本邦主要経済統計」により作成）

ア 「五か年計画」とよばれる計画経済で重工業化を進めた。
イ 本国と植民地との関係を強め，他国の商品に高い関税をかけるブロック経済をおこなった。
ウ ほかの政党を禁止して独裁をおこない，植民地を得ようと武力による侵略をおこなった。
エ 積極的に公共事業をおこなったり，労働者の賃金を引き上げたりする政策をとった。

4 **B**に関連して，次の文中の［　　］に共通して当てはまる語を書きなさい。

> 戦争が始まり，戦局が悪化すると，中学生や女学生も勤労動員の対象となり，軍需工場などで働くようになった。また，都市部を中心にアメリカ軍による本土空襲が激しくなると，都市の小学生は親元を離れて集団で農村に［　　］する集団［　　］が始まった。

5 **C**について述べた，次の文中の［　　］に当てはまる語はどれか。

> 1973年，世界最大の石油の産地である［　　］で戦争がおこると，石油価格が大幅に上昇し，日本などの先進工業国は大きな打撃を受けた。

ア 朝鮮　**イ** 中東　**ウ** ベトナム　**エ** アフガニスタン

6 ⓒの時期における，わが国のできごとはどれか。

ア 農地改革がおこなわれ，小作人の多くが自作農になった。
イ アジアで最初のオリンピックである東京オリンピックが開催された。
ウ 日米安全保障条約の改定に反対する運動がおこった。
エ 日中平和友好条約が結ばれた。

5 次の**1**，**2**の問いに答えなさい。

1 次の**A**，**B**，**C**は，17世紀から18世紀にかけて発表された章典や宣言の一部である。これらを読み，(1)，(2)，(3)の問いに答えなさい。

> **A** ［　　］
> 第1条　人は生まれながらに，自由で平等な権利を持つ。社会的な区別は，ただ公共の利益に関係のある場合にしか設けられてはならない。
>
> **B** アメリカ独立宣言
> 我々は以下のことを自明の真理であると信じる。人間はみな平等に創られ，ゆずりわたすことのできない権利を神によってあたえられていること，その中には，生命，自由，幸福の追求がふくまれていること，である。
>
> **C** 権利章典（権利の章典）
> 第1条　議会の同意なしに，国王の権限によって法律とその効力を停止することは違法である。

(1) Aは，フランス革命のときに，国民議会が発表したものである。[　　]に当てはまる語を，**漢字4字**で書きなさい。

(2) フランスの思想家で，「社会契約論」を著し，**A**や**B**に大きな影響を与えた人物はどれか。
ア ルソー　**イ** リンカン　**ウ** モンテスキュー　**エ** ロック

(3) **A**，**B**，**C**を年代の古い順に正しく並べ替えたものはどれか。
ア B→A→C　**イ** B→C→A　**ウ** C→A→B　**エ** C→B→A

2 日本国憲法について，(1)，(2)，(3)の問いに答えなさい。

(1) 日本国憲法の三つの基本原理(三大原則)は，基本的人権の尊重，平和主義と，あと一つは何か。

(2) 次の文中の[　　]に共通して当てはまる語を書きなさい。

> 日本国憲法の第1条に，「天皇は，日本国の[　　]であり日本国民統合の[　　]であつ(っ)て，この地位は，主権の存する日本国民の総意に基く。」と定めている。

(3) 次の文は，憲法改正について定めた日本国憲法の条文である。文中の[I]，[II]，[III]に当てはまる語の組み合わせとして正しいのはどれか。

> 第96条① この憲法の改正は，各議院の[I]の[II]以上の賛成で，国会が，これを発議し，国民に提案してその承認を経なければならない。この承認には，特別の国民投票又は国会の定める選挙の際行は(わ)れる投票において，その[III]の賛成を必要とする。

ア I－出席議員　II－過半数　III－3分の2　**イ** I－総議員　II－3分の2　III－過半数
ウ I－出席議員　II－3分の2　III－過半数　**エ** I－総議員　II－過半数　III－3分の2

6 やよいさんは，人権と共生社会について調べ学習をおこなった。**図1**を見て，次の**1**から**6**までの問いに答えなさい。

> 《日本国憲法に規定されている権利》
> ◎ ⓐ平等権…個人の尊重と法の下の平等
> ◎ 自由権…精神の自由，身体(生命・身体)の自由，ⓑ経済活動の自由
> ◎ ⓒ社会権…ⓓ生存権，教育を受ける権利，勤労の権利など
> ◎ 人権を守るための権利…ⓔ参政権，請願権，請求権
> 《ⓕ新しい人権…日本国憲法に直接規定されていないが，近年主張されるようになった権利》

図1

1 下線部ⓐについて，日本国憲法にうたわれた男女平等の実現に向けて取り組みが進められている。男女が互いにその人権を尊重しつつ責任も分かち合い，性別に関わりなくその個性と能力を十分に発揮できる社会の実現を目指して，1999(平成11)年に施行された法を何というか。

2 下線部ⓑについて，次の文中の[I]，[II]に当てはまる語の組み合わせとして正しいのはどれか。

> 日本国憲法第22条で，[I]の自由や職業選択の自由，同じく第29条に定められている[II]によって，経済活動の自由が保障されている。

ア I－居住・移転　II－団結権　**イ** I－居住・移転　II－財産権
ウ I－信教　II－団結権　**エ** I－信教　II－財産権

3 下線部ⓒについて，20世紀になって自由権や平等権だけでなく社会権も認められるようになった理由を，「貧富の差」，「人間」の二つの語を用いて簡潔に書きなさい。

4 下線部ⓓについて，次の日本国憲法の条文中の[　　]に当てはまる語を，**漢字2字**で書きなさい。

> 第25条① すべて国民は，[　　]で文化的な最低限度の生活を営む権利を有する。

問題 R2 / 180 / 181 / 182 / 183

【社会】第181回

解答・解説 P300・P303

5　下線部ⓔについて，これに当てはまる権利はどれか。

ア　裁判を受ける権利
イ　公務員の行為によって受けた損害に対して賠償を求める権利
ウ　最高裁判所裁判官の国民審査権
エ　人種，信条によって差別されない権利

6　下線部ⓕについて，**図2**は，臓器提供意思表示カードを示している。このカードに記入した本人の意思を尊重する新しい人権を何というか。

図2

7　まことさんは，社会科のまとめとしての課題研究に，「地球環境問題と私たち」を取り上げ，発表した。次の文は，発表原稿の一部である。これを読み，**1**から**5**までの問いに答えなさい。

> わが国で初めて公害が大きな問題となったのは，［ X ］，足尾銅山の鉱毒が渡良瀬川流域で被害を与えた事件です。地元出身の田中正造は，住民とともに被害を受けた人々の救済と公害防止に努めました。
> 戦後，高度経済成長期に，ⓐ<u>大気汚染や水質汚濁などの公害問題</u>が各地で深刻化すると，政府は1967年に［ Y ］基本法を制定し，1971年に環境庁を設置しました。さらに，環境基本法などの法律を定めて，ⓑ<u>環境保全のための施策</u>を進めました。
> 近年，地球温暖化や酸性雨などの環境問題と化石燃料といわれる石炭や石油の燃料との強い関わりが指摘されています。このことから，「持続可能な社会」の形成に向けてⓒ<u>再生可能エネルギー</u>の開発が進められています。

1　文中の［ X ］に当てはまる内容として最も適切なものはどれか。

ア　分業による工場制手工業が現れた頃
イ　軽工業中心の産業革命が進展した頃
ウ　第一次世界大戦中の好景気の頃
エ　日中戦争が始まり，軍需産業が中心になった頃

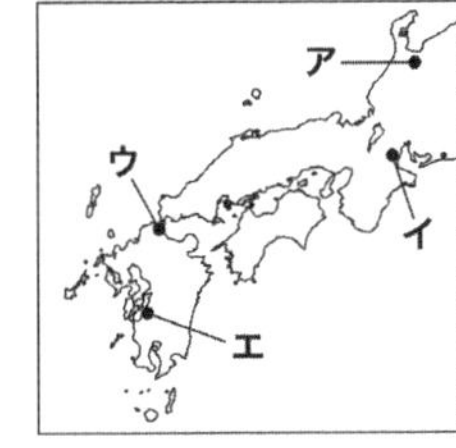

図1

2　下線部ⓐについて，次の文は，**図1**の**ア**，**イ**，**ウ**，**エ**のどの都市について述べたものか。記号と都市名を書きなさい。

> 1950年から1960年代にかけて，化学工場の廃液に含まれている有機水銀が原因で，神経や筋肉がおかされる重大な公害病が発生した。
> 1970年代から，汚染された海の浄化がおこなわれ，住民たちもごみの分別など，様々な環境保全活動に取り組んだ結果，2008年には国から環境モデル都市に選定された。

3　文中の［ Y ］に当てはまる語を，**漢字4字**で書きなさい。

4　下線部ⓑについて，道路，空港あるいはゴミ処分場の建設など，大規模な開発事業をおこなう際には，事前に環境への影響を調査することが義務付けられた。これを何というか。

5　下線部ⓒについて，**図2**は，太陽光発電の天候別発電電力量の推移，**図3**は，2017年における主な発電施設の発電所数と最大出力（万kW）を示している。太陽光発電がかかえている課題について，次の文中の［ Ⅰ ］，［ Ⅱ ］に当てはまる内容を，**図2**，**図3**から読み取り，簡潔に書きなさい。

> 太陽光発電は，環境にやさしい新しいエネルギーとして普及が進んでいる一方で，太陽光発電は，**図2**から，［ Ⅰ ］。また，**図3**から，［ Ⅱ ］，という課題をかかえている。

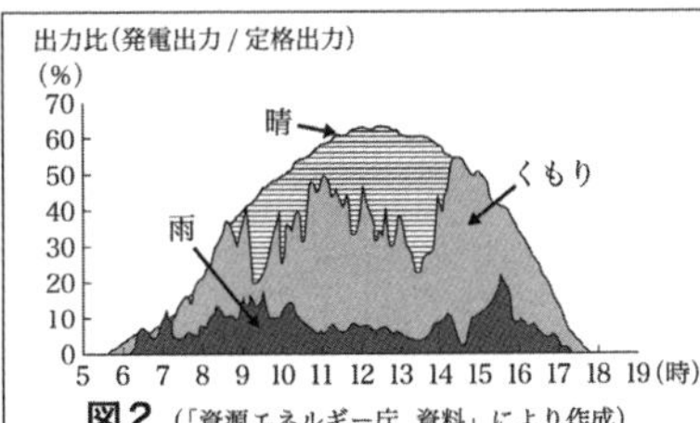

図2（「資源エネルギー庁　資料」により作成）

水力		火力	
発電所数	最大出力	発電所数	最大出力
1,813	5,001	2,548	19,346

太陽光	
発電所数	最大出力
4,928	1,259

（注）最大出力：発電可能な最大の発電量

図3（資源エネルギー庁「電気事業便覧」により作成）

令和2年
11月1日実施

第181回 下野新聞模擬テスト
数 学

1 次の1から14までの問いに答えなさい。

1 $-7\times(-3)$ を計算しなさい。

2 $-\dfrac{3}{5}-\left(-\dfrac{1}{3}\right)$ を計算しなさい。

3 $\dfrac{3}{\sqrt{3}}-3\sqrt{3}$ を計算しなさい。

4 $\dfrac{a+3b}{4}-\dfrac{3a+b}{2}$ を計算しなさい。

5 $(x-9)^2$ を展開しなさい。

6 比例式 $(x+1):2=3:x$ が成り立つとき，xの値を求めなさい。ただし，$x>0$である。

7 体積が$V\,\mathrm{cm}^3$の三角錐(すい)があり，その底面積は$S\,\mathrm{cm}^2$，高さは$h\,\mathrm{cm}$である。この数量の関係を等式で表しなさい。

8 yはxに反比例し，$x=\dfrac{1}{2}$のとき$y=-36$である。yをxの式で表しなさい。

9 $\sqrt{150n}$の値が自然数となるような整数nのうち，最小のnの値を求めなさい。

10 大小2つのさいころを同時に投げるとき，出る目の数の和が素数になる確率を求めなさい。

11 右の図のような，AB＝3cm，BC＝5cmの長方形ABCDがある。この長方形ABCDを，辺ABを軸として1回転させたときにできる立体の表面積を求めなさい。ただし，円周率はπとする。

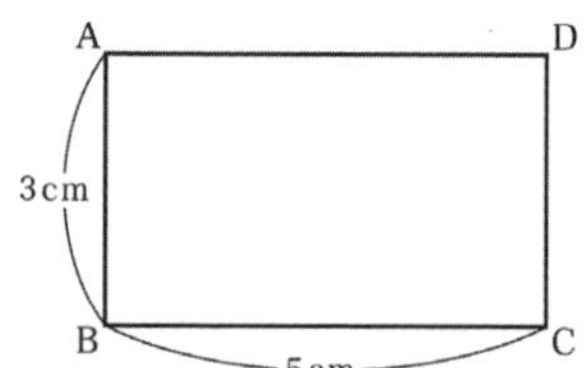

12 右の図のような，AD//BCの台形ABCDがあり，点Eは辺ABの中点である。AF//ECであるとき，△EBCと面積が等しい三角形を2つ書きなさい。

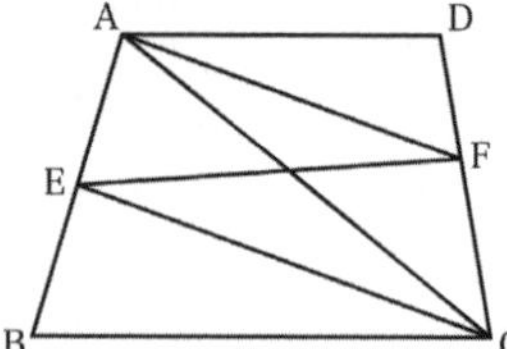

13 右の図のような立方体ABCD-EFGHがある。面ABCDの対角線ACと面BCGFの対角線CFを引くとき，これらの対角線がつくる∠ACFの大きさを求めなさい。

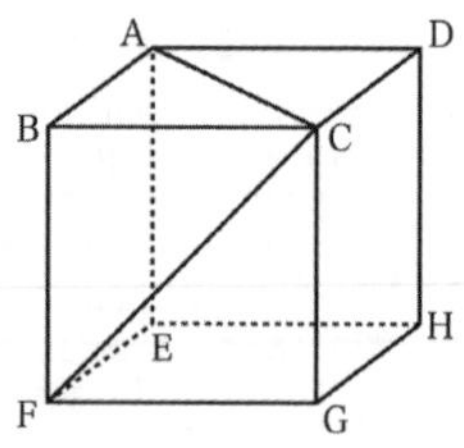

14 右の図のように，1辺の長さが8cmの正方形ABCDの内部に頂点Aを中心とする半径ABの円弧BDをかき，対角線ACを引くとき，色のついた部分(▇の部分)の面積を求めなさい。ただし，円周率はπとする。

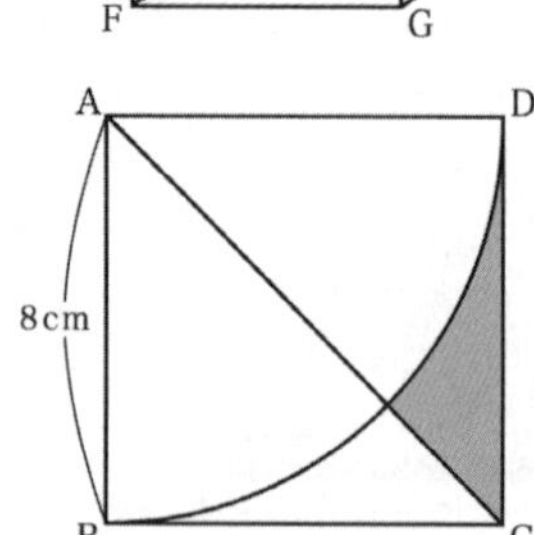

問題 R2 180 181 182 183 【数学】第181回

解答・解説 P301・P307

2 次の**1**，**2**，**3**の問いに答えなさい。

1 右の図のような直線ℓがあり，点A，Bは直線ℓ上の点である。点Aを中心とする，中心角が30°のおうぎ形ABPを直線ℓの下側にかくとき，点Pを作図によって求めなさい。ただし，作図には定規とコンパスを使い，また，作図に用いた線は消さないこと。

2 連続する3つの奇数において，最も小さい奇数と最も大きい奇数の積は，真ん中の奇数の2乗よりも4小さくなる。

次の［　　］内の文は，このことを証明したものである。文中の［①］，［②］，［③］に当てはまる式（かっこを使わない最も簡単な形）をそれぞれ答えなさい。

> 整数nを用いて，
> 連続する3つの奇数のうち，最も小さい奇数を$2n+1$，最も大きい奇数を$2n+5$と表すと，これらの奇数の積は，
>
> $(2n+1)(2n+5)=$［①］
>
> $=$［②］-4
>
> $=($［③］$)^2-4$
>
> ［③］は真ん中の奇数を表しているから，
> 最も小さい奇数と最も大きい奇数の積は，真ん中の奇数の2乗よりも4小さくなる。

3 右の図のように，座標平面上に関数$y=ax^2$のグラフと$y=2x-1$のグラフがあり，2つのグラフは点Aで接して（1点で交わって）いて，点Aのx座標は1である。また，点Bは$y=ax^2$のグラフ上の点で，点Bのx座標は-2である。直線ABの式を$y=px+q$と表すとき，p，qの値を求めなさい。

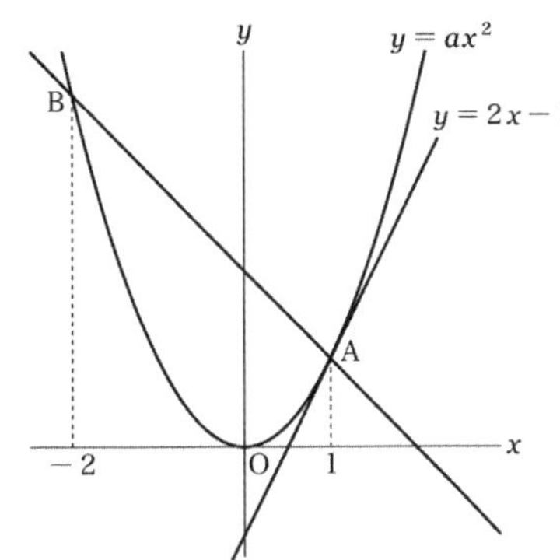

3 次の**1**，**2**の問いに答えなさい。

1 縦の長さが24 cm，横の長さが30 cmの長方形の形をした，うすい金属の板がある。右の図のように，この板の四隅から合同な正方形を切り取り，点線に沿って板を折って直方体の形をした容器を組み立てたところ，容器の底面積はもとの長方形の面積の60％になった。切り取った正方形の1辺の長さをx cmとして2次方程式をつくり，直方体の形をした容器の容積を求めなさい。ただし，途中の計算も書くこと。また，板の厚みは考えないものとする。

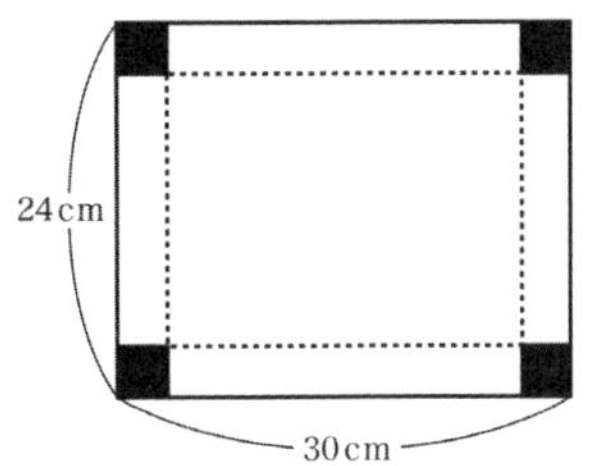

2 右の柱状グラフ（ヒストグラム）は，30人のクラスにおいて，欠席していた1人の生徒を除く29人の生徒が，ある計算問題を解くのにかかった時間をまとめようとしたものである。ただし，10分以上12分未満の階級と14分以上16分未満の階級については未完成である。

このとき，次の(1)，(2)，(3)の問いに答えなさい。

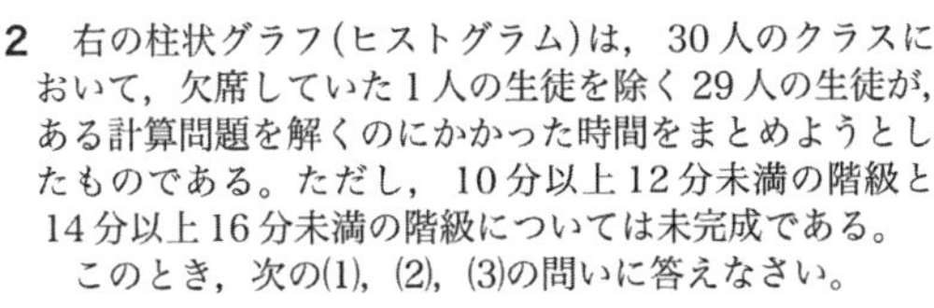

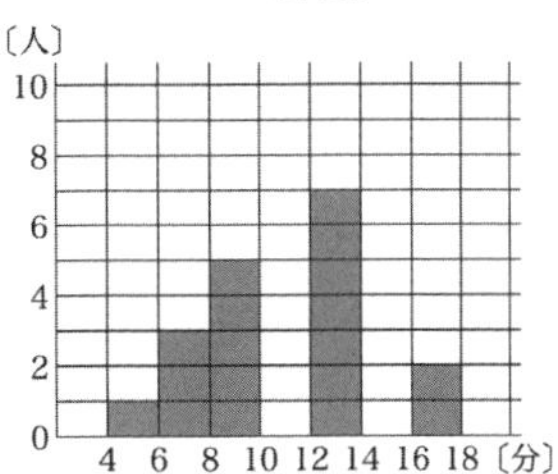

(1) 8分以上10分未満の階級の，階級値を求めなさい。

(2) 次の［　　］内の文は，柱状グラフから考えられることがらについて述べたものである。文中の［①］，［②］に当てはまる数をそれぞれ答えなさい。

29人の生徒の中央値(メジアン)が12分以上14分未満の階級に入るためには，10分以上12分未満の階級の度数が ① 人以上 ② 人以下の範囲にあればよい。

(3) 欠席していた1人の生徒が翌日に同じ計算問題を解いたところ，10分以上12分未満の階級と14分以上16分未満の階級の相対度数の和が0.4となった。また，柱状グラフから求められる10分以上12分未満の階級の合計時間は，14分以上16分未満の階級の合計時間より2分だけ多くなった。10分以上12分未満の階級の度数を求めなさい。

4 次の**1**，**2**の問いに答えなさい。

1 右の図のように，正方形ABCDの対角線の交点をOとし，辺AD上に点Eを，辺CD上に点Fを，$\angle EOF = 90°$になるようにとった。このとき，$\triangle AOE \equiv \triangle DOF$であることを証明しなさい。

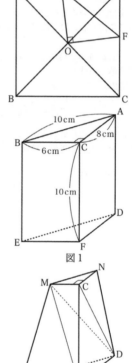

2 右の図1のような，AB = 10 cm，BC = 6 cm，CA = 8 cm，$\angle ACB = 90°$の直角三角形ABCを底面とする三角柱ABC-DEFがあり，その高さであるCFは10 cmで，側面はすべて長方形である。また，図2は，辺BC，CAの中点をそれぞれM，Nとし，4点M，N，D，Eを通る平面で三角柱ABC-DEFを切断してできる立体NMC-DEFであり，面MCD，面MFDによって3つの立体に分けられている。

このとき，次の(1)，(2)の問いに答えなさい。

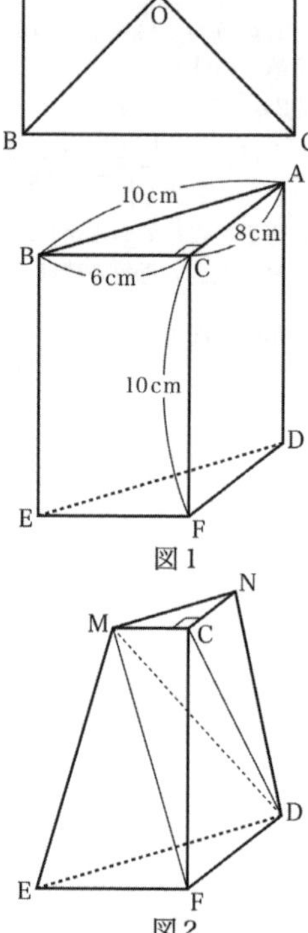

図1

図2

(1) 図1の三角柱ABC-DEFにおいて，辺EFと垂直に交わる辺は何本あるか。

(2) 立体NMC-DEFの体積を求めなさい。

5 ある電話会社には，携帯電話から携帯電話に発信する(電話をかける)ための通話料金プランが2種類ある。

右の表は，それぞれのプラン(プランAとプランB)について，1か月の基本料金と通話時間に対する料金をまとめたもので，基本料金と通話時間に対する料金の合計が通話料金となる。なお，消費税はこれらの料金に含まれている。

	基本料金	通話時間に対する料金	
		0分から30分	30分を超過した分
プランA	2500円	0円	1分につき10円
プランB	1700円	0円	1分につき25円

右の図は，通話時間をx分，通話料金をy円として，通話時間が60分に達するまでの，プランAにおけるxとyの関係を表したグラフである。

このとき，次の**1**，**2**，**3**の問いに答えなさい。ただし，通話時間と通話料金は，秒単位で算出されるものとする。

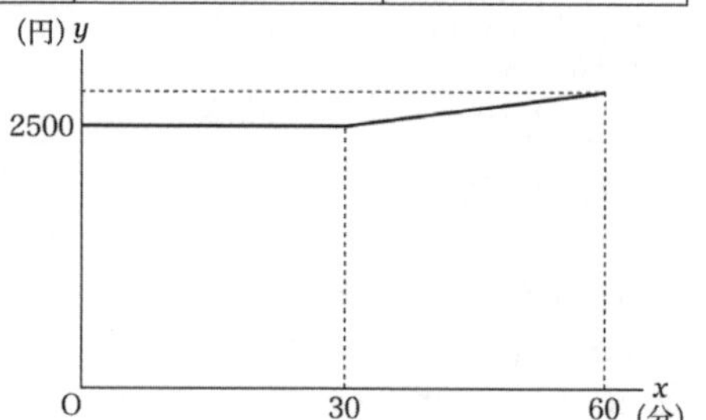

問題 R2
180
181
182
183
【数学】第181回

解答・解説 P301・P307

1　プランAについて，通話時間が60分のときの通話料金を求めなさい。

2　プランAとプランBにおける通話料金を比較した。これについて，次の(1)，(2)の問いに答えなさい。

(1)　プランAの$x \geqq 30$の範囲における，xとyの関係を式で表しなさい。

(2)　通話時間が何分何秒を超えると，プランAの通話料金の方がプランBの通話料金よりも安くなるか。

3　ある夫婦が，夫婦間の連絡用のみに使用するために，夫はプランA，妻はプランBで契約したところ，ある月の夫婦間の通話時間の合計は120分であり，通話料金の合計は5000円であった。また，夫から妻に発信した電話の通話時間も，妻から夫に発信した電話の通話時間も30分以上であった。この月に，夫から妻に発信した電話の通話時間は何分何秒か。なお，着信する(電話を受ける)側には料金はかからない。

6　上の段と下の段がある縦2段の枡目(ますめ)があり，横の列の中に，次の【規則】にしたがって1けたの自然数を1つずつ記入していくものとする。

【規則】
Ⅰ…上の段について
・1列目から5列目までの枡目の中には，それぞれ1，3，5，7，9を記入する。
・6列目から10列目までの枡目の中には，それぞれ1列目から5列目までと同じ数を記入し，11列目以降の枡目についても，同様のパターンで記入していく。
Ⅱ…下の段について
・1列目から4列目までの枡目の中には，それぞれ2，4，6，8を記入する。
・5列目から8列目までの枡目の中には，それぞれ1列目から4列目までと同じ数を記入し，9列目以降の枡目についても，同様のパターンで記入していく。

下の表は，上の段と下の段の9列目までの枡目に自然数を記入したようすを表している。

	1列目	2列目	3列目	4列目	5列目	6列目	7列目	8列目	9列目	…
上の段	1	3	5	7	9	1	3	5	7	…
下の段	2	4	6	8	2	4	6	8	2	…

このとき，次の**1**，**2**，**3**の問いに答えなさい。

1　17列目の上の段に記入する自然数を求めなさい。

2　3列目のように，上の段に5，下の段に6を記入するのが3回目に現れる枡目をm列目とする。次の［　　］内の文は，mについて考察したものである。文中の［①］，［②］に当てはまる数をそれぞれ答えなさい。

> 3列目を1回目とすると，$m=$［①］である。また，1列目からm列目までの上の段，下の段に記入する自然数の和をそれぞれS_1，S_2とすると，$S_1-S_2=$［②］になる。

3　自然数nを用いると，すべての列は，$(5n-4)$，$(5n-3)$，$(5n-2)$，$(5n-1)$，$5n$列目のいずれかの形で表すことができる。また，1列目から$(5n-1)$列目までの上の段に記入する自然数の和をTとする。これについて，次の(1)，(2)の問いに答えなさい。

(1)　Tをnを用いた最も簡単な式で表しなさい。ただし，かっこを使わない形で表すこと。

(2)　$T=191$となるとき，1列目から$(5n-1)$列目までの下の段に記入する自然数の和を求めなさい。

令和2年
11月1日実施

第181回 下野新聞模擬テスト
理　科

1 次の**1**から**8**までの問いに答えなさい。

1 次のうち，日本の気候に大きな影響をおよぼしている，小笠原気団における空気の特徴を表しているものはどれか。

ア 高温・湿潤　　**イ** 高温・乾燥　　**ウ** 低温・湿潤　　**エ** 低温・乾燥

2 アンモニアの分子は，窒素原子と水素原子からできている。次のうち，アンモニアを表す化学式はどれか。

ア NH　　**イ** NH_2　　**ウ** NH_3　　**エ** NH_4

3 次のうち，セキツイ動物の雄の体内でつくられる，なかまをふやすための細胞を表す語はどれか。

ア 精細胞　　**イ** 卵細胞　　**ウ** 精子　　**エ** 卵

4 いくつかの条件が成り立つとき，一つの物体にはたらく二つの力はつり合う。次のうち，二つの力がつり合うための条件ではないものはどれか。

ア 二つの力の大きさが等しいこと。　　**イ** 二つの力の向きが反対であること。
ウ 二つの力が一直線上にあること。　　**エ** 二つの力の作用点が一致すること。

5 右の図は，地震計に記録された，ある地震によるゆれのようすを表したものである。P波到着の時刻からS波到着の時刻までに続くゆれを何というか。

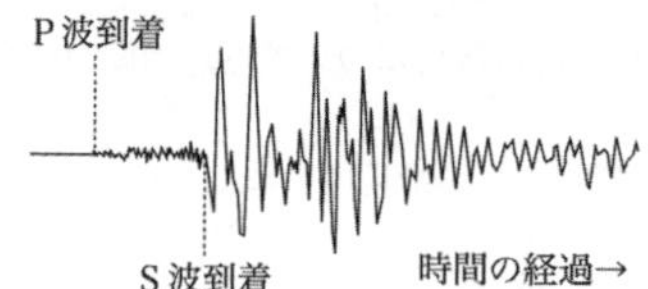

6 右の図は，質量を測定する際に用いる２種類の器具を表したものである。これらの器具の名称に共通する語は何か。

7 右の図は，ヒトの排出に関係している，器官A，管B，袋Cを表したものである。左右に一対ある器官Aを何というか。

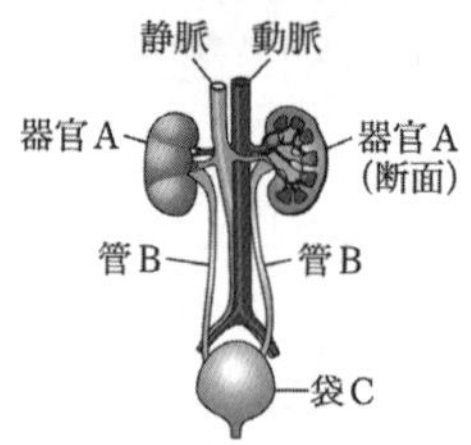

8 右の図は，オシロスコープに表示された，ある音の波形を表したもので，横軸は時間を表している。図中の周期(同じものが繰り返すまでの時間)によって決まる，音の高さを表す要素を何というか。

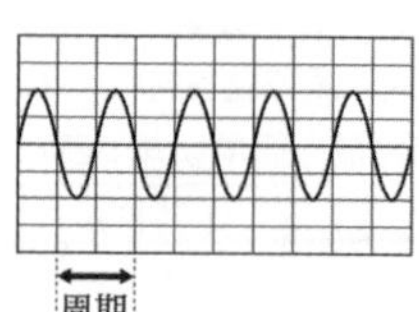

2 火山の形は，地下にあるマグマの性質によって決定することが多い。右の図のA，B，Cは，火山の形を三つのタイプに分けて，それぞれ縦断面のようすを模式的に表したものである。

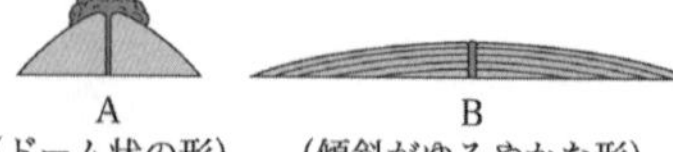
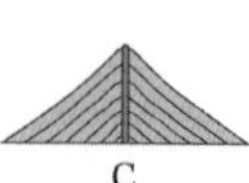

A (ドーム状の形)　　B (傾斜がゆるやかな形)　　C (円すいの形)

このことについて，次の**1**，**2**，**3**の問いに答えなさい。

解答・解説 P301・P309

1 火口からふき出されるものを，まとめて火山噴出物という。次の［　　］内の文章は，２種類の火山噴出物について述べたものである。①，②に当てはまる語の組み合わせとして正しいものはどれか。

> 火山噴出物のうち，直径が２mm以下の粒状のものを（　①　）という。また，火山ガスの成分として最も多く含まれている気体は（　②　）である。

	①	②
ア	火山灰	二酸化硫黄
イ	火山灰	水蒸気
ウ	火山弾	二酸化硫黄
エ	火山弾	水蒸気

2 図のAのタイプの火山において，その地下にあるマグマにはどのような性質があるか。「ねばりけ」という語を用いて簡潔に書きなさい。

3 次の火山のうち，図のCのタイプの火山に分類されるものはどれか。

ア 桜島　　**イ** 昭和新山　　**ウ** マウナロア　　**エ** 雲仙普賢岳

3 加熱することによって酸化銅に起こる化学変化について調べるために，次の実験を行った。

> 酸化銅の粉末8.0gと炭素の粉末0.6gの混合物を試験管に入れた。次に，右の図のように，試験管内の混合物を十分に加熱したところ，酸化銅と炭素は過不足なく反応し，試験管内には赤色の固体が残った。また，石灰水が白く濁ったことから，<u>ある気体</u>が発生したことが確認できた。

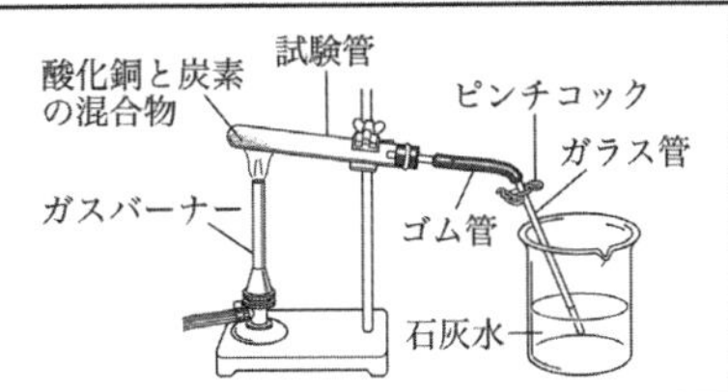

このことについて，次の**1**，**2**，**3**の問いに答えなさい。

1 下線部の気体は何か。化学式で書きなさい。

2 次の［　　］内の文章は，加熱することによって酸化銅に起こった化学変化について述べたものである。①，②に当てはまる語をそれぞれ書きなさい。

> 実験では，酸化銅から（　①　）がとり去られた。このように，酸化物から（　①　）をとり去る化学変化を（　②　）という。

3 実験に用いた8.0gの酸化銅は，6.4gの銅の粉末を空気中で完全に反応するまで加熱することによってつくったものである。このことから，実験で発生した下線部の気体の質量を求めることができる。その質量として最も適切なものはどれか。

ア 1.6g　　**イ** 1.8g　　**ウ** 2.0g　　**エ** 2.2g

4 図１は，タンポポの一つの花をスケッチしたもので，図２は，マツの２種類の花のうちの一方から採取したりん片をスケッチしたものである。

このことについて，次の**1**，**2**，**3**の問いに答えなさい。

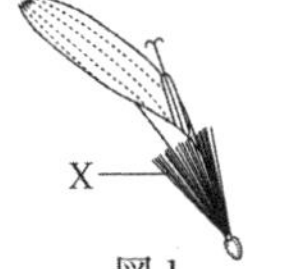

図１

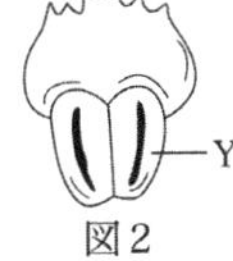

図２

1 次の［　　］内の文章は，図１，２にX，Yで示したつくりについて述べたものである。①，②に当てはまる語の組み合わせとして正しいものはどれか。

> 図１にXで示したつくりは（　①　）とよばれている。また，図２にはYで示したつくりが見られることから，このりん片は，マツの（　②　）という花の方から採取したものであることがわかる。

	①	②
ア	がく	雌花
イ	がく	雄花
ウ	やく	雌花
エ	やく	雄花

2 タンポポとマツには，「花をさかせる」，「あるものをつくってなかまをふやす」という共通点がある。この共通点から，タンポポとマツは何植物とよばれるか。

3 タンポポの花とマツの花の相違点のうち，タンポポの胚珠に関することがらについて述べている文として最も適切なものはどれか。

ア 子房が胚珠に包まれている。　　**イ** 子房がなく胚珠がむき出しになっている。
ウ 胚珠が子房に包まれている。　　**エ** 胚珠がなく子房がむき出しになっている。

下野模擬問題(第181回)◆理科

5 空間を電流が流れる現象について調べるために，次の実験(1)，(2)を順に行った。

(1) クルックス管の四つの電極のうちの二つを誘導コイルにつないで電圧を加えたところ，図1のように，蛍光板上に明るいすじが現れた。

(2) 図1の状態から，残りの二つの電極を電源装置につないで電圧を加えたところ，図2のように，明るいすじは下向きに曲がった。

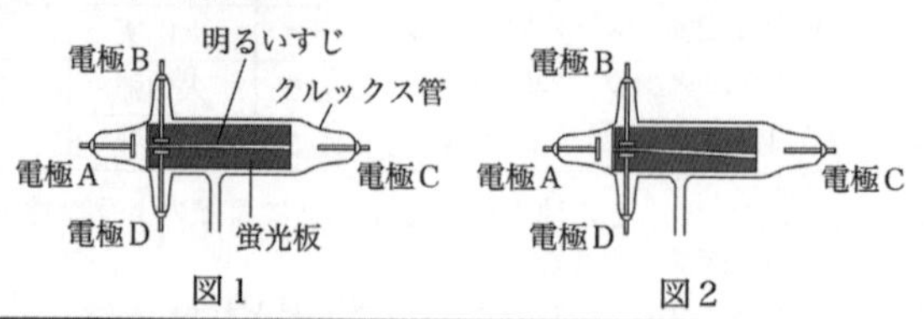

図1　図2

このことについて，次の**1**，**2**，**3**の問いに答えなさい。

1 蛍光板上に現れた明るいすじは，何という粒子の流れか。

2 次の□内の文は，図1，2からわかることについて述べたものである。①，②に当てはまる記号(A，B，C，D)をそれぞれ書きなさい。

> 図1，2より，誘導コイルの－極につないでいたのは電極（　①　）であることと，電源装置の＋極につないでいたのは電極（　②　）であることがわかる。

3 クルックス管の内部のような，圧力の低い空間を電流が流れる現象を何というか。

6 ある月の連続した3日間における，いろいろな気象現象の変化について，次の調査(1)，(2)，(3)を順に行った。

(1) 連続した3日間における，正午の日本付近の天気図は，それぞれ図1，2，3のいずれかのように表される。ただし，図1，2，3は，時間の経過順に並んでいるとは限らない。

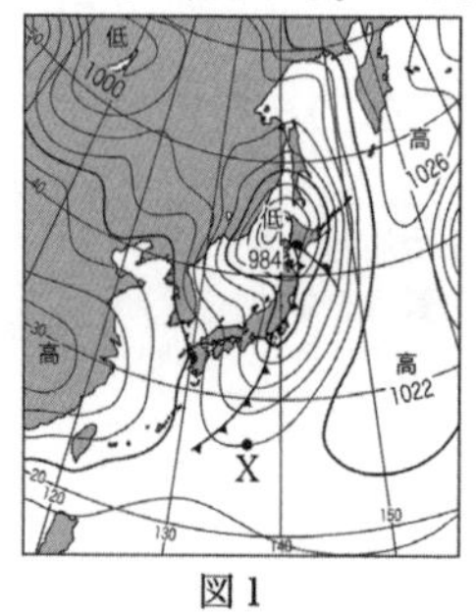

図1

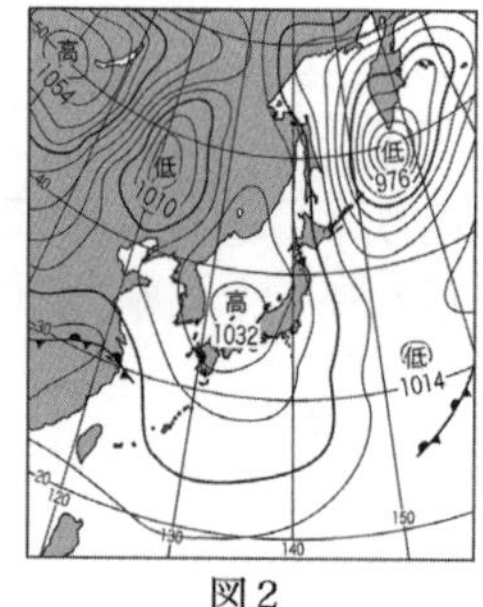

図2

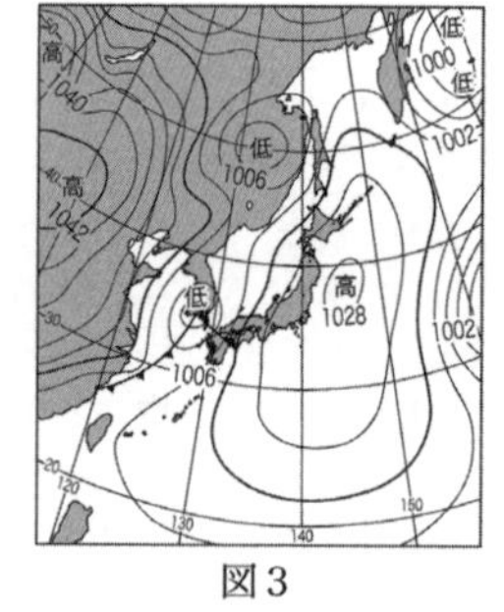

図3

(2) 連続した3日間のうちの2日については，日本国内のどこかで雨が降っていたが，残りの1日については，全国的に終日天気がよかった。

(3) 図4は，連続した3日間のうちの1日について，関東地方のある地点における，3時間ごとの気象要素の変化を表したものである。

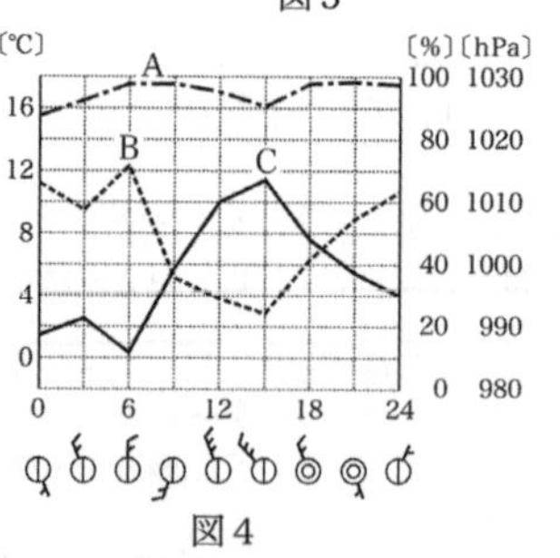

図4

このことについて，次の**1**，**2**，**3**，**4**の問いに答えなさい。

1 図1の天気図において，太平洋上にXで示した位置の気圧は何hPaであることがわかるか。

2 図1，2，3の天気図には，いずれにも日本の周辺に高気圧が位置しているのが見られる。一般に，高気圧とはどのようなところをいうか。「中心の気圧」という語を用いて簡潔に書きなさい。

3 図1，2，3を時間の経過順に正しく並べているものはどれか。次の**ア**から**カ**のうちから一つ選び，記号で答えなさい。

ア 図1→図2→図3　**イ** 図2→図3→図1　**ウ** 図3→図1→図2
エ 図1→図3→図2　**オ** 図2→図1→図3　**カ** 図3→図2→図1

4 次の□内の文章は，図4について述べたものである。①，②に当てはまる数字(1，2，3)や記号(A，B，C)をそれぞれ書きなさい。

> 図4は，図（ ① ）の天気図の日の気象要素の変化を表している。また，気圧の変化を表しているのは，（ ② ）のグラフであると考えられる。

7 水溶液中に生じているイオンの移動によって起こることについて調べるために，次の実験(1)，(2)，(3)，(4)を順に行った。

> (1) 硝酸カリウム水溶液をしみ込ませたろ紙をガラス板にのせたあと，2個の目玉クリップでろ紙とガラス板の両端をはさんだ。
> (2) 図1のように，ろ紙の上に赤色リトマス紙A，B，青色リトマス紙C，Dを置き，ろ紙の中央付近に水酸化ナトリウム水溶液をしみ込ませたろ紙を置いた。
> (3) 2個の目玉クリップが電極(それぞれ陰極と陽極)になるように電源装置につないで電圧を加えたところ，しばらくすると1枚のリトマス紙の色が変化した。
> (4) 図1において，水酸化ナトリウム水溶液をしみ込ませたろ紙のみを，うすい硫酸をしみ込ませたろ紙に交換した装置をつくり，(3)と同様に電圧を加えたところ，この場合も，しばらくすると1枚のリトマス紙の色が変化した。

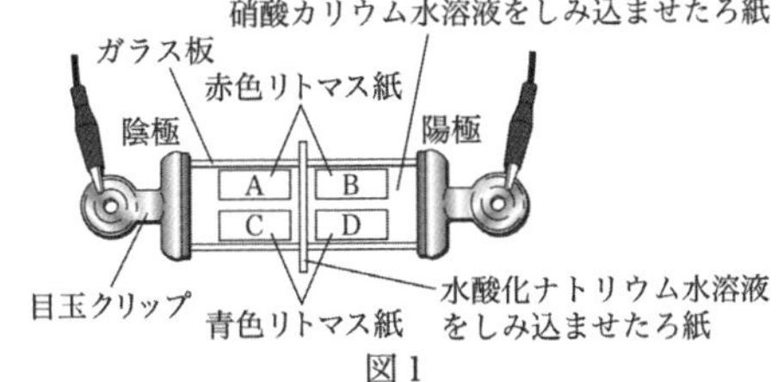

図1

このことについて，次の**1**，**2**，**3**，**4**の問いに答えなさい。

1 実験(1)で，ガラス板にのせるろ紙に硝酸カリウム水溶液をしみ込ませたのはなぜか。「電極間」という語を用いて簡潔に書きなさい。

2 図2のように，実験に用いた水酸化ナトリウム水溶液をpHメーター(pH計)の先端にたらしてみたところ，pHメーターにはxという値が表示された。この操作におけるxの値と，そのことからわかる水酸化ナトリウム水溶液の性質の組み合わせとして正しいものはどれか。

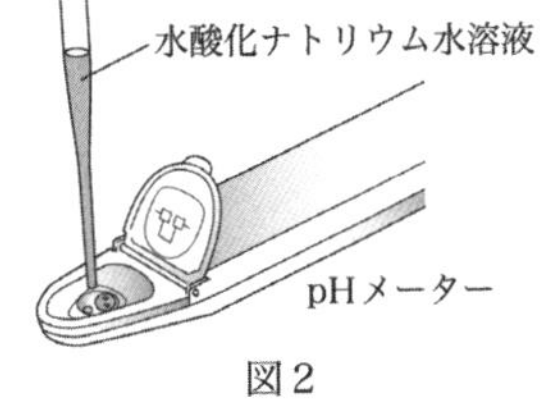

図2

ア xの値：7より大きい　性質：酸性
イ xの値：7より大きい　性質：アルカリ性
ウ xの値：7より小さい　性質：酸性
エ xの値：7より小さい　性質：アルカリ性

3 実験(3)において，1枚のリトマス紙の色を変化させる原因となったのは何イオンか。ただし，陽イオンや陰イオンなどではなく，具体的なイオン名を書くこと。

4 次の□内の文は，実験(4)の結果について述べたものである。①，②に当てはまるイオン式や記号(A，B，C，D)をそれぞれ書きなさい。

> うすい硫酸の中に生じている（ ① ）というイオン式で表されるイオンが移動したことにより，リトマス紙（ ② ）の色が変化した。

8 遺伝における規則性について調べるために，エンドウの株を用いて，次の実験(1)，(2)，(3)，(4)を順に行った。

(1) 何代にもわたって種子の形状が「まる」になり続けるエンドウの種子をまいて育てた株，および何代にもわたって種子の形状が「しわ」になり続けるエンドウの種子をまいて育てた株を，それぞれ親の代としてかけ合わせた。

(2) 図1のように，(1)のかけ合わせによって得られた子の代の種子の形状は，すべて「まる」であった。

(3) (1)，(2)でできた子の代の種子をまいて育てた株で自家受粉が行われた。

(4) 図2のように，(3)の自家受粉によって得られた孫の代の種子の形状は，「まる」のものと「しわ」のものとがあった。

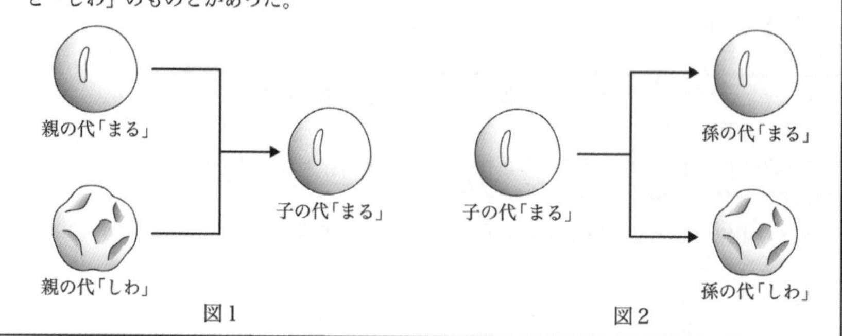

図1　図2

このことについて，次の**1**，**2**，**3**，**4**の問いに答えなさい。ただし，種子の形を「まる」にする遺伝子をA，「しわ」にする遺伝子をaで表すものとする。

1 実験(1)で親の代として用いたエンドウのように，何代にもわたって同じ形質が現れ続ける系統を何というか。また，種子の形状という形質においては，必ず「まる」と「しわ」のどちらか一方になる。このように，対をなす形質を何形質というか。

2 実験(1)，(2)によって得られた子の代の種子における遺伝子の組み合わせを，Aやaを用いて最も適切に表しているものはどれか。

ア AA　　**イ** aa　　**ウ** Aa　　**エ** AAaa

3 次の[　　]内の文章は，エンドウがなかまをふやすためにつくられる細胞について述べたものである。①，②に当てはまる語をそれぞれ書きなさい。

> エンドウがなかまをふやすためにつくられる2種類の細胞を，まとめて（　①　）細胞という。また，（　①　）細胞がつくられるときには，（　②　）分裂とよばれる，特別な細胞分裂が行われる。

4 実験(3)，(4)によって得られた孫の代の種子の総数が600個であったとすると，その中に種子の形状が「まる」のものは理論上何個あると考えられるか。

9 物体が行う2種類の運動について調べるために，次の実験(1)，(2)を行った。

(1) 図1のように，下端に砂袋をとりつけた紙テープを，1秒間に50回打点する記録タイマーに通した。次に，紙テープから静かに手を離し，床に向かって垂直に落ちていく砂袋の運動のようすを記録タイマーで紙テープに記録した。表1は，紙テープから手を離したと考えられる瞬間に記録された打点をAとし，Aから5打点ごとの打点を順にB，C，Dとして，区間AB，BC，CDの長さを記入したものである。

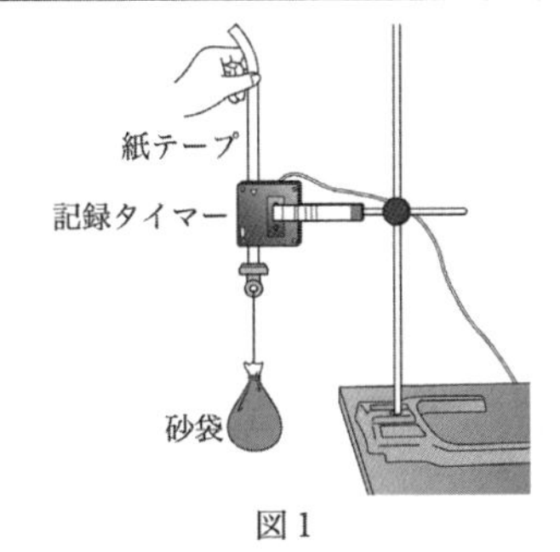

図1

(2) 図2のように，なめらかな水平面上に台車を置いた後，台車の後面に，1秒間に50回打点する記録タイマーに通した紙テープをとりつけた。次に，台車を手でポンと押し，水平面上で台車が行う運動のようすを記録タイマーで紙テープに記録した。表2は，台車が手から離れたと考えられる瞬間に記録された打点をPとし，Pから5打点ごとの打点を順にQ，R，Sとして，区間PQ，QR，RSの長さを記入したものである。

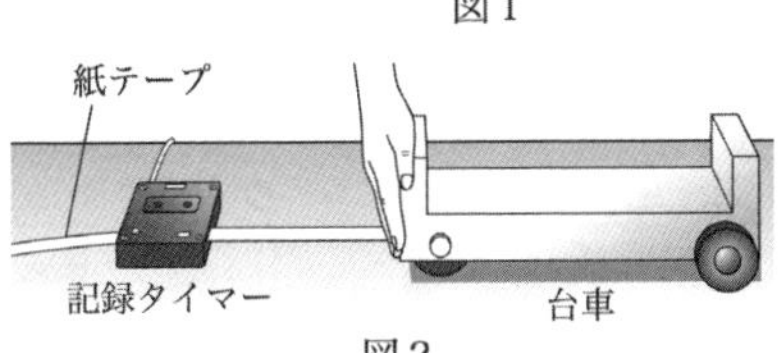

図2

表1

区間	AB	BC	CD
長さ〔cm〕	4.9	14.7	24.5

表2

区間	PQ	QR	RS
長さ〔cm〕	4.9	4.9	4.9

このことについて，次の**1**，**2**，**3**，**4**の問いに答えなさい。ただし，空気の抵抗や摩擦などは考えないものとする。

1 表1より，Bが打点された瞬間からDが打点された瞬間までの間において，砂袋が行った運動の平均の速さは何cm/sであったことがわかるか。

2 実験(1)で砂袋が行った運動において，0.1秒間あたりの速さの増加量として最も適切なものはどれか。

ア 0.098m/s　　**イ** 0.98m/s　　**ウ** 9.8m/s　　**エ** 98m/s

3 実験(2)において，Pを打点した瞬間から後の台車の運動のようすを表すグラフを，解答用紙(横軸に経過時間〔s〕を，縦軸に移動距離〔cm〕をとっている)にかき入れなさい。ただし，(　　)には経過時間が0.3秒のときの移動距離を記入すること。なお，水平面は十分に広いものとする。

4 次の□内の文章は，実験(1)で砂袋が，実験(2)で台車が行った運動について述べたものである。①，②に当てはまる語をそれぞれ書きなさい。

> 実験(1)で，紙テープから手を離した後に砂袋が行った運動を（ ① ）という。また，実験(2)で，手から離れた後に台車が行った運動を（ ② ）という。

令和2年
11月1日実施

第181回 下野新聞模擬テスト
英語

1 これは聞き方の問題である。指示に従って答えなさい。

1〔英語の対話とその内容についての質問を聞いて，答えとして最も適切なものを選ぶ問題〕

(3) ア 8月12日　イ 8月13日　ウ 8月20日　エ 8月23日

2〔英語の対話とその内容についての質問を聞いて，答えとして最も適切なものを選ぶ問題〕

(1) ① ア She went to school.　イ She went to Tom's house.
ウ She went to see a movie.　エ She went to a clothes shop.

② ア At 6:30 in the evening.　イ At 6:50 in the evening.
ウ At 7:10 in the evening.　エ At 7:30 in the evening.

(2)

Jane's Plan on Weekend

Saturday		Sunday	
Morning	Shrine	Morning	B
⇩		⇩	
Lunch		Lunch	
⇩		⇩	
Afternoon	A	Afternoon	Amusement Park

① ア Her family did.　イ Her friends did.
ウ Her host family did.　エ Her teacher, Mr. Abe, did.

② ア A : Museum — B : Lake　イ A : Flower Park — B : Lake
ウ A : Museum — B : Temple　エ A : Lake — B : Flower Park

3〔英語の説明を聞いて，Eメールを完成させる問題〕

To :　Peter
From :　You

Hi, Peter,
Today Mr. Wood told us about the next match. I'll tell you about that.
・We have the match next Friday.
・We have three more practices, and we (1)(　　　　) go to all practices.
・We practice on Monday, (2)(　　　　) and Thursday.
・We went to Midori City by bus this (3)(　　　　), and this time we'll also go there by bus.
・Come to school by eight fifteen on Friday.
・Bring your lunch, something to (4)(　　　　), uniform and school bag.
If you have any questions, please ask me.
See you tomorrow.

解答・解説 P300・P304

2 次の**1**，**2**の問いに答えなさい。

1 次の英文中の (1) から (6) に入れるものとして，下の(1)から(6)の**ア**，**イ**，**ウ**，**エ**のうち，それぞれ最も適切なものはどれか。

My name is Ryo. Jack and I (1) junior high school students now. I had a good time with Jack last weekend. Last Saturday we went to a department store for shopping. We got on a (2) and got there before noon. We had lunch at one of the restaurants in the department store. Then, we went to a (3) and bought a new racket. We are members of the tennis team. After that, we bought some clothes at another shop. After (4), we saw a movie. The next day I went to a (5) with him. We enjoyed seeing many kinds of animals there. In the afternoon, Jack came to my house and played some video games together (6).

(1) **ア** am　**イ** are　**ウ** was　**エ** were
(2) **ア** bus　**イ** chair　**ウ** shirt　**エ** computer
(3) **ア** post office　**イ** flower shop　**ウ** tennis court　**エ** sports shop
(4) **ア** shopping　**イ** playing tennis　**ウ** watching a movie　**エ** school
(5) **ア** bank　**イ** hospital　**ウ** zoo　**エ** supermarket
(6) **ア** at school　**イ** in his room　**ウ** for all day　**エ** for about two hours

2 次の(1)から(3)の(　)内の語(句)を意味が通るように並べかえて，(1)と(2)は**ア**，**イ**，**ウ**，**エ**，(3)は**ア**，**イ**，**ウ**，**エ**，**オ**の記号を用いて答えなさい。

(1) What (**ア** this flower　**イ** in　**ウ** called　**エ** is) English?
(2) Is (**ア** leaving　**イ** a train　**ウ** for　**エ** there) Nagano?
(3) It (**ア** for　**イ** is　**ウ** important　**エ** to　**オ** us) have good friends.

3 次の英文は，宏和(Hirokazu)とALTのスミス先生(Ms. Smith)との対話の一部である。これを読んで，**1**から**6**までの問いに答えなさい。

Ms. Smith: Hello, Hirokazu. What are you reading?
Hirokazu: Oh, hello, Ms. Smith. I'm reading the Class News on the wall.
Ms. Smith: Good. What's the *topic for this month?
Hirokazu: It's about reading books. 'The Reading Week' will start on (**A**) 21.
Ms. Smith: Oh, that's a nice event, but …, five students in your class ＿＿(1)＿＿. I hope they'll be interested in reading books. Do you like reading books, Hirokazu?
Hirokazu: Yes. I often go to the school library. There are about ＿＿(2)＿＿, so I can read many kinds of books. Ms. Smith, what kind of books do you like?
Ms. Smith: Well …, I like *picture books.
Hirokazu: Oh, do you? Picture books are written for little children, aren't they?
Ms. Smith: Right. Picture books are usually read by (3)them, but *adults can learn a lot of things, too. Also, picture books are written in *plain language, so I study Japanese by reading Japanese picture books.
Hirokazu: I see. What's your favorite picture book?
Ms. Smith: I love a picture book about an *elephant. The elephant worked in many places, but people there didn't like him. The elephant was sad, but he didn't give up. Finally, the elephant started working at a *preschool, and he was loved by many children there.
Hirokazu: That's a nice story. Maybe it means that all of us are needed by someone.
Ms. Smith: I think (4)so, too.
Hirokazu: Ms. Smith, look at this graph, please. Last month our *library committee asked us, "How many books do you read a month?" We all answered their question. After that, they showed us the graph.
Ms. Smith: Let me see …, oh, ＿＿(5)＿＿ in your class don't read any books in a month.

Hirokazu：I think they should read more books.
Ms. Smith：Umm ..., but three students read (**B**) four books in a month.
Hirokazu：I was also surprised. I read three or four books in a month.
Ms. Smith：That's enough, Hirokazu. Your teacher, Mr. Tanaka, often reads a book in the teachers' room during *lunch break. Yesterday he was reading "*Botchan*."
Hirokazu：Oh, it was written by Natsume Soseki. Mr. Tanaka said in the Class News, "Reading books *alone is fun, but reading the same book with your friends and ＿＿(6)＿＿ are also interesting."
Ms. Smith：That's a nice idea. I hope many students will learn that (7)reading books is a lot of fun through 'The Reading Week.'

〔注〕*topic＝話題　*picture book＝絵本　*adult＝大人　*plain＝簡単な
*elephant＝ゾウ　*preschool＝幼稚園　*library committee＝図書委員
*lunch break＝昼休み　*alone＝ひとりで

3年2組　学級通信　10月号

10月1日発行

図書館案内
○開館時間：午前８時～午後６時
※水曜日は図書整理のため午後４時まで
○休 館 日：毎週日曜日
○蔵 書 数：約2,000冊
○貸出冊数：一人５冊まで
○貸出期間：10日間

～読書週間に向けて～

10月21日から読書週間が全学年一斉にスタート！！
クラス別読書数で，上位を目指そう！！

図書委員より

先月に行った「読書アンケート」の結果発表！！

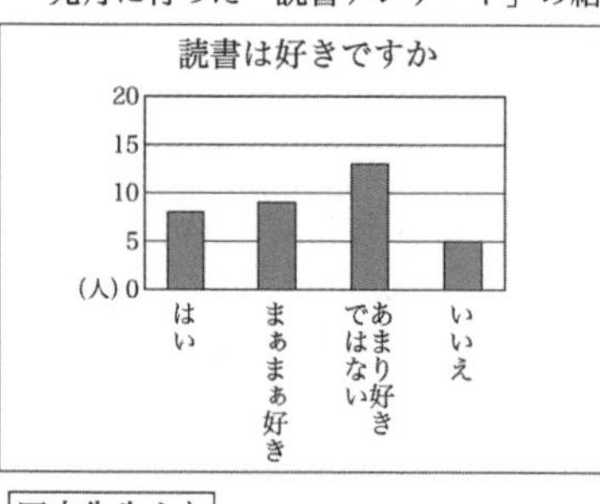

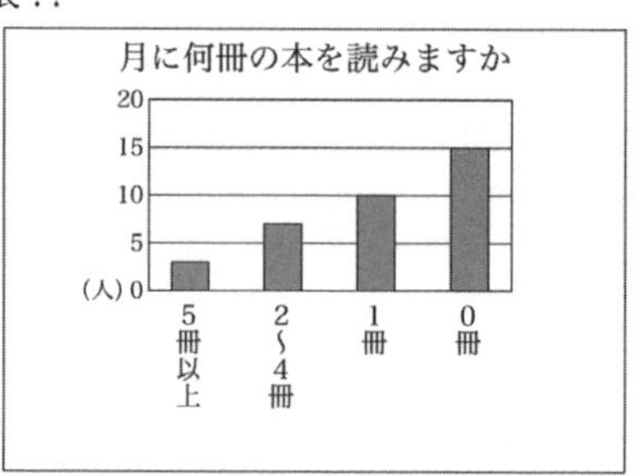

田中先生より

いよいよ読書週間が始まります。私もよく小説を読みますが，登場人物のセリフに元気をもらうこともあります。
ひとりで本を読むことも楽しいですが，友達といっしょに同じ本を読み，それについて話すことも楽しいですよ。

1　本文中の(**A**)に入る語として，最も適切なものはどれか。
ア　November　**イ**　December　**ウ**　September　**エ**　October

2　上の学級通信を参考に，二人の対話が成り立つよう，下線部(1)，(2)，(5)，(6)に適切な英語を書きなさい。ただし，数字は使用しないこと。

3　下線部(3)は何を指すか。英語**２語**で書きなさい。

4　下線部(4)の指す内容は何か。具体的に日本語で書きなさい。

5　本文中の(**B**)に入る語句として，最も適切なものはどれか。
ア　better than　**イ**　more than　**ウ**　more often　**エ**　a lot of

6　下線部(7)に対するあなたの考えや気持ちについて，その理由も含めて，つながりのある**４文から６文程度**の英語で書きなさい。

4 次の英文を読んで，**1**，**2**，**3**，**4**の問いに答えなさい。

I had a wonderful experience during summer vacation. Last July I said to my father, "Dad, I want to stay with my *grandparents this summer. Can you take me there?" He said, "That's OK, Riku. They'll be happy to see you. [　　　] do with them?" "I'll help their work on their *farm. When I went to the supermarket with my mother last Sunday, I knew that I didn't know much about food, such as vegetables and milk. So, I want to learn about that through working on their farm," I answered. He said, "Oh, that's nice. It will be a good experience for you."

The next month, my parents and I went to see my grandparents. They welcomed us. I told them about my idea. My grandfather said to me, "Riku, you should watch our work on our farm *carefully if you want to learn about food."

On the first morning, we got up at four thirty. We went to the *fields and got some vegetables together. Some big vegetables were very heavy, so carrying them was very (**A**). I was very surprised to learn that my grandparents carried them easily. They are strong!

After that, I also tried to get milk from the *cows. My grandmother showed me how to get milk. I thought it was easy, but I was (**B**). Getting milk from them was very difficult. After breakfast, my grandfather taught me how to clean the houses of cows and *chickens. The work in the morning made me a little tired, but I was happy to work with them.

That evening, we cooked dinner with many kinds of vegetables. They were from my grandparents' fields. We enjoyed dinner together, and it was delicious. After dinner, I spoke to my grandparents in the *living room. We talked about the work on the farm. I asked them, "Are you enjoying your work on the farm?" My grandmother said, "Of course, we are enjoying it. We love all the animals and vegetables on the farm. We have taken care of them since they were born. They are like our children." I stayed at my grandparents' house for three days. The work there was hard, but I had a very good time.

Now I want to tell you two important things. First, we should try to eat all on our dishes. Some people don't like vegetables and milk, and they don't eat all. My grandfather said, "I'll be sad when I learn that someone often *leaves vegetables and milk." Second, we should remember that many people work hard to give us food. Do you often go to supermarkets? Today, we can buy many kinds of food at supermarkets. Look at them carefully, please. Milk is already *packed, and vegetables don't have any *soil on them. Many of us don't know much about food. I think we should be more interested in our *daily food.

〔注〕*grandparents＝祖父母　*farm＝農場　*carefully＝注意深く　*field＝畑
*cow＝ウシ　*chicken＝ニワトリ　*living room＝居間，リビング
*leave ～＝～を残す　*pack ～＝～を包装する　*soil＝土　*daily＝毎日の

1 本文中の[　　　]に，適切な英語を**3語**で書きなさい。

2 本文中の(**A**)，(**B**)に入る陸(Riku)の気持ちを表している語の組み合わせとして最も適切なものはどれか。

ア **A**：easy　—　**B**：right
イ **A**：interesting　—　**B**：wrong
ウ **A**：hard　—　**B**：wrong
エ **A**：difficult　—　**B**：right

3 下線部に見られる陸の考えと，そのきっかけとなった彼の祖父の発言とはどのようなものか。次の[　　　]内の(①)と(②)に適切な日本語を書きなさい。

> 陸は，「(　　　　①　　　　)ことを知ったら，悲しい気持ちになるよ」という祖父の言葉を聞いて，陸は，お皿の上の食べ物はすべて食べてみるべきであり，また，多くの人たちが(　　　　②　　　　)ことを覚えておくべきであると考えている。

4 本文の内容と一致するものはどれか。二つ選びなさい。

ア Riku wanted to go to his grandparents' farm to learn about food.
イ Last July Riku visited his grandparents and worked with them.
ウ On the first morning on the farm, Riku got up earlier than his grandparents.
エ On the first morning on the farm, Riku got milk from the cows, and then he went to the fields.
オ The work in the morning on the first day was interesting, so Riku wasn't tired.
カ Riku's grandparents have taken care of their cows and chickens since those were born.

5 英語学習(learning English)について書かれた次の英文を読んで，**1**，**2**，**3**，**4**の問いに答えなさい。

Do you want to *improve your English? Many of you will answer, "Yes." English is spoken in many countries in the world. It's one of the *international languages. You can make many friends all over the world by learning English. I think <u>this</u> is one of the good reasons to learn English. Then, how can you improve your English? [ア]

Today, some Japanese people *study abroad to learn English. They have to speak English every day, so studying abroad is one of the good ways to improve their English. [イ] However, even in foreign countries, if you speak Japanese a lot, your English won't get better. I think learning English is just like learning how to swim. [ウ] So, if you want to improve your English, you should try to speak English often.

You can also improve your English without studying abroad. [エ] You learn English at school almost every day. You have a lot of chances to speak English during classes. You don't have to speak English well at first. If your teachers and classmates understand you, that's OK.

You can improve your English at〔　　　〕, too. Singing English songs and watching movies in English are very useful. But that's not enough. You need to do that again and again. Also, trying to *express things around you in English is useful, too. For example, when you have to do your homework, you say, "Oh, I have a lot of homework today. I have to finish it," in English.

You can improve your English in many ways. However, the most important thing is to try to get many chances to speak English. If you really want to improve your English, you should remember this.

〔注〕*improve ～＝～を上達させる　*international＝国際的な
*study abroad＝留学する　*express ～＝～を表現する

1 下線部のthisが指す内容は何か。日本語で書きなさい。

2 本文中の[ア]から[エ]のいずれかに次の１文が入る。最も適切な位置はどれか。

If we want to be able to swim, we should go into the water and try to swim.

3 本文中の〔　　　〕に入れるものとして，最も適切なものはどれか。

ア home　**イ** school　**ウ** noon　**エ** classrooms

4 本文を通して，筆者が最も伝えたいことはどれか。

ア Most Japanese study abroad to learn English when they are students.
イ If you want to improve your English, studying abroad is the best way.
ウ Reading a lot of English books is a good way to improve your English.
エ Trying to speak English is the most important when we learn English.

真白ちゃんの目をじっと見つめながら、おれはさっき心に決めたばかりの決意を口にした。真白ちゃんは目を見開いたままだ。

（風野潮「クリスタル　エッジ　目指せ4回転！」〈講談社〉から）

（注）真白ちゃん＝葵と同じスケートクラブに所属する少女。

1 ⑴顔がにやけそうになる　とあるが、葵がにやけそうになった理由を説明した次の文の［　　］に当てはまる語句を、このときの葵の心情を踏まえて、二十字以上三十字以内で書きなさい。

> 練習場に来てすぐの真白ちゃんが、自分（葵）の［　　］から。

2 ⑵口ごもってモゴモゴ言ってしまって　とあるが、このときの葵の心情として最も適切なものはどれか。

ア　真白ちゃんの言葉から、彼女が瀬賀に好意を抱いているのかもしれないと思うようになり、不安になっている。

イ　核心を突いた真白ちゃんの指摘にうろたえる一方で、その指摘を容易に認めるわけにはいかないと思っている。

ウ　あたふたする様子をわざと見せることで、真白ちゃんがそれにどのように対応するのかを見たいと思っている。

エ　絶対に触れてほしくないと思っていた話題を真白ちゃんに持ち出されたため、不快な思いを隠し切れずにいる。

3 ［A］に入る語として最も適切なものはどれか。

ア　間接的　**イ**　独占的　**ウ**　突発的　**エ**　平均的

4 ⑶わけがわからなくなって、頭掻きむしりたくなる　とあるが、これとは対照的な葵の状態を表現している一文を本文中から抜き出し、初めの五字を書きなさい。

5 ⑷おれ、変わりたい　とあるが、葵は、具体的にどのような自分に変わりたいと思っているのか。その内容を説明した次の文の［a］、［b］に当てはまる語句を、［a］は本文中の言葉を使って四字以上八字以内で書き、［b］は本文中から七字で抜き出して書きなさい。

> 瀬賀との勝負に［a］ことを恐れないような強い自分、そして、ジャンプ以外の苦手な練習にも［b］ことができるような自分に変わりたいと思っている。

6 本文の特徴を説明したものとして最も適切なものはどれか。

ア　考え方の違いから互いに不信感を抱くようになっていく少年と少女の様子を、第三者の客観的な視点で描き出している。

イ　主人公の苦悩する姿や、大きな決断を下した時の晴れやかな心情を、色鮮やかな情景描写に重ねて巧みに表現している。

ウ　心の声によって主人公の心情の移り変わりを表現することで、主人公の人柄までもわかりやすく読み手に伝わってくる。

エ　会話の途中に回想を差し込むことで、現在と過去との境目を曖昧に感じさせるような不思議な世界観を作り上げている。

5

あるクラスで、よりよい学級づくりのルールを話し合ったところ、標語を作成することになり、次のA、Bの二つの案が出た。あなたなら、どちらの案を選ぶか。選んだ理由も含めて、あなたの考えを書きなさい。

なお、後の《注意》に従って書くこと。

A案	B案
・自分から挨拶をしよう ・整理整頓を心がけよう ・身だしなみを整えよう ・時間を守って行動しよう ・言葉づかいに気をつけよう	自律 ――自分で考えて実行――

《注意》

・二段落構成とすること。

・第一段落には、A案とB案の二つを比較し、それぞれの案からどのような意図を読み取ることができるか、自分の考えを書くこと。

・第二段落には、よりよい学級づくりを行うためには、A案とB案のうち、どちらを掲示した方がよいと考えるか、理由を含めて書くこと。

・国語解答用紙⑵に二百四十字以上三百字以内で書くこと。

・氏名と題名は書かないこと。

問題R2　180　181　182　183　【国語】第181回

解答・解説　P300・P302

5 その(4)「なぜ」とは、具体的にどのような問いのことか。二十五字以上三十字以内で書きなさい。

6 本文における筆者の考えとして最も適切なものはどれか。

ア 長い歴史が作り上げてきた実体を失っている実情について、現代社会に生きる人たちが、きちんと認識するべきである。

イ 日本がかつての豊かな生活を取り戻すには、「使い捨て精神」の支配から脱却し、物を捨てない社会をつくるべきである。

ウ 日本人は、「使い捨て文明」や「インスタント文化」の利点をうまく取り入れつつ、独自の考え方を構築するべきである。

エ 捨ててもよい物と捨ててはいけない物との違いを区別できない人のために、学校での歴史教育を充実させるべきである。

4

次の文章を読んで、**1**から**6**までの問いに答えなさい。

中学生の結城葵は、男子フィギュアスケートのジュニア選手である。アイスフェスタというイベントの演技中、葵の転倒によって仲間の一人が負傷したことがきっかけとなり、葵はライバルの瀬賀冬樹にスケートに対する姿勢などを批判された。次は、その翌日の葵の練習の場面である。

周回する人の流れを邪魔しないように横切り、フェンスにもたれて少し休憩する。リンクサイドに置いてあったペットボトルを取りにいこうとしたとき、すうっと滑ってきた人影が隣に立った。

「葵くん、今日は四回転の練習せえへんの？」

にっこり笑って話しかけてきたのは、(注)真白ちゃんだった。真白ちゃんの学校は遠いから、まだ練習始めて二十分くらいしか経ってないと思うんだけど、その間にもおれがどんな練習してるのか見てくれてたのか。そう考えると、(1)顔がにやけそうになる。いかんいかん、ちゃんと引き締まった顔で応対しないと。

「うん、しばらくはステップ中心でいくねん。やっぱり基本が大事やからな。」

ちょっと乱れてた前髪をかき上げながら、まじめな口調で言ってみた。今の感じけっこう大人っぽかったんとちゃう？　なんて思いながらチラッと見てみた真白ちゃんの顔は、なぜか曇っていた。

「もしかして、冬樹くんの言うたこと、気にしてるの？」

少し眉をひそめたその表情に、なんだか息苦しくなる。真白ちゃんが何を言いたいのかが読めない。

「瀬賀の言うたことって、アイス・フェスタのときの……？」

問いかけると真白ちゃんは小さくうなずいた。そのまましばらく沈黙が続く。

「いや……気にしてる、っちゅうか、言われたこと、ほとんど、まあ、そのとおりやし……。」

(2)口ごもってモゴモゴ言ってしまって、何言うてるんかわからなくなる。いつのまにか口尖らしてるし、なんかスネてるみたいでカッコ悪いわ、おれ。いろんな意味で自己嫌悪に陥りそうになっていたら、真白ちゃんが思いがけないことを言った。

「冬樹くんの言ったこと、間違ってはいないかもしれへんけど……わたしは、葵くんには、あんまり変わってほしくないな。何でも［A］にうまくできるっていうのも大事やけど、何かひとつでも人にはマネできない武器があるって素敵じゃない？」

「えっ？」

思わずドキドキしながら真白ちゃんの顔を見つめる。これってもしかして、ほめられてるんかな。人にはマネできない武器っていうのはおれのジャンプのことで、素敵なのもおれのことやんな？　いや「素敵じゃない」んだから素敵ではないってこと？　いやいや、(3)「素敵じゃない？」って語尾上がってたから反語になってて……あぁ〜わけがわからなくなって、頭掻きむしりたくなる。

心の中で頭抱えながら、フッと思った。

変わってほしくないってことは……変わらないでいいってことは……努力なんてしなくていいってことなのか？　壁なんか乗り越えなくたっていいってことなのか？

急に頭の中がクリアになっていく。おれ……真白ちゃんに素敵って思われてるんやったら、ごっつい嬉しいけど。でも、今の言葉を「ほんまにそうやな。」って素直に受け止めることはできなかった。

「ごめん、(4)おれ、変わりたい。今までの自分でおるのは嫌やねん。」

真剣な口調で言うと、今度は真白ちゃんのほうが「えっ？」と首をかしげた。

「今までおれは、苦手なことから逃げてた。『ジャンプだけならおれのほうがすごいんやから。』なんて言うて、瀬賀に負けても自分が傷つかへんように逃げ道つくってた。そやから、今日からは、瀬賀に勝つために……全日本ジュニアで一位になるために、何にでも必死で取り組むって、そう決めたから。ちゃらんぽらんでええかげんなおれから、しゃかりきに努力するおれに、今日から変わるねん。」

わけだ。(2)「使い捨て」はビルにまで及んだのである。赤ん坊のおしめ(注3)や、ライターやストッキングばかりではない。

　私は「使い捨て」商品を悪いとはいわない。たしかにある品物については、使い捨てたほうがいい場合があろう。私がいいたいのは、そのような「使い捨て」が招くであろう「使い捨て」の報酬(ほうしゅう)についてである。使い捨てているうちに、いつの間にかそれ以外にものが考えられなくなってしまう「使い捨て精神」の支配である。

　ビルにまで及んだ「使い捨て」の心性は、間もなく人間そのものにまで及ぶであろう。つぎにやってくるのは、(3)人間の使い捨てである。人間の使い捨てとは何だろう。それは人間をひとつの実体としてではなく、一個の機能としてしか考えないような人間の扱い方である。[A]会社の、あるいは家庭の、その他さまざまな人間組織のなかの、一個の役割としてしか人間を考えないおそるべき心性である。そのとき人間は、人間としての役割を捨てて、役割としての人間になってしまうであろう。そして、そのような役割としての人間は、その役割が解かれたとき、人間を解かれることになるのである。こうして人間はつぎつぎに使い捨てられる物品か道具のようになってしまう。

　いや、現にそうなりつつあるではないか。最近の人間関係のおそるべき荒廃は、こうした使い捨て文明のもたらした報酬以外の何ものでもない。

　ハイデッガー流にいうなら、それは「詩」の喪失(そうしつ)ということであろう。私は、それは「実体」の喪失といいたい。「実体」の喪失とは、その人間が、その物品が、存在しつづけてきた、そして、これから存在しつづけるであろう「歴史」の抹殺(まっさつ)にほかならない。

　[B]、いま、私たちにとっていちばん大切なことは、あらためて「歴史」というものを考え直してみるということではないか。便利は結構。合理主義も結構。だが、何のための便利さか、何のための合理主義か、それを問い直すことは「歴史」を問うことなのである。なぜなら、歴史こそが「実体」の生みの親であり、「実体」こそが、(4)その「なぜ」に回答を与えることができる唯一のものだからである。

　原形があってこそつぎ(注4)は当てられる。「使い捨て文明」の錯覚(さっかく)は、つぎを原形のように思いこむことである。つぎは、あくまでもつぎでしかないのだ。

　あなたは、きょうも何かを捨てるでしょう。いいんです。どうぞお捨てください。私は、何も捨てるな、というわけではありません。そうではなく、捨てるとはどういうことか、何を捨てようとしているのか、それを考えてほしいというのです。

（森本哲郎(もりもとてつろう)「豊かな社会のパラドックス　70年代を問い直す」〈角川書店〉から…一部改）

（注1）ミッシェル・ラゴン＝フランスの作家、美術批評家。
（注2）ハイデッガー＝ドイツの哲学者。
（注3）おしめ＝ここでは紙おむつのこと。
（注4）つぎ＝衣服などの破れた所に当ててつくろう小さな布。

1　(1)詩を忘れた機能主義　とあるが、その内容を説明したものとして最も適切なものはどれか。

ア　人間が住居に対して抱いている理想を実現しながら、科学的な理論も重視していこうとする考え方。
イ　人間が居住することの本質的な意味を理解しないまま、便利さだけを追求していこうとする考え方。
ウ　先人たちから受け継いできた伝統文化を否定し、新しいものに価値を見いだすべきだという考え方。
エ　建築物や都市構造がもっている外見上の芸術性よりも、機能性や実用性に重きを置くという考え方。

2　(2)「使い捨て」はビルにまで及んだ　とあるが、ビルを「使い捨て」にするために、どのようなことが行われていると筆者は述べているか。その内容を、文末が「こと。」になるように、「便利」「装置」という二つの言葉を用いて、三十字以上四十字以内で書きなさい。ただし、文末の言葉は字数に含めない。

3　(3)人間の使い捨て　とあるが、人間の使い捨てがおこなわれるようになった結果、どのような事態が生じると筆者は述べているか。文末が「が生じる」となるように本文中から十二字で抜き出しなさい。

4　[A]、[B]に入る語の組み合わせとして最も適切なものはどれか。

ア　A＝あるいは　B＝そればかりか
イ　A＝ところが　B＝いずれにせよ
ウ　A＝たとえば　B＝だとすれば
エ　A＝なぜなら　B＝したがって

解答・解説 P300・P302

下野模擬問題（第181回）◆国語

2

次の文章を読んで、1から5までの問いに答えなさい。

東北院（注1）の菩提講（注2）始めける聖（注3）は、もとはいみじき悪人にて、人屋（注4）に七度ぞ入りたりける。七度といひけるたび（注5）、検非違使（注6）、「いみじき悪人なり。これが足斬りてん」と定めて、足斬りに率て行きて斬らんとするほどに、いみじき相人（注7）ありけり。足斬らんとする者に寄りて、「この人、(1)おのれに許されよ。これは必ず往生（注8）すべき相ある人なり」といひければ、「(2)よしなき事いふ御坊（注9）かな」といひて斬らんとすれば、その斬らんとする足の上にのぼりて、「この足のかはりに我が足を斬れ。往生すべき相ある者の足斬られては、いかでか見んや（注10）」とをめきければ（注11）、斬らんとする者ども、(3)しあつかひて、検非違使に、「かうかうの事侍り」といひければ、やんごとなき（注12）相人のいふ事なれば、さすがに用ゐずもなくて、許されにけり。その時、この盗人、心おこして法師になり、いみじき聖になりて、この菩提講始めたるなり。

（「宇治拾遺物語」から…一部改）

（注1）東北院＝京都にある寺院。
（注2）菩提講＝極楽往生を求めてお経を講説する会。
（注3）聖＝徳の高い僧。　（注4）人屋＝牢屋。
（注5）七度といひけるたび＝七度目に。
（注6）検非違使＝現在の警察にあたる役職。
（注7）相人＝人相（人の顔だち）を見て占いをする人。人相見。
（注8）往生＝（現世で徳を積んで）死後に極楽に行くこと。
（注9）御坊＝僧を敬って呼ぶ言葉。この場合は「相人」を指す。
（注10）いかでか見んや＝どうして見過ごすことができようか。
（注11）をめきければ＝わめくので。
（注12）やんごとなき＝特別に貴い。

1 いひけるたび は現代ではどう読むか。現代かなづかいを用いて、すべてひらがなで書きなさい。

2 (1)おのれ が指す人物として最も適切なものはどれか。

ア 菩提講始めける聖　**イ** 検非違使
ウ いみじき相人　**エ** 足斬らんとする者

3 (2)よしなき事 の意味として最も適切なものはどれか。

ア 根も葉もないこと　**イ** 趣深いこと
ウ 申し分のないこと　**エ** 失礼なこと

4 (3)しあつかひて とは「扱いかねて、手に負えない」という意味であるが、どのようなことが手に負えないのか。その内容を説明した次の文の□に当てはまるように、三十字以上四十字以内の現代語で書きなさい。

「悪人」の足の上にのぼった「相人」が、□こと。

5 本文の内容に合うものとして最も適切なものはどれか。

ア 検非違使に抵抗されて極楽往生するべき人を救うことができなかった相人は、徳の高い僧に菩提講を開くよう依頼した。
イ 検非違使の手によって厳しく処罰される悪人の様子を目撃した盗人は、すぐに盗みをやめ、徳の高い僧に弟子入りした。
ウ 相人のありがたい教えを授かった検非違使は、自分が処罰してきた数多くの悪人の極楽往生を願うために僧となった。
エ 相人から命懸けで助けてもらった悪人は、改心して仏道に入り、徳の高い僧としてたたえられるほどの人物となった。

3

次の文章を読んで、1から6までの問いに答えなさい。

現代建築は、そして現代都市は、すべて機能という点に神経を集中して設計された。おかげでビルも、町も便利になった。だが、便利だということと、住みいいということとはおなじではない。皮肉なことに、現代建築は便利だが住みにくく、現代都市は住みにくいが便利だ、という奇妙な二律背反に置かれることになった。建築における機能主義は失敗した。理由は、気がついてみれば単純なことだったのだ。すなわち、人間は便利さのためにのみ生きるのではない、ということである。ミッシェル・ラゴン（注1）は『巨大なる過ち』という著書のなかで、哲学者ハイデッガー（注2）の言葉を引いているが、まさしくその通りだったのだ。すなわち、「住むというのは居住するということではない。住むということは、その本質において詩的」なのである。

(1)詩を忘れた機能主義は、まず建築の分野で破産した。便利さを性急に求める日本人の心性は、アメリカの能率主義にとびついた。そして、アメリカと手をとりあって、またたく間に「使い捨て文明」「インスタント文化」をつくりあげた。最近では高層ビルのなかに爆薬をしかける装置がちゃんと設計されているという。こわすときに便利なように、である。ビルはせいぜい数十年で老朽化するから、そのとき破壊し、新しく建て直すことを考えに入れておくという

令和2年11月1日実施

第181回 下野新聞模擬テスト

国語

制限時間 50分

1

次の**1**から**3**までの問いに答えなさい。

1 次の――線の部分の読みをひらがなで書きなさい。

(1) 被災者を救援する。　(2) 部品の供給が滞る。

(3) 時間に拘束される。　(4) 資産を大きく殖やす。

(5) まわりと比べて卑屈になる。

2 次の――線の部分を漢字で書きなさい。

(1) 機械がコショウする。　(2) 風にサカらって進む。

(3) 潮のカンマンの差を測る。　(4) 客を席へとミチビく。

(5) 米などのコクルイを収穫する。

3 次は、中学生の川本さんと先生の会話である。これを読んで、(1)から(5)までの問いに答えなさい。

川本　今朝、放送委員の安田(やすだ)さんに、「明日の昼休みに図書室に①集合するよう図書委員に放送で伝えてほしい」とお願いしたのですが、今日の昼の校内放送で言ってもらえませんでした。安田さんに、その理由を尋ねたところ、「明日の昼休みに放送すればよいと思ったので、今日はしませんでした」という答えが返ってきて驚きました。

先生　川本さんの言葉には、説明する言葉が不足しているので、安田さんが、（　②　）と思うのも仕方ないと思いますよ。まずは、放送してほしい日が今日だということを、③きちんと伝えるべきでしたね。また、川本さんの言葉が二通りの意味にとれることも問題だと思いますよ。

川本　二通りの意味にとれるとは、どういうことですか？

先生　例えば、「母は楽しそうに踊る娘を見ていた。」という文ですが、これでは、④「楽しそうに」している人物が、「母」と「娘」のどちらなのか、わかりませんね。

川本　なるほど。私が安田さんに言った言葉の中でいうと、「明日の昼休みに」という部分が、それと同じだと先生は⑤言っているのですね。

先生　そういうことです。

(1) ①集合 の対義語として最も適切なものはどれか。

ア 隔離　**イ** 会合　**ウ** 分断　**エ** 解散

(2) （　②　）に入る最も適切な語句を、会話文の中から十四字で抜き出しなさい。

(3) ③きちんと の品詞名として最も適切なものはどれか。

ア 名詞　**イ** 動詞　**ウ** 副詞　**エ** 連体詞

(4) ④「楽しそうに」している人物が、「母」と「娘」のどちらなのか、わかりません とあるが、「母は楽しそうに踊る娘を見ていた。」という文に「、（読点）」を一つ書き入れて、「楽しそうに」している人物が「母」であることを示しているものとして最も適切なものはどれか。

ア 母は、楽しそうに踊る娘を見ていた。

イ 母は楽しそうに、踊る娘を見ていた。

ウ 母は楽しそうに踊る、娘を見ていた。

エ 母は楽しそうに踊る娘を、見ていた。

(5) ⑤言って を尊敬語に直し、ひらがな六字で書きなさい。

解答・解説 P300・P302

第182回 下野新聞模擬テスト
社 会

制限時間 45分

問題 R2
180
181
182
183
【社会】第182回

1 太郎さんが地理の学習で調べたことに関して，次の**1**から**4**までの問いに答えなさい。

1 **図1**を見て，(1)，(2)，(3)の問いに答えなさい。

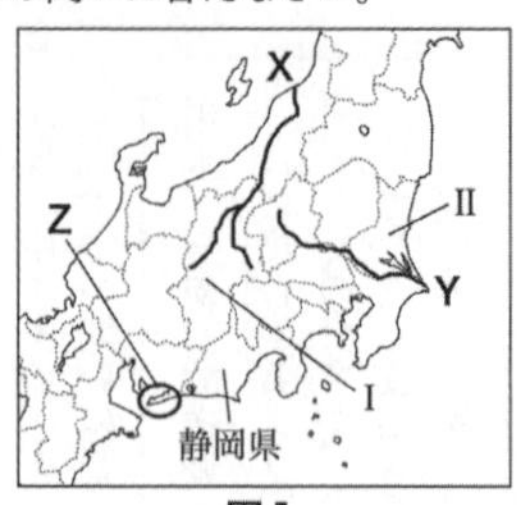

図1

(1) **X**，**Y**で示した河川について，次の文中の[ⓐ]，[ⓑ]に当てはまる語を，それぞれ書きなさい。

> **X**は，長野県，新潟県を流れて日本海にそそぐ，日本最長の[ⓐ]川で，**Y**は，関東平野を流れ，銚子市から太平洋にそそぐ[ⓑ]面積が日本最大の利根川である。

(2) **図1**の**Z**で示した渥美半島でおこなわれている農業について述べた次の文中の[　　]に当てはまる語を書きなさい。

> 渥美半島では，菊やメロンなどをガラス温室やビニールハウスで栽培する施設[　　]農業がおこなわれている。

(3) **図2**の**A**，**B**，**C**は，**図1**のⅠ，Ⅱの県および静岡県のいずれかの県における，東京都中央卸売市場へのレタスの月別出荷量全体に占める割合を示している。Ⅰ，Ⅱの県に当てはまる月別出荷量全体に占める割合の組み合わせとして正しいのはどれか。

ア Ⅰ－**A**　Ⅱ－**B**　　**イ** Ⅰ－**A**　Ⅱ－**C**
ウ Ⅰ－**C**　Ⅱ－**A**　　**エ** Ⅰ－**C**　Ⅱ－**B**

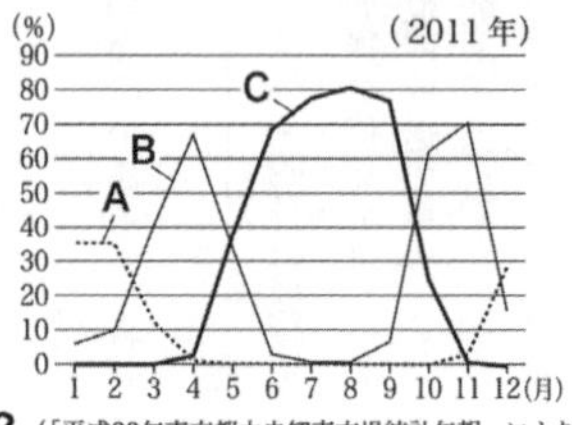

図2（「平成23年東京都中央卸売市場統計年報」により作成）

2 **図3**は，**図4**に●で示した4つの都市の昼夜間人口比率であり，**ア**，**イ**，**ウ**，**エ**は，東京都(23区)，川崎市，千葉市，宇都宮市のいずれかである。東京都(23区)に当てはまるのはどれか。

(2015年)

都市	昼夜間人口比率
ア	88.3
イ	103.7
ウ	129.8
エ	97.9

(注) 昼夜間人口比率：昼間人口 ÷ 夜間人口(常住人口)× 100

図3（「データブックオブザワールド 2020」により作成）

図4

3 **図5**は，輸送用機械器具，電子部品・電子回路，鉄鋼業について，それぞれの2018年における製造品出荷額を地図に示したものである。輸送用機械器具の製造品出荷額を示しているのはどれか。

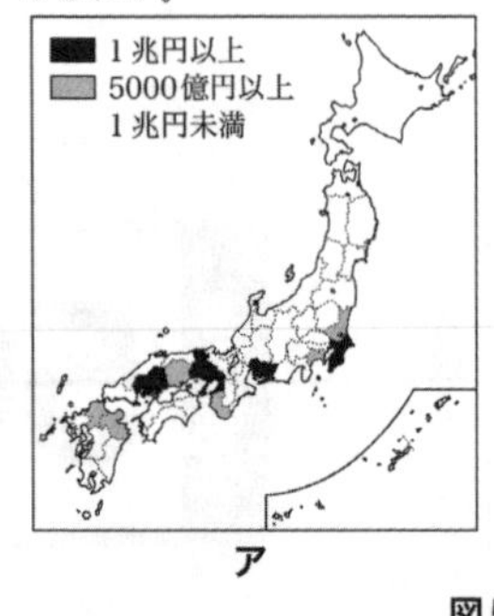

ア

イ

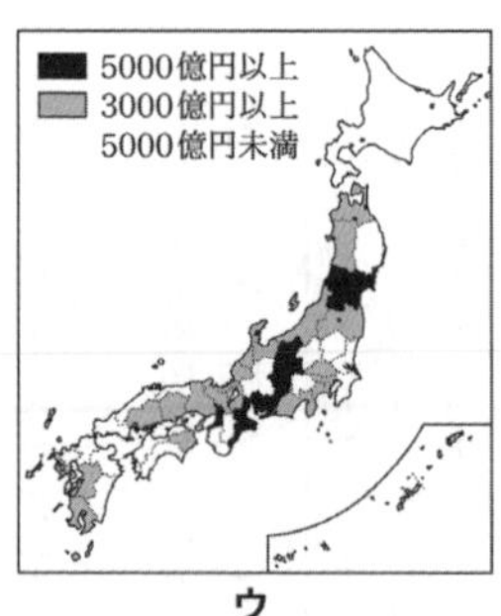

ウ

図5（「データでみる県勢 2020」により作成）

4 **図6**は，成田国際空港と千葉港における輸入総額の内訳を示したものである(2018年)。**図6**から読み取れることについて述べた次の文中の[Ⅰ]，[Ⅱ]に当てはまる内容をそれぞれ簡潔に書きなさい。ただし，[Ⅰ]は重量と価格に着目すること。

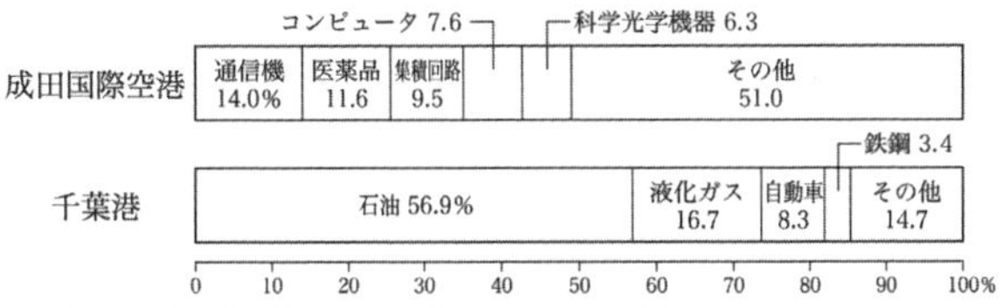

成田国際空港：通信機 14.0%｜医薬品 11.6｜集積回路 9.5｜コンピュータ 7.6｜科学光学機器 6.3｜その他 51.0

千葉港：石油 56.9%｜液化ガス 16.7｜自動車 8.3｜鉄鋼 3.4｜その他 14.7

0 10 20 30 40 50 60 70 80 90 100%

（注）通信機：携帯電話，インターネット関連機器など。

図6（「日本国勢図会 2019/20」により作成）

> 成田国際空港の輸入総額の内訳から，航空輸送は，通信機や集積回路，医薬品など，［ I ］の輸送に利用されること，また，千葉港は，船舶による搬入がしやすいので，石油，液化ガスといった［ II ］の輸入が多いことがわかる。

2 次の**1**，**2**，**3**の問いに答えなさい。

1 **図1**は，中心からの距離と方位が正しい地図であり，中心は東京である。なお，**X**は，中心から1万kmの距離を示している。これを見て，(1)，(2)，(3)の問いに答えなさい。

(1) **図1**の**ア**，**イ**，**ウ**，**エ**のうち，赤道はどれか。

(2) **図1**のⓐ，ⓑ，ⓒ，ⓓの都市について，東京からのおよその距離と東京から見た方位の組み合わせとして正しいのはどれか。

	都市名	距離(km)	方位
ⓐ	ロンドン	約1万	西北西
ⓑ	シンガポール	約5千	南西
ⓒ	バンクーバー	約1万5千	北東
ⓓ	ウェリントン	約9千	東北東

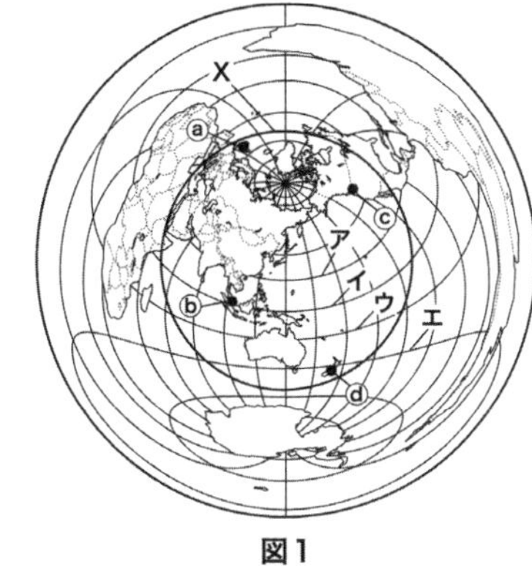

図1

(3) ⓒのバンクーバーで現地時間が4月12日午後2時のとき，日本の時刻として最も適切なものはどれか。なお，日本の標準時の基準となる経線は東経135度，バンクーバーの標準時の基準となる経線は西経120度であり，サマータイムは考えないものとする。

ア 4月11日午後9時　　**イ** 4月12日午前6時
ウ 4月12日午後10時　　**エ** 4月13日午前7時

2 **図2**を見て，次の(1)，(2)の問いに答えなさい。

(1) **図2**の**X**で示した地域には，氷河によってけずられた谷に海水が深く入り込んでできた地形が見られる。このような地形を何というか。**カタカナ**で書きなさい。

(2) **図2**の**A**，**B**，**C**で示した線は，小麦，ぶどう，オリーブのいずれかの栽培ができる北限を示している。小麦とぶどうの北限の組み合わせとして正しいのはどれか。

ア 小麦―**A**　ぶどう―**B**　　**イ** 小麦―**A**　ぶどう―**C**
ウ 小麦―**B**　ぶどう―**C**　　**エ** 小麦―**B**　ぶどう―**A**

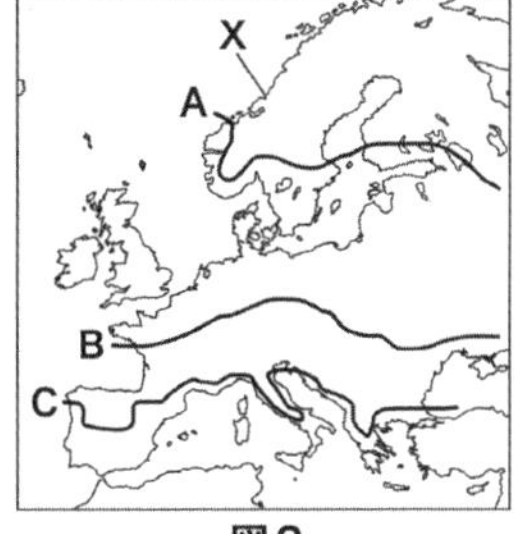

図2

3 **図3**は，EU（ヨーロッパ連合）の主な加盟国の加盟年および2017年における一人あたりのGNI（国民総所得）を示している。**図3**から読み取れることについて，次の文中の［ I ］，［ II ］に当てはまる内容を簡潔に書きなさい。

> 2004年以降にEUに加盟した国々は，主に東ヨーロッパの国々である。これらの国々は，2004年以前に加盟した国々に比べ，［ I ］ことがわかる。加盟国が増えるにつれて，EUは［ II ］という問題をかかえている。

	加盟年	一人あたりGNI（ドル）
ドイツ	1967	45,923
フランス	1967	39,367
オランダ	1967	48,954
アイルランド	1973	55,431
オーストリア	1995	47,591
スウェーデン	1995	54,810
チェコ	2004	19,077
ポーランド	2004	13,226
ブルガリア	2007	8,326
ルーマニア	2007	10,508

（注）1967年はEUの前身であるEC発足時の加盟国。

図3（「世界国勢図会 2019/20」により作成）

下野模擬問題（第182回）◆社会

3 次の文は，古代から近世までの政治の流れについてまとめたものの一部である。これを読んで，1から8までの問いに答えなさい。

時代	政治の流れ
古代	・唐のしくみにならった大宝律令により，全国を支配するしくみが定められ，ⓐ律令制度のもとで，新しい都として平城京がつくられた。 ・藤原氏は娘を天皇のきさきにして，その子を天皇に立てて勢力をのばし，ⓑ摂関政治とよばれる政治をおこなった。
中世	・ⓒ元軍との戦いのあと，ⓓ御家人の生活は苦しくなったので，鎌倉幕府は，その救済のため，御家人が手放した土地をただで返させる法令を出した。 ・ⓔ応仁の乱をきっかけに，下剋上の風潮が全国に広がり，各地でⓕ戦国大名が登場した。
近世	・大名を従えて全国の統一事業を進めるなかで，豊臣秀吉は，統一的な基準で検地をおこなったり，農民に対して刀狩などをおこなったりして，ⓖ兵農分離を進めた。 ・ⓗ幕府は，大名の配置を工夫し，古くから徳川氏の家臣であった譜代とよばれる大名を，江戸周辺や要所に配置した。

1 下線部ⓐに関連して，この内容について正しく述べているのはどれか。
ア 地方は国・郡・里に分けられ，地方の有力な豪族が国司に任命された。
イ 貴族は高い役職に任命され，多くの給与や土地が与えられるなどの特権があった。
ウ 冠位十二階の制度によって，才能や功績のある人物が役人に登用された。
エ 関東8か国と伊豆国，甲斐国を支配するために鎌倉府が設置された。

2 下線部ⓑについて，次の文中の□に当てはまる建造物の名称を書きなさい。

> この頃，阿弥陀仏にすがって死後に極楽浄土へ生まれ変わることを願う浄土信仰が広まった。栄華をほこった藤原氏もこの阿弥陀仏を信仰するようになり，藤原頼通は阿弥陀仏の住む極楽浄土をこの世に再現しようとして，□を建てた。

3 下線部ⓒについて，この頃，法華経を信仰し，題目を唱えることで人も国家も救われると説き，新しい宗派を開いた人物はどれか。
ア 日蓮　**イ** 親鸞　**ウ** 法然　**エ** 道元

4 下線部ⓓについて，次の文は御家人の生活が苦しくなった理由について述べたものである。文中の□に当てはまる内容を，「相続」の語を用いて簡潔に書きなさい。

> ・元軍の襲来に備えて，幕府が防備を命じたため，御家人に大きな負担がかかった。
> ・御家人の領地は，□。

5 下線部ⓔについて，これがおこった時代と同じ時代のものはどれか。
ア 幕府の将軍が発行した朱印状を持った船で東南アジアの国々との貿易をおこなった。
イ 藤原純友が瀬戸内海で反乱をおこした。
ウ 浄土真宗の信仰で固く結びついた人々が一向一揆をおこした。
エ 宣教師を国外に追放する法令が出された。

6 下線部ⓕについて，**図**は，戦国大名の朝倉氏が定めた法律の一部を示している。戦国大名が自分の領国を支配するためにつくった独自の法律を何というか。**漢字3字**で書きなさい。

> 一　本拠である朝倉館のほか，国内に城を構えてはならない。全ての有力な家臣は，一乗谷に引っ越し，村には代官を置くようにしなさい。
> （「朝倉孝景条々」より，一部要約）

図

7 下線部ⓖについて，次の文中の□に当てはまる語を，**漢字2字**で書きなさい。

> 刀狩は，農民を耕作に専念させ，一揆を防ごうとする目的でおこなわれた。これらの政策によって武士と農民との□の区別が明らかになった。

8 下線部ⓗについて，この幕府の政策について述べた次のⅠ，Ⅱ，Ⅲの文を，年代の古い順に正しく並べかえたものはどれか。
Ⅰ 幕府は，江戸や大阪周辺の農村を幕領にしようとしたが，大名の強い反対にあって失敗した。
Ⅱ 徳川吉宗は，参勤交代をゆるめる代わりに大名に米を献上させた。
Ⅲ 幕府は「異国船打払令」を出して外国船を追い払う方針を示した。
ア Ⅰ→Ⅱ→Ⅲ　**イ** Ⅰ→Ⅲ→Ⅱ　**ウ** Ⅱ→Ⅰ→Ⅲ　**エ** Ⅱ→Ⅲ→Ⅰ

 解答・解説 P310・P313

4 略年表を見て，次の1から6までの問いに答えなさい。

年	できごと
1871	廃藩置県がおこなわれる………A
1886	ノルマントン号事件がおこる…B
	↕ⓐ
1912	第一次護憲運動がおこる………C
1945	第二次世界大戦が終結する……D
1956	国際連合に加盟する……………E

1 Aに関連して，これがおこなわれた目的について述べた次の文中の□に当てはまる語を書きなさい。

> 政府は中央集権国家をつくるため，藩を廃止して，東京，大阪，京都には府知事を，県には□(のち県知事)を政府から派遣した。

2 Bに関連して，これをきっかけに，国民が強く改正を求めるようになり，1894年に陸奥宗光外相がイギリスと日英通商航海条約を結んで成功した不平等条約の改正の内容を簡潔に書きなさい。

3 Cに関連して，この頃，吉野作造が民本主義を唱えるなど，民主主義に基づく社会運動が盛んになった。この風潮を時代名を用いて何というか。

4 ⓐの時期に，フェノロサに学んで，日本の美術の復興に努めた人物はどれか。

ア 与謝野晶子　イ 岡倉天心　ウ 黒田清輝　エ 野口英世

5 Dについて述べた，次の文中の Ⅰ ， Ⅱ に当てはまる語の組み合わせとして正しいのはどれか。

> ソ連と不可侵条約を結んだドイツは，1939年9月， Ⅰ に侵攻した。これに対し，イギリスとフランスがドイツに宣戦布告し，第二次世界大戦が始まった。1945年5月にドイツが降伏し，同年7月，連合国は Ⅱ 宣言を発表した。8月14日，日本はこれを受け入れて降伏することを決めた。

ア Ⅰ－オランダ　Ⅱ－マルタ　イ Ⅰ－オランダ　Ⅱ－ポツダム
ウ Ⅰ－ポーランド　Ⅱ－マルタ　エ Ⅰ－ポーランド　Ⅱ－ポツダム

6 Eに関連して，これと最も関係の深いできごとはどれか。

ア 日ソ共同宣言に調印し，ソ連と国交を回復した。
イ 韓国と日韓基本条約を結んだ。
ウ アメリカなど48か国とサンフランシスコ平和条約を結んだ。
エ インドネシアのバンドンでアジア・アフリカ会議が開かれた。

5 次の1，2の問いに答えなさい。

1 政治参加と選挙について，次の(1)，(2)の問いに答えなさい。

(1) 選挙について述べた次の文中の Ⅰ ， Ⅱ に当てはまる語をそれぞれ書きなさい。

> 現在の日本の選挙は，普通選挙や直接選挙のほか，無記名で投票をおこなう Ⅰ 選挙，一人が一票をもつ Ⅱ 選挙を原則としている。

(2) わが国でおこなわれている選挙制度として**当てはまらない**のはどれか。

ア 衆議院議員選挙では，一人の有権者が候補者と政党にそれぞれ投票をおこなう。
イ 一票の格差が問題となっているが，最高裁判所で違憲判決が出されたことはない。
ウ 比例代表制では，小選挙区制に比べて国民の多様な意見を反映しやすい。
エ 比例代表制の議席配分には，ドント式が採用されている。

2 図は，国会と内閣の関係を表したものである。これを見て，(1)から(4)までの問いに答えなさい。

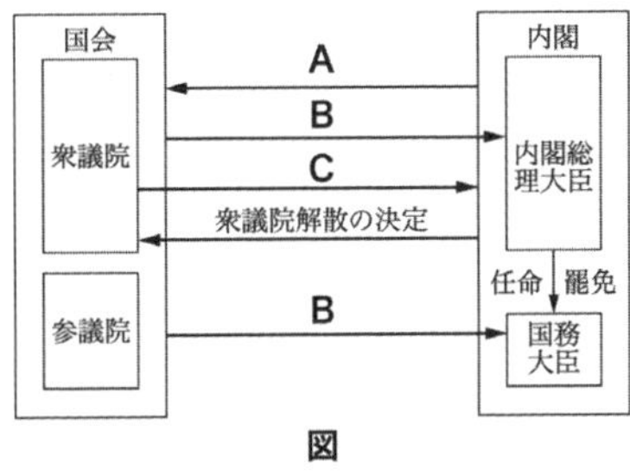

図

(1) 図の内閣に関して，天皇の国事行為に助言と承認をおこなうことは，内閣の仕事の一つである。日本国憲法に定められている天皇の国事行為に当てはまるのはどれか。

ア 栄典を授与すること。
イ 条約を結ぶこと。
ウ 臨時会の召集を決定すること。
エ 最高裁判所長官を指名すること。

⑵ 図のAについて，次の文中の□に当てはまる語を，**漢字2字**で書きなさい。

内閣は，国会の信任に基づいて成立し，国会に対して□して責任を負う。このような内閣のしくみを議院内閣制という。

⑶ 図のBについて，次の文中の[Ⅰ]，[Ⅱ]に当てはまる語の組み合わせとして正しいのはどれか。

内閣総理大臣は国会によって[Ⅰ]される。国務大臣は内閣総理大臣によって任命されるが，その[Ⅱ]は国会議員の中から選ばれなければならない。

ア Ⅰ－指名 Ⅱ－3分の1以上　**イ** Ⅰ－指名 Ⅱ－過半数
ウ Ⅰ－任命 Ⅱ－3分の1以上　**エ** Ⅰ－任命 Ⅱ－過半数

⑷ 図のCについて，次の日本国憲法の条文中の□に当てはまる語を書きなさい。

第69条〔内閣不信任決議の効果〕内閣は，衆議院で不信任の決議案を可決し，又は信任の決議案を否決したときは，10日以内に衆議院が解散されない限り，□をしなければならない。

問題 R2
180
181
182
183
【社会】第182回

6 やよいさんは，社会科の授業で裁判について発表した。次の**1**から**4**までの問いに答えなさい。

1 図1は，司法権について定めた日本国憲法の条文である。これについて，⑴，⑵の問いに答えなさい。

第76条 ①すべて司法権は，ⓐ最高裁判所及び法律の定めるところにより設置する下級裁判所に属する。 ③ⓑすべて裁判官は，その良心に従ひ独立してその職権を行ひ，この憲法及び法律にのみ拘束される。

図1

⑴ 下線部ⓐに関連して，最高裁判所の役割について正しく述べているのはどれか。

ア 裁判員裁判において裁判員を任命する。
イ 閣議で政策を決定する。
ウ 国政調査権を行使して，国の政治の実際を調査する。
エ 法律や命令が憲法に違反していないか，最終的に判断する。

⑵ 下線部ⓑに関連して，裁判官の身分保障について述べた次の文中の□に当てはまる語を書きなさい。

裁判官は，心身の故障や弾劾裁判による罷免，最高裁判所裁判官に対する□で不適任とされた場合を除いて，やめさせられることはない。

2 図2は，ある裁判の法廷の様子を模式的に表したものである。図2の裁判について述べたⅠ，Ⅱの文の正誤の組み合わせとして正しいのはどれか。

Ⅰ 裁判員がいることから，これは最高裁判所でおこなわれる裁判である。
Ⅱ 裁判員と検察官がいることから，これは刑事裁判である。

ア Ⅰ－正 Ⅱ－正　**イ** Ⅰ－正 Ⅱ－誤
ウ Ⅰ－誤 Ⅱ－正　**エ** Ⅰ－誤 Ⅱ－誤

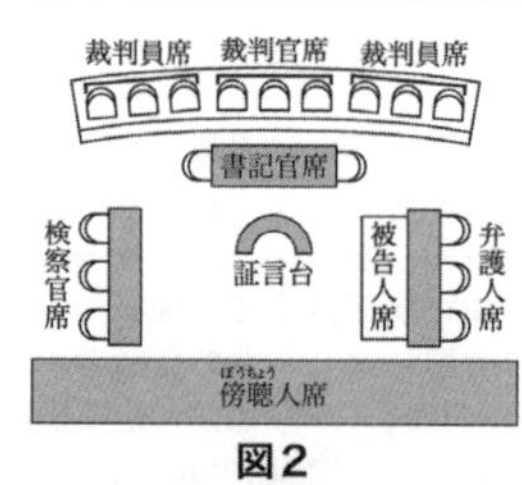

図2

3 図3は，三審制のしくみを示している。次の⑴，⑵の問いに答えなさい。

⑴ 図3中の[X]に共通して当てはまる語を書きなさい。

⑵ 三審制のもとでも，無実の罪で有罪になる冤罪が生じることがある。そのため，有罪判決が確定した後に，新たな証拠によって判決に疑いが発生したときには，裁判のやり直しを請求することができる。この制度を何というか。

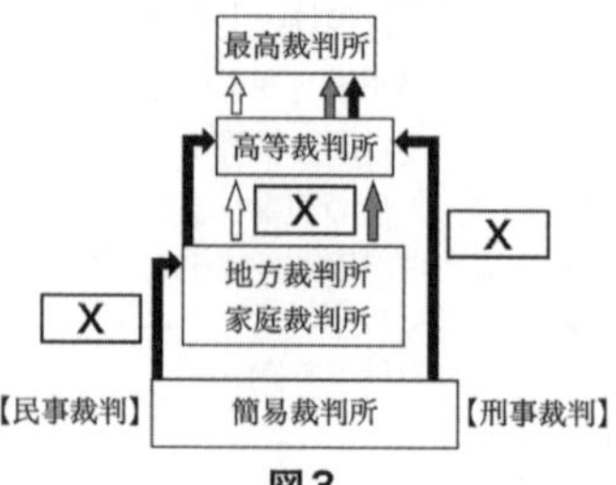

図3

解答・解説 P310・P313

4 やよいさんは，司法制度改革によって，2006年に設立された日本司法支援センター(法テラス)について調べた。これが設立された目的について，文中の［　　］に当てはまる内容を，**図4**，**図5**を参考にして簡潔に書きなさい。

日本司法支援センター(法テラス)は，［　　］ために設立された。

日本司法支援センター 法テラス
○ 2006年に全都道府県に設置(2018年現在　109か所)
○ 面談や電話などによる法律の相談などを実施

図4（「法テラスHP」により作成）

都道府県	人口1万人あたりの弁護士数（人）
東京	14.16
大阪	5.28
京都	3.02
⋮	⋮
青森	0.90
岩手	0.83
秋田	0.78

図5（「弁護士白書 2019」により作成）

7 太郎さんは，夏休みに東京に住む親せきを訪れ，国会議事堂などを見学した。次の文を読んで，**1**，**2**，**3**の問いに答えなさい。

首都であるⓐ東京の中心部には，ⓑ国会議事堂や主な中央官庁，最高裁判所など，日本の中枢機能が集中しています。また，経済，文化・学術，商業など様々な機能が集中しているので，ⓒ地方から多くの人々が集まり，東京都は人口の増加が続いています。

1 下線部ⓐについて，**図1**は，東京都，栃木県，京都府，徳島県における人口や生活に関する統計である。東京都に当てはまるのはどれか。

	第三次産業の有業者割合(%)（2017年）	65歳以上人口の割合(%)（2018年）	100世帯あたり乗用車保有台数(台)（2018年）
ア	69.4	33.1	137.2
イ	83.7	23.1	44.0
ウ	74.7	28.9	83.0
エ	63.0	28.0	161.2

図1（「データでみる県勢 2020」により作成）

2 下線部ⓑについて，次の(1)，(2)の問いに答えなさい。

(1) 現在の国会議事堂は，1936年に完成したが，このとき，日本の政治は政党内閣がとだえ，軍部が政治的発言力を強めていた。この頃おきた**ア**，**イ**，**ウ**，**エ**のできごとを年代の古い順に並べ替えなさい。

ア 大政翼賛会ができた。　**イ** 満州事変がおこった。
ウ 国際連盟からの脱退を通告した。　**エ** 二・二六事件がおこった。

(2) 国会の重要な仕事の一つは法律の制定である。法律の制定について，次の文中の［X］に当てはまる語を書きなさい。また，［Y］に当てはまる数字はどれか。

法律案について，参議院と衆議院が異なる議決をしたときは，［X］を開く場合がある。それでも一致しないときは，定数465人の衆議院で420人の議員が出席した場合，衆議院で［Y］人以上の賛成で再び可決されれば法律となる。

ア 210　**イ** 238　**ウ** 280　**エ** 317

3 下線部ⓒについて，**図2**は，太郎さんが調べた文と資料である。あとの太郎さんのまとめの［Ⅰ］，［Ⅱ］に当てはまる内容を簡潔に書きなさい。

少子高齢化にともなう人口減少や若い世代の流出による東京一極集中が急速に進むなか，持続可能な地域づくりを支援するため，国や地方では，「地域活性化」に取り組んでいます。

資料　京都府○○市の取り組み
◎大規模工場の撤退後，企業誘致助成や企業支援施設整備など，多角的な支援施策により，跡地への企業誘致を促進
◎「源氏物語」を核に，歴史文化を活かしたまちづくりを展開

図2

太郎さんのまとめ

企業を積極的に誘致することは，企業にとって地代の削減や安い労働力を確保することができる，という利点があります。また，人口の流出になやむ地方にとって，［Ⅰ］という利点があります。さらに，歴史的文化財を生かしたまちづくりにより，［Ⅱ］ことができます。

令和2年
12月6日実施

第182回 下野新聞模擬テスト

数　学

1 次の**1**から**14**までの問いに答えなさい。

1　$63 \div (-9)$　を計算しなさい。

2　$-\frac{1}{2}+\left(-\frac{3}{4}\right)$　を計算しなさい。

3　$(\sqrt{12}-\sqrt{27})\div\sqrt{3}$　を計算しなさい。

4　$\frac{1}{2}(a-3b)-\frac{2}{3}(2a+5b)$　を計算しなさい。

5　$3x^2-30x+48$　を因数分解しなさい。

6　等式　$m=\frac{2a-b}{5}$　をaについて解きなさい。

7　2次方程式　$x^2-4x-1=0$　を解きなさい。

8　関数　$y=\frac{1}{4}x^2$　について，xの値が2から6まで増加するときの変化の割合を求めなさい。

9　$\sqrt{2}=1.414$，$\sqrt{3}=1.732$，$\sqrt{5}=2.236$とするとき，$\sqrt{50}+\sqrt{300}$　の値を求めなさい。

10　1枚の10円硬貨を続けて3回投げたとき，少なくとも1回は表が出る確率を求めなさい。ただし，表と裏のどちらが出ることも同様に確からしいものとする。

11　右の図において，△ABCは∠B＝90°の直角二等辺三角形である。頂点Aを通る直線ℓと頂点Cを通る直線mが$\ell /\!/ m$であるとき，∠xの大きさを求めなさい。

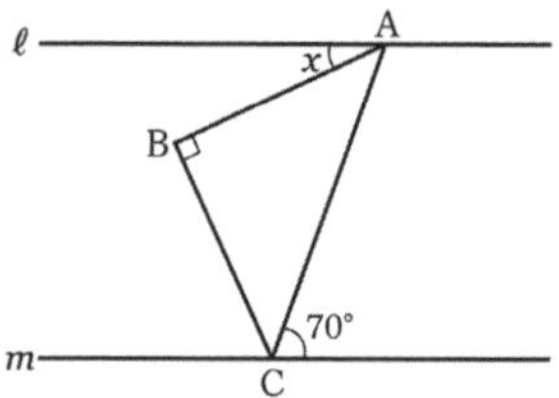

12　右の図において，曲線は関数$y=\frac{6}{x}$のグラフであり，点Oは原点である。点Pは曲線上を動く点で，そのx座標が正の数であるとき，点Pのx座標とy座標の関係を正しく述べたものを，次の**ア**，**イ**，**ウ**，**エ**から1つ選んで，記号で答えなさい。

ア　x座標とy座標の和は一定である。
イ　y座標からx座標をひいた差は一定である。
ウ　x座標とy座標の積は一定である。
エ　y座標をx座標でわった商は一定である。

13　右の図のような，底面の半径が3cm，高さが4cm，母線の長さが5cmの円錐（すい）がある。この円錐の表面積を求めなさい。ただし，円周率はπとする。

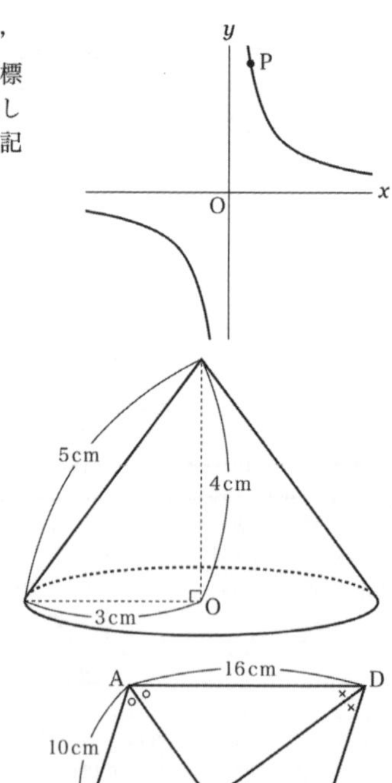

14　右の図のような，AB＝10cm，AD＝16cmの平行四辺形ABCDがある。∠DABの二等分線と辺BCとの交点をE，∠ADCの二等分線と辺BCとの交点をFとするとき，線分EFの長さを求めなさい。

解答・解説　P311・P317

2 次の**1**，**2**，**3**の問いに答えなさい。

1 右の図のような△ABCがあり，点Dは辺BC上の点である。頂点Aと点Dが重なるように△ABCを折り曲げるとき，その折り目となる直線を作図によって求めなさい。ただし，作図には定規とコンパスを使い，また，作図に用いた線は消さないこと。なお，直線が△ABCの内部からはみ出た部分は点線にしておくこと。

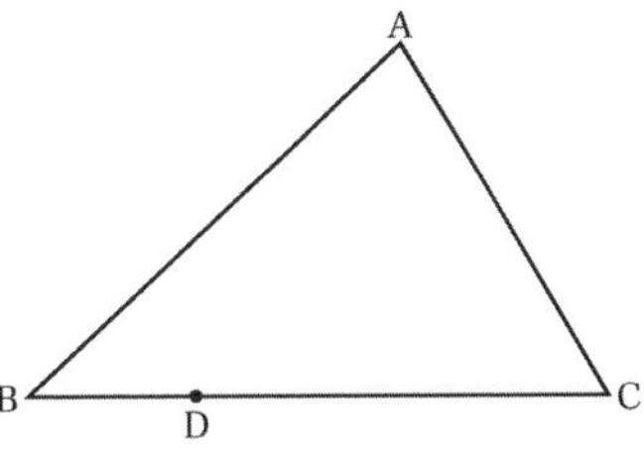

2 奇数を2乗した数に7を加えると，4の倍数になる。

次の［　］内の文は，このことを証明したものである。文中の［①］，［②］，［③］に当てはまる式(かっこを使わない最も簡単な形)をそれぞれ答えなさい。

> 整数nを用いて，奇数は$2n+1$と表される。
> この奇数を2乗した数に7を加えると，
> $(2n+1)^2+7=$［①］$+7$
> $=$［②］
> $=4($［③］$)$
> ［③］は整数であるから，$4($［③］$)$は4の倍数である。
> したがって，奇数を2乗した数に7を加えると，4の倍数になる。

3 右の図のように，座標平面上に関数$y=\frac{1}{2}x^2$のグラフがあり，2点A，Bは関数$y=\frac{1}{2}x^2$のグラフ上にある点で，それぞれのy座標は2，8である。原点O，点A，点Bをそれぞれ結んでできる△OABの面積を求めなさい。

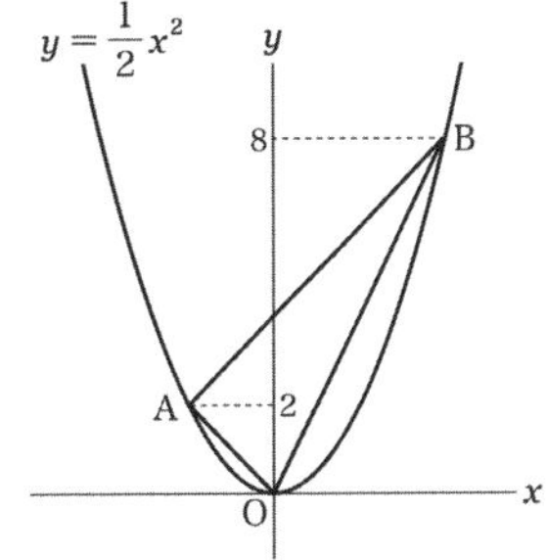

3 次の**1**，**2**の問いに答えなさい。

1 ある商店では，原価(仕入れ値) 800円の商品に，原価のx%の利益を見込んで定価をつけた。しかし，売れなかったので，定価のx%引きの値段で売ったところ，50円の損失であった。これらに関する金額を整理しようとした下の表(未完成)を参考にして2次方程式をつくり，xの値を求めなさい。ただし，途中の計算も書くこと。また，消費税については考えないものとする。

原価(仕入れ値)	定価(原価のx%増し)	売った値段(定価のx%引き)
800〔円〕	$800\left(1+\frac{x}{100}\right)$〔円〕	

2 右の表は，ある20人のグループが行ったソフトボール投げの記録を，相対度数を用いて表したものである。

このとき，次の(1)，(2)，(3)の問いに答えなさい。

記録〔m〕	相対度数
以上　未満	
10 ～ 20	0.05
20 ～ 30	0.15
30 ～ 40	0.25
40 ～ 50	0.20
50 ～ 60	a
60 ～ 70	b
計	1.00

(1) 20m以上30m未満の階級の度数を求めなさい。

(2) 次の［　］内の文は，表から求めることができる中央値(メジアン)について述べたものである。文中の［①］，［②］に当てはまる数をそれぞれ答えなさい。

> データの総数は20で偶数であるから，中央値は，下位から10番目の記録と上位から［①］番目の記録の平均値を求めればよい。ただし，ここでは確かな記録がわからないから，その記録が含まれている階級の階級値だとすると，その値は［②］mである。

(3) 表から求められる平均値が42.0mになるとき，aとbの値をそれぞれ求めなさい。

4 次の**1**，**2**の問いに答えなさい。

1 右の図のような△ABCがあり，点Dは辺AB上の点である。いま，辺AC上に∠BEC＝∠BDCとなる点Eをとり，頂点Bと点E，頂点Cと点D，点Dと点Eをそれぞれ結ぶ。このとき，△ABE∽△ACDであることを証明しなさい。

2 右の図1のような，点O_1，O_2を中心とする半径3cmの2つの半円を底面とする立体があり，面ABDCは，底面と垂直な正方形である。また，図2は，半円O_1の弧AB上に点Pをとって，3点P，O_1，O_2を通る平面で図1の立体を切断してできる立体を表したものである。

このとき，次の(1)，(2)の問いに答えなさい。ただし，円周率はπとする。

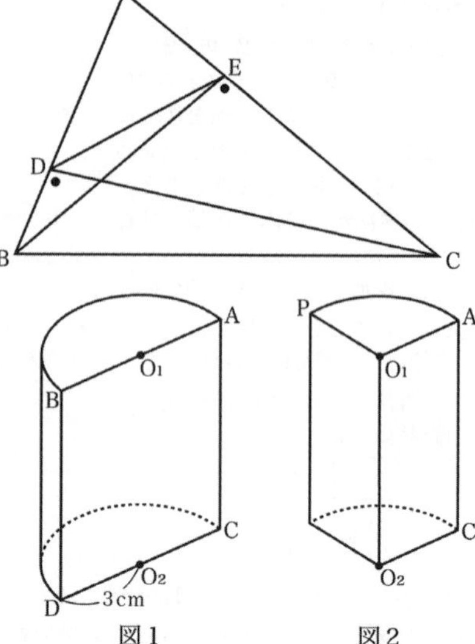

図1　　図2

(1) 図1の立体の体積を求めなさい。

(2) 図2の立体の表面積が$(18\pi+36)\,\text{cm}^2$になるとき，$\angle AO_1P$の大きさを求めなさい。

5 図1のように，1辺の長さがわかっていない正方形ABCDと1辺の長さが6cmの正方形EFGHが直線ℓ上にあり，頂点Cと頂点Fが重なっている。

図1の状態から，図2のように，直線ℓに沿って矢印の方向に正方形ABCDを毎秒1cmの速さで動かし，図3のように，頂点Bと頂点Gが重なるまで動かすものとする。

図4は，図1の状態のときからx秒後の，2つの正方形の重なった部分(斜線部)の面積を$y\,\text{cm}^2$として，頂点Cと頂点Gが重なるまでのxとyの関係を表したグラフである。

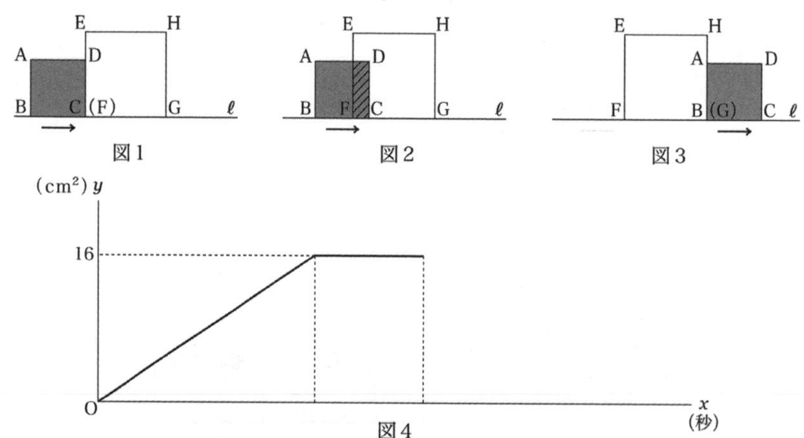

図1　　図2　　図3

図4

このとき，次の**1**，**2**，**3**，**4**の問いに答えなさい。

1 頂点Cと頂点Gが重なるのは，図1の状態のときから何秒後か。

2 正方形ABCDの1辺の長さを求めなさい。

3 頂点Cと頂点Gが重なってから，頂点Bと頂点Gが重なるまでの間のxとyの関係を表すグラフを図4に記入するとき，そのグラフについてxとyの関係を式で表しなさい。

4 図2で，辺EFと辺ADとの交点をIとし，頂点DとHを結ぶ。図1の状態のときから頂点Bと頂点Fが重なるまでの間で，四角形EIDHの面積と四角形DCGHの面積について，一方の面積がもう一方の面積の3倍になるのは何秒後か。

解答・解説　P311・P318

6 十分な長さの白い紙テープと赤い紙テープがある。図1のように，白い紙テープを9cmずつの短冊になるように切ったものと，赤い紙テープを6cmずつの短冊になるように切ったものを，どちらもたくさん用意した。

このとき，次の**1**，**2**の問いに答えなさい。

1 図2のように，左側から白い短冊を，右側から赤い短冊をすき間なく重ならないように並べていくものとする。全体の長さを90cmにする並べ方は何通りあるか。ただし，どちらの短冊も1枚以上並べるものとする。

2 図1の短冊でつくった輪を，図3のように，白→赤→白→赤→…の順に交互につないで，リング・デコレーション(輪飾り)をつくっていく。下の表は，リング・デコレーションをつくるためにつないだ輪の合計の個数，白い短冊，赤い短冊でつくった輪の個数，使用した短冊の合計の長さをまとめたものである。

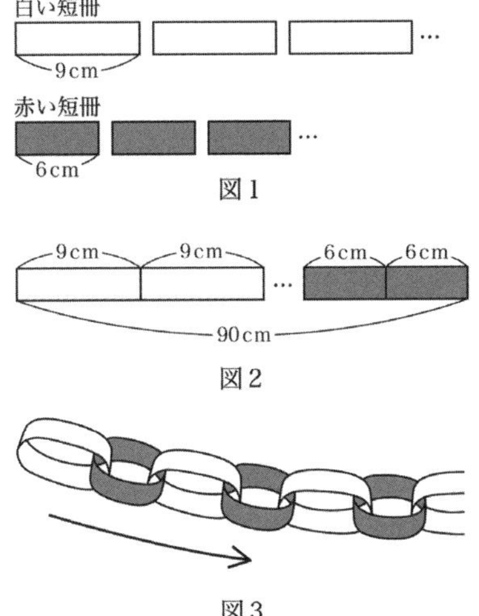

図1
図2
図3

つないだ輪の合計の個数〔個〕	1	2	3	4	5	6	…
白い短冊でつくった輪の個数〔個〕	1	1	2	2	3	3	…
赤い短冊でつくった輪の個数〔個〕	0	1	1	2	2	3	…
使用した短冊の合計の長さ〔cm〕	9	15	24	30	39	45	…

(1) 次の□内の文は，つないだ輪の合計の個数が11個のリング・デコレーションについて述べたものである。文中の ① ， ② に当てはまる数をそれぞれ答えなさい。

> このリング・デコレーションは，白い短冊でつくった輪を ① 個，赤い短冊でつくった輪を ② 個つないでいる。

(2) つないだ輪の合計の個数がa個のリング・デコレーションをつくった。ただし，aは，自然数nを使って$a = 2n - 1$と表される数とする。このリング・デコレーションをつくるために使用した短冊の合計の長さ〔cm〕を，nを使った最も簡単な式で表しなさい。

(3) 使用した短冊の合計の長さが555cmになるのは，つないだ輪の合計の個数が何個のリング・デコレーションのときか。

令和2年
12月6日実施

第182回 下野新聞模擬テスト
理　科

制限時間 45分

1 次の**1**から**8**までの問いに答えなさい。

1 初期微動継続時間について正しく述べているものはどれか。
ア 震源において，P波が発生してからS波が発生するまでの時間をいう。
イ 震源において，S波が発生してからP波が発生するまでの時間をいう。
ウ 観測地点において，P波が到着してからS波が到着するまでの時間をいう。
エ 観測地点において，S波が到着してからP波が到着するまでの時間をいう。

2 次のうち，力の三つの要素に含まれないものはどれか。
ア 作用する時間　　**イ** はたらく点　　**ウ** 大きさ　　**エ** 向き

3 ある植物の形質について，優性の形質が現れる遺伝子をR，劣性の形質が現れる遺伝子をrとすると，遺伝子の組み合わせがRrの個体どうしを親としてかけ合わせたときに，優性の形質が現れる子の理論上の割合はどれか。
ア 25％　　**イ** 50％　　**ウ** 75％　　**エ** 100％

4 次のうち，無機物であるものはどれか。
ア 砂糖　　**イ** 二酸化炭素　　**ウ** ロウ　　**エ** エタノール

5 右の図にかかれている太い曲線は，日本付近で接している4枚のプレートの境界を表している。図中にAで示した海洋プレートの具体的な名称は何プレートか。

6 右の図は，栃木県を含む東日本の，一般の家庭のコンセントから供給される電流の波形を表したものである。この電流において，Xで示した部分は1秒間に何回繰り返されるか。

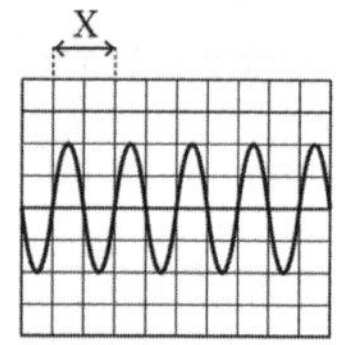

7 右の図のように，ホウセンカの枝を水の入ったメスシリンダーにさし，水面に少量の食用油を浮かべて日当たりのよい場所にしばらく置いたところ，メスシリンダーの水が減少していた。このことに最も関係が深い，植物に起こる現象は何か。**漢字2字**で書きなさい。

8 右の図は，上皿てんびんで質量をはかるときに使用する，2種類の金属製の物体を表している。これらの物体をまとめて何というか。

2 図1，2は，理科準備室にあった2種類の火成岩の標本の表面をよく磨き，それぞれの面をルーペで観察してスケッチしたものである。

このことについて，次の**1**，**2**，**3**の問いに答えなさい。

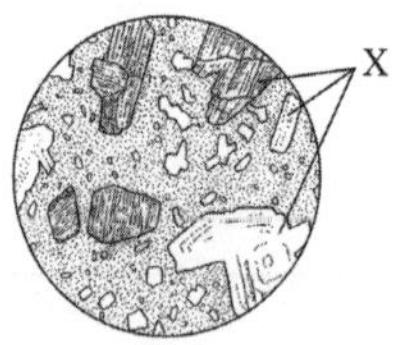

図1

図2

1 冷え固まり方によって火成岩を2種類に大別した場合，図1，2はそれぞれ何とよばれる方に分類されるか。

2 次の□内の文章は，図1にXで示したものについて述べたものである。①，②に当てはまる語の組み合わせとして正しいものはどれか。

図1にXで示した比較的大きな鉱物の結晶を（ ① ）という。（ ① ）は，マグマが（ ② ）ときに形成されたものである。

	①	②
ア	斑晶	地表や地表付近に上昇してきた
イ	斑晶	地下の深いところにあった
ウ	石基	地表や地表付近に上昇してきた
エ	石基	地下の深いところにあった

解答・解説 P311・P319

3　図２の火成岩の表面に見られる鉱物はチョウ石が最も多く，その他にはセキエイとクロウンモが見られた。このことから，図２の火成岩の具体的な岩石名として考えられるものはどれか。

ア　流紋岩　　**イ**　玄武岩　　**ウ**　花こう岩　　**エ**　斑れい岩

3

磁界の変化によって流れる電流について調べるために，次の実験(1)，(2)を順に行った。

(1)　コイルに検流計を接続し，図１のように，Ｓ極を下向きにした棒磁石をコイルの上方からコイルの上端に近づけたところ，検流計の針は＋端子側に振れた。

(2)　コイルの上端に対しての棒磁石の動きや極をいろいろと変えて，そのつど検流計の針の振れ方を調べた。

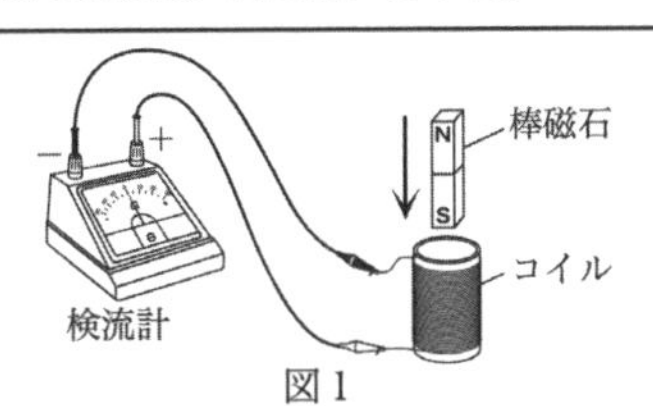

図１

このことについて，次の**1**，**2**，**3**の問いに答えなさい。

1　実験(1)で，検流計の針が振れたことから，検流計に電流が流れ込んだことがわかる。このように，磁界の変化によってコイルに電圧が生じて電流が流れる現象を何というか。

2　実験(2)において，実験(1)のときよりも検流計の針の振れ方が大きくなるときがあった。このとき，実験(1)のときに比べて棒磁石をどのように動かしたか。簡潔に書きなさい。ただし，棒磁石の極については書く必要はない。

3　実験(2)で，図２（検流計は省略してある）のように，Ｎ極を下向きにした棒磁石をコイルの上端の上方を水平に通過させた。このときの検流計の針の振れ方を述べているものはどれか。

図２

ア　＋端子側に２回振れた。　　**イ**　＋端子側→－端子側の順に１回ずつ振れた。

ウ　－端子側に２回振れた。　　**エ**　－端子側→＋端子側の順に１回ずつ振れた。

4

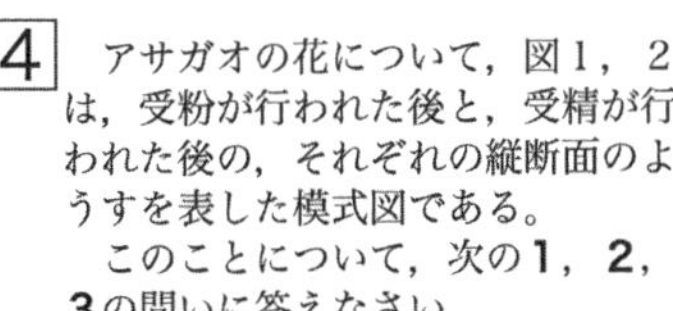

アサガオの花について，図１，２は，受粉が行われた後と，受精が行われた後の，それぞれの縦断面のようすを表した模式図である。

このことについて，次の**1**，**2**，**3**の問いに答えなさい。

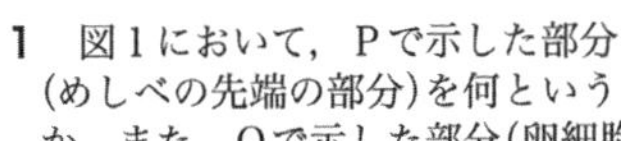

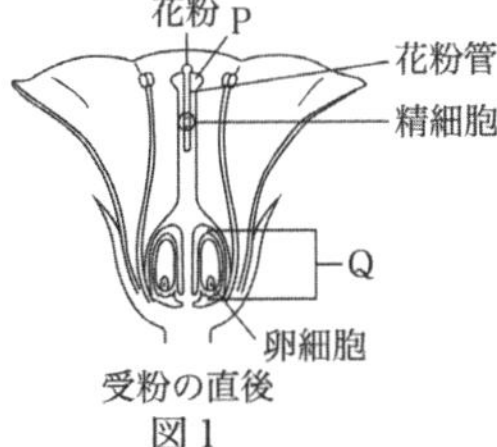

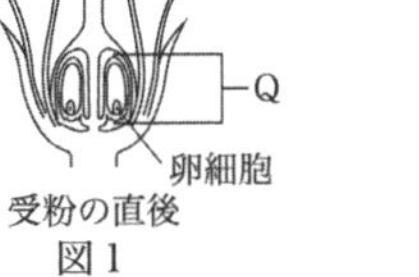
受粉の直後
図１

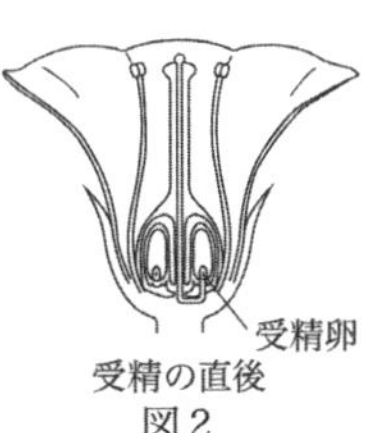

受精の直後
図２

1　図１において，Ｐで示した部分（めしべの先端の部分）を何というか。また，Ｑで示した部分（卵細胞が入っている部分）を何というか。

2　次の［　　］内の文章は，アサガオに関する染色体の本数について述べたものである。①，②，③に当てはまる数値の組み合わせとして正しいものはどれか。

アサガオの一つの体細胞にある染色体の本数は30本である。このことから，図１の一つの精細胞には（　①　）本，一つの卵細胞には（　②　）本，および図２の一つの受精卵には（　③　）本の染色体があると考えられる。

	①	②	③
ア	15	15	30
イ	15	30	45
ウ	30	15	45
エ	30	30	60

3　受精卵は細胞分裂を繰り返して，種子の中にある，発芽する前の植物体になり，将来は植物の体そのものへと成長していく。下線部を何というか。

5

適量ずつの鉄粉と硫黄の粉末による混合物を試験管に入れ，右の図のように，ガスバーナーで加熱した。しばらくすると，炎が当たっていた付近の混合物が反応し始めたので，すぐにガスバーナーの火を消したが，反応はそのまま進行し，鉄粉と硫黄の粉末は完全に反応して物質Ａができた。

このことについて，次の**1**，**2**，**3**の問いに答えなさい。

1　ガスバーナーの火を消した後も反応が進行したことから，鉄と硫黄に起こった化学変化は，熱の出入りがどのようになる反応であることがわかるか。「熱」という語を用いて簡潔に書きなさい。

2　物質Aの色，および物質Aに磁石を近づけた場合のようすの組み合わせとして正しいものはどれか。

ア　色：白色　磁石：引き寄せられる。　　**イ**　色：黒色　磁石：引き寄せられる。
ウ　色：白色　磁石：引き寄せられない。　**エ**　色：黒色　磁石：引き寄せられない。

3　次の□内の文章は，物質Aの種類と名称について述べたものである。①，②に当てはまる語をそれぞれ書きなさい。

> 物質Aのように，２種類以上の物質が結びつくことでできる物質を，まとめて（　①　）という。なお，物質Aの具体的な名称は（　②　）である。

6　９月ごろの日本の天気の特徴について行った調査の内容を，次の(1)，(2)，(3)のようにまとめた。

> (1)　８月の終わりごろから９月にかけては，それまで大きな勢力を保っていた気団が弱まり，真夏日（最高気温が30℃以上の日）や猛暑日（最高気温が35℃以上の日）になる回数がしだいに少なくなっていく。
> (2)　図１は，ある年の９月10日のある時刻における日本付近の天気図で，日本の南の海上に見られる「**台**」は台風を示している。
> (3)　夏から秋にかけて日本に接近する台風の進路には，月によってある傾向が見られる。図２は，日本の南の低緯度帯における海上で発生した台風について，月別におけるおもな進路を表したものである。

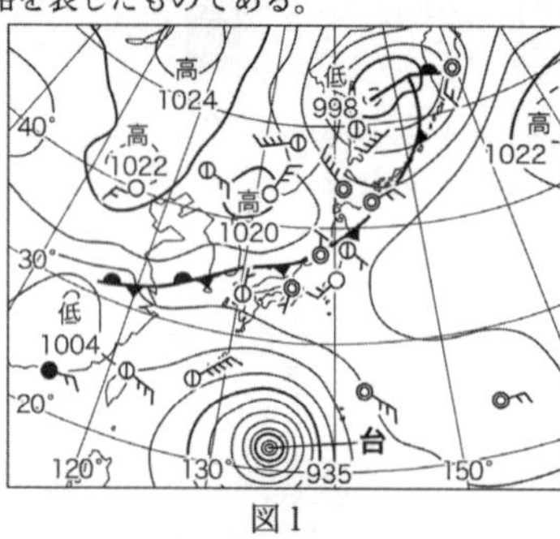

図１

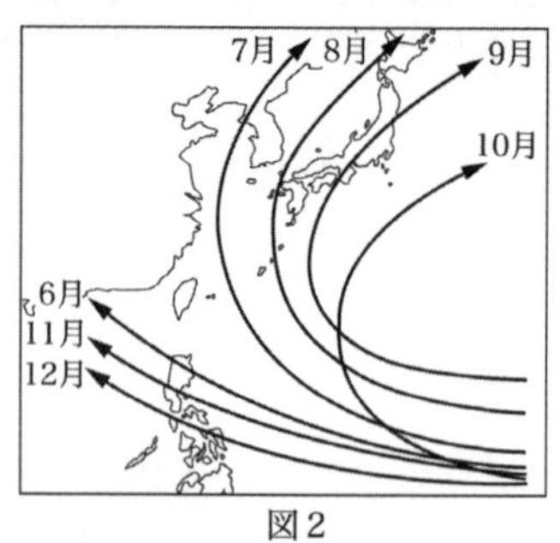

図２

このことについて，次の**1**，**2**，**3**，**4**の問いに答えなさい。

1　台風のもととなる，低緯度帯の海上で発生した低気圧を，特に何低気圧というか。

2　日本に接近する台風の中心付近における，地表付近の風のふき方を述べているものはどれか。

ア　台風の中心から周囲に向かって時計回りにふき出している。
イ　台風の中心から周囲に向かって反時計回りにふき出している。
ウ　周囲から台風の中心に向かって時計回りにふき込んでいる。
エ　周囲から台風の中心に向かって反時計回りにふき込んでいる。

3　次の□内の文章は，一般の天気図における，強い台風の表され方について述べたものである。①，②に当てはまる語をそれぞれ書きなさい。

> 一般の天気図においては，台風の中心付近では（　①　）が省略されることが多い。これは，台風の中心付近では非常に強い風がふいているため，（　①　）の間隔が（　②　）なり過ぎるからである。

4　図２より，夏から秋に発生した台風は，何気団とよばれる気団のへりに沿うように進んでいることがわかるか。また，日本付近で東寄りに進路を変えた後の台風は，それまでよりも速度を上げて進むことが多いが，このことの原因になっている，中緯度帯の上空を一年中ふいている風を何というか。

解答・解説　P311・P319

7 物体に対して行う仕事について調べるために，次の実験(1)，(2)を順に行った。

> (1) 水平面の上に置いた質量1.5kgの直方体の形をした物体に糸をとりつけた後，図1の模式図のように，糸をゆっくりと真上に引き上げ，物体を床から30cmの高さのところまで移動させた。
>
> (2) (1)で用いた物体を，図2の模式図のような，力点から支点までの長さが120cm，支点から作用点までの長さが40cmのてこの作用点上にのせた後，力点を矢印の向きに手で押し下げて物体をもち上げ，垂直方向に30cm移動させた。

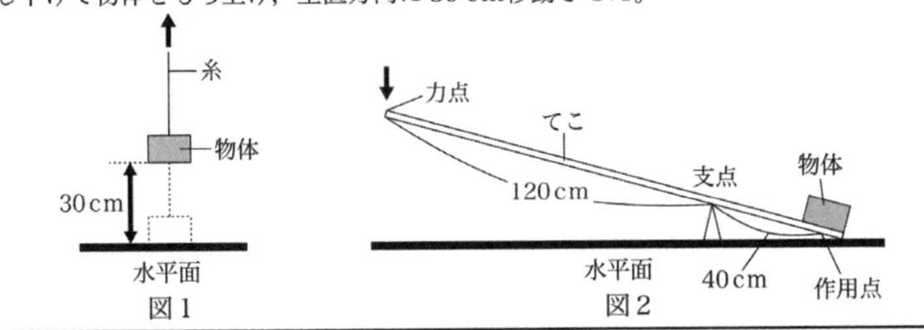

図1　図2

このことについて，次の**1**，**2**，**3**，**4**の問いに答えなさい。ただし，糸やてこの質量およびてこの支点における摩擦などは考えないものとし，てこは曲がったり折れたりしないものとする。また，質量100gの物体にはたらく重力の大きさを1Nとする。

1 実験(1)において，物体を移動させるために手が行った仕事の大きさを表しているものは，次のうちどれか。

ア 0.45J　　**イ** 4.5J　　**ウ** 45J　　**エ** 450J

2 次の□内の文章は，実験(2)について述べたものである。①，②に当てはまる数値をそれぞれ書きなさい。

> 実験(2)で用いたてこは，力点から支点までの距離と支点から作用点までの距離の比が120cm：40cm＝3：1であることから，てこの力点に手が加えた力の大きさは（ ① ）Nであったと考えられる。また，物体を垂直方向に30cm移動させる間に，力点を（ ② ）cm押し下げたと考えられる。

3 てこや斜面，滑車などの道具を使って仕事を行っても，道具の質量や摩擦などを無視すると，その仕事の大きさと道具を使わない場合の仕事の大きさとの間にはある関係が成り立つ。このことを何というか。

4 物体を30cm移動させる仕事において，実験(1)と実験(2)による仕事率は等しかったものとすると，実験(1)で手が動いた速さと実験(2)で手が動いた速さの比（実験(1)：実験(2)）はどのようであったか。最も簡単な整数比で表しなさい。

8 消化液のはたらきについて調べるために，ヒトの消化液の一つであるだ液を用いて，次の実験(1)，(2)，(3)を順に行った。

> (1) デンプンのりを同量ずつ入れた4本の試験管A，B，C，Dを用意し，図1のように，試験管AとCには水を，試験管BとDには水でうすめただ液を同量ずつ加えた。
>
> (2) 図2のように，試験管AとB，CとDを，それぞれビーカーに入れた約40℃の湯の中につけた。
> なお，4本の試験管を2個のビーカーに分けてつけたのは，湯の温度変化をなるべく小さくするためである。

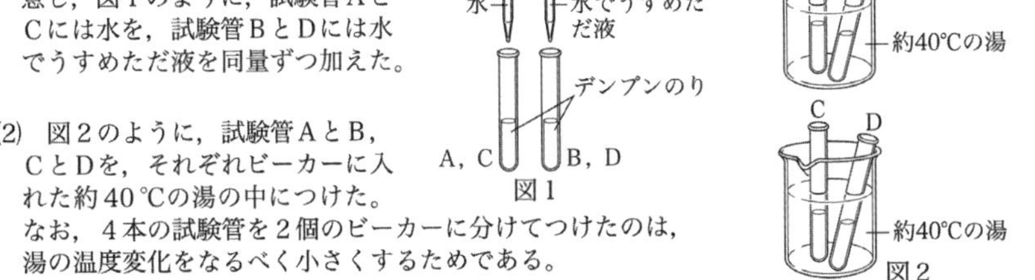

図1　図2

> (3) 10分が経過した後，試験管AとBに褐色の試薬Xを加えてから液の色を調べた。また，試験管CとDにはベネジクト溶液を加えて<u>あること</u>を行ってから液の色を調べた。下の表は，これらの操作の結果をまとめたものである。

試験管	A	B	C	D
加えた試薬	褐色の試薬X	褐色の試薬X	ベネジクト溶液	ベネジクト溶液
結果	青紫色に変化	変化なし	変化なし	赤褐色の沈殿

このことについて，次の**1**，**2**，**3**，**4**の問いに答えなさい。

1 だ液のはたらきの他に，口の中では，食物に対する消化の第一段階といえることが行われている。この第一段階とはどのようなことか。「～ことによって，食物を…している。」という形で簡潔に書きなさい。

2 実験(3)で試験管AとBに加えた，褐色の試薬Xは何か。

3 実験(3)で行った，下線部のあることとはどれか。

ア しばらく放置した　　**イ** 冷蔵庫に入れて冷却した
ウ よく振り混ぜた　　**エ** ガスバーナーで加熱した

4 次の□内の文は，実験の結果から考えられることについて述べたものである。①，②に当てはまる語の組み合わせとして正しいものはどれか。

> 4本の試験管A，B，C，Dのうちの2本の結果から，デンプンは，だ液に含まれている（ ① ）という消化酵素のはたらきによって，（ ② ）が何分子か結びついている物質へと変化したと考えられる。

	①	②
ア	アミラーゼ	アミノ酸
イ	アミラーゼ	ブドウ糖
ウ	ペプシン	アミノ酸
エ	ペプシン	ブドウ糖

9 酸性の水溶液とアルカリ性の水溶液を混ぜ合わせたときに起こる，中和という化学変化について調べるために，次の実験(1)，(2)，(3)，(4)を順に行った。

(1) 6個のビーカーAからFに，ある濃度の塩酸を10mLずつ入れ，緑色のBTB溶液を1滴加えた。

(2) 図1のように，それぞれのビーカーに，塩酸とは異なる濃度の水酸化ナトリウム水溶液を体積を変えて加え，ガラス棒でよくかき混ぜてからビーカー内の液の色を調べた。下の表はその結果を表したものである。

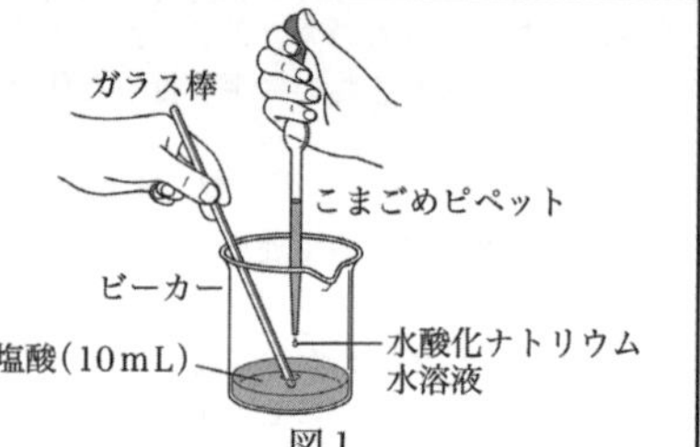

図1

ビーカー	A	B	C	D	E	F
加えた水酸化ナトリウム水溶液の体積〔mL〕	2	4	6	8	10	12
ビーカー内の液の色	黄	黄	黄	緑	青	青

(3) 6個のビーカーAからFの液を少量ずつ別々の試験管にとり，それぞれの試験管にマグネシウムリボンを加え，そのようすを観察した。

(4) ビーカーD内の液をすべて蒸発皿に入れ，ガスバーナーでしばらく加熱したところ，蒸発皿には白色の固体の物質Xがm〔g〕だけ残った。

このことについて，次の**1**，**2**，**3**，**4**の問いに答えなさい。

1 うすい塩酸の溶質である塩化水素が水溶液中で電離するようすを，化学式とイオン式を用いて式で表しなさい。

2 実験(3)で，気体が発生したのはどのビーカーの液をとった試験管か。AからFのうちからすべて選び，記号で書きなさい。

3 次の□内の文章は，実験(4)で蒸発皿に残った物質Xについて述べたものである。①，②に当てはまる化学式や語をそれぞれ書きなさい。

> 物質Xは，（ ① ）という化学式で表される物質である。物質Xのように，中和が起こる際にできる，水以外の物質をまとめて（ ② ）という。

4 実験で用いた10mLの塩酸に，同じく実験で用いた水酸化ナトリウム水溶液を少しずつ加えていく操作を行うものとする。図2のように，横軸に加えた水酸化ナトリウム水溶液の合計の体積，縦軸にできる物質Xの質量をとったとき，これらの関係はどのようなグラフで表されるか。そのグラフを，解答用紙にかき入れなさい。なお，図2中のmは，実験(4)における物質Xの質量を表している。また，測定値を表す●をかき入れる必要はない。

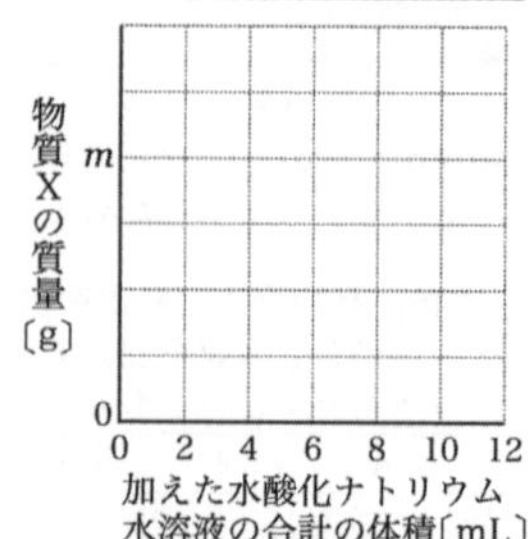

図2

令和2年
12月6日実施

第182回 下野新聞模擬テスト
英　語

1 これは聞き方の問題である。指示に従って答えなさい。

1〔英語の対話とその内容についての質問を聞いて，答えとして最も適切なものを選ぶ問題〕

(1) ア イ ウ エ

(2) ア イ ウ エ

(3) ア イ ウ エ

2〔英語の対話とその内容についての質問を聞いて，答えとして最も適切なものを選ぶ問題〕

(1) ① ア In Tokyo.　イ In Australia.
ウ In Kyoto.　エ At his school.

② ア Kevin and Mayu do.　イ Kevin and his father do.
ウ Kevin and his brother do.　エ Kevin's father and brother do.

(2)

What do you want to be in the future?

Boys: 1人, 2人, 3人, 4人, 5人, 5人
Girls: 4人, 8人, 2人, 6人

teacher
office worker
A
nurse
B
police officer
other

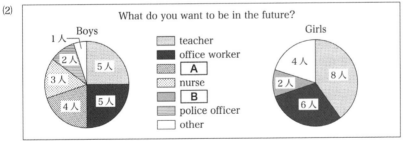

① ア A teacher.　イ An office worker.
ウ A soccer player.　エ A nurse.

② ア **A** : sports player — **B** : doctor
イ **A** : sports player — **B** : scientist
ウ **A** : musician — **B** : doctor
エ **A** : doctor — **B** : sports player

3〔英語の説明を聞いて，メモを完成させる問題〕 ※ただし，数字も英語で書くこと。

About School Library
・There are about three (1)(　　　　) books in the library.
・It's visited by a lot of students.

What can I do?
・I can read books, study and do my homework there.
・I can borrow five books and keep them for seven (2)(　　　　).
・When I look for books, I can use a computer.
※Now only (3)(　　　　) computers are working.

Information
・The library opens at 8:00 and closes at 18:30.
・The library doesn't open every (4)(　　　　).

2 次の1，2の問いに答えなさい。

1 次の英文中の (1) から (6) に入れるものとして，下の(1)から(6)のア，イ，ウ，エのうち，それぞれ最も適切なものはどれか。

Daisuke is a junior high school student. It's hard for him to get up early. It was already eight thirty when he got up and looked at the clock this morning. He thought, "I have an important test today! I can't be late (1) school!" Soon he got out of his bed and put on his school *uniform. He was very hungry, but he didn't have time for (2).

His teacher, Ms. Yano, looked very (3) when he went into the classroom. She said to him, "What time is it now? The test has already (4)!" Then, he *woke up. It was still seven o'clock. When he was looking at the clock, his mother (5) his name. She said, "Hey, Daisuke. It's seven o'clock. Get up and wash your face." He was very happy to learn that it was just a (6).

〔注〕*uniform＝制服　*woke up＝wake up(目が覚める)の過去形

	ア	イ	ウ	エ
(1)	at	in	for	from
(2)	breakfast	lunch	dinner	test
(3)	angry	sleepy	hungry	happy
(4)	played	enjoyed	watched	started
(5)	calls	calling	called	to call
(6)	test	dream	number	clock

2 次の(1)から(3)の(　)内の語(句)を意味が通るように並べかえて，(1)と(2)はア，イ，ウ，エ，(3)はア，イ，ウ，エ，オの記号を用いて答えなさい。

(1) Excuse me, but could you tell (ア to　イ me　ウ how　エ get) to the museum?

(2) Look at the (ア are　イ who　ウ playing　エ girls) tennis over there.

(3) Does (ア the restaurant　イ is　ウ know　エ he　オ where)?

3 次の英文は，あゆみ(Ayumi)と留学生のケビン(Kevin)との対話の一部である。これを読んで，1から7までの問いに答えなさい。

Kevin: Hey, Ayumi. What is this?
Ayumi: It's a *poster about the Japanese speech contest our school has every year. The contest is for foreign students.
Kevin: A Japanese speech contest? That sounds interesting.
Ayumi: (1)This year we will have it on Saturday, December 19, and it will be the (　　) time.
Kevin: That's great. Can you tell me more about it?
Ayumi: Sure. (A) or more can't take part in it. You came to Japan last year, so you can join the contest.
Kevin: Can I make a speech about any *topic for this contest?

Ayumi：No. Five *themes are written on the poster, and you need to (B) one of them.
Kevin：Let me see…, I like the second one better than the others.
Ayumi：Then, are you ＿＿(2)＿＿?
Kevin：Yes. When I came to Japan, you were very kind to me. How many people will come to listen to the speeches?
Ayumi：I'm not sure, but many people will come. ＿＿(3)＿＿ in the gym.
Kevin：So many seats?
Ayumi：Yes. Look at the picture on the poster. It was taken last year.
Kevin：Well…, a boy is making a speech in front of many people in (4)it. He is smiling. Can I make a speech like him?
Ayumi：Yes, you can. Your Japanese is good. And you can look at your *script when you make your speech.
Kevin：Really? Then, it's going to be easier. But talking for ten minutes is too long.
Ayumi：Then, read here. A girl said on the poster, "I took part in the contest because I thought it was ＿＿(5)＿＿ during my stay in Japan. At first, I was not *confident, but I practiced speaking Japanese every day. My Japanese friends helped me a lot, and I did a good speech at the contest."
Kevin：She is great. I'll do my best, too.
Ayumi：You can come to my house. Let's practice together. I'll help you.
Kevin：Oh, really? (6)Thank you, Ayumi. I'll practice hard. By the way, Ayumi, have you ever taken part in a speech contest?
Ayumi：No, I haven't. I want to take part in one someday.
Kevin：(7)If you make a speech at a contest, what will you talk about? Can you tell me about it?

〔注〕*poster＝ポスター　*topic＝話題　*theme＝テーマ　*script＝原稿
*confident＝自信がある

第7回 日本語スピーチコンテスト

11月29日掲載

開催日時：12月19日(土)
午後1時から午後4時30分まで

会　　場：ひかり高等学校体育館

座 席 数：100席

主　　催：ひかり高等学校

昨年度のコンテストの様子

＜参加希望のみなさんへ＞

参加資格：日本在住3年未満の外国人留学生

スピーチ時間：1人10分まで

＜スピーチテーマ＞

次の五つの中から一つを選択してください

【1】家族について
【2】友達について
【3】日本文化について
【4】祖国について
【5】日本での興味深い経験について

昨年度コンテスト参加者紹介

ベティ・ブラウン
出身：アメリカ
青葉高校留学生

私は日本での滞在中に，新しいことに挑戦することは大切だと思ったので，スピーチコンテストに参加しました。
私は最初，自信がありませんでしたが，日本語を話すことを毎日練習しました。
友達が私を大いに助けてくれて，コンテストではよいスピーチができました。

1　上のポスターを参考に，二人の対話が成り立つよう，下線部(1)の(　　)に入る最も適切な英語を書きなさい。ただし，数字表記は使用しないこと。

問題 R2
180
181
182
183
【英語】第182回

2 本文中の(A)に入る英語として，最も適切なものはどれか。
ア Foreign students living in Japan for a year
イ Japanese students living in Japan for a year
ウ Foreign students living in Japan for three years
エ Japanese students living in Japan for three years

3 本文中の(B)に入る語として，最も適切なものはどれか。
ア read　イ choose　ウ experience　エ catch

4 上のポスターを参考に，二人の対話が成り立つよう，下線部(2)，(3)，(5)に適切な英語を書きなさい。ただし，数字も英語で書くこと。

5 下線部(4)は何を指すか。本文中から抜き出して英語**5語**で書きなさい。

6 下線部(6)について，ケビンがこのように言った理由は何か。具体的に日本語で書きなさい。

7 下線部(7)の質問に対するあなた自身の考えを，その理由も含めて，つながりのある**4文から6文程度**の英語で書きなさい。ただし，問題文に書かれていることは除く。

4 次の英文を読んで，1，2，3，4の問いに答えなさい。

My grandmother is seventy-seven years old now, and she is a very *active person. She does many volunteer activities. She goes to the park near our house almost every morning and takes care of the flowers there. In the afternoon, she often visits old people's homes. She talks with them and cleans their rooms. After that, she goes to the street near the elementary school and helps the children when they walk across the street.

One Sunday, my grandmother said to me, "Masahiro, I'll visit an old man this afternoon. [　　　] to come with me?" "Yes, I want to." I answered. I went to his house with her. She *introduced me to the old man. He is Mr. Kitano, and he lives there *alone. He said to me, "I'm not *lonely because your grandmother often comes to see me." He looked really happy when he was talking with my grandmother. Mr. Kitano can't move well without help, so my grandmother and I cleaned his house. After that, he said to us, "Thank you very much."

When we were walking back home, I said to my grandmother, "It is wonderful to do something good for others." She smiled and said to me, "Masahiro, I'm glad you think so." I said, "I want to be a kind person like you. You have made a lot of people happy by doing volunteer activities." She said, "Thank you. But remember this, Masahiro. It is difficult to do these things without my family's understanding, so I always (A) you and your parents."

My grandmother started to do these volunteer activities when she was sixty-six years old. When she was eighteen years old, she finished high school and began to work as a nurse. When she was sixty-five, she left her job. She had a lot of free time, and she started to do volunteer activities. My parents often said to her, "You are always working for other people. Why don't you enjoy your own life more?" "I'm really enjoying my life. I'm happy to have a lot of chances to do something for them. I'm just doing *what I want to do," my grandmother answered.

One evening, when I was having dinner with my family, my grandmother said to us, "I'll go to an *English conversation school from next month." My parents and I were very surprised. I asked her, "Why did you decide to do so?" She answered, "One of my friends showed me a *pamphlet about the school. She is studying English there. After I listened to her story, I became interested in studying English. I didn't study English hard when I was a student. So, I want to study it again. I know it's hard to study English again because I'm not young. But I don't think it's too (B). People can study at any time." She looked happy. <u>My parents also looked happy</u> because my grandmother decided to do something for her.

Now my grandmother is studying English very hard. She watches TV programs about learning English and listens to the radio in English. I *am proud of my grandmother. In the future, I want to be a kind and active person like her.

〔注〕*active＝活動的な　*introduce ～ to …＝～を…に紹介する　*alone＝ひとりで
*lonely＝さみしい　*what I want to do＝自分がやりたいこと
*English conversation school＝英会話学校　*pamphlet＝パンフレット
*be proud of ～＝～を誇りに思う

1 本文中の[　　　]に，適切な英語を**3語**で書きなさい。

解答・解説 P310・P314

2 本文中の(A),(B)に入る将宏(Masahiro)の祖母の気持ちを表している語の組み合わせとして最も適切なものはどれか。

ア A：thank — B：late　　イ A：help — B：long
ウ A：thank — B：fast　　エ A：help — B：early

3 下線部の将宏の両親の気持ち(様子)は，どうしてそのようなものだったのか。次の[　　]内の(①)と(②)に適切な日本語を書きなさい。

将宏の祖母は，いつも他の人のために働いているので，(　　　①　　　)と思っていたが，来月から自分のために，(　　　②　　　)と言ってくれたから。

4 本文の内容と一致するものはどれか。二つ選びなさい。

ア Masahiro's grandmother takes care of flowers in the park near her house in the afternoon.
イ Masahiro's grandmother often cleans the street near the elementary school as a volunteer.
ウ Masahiro's grandmother decided to go to an English conversation school when she was sixty-six years old.
エ Masahiro and his parents were surprised to learn that his grandmother decided to go to an English conversation school.
オ Masahiro showed a pamphlet about an English conversation school to his grandmother.
カ Masahiro's grandmother watches TV programs and listens to the radio to study English.

5 古賀先生(Ms. Koga)が豆腐(tofu)について書いた次の英文を読んで，1，2，3，4の問いに答えなさい。

Do you know that the history of tofu started in China? In 700s, some Japanese *priests went to China to study *culture. When they came back to Japan, they brought tofu with them for the first time. Tofu is made from *soybeans, and they are called the "*meat of the fields." [ア] We can take a lot of *protein from tofu, and it's *low-cal food.

Today, tofu is popular around the world because it is good for health. I hear people can buy tofu〔　　〕in most supermarkets in New York. When I lived in the United States about twenty years ago, it was difficult for me to get tofu at supermarkets because only some shops sold tofu. [イ] When I was a high school student, I studied abroad and went to school in New York. My school life there was hard, but it was interesting. [ウ] Her name was Karen, and I often went to her house. Karen and her family were interested in Japanese food, so I often cooked some Japanese *dishes for them. Tofu was one of the most popular Japanese foods among them.

We can cook a lot of dishes with tofu. [エ] It can be cooked with many kinds of meats and vegetables. When it's a sunny and hot day, many people eat cold tofu. Karen's father also liked it very much. Tofu is eaten in all seasons, and it means that tofu is loved by many people. Tofu has a lot of wonderful points, but it has only <u>one problem</u>. Eating it with *chopsticks is a little difficult for foreign people. And even for us Japanese people. You know why? Tofu is usually very *soft.

〔注〕*priest＝僧侶　*culture＝文化　*soybean＝大豆　*meat of the fields＝畑の肉
*protein＝たんぱく質　*low-cal＝低カロリーの　*dish＝料理
*chopsticks＝おはし　*soft＝やわらかい

1 本文中の[ア]から[エ]のいずれかに次の1文が入る。最も適切な位置はどれか。

I became good friends with a girl at school.

2 本文中の〔　　〕に入れるものとして，最も適切なものはどれか。

ア only　イ again　ウ easily　エ together

3 下線部が指す内容は何か。日本語で書きなさい。

4 本文の内容と一致するものはどれか。

ア When some Chinese priests came to Japan, they brought tofu with them.
イ Ms. Koga has lived in New York for more than twenty years.
ウ Karen liked Japanese food very much, but her family didn't.
エ Many people love tofu and can eat it in all seasons.

5 下のグラフは、全国の小・中学生を対象に行った調査で、「近所の人に会ったときは、あいさつをしているか」を尋ねた結果をもとに作成したものである。このグラフを見て、あなたの考えを国語解答用紙(2)に二百四十字以上三百字以内で書きなさい。

なお、次の《条件》に従って書くこと。

《条件》

(Ⅰ) 二段落構成とすること。なお、第一段落は四行程度(八十字程度)で書き、第二段落は、第一段落を書き終えた次の行から書き始めること。

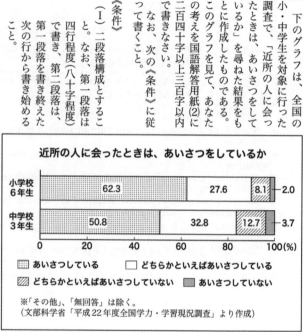

(Ⅱ) 各段落は次の内容について書くこと。

第一段落

・このグラフから読み取れることは何か。小学校六年生と中学校三年生とを比較して書くこと。

第二段落

・第一段落に書いたことを踏まえて、近所の人にあいさつをすることに対するあなたの考えを、体験(見聞したことなども含む)を交えて書くこと。

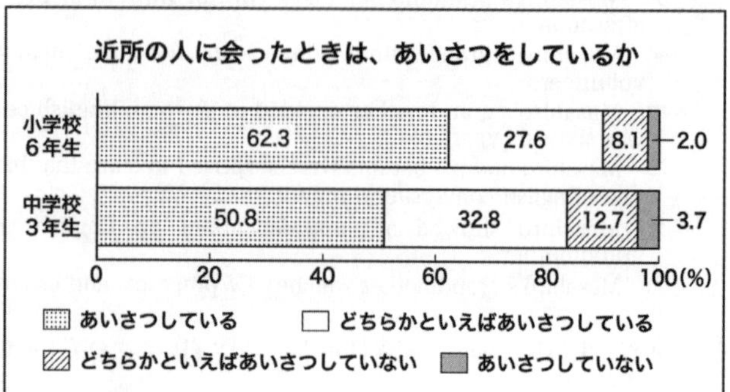

近所の人に会ったときは、あいさつをしているか

	あいさつしている	どちらかといえばあいさつしている	どちらかといえばあいさつしていない	あいさつしていない
小学校6年生	62.3	27.6	8.1	2.0
中学校3年生	50.8	32.8	12.7	3.7

(%)

※「その他」、「無回答」は除く。
(文部科学省「平成22年度全国学力・学習現況調査」より作成)

［　　］顔で、あいつがいった。モーツァルトのこんな顔を、ぼくははじめて見た。
ひたいから汗がじりじり、こぼれ落ちる。
なんでこいつは、こんなに田村に対してムキになるのだろう。どこかでうっとうしい気持ちをもてあましながら、ぼくは重たい足をひきずり、うしろを歩いていった。
広場の木立の葉が、ゆですぎたスパゲッティのようにぐんなりと、なまあたたかい風にゆれている。
「おれ、帰るよ。関係ないし」
頭のてっぺんにはりついている真夏の暑さが、ぼくのいまの気持ちをあとおしした。でも、そういうことで、モーツァルトとの関係がバランスよくおさまることも、どこかでわかっていたのだ。
「(3)わかった」
ぽつっと、あいつがいった。そしてあいつは、いつものひとなつこい笑顔をうかべると、
「おまえって、うそのつけないやつだな」
そういって、ぼくの背中をぽんと、たたいた。
ぼくはもうなにもいわなかった。
自転車置場から自転車をとってくると、それぞれ、それにまたがった。あいつの自転車は、二十四インチの、まえにかご、うしろに荷台のついた白いママチャリだった。ぼくは自分のスポーツタイプの自転車に乗りながら、なぜだかわからないけれど、肩身のせまい思いがしていた。
あいつはへっちゃらな顔をして、鼻歌をうたっていた。
「毎日きてるわけ？　図書館」
あいつがきいた。
「午前中はね。八月二日から夏期講習だから、それまでは毎日くるよ」
こんな自転車くらいのことに、あいつがこだわるはずがない。そう思いつつも、ぼくは、ママチャリに乗り、胸をはっているあいつと目を合わさず、まえをむいたままこたえた。
「オレも午後からはピアノだし……。自分に義務づけてるだけだけどさ、これたらくるよ、図書館」
「うん」
(4)まえをむいたまま、笑顔をつくった。自意識がぼくをそうさせた。器の小さい、小心もの。自分で自分をわらった。
（加藤純子「モーツァルトの伝言　少年から大人への階段」〈ポプラ社〉から）

（注1）フィレンツェ＝イタリアの都市。
（注2）ルネサンス＝一四～一六世紀にかけてイタリアを中心に全ヨーロッパに広がった学術・文化の革新を目指す文芸復興運動。
（注3）遮二無二＝ひたすら。
（注4）プラタナス＝すずかけの木。手のひらのような形の葉の落葉高木。

1　(1)夏はあつい　とあるが、そのことを比喩的に表現している一文を本文中から抜き出し、初めの五字を書きなさい。

2　(2)あれくらいの音に神経質になってたんじゃ　とあるが、それが具体的に指す内容を、文末が「こと。」となるように、三十字以上四十字以内で書きなさい。ただし、文末の言葉は字数に含めない。

3　［　　］に入る語として最も適切なものはどれか。
ア　かみつくような　　**イ**　からかうような
ウ　とまどうような　　**エ**　みくだすような

4　(3)わかった　とあるが、この時モーツァルトがわかったこととして最も適切なものはどれか。
ア　ぼくがモーツァルトに敵意を抱いていることをごまかすために田村への敵意を表現したこと。
イ　ぼくが田村への好意を親友であるモーツァルトに何とかして伝えようと努力していること。
ウ　ぼくが本心では田村と和解したがっているのに、つい強気な態度に出てしまったこと。
エ　ぼくが田村への好意を抱いているにも関わらず、モーツァルトの手前上帰ると言ったこと。

5　(4)まえをむいたまま、笑顔をつくった。自意識がぼくをそうさせたとあるが、それはどういうことか。その内容を説明した次の文の［a］、［b］に当てはまる語句を、［a］は本文中から十六字で抜き出して書き、［b］は五字以上十字以内で考えて書きなさい。

> モーツァルトに田村への好意を見抜かれた上に、［a］姿を見て、［b］ことを悟られたくなかったから。

問題R2
180
181
182
183

科学的知識の a が強まるにつれて、知識が日常生活や経験からは遠いものになってしまったため、 b ことが見直されてきていること。

4

次の文章を読んで、1から5までの問いに答えなさい。

〔「ぼく」は江口祐介。「あいつ」は岡本秀一といい、通称が「モーツァルト」である。「田村」は田村由利という女生徒で、三人とも中学三年生である。一学期の終業式が終わった午後、「田村」は友だちの女生徒と「ぼく」と「あいつ」を誘い、四人でピクニックに出かけたことがあった。「田村」は「ぼく」に好意を抱いており、「ぼく」も「あいつ」もそのことを感じ取っている。一方、「あいつ」は「ぼく」との友情を大切にしようとしている。〕

ぼくは、フィレンツェ(注1)の聖母大聖堂の写真をながめていた。トンガリ帽子のような形をした大聖堂だ。

「よぉ」

とつぜん、肩をたたかれた。

目をあげると、モーツァルトが立っていた。

「ルネサンス(注2)ねぇ」

あいつは、ぼくが見ていた本をのぞき見すると、

「古典から学ぶってさ、だいじだと思うよ。イタリア・ルネサンスがそうだったみたいに」

そういって、ぼくのまえのいすにすわった。

「うちって、冬さむくて、(1)夏はあついっていう最悪のパターンなんだ。ここは冷房がきいてていいよ」

モーツァルトはどたっと音を立てて、つくえにカバンを置いた。思いのほか、その音が館内にひびいた。

どこかで、だれかがせきばらいをする声がきこえた。あいつは、首をすくめると、くすっとわらった。

ルネサンスにでてくるごちゃごちゃした名前や、ルネサンスのヨーロッパにおける位置づけみたいなものが、いまひとつ理解できないでいるぼくにとって、なんということもなく「ルネサンス」をいいきってしまったあいつを、やっぱりすごいと思った。

数学だって、英語だって、すべてそうだ。

ぼくがひとこと疑問をいうと、あいつはそれにきっちりとこたえるのだ。

あいつとつきあうようになって、自分の能力のなさをいたいほど感じる。だからぼくはそのぶん、二倍努力をしなければならない。

それなのに、それだけ努力しても、まだ追いつけないのだ。

「(2)あれくらいの音に神経質になってたんじゃ、ノイローゼになっちゃうよな」

こんどは小声であいつがいった。

それから二時間あまり、ぼくらは思い思いに、それぞれの勉強に集中した。

図書館の左どなりにあるテニスコートから、風のむきにより、ときどきスコン、スコンという球を打つ音がきこえてくる。

あいつはときどきいすを立つと、窓辺に立ち、下を見おろしていた。その態度は遮二無二(注3)勉強するなどということばからは、ほど遠い感じさえした。

壁にかかっている時計を見ると、昼近くになっていた。

「どうする。帰る?」

ぼくは壁の時計を指さしながらいった。

「テニス部の何人かでテニスやってるよ。下で。あいつら、いいのかな。こんなのんびりしてて。受験で引退したっていうのにさ」

ぼくの頭に田村の顔がうかんだ。

「ちょっとひやかしていこうよ」

あいつがいった。

「どうしてこんなとこでやってるわけ?」

窓から下をのぞきこみながらきいた。

「コートがちがうよ。こっちはできたてほやほやの人工コートだし。学校の泥まみれのでこぼこコートとはちがうんだろ」小声であいつがいった。

荷物をまとめると、ぼくらは図書館をでた。

図書館まえのプラタナス(注4)の木が、風にそよいでいる。

自転車置場にいこうとしたら、

「あっち、ちょっと見てこうぜ」

モーツァルトがテニスコートのある方向を指さした。このあいだのことがある。正直、気が重かった。

田村のことは気になった。でも、あいつといっしょに、テニスをしている田村を見にいくのは気が重かった。

「いこうぜ」

そんなぼくの気持ちなどおかまいなしに、あいつは、図書館のよこにある広場をぬけ、テニスコートのほうへどんどん歩いていってしまった。

その強引さは、まるで、ぼくの田村への気持ちをたしかめているかのようでさえあった。

「やっぱり、帰るよ」

とちゅうまで歩きかけ、立ちどまるとぼくはいった。

「なんだよ。どうして帰るんだよ。田村がいるんだぞ。おまえ、田村に会いたくないのかよぉ」

らぬ自分自身を蒐集しているにほかならないのである。

このように、集められた物、蒐集された物は、実用の対象としての物ではなくて、いわば情熱としての物であり、象徴あるいは記号としての物であった。つまるところ、ひとは蒐集によって自分の世界、神話的で象徴的な自己の世界をうち立てるのである。さらにいえば、蒐集によってひとは、世界を所有しようとしているのであり、世界と一体化しようとしているのである。蒐集が一方でおのずと物の一つのシリーズ、一つの総体＝集合をめざすとともに、他方でたえず［A］に脅かされるのも、そのためであろう。

いま私たちは、ボードリヤールにふれて情熱としての蒐集について見てきた。けれども、ものを集めること＝蒐集は、もちろんそのようなかたちでだけ問題になるのではない。(2)私たちがそれぞれによく生きるために必要な知識、学問や文化の創造に役立ちうるような知識を集め、わがものにすることもまた蒐集である。

ところで知識といえば、在来多くの場合、精緻で普遍的な科学的知識、物理学をモデルにした科学的知識が理想とされた。［B］、科学の専門分化とともに科学的知識がいっそう精密化、細分化されるようになると、その知識は知識としてどんなに普遍性をもち、厳密であっても、私たち個々人の日常生活や生きられた経験からは遠いもの、無関係なものになってしまった。それにともなって、人間経験のうちに内在する知恵をもっと生かすような知のあり方が、日常生活のレヴェルでも、学問のレヴェルでも等しく顧みられるようになった。

［C］、近代科学は技術文明と結びついて、多くの精密機械やそれを使う機械作業を生み出したとはいえ、私たち人間の生活世界、生きられた経験のなかで重要なのはむしろ、身近にある使い慣れた道具や材料を自在に組み合わせ行う創造的行為であり、その重要性が忘れられてきた。そのような行為のあり方、知のあり方が、(3)〈ブリコラージュ〉と呼ばれるものである。あり合わせの道具や材料を十分生かして自分の手でものをつくること、つまり手仕事＝器用仕事を意味するこの〈ブリコラージュ〉は、レヴィ＝ストロース(注4)によってうち出されたものだが、やがて〈日曜大工〉や〈ドゥ・イット・ユアセルフ〉(注5)の意味でも使われるようになった。つまりそれは、(4)身体性の回復としての手づくり再認識の時代にふさわしい技術のあり方、知のあり方なのである。

（中村雄二郎、山口昌男「知の旅への誘い」〈岩波書店〉から）

（注1）ボードリヤール＝フランスの哲学者、思想家。
（注2）リトレ＝フランスの哲学者。
（注3）パラドックス＝逆説。
（注4）レヴィ＝ストロース＝フランスの社会人類学者。
（注5）ドゥ・イット・ユアセルフ＝趣味の素人仕事。

1 (1)外的な世界を支配する　とあるが、その目的を説明した次の文の［　］に当てはまる語句を、二十字以上二十五字以内で書きなさい。

> 蒐集によって［　］ため。

2 ［A］に入る語として最も適切なものはどれか。

ア　欠如への不安　　イ　喪失への諦念
ウ　蒐集への疑問　　エ　敬遠への不満

3 (2)私たちがそれぞれによく生きるために必要な知識、学問や文化の創造に役立ちうるような知識　とあるが、その内容を説明した次の文の［　］に当てはまる語句を、本文中から六字で抜き出して書きなさい。

> 人間の生活や創造的行為に欠かせない、［　］を持つ知識。

4 ［B］、［C］に入る語の組み合わせとして最も適切なものはどれか。

ア　B＝それから　C＝ここで
イ　B＝だが　C＝すなわち
ウ　B＝さらに　C＝ただし
エ　B＝つまり　C＝まさしく

5 (3)〈ブリコラージュ〉　とあるが、その具体例として最も適切なものはどれか。

ア　もらった模型に、見本と同じように色を塗る。
イ　捨ててあった古木を利用して机を組み立てる。
ウ　新品の部品を買ってきて壊れた車を修理する。
エ　あり合わせの食材で、料理本通りに調理する。

6 (4)身体性の回復としての手づくり再認識の時代にふさわしい技術のあり方、知のあり方　とあるが、その内容を説明した次の文の［a］、［b］に当てはまる語句を、［a］は四字、［b］は十一字で本文中から抜き出して書きなさい。

2

次の文章を読んで、**1**から**4**までの問いに答えなさい。

其後かの旦那(注1)、養叟和尚(注2)を斎(注3)に呼ぶとて、「(1)一休も御供に」と申す。かの返報せばや(注4)とたくみけるが、入口の門の前に橋ある家なりければ、高札を仮名にて書き立てける。

此のはしをわたる事かたく禁制(注5)なり。

と書き付けける。養叟、斎の時分よしとて一休を召し連れ、かの人の方へ御出あるに、橋の札を御覧じて、「(2)此の橋渡らでは、内へ入る道なし。一休いかに」と有りければ、一休申さるるは、「いや此のはし渡ることと仮名にて仕りたるあいだ、真中を御渡りあれ」とて、真中をうち渡り、内へ入り給へば、かの者出で合ひ、「禁制の札を見ながら、いかで橋渡り給ふぞ」と、とがめければ、「いや我らは、はしは渡らず、真中を渡りける」と仰せらるれば、(3)旦那も口を閉ぢ侍りけるとなり。

（「一休ばなし」から…一部改）

（注1）かの＝例の。以前一休にやり込められてしまったことを指す。
（注2）養叟和尚＝一休の師匠。
（注3）斎＝食事。
（注4）ばや＝～したい。
（注5）禁制＝禁止。

1 出で合ひ は現代ではどう読むか。現代かなづかいを用いて、すべてひらがなで書きなさい。

2 (1)一休も御供に と旦那が言った理由を、二十字以上二十五字以内の現代語で書きなさい。

3 (2)此の橋渡らでは の意味として最も適切なものはどれか。

ア この橋を渡ることなしには　**イ** この橋を渡ってしまうと
ウ この橋を渡ることによって　**エ** この橋を渡らないので

4 (3)旦那も口を閉ぢ侍りけるとなり とあるが、その内容を説明した次の文の[a]、[b]に当てはまる語句を、[a]は十字以上十五字以内、[b]は五字以上十字以内で考えて書きなさい。

> 立札が[a]ことを逆手にとって、[b]橋を渡ったため、旦那は返す言葉も出なかった。

3

次の文章を読んで、**1**から**6**までの問いに答えなさい。

ひとはなぜ物を集(蒐)めるのだろうか。明らかに実用をこえていろいろな物を集めるのだろうか。旅の記念品という面もあるけれど、蒐集にはそれ以上に一種の情熱が働いている。まさにその情熱を問題にしているのはボードリヤール(注1)である。彼はこんなことを言っている。『リトレ仏語辞典』(注2)では〈物〉とは「情熱の原因・主題になっているすべて、比喩的な意味でとくに〈好きな物〉を表す」というかたちで定義づけられている。その点で、日常生活のなかで出会う物にしても、それはひとが個人として所有したいという情熱(情念)の対象である。

ところで、もともと物には、用いられることと所有されることという二つの機能があった。前者は実用的な機能である。それに対して後者は非実用的な機能であって、物はこうして実用から分離されるとき純粋な物になるのである。またこの純粋な物は、一たび蒐集という情熱の対象になると、おのずとシリーズ化してくる。つまりひとは、物を一つだけ所有するのでは満足できず、同種のシリーズの全体を所有したくなるというわけだ。

蒐集は(1)外的な世界を支配するもっとも基本的な方法である。そこにはまぎれもなく世界に対する整理・分類・操作といった働きが含まれている。また蒐集家たちは自分たちの振る舞いをきわめて高級な行為だと考えている。それは彼らが集めている物そのものの性質によってではなくて、むしろ蒐集という情熱に彼らが誇りをもっているからである。

さらに、蒐集というわれわれの行為には奇妙なパラドックス(注3)が含まれている。それは蒐集の独自性をめぐってである。コレクションの場合、独自性を問題にするならば、その独自性は客観的には決して証明されえないということがある反面、主観的にはなにもそれを立証する必要がないからである。その上、物の絶対的な個別性＝特異性は〈私〉に所有されることに由来するが、〈私〉が自己の個別性＝特異性を認識するのは、どのようなものを所有しているかによるということがある。もっとも、これらのことは悪循環ではなくて、むしろ自己回帰として捉えられるべきである。つまり、人間はいつでも、ほかな

令和2年12月6日実施

第182回 下野新聞模擬テスト

国語

制限時間 50分

1 次の**1**から**3**までの問いに答えなさい。

1 次の――線の部分の読みをひらがなで書きなさい。

(1) 事件解決に奔走する。　(2) 自分の金で賄う。

(3) 権限を委嘱する。　(4) 計画に綻びが見える。

(5) 彼は泰然自若としている。

2 次の――線の部分を漢字で書きなさい。

(1) 体だけはジョウブだ。　(2) 彼女を委員長にオす。

(3) 有名な書画をヒゾウする。　(4) 何度も彼女にアヤマった。

(5) 電球を見続けた後のザンゾウ。

3 次は、ある中学生の発表原稿である。これを読んで、(1)から(5)までの問いに答えなさい。

慣用句の中には、①必ずしも正しい意味が理解されているとは言えないものもあります。例えば、「檄(げき)を飛ばす」は「自分の意見や主張を広く知らせて、同意を求める」という意味です。これはかつて②古代中国では、人々に伝えたいことや賛同を得たいことがあった場合に木札に文章を書いて回覧したのですが、この木札を「檄文」といい、檄文を遠方まで届くように発することを「飛檄」といったことに由来します。文化庁の「国語に関する世論調査」によると、七割近くの人が「激励する」「（ ③ ）をかける」という意味に捉えているという結果が出ています。

では、慣用句は必ず正しい意味で使わなければならないのでしょうか。私はそうは思いません。

言葉は時代と共に変化していきます。少し前なら受け入れられなかった言葉も、使う人が多ければいつの間にか「言葉」として④市民権を得ることもあります。「激を飛ばす」も同じで、言葉としては存在しないものであっても、その行為自体がポジティブに捉えられることが多く、結果として「激を飛ばす」という言葉が本来は存在しない言葉だったと認識していても、意味を⑤理解して受け入れる人は多いと思います。

(1) ①必ずしも の品詞名として最も適切なものはどれか。

ア 名詞　**イ** 動詞　**ウ** 副詞　**エ** 連体詞

(2) ②古代中国 の故事成語の一つに「寧(むし)ロ為ルモ㆓鶏口㆒ト無カレ㆑為ル㆓牛後㆒ト」があるが、この書き下し文として正しいものはどれか。

ア 寧ろ鶏口と為りて牛後と為る無かれ

イ 寧ろ鶏口と為りて牛後と為ること無し

ウ 寧ろ鶏口と為るも牛後と為る無かれ

エ 寧ろ鶏口と為ること無く牛後と為るべし

(3) （ ③ ）に入る熟語として最も適切なものはどれか。

ア 天秤(びん)　**イ** 手塩　**ウ** 発破　**エ** 世話

(4) ④市民権 と熟語の成り立ちが同じものはどれか。

ア 非常識　**イ** 総選挙　**ウ** 雪月花　**エ** 未開性

(5) ⑤理解して受け入れる の、二つの文節の関係として最も適切なものはどれか。

ア 主・述の関係　**イ** 修飾(しゅうしょく)・被修飾の関係

ウ 並立の関係　**エ** 補助の関係

解答・解説 P310・P312

令和3年 1月24日実施 第183回 下野新聞模擬テスト 社会

1 はなさんは，日本の諸地域について調べ学習をおこなった。次の**1**，**2**，**3**の問いに答えなさい。

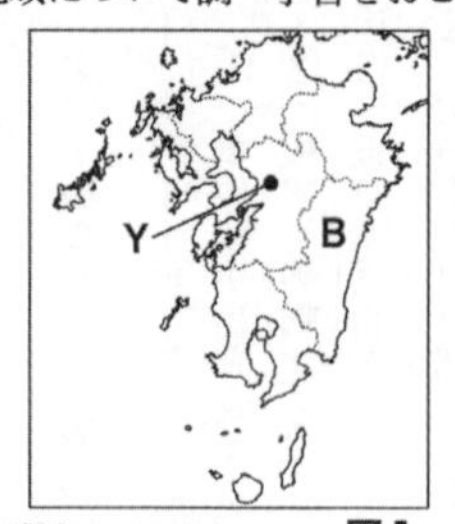

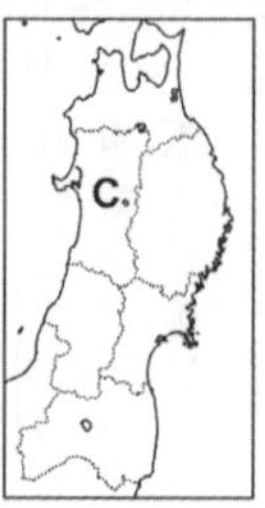

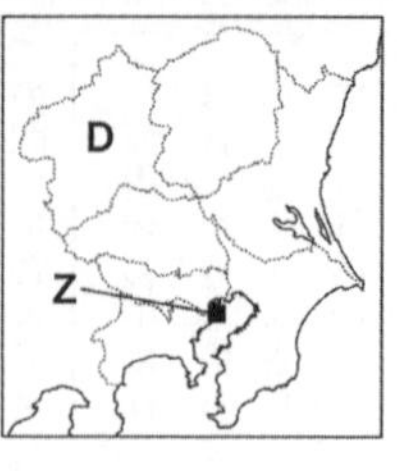

(注) それぞれの地図は，縮尺が異なっている。　**図1**

1 **図1**は，日本を七地方に分けたときの，四つの地方を示している。次の(1)から(5)までの問いに答えなさい。

(1) **図1**の**A**，**B**，**C**，**D**の県のうち，日の出の時刻が最も遅いのはどこか。その県名を書きなさい。

(2) **図2**は，**図1**の**A**，**B**，**C**，**D**の県について，県庁所在地の人口および1月と7月の降水量を示している。**D**の県に当てはまるのはどれか。

	県庁所在地の人口(人)(2019年)	1月の降水量(mm)	7月の降水量(mm)
ア	403,238	63.8	309.4
イ	309,654	119.2	188.2
ウ	337,502	26.2	197.3
エ	1,538,035	37.8	152.1

図2 (「日本国勢図会2020/21」,「理科年表2020」により作成)

(3) **図1**の**X**地方について，次の文中の［ I ］，［ II ］に当てはまる語の組み合わせとして正しいのはどれか。

> **X**地方は，北部にはなだらかな中国山地，丹波高地が広がり，南部の［ I ］半島にはけわしい［ I ］山地が広がっている。中央部には大阪平野や，京都［ II ］，奈良［ II ］などが広がっているが，関東平野や濃尾平野のような大きな平野はない。

ア I－紀伊　II－台地　　**イ** I－紀伊　II－盆地
ウ I－能登　II－台地　　**エ** I－能登　II－盆地

(4) 次の**ア**，**イ**，**ウ**，**エ**は，東京から**図1**の**Y**市まで新幹線で行くときの，通過する府県の様子について述べたものである。通過する順になるように並べ替えなさい。

ア 中京工業地帯の中核となる県で，県庁所在地の人口は200万人をこえている。
イ 20世紀初めに開業した八幡製鉄所は，関連施設とともに世界文化遺産に登録された。
ウ 香川県との間に，鉄道で渡ることのできる瀬戸大橋がかけられている。
エ 西陣織や清水焼など，伝統的工芸品の生産が盛んである。

(5) **図1**の**Z**で示した東京国際空港は，各地の空港に放射状に航空路線がのびる拠点となる空港となっている。このような空港を何というか。

2 次の文は，大都市で見られる現象について説明したものである。文中の［　　］に当てはまる語を書きなさい。

> ビルや商業施設が集中する都市の中心部の気温は，周辺部よりも高くなっている。このような現象は，［　　］現象とよばれており，自動車やエアコンなどの排熱が原因の一つと考えられている。

3 はなさんは，日本の貿易について，**図3**の資料を集めた。**資料1**から機械類の輸入割合が増加していることがわかる。機械類の輸入割合が増加した理由を，日本が工業製品の生産の拠点を海外にも設けていることに着目し，**資料2**を参考にして簡潔に書きなさい。

資料1　主要輸入品

	1960年	(%)	2019年	(%)
1位	繊維原料	17.6	機械類	24.9
2位	石油	13.4	石油	12.1
3位	機械類	7.0	液化ガス	6.2
	その他	62.0	その他	56.8

(「日本国勢図会2020/21」により作成)

資料2　輸入先の州別割合

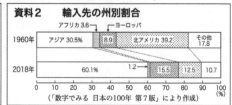

(「数字でみる 日本の100年 第7版」により作成)

図3

2 次の**1**,**2**,**3**の問いに答えなさい。

1 **図1**は,経線と緯線が直角に交わる図法で描かれている。これを見て,(1)から(4)までの問いに答えなさい。

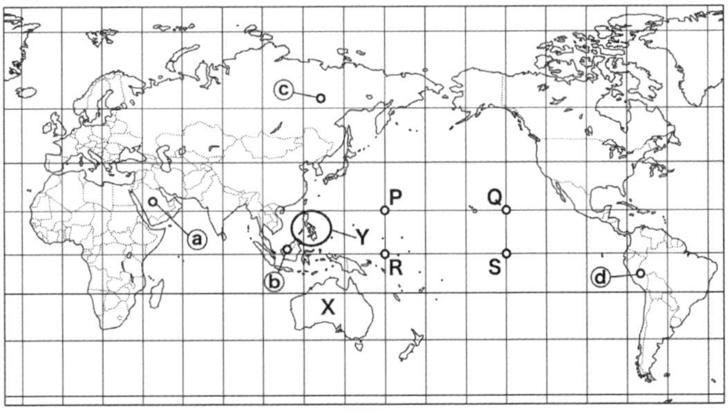

図1

(1) **図1**の経線は本初子午線から,緯線は赤道からいずれも20度ごとに引かれている。**P**点と**Q**点は北緯20度の緯線上にあり,**R**点と**S**点は赤道上にある。**P**点,**Q**点,**R**点,**S**点について正しく述べているのはどれか。

ア **R**点から見た**P**点は真北であり,**Q**点からから見た**P**点は真西である。
イ **Q**点の経度は,西経140度であるから,地球上での反対側の地点の経度は,東経140度である。
ウ **P**点から**Q**点に向かうと,日付変更線を西から東に越えるので,日付を1日遅らせる。
エ **P**点から**Q**点までの実際の距離は,**R**点から**S**点までの実際の距離より長い。

(2) **図2**は,南極点を中心とし,経度90度ごとに南半球を四つの区域に分けたものである。**図1**の**X**大陸が当てはまる区域はどれか。

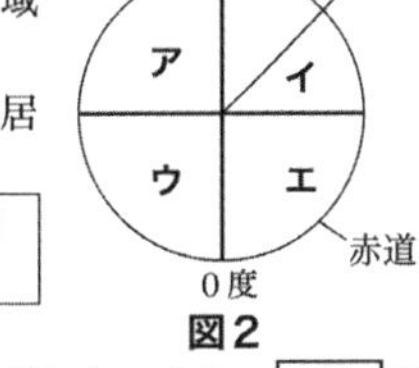

図2

(3) 次の文は,**図1**のⓐ,ⓑ,ⓒ,ⓓのいずれかの都市で見られる住居について述べたものである。この文に当てはまる都市はどれか。

> この都市では,建物から出される熱で永久凍土がとけて,建物がかたむくことを防ぐために,高床にしている住居が見られる。

(4) **図1**の**Y**国について述べた次の文中の **A** に当てはまる宗教はどれか。また, **B** に当てはまる語を,**カタカナ**で書きなさい。

> この国は,16世紀から約300年間,スペインの植民地であったため,国民の90%以上が **A** を信仰している。おもな産業は農林水産業で, **B** とよばれる農園では,バナナやさとうきびなどが輸出向けに栽培されている。

ア 仏教　　**イ** キリスト教　　**ウ** イスラム教　　**エ** ヒンドゥー教

2 **図3**は,小麦の生産国と輸出国,米の生産国と輸出国のいずれかを示している。小麦の生産国と米の輸出国の組み合わせとして正しいのはどれか。

ア 小麦の生産国－Ⅰ　米の輸出国－Ⅱ
イ 小麦の生産国－Ⅰ　米の輸出国－Ⅲ
ウ 小麦の生産国－Ⅳ　米の輸出国－Ⅱ
エ 小麦の生産国－Ⅳ　米の輸出国－Ⅲ

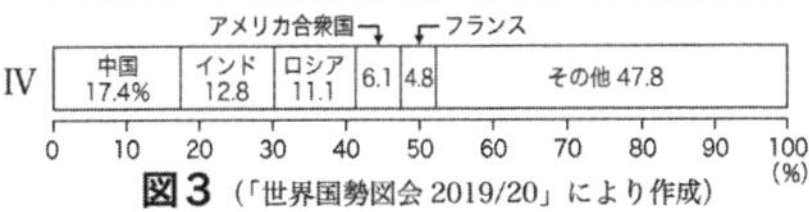

Ⅰ	中国 27.6%	インド 21.9	インドネシア 10.0	バングラデシュ 6.4	ベトナム 5.6	その他 28.5
Ⅱ	タイ 24.5%	インド 24.5	ベトナム 12.9	パキスタン 9.8	アメリカ合衆国 8.2	その他 20.1
Ⅲ	ロシア 13.8%	アメリカ合衆国 13.1	カナダ 10.7	フランス 10.0	オーストラリア 8.8	その他 43.6
Ⅳ	中国 17.4%	インド 12.8	ロシア 11.1	アメリカ合衆国 6.1	フランス 4.8	その他 47.8

0 10 20 30 40 50 60 70 80 90 100(%)

図3(「世界国勢図会 2019/20」により作成)

3 **図4**は，日本，インド，ドイツ，カナダの4か国における総発電量1kWhあたり二酸化炭素排出量および化石燃料による発電量の割合を示している(2016年)。**図4**から読み取れるカナダの特徴を，解答欄に続く形で簡潔に書きなさい。

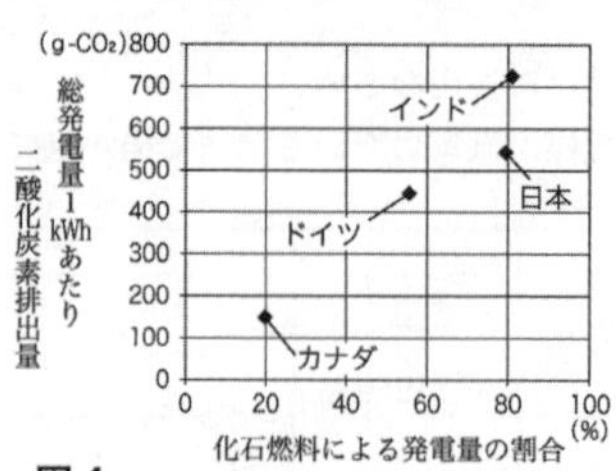

図4(「世界国勢図会2019/20」により作成)

3 次の**A**～**F**のカードは，農民や農村の変化についてまとめたものの一部である。これらを読み，**1**から**8**までの問いに答えなさい。

A 大陸や朝鮮半島からⓐ稲作が伝えられて九州から東日本へと広まる中で，人々は木製の農具を使って耕し，水田を広げた。

B ⓑ太閤検地がおこなわれ，田畑の面積や土地のよしあし，耕地ごとの耕作者などが検地帳に記された。

C ⓒ朝廷が墾田永年私財法を制定すると，貴族や寺社は周りの農民を使って開墾に力を入れ広大な私有地を独占するようになり，その私有地はやがて **X** とよばれるようになった。

D ⓓ武士の支配が強まり，農民は領主と地頭による二重の支配を受けるようになった。また，米と麦の二毛作や牛馬による耕作がおこなわれるようになった。

E 農村では村ごとに惣とよばれる自治的な組織がつくられ，かんがい用水路の建設や管理，林野の利用や管理などについて村のおきてが定められた。

F 新田開発が進み，商品作物の栽培が全国各地に広がった。一方，農村にも貨幣経済が広がり貧富の差が拡大するとともに，ⓔ百姓一揆がひんぱんにおこった。

1 下線部ⓐに関して，**図1**は，稲作とともに伝わった青銅器の一つで，豊作を神に祈る祭りなどに使われた。この青銅器を何というか。

図1

2 下線部ⓑをおこなった人物に関するできごととして**当てはまらない**のはどれか。
ア バテレン追放令を出した。
イ 明の征服を目指して，朝鮮侵略をおこなった。
ウ 建武の新政をおこなった。
エ 関東の北条氏をほろぼし，全国を統一した。

3 下線部ⓒについて，次の文中の Ⅰ ， Ⅱ に当てはまる語の組み合わせとして正しいのはどれか。

この頃， Ⅰ は，仏教の力にたよって，伝染病や災害などの不安から国家を守ろうと考え，国ごとに国分寺と国分尼寺を，都には Ⅱ を建てた。

ア Ⅰ－天武天皇 Ⅱ－法隆寺 **イ** Ⅰ－天武天皇 Ⅱ－東大寺
ウ Ⅰ－聖武天皇 Ⅱ－法隆寺 **エ** Ⅰ－聖武天皇 Ⅱ－東大寺

4 **C**のカードの **X** に当てはまる語を書きなさい。

5 下線部ⓓについて，次の文中の に当てはまる語を書きなさい。

執権の北条泰時は，御家人の権利や義務などの武士の社会でおこなわれていた慣習をまとめた を制定した。これは律令とは別に，公正な裁判をおこなうための武士独自の法で，その後の武士の法律の基準となった。

6 **E**のカードについて，この頃の京都の様子を述べた次の文中の に当てはまる語はどれか。

応仁の乱から復興した京都では， とよばれる裕福な商工業者を中心に都市の政治がおこなわれ，祇園祭が盛大に開かれた。

ア 馬借 **イ** 町衆 **ウ** 五人組 **エ** 両替商

7 下線部ⓔに関して，**図2**は，百姓一揆の傘(からかさ)連判状である。一揆の参加者が，このように円形に署名している理由を簡潔に書きなさい。

図2

8 **A**から**F**のカードを，年代の古い順に並べ替えなさい。なお，**A**が最初，**F**が最後である。

解答・解説 P320・P323

4 略年表を見て，次の1から6までの問いに答えなさい。

年	おもなできごと	
1841	ⓐ天保の改革が始まる	↑ A
1894	日清戦争がおこる	↓
1914	第一次世界大戦がおこる	↑ B
1932	五・一五事件がおこる	↓ ↑ C
1945	ⓑGHQによる民主化政策が始まる	↓
1972	ⓒ沖縄が日本に復帰する	

1 下線部ⓐに関して，次の文中の□に当てはまる語を書きなさい。

> きびしい倹約令を出してぜいたく品を禁止した。また，物価の上昇をおさえるために□の解散を命じ，江戸に出ている農民を村に帰らせた。

2 Aの時期のできごとについて正しく述べているのはどれか。

ア 外国船の動きを警戒した幕府は，異国船(外国船)打払令を出した。
イ 殖産興業政策を進め，官営模範工場である富岡製糸場を開設した。
ウ 南満州鉄道株式会社を設立し，鉄道を中心に，炭鉱や製鉄所などを経営した。
エ 日本は韓国を併合し，韓国を朝鮮と改め，朝鮮総督府を設置した。

3 Bの時期におきたできごとを年代の古い順に並べ替えなさい。

ア ワシントン会議が開かれる　イ ロシア革命がおこる
ウ パリ講和会議が開かれる　エ ニューヨーク株式が暴落し，世界恐慌がおこる

4 Cの時期について，次の文中の□に当てはまる語を書きなさい。

> 日中戦争が始まった翌年，政府は□法を定め，物資や工場設備，労働力を戦争のために動員する体制を整えた。

5 下線部ⓑに関して，次の文中の□に当てはまる内容を簡潔に書きなさい。

> 選挙法の改正がおこなわれ，それまで満25歳以上の男子に限られていた選挙権が，□。

6 下線部ⓒに関連して，次の文中の□に当てはまる語を書きなさい。

> 佐藤栄作内閣は，アメリカとの返還交渉の過程で，核兵器を「持たず，つくらず，持ちこませず」という□を，国の方針とした。

5 次の1，2の問いに答えなさい。

1 みどりさんは，社会科の授業で国会について発表した。次の文は，その発表原稿の一部である。これを読み，次の(1)から(4)までの問いに答えなさい。

> 国会は，国民がⓐ選挙によって選んだ，国民の代表者である国会議員によって構成されており，唯一の立法機関としてⓑ法律を制定するほか，予算の審議と議決，ⓒ内閣総理大臣の指名などをおもな仕事としています。国会は，衆議院と参議院からなる二院制(両院制)をとっており，二院制の長所を生かすため，議員の任期や選出方法などに違いを持たせています。日本国憲法は，いくつかの重要な事項についてⓓ衆議院の優越を認めています。

(1) 下線部ⓐに関して，選挙によって選出された国民の代表者が集まり，話し合いによって物事を決定していく政治のしくみに当てはまるのはどれか。

ア 直接民主制　イ 議院内閣制　ウ 大統領制　エ 議会制民主主義

(2) 下線部ⓑに関して，次の文中の□に当てはまる語を，**漢字3字**で書きなさい。

> 衆議院，参議院とも，法律案は□での審議を経て，本会議で議決される。

(3) 下線部ⓒに関して，衆議院の解散から内閣総理大臣の指名までの流れについて，次の文中の□に当てはまる語はどれか。

> 衆議院が解散されて，その後の総選挙の日から30日以内に□が召集され，内閣総理大臣の指名がおこなわれる。

ア 常会(通常国会)　イ 臨時会(臨時国会)
ウ 特別会(特別国会)　エ 参議院の緊急集会

下野模擬問題(第 183 回)◆社会

(4) 下線部ⓓに関して，衆議院の優越が認められている理由について，次の文中の[I]，[II]に当てはまる内容を，それぞれ簡潔に書きなさい。ただし，[I]には，「任期」，[II]には，「反映」の語を用いること。

> 衆議院には解散があり，参議院と比べて[I]ので，[II]と考えられるから。

2 さゆりさんは，地方自治について調べた。次の(1)，(2)の問いに答えなさい。

(1) わが国における地方自治体の首長や地方議会について述べたものとして**当てはまらない**のはどれか。

ア 首長の被選挙権は，都道府県知事が満 30 歳以上，市町村長が満 25 歳以上である。
イ 首長は地方議会に対して議決の再議を求めることはできるが，解散することはできない。
ウ 首長や地方議会の議員は住民の直接選挙で選ばれる。
エ 地方議会は，その地方公共団体独自の法である条例を定めることができる。

(2) さゆりさんは，近年，国の仕事と地方の仕事について，見直しがおこなわれていることを学んだ。これについて，次の文中の[ ]に共通して当てはまる語を書きなさい。

> 1999 年に[ ]一括法が成立し，国の仕事の一部を地方公共団体の独自の仕事とすることで国の関与を減らすことや，財源を国から地方に移す[ ]が進められている。

6 経済活動について，次の文を読み，1から4までの問いに答えなさい。

> ⓐ家計，企業，政府(国や地方公共団体)がおこなう経済活動は，それぞれ関連しています。家計はⓑ労働力などを提供することによってⓒ商品の購入などに必要な収入を得ており，ⓓ企業の多くを占める私企業は，財やサービスを提供することによって利潤を得ています。

1 下線部ⓐに関して，消費者が訪問販売や電話勧誘などで契約を結んだ場合でも，一定期間内であれば無条件で契約を解除できる制度がある。この制度を何というか。

2 下線部ⓑに関して，次の(1)，(2)の問いに答えなさい。

(1) 次の文中の[ ]に当てはまる語を書きなさい。

> 働くことについて，日本国憲法では，「勤労の権利」として[ ]権，団体交渉権，団体行動権の労働基本権(労働三権)を保障している。

(2) **図1**は，先進工業国の年間労働時間の推移を示している。これについて，次の文中の[ ]に当てはまる内容を，「両立」の語を用いて簡潔に書きなさい。

> 日本の労働者の年間労働時間は次第に短くなっているが，先進工業国の中では依然として長い。労働時間を減らし，育児休業や介護休業などを充実させることで，[ ]できるワーク・ライフ・バランスを実現することが課題となっている。

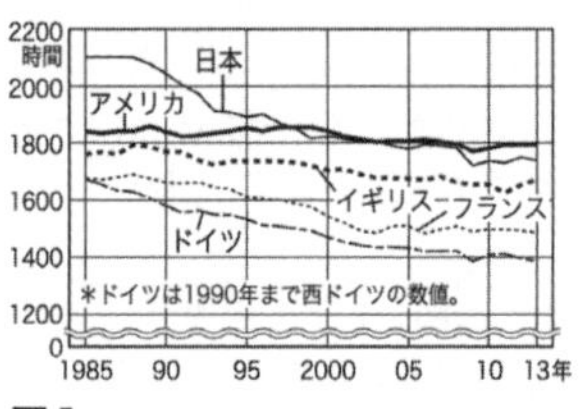

図1 (「経済協力開発機構資料」により作成)

3 下線部ⓒに関して，**図2**は，商品が自由に売買される市場における価格と需要量，供給量の関係を示している。**図2**について述べた次の文中の[I]，[II]に当てはまる記号と内容の組み合わせとして正しいのはどれか。

> 需要量を表す曲線は[I]であり，**C**は，[II]ので，売れ残りが生じる価格を表している。

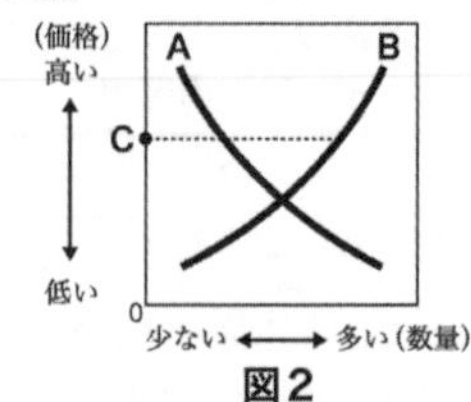

図2

ア I－A　II－供給量が需要量を上まわっている
イ I－A　II－需要量が供給量を上まわっている
ウ I－B　II－供給量が需要量を上まわっている
エ I－B　II－需要量が供給量を上まわっている

4 下線部ⓓに関して，近年，企業には利潤を追求するだけでなく，社会的責任(CSR)を果たすことも求められている。企業の社会的責任を果たすことの例として最も適切なものはどれか。

ア 国債を買って，社会全体のお金の量を増やすこと。
イ 広告・宣伝を活発におこない，自社製品に対する購買意欲を高めること。
ウ 顧客の個人情報や経営実績に関する情報をすべて公開すること。
エ 環境を保全するため，工場のある地域での植樹運動に参加すること。

解答・解説 P320・P323

7 太郎さんは「持続可能な社会を目指して〜自然災害と防災の取り組み」について調べた。太郎さんが調べてまとめた次の文を読んで，**1**から**5**までの問いに答えなさい。

> 日本は，地理的に見て⒜自然災害が発生しやすい国の一つです。
> これらの自然災害に備えるため，地震や津波，洪水，火山の噴火による被害予測や⒝避難所などの情報を盛り込んだ地図が各市町村で作られており，防災や，被害を最小限におさえる［ X ］に役立てられています。そして，もし災害が発生したときには，被災者の救助や復旧に地元だけでなく，多くの地方から派遣された消防隊や警察，⒞自衛隊，さらにボランティアの人々が協力して救助や医療活動などをおこないます。
> 災害への対応には，「公助」にたよるだけでなく，⒟「自助」や「共助」とよばれる行動をとれるようになることが求められています。

1 下線部⒜に関して，日本の自然災害について述べた文として**当てはまらない**のはどれか。

ア 九州地方の南部に広がるシラスは，水はけがよいため，大雨が降ると土砂くずれがおこることがある。

イ 海岸に面した低地は，台風や強風による高潮の被害を受けやすい。

ウ 日本列島の日本海側には，水深が8000mをこえる日本海溝などの海溝が連なっており，大きな地震の震源地となった。

エ 日本の河川は，急流が多く，川の幅も狭いので，大雨による洪水や土石流などがたびたびおこっている。

2 下線部⒝について，避難所となる公共の施設は，段差に手すりやスロープをつけるなど，障がいのある人や高齢者などが，日常生活の中で安全・快適に暮らせるように，そのさまたげとなるものを取り除こうという考え方からつくられている。このような考え方や工夫を何というか。

3 文中の［ X ］に当てはまる語を，**漢字2字**で書きなさい。

4 下線部⒞に関して，日本国憲法の「平和主義」について述べた文として**当てはまらない**のはどれか。

ア 政府は，自衛隊は自衛のための必要最小限の実力であって，「戦力」ではない，という立場にたっている。

イ 1992年に国際平和協力法(PKO協力法)が成立したが，現在(2020年)まで，自衛隊の海外派遣はおこなわれていない。

ウ 日本国憲法は，第9条で，「国権の発動たる戦争」および「武力による威嚇(いかく)又は武力の行使」を放棄する，と明記している。

エ 日本は防衛のために，アメリカ合衆国と日米安全保障条約を結んでいるので，日本各地にアメリカ軍の基地が置かれている。

5 下線部⒟に関して，太郎さんがまとめた**図**中の［ Ⅰ ］，［ Ⅱ ］に当てはまる内容を，それぞれ簡潔に書きなさい。

	意味	私たちができる具体的行動の例
自助	自分自身や家族を守る	・過去に身近な地域でおきた自然災害から防災の知識を身につける。 ・災害に備えて，［ Ⅰ ］。
共助	住民どうしが協力して助け合う	・避難所で地域の住民と協力して被災者の支援をおこなう。 ・地域住民がおこなう［ Ⅱ ］。

図

第183回 下野新聞模擬テスト
数学

1 次の**1**から**14**までの問いに答えなさい。

1 $8\times(-5)$ を計算しなさい。

2 $-\frac{5}{4}+\frac{2}{3}$ を計算しなさい。

3 $\sqrt{5}(1-\sqrt{10})+2\sqrt{2}$ を計算しなさい。

4 $\frac{a-b}{2}-\frac{3b-a}{5}$ を計算しなさい。

5 x^2-36y^2 を因数分解しなさい。

6 $a=-2$，$b=3$のとき，$-2a^2b^2\div ab$ の値を求めなさい。

7 2次方程式 $x^2=3x$ を解きなさい。

8 2次関数 $y=\frac{1}{3}x^2$ について，xの変域が$-9\leqq x\leqq 6$のときのyの変域を求めなさい。

9 不等式 $7<\sqrt{n}<8$ を成り立たせる自然数nの個数を求めなさい。

10 右の図のように，3個の赤球と2個の白球が入っている袋がある。この袋の中を見ないようにして手を入れ，2個の球を同時に取り出すとき，少なくとも1個は白球である確率を求めなさい。ただし，5個の球はいずれも同じ大きさと手ざわりであり，どの球を取り出すことも同様に確からしいものとする。

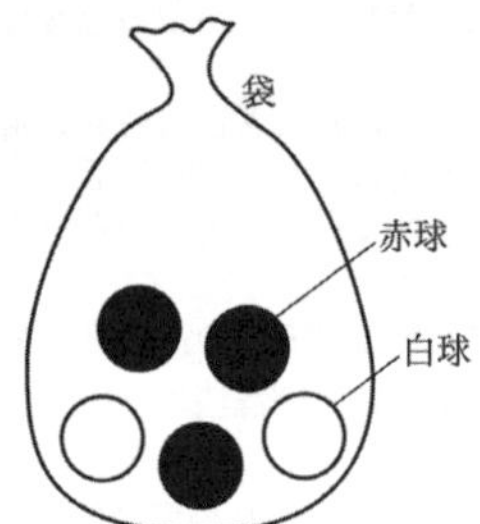

11 右の図において，3点A，B，Cは円Oの周上の点である。AO//BC，∠ACB＝29°であるとき，∠xの大きさを求めなさい。

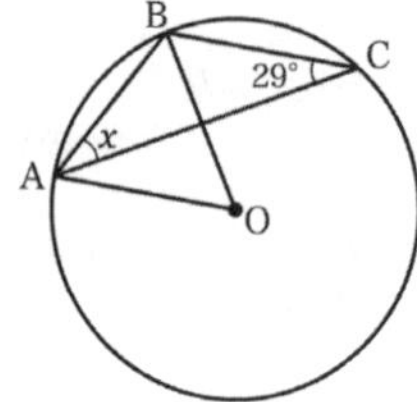

12 右の図のような△ABCがあり，辺AB，AC上にそれぞれ点D，Eを，DE//BCとなるようにとる。AD：DB＝3：2であるとき，四角形DBCEの面積は△ADEの面積の何倍になるか。

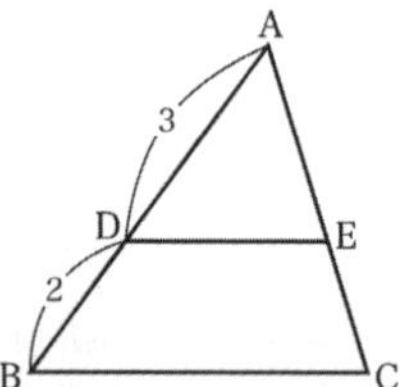

13 1つの内角の大きさと1つの外角の大きさの間に，(内角)：(外角)＝14：1という関係が成り立つ正多角形がある。この正多角形の辺の数を求めなさい。

14 右の図のような，1辺が4cmの立方体ABCD－EFGHがあり，点Mは辺ABの中点，点Nは辺FGの中点である。このとき，線分MNの長さを求めなさい。

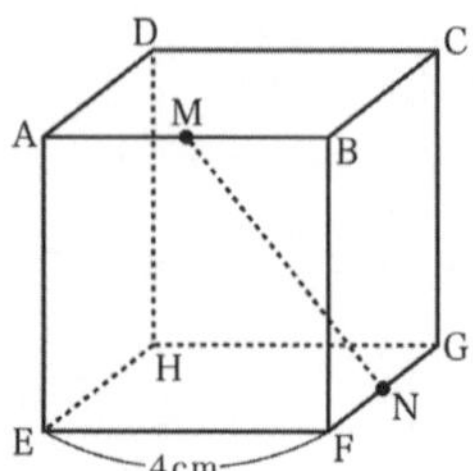

解答・解説 P321・P327

2 次の**1**，**2**，**3**の問いに答えなさい。

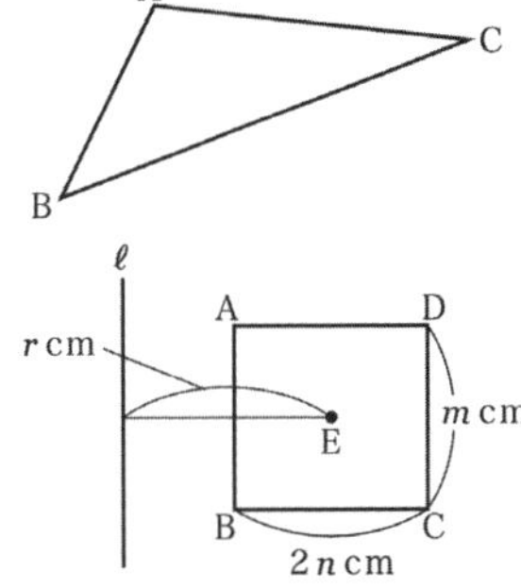

1 右の図のような△ABCにおいて，辺BCを底辺としたとき，高さとなる線分AHを作図によって求めなさい。ただし，作図には定規とコンパスを使い，また，作図に用いた線は消さないこと。

2 右の図のような，縦の長さがm cm，横の長さが$2n$ cmの長方形ABCDがあり，その中心（対角線の交点）を点Eとする。この長方形を，点Eからr cmの距離にある，辺ABと平行な直線ℓを軸として1回転させてできる立体の体積は，長方形ABCDの面積と点Eがえがく円の円周の長さの積に等しくなる。

次の［　　］内の文は，このことを証明したものである。文中の［①］，［②］，［③］に当てはまる式（かっこを使わない最も簡単な形）をそれぞれ答えなさい。

> 直線ℓを軸として1回転させてできる立体の体積は，辺DCを母線とする円柱の体積と辺ABを母線とする円柱の体積の差によって求められるから，
>
> $\pi(r+n)^2\times m-\pi(r-n)^2\times m=$［①］
>
> ここで，
>
> ［①］＝［②］×［③］
>
> と変形すると，［②］は長方形ABCDの面積を表し，［③］は点Eがえがく円の円周の長さを表している。
>
> したがって，直線ℓを軸として1回転させてできる立体の体積は，長方形ABCDの面積と点Eがえがく円の円周の長さの積に等しくなる。

3 右の図のように，座標平面上に関数$y=2x^2$のグラフと関数$y=-x^2$のグラフがある。点A，Bは，それぞれ関数$y=2x^2$，関数$y=-x^2$のグラフ上の$x>0$の部分にある点で，線分ABはy軸に平行である。線分ABの長さが24になるとき，点Aの座標を求めなさい。

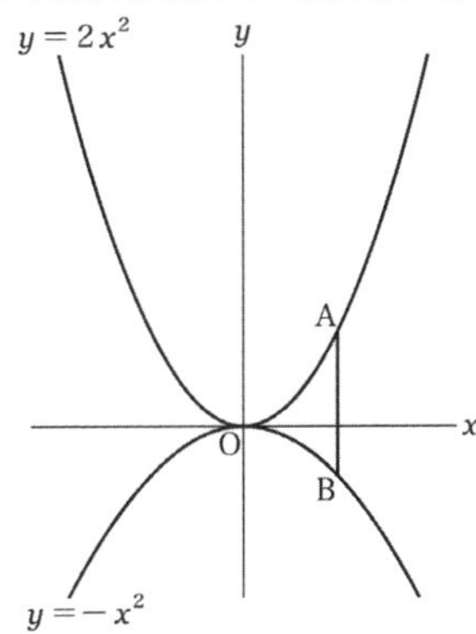

3 次の**1**，**2**の問いに答えなさい。

1 連続する正の奇数A，Bがあり，$A<B$である。また，奇数Bを2乗した数は，奇数A，Bの和の7倍よりも1大きくなる。奇数Aをxとして2次方程式をつくり，奇数Aはすべての正の奇数の中で，小さい方から数えて何番目の奇数であるかを求めなさい。ただし，途中の計算も書くこと。

2 あるクラスで数学のテストが行われた。表1は，Aグループの10人の得点をまとめたものである。また，表2は，AグループとBグループの得点をもとに作成しようとした度数分布表である。

このとき，次の(1)，(2)，(3)の問いに答えなさい。

87点	62点	80点	73点	93点
57点	76点	82点	98点	80点

表1

得点〔点〕	度数〔人〕	
以上　　未満	A	B
50 ～ 60		0
60 ～ 70		1
70 ～ 80		p
80 ～ 90		4
90 ～ 100		3
計	10	q

表2

(1) 表1から，Aグループの得点のレンジ（分布の範囲）は何点か，求めなさい。

(2) 次の［　　］内の文は，Aグループの合計得点について述べたものである。文中の［①］，［②］に当てはまる数をそれぞれ答えなさい。

> 表2の度数分布表を完成させて求められるAグループの合計得点は[①]点で，この合計得点は，表1から求められるAグループの実際の合計得点よりも[②]点だけ高くなる。

(3) 表2から求められるBグループの平均得点が85.0点になるとき，pとqの値をそれぞれ求めなさい。

4 次の**1**，**2**の問いに答えなさい。

1 右の図のように，5つの点A，B，C，D，Eが円Oの周上にあり，BE//CDである。また，点Pは，線分AEと線分CDをそれぞれ延長した交点である。このとき，△ABC∽△CEPであることを証明しなさい。

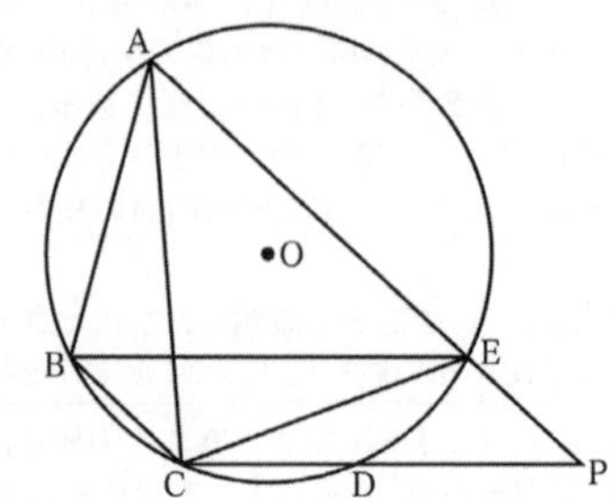

2 図1のような，点Oを頂点とする円錐の形をした容器があり，円錐の底面の部分が開いている。点A，Bは，底面の円における直径の両端の点で，AB＝6cm，AO＝9cmである。この容器を，図2のように，底面が水平になるように置き，容器にある量の水を入れたところ，その水面の半径は2cmになった。

このとき，次の(1)，(2)の問いに答えなさい。ただし，円周率はπとする。

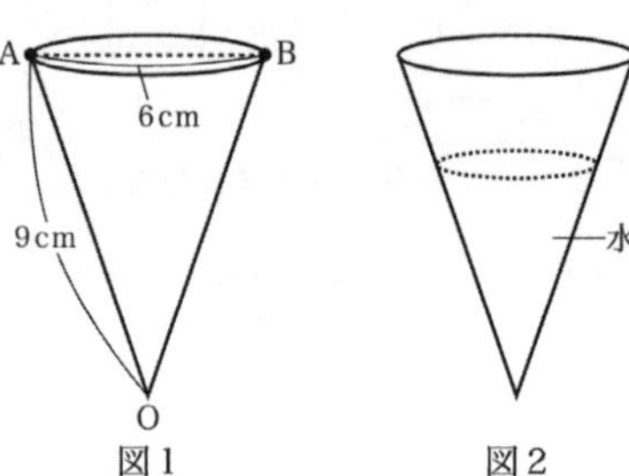

図1　　図2

(1) 図2において，容器に入っている水の体積は，容器の容積の何倍か。

(2) 図2の水をすべて捨て，容器に球を入れたところ，球は線分ABの中点Mで線分ABと接した。図3は，そのようすを正面から見たものである。容器に入れた球の半径は何cmか。

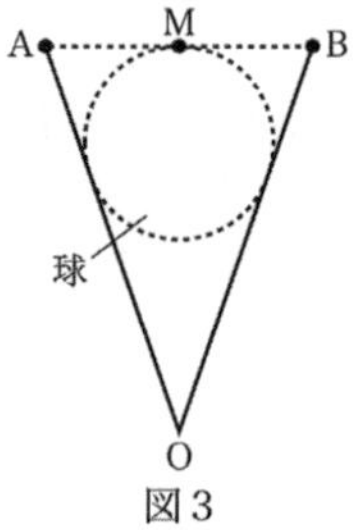

図3

5 図1のような，AB＝60cm，BC＝CD＝DE＝40cm，EF＝20cm，FA＝80cmの6本の線分によって囲まれた図形ABCDEFがあり，線分どうしがつくる角はいずれも直角である。頂点Aの上に点Pがあり，点Pは毎秒5cmの速さで，A→B→C→D→E→Fと図形ABCDEFの周上を頂点Fまで動くものとする。図2は，点Pが頂点Aを出発してからの時間をx秒，△APFの面積を$y$cm²として，点Pが頂点Fに到着するまでのxとyの関係を表したグラフである。

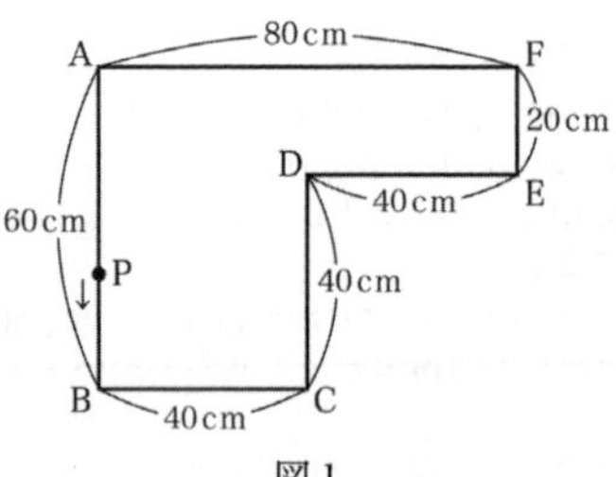

図1

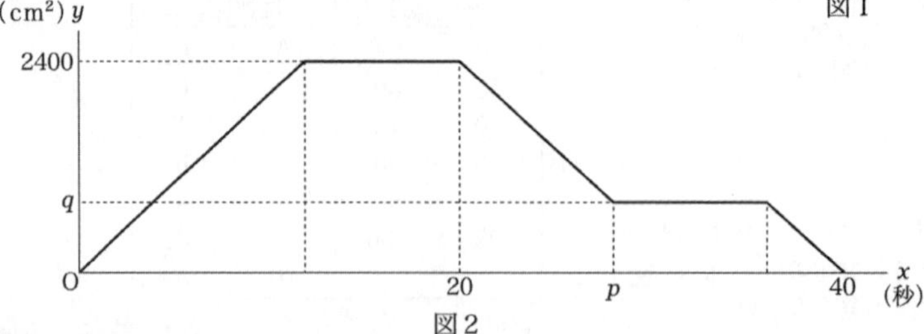

図2

このとき，次の**1**，**2**，**3**の問いに答えなさい。

1　図2において，p，qが表す値をそれぞれ求めなさい。

2　△APFの辺PFの一部が図形ABCDEFの外側にあるのは何秒間か。ただし，辺PFが頂点Dを通る場合も当てはまるものとする。

3　図3は，図1の図形ABCDEFの頂点BとFを結んでできる直角三角形ABFである。点Pが図1の頂点Aを出発するのと同時に，点Qは一定の速さでA→B→Fと△ABFの周上を，頂点Aから頂点Fまで動き，図1の点Pが頂点Fに到着するのと同時に図3の頂点Fに到着するものとする。また，点Qが頂点Aを出発してからの時間をx秒，△AQFの面積をy cm^{2}とする。このとき，次の(1)，(2)の問いに答えなさい。

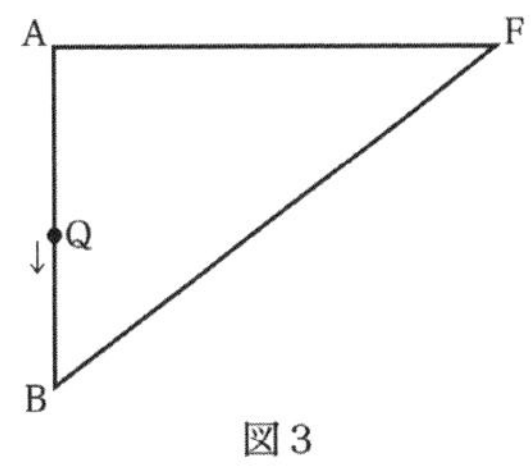

図3

(1)　点Qが辺BF上にあるとき，xとyの関係を式で表しなさい。

(2)　$0 < x < 40$の範囲において，△APFと△AQFの面積が最後に等しくなるのは，点P，Qが頂点Aを同時に出発してから何秒後か。

6　囲碁で使用する碁石(黒石と白石)がたくさんある。図1は，1段目に1個の黒石，2段目に2個の白石，3段目に3個の黒石，4段目に4個の白石を並べたもので，これを4段のピラミッドとよぶことにする。

また，1段，2段，3段，4段，…のピラミッドをつくるのに並べる黒石と白石の総数を数えるため，下の表のように整理した。

…1段目
…2段目
…3段目
…4段目

図1

	1段	2段	3段	4段	…
黒石の総数	1	1	1＋3	1＋3	…
白石の総数	0	2	2	2＋4	…

このとき，次の**1**，**2**，**3**の問いに答えなさい。

1　6段のピラミッドをつくるのに並べる碁石の総数は何個か。

2　7段のピラミッドをつくるのに必要な黒石の総数をa^bの形で表すとき，自然数a，bを求めなさい。ただし，aは素数である。

3　図2は，図1の4段のピラミッドの横に，180°回転させたもう1つの4段のピラミッドを置いたもので，全体では碁石が縦に4個ずつ，横に5個ずつ並んでいるようすがわかる。これをもとに，n段のピラミッドをつくるのに並べる黒石と白石の総数について考察した。これについて，次の(1)，(2)の問いに答えなさい。

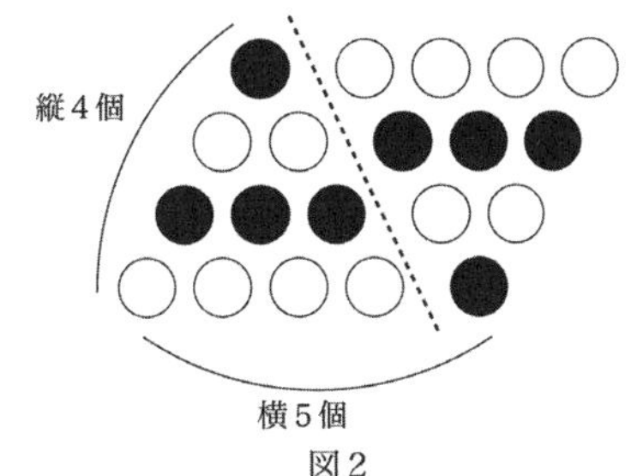

図2

(1)　n段のピラミッドをつくるのに並べる碁石の総数を，nを使った最も簡単な式で表しなさい。ただし，かっこを使わない形で表すこと。

(2)　並べる白石の総数が10100個になるのは何段と何段のピラミッドか。

第183回 下野新聞模擬テスト
理　科

制限時間 45分

1 次の**1**から**8**までの問いに答えなさい。

1 次のうち，「体が外骨格でおおわれている」，「えらで呼吸をしている」という特徴をもつ動物はどれか。

ア アサリ　　**イ** カブトムシ　　**ウ** カメ　　**エ** ザリガニ

2 次のうち，中性を示すBTB溶液とフェノールフタレイン溶液の色を正しく組み合わせているものはどれか。

ア BTB溶液：緑色　フェノールフタレイン溶液：赤色
イ BTB溶液：緑色　フェノールフタレイン溶液：無色
ウ BTB溶液：青色　フェノールフタレイン溶液：赤色
エ BTB溶液：青色　フェノールフタレイン溶液：無色

3 次のうち，無色鉱物であるものはどれか。

ア セキエイ　　**イ** カンラン石　　**ウ** 磁鉄鉱　　**エ** カクセン石

4 次のうち，水圧の大きさを表す単位に用いられるものはどれか。

ア kg　　**イ** g/cm^3　　**ウ** Pa　　**エ** J

5 右の図は，双子葉類に分類される，ある植物の花のつくりをピンセットを用いてとりはずし，セロハンテープを用いて台紙にはりつけたものである。花弁のつくりから，この植物の花は何とよばれる花に分類されるか。

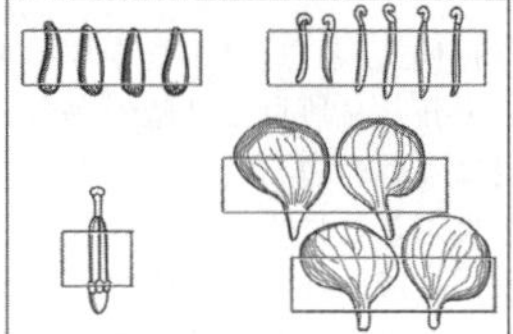

6 右の図は，物質Aから物質Bと物質Cが生成する化学変化のようすを表したものである。このような化学変化のうち，熱エネルギーを与えることによって起こるものを何というか。

物質A → 物質B ＋ 物質C

7 右の図は，海に面した地域で，晴れた日の夜間に生じる空気の流れを矢印で表したものである。この空気の流れによってふく風を何というか。

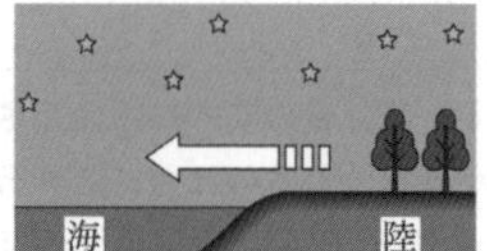

8 右の図は，簡単なモーターのつくりを表した模式図である。コイルを一定の向きに回転させるためにブラシと組み合わされている，Aで示した部分を何というか。

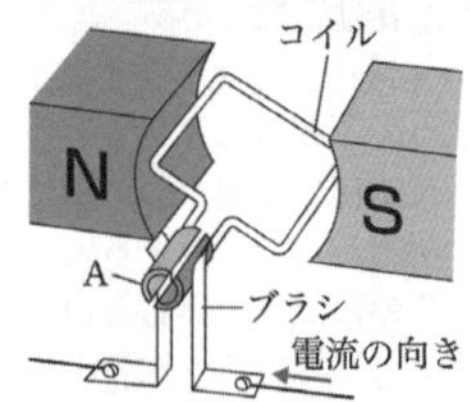

2 右の図は，ヒトの肺胞を拡大した模式図であり，表は，ヒトの吸気(吸う息)と呼気(はく息)における組成(気体の体積の割合)の例を表したものである。
このことについて，次の**1**，**2**，**3**の問いに答えなさい。

肺胞　動脈　気管支　静脈

	吸気〔%〕	呼気〔%〕
窒素	78.42	74.34
酸素	20.79	15.26
二酸化炭素	0.04	4.21
その他	0.75	6.19

1 次の□内の文章は，図の動脈を流れている血液について述べたものである。①，②に当てはまる語をそれぞれ書きなさい。

> 図の動脈を流れている血液は，心臓の（　①　）という部屋から送り出されたものである。また，その血液は，血液中に含まれている酸素と二酸化炭素の割合から，（　②　）血とよばれる種類のものである。

解答・解説 P321・P329

2　表より，呼気におけるその他の気体の割合は，吸気に比べて大きく増加していることがわかる。これは，呼吸によって二酸化炭素以外の気体も排出しているからで，このことは，寒い日の呼気のようすからも見てとれる。その二酸化炭素以外の気体は，次のうちどれか。

ア　水蒸気　　**イ**　アルゴン　　**ウ**　硫化水素　　**エ**　アンモニア

3　1分間での呼吸量(吸気と呼気それぞれの体積)を10Lとすると，1分間に肺で血液中にとり込まれる酸素の体積に最も近いものは，次のうちどれか。

ア　50mL　　**イ**　250mL　　**ウ**　550mL　　**エ**　750mL

3　右の図は，硝酸カリウムという物質における，水の温度と100gの水に溶ける限度の質量との関係を表したグラフである。

このことについて，次の**1**，**2**，**3**の問いに答えなさい。

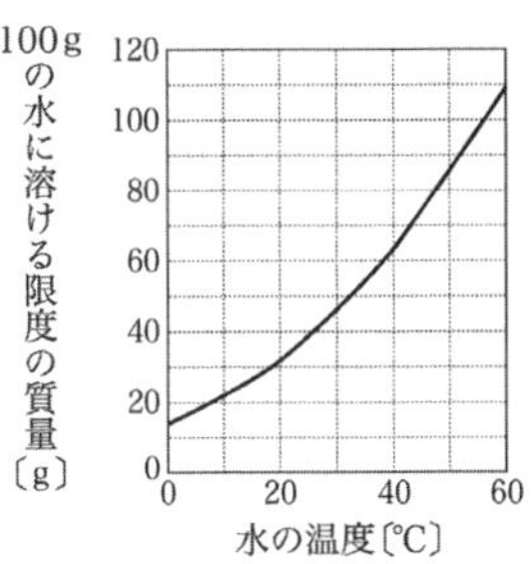

1　水溶液とはどのような液のことをいうか。「溶質」，「溶媒」，「溶液」という語のうちの二つを用いて簡潔に書きなさい。

2　次の□内の文章は，図のグラフに関することがらについて述べたものである。①，②に当てはまる語をそれぞれ書きなさい。

いろいろな物質において，一般に100gの水に溶ける限度の質量を（　①　）という。また，物質が（　①　）まで溶けている水溶液を（　②　）水溶液という。

3　60℃の水100gに硝酸カリウムを溶けるだけ溶かした水溶液をつくった。この水溶液の温度を20℃までゆっくりと下げたとき，水溶液の中に現れる結晶の質量に最も近いものは，次のうちどれか。

ア　32g　　**イ**　77g　　**ウ**　109g　　**エ**　141g

4　右の図は，ある露頭(地層が地上に現れているところ)で見られた地層のようすをスケッチしたもので，石灰岩の層にはサンゴの化石が含まれていた。

このことについて，次の**1**，**2**，**3**の問いに答えなさい。

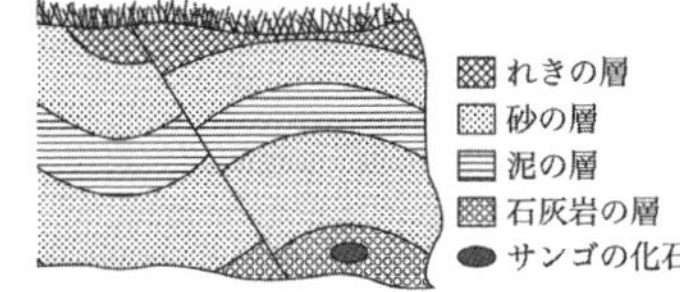

1　図に見られるしゅう曲と断層について，これらは地層に対してどのような向きの力がはたらくことで形成されたか。次の**ア**，**イ**，**ウ**，**エ**のうちからそれぞれ一つずつ選び，記号を書きなさい。ただし，**ア**から**エ**の地層の模様は，図には合わせていない。

ア
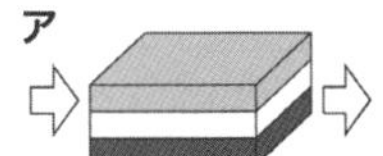
イ
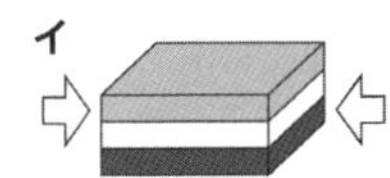
ウ
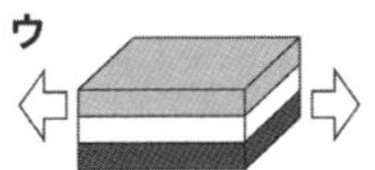
エ
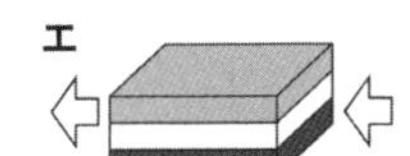

2　図の石灰岩の層にサンゴの化石が含まれていたことから，石灰岩の層が堆積した当時，この地域はどのような環境の海であったと考えられるか。海水の温度と海底の深さについて簡潔に書きなさい。また，石灰岩と同じく，大昔の生物の遺骸によってできた堆積岩で，褐色をしていて非常に硬いものは何という堆積岩か。ただし，その堆積岩は図には見られない。

3　次のA～Fは，図の地層ができる過程における，主な変動を述べたものである。A～Fを時間が経過する正しい順になるように並べかえたとき，2番目と5番目にくるものを一つずつ選び，記号を書きなさい。ただし，2回並ぶものもある。

A　れきの層が堆積した。　　B　砂の層が堆積した。
C　泥の層が堆積した。　　D　石灰岩の層が堆積した。
E　断層が形成された。　　F　しゅう曲が形成された。

下野模擬問題(第 183 回)◆理科

5 右の図は，ある家庭のキッチンにおいて，テーブルタップに電気炊飯器(100 V − 1200 W)とミキサー(100 V − 250 W)がつながれているようすを表したもので，テーブルタップの延長コードの先(プラグ)は，壁のコンセントに差し込まれている。
　このことについて，次の**1**，**2**，**3**の問いに答えなさい。

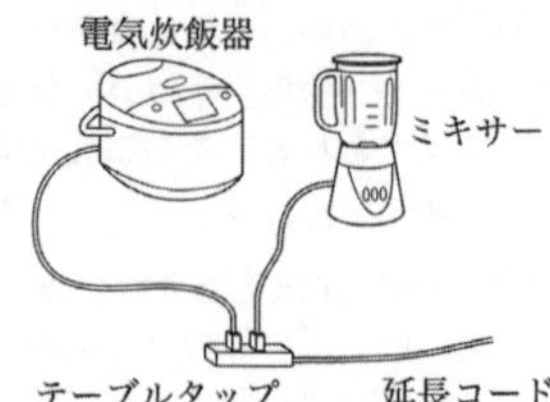

1 次の□内の文章は，図の器具のつなぎ方について述べたものである。①，②に当てはまる語の組み合わせとして正しいものはどれか。

> 図より，電気炊飯器とミキサーは（ ① ）つなぎになっていることがわかる。したがって，電気炊飯器とミキサーを同時に使用したときには，これらの器具には等しい（ ② ）。

	①	②
ア	直列	電流が流れる
イ	直列	電圧が加わる
ウ	並列	電流が流れる
エ	並列	電圧が加わる

2 東日本の家庭において，壁のコンセントから供給される電流の周波数は何Hzか。

3 図のミキサーの抵抗は何Ωか。また，図の電気炊飯器とミキサーを同時に使用したときには，テーブルタップの延長コードに何Aの電流が流れるか。

6 植物の体内の水が大気中に放出される現象について調べるために，次の実験(1)，(2)，(3)を順に行った。

(1) ほぼ同じ大きさの葉を同数つけた，ほぼ同じ太さのある植物の枝を4本(枝A，B，C，Dとする)用意し，枝Bは葉の裏側の面にワセリンを，枝Cは葉の表側の面にワセリンをぬった。また，枝Dは葉をすべて切りとり，切り口にワセリンをぬった。なお，枝Aには何の処理もしなかった。

(2) 図1のように，水を入れた水そうの中に枝A，B，C，Dの茎の部分を入れ，茎と透明なシリコンチューブを空気が入らないようにしてつないだ。

図1

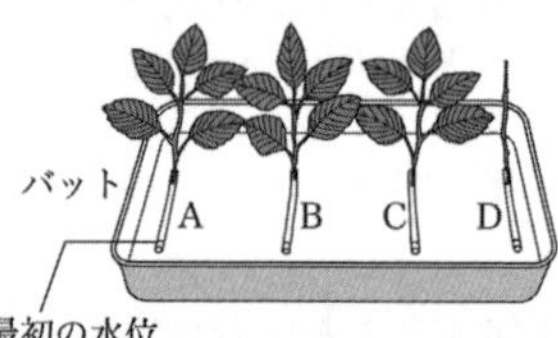

図2

全体をもち上げてみて水が出ないことを確認した後，図2のように，枝A，B，C，Dをバットに置き，チューブ内の水位に印をつけた。

(3) バットを風通しのよい明るいところにしばらく放置した後，チューブ内の水位の変化(水の減少量)を調べ，その結果を右の表のようにまとめた。ただし，枝Cについては未記入である。

枝	A	B	C	D
水位の変化〔mm〕	42.2	13.1		4.2

　このことについて，次の**1**，**2**，**3**，**4**の問いに答えなさい。

1 次の□内の文章は，植物の体内の水が大気中に放出される現象について述べたものである。①，②に当てはまる語の組み合わせとして正しいものはどれか。

> 根(根毛)から吸収された後，（ ① ）を通して葉まで運ばれた水の大部分は，気孔から大気中に放出されている。植物によるこのような現象を（ ② ）という。

	①	②
ア	師管	蒸散
イ	師管	蒸留
ウ	道管	蒸散
エ	道管	蒸留

2 水の放出口である気孔は，一対の三日月形の細胞によって囲まれている。この三日月形の細胞を何細胞というか。

3 枝Dの結果のみからわかる，気孔の分布について述べているものはどれか。
- **ア** 気孔は茎にも分布していること。
- **イ** 気孔は茎には分布していないこと。
- **ウ** 気孔は葉の表側の面より裏側の面に多く分布していること。
- **エ** 気孔は葉の裏側の面より表側の面に多く分布していること。

4 表で未記入になっている，枝Cの水位の変化は何mmであったと考えられるか。

解答・解説 P321・P329

7 化学変化を利用することで電気をとり出している電池について調べるために，次の実験(1)，(2)，(3)を順に行った。

(1) 下の図のように，レモンに銅板と亜鉛板をさし込んだ後，電子オルゴールの＋端子に銅板を，－端子に亜鉛板をそれぞれつないだところ，電子オルゴールが鳴り始めた。

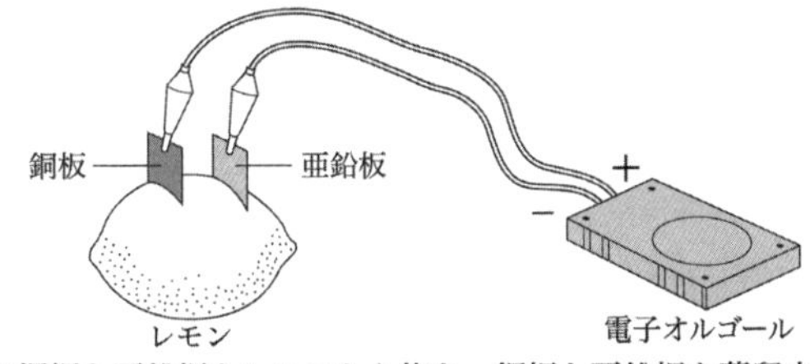

(2) 図の装置の銅板と亜鉛板をレモンから抜き，銅板と亜鉛板を蒸留水でよく洗った。
(3) 銅板と亜鉛板を，食塩水，砂糖水，エタノール水溶液，塩化銅水溶液に順に入れ，電子オルゴールが鳴るかどうかを調べた。なお，この操作において，砂糖水，エタノール水溶液，塩化銅水溶液に入れる前には，銅板と亜鉛板を蒸留水でよく洗った。

このことについて，次の**1**，**2**，**3**，**4**の問いに答えなさい。

1 実験(1)で電子オルゴールが鳴っていたときに，銅板の表面で起こっていたことを述べているものはどれか。
ア レモンの内部に存在している陽イオンが，銅板に電子をわたしていた。
イ レモンの内部に存在している陽イオンが，銅板から電子を受けとっていた。
ウ レモンの内部に存在している陰イオンが，銅板に電子をわたしていた。
エ レモンの内部に存在している陰イオンが，銅板から電子を受けとっていた

2 レモン汁のpHは2～3くらいである。このことから，実験(1)で電子オルゴールが鳴っていたときに，レモンの内部で発生していたと考えられる気体は何か。**化学式**で書きなさい。

3 実験(3)において，電子オルゴールが鳴った水溶液はどれか。次の**ア**から**エ**のうちからすべて選び，記号を書きなさい。
ア 食塩水　**イ** 砂糖水　**ウ** エタノール水溶液　**エ** 塩化銅水溶液

4 化学変化を利用することで電気をとり出している電池を，光電池などに対して化学電池という。次の□内の文章は，化学電池の種類について述べたものである。①，②に当てはまる語をそれぞれ書きなさい。ただし，②には「蓄」以外の語を入れること。

いろいろな化学電池のうち，水の電気分解とは逆の反応を利用しているものを（ ① ）電池といい，さまざまな分野で実用化が進められている。また，鉛蓄電池やリチウムイオン電池のように，充電を行うことによって繰り返し使用することができるものを，まとめて（ ② ）電池という。

8 北の空の星の動きについて調べるために，次の観察(1)，(2)を順に行った。

(1) 日本のある地点において，ある日の21時に北の空を観察したところ，下の図のように，北極星と星座Aとが見られた。なお，図中の点線は，北極星を中心として30°の間隔ごとに引かれている。

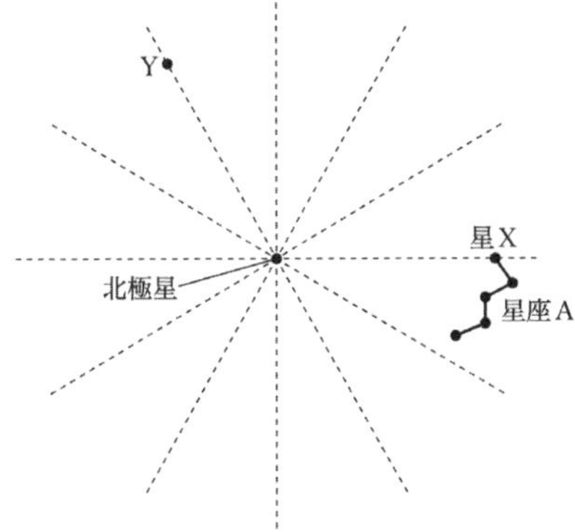

(2) 21時以降も観察を続けたところ，星座Aの位置は時間の経過とともに変化していったが，北極星の位置はほとんど変化しなかった。

このことについて，次の**1**，**2**，**3**，**4**の問いに答えなさい。

1　北極星は2等星であり，それほど目立つ星ではない。そのため，代表的な北の空の星座である星座Aは，北極星を探すために利用されることが多い。星座Aは何座とよばれる星座か。

2　観察(2)で見られた，星座Aの位置の変化より，星座Aを構成する星XがYの位置にあると考えられる翌日の時刻は，次のうちどれか。

ア　1時ごろ　　**イ**　5時ごろ　　**ウ**　13時ごろ　　**エ**　17時ごろ

3　観察(2)で，時間が経過しても北極星の位置がほとんど変化しなかったのはなぜか。「北極星」，「地軸」という語を用いて簡潔に書きなさい。

4　次の［　　］内の文章は，星座の動き，およびその原因について述べたものである。①，②に当てはまる語をそれぞれ書きなさい。

> 星座Aに限らず，時間の経過とともに星座はその位置を変えているように見える。このような星座の運動を（　①　）という。ただし，（　①　）は，地球が1日に約1回，（　②　）という運動をしていることによる見かけの動きである。

9　ふりこが行う運動について調べるために，次の実験(1)，(2)，(3)を順に行った。

> (1)　図1のように，質量300gの金属球をのび縮みしない糸につるして静止させた。
>
> (2)　金属球を図2のA点の位置まで手でもち上げ，糸のたるみがないようにして静止させた後，金属球から静かに手を離した。
>
> 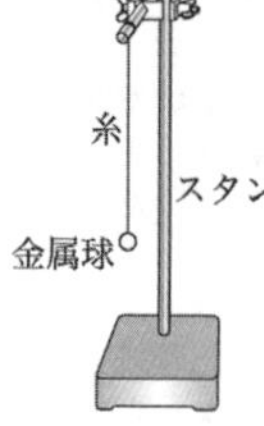
>
> 図1
>
> 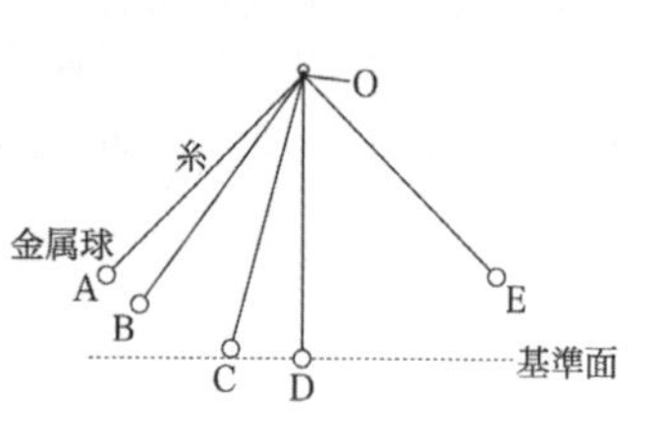
>
> 図2
>
> (3)　金属球は，図2のB点，C点，D点を通過してからE点に達して一瞬だけ静止し，その後はA点とE点の間を往復し続けた。なお，図2のO点は，スタンドに糸を固定した位置である。また，D点は(1)で金属球を静止させた位置であり，D点での金属球の中心を通る水平面を基準面として，基準面からA点，B点での金属球の中心までの高さは，それぞれ18cm，12cmである。

このことについて，次の**1**，**2**，**3**，**4**の問いに答えなさい。ただし，質量100gの物体の地球上での重さを1Nとし，空気の抵抗や摩擦，糸の質量については考えないものとする。

1　次の［　　］内の文章は，図1について述べたものである。①，②に当てはまる語をそれぞれ書きなさい。

> 図1の状態では，糸が金属球を支える力と金属球にはたらく（　①　）とがつり合っている。このように，金属球などの物体にはたらくいくつかの力がつり合っているときには，静止している物体はいつまでも静止し続けようとする。物体がもつこのような性質を（　②　）という。

2　実験(2)において，金属球を基準面からA点の位置までもち上げたとき，手が金属球に対して行った仕事の大きさは何Jか。

3　実験(3)において，A点とE点の間を往復し続けている金属球がB点でもっていた位置エネルギーの大きさは，同じくB点でもっていた運動エネルギーの大きさの何倍か。次の**ア**から**オ**のうちから一つ選び，記号を書きなさい。

ア　$\frac{1}{3}$倍　　**イ**　$\frac{1}{2}$倍　　**ウ**　1倍　　**エ**　2倍　　**オ**　3倍

4　図3は，実験(3)で金属球がA点からE点まで移動した動きにおける，金属球の水平位置と金属球がもっていたあるエネルギーの大きさとの関係を表したグラフである。このときに金属球がもっていた力学的エネルギーの大きさを表すグラフを，解答用紙の図中にかき入れなさい。

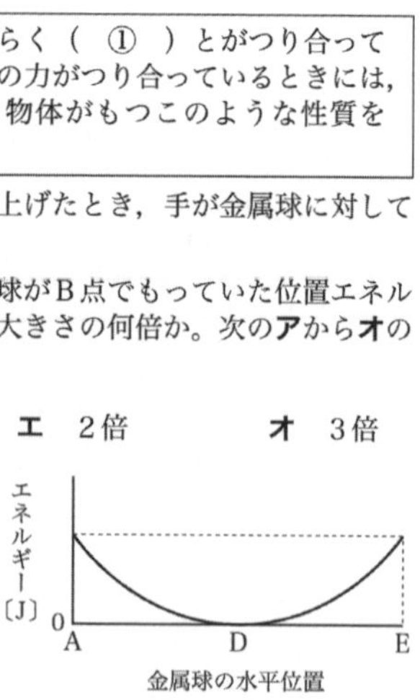

エネルギー〔J〕
0
A　D　E
金属球の水平位置
図3

問題 R2 180 181 182 183 【理科】第183回

第183回 下野新聞模擬テスト
英　語

制限時間 50分

問題 R2
180
181
182
183
【英語】第183回

1 これは聞き方の問題である。指示に従って答えなさい。

1〔英語の対話とその内容についての質問を聞いて，答えとして最も適切なものを選ぶ問題〕

(1) **ア**  **イ** 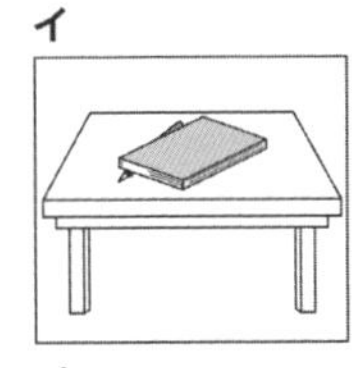 **ウ**  **エ** 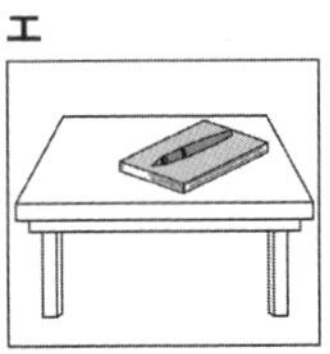

(2) **ア**  **イ**  **ウ**  **エ** 

(3) **ア**  **イ**  **ウ**  **エ** 

2〔英語の対話とその内容についての質問を聞いて，答えとして最も適切なものを選ぶ問題〕

(1) ① **ア** For two days.　**イ** For three days.
　　ウ For four days.　**エ** For five days.
② **ア** Kyoto.　**イ** Spain.
　　ウ Okinawa.　**エ** China.

(2)

First Floor

	Nurse's Room		A
Office Room		Teachers' Room	

Second Floor

		Shodo Room	
Music Room	B		

① **ア** To ask him where Mr. Sano is.
イ To ask him to teach her how to play the piano.
ウ To ask him some questions about her homework.
エ To ask him to draw a picture by using a computer.

② **ア** **A** : Computer Room — **B** : Art Room
イ **A** : Science Room — **B** : Computer Room
ウ **A** : Computer Room — **B** : Science Room
エ **A** : Science Room — **B** : Art Room

3〔留守番電話のメッセージを聞いて，Eメールを完成させる問題〕
※数字も英語で書くこと。

To : Jack
From : (Your Name)

Thank you for calling and inviting me next Sunday.
I have no plans on Sunday, so I can go to the zoo with you and your host family!
I want to see many kinds of (1)(　　　　　) there.
I'm glad to go to the zoo with you on the popular panda's birthday.
Of course, I'll bring my (2)(　　　　　) that day.
I'm looking forward to eating your host mother's (3)(　　　　　).
On Sunday morning, I'll get to your house by (4)(　　　　　) thirty.
See you,
(Your Name)

下野模擬問題（第 183 回）◆英語

2 次の**1**，**2**の問いに答えなさい。

1 次の英文中の (1) から (6) に入れるものとして，下の⑴から⑹の**ア**，**イ**，**ウ**，**エ**のうち，それぞれ最も適切なものはどれか。

Do you (1) how long you watch TV every day? I watch TV for about two hours every day. In my family, my father usually (2) which TV programs we will watch. My favorite TV programs are *dramas, but my parents don't want me (3) TV after 22:00. I have to study or do my homework after that time.

There are many different kinds of TV programs to watch. I want to have my own TV in my room, but my parents won't (4) one for me. They will say, "You must study hard if you want to go to college." After I finish high school, I'd (5) to live *on my own. Then, I'll be able to have my own TV. I hope to be the person who can (6) which TV programs to watch.

〔注〕*drama＝(テレビ番組の)ドラマ　*on my own＝自力で

	ア	イ	ウ	エ
⑴	like	know	have	want
⑵	has	does	makes	decides
⑶	watch	watches	watching	to watch
⑷	buy	stay	take	make
⑸	have	need	like	want
⑹	enjoy	answer	choose	continue

2 次の⑴から⑶の(　　)内の語(句)を意味が通るように並べかえて，⑴と⑵は**ア**，**イ**，**ウ**，**エ**，⑶は**ア**，**イ**，**ウ**，**エ**，**オ**の記号を用いて答えなさい。

⑴ This cat is (**ア** of　**イ** by　**ウ** care　**エ** taken) Ms. Sakata.

⑵ My father showed (**ア** a computer　**イ** me　**ウ** in　**エ** made) 1990.

⑶ This shirt is (**ア** too　**イ** for　**ウ** to　**エ** small　**オ** me) wear.

3 次の英文は，大介(Daisuke)と留学生のエマ(Emma)との対話の一部である。これを読んで，**1**から**7**までの問いに答えなさい。

Daisuke : Hi, Emma. I hear you are interested in *ukiyoe*.

Emma : That's right, Daisuke. ⑴I'm interested in Japanese art, especially *ukiyoe*. When I watched a TV program about *ukiyoe* last year, I became interested in it. Now I read books and watch TV programs about *ukiyoe* to study about it.

Daisuke : That's great! Have you ever been to Momiji Museum to see *ukiyoe*?

Emma : No, I haven't. But why?

Daisuke : Look at this, Emma. There is a *seminar about *ukiyoe* on March 22.

Emma : Oh, really? Can you tell me more about it?

Daisuke : In the seminar, we can listen to stories about the famous *ukiyoe* at Momiji *Culture Hall. After that, we can look at *ukiyoe* at Momiji Museum.

Emma : That sounds interesting! Are you going to join the seminar?

Daisuke : Yes. Do you want to join it with me?

Emma : Sure! ＿＿＿⑵＿＿＿?

Daisuke : At 13:00. But we need to get to Momiji Culture Hall by (**A**).

Emma : Then, let's meet at Momiji Station at noon.

Daisuke : All right. We take a train from Momiji Station.

Emma : ＿＿＿⑶＿＿＿ to Momiji Museum Station?

Daisuke : Let me see..., it takes about ten minutes. After that, we need to walk to the culture hall for about five minutes.

Emma : OK. Do we need 1,500 yen to join the seminar?

Daisuke : No, we need only 500 yen because (**B**).

Emma : Oh, that's nice. Is Momiji Museum near Momiji Culture Hall?

Daisuke : Yes. Look at this map. The museum is next to the culture hall.

Emma : I see. After we take the seminar at the culture hall, we will go to the museum, right? Can we look around *freely there?

解答・解説 P320・P324

Daisuke： Yes. There is an *exhibition of *ukiyoe* at the museum. We can enjoy looking at *ukiyoe* for an hour. ＿＿＿(4)＿＿＿ about *ukiyoe*, we can ask people working there.

Emma： That's nice. When I find nice *ukiyoe*, I'll take pictures of it.

Daisuke： Oh, no, Emma! (5)You can't do that or (　　　) anything in the museum.

Emma： Oh, sorry. I didn't know that. I won't.

Daisuke： Do you like taking pictures?

Emma： Yes. I want to visit many nice places in our city and take pictures, but I don't know much about (6)them. You know many nice places to visit, right? (7)Please take me some other places *sometime after the *ukiyoe* tour. I want to take pictures with you.

Daisuke： OK. I'll think about it.

〔注〕*seminar＝講座　*culture hall＝文化会館　*freely＝自由に　*exhibition＝展示
*sometime＝いつか，そのうち

浮世絵ツアー案内

日　　時：3月22日(土)
13:00～15:30
※受付がございますので，開始時刻の10分前にはご来場ください。

会　　場：もみじ文化会館／もみじ美術館
※集合場所は，もみじ文化会館になります。

参加料金：一般・・・・・1,500円
学生・・・・・500円
小学生未満・・無料

交通手段：「もみじ駅」から電車で約10分
「もみじ美術館前駅」で下車
その後，徒歩で約5分

内　　容：13:00～13:50
浮世絵についての講座
(場所：もみじ文化会館)
13:50～14:30
休憩・移動
14:30～15:30
浮世絵鑑賞
(場所：もみじ美術館)
・現在，もみじ美術館では，浮世絵展を開催中です。
・浮世絵に関する質問がございましたら，係員にお気軽にお尋ねください。
※館内での写真撮影，お食事はご遠慮ください。

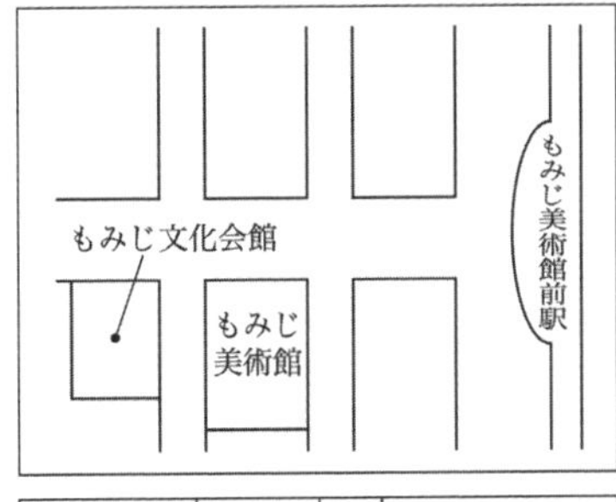

1　下線部(1)について，エマはどのようにして浮世絵について学んでいるか。具体的に日本語で書きなさい。

2　上の浮世絵ツアー案内を参考に，二人の対話が成り立つよう，下線部(2)，(3)，(4)に適切な英語を書きなさい。

3　本文中の(　**A**　)に入るものとして，最も適切なものはどれか。

ア　12:00　　**イ**　12:30　　**ウ**　12:50　　**エ**　13:00

4　本文中の(　**B**　)に入る語句として，最も適切なものはどれか。

ア　we are students　　**イ**　we know the museum
ウ　we live in Momiji City　　**エ**　we are interested in *ukiyoe*

5　二人の対話が成り立つよう，下線部(5)の(　　　)に入る最も適切な英語を書きなさい。

6 下線部(6)は何を指すか。本文中から抜き出して英語**6語**で書きなさい。

7 下線部(7)のエマの依頼に対して，あなたの考えや提案を，その理由も含めて，つながりのある**4文から6文程度**の英語で書きなさい。

4 次の英文を読んで，**1**，**2**，**3**，**4**の問いに答えなさい。

Last fall I went to the United States and studied at a high school in New York. I stayed there for a year and had a great experience. When I was in New York, I learned important things about *friendship. Today I'm going to talk about that.

I thought I had a lot of good friends in Japan before visiting the United States. They were always with me and made me happy. I always enjoyed talking with them at school. They always agreed with me. They never tried to make me sad or (**A**). I thought that such friends were true friends for me.

When I was in New York, my idea about good friends changed a lot. I learned about other kinds of friendship through my stay. I became friends with three boys there. Eric is one of them. Eric and I often talked together after school. One day, we talked about reading comic books. I said to him, "I think reading comic books too much is bad for children." Eric didn't agree with me. He liked reading comic books very much. He said to me, "Your idea is wrong, Kenta!" I was (**B**) to hear his words because my friends in Japan always agreed to my ideas. At first, I felt a little angry, but we talked for a long time. After that, we learned that having different *opinions was all right. After we talked a lot, we understood each other well and became good friends. I learned that true friends could *exchange opinions *honestly.

John is also my good friend living in the United States. When we went to *Boston on a school trip, I lost my *wallet. I didn't know what to do. Then, John came to me and started [　　　] my wallet with me. He didn't talk to me much at school, but he said to me, "Don't worry, Kenta!" After a while, he found my wallet on the street. I was very glad and thanked him. I learned that true friends helped me even if we didn't talk to each other often.

Pat is also one of my good friends. He was my host brother. One day, my teacher gave me a lot of homework. I asked Pat for help, but he said, "<u>It's your homework, Kenta! You have to do it *alone</u>." I didn't understand why he said so, but now I know why he didn't help me with my homework. He told me to do my homework without his help to make my English better. He knew that his help wasn't good for me.

I was glad to have such good friends. Eric had different opinions, and he didn't agree with me. John didn't talk to me much. Pat didn't help me with my homework. But they all knew what they should do for their friends. They taught me what true friendship means.

〔**注**〕*friendship＝友情　*opinion＝意見　*exchange ～＝～を交換する
*honestly＝正直に　*Boston＝ボストン(アメリカの都市名)　*wallet＝財布
*alone＝自力で

1 本文中の(**A**)，(**B**)に入る健太(Kenta)の気持ちを表している語の組み合わせとして最も適切なものはどれか。

ア **A**：happy — **B**：sad
イ **A**：angry — **B**：surprised
ウ **A**：angry — **B**：glad
エ **A**：happy — **B**：excited

2 本文中の[　　　]に，適切な英語を**2語**または**3語**で書きなさい。

3 パット(Pat)が健太に下線部のように言ったとき，パットの気持ちはどのようなものだったか。次の[　　　]内の(①)と(②)に適切な日本語を書きなさい。

パットが健太の宿題を手伝わずに自力で宿題をさせたのは，(　　　①　　　)ためで，(　　　②　　　)ことがパットには分かっていた。

4 本文の内容と一致するものはどれか。二つ選びなさい。
ア Kenta studied at a high school in New York for a year, and he had a good time there.
イ Kenta had no friends in Japan before he went to the United States.
ウ Eric was Kenta's host brother, and Kenta talked with Eric in his house.
エ When Kenta was in the United States, Eric always agreed to Kenta's ideas.
オ Even when Kenta lost his wallet in Boston, John didn't talk to Kenta.
カ When Pat didn't help Kenta with his homework, Kenta didn't understand the reason.

5 聖バレンタイン・デー（St. Valentine's Day）について書かれた次の英文を読んで，**1**，**2**，**3**，**4** の問いに答えなさい。

St. Valentine's Day is known to a lot of people in the world, and they think of the day as one of the most *romantic days of the year. On that day, people try to tell someone that they love him or her with chocolates. 〔 ア 〕 Some people ask someone they love to *get married on that day.

A lot of people enjoy St. Valentine's Day in many ways every year, but most of them don't know about its history. 〔 イ 〕 There are some stories about the history of St. Valentine's Day. One of them says that it started about 2,000 years ago. At first, it was a winter festival on February 15. On that day, people asked the *God, "Please give us food such as delicious fruits and vegetables."

However, one story〔　　〕the festival. When the *Christians came to *Britain, they came with a story about a man. His name was Saint Valentine, and he lived in the third century. He was a Christian, but the *Roman emperor at that time wasn't. <u>The emperor told his *soldiers not to get married</u>. He thought, "If soldiers get married, they can't be strong soldiers." So, when Saint Valentine helped a soldier with getting married, the emperor got very angry. Saint Valentine was sent to *prison, but he *fell in love with the daughter of a *warder. He left a message for her before he was killed by the emperor. At the end of his message, he wrote, "Your Valentine." He died on February 14, so the date of the festival〔　　〕from February 15 to February 14.

Today, St. Valentine's Day is popular among Japanese people, too. On this day, in Japan, women usually send chocolates to men. However, the styles in other countries are a little different from Japanese one. 〔 ウ 〕 It may be interesting to learn these differences about St. Valentine's Day.

Most people in the world think St. Valentine's Day is a special day to tell their feelings to someone. But we don't have to fall in love to enjoy this event. 〔 エ 〕

〔注〕*romantic＝ロマンチックな　*get married＝結婚する　*God＝神様
*Christian＝キリスト教徒　*Britain＝イギリス　*Roman emperor＝ローマ皇帝
*soldier＝兵士　*prison＝牢獄（ろうごく）　*fall in love with ～＝～と恋に落ちる
*warder＝看守

1 本文中の〔 ア 〕から〔 エ 〕のいずれかに次の 1 文が入る。最も適切な位置はどれか。

We can just say "Happy Valentine's Day!" to someone.

2 本文中の〔　　〕に共通して入る最も適切な語はどれか。
ア made　**イ** heard　**ウ** became　**エ** changed

3 下線部の理由は何か。日本語で書きなさい。

4 本文の内容と一致するものはどれか。
ア Many people all over the world enjoy St. Valentine's Day in the same way.
イ A lot of people know about the history of St. Valentine's Day.
ウ About 2,000 years ago, people asked the God to give them food on February 15.
エ American women usually send chocolates to men on St. Valentine's Day.

5

ある中学校のクラスで食事についての話し合いが行われたところ、次のような意見が出た。

①「食事の最も大切な目的は、エネルギーや栄養を補給することである。」

②「食事は、心や体を癒したりリラックスさせたりするのに役立つものである。」

③「食事を通して、人と人とのコミュニケーションを促進することができる。」

これらの意見に対するあなたの考えを国語解答用紙(2)に二百四十字以上三百字以内で書きなさい。

なお、次の《条件》に従って書くこと。

《条件》

（Ⅰ）二段落構成とすること。なお、第一段落は四行程度（八十字程度）で書き、第二段落は、第一段落を書き終えた次の行から書き始めること。

（Ⅱ）各段落は次の内容について書くこと。

第一段落

・①から③の意見の中から、自分が共感するものを一つ選び、その番号とそれを選んだ理由を書くこと。

第二段落

・第一段落に書いたことを踏まえて、食事に対するあなたの考えを、体験（見聞したことなども含む）を交えて書くこと。

出るのは三時である。港湾までのバスの時間を入れると、もうそんなに余裕はない。洋次にはもうひとつ行きたいところがあった。今日はひとりだから思う存分見ることができる。買いたいものも決まっていた。同級生の昌吾君がこの間見せてくれたアメリカの戦車のプラモデルが欲しかったが、結局、隣にあったドイツの戦車にした。渡されたその箱は見た目よりも軽いが大きく、洋次は両手で抱えた。抱えたまま急いでSに戻った。そして、姉からこっそり頼まれたチョコレートを買った。

港湾行きのバスはSの前から出ていたはずだったが、そのバス停には違う行き先が書かれている。行き先の間違いは、もうこりごりであった。

付近にいたバスの切符売りのような人に港湾行きはどこかと聞くと、最近乗り場が変わったんだよ、と指さして教えてくれた。見ると、ちょうどバスが出ていくところだった。あわててバス停に走ったが、次は二十分後である。

不安な気持ちで待っていると、「洋ちゃんじゃない。」と声をかけられた。振り返ると三人のおばさんがいて、その内のひとりがよく知っている足袋屋のおばさんだった。「ひとり？」と聞かれたのでうなずくと、偉いねえ、とほめてくれた。洋次は知った顔を見て少し安心した。

たぶん間に合うのだろう。おばさんたちは買い物の袋を下げ、余裕でおしゃべりしていた。

（佐藤雅彦「定期船」『砂浜』〈紀伊國屋書店〉から）

（注1）沼津＝静岡県東部にある都市。
（注2）御浜＝静岡県伊豆半島の戸田にある地名。
（注3）ベルヌ＝フランスの空想小説家（一八二八～一九〇五）。

1　□に入る語句として最も適切なものはどれか。

ア　見とれた　**イ**　見上げた
ウ　見かねた　**エ**　見出した

2　(1)そのときばかりは違ったとあるが、その理由を説明した次の文の□に当てはまる語句を、六字以上十字以内で考えて書きなさい。

普段とは違って、この時は□から。

3　(2)歩いても行けますかとあるが、洋次がこのように尋ねた理由として最も適切なものはどれか。

ア　知らない土地なので、できるだけ多くの情報を仕入れておきたかったから。
イ　おじさんを同情させて、目的地まで車で連れて行ってほしかったから。
ウ　小遣いが足りなくなるのはわかっていたので、お金を使いたくなかったから。
エ　バスを間違えて知らないところに行くような目には遭いたくなかったから。

4　(3)洋次は、力が抜けたとあるが、このときの洋次の心情を、文末が「気持ち。」となるように、二十五字以上三十字以内で書きなさい。ただし、文末の言葉は字数に含めない。

5　本文における洋次の性格として最も適切なものはどれか。

ア　幼い部分はあるが、時間と用件の優先順位を考慮して行動するような、しっかりした一面も持っている性格。
イ　大人とうまく会話ができないほど人見知りだが、意外とたくましく、失敗してもくじけずに行動できる性格。
ウ　基本的には慎重だが、見知らぬ土地を時間も無視して歩き回るなど、大胆で積極的な一面も備えている性格。
エ　楽天的な一面があり深く考えずに自分勝手な判断をしてしまうが、一度や二度の失敗にはこだわらない性格。

6　本文の特徴を説明したものとして、最も適切なものはどれか。

ア　大人の言動と対比させることで洋次の気持ちを巧みに描き出し、また、短文と改行を重ねることでリズム感とともに緊迫感を実感させている。
イ　要所要所で擬態語や擬声語を効果的に用いたりと表現技巧を駆使しながら、大人の視点に立って、洋次の心理を繊細かつ温かくとらえている。
ウ　洋次の心が揺らいでいる場面では、彼の思いを直接的な表現ではさみ込むなどの方法により、主人公の心情と視線にそって丁寧に描いている。
エ　洋次の行動を丁寧にたどりながら客観的に描くことで、不安定な彼の心理を浮かび上がらせており、さまざまな比喩表現が多用されている。

解答・解説　P320・P322

下野模擬問題（第183回）◆国語

4　次の、ある少年の夏休みの一日を描いた文章を読んで、1から6までの問いに答えなさい。

洋次が(注1)沼津に出かけることになったのは、その翌々日であった。あまりにだらだらしているのを［　］母親が「沼津に行って宿題の図書の本でも買ってきたらどう。」と言いだしたのだ。

村の子にとって、沼津に行くというのは特別なことであった。村には、本屋もおもちゃ屋もなかった。普通なら、沼津行きは前の日からどきどきして眠れないほどうれしいことであったが、(1)そのときばかりは違った。

「お母さん、一緒に行かないの。」

「ひとりで行きなさい。明日は、お寺に行かなきゃならないんだよ。」母親は冷たく言った。「もう、五年生なんだから、ひとりで行けなくちゃあ。小山電気の信喜君なんか、去年からひとりで行ってるじゃない。」

洋次はその晩、父親から船代や本代やお昼のお金をもらった。父親は何かあるといけないからと言って、余分なお小遣いもくれた。そして、修理に出している万年筆の引き取りを頼まれた。

朝八時の沼津行きの船には観光客がほとんどなく、乗っているのは村の人ばかりだった。知っている顔もちらほら見かけたが、洋次は声をかけられるのがいやで、船尾にある大きな台の上に腰掛けていた。ここならうるさいからだれも来ない。下にはエンジン室があり、のぞくと、天秤のようなピストンが何十も並び、盛んに上下し、大きな音と細かな振動を出していた。定期船の後ろには数十のかもめがずっとあとを追ってきており、船の向きと平行に、飛び魚がシャパシャパと音をたて、胸びれを機械のように動かして長い距離を飛ぶのも見えた。

一時間の船旅の末、沼津の港湾に着くと、そこから町の中心部に向かうバスに乗る。洋次は母親から教わった行き先のバスが来るのをじっと待っていた。

しかしいっこうに来ない。何台かやり過ごすうち、村から来た人たちの大半が乗り込むバスがあった。教わったのと行き先が違うけど、みんなが乗るのだから、このバスも町の中心部を通るのかもしれない。洋次は迷ったが、結局ドアが閉まる直前に乗り込んだ。

いくつもの停留所を過ぎても知っているところはやってこない。そのうち、一緒に乗り込んだ同じ村の人が「じゃあ、帰りの船で。」と言い合いながら、少しずつ降りていった。その後、大きな病院の前で、四、五人のおばさんたちがどっと降りた。周りにはもう同じ村の人はひとりもいない。洋次は、間違ったバスに乗ってしまったんだと思った。どうしていいかわからず、次の停留所で降りるボタンを押した。

そのバス停で降りたのは、ひとりだけだった。洋次は母親の言いつけを守らなかったことを悔やんだ。そして、通りかかったおじさんに思い切って尋ねた。

「Sはどこですか。」

駅前にある唯一の百貨店であった。母親と沼津に来ると必ず立ち寄るところである。

「Sって駅のSデパートのことか。」

洋次がうなずくと、反対側にある停留所を指し、そこで大手町行きに乗るといいと、おじさんは教えてくれた。(2)歩いても行けますかと聞くと、時間はかかるけど、一本先の広い道路まで出ると左にまっすぐだからわかりやすいと言った。そして、三、四十分ほどで着くということも言った。それなら洋次の家から(注2)御浜までの距離である。洋次は歩くことにした。

もう半日くらい過ぎた気がしたが、途中でのぞいてみた酒屋の柱時計は十時を回ったばかりだった。

しかし、歩いても歩いても洋次が知っている沼津はなかった。そのうち、かなり来たところに貨物線の薄暗い、低いガードがあった。その初めて見る景色に自分はまた行き先を間違っているのではないか、という思いが頭をよぎった。沼津はもっとにぎやかで楽しいところのはずだった。でも、ここまで来たのだからと、思い切ってガードをくぐった。轟々という貨物の音に耳をふさがれ、水たまりのある暗い歩道から明るいところに出た瞬間、探していたデパートのうしろ姿が、真正面に見えた。(3)洋次は、力が抜けた。

Sに着くと、地下に行って、ジュースを飲んだ。喉がからからだった。

それから、本屋に向かった。仲見世という商店街にある、三階までが売場の大きな書店で、本だけでなく外国の文房具も扱っていた。まず洋次は中二階へ行き、父親の万年筆を引き取った。それから、自分が読む本を選んだ。さんざん迷ったが、(注3)ベルヌの小説にした。お金を払い、外に出たところで、洋次はおなかが空いているのに気づいた。

母親といつも入る萬来軒という中華料理屋でチャーシュー麺を食べ終えると、いつのまにか、一時を過ぎていた。最終の定期船が港湾を

⑤　私たちの行動能力は、単純な経験をいくら繰り返しても、決して高まることはありません。現実行動は練習のうえで初めて成り立ちます。どんな技術であれ、技術を駆使するプロセスを絶えず見直し、身に付け直さなければならないのです。学校というものは、その意味で、現実行動からひとまず離れて、行動のプロセスを教える場といってもいいでしょう。［　］、教室は行動の場ではなくて、練習の場なのです。

⑥　また、私たちが行動するためには型を持つ必要があります。武術一つを取り上げても明らかでしょう。刀をただ振り回していれば強くなるというものではありません。面を打ち、籠手を打ち、突きを入れるという型をまず身に付け、それが、まるで無意識であるかのように流露してくるところに武術は成立します。型は、行為のプロセスを支えてくれるのです。

⑦　日常の作法もまた同様でしょう。人間、悲しいときには(3)なりふりかまわず泣きたくなるものですが、そこに悲しみ方の型が入ってきたとき、初めて私たちは悲しみに耐える能力も身に付けることができるのです。芥川龍之介の短編小説『手巾』に、息子を亡くしたばかりの婦人が端然と客を迎えながら、しかし、机の下では「膝の上の手巾を両手で裂かないばかりにかたく、握っている。」という場面があります。つまり、「顔でこそ笑っていたが、実はさっきから、全身で泣いていたのである。」とあるように、彼女は「息子を亡くした母」という型を、あるいは役をその場で演じることによって、身も世もない悲しみに耐えることができたし、また醜態をさらさずに済んだわけです。

⑧　教育が必要な理由の最後は、(4)多くの知識が経験からは直接に学べないからです。

⑨　現代の先進社会の人間ならば、だれでも地動説が正しいということを知っています。しかし、だれ一人として地球が太陽の周りを回っているのを見た人もいなければ、その動きを実感した人もいません。日常では、太陽が朝は東の空に上って、夕方は西の空へ沈みます。昔の人も現代人もそれを経験上知っていますが、真実はそうではないということを、知識として身に付けているのが現代人でしょう。

（山崎正和「文明としての教育」〈新潮社〉から）

1　次の文はどの段落の最後に入るか。段落番号を書きなさい。

> そうした経験の完成の場所として、私たちは教育という営みを発明し、教育という別世界を囲い込んでいるともいえるのです。

2　(1)森鷗外におけるサフランのようなもの　とあるが、筆者はどういうことを説明するためにこのような比喩を用いたのか。それがわかる一文を文章中から抜き出して、初めの五字を書きなさい。

3　(2)行動をいったん棚上げし、目的を一時保留して行動しなければならない　とあるが、その理由について説明した次の文の［a］、［b］に当てはまる語句を、本文中から［a］は十字、［b］は五字で抜き出しなさい。

> 練習によって、絶えず［a］して習得しなければ、どれだけ［b］を積み重ねたとしても意味がなく、失敗してしまうから。

4　［　］に入る語として最も適切なものはどれか。

ア　そこで　**イ**　だから　**ウ**　つまり　**エ**　さらに

5　(3)なりふりかまわず泣きたくなる　と同様の心情を示した言葉を、本文中から九字で抜き出しなさい。

6　(4)多くの知識が経験からは直接に学べない　とあるが、このことと教育との関係について説明した次の文の［　］に当てはまる語句を、「実感」という語を用いて二十字以上二十五字以内で書きなさい。

> ［　］から、教育によって知識を学ぶ必要がある。

2

次の文章を読んで、**1**から**5**までの問いに答えなさい。

張孝張礼は兄弟なり。世間飢饉の時に、八十あまりの母を養へり。木の実を拾ひに行きたれば、一人のたえ疲れたる者(注1)来りて、張礼を殺して食はんと言へり。張礼言ふやうは、「われ、老いたる母を持てり。今日は、いまだ食事を参らせざりつるほどに、少しの暇を給はれ。母に食物を参らせてやがて(注2)参らん。もしこの約束を違へば、家に来りて、一族までを殺し給へ」と言うて帰る。母に食事を進めて、(1)約束のごとくに、かの者の所へ到りけり。兄の張孝、これを聞きて、また跡より行きて、盗人に言へるやうは、「われは、張礼より肥えたるほどに、食するによかるべし。われを殺し、張礼を扶けよ」と言へり。また張礼は、「われ、初めよりの約束なり」とて、死を争ひければ、かの無道なる者も、兄弟の孝義を感じて、ともに死を免し、かやうの兄弟、(2)古今まれなりとて、米二石、(注3)塩一駄を与へたる。これを取りて帰り、いよいよ孝道を(3)なせるとなり。

（「御伽草子」から…一部改）

（注1）たえ疲れたる＝疲れ切った
（注2）やがて＝すぐに。
（注3）米二石、塩一駄＝一石は人一人が一年間に消費する米の量（約百五十キログラム）、一駄は馬一頭に負わせるだけの目方。三十六貫（約一三五キログラム）。

1 言ふやう は現代ではどう読むか。現代かなづかいを用いて、すべてひらがなで書きなさい。

2 (1)約束 の内容を表す一文を本文中から抜き出し、始めと終わりの三字を書きなさい。

3 (2)古今まれなり の意味として最も適切なものはどれか。

ア 昔から存在する
イ 今ではめずらしい
ウ 聞いたことがない
エ 以前と変わらない

4 (3)なせる の主語を書きなさい。

5 本文の内容について説明した次の文の□に当てはまるように、五字以上十字以内の現代語を書きなさい。

兄弟は、□ために、死を争った。

3

次の文章を読んで、**1**から**6**までの問いに答えなさい。①〜⑨は形式段落の番号である。

① 私たちにとって、学校教育はなぜ必要なのか。別の言い方をすれば、それぞれの実生活の経験の積み重ねに任せるのではなく、なぜ教育のための特別の場所が必要なのか。この問いかけに対しては、いくつかの理由が考えられます。

② 第一に、世界はあまりにも広く、私たちがそのすべてを経験することはできないからです。しかも、私たちが世界と呼んでいるものの多くはすでに失われた過去であり、現実と呼んでいるものの半ば以上は現実には存在しません。歴史と呼ばれ、人類の記憶の中にしかないものがほとんどでしょう。経験は記憶によって濾過され、それと照合されて、初めて経験として完成されます。

③ 森鷗外の短編小説『サフラン』に、サフランをめぐる次のような思い出話が出てきます。この植物の名は本で早くから知っていたが、まだ実物を見たことがない。そこで医師であった父親に頼み、薬棚の抽斗から乾燥したサフランを出してもらう。「名を聞いて人を知らぬと云うことが随分ある。人ばかりではない。すべての物にある。」といった感慨を綴った作品ですが、考えてみれば、われわれがいうところの現実とは、半ば以上、(1)森鷗外におけるサフランのようなものではないでしょうか。

④ 第二に、私たちが何らかの現実行動をうまくなしとげるためには、(2)行動をいったん棚上げし、目的を一時保留して行動しなければならないからです。言い換えれば、現実行動にあたって失敗を避けるには、まずもって練習をしなければなりません。野球選手のバットの素振りが好例でしょう。飛んで来てもいないボールを相手にバットを振ります。そのことによって、彼はバッティングという行為のプロセスを意識し、身に付けようとしているわけです。

1

次の1から3までの問いに答えなさい。

1 次の――線の部分の読みをひらがなで書きなさい。

(1) 他校と親睦を深める。　(2) 宝石を磨いて艶を出す。

(3) 人の動きを模倣する。　(4) 妖しい光を放つ。

(5) うまくいくよう便宜をはかる。

2 次の――線の部分を漢字で書きなさい。

(1) この先の道をウセツする。　(2) ふたを取る前によくムらす。

(3) 山奥にジュウキョを構える。　(4) タンニンの者にかわる。

(5) 文化勲章をサズかる。

3 次の詩を読んで、(1)から(5)までの問いに答えなさい。

雲雀（ひばり）　　　中原中也（なかはらちゅうや）

①ひねもす空で鳴りますは
あゝ　電線だ、電線だ
ひねもす空で啼（な）きますは
②あゝ　雲の子だ、雲雀奴（め）だ

碧（あーを）い　碧（あーを）い空の中
ぐるぐるぐると　潜りこみ
ピーチクチクと啼きますは
あゝ　雲の子だ、雲雀奴だ

歩いてゆくのは菜の花畑
地③平の方へ、地平の方へ
歩いてゆくのはあの山この山
あーをい　あーをい空の下

眠つてゐるのは、菜の花畑に
菜の花畑に、眠つてゐるのは
④菜の花畑で風に吹かれて
眠つてゐるのは赤ン坊だ？

「在りし日の歌」から

(1) ①ひねもす を三字以内で言い換えて書きなさい。

(2) ②あゝ　雲の子だ、雲雀奴だ に込められた作者の雲雀に対する気持ちとして最も適切なものはどれか。

ア 悲哀　**イ** 親愛　**ウ** 落胆　**エ** 嫌悪

(3) ③平 の漢字の部首名をひらがなで書きなさい。

(4) ④菜の花畑で風に吹かれて に含まれる単語の数を漢数字で書きなさい。

(5) この詩の表現上の特徴として最も適切なものはどれか。

ア 呼びかけの手法により、懐かしさを感じさせている。

イ 断定的な表現により、力強い印象を読者に与えている。

ウ 反復法や七五調により、音楽的なリズムを生んでいる。

エ 擬人法により、春の季節の明るい感じを作り出している。

解答・解説 P320・P322

MEMO

2020・2021

[令和5年高校入試受験用]

詳しく理解しやすい 解答・解説

解答・解説編

令和3年度

10月 3日実施 第186回
11月 7日実施 第187回
12月 5日実施 第188回
1月23日実施 第189回

令和2年度

10月 4日実施 第180回
11月 1日実施 第181回
12月 6日実施 第182回
1月24日実施 第183回

MEMO

2020・2021

[令和5年高校入試受験用]

解答・解説編

令和3年度

10月　3日実施　第186回
11月　7日実施　第187回
12月　5日実施　第188回
1月23日実施　第189回

第186回 下野新聞模擬テスト

国語・社会・英語 【解 答】

国 語

□1 1 (1) かくう〔2点〕 (2) はんらん〔2点〕 (3) しいた（げる）〔2点〕
(4) しか（られる）〔2点〕 (5) たび〔2点〕
2 (1) 看護〔2点〕 (2) 勤（める）〔2点〕 (3) 酸味〔2点〕
(4) 誤（る）〔2点〕 (5) 痛快〔2点〕
3 (1) **イ**〔2点〕 (2) 顔洗ふ間をだに〔2点〕 (3) **ア**〔2点〕 (4) **ウ**〔2点〕 4 **ア**〔2点〕
□2 1 おりける（ひらがなのみ可）〔2点〕 2 **イ**〔2点〕 3 **ウ**〔2点〕
4〔例〕自分たちの漢詩をまちがっていると言う尼を面白いと思ったから。〔2点〕 5 **ア**〔2点〕
□3 1 **エ**〔3点〕
2〔例〕実験の技術開発によって仮説が実証され、新たな知見が得られたり、新現象が発見されたりするものだから。〔4点〕
3 **ウ**〔3点〕 4 科学であろ〔3点〕 5 **ア**〔3点〕 6 **ウ**〔4点〕
□4 1 **イ**〔3点〕 2 **イ**〔3点〕 3 **ア**〔3点〕 4 **ア**〔3点〕
5〔例〕絵から木が好きだというつぶやきや思いを聞き取り、あったかい絵だと言ってくれてうれしく思う気持ち。〔4点〕
6 **ウ**〔4点〕
□5〔例〕メールは書き直しが簡単で、送ったり受け取ったりするのも手間がかからずとても便利です。手書きの手紙は、筆跡からその人自身が感じられるところが長所だと思います。また、同じ人の筆跡でもその時どきの違いによって、その人の気持ちが表れているように感じられるところがとても優れていると思います。
メールは手書きの手紙にくらべて、手軽に使えるので、ふだんはメールで済ませることがほとんどですが、少し改まった気持ちになりたいときや、大事なことを伝えたいときは手紙を手書きしてみようと思います。いきなり書くのは大変なので、ふだんから手書きでメモをとる習慣もつけたいと考えています。〔20点〕

社 会

□1 1 (1) **B**〔2点〕 (2) **イ**〔2点〕 (3) 内陸国〔2点〕 2 (1) **イ**〔2点〕 (2) 季節風〔2点〕
3〔例〕医療の発達により死亡率が下がった〔4点〕 4 **ア**, **エ**（順不同・完答）〔2点〕
□2 1 **イ**〔2点〕 2 プランテーション（カタカナのみ可）〔2点〕 3 **エ**〔2点〕
4 メキシコ：**A** アメリカ：**C**（完答）〔2点〕 5 **ア**〔2点〕
6〔例〕人口に対する穀物生産量の割合が低いから。〔4点〕
□3 1 (1) 知床（半島）〔2点〕
(2)〔例〕主業農家の割合が高く，農業従事者一人当たりの耕地面積が広い。〔4点〕
2 **ウ**〔2点〕 3 中京（工業地帯）〔2点〕 4 **エ**〔2点〕 5 七夕（まつり）〔2点〕
6 東（アジア）〔2点〕 7 **イ**〔2点〕
□4 1 調〔2点〕 2 **エ**〔2点〕 3 下剋上〔2点〕 4 **ウ**〔2点〕
5〔例〕武士の慣習を無視し，貴族を重視する政治だったから。〔4点〕
6 (**A**)→**D**→**B**→**E**→**C**（完答）〔2点〕
□5 1 外様（大名）〔2点〕 2 **ア**〔2点〕 3 版籍奉還〔2点〕
4 **イ**〔2点〕 5 **エ**〔2点〕 6 **ウ**〔2点〕
□6 1 マッカーサー〔2点〕 2 朝鮮戦争〔2点〕 3 **イ**〔2点〕
4 (1) 日米安全保障条約〔2点〕 (2) **イ**〔2点〕
5〔例〕植民地支配を受けていた国の多いアフリカ州の国々が独立したから。〔4点〕
□7 1 リテラシー（カタカナのみ可）〔2点〕
2 (1) **イ**〔2点〕 (2)〔例〕外国産の果実の価格の方が安いから。〔4点〕
3 **ア**〔2点〕 4 **ウ**〔2点〕

英 語

□1 1 (1) **ア**〔2点〕 (2) **ウ**〔2点〕 (3) **ウ**〔2点〕
2 (1) ① **エ**〔3点〕 ② **イ**〔3点〕 (2) ① **ア**〔3点〕 ② **ウ**〔3点〕
3 (1) eleven〔2点〕 (2) words〔2点〕 (3) world〔2点〕 (4) through〔2点〕
□2 1 (1) **エ**〔2点〕 (2) **イ**〔2点〕 (3) **ウ**〔2点〕 (4) **ウ**〔2点〕 (5) **ア**〔2点〕 (6) **エ**〔2点〕
2 (1) **エ**→**ウ**→**ア**→**イ**（完答）〔2点〕 (2) **イ**→**エ**→**ウ**→**ア**（完答）〔2点〕
(3) **エ**→**ア**→**ウ**→**オ**→**イ**（完答）〔2点〕
□3 1 visited[been to]〔2点〕
2 (1)〔例〕what is the woman doing〔3点〕 (2)〔例〕we can learn about life〔3点〕
(4)〔例〕get a letter from the museum〔3点〕
3 **エ**〔2点〕 4〔例〕（俊が，）自分はチケットが必要ない（と言ったから。）〔3点〕
5 ① buy〔3点〕 ② after〔3点〕
6〔例〕Have you ever had *ramen*? It's my favorite food. *Ramen* makes me warm when it is cold outside. I know a good *ramen* restaurant in my town. Their *ramen* is delicious. Let's go there and try it together someday.〔6点〕
□4 1 **イ**〔3点〕 2 to clean（完答）〔2点〕
3〔例〕ゴミの中にある，もう一度使うものを見つけること。〔3点〕
4 ①〔例〕環境のために大きなこと〔3点〕 ②〔例〕たくさんの小さなこと〔3点〕 5 **ウ**〔3点〕
□5 1 **イ**〔2点〕 2 **エ**〔3点〕
3〔例〕白い明かりを使うのをやめて，現在のように「進め」には緑色の明かりを使うこと。〔3点〕
4 **ウ**〔3点〕

第186回 下野新聞模擬テスト

数学・理科 【解　答】

数　学

①　**1**　3〔2点〕　**2**　$-3ab^2$〔2点〕　**3**　8〔2点〕　**4**　$(x-3)^2$〔2点〕
5　$b=2a-3m$〔2点〕　**6**　**ウ**〔2点〕　**7**　32度〔2点〕　**8**　-32〔2点〕
9　$36\pi\,\mathrm{cm}^3$〔2点〕　**10**　$-2\sqrt{2}$〔2点〕　**11**　$x=-4,\ -7$〔2点〕
12　$z=1000x-3y$〔2点〕　**13**　ひし形〔2点〕　**14**　**ア**〔2点〕

②　**1**　右図〔4点〕　**2**　$\dfrac{3}{4}$〔4点〕　**3**　①　0〔2点〕　②　36〔2点〕

②**1**
A　B　H　C

③　**1**　行きにかかった時間は2時間，帰りにかかった時間は2時間16分であったことから，

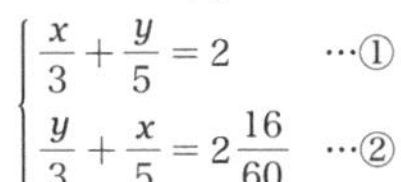

$$\begin{cases}\dfrac{x}{3}+\dfrac{y}{5}=2 & \cdots① \\ \dfrac{y}{3}+\dfrac{x}{5}=2\dfrac{16}{60} & \cdots② \end{cases}$$

①より，$5x+3y=30$…①′　②より，$3x+5y=34$…②′
①′×5－②′×3より，

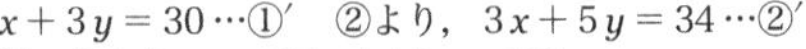

$$\begin{array}{rr} & 25x+15y=150 \\ -) & 9x+15y=102 \\ \hline & 16x\qquad=48 \end{array},\quad x=3$$

$x=3$を①′に代入して，$5\times3+3y=30$，$y=5$
以上より，A地点からP地点までの道のりは3km，P地点からB地点までの道のりは5kmとなり，問題に適している。
したがって，A地点からB地点までの道のりは$3+5=8$(km)である。　答え（8km）〔7点〕
2　⑴　12分以上16分未満の階級〔2点〕　⑵　①　0.25〔2点〕　②　24〔2点〕　⑶　5人〔3点〕

④　**1**（証明）
△ABDと△BCEにおいて，
仮定より，BD＝CE　…①
△ABCは正三角形だから，AB＝BC　…②
∠ABD＝∠BCE＝60°　…③
①，②，③より，2組の辺とその間の角がそれぞれ等しいから，
△ABD≡△BCE〔8点〕
2　⑴　面FEB〔3点〕　⑵　$288\,\mathrm{cm}^3$〔4点〕

⑤　**1**　$6\,\mathrm{cm}^2$〔3点〕　**2**　$y=-\dfrac{15}{2}x+\dfrac{405}{2}$〔5点〕　**3**　23秒後〔5点〕

⑥　**1**　①　160〔2点〕　②　32〔2点〕　**2**　$2n^2$枚〔5点〕
3　n番目の大きな図形の1辺の長さは$10\times n=10n$(cm)だから，
その周の長さpは$p=10n\times4=40n$(cm)
また，n番目の大きな図形に並んでいるタイルの枚数qは$q=2n^2$(枚)だから，
$2n^2-40n=138$
$n^2-20n-69=0$，$(n+3)(n-23)=0$　これを解くと，$n=-3,\ 23$
nは自然数だから，$n=-3$は問題に適さず，$n=23$は問題に適する。
よって，$q-p=138$になるのは，23番目の大きな図形である。　答え（23番目）〔7点〕

理　科

①　**1**　**ウ**〔2点〕　**2**　**ウ**〔2点〕　**3**　**エ**〔2点〕　**4**　**ア**〔2点〕
5　61(%)〔2点〕　**6**　誘導電流〔2点〕　**7**　甲殻（類）〔2点〕　**8**　二酸化炭素〔2点〕
②　**1**　**ア**〔3点〕　**2**　①　西側　②　積乱雲（完答）〔3点〕　**3**　移動性（高気圧）〔3点〕
③　**1**　実像〔3点〕　**2**　①　小さかった　②　逆の向き（完答）〔3点〕　**3**　**イ**〔3点〕
④　**1**　2（枚）〔2点〕　**2**　名称：師管（漢字のみ可）〔2点〕　役割：〔例〕葉でつくられた養分を運ぶ。〔3点〕
3　①　葉緑体　②　光合成（完答）〔3点〕
⑤　**1**　S〔3点〕　**2**　発熱（反応）〔3点〕　**3**　①　筒A　②　化合物（完答）〔3点〕
⑥　**1**〔例〕火山の噴火が起こった。〔3点〕　**2**　南（漢字のみ可）〔3点〕　**3**　15(m)〔3点〕
4　①　恐竜　②　中生代（完答）〔3点〕
⑦　**1**　並列（つなぎ）〔2点〕　**2**　電流：1(A)〔2点〕　抵抗：**エ**〔2点〕
3　16(W)〔3点〕　**4**　①　X　②　Y（完答）〔3点〕
⑧　**1**〔例〕胚珠が子房に包まれている植物。〔3点〕　**2**　花粉管〔2点〕
3　①　受精卵〔2点〕　②　Q〔2点〕　**4**　右図〔2点〕
⑨　**1**　①　塩化水素〔2点〕　②　電離〔2点〕
2〔例〕塩素は水に溶けやすいから。〔3点〕
3　**エ**〔2点〕　**4**　$2HCl \rightarrow H_2+Cl_2$〔3点〕

⑧**4**

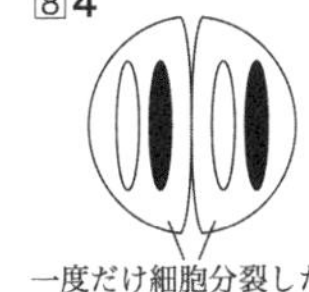

第186回 下野新聞模擬テスト

国語 【解説】

国語 〔解説〕

1
3 (1) 第二句「子は立てりけり」と切れ字「けり」のところで切れている。
(2) 副助詞の「だに」(類推)が用いられていることに着目する。「顔洗ふ間」さえも気になってしかたがない様子を読み取る。
(3) 「聞く」の謙譲語は、「お聞きする」、「うかがう」という形になる。
(4) 「新鮮な」が自立語で、形容動詞の連体形である。

4 一二点は二字以上返って読む。「問政於孔子」は「41□23」の順で読む。「於」は読まない。「孔子に政を問う」と読まないように注意する。

2
1 「を」は「お」と読み、現代かなづかいでは、助詞以外の「を」は「お」と書く。
3 「ある人」が詠んだ「月はのぼる百尺の楼」という漢詩を、人々が声を合わせて、何度も繰り返して口ずさんでいる場面であることをとらえる。
4 みすぼらしい身なりの尼に自分たちの詠んだ漢詩を「僻事(まちがい)」だと言われて、「興ある尼かな(面白い尼であることよ)」と言っていることから考えてまとめる。
5 **ア**「『月にはのぼる』とぞ故三位殿は詠じたまひし」の部分は「僻事」の具体的な内容である。**イ**「よく考えずに信用してしまい」が適当ではない。**ウ**「すぐれている」のではなく「まちがい」と言っている。また、「信用しなかった」の部分も適当ではない。**エ**「尼が詠んだ」のではない。

〈口語訳〉
二条より南、京極より東は菅三位の屋敷である。三位が亡くなってのち、何年か経って、月の明るい夜、しかるべき人々が昔をしのんで、屋敷跡に集まって、月を見て和歌や漢詩を詠んで楽しむことがあった。終わりごろに、ある人が「月はのぼる百尺の楼」と口ずさんだところ、人々は、声を合わせて口ずさむことを何度も繰り返したが、荒れ果てた中門の、人目につかない蓬の中に、みすぼらしい身なりの老いた尼が、露に濡れながら、夜の間ずっとそこに居たが、「今夜の遊興はとてもすばらしくて、涙もとまらないのですが、この詩は、至らぬ耳にもまちがいを口ずさんでいらっしゃる、とお聞きしました」と言う。人々は笑って、「面白い尼であることよ。どこがまちがいだというのか」と言うと、「そう思われるのも当然です。しかし、私が思いますには、月はどうして楼にのぼるでしょうか。『月に誘われて楼にのぼる』と故三位殿はお詠みになりました。私は、仕える身としてたまたまお聞きしたのです」と言ったので、人々は恥じ入って、みな立ち去ってしまった。

3
1 「必要は発明の母」というように「必要」があって「発明」があるという本来の順が逆になっている理由は、「発明品を改良して……必要であったと錯覚させ、消費を加速したのである」という部分に述べられている。**ア**〜**ウ**には「発明」によって生じる「必要」の説明がない。
2 傍線部(2)のあとの二文から、「実験」「知見」「新現象」に着目して、「実験によって仮説が実証」「新たな知見が得られ」「新現象が発見され」という三つの内容をまとめる。
3 偽物と本物を区別するために必要な、「科学的な」ことは何かを考える。実際に調べて真偽を確かめるのであるから、**ウ**の「検証」が適当である。
4 傍線部(3)の直後の「それ」とは「本物と偽物が堂々と共存するように」なったことを指している。それが「科学的真実に対する態度」として表現されているのが、「科学であろうと非科学であろうと、おもしろければそれでいいと。」という一文である。
5 傍線部(4)の段落に現代人について、「手続きを踏むことを省略するようになってしまった」、「一足飛びに結論を得ることを望む」と述べられている。「アルキメデス」の例は、これとは逆にあれこれ試行錯誤しながら、科学的な思考の手続きを踏んで、偽物を見破ることができたことを示している。
6 「発明は必要の母」という標語によって、問題意識を喚起し、現代科学の物質優先の態度を批判的に述べているのと**ウ**が合っている。**ア**「科学的な真偽の見分け方」、**イ**「歴史的な経過をたどって詳述」、**エ**「克服するために取るべき態度について」が適当ではない。

4
1 「つぼみ」の新鮮な様子を描写している場面なので、**イ**「ういういしく」が適当。
2 傍線部(1)の前に「ミーミ先生が」という表現も見られるが、そのあとで丁寧に説明しているので、**ア**「先生気取り」なわけではなく、**イ**「きちんと説明しよう」としていることがわかる。
3 本文の最初の部分で、ミーミがヒッキーの絵について説明しながら、「この木が好きなんだっていう声が聞こえてくるようだった」と言ったとき、ヒッキーが、自分が実際に言っていたことをミーミが聞いていたように感じている場面が、「おどろいた」にあてはまるので、**ア**が適当。
4 ヒッキーの「ぶつぶつと言いながらかいてたおぼえがある」と言ったことに対して「まちがってなかったんだ」という意味で、「そうなんだ」と言っていることを押さえる。ミーミがヒッキーの絵から感じたことが、正しかったことを確認しているのである。
5 「この木が好きなんだっていう声」「ヒッキーの中の言葉にならない思い」「あの絵、とっても、あったかかった」などの内容を中心に「……うれしい気持ち。」などのようにまとめる。
6 **ウ**「あの絵さ、どこがいいんだろうな」「あったかいから好きだというミーミの言葉が、やさしい風のように……」などと合っている。**ア**「ぶつぶつ言いながら絵をかいていることを自覚」している、**イ**「自分のことのように」「自信を深めている」、**エ**「気を入れて絵をかいていなかった」「本気でかいてみよう」の部分がそれぞれ適当ではない。

5
・形式　氏名や題名を書かず、二百四十字以上三百字以内で書いているか。二段落構成で、原稿用紙の正しい使い方ができているか。
・表現　文体が統一されているか、主述の関係や係り受けなどが適切か、副詞の呼応や語句の使い方が適切か、など。
・表記　誤字や脱字がないか。
・内容　第一段落では、メールと手書きの手紙のそれぞれのよさについて具体的に書いているか。第二段落では、第一段落の内容を踏まえて、「メールと手紙の使い分け」について書いているか。
といった項目に照らし、総合的に判断するものとする。

第186回 下野新聞模擬テスト

社　会　【解　説】

社　　会〔解説〕

1　1⑴　東京が1月20日午前10時の時，1月19日午後8時の都市とは，14時間の時差がある。経度15度につき1時間の時差が生じるので，経度差は210度となる。東経135度から西に経度210度分(**図1**の経線14本分)進んだ西経75度を標準時子午線とする**B**の都市が，東京と14時間の時差がある都市になる。

⑵　**X**の都市は，アルゼンチンのブエノスアイレスで，温暖(温帯)湿潤気候に属している。南半球と北半球は季節が反対となることに注意する。

2⑵　瀬戸内の気候は，年降水量が少ないことが特徴である。そのため，水不足が発生しやすく，ため池が多く造られている。

3　アジア州やアフリカ州は，もともと出生率と死亡率が高い発展途上国が多かった。医療の発達により，死亡率は以前と比べ下がったが，出生率は高いままのため人口爆発の状態となっている。

4　**ア**左折している。**エ**2万5千分の1地形図において，250mは地形図上で1cmである。

2　**1**　アジア州には人口が多い国が多いため，河川周辺や沿岸の住みやすい地域は人口密度が高くなる。ガンジス川やインダス川沿岸，中国沿海部はとくに人口密度が高い。

3　中国は石炭生産量が世界の約半分を占めるため**a**，ロシアは寒冷地に多い針葉樹の伐採高が高い**b**，木材伐採高が高く，世界中に熱帯の木材を輸出しているブラジルが**c**である。

4　メキシコは，NAFTA(北米自由貿易協定)により，アメリカとの貿易が盛んである。

5　中国の自動車生産台数は，2000年以降急激に上昇している。**イ**はアメリカ，**ウ**はインド，**エ**は日本である。

6　アフリカ州の国々では，人口に対して穀物生産量が少ないため，飢餓が発生している。

3　**1**⑵　北海道は全国と比べ，農業を主たる収入としている農家が多い。また，土地が広いため，農業従事者一人当たりの耕地面積は，全国に比べて広くなっているため，大型の機械を導入している農家もある。

2　航空機で運び出される輸出品目は，軽量で高価なものが適している。

4　大阪府は，周辺の府県からの通勤・通学者が多いため，昼間人口が夜間人口よりも多くなる。

6　福岡は「アジアの玄関口」ともよばれ，韓国や中国などの東アジアの国からの訪日外国人の割合が多い。

7　**イ**の巨大なカルデラは，阿蘇山(熊本県)で見られる光景で，カルデラの範囲は世界最大級の広さとなっている。

4　**2**　**ア**は平城京，**イ**は室町幕府，**ウ**は大宰府の立地について述べている。

4　**D**の資料は，「玉葉」の一文で平安時代末から鎌倉時代初期に成立した資料である。**ア**は9世紀初頭，**イ**は8世紀半ば，**エ**は正長の土一揆で1428年のできごとである。

5　後醍醐天皇による建武の新政は，武士の慣習を無視し，貴族を重視した政策であったため，武士を中心に批判が続出した。そのため，約2年ほどで建武の新政は終わった。

6　**A**は奈良時代，**D**は平安時代末から鎌倉時代初期，**B**は鎌倉時代，**E**は鎌倉時代が終わった直後，**C**は室町時代の資料である。

5　**1**　江戸幕府は大名配置を行う際，関ヶ原の戦いより後に従った外様大名を江戸から遠い位置に配置した。参勤交代の制度により，外様大名は多大な出費を強いられることになり，藩の財政を苦しめた。

2　田沼意次は米の増産だけでなく，株仲間を奨励してそこから得られる営業税や長崎貿易での利益拡大に目をつけた。

4　日露戦争後のポーツマス条約により，日本は韓国での優越権を認められ，本格的に大陸に進出した。**ア**は日露戦争前にイギリスと結んだ同盟，**ウ**は日清戦争のきっかけ，**エ**は日清戦争で得た遼東半島を返還するようロシア・ドイツ・フランスに迫られたことを示している。

5　国際連盟は，アメリカの提案により発足したが，アメリカは国内の議会の反対により不参加であり，後にドイツ・イタリアも脱退したことから，国際的な影響力を持つことができなかった。

6　**3**　冷戦下では，朝鮮戦争やベトナム戦争など，アメリカとソ連が直接戦争をしない代わりに，他の国や地域での戦争を激化させた。

4⑵　日韓基本条約は1965年に調印された。

5　1960年から1970年までにアフリカ州の多くの国々が，植民地支配から脱却し，独立した。とくに1960年は，アフリカ州の国の多くが独立したため「アフリカの年」とよばれる。

7　**2**　日本の食料自給率は40％未満である。米の自給率は，高い状態を維持しているが，小麦の自給率はとくに低い。食料自給率の低下の理由は，貿易の自由化により外国産の安い農産物が輸入されているからである。

3　**エ**の核家族とは，親と子どもまたは，夫婦のみの世帯のことである。

4　**ア**は「少子化」でなく「高齢化」，**イ**は「高齢化」でなく「少子化」にすると正しい文となる。**エ**は「上昇」を「減少」とすると正しい文となる。

第186回 下野新聞模擬テスト
英語 【解説】

英　語 〔解説〕

1 リスニング台本と解答を参照。

2 **1** (1) since ～と practicing があることから現在完了進行形の文だとわかるので，have been を選ぶ。
(2) 「初めて」という意味になるよう for を選ぶ。
(3) 過去の文なので，過去形の practiced を選ぶ。
(4) 「～よりもじょうずに」という意味になるよう better を選ぶ。better は well の比較級。
(5) 「速く(泳ぐ)」という意味になるよう fast を選ぶ。
(6) 「～を連れていく」という意味になるよう take を選ぶ。

2 (1) ＜call＋A＋B＞「AをBと呼ぶ」の形を受け身にした文にする。
(2) has があるので，現在完了の疑問文にする。yet を文末に置く。
(3) take care of ～「～の世話をする」を had to ～「～しなければならなかった」に続ける形にする。

3 **1** Have you ～? で始まっているので，現在完了の疑問文。「今までに～へ行ったことがありますか」という文にする。「～へ行ったことがある」は have[has] visited または have[has] been to ～で表す。

2 (1) ニックはチラシの中の絵について話している。直後に俊は「彼女は何かを料理していると思います」と答えているので，ニックは「その女性は何をしていますか」と質問したと考えられる。what is the woman doing などとする。
(2) チラシの中の女性のセリフを表す。we can learn about life などとする。
(4) チラシの中の「歴史博物館会員のご案内」の二つめの項目から，get a letter from the museum などとする。

3 本文訳参照。この文の主語である「日本語を読むことは」につながるよう，difficult「難しい」を選ぶ。

4 本文訳参照。俊は直前で「実は，僕はチケットが必要ありません」と言っている。

5 本文訳参照。ニックの最後から２番目の発話の内容をまとめなおす。①buy，②after ともニックのその発話内にある。

6 下線部は「僕はどんな食べ物を食べたらいいですか」という意味。ニックにすすめる日本の食べ物を具体的に紹介して，それを食べる時，場所やそれについての自分の感想などを書くとよい。

4 **1** 本文訳参照。**A**は真理と父が遊園地の特別プログラムへの参加を決めた部分。excited「わくわくした」を入れるのが適切。**B**はプログラムの仕事を終えた部分。tired「疲れた」を入れるのが適切。

2 質問は「真理はなぜ特別プログラムに参加したかったのですか」という意味。第２段落４～５行目を参照。

3 本文訳参照。下線部の直後の文の内容をまとめる。

4 本文訳参照。最終段落３～５行目の真理の発言の内容をまとめる。

5 **ア**…第１段落１行目参照。真理は家族と休日を楽しむためにハッピーパークへ行ったとあるので誤り。
イ…第３段落３行目参照。スタッフの加藤さん(Mr. Kato)は「約1,000人の人々が毎日遊園地へ来ます」と言っているので誤り。
ウ…最終段落１行目参照。再利用について，同じ内容を読み取ることができるので正しい。
エ…最終段落７行目参照。「より一生懸命に働く」と言ったのはスタッフの加藤さんなので誤り。

5 **1** 本文訳参照。「夜に列車を運転するために」となるよう night を選ぶ。

2 本文訳参照。＜make＋A＋B(形容詞)＞で「AをB(の状態)にする」という意味を表す。

3 本文訳参照。後続の二つの文の内容をまとめる。明かりの色を変えて対応したことが書かれている。

4 当初，白い明かりが「進め」を意味したが，今日では緑色の明かりがそのために使われているということが，どんな例といえるかを考える。選択肢はそれぞれ次のような意味。
ア…「私たちはよい社会を築くためにルールを変えるべきではありません」
イ…「私たちは未来のための新しいルールを作るために社会を変えるべきです」
ウ…「ルールが社会のために役立っていないとき，私たちはそれらを変えるべきです」
エ…「新しいルールは役に立たないので，私たちはそれらを作るべきではありません」

第186回 下野新聞模擬テスト

英 語 【解 説】

〔本文訳〕

3　俊：何をしてるの，ニック。
ニック：僕は歴史博物館に関するチラシを見ているんだよ。日本滞在中に僕は日本の歴史についてもっと知りたいんだ。きみはこの博物館に行ったことはあるかい。
俊：うん。僕は先月そこに行ったよ。それは本当におもしろい博物館なんだ。来週の日曜日に行くなら，きみと一緒に行けるよ。
ニック：きみが僕と一緒に来てくれたらうれしいな，俊。この絵を見て。それは浮世絵だよね。それはきれいでおもしろいね。この絵では，その女性は何をしているのかな。
俊：僕は，彼女は何かを料理していると思うよ。
ニック：なるほどね。日本語を読むことは僕にとって難しいので，それを一緒に読んでくれないかな。
俊：いいよ。これは特別展示会についてのお知らせだね。昔の日本の生活についてのものだ。チラシの中の女性は，江戸時代の生活について浮世絵から学ぶことができると言っているね。
ニック：わあ，おもしろそうだね。その展示会を見たいな。
俊：きみは学生だから，チケットを買う必要があるね。それは800円だよ。
ニック：もちろん。
俊：実は，僕はチケットが必要ないんだ。
ニック：どういう意味だい。こどもはお金を払う必要はないって知っているけれど，きみは僕のように学生だよね。
俊：僕は博物館の会員なんだ。会員はどんな展示会も無料で見られるから，会員になるために3,000円払ったんだよ。
ニック：ああ，なるほど。会員になったら，何ができるんだい。
俊：ここを見て。毎月，会員は博物館からの手紙を受け取ることができるよ。そして，会員限定の歴史についての特別講座もあるんだ。
ニック：それはすばらしいね。ええと，俊，僕たちは博物館で昼食をとることができるのかな。
俊：うん。博物館にはレストランがあるよ。ミュージアムショップで買い物をすることもできる。展示会用の特別な商品もいくつか販売しているよ。
ニック：それはいいね。僕は自分の国にいる家族のために，それらの商品をいくつか買いたいな。まず買い物をしたい。その後で昼食をとるのはどうかな。
俊：それはいい考えだね。それでは，朝の9時に博物館で会おう。
ニック：わかった。俊，もう一つ聞きたいことがあるんだ。僕は日本の食べ物も食べてみたい。どんな食べ物を食べたらいいかな。

4　先週の日曜日，私の家族は休日を楽しむために「ハッピーパーク」に行きました。そこは私たちの街の近くにある人気の遊園地です。天気のよい日で，遊園地にはたくさんの人がいました。彼らは楽しそうに見えました。
　レストランで昼食をとったとき，遊園地での特別プログラムについてのポスターを見ました。そのポスターによれば「このプログラムでは，遊園地のスタッフと一緒に働いて，遊園地について多くを学ぶこともできる」というのです。プログラムにはいくつかの種類の仕事がありました。仕事の一つは遊園地を掃除することでした。私は父に「この遊園地はきれいね。私は遊園地を掃除する仕事について知りたいな。このプログラムに参加してもいいかな」と言いました。「もちろん。私は真理と一緒に参加するよ」と父は言いました。私たちはそれに参加することにして，私はわくわくしました。
　私たちはスタッフの事務所へ行きました。スタッフの一人が「こんにちは，ハッピーパークへようこそ」と言いました。その人の名前は加藤さんでした。最初に，彼はハッピーパークについて説明しました。それは10年前に建てられ，いまだにとても人気があります。毎日約1,000人の人々がこの遊園地にやってきます。私は加藤さんに「あなたのお仕事について教えていただけませんか」と尋ねました。彼は「いいですよ。ここには他に約50人のスタッフがいます。私たちは遊園地の通りを掃除し，ゴミ箱のゴミを集めます」と言いました。私は「そうですか。私はその仕事をやってみたいです。お手伝いできますか」と尋ねました。「もちろんです」と彼は言いました。
　ゴミを集めるのは大変な仕事でした。たくさんの人が食べたり飲んだりして楽しんでいたので，遊園地にはたくさんのゴミがありました。加藤さんは「私たちにとってこれだけが仕事ではないのです。この後，別の仕事があります。ゴミの中には，もう一度使うものがあるので，それらを見つけるのも私たちの仕事です。さて，一緒にやりましょう」と言いました。父と私はスタッフたちとこの仕事をしました。私たちが仕事を終えたとき，父は「この仕事もとても大変だったね」と言いました。「私もそう思う」と私は言いました。仕事はおもしろかったですが，私はとても疲れました。
　加藤さんは「これらのペットボトルは，私たちの制服を作るのに使われています。この制服を見てください」と言いました。私は「すてきですね。私は好きです」と言いました。彼は「遊園地では，たくさんのものをもう一度使うようにしています。それぞれは小さなことですが，それらをすることが私たちの環境に役立つことを願っています」と言いました。私は「私たちは自分たちの環境のために大きなことをすることはできませんが，たくさんの小さなことはできます。私はこのプログラムからそれを学びました」と言いました。父は「ああ，真理，きみは大切なことを学んだね」と言いました。私は加藤さんに「今日はありがとうございました。私は学校で環境のために何かを始めたいと思います」と言いました。彼は「それを聞いてうれしいです。私もより一生懸命に働きます」と言いました。父と私はその遊園地で楽しい時間を過ごしました。

5　今日，私たちは信号が緑色のときに進むことができます。これは私たちの社会における基本的なルールの一つです。でも，最初は「進め」に違う色が使われていたことを知っていますか。
　約160年前，最初の交通信号が使用されました。それは列車のためのものでした。夜に列車を運転するために，鉄道会社は交通信号として明かりをつけました。それは白色の明かりでした。列車の運転士は，すべての色の中で「白」を最もよく見ることができたので，「進め」に白が使われたのです。また，「止まれ」と「注意」のために，他に二つの色が必要とされました。それらには赤と緑色が使われました。
　当時，明かりを赤や緑色にするためには，色付きのガラスが明かりの前に置かれていました。色付きのガラスが壊れたとき，列車の運転士は，交通信号が赤や緑色ではなく，「進め」を意味する白だと思ってしまいました。これは大きな問題でした。
　そのころ，駅のまわりに多くの人が家を持ち始め，暗くなると白い明かりが多くありました。運転士は正しいものを見つけることができませんでした。これがもう一つの問題になりました。
　鉄道会社はこれらの問題について考えました。彼らは白い明かりを使うのをやめることにしました。そして，彼らは今日と同じように「進め」に緑色の明かりを使い始めたのです。
　私たちはふつう，ルールは決して変わらないと考えていますが，ときにはルールを変更する必要があります。私たちが社会の中で生活するときにはルールが必要とされますが，私たちの社会は変化しているのです。

第186回 下野新聞模擬テスト

英　語　【解　説】

英語問題 1 〔リスニング台本〕

台　本	時 間
これから中学3年生　第186回　下野新聞模擬テスト　英語四角**1**番，聞き方のテストを行います。 なお，練習はありません。 （ポーズ約5秒） これから聞き方の問題に入ります。問題用紙の四角で囲まれた**1**番を見なさい。問題は**1**番，**2**番，**3**番の三つあります。 最初は**1**番の問題です。問題は(1)から(3)まで三つあります。英語の対話とその内容についての質問を聞いて，答えとして最も適切なものを**ア**，**イ**，**ウ**，**エ**のうちから一つ選びなさい。対話と質問は2回ずつ言います。 では始めます。 (1)の問題です。　*A* : Today is Friday, right? *B* : No. Today is October thirteenth. It's Wednesday. *A* : Oh, you're right. 質問です。　*Q* : Which picture shows this?　（約5秒おいて繰り返す。）（ポーズ約5秒） (2)の問題です。　*A* : I'd like to buy a present for Tom. He likes horses. *B* : How about this cup? *A* : He has a cup. Oh, I'll buy this cap. It has a picture of a horse. 質問です。　*Q* : Which will the boy buy?　（約5秒おいて繰り返す。）（ポーズ約5秒） (3)の問題です。　*A* : How about having lunch at my house? *B* : Thanks. Your house is by the flower shop, right? *A* : No. My house is by the bookstore and has a big tree. 質問です。　*Q* : Which is the girl's house?　（約5秒おいて繰り返す。）（ポーズ約5秒）	（1番） 約3分
次は**2**番の問題です。問題は(1)と(2)の二つあります。英語の対話とその内容についての質問を聞いて，答えとして最も適切なものを**ア**，**イ**，**ウ**，**エ**のうちから一つ選びなさい。質問は問題ごとに①，②の二つずつあります。対話と質問は2回ずつ言います。 では始めます。 (1)の問題です。　*Mary* : Sho, I heard you went to Hokkaido. *Sho* : Yes, Mary. I visited my uncle in Hokkaido with my family last winter. *Mary* : That's great! What did you do there? *Sho* : On the first day, we went skiing on a mountain near my uncle's house. *Mary* : Did you go skiing on the second day, too? *Sho* : My parents and sister did, but I didn't. My uncle and I visited a big park and saw many kinds of birds. I had a good time. *Mary* : Good. Sho, I know there is a popular zoo in Hokkaido. Did you visit it? *Sho* : No, I didn't. On the third day, we had plans to visit it, but it was too cold. *Mary* : I see. What did you do that day? *Sho* : We visited a museum. That was great, too. ①の質問です。　Where did Sho visit the second day?　（ポーズ約3秒） ②の質問です。　Why did Sho's family change their plan for the third day?　（約5秒おいて繰り返す。）（ポーズ約5秒） (2)の問題です。　*Emi* : What are you doing, Bob? *Bob* : Hi, Emi. I'm shopping on the internet. I want two T-shirts. *Emi* : I see. Oh, there are three styles on this website. Which style do you want? *Bob* : Style One looks cool, and there are many colors. I like red or yellow, but this style is the most expensive of the three. *Emi* : Then how about Style Two? It also has those colors. *Bob* : Let's see .... OK, I'll buy the red and yellow Style Two T-shirts. *Emi* : Bob, now I want a T-shirt from this shop. Can I see the website? *Bob* : Of course. Which one is your favorite? *Emi* : I also like Style Two, but it doesn't have my favorite color. *Bob* : What is your favorite color? *Emi* : It's white, so I'll buy this style. I want one in a size small. *Bob* : OK. I'll send you the address of this website soon. ①の質問です。　How much will Bob pay?　（ポーズ約3秒） ②の質問です。　Which T-shirt will Emi buy?　（約5秒おいて繰り返す。）（ポーズ約5秒）	（2番） 約5分
次は**3**番の問題です。あなたは，英語の授業でクラスメイトのスピーチを聞いています。ジェニー(Jennie)が「私の夢」というテーマで行ったスピーチを聞いて，その内容をまとめた英語のメモを完成させなさい。英文は2回言います。 では始めます。 Hi, everyone. I'm going to talk about my dream. When I was eleven, I came to Tochigi from Canada with my family. At first, I didn't understand Japanese. But my cousin Hana was a good Japanese teacher, so I began to understand it. When I didn't understand Japanese well, I began to take pictures. I enjoyed showing my pictures to my friends and teachers. I like taking pictures because pictures can tell us something without words. I often go to many places in Tochigi to take pictures with Hana. I think Nikko is the most beautiful place in Tochigi. In the future, I want to take pictures around the world. I hope many people will enjoy famous places through my pictures. That's my dream. Thank you for listening. （約5秒おいて）繰り返します。（1回目のみ）　（ポーズ約5秒） これで聞き方の問題を終わります。では，ほかの問題を始めなさい。	（3番） 約3分

第186回 下野新聞模擬テスト

数　学　【解　説】

数　　学〔解説〕

□1 1　$-2+5=+(5-2)=3$

2　$-6a^2b^3\div 2ab=-6a^2b^3\times\dfrac{1}{2ab}=-3ab^2$

3　$a^2+b^3=(-3)^2+(-1)^3=9+(-1)=8$

4　$x^2-6x+9=x^2-2\times x\times 3+3^2=(x-3)^2$

5　$m=\dfrac{2a-b}{3}$の両辺に3をかけて，$3m=2a-b$，$b=2a-3m$

6　ア…$a=0$であっても$b<0$だから，$a+b$の値は必ず負の数になる。
イ…aの絶対値の方がbの絶対値より大きいならば，$a-b$の値は負の数になる。エ…$a=0$のときには$a\div b$の値は0になり，$a<0$のときには$a\div b$の値は正の数になる。

7　右の図で，平行線の錯角は等しいから，
$\angle ABQ=\angle BAP=31°$
$\angle BCE=\angle CBQ=\angle ABC-\angle ABQ=79°-31°=48°$
△CDEの内角と外角の関係より，
$\angle x=\angle BCE-\angle CED=48°-16°=32°$

8　$y=\dfrac{a}{x}$で，$xy=a$　xyの値が比例定数になるから，$4\times(-8)=-32$

9　球の半径は3cmだから，体積は$\dfrac{4}{3}\times\pi\times 3^3=36\pi\,(\text{cm}^3)$

10　$\sqrt{2}-\sqrt{18}=\sqrt{2}-3\sqrt{2}=-2\sqrt{2}$

11　$x^2+11x+28=0$，$(x+4)(x+7)=0$，$x=-4$，-7

12　xL$=1000x$mLだから，$z=1000x-3y$

13　右の図のように，切り口は辺GHの中点Nも通る。また，△AEM≡△BCM≡△GCN≡△HENより，EM＝CM＝CN＝ENだから，切り口はひし形(対角線CEとMNの長さは異なるから正方形ではない)になる。

14　右の図で，㋐の部分と㋑の部分は半径2cm，中心角45°のおうぎ形で面積が等しいから，求める面積は△ACDの面積に等しい。$\dfrac{1}{2}\times 2\times 2=2\,(\text{cm}^2)$

□1 7

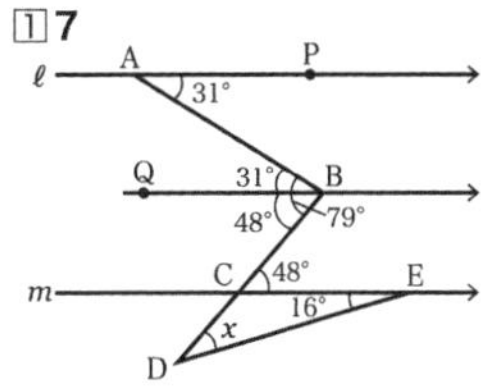

□1 13

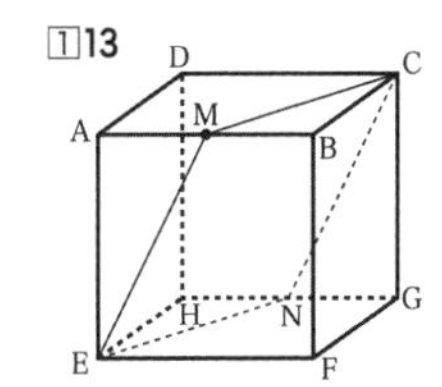

□1 14

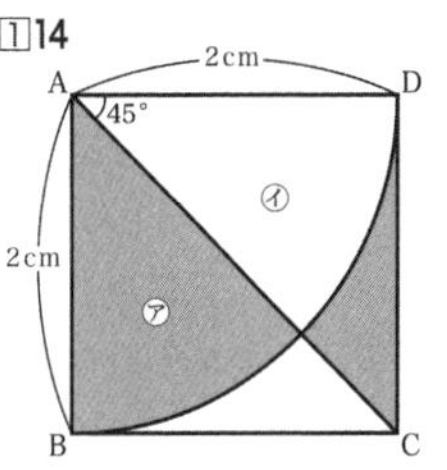

□2 1　ある線分の両端を中心とする円の2つの交点を通る直線は，その線分と垂直に交わる。

【作図法】①　頂点Cを中心，辺ACを半径とする円をかく。
②　すでにかかれている円と①でかいた円の交点を求め，その交点と頂点Aを通る直線を引く。
③　②で引いた直線と辺BCとの交点がHである。

2　1回目，2回目ともに，「黒の状態」と「白の状態」の2通りずつが考えられるから，場合の数は2×2＝4(通り)である。少なくとも1回は「黒の状態」になるということは，2回とも「白の状態」にならなければよい。4通りの場合の数のうち，2回とも「白の状態」になる場合の数は1通りのみだから，求める確率は

$\dfrac{4-1}{4}=\dfrac{3}{4}$

1回目	白	白	黒	黒
2回目	白	黒	白	黒

□2 1

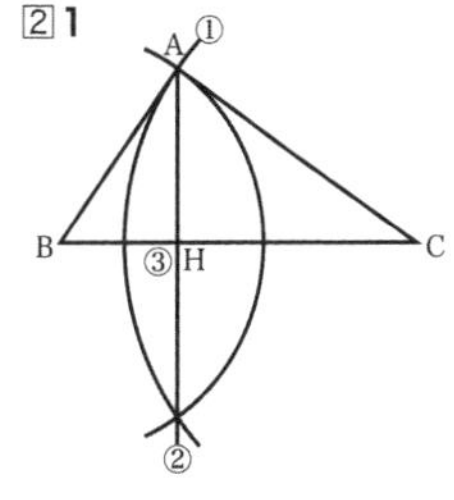

3　点Bは$y=ax+4$のグラフとy軸との交点だから，点Bのx座標は0，y座標は4である。また，点Cは$y=-3x+24$のグラフとx軸との交点だから，点Cのy座標は0である。したがって，$y=-3x+24$に$y=0$を代入して点Cのx座標は8であることが求められる。
△OBAは底辺が4，高さが6であり，△OCAは底辺が8，高さが6であるから，
四角形OBAC＝△OBA＋△OCA＝$\dfrac{1}{2}\times 4\times 6+\dfrac{1}{2}\times 8\times 6=36$

なお，$y=ax+4$に$x=6$，$y=6$を代入することで，$a=\dfrac{1}{3}$であることが求められるが，この問題では不要である。

□3 1　行きはA地点からP地点までの$x$kmを毎時3kmの速さで歩き，P地点からB地点までの$y$kmを毎時5kmの速さで歩いた。また，帰りはB地点からP地点までの$y$kmを毎時3kmの速さで歩き，P地点からA地点までの$x$kmを毎時5kmの速さで歩いた。なお，2時間16分は$2\dfrac{16}{60}$時間＝$2\dfrac{4}{15}$時間＝$\dfrac{34}{15}$時間と表される。

2　(1)　$(28+25+1)\div 2=27$(番目)の生徒は，12分以上16分未満の階級に属する。
(2)　階級値が6分である階級の度数は7人だから，その相対度数は$7\div 28=0.25$である。また，通学時間が最も短かった生徒は4分以上で，最も長かった生徒は28分未満だから，分布の範囲は$28-4=24$(分)未満である。

第186回 下野新聞模擬テスト

数学 【解　説】

(3) 通学時間が4分だけ短くなった生徒をx人，4分だけ長くなった生徒をy人とすると，人数について$x+y=7$…①，25人の平均値が0.48分だけ短くなるから，

$\frac{-4x+4y}{25}=-0.48$，$-4x+4y=-0.48\times25$，$x-y=3$…②

①，②を連立方程式として解いて，$x=5$，$y=2$

④ **1** 正三角形の3辺は等しいことと，3つの内角はすべて60°で等しいことを利用する。

2 (1) 正八面体において，互いに平行な面は4組ある。正八面体ABCDEFでは，面ABCと面FDE，面ACDと面FEB，面ADEと面FBC，面ABEと面FDCが平行な面である。

(2) 正八面体は，どの4つの頂点を通る平面で切っても，その切り口は合同な正方形になる。右の図のように，4点A，B，F，Dを通る平面で切った切り口において，対角線AFとBDの交点をMとすると，$AM=FM=\frac{1}{2}AF$

また，$AF=BD=12$ cmだから，$AM=FM=6$ cmである。

以上より，(正八面体ABCDEF)＝(四角錐A－BCDE)×2

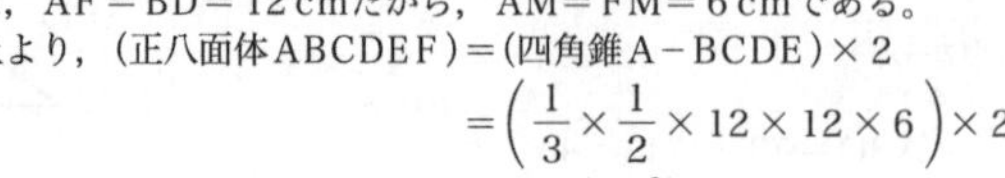

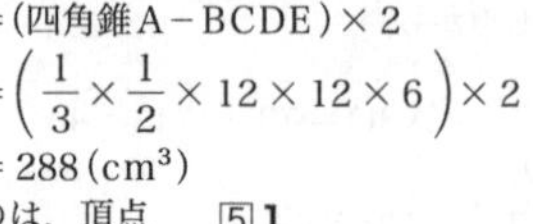

$=\left(\frac{1}{3}\times\frac{1}{2}\times12\times12\times6\right)\times2$

$=288(\text{cm}^3)$

④**2**(2)

⑤ **1** 右の図より，点Pが頂点A上にくるのは，頂点Bを出発してから15秒後であり，このときの△PBDの面積は，

$\frac{1}{2}\times(9+6)\times12=90\ (\text{cm}^2)$

である。したがって，△PBDの面積は，1秒間につき$90\div15=6\ (\text{cm}^2)$ずつ増加する。

⑤**1**

2 点Pが辺AC上にあるとき，$BA+AP=x$ cmより，

$PC=15+12-x=27-x\ (\text{cm})$

と表されるから，

$y=\frac{1}{2}\times(9+6)\times(27-x)=-\frac{15}{2}x+\frac{405}{2}$

3 点Pは，$0\leqq x\leqq15$のときには辺AB上，$15\leqq x\leqq27$のときには辺AC上にあるが，点Pが辺AB上にあるときには，△PABができない。よって，$15\leqq x\leqq27$の範囲において考察すればよい。

点Pが辺AC上にあるとき，$AP=x-15\ (\text{cm})$，$PC=27-x\ (\text{cm})$と表されるから，

$\triangle PAB=\frac{1}{2}\times(x-15)\times9=\frac{9}{2}(x-15)\ (\text{cm}^2)$

$\triangle PCD=\frac{1}{2}\times(27-x)\times6=3(27-x)\ (\text{cm}^2)$

と表される。△PABの面積が△PCDの面積の3倍になることから，

$\frac{9}{2}(x-15)=3(27-x)\times3$，$x-15=2(27-x)$，$3x=69$，$x=23$

$x=23$は$15\leqq x\leqq27$を満たす。したがって，23秒後である。

⑥ **1** 1番目，2番目，3番目の大きな図形の1辺の長さはそれぞれ

10 cm，$10\times2=20$ (cm)，$10\times3=30$ (cm)

となるから，4番目の大きな図形の1辺の長さは$10\times4=40$ (cm)である。したがって，その周の長さは$40\times4=160$ (cm)になる。

また，例えば3番目の大きな図形において，右の図のように見ると，1段目から3段目のいずれの段にも$3\times2=6$(枚)のタイルが並んでいて，このことは1番目，2番目の大きな図形においても同様である。

したがって，4番目の大きな図形では，1段目から4段目のいずれの段にも$4\times2=8$(枚)のタイルが並んでいることになる。よって，並んでいるすべてのタイルの枚数は$8\times4=32$(枚)である。

⑥**1**

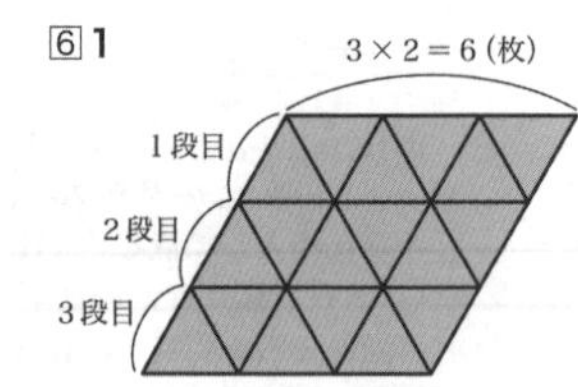

2 1より，n番目の大きな図形では，1段目からn段目のいずれの段にも$n\times2=2n$(枚)のタイルが並んでいることになる。よって，並んでいるすべてのタイルの枚数は$2n\times n=2n^2$(枚)である。

3 1より，n番目の大きな図形の1辺の長さは$10\times n=10n$ (cm)だから，その周の長さpは$p=10n\times4=40n$ (cm)である。また，n番目の大きな図形に並んでいるタイルの枚数qは$q=2n^2$(枚)だから，

$2n^2-40n=138$，$2n^2-40n-138=0$，$n^2-20n-69=0$，$(n+3)(n-23)=0$，$n=-3$，23

nは自然数だから，$n=-3$は問題に適さず，$n=23$は問題に適する。

よって，$q-p=138$になるのは，23番目の大きな図形である。

第186回 下野新聞模擬テスト
理　科　【解　説】

理　　科 〔解説〕

1
1 日本で用いられている震度階級は，0，1，2，3，4，5弱，5強，6弱，6強，7の10段階に分けられている。
2 「1 kWh」の「h」は，英語のhour（時間）の頭文字である。
3 1回の分裂につき個体数は2倍になるので，5回目の分裂の直後には$1 \times 2^5 = 32$〔匹〕になっている。
4 金属をたたくとうすく広がる。この性質を展性という。
5 乾球の示度が17℃，乾球と湿球の示度の差が$17 - 13 = 4$〔℃〕であることから，表でこれらの数値が交わる61％が湿度である。
6 磁界の変化によってコイルに電圧が生じ，電流が流れる現象を電磁誘導という。
7 図のミジンコは，節足動物の甲殻類に分類される。
8 化学反応式では，$2HCl + CaCO_3 \rightarrow CaCl_2 + H_2O + CO_2$と表される。

2
1 温帯低気圧の中心からほぼ南東にのびる前線Aを温暖前線，ほぼ南西にのびる前線Bを寒冷前線という。
2 寒冷前線の西側のせまい区域には，積乱雲によって激しい雨が降っていることが多い。また，温暖前線の東側の広い区域には，乱層雲によって穏やかな雨が降っていることが多い。
3 日本の春や秋には，偏西風の影響で移動性高気圧と温帯低気圧が交互に日本付近を通過する。そのため，この時期は周期的に天気が変化する傾向がある。

3
1 凸レンズを通過する光が集まることによってできる像を実像という。
2 凸レンズの中心からろうそくまでの距離の方が，凸レンズの中心からついたてまでの距離よりも長いので，実像の大きさは実物のろうそくよりも小さくなる。また，実像の向きは，実物とは上下が（左右も）逆の向きになる。
3 焦点は凸レンズの中心からろうそくまでの間にあることから，焦点距離は40 cmよりも短いことがわかる。また，同じく焦点は凸レンズの中心からついたてまでの間にあることから，焦点距離は24 cmよりも短いことがわかる。ただし，凸レンズの中心からろうそくまでの距離が24 cmではないので，焦点距離は12 cmではない。

4
1 葉脈が網目状に広がっていることから，ホウセンカは被子植物の双子葉類に属する植物であることがわかる。双子葉類は，発芽時に2枚の子葉が出る。
2 葉の維管束である葉脈内では，葉の表側寄りを道管が，裏側寄りを師管が通っている。
3 葉緑体の中では，水と二酸化炭素を材料として，光合成によりデンプンなどの栄養分と酸素をつくり出している。

5
1 鉄は鉄原子が，硫黄は硫黄原子が多数集まってできている単体であるため，それぞれの元素記号（原子の記号）であるFe，Sが，そのまま化学式になる。
2 化学変化によって熱が発生して温度が上がる反応を発熱反応といい，鉄と硫黄が化合する反応は発熱反応の一つである。一方，化学変化によって熱を吸収して温度が下がる反応を吸熱反応という。
3 筒Aの中にできた化合物（硫化鉄）は鉄とは異なる物質なので，磁石に引き寄せられない。一方，筒Bの中には鉄がそのまま残っているので，磁石に引き寄せられる。

6
1 凝灰岩は，火山灰や軽石などの火山噴出物が堆積することでできた堆積岩である。
2 A，B，C地点における凝灰岩の層の上端の標高は，それぞれ$75 - 5 = 70$〔m〕，$80 - 10 = 70$〔m〕，$70 - 10 = 60$〔m〕なので，この地域の地層は南に向かって低くなるように傾斜していることがわかる。
3 P地点における凝灰岩の層の上端の標高は，C地点と同じく60 mである。したがって，$75 - 60 = 15$〔m〕の深さのところにある。
4 約5.42億年前〜約2.51億年前を古生代，約2.51億年前〜約0.66億年前を中生代，約0.66億年前〜現在を新生代という。ビカリアは新生代，フズリナは古生代に栄えて絶滅した生物である。

7
1 図2のようなつなぎ方を並列つなぎ，図3のようなつなぎ方を直列つなぎといい，並列つなぎになっている回路を並列回路，直列つなぎになっている回路を直列回路という。
2 電球XやYのみを100 Vのコンセントにつなぐと，100〔W〕÷100〔V〕＝1〔A〕の電流が流れる。同様に，電球PやQのみを100 Vのコンセントにつなぐと，25〔W〕÷100〔V〕＝0.25〔A〕の電流が流れる。したがって，電球X，Yの抵抗は100〔V〕÷1〔A〕＝100〔Ω〕で，電球P，Qの抵抗は100〔V〕÷0.25〔A〕＝400〔Ω〕である。
3 図3の回路全体の抵抗は100＋400＝500〔Ω〕なので，電球Y，Qには100〔V〕÷500〔Ω〕＝0.2〔A〕の電流が流れ，電球Yには100〔Ω〕×0.2〔A〕＝20〔V〕の電圧が加わり，電球Qには400〔Ω〕×0.2〔A〕＝80〔V〕の電圧が加わる。よって，電球Yは20〔V〕×0.2〔A〕＝4〔W〕の電力を，電球Qは80〔V〕×0.2〔A〕＝16〔W〕の電力を消費していた。
4 電球X，Pには100 Vの電圧が加わるので，表示通りに電球Xは100 Wの電力を，電球Pは25 Wの電力を消費していた。消費する電力が大きいものほど明るく点灯するので，明るい方から順に並べると，電球X，電球P，電球Q，電球Yとなる。

8
1 種子植物のうち，胚珠が子房に包まれているものを被子植物といい，子房がなく胚珠がむき出しになっているものを裸子植物という。
2 花粉がめしべの先端部分（柱頭）につくことを受粉といい，受粉後に花粉から花粉管がのびる。
3 受精後，子房は果実，胚珠は種子（図2のP），受精卵は胚（図2のQ）になる。
4 体細胞の染色体数を$2n$本とすると，減数分裂によって生殖細胞がつくられるので，精細胞や卵細胞の染色体数はn本である。これらが合体して受精卵になるので，受精卵の染色体数は$2n$本である。受精後の細胞分裂は体細胞分裂なので，どちらの細胞も$2n$本ずつの染色体数になる。

9
1 塩化水素は，水溶液中で$HCl \rightarrow H^+ + Cl^-$のように電離し，水素イオンと塩化物イオンとが生じている。
2 うすい塩酸に電流を流すと，陽極からは塩素が，陰極からは水素が発生する。これらの気体は同じ体積ずつ発生するが，塩素は水に溶けやすく水素は水に溶けにくいので，集まる塩素の体積は水素に比べて極端に少ない。
3 水素にマッチの炎を近づけると，音を立てて水素が燃える。選択肢**ア**は塩素の確認法で，塩素の脱色作用（漂白作用）により，赤インクの色が消える。
4 塩化水素に起こった電気分解は，$2HCl \rightarrow H_2 + Cl_2$と表され，塩化水素2分子から水素分子と塩素分子が1分子ずつ生じる。

第187回 下野新聞模擬テスト

国語・社会・英語 【解答】

国語

1
1 (1) ばいよう〔2点〕 (2) だぼく〔2点〕 (3) ひか（える）〔2点〕
(4) しぼ（る）〔2点〕 (5) むすこ〔2点〕
2 (1) 因果〔2点〕 (2) 慣（れる）〔2点〕 (3) 郷里〔2点〕
(4) 傷（む）〔2点〕 (5) 就任〔2点〕
3 (1) **エ**〔2点〕 (2) **イ**〔2点〕 (3) **イ**〔2点〕 (4) **ア**〔2点〕 (5) **ウ**〔2点〕

2
1 おいゆき（ひらがなのみ可）〔2点〕 2 **ア**〔2点〕 3 **エ**〔2点〕
4〔例〕一年前の昼に盗みをして許された命の恩に報いようとしたから。〔2点〕 5 **エ**〔2点〕

3
1 **ウ**〔3点〕 2 **エ**〔3点〕 3 **ア**〔3点〕
4 初め：「私はどん 終わり：いに伝える（完答）〔3点〕
5〔例〕人間にとって関係をつくることは手段ではなく、本質に属することであると考えている。〔4点〕
6 **ウ**〔4点〕

4
1 **イ**〔3点〕 2 **ア**〔3点〕 3 **エ**〔3点〕
4〔例〕畑で働いている兄と父を気づかう気持ち。〔3点〕
5〔例〕家業がうまくいき、跡取りも順調に育っている様子。〔4点〕
6 **ウ**〔4点〕

5〔例〕自分が今一番好きな教科は英語です。英語は、日本語のように最後まで聞いたり、読んだりしないと何を言いたいのかわからないということがなく、はっきりしている感じが好きです。多分それは、英語では主語のあとに動詞が来るという形になっていることと関係があるのかなと思っています。
自分にとって将来最も役に立つと思う教科は、歴史です。これは英語とも共通しますが、世界のグローバル化はこれからもっと進むと思うので、交流する人々の国の歴史を知ることはとても大切なことだと思います。人々の背景にある歴史をふまえた上でコミュニケーションをとれれば、そこで英語も役立てられるのではないかと思います。〔20点〕

社会

1
1 (1) **エ**〔2点〕 (2) **ウ**〔2点〕 (3) **ウ**〔2点〕 (4) **エ**〔2点〕 2 ブラジル〔2点〕
3 **イ**〔2点〕 4〔例〕ドイツの方が一時間当たりの賃金が高い〔4点〕

2
1 **ア**〔2点〕 2 **エ**〔2点〕 3 原子力〔2点〕 4 **ウ**〔2点〕 5 琵琶湖〔2点〕
6〔例〕外国産の価格の安い果実を大量に輸入しているから。〔4点〕

3
1 **エ**〔2点〕 2 建武の新政〔2点〕
3 記号：**ウ**〔2点〕 目的：朝廷を監視するため。(西国の武士を統率するため。)〔4点〕
4 島原・天草一揆〔2点〕 5 **ア**〔2点〕 6 アヘン〔2点〕
7 **(A)→E→C→B→D→(F)**（完答）〔2点〕

4
1 **エ**〔2点〕 2 **ウ**〔2点〕 3 **ウ→イ→ア→エ**（完答）〔2点〕 4 財閥〔2点〕
5 **エ**〔2点〕 6〔例〕国内の石炭生産量が減り，エネルギー源を石油の輸入に依存するようになった。〔4点〕

5
1 **ウ**〔2点〕 2 国際分業〔2点〕 3 **イ**〔2点〕 4 **ウ**〔2点〕
5 **エ**〔2点〕 6 **イ，エ**（順不同・完答）〔2点〕

6
1 **ウ**〔2点〕 2 **ア**〔2点〕 3 男女共同参画社会基本法〔2点〕 4 **ウ**〔2点〕
5 国民投票〔2点〕 6〔例〕個人情報が勝手に公開される〔4点〕

7
1 ユニバーサルデザイン〔2点〕 2 **ウ**〔2点〕 3 **イ**〔2点〕
4〔例〕五大湖周辺では自動車生産に必要な鉄鋼の原料となる，石炭と鉄鉱石が得やすいから。〔4点〕
5 **エ**〔2点〕

英語

1
1 (1) **イ**〔2点〕 (2) **エ**〔2点〕 (3) **エ**〔2点〕
2 (1) ① **ウ**〔3点〕 ② **ア**〔3点〕 (2) ① **イ**〔3点〕 ② **ア**〔3点〕
3 (1) favorite〔2点〕 (2) food〔2点〕 (3) notebook〔2点〕 (4) practice〔2点〕

2
1 (1) **ウ**〔2点〕 (2) **ア**〔2点〕 (3) **イ**〔2点〕 (4) **イ**〔2点〕 (5) **ウ**〔2点〕 (6) **エ**〔2点〕
2 (1) **ウ→エ→ア→イ**（完答）〔2点〕 (2) **エ→イ→ウ→ア**（完答）〔2点〕
(3) **オ→ア→エ→イ→ウ**（完答）〔2点〕

3
1 (1)〔例〕this festival is famous for〔3点〕 (2)〔例〕are dancing (on the stage)〔3点〕
(4)〔例〕takes[will take] ten minutes by bus〔3点〕
2 hold[have]〔2点〕 3〔例〕毎週土曜日の午後に剣道をけいこ(練習)するから〔3点〕
4 **イ**〔2点〕 5 ① family〔3点〕 ② learn〔3点〕
6〔例〕I like the chorus contest the best. Last October, our class sang two songs at the contest. At first, I could not sing well, so I practiced hard. We didn't win the contest, but I enjoyed singing with my friends. I thought it was fun to do something with my friends.〔6点〕

4
1 **エ**〔3点〕 2〔例〕日本の人たちは，森のために何をしているのかということ。〔3点〕
3 important to（完答）〔2点〕
4 ①〔例〕何も知らなかった〔3点〕 ②〔例〕自分たちにも何かできることがある〔3点〕
5 **ウ**〔3点〕

5
1 **イ**〔2点〕 2 **イ**〔3点〕
3〔例〕多くのお年寄りは，うまく歩けないことがよくあるということ。〔3点〕 4 **ウ**〔3点〕

第187回 下野新聞模擬テスト

数学・理科 【解 答】

数 学

[1] 1 -4〔2点〕 2 $-2xy^2$〔2点〕 3 $\frac{1}{2}$〔2点〕 4 $(x+8)(x-8)$〔2点〕
5 $a=2m-b$〔2点〕 6 イ〔2点〕 7 105度〔2点〕 8 6〔2点〕
9 $180\pi\,\mathrm{cm}^3$〔2点〕 10 $5\sqrt{6}$〔2点〕 11 $x=\frac{-3\pm\sqrt{5}}{2}$〔2点〕
12 $\frac{11}{10}x>1000$〔2点〕 13 (4, 0)〔2点〕 14 イ〔2点〕

[2] 1 右図〔4点〕
2 $\frac{1}{3}$〔4点〕
3 ① $\frac{1}{4}$〔2点〕 ② 0〔2点〕

[2] 1

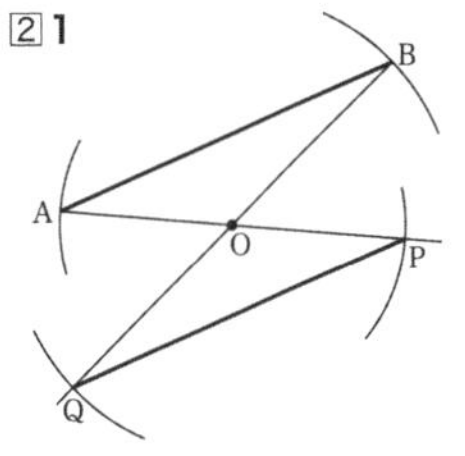

[3] 1 今日の鈴木先生の年齢をx歳，明さんの年齢をy歳とすると，
$x+1=4(y+1)$より，$x-4y=3$ …①
$x+6=3(y+6)$より，$x-3y=12$ …②
②−①より，$y=9$
これを①に代入して，$x-4\times9=3$，$x=39$
この解は問題に適している。 答え（鈴木先生39歳，明さん9歳）〔7点〕
2 (1) 45〔2点〕 (2) ① 19〔1点〕 ② 7〔1点〕 (3) 30〔3点〕

[4] 1（証明）
△ABDと△EBDにおいて，
仮定より，∠BAD＝∠BED＝90° …①
∠ABD＝∠EBD …②
共通な辺だから，BD＝BD …③
①，②，③より，直角三角形の斜辺と1つの鋭角がそれぞれ等しいから，
△ABD≡△EBD〔8点〕
2 (1) $16\,\mathrm{cm}^3$〔3点〕 (2) $140\,\mathrm{cm}^2$〔4点〕

[5] 1 毎分60m〔3点〕 2 $y=-20x+400$〔5点〕 3 毎分160m以上の速さ〔7点〕

[6] 1 ① 30〔2点〕 ② 16〔2点〕 2 n^3台〔5点〕
3 椅子は，両端のテーブル1台につき，縦に2脚ずつ，横に1脚ずつ並んでいる。また，x番目の並べ方においては，テーブルの縦の列数はx列，横の列数はx^2列になるから，椅子の数が198脚になるときの並べ方をx番目とすると，
$2\times x\times2+1\times x^2\times2=198$
これを解くと，$2x^2+4x-198=0$
$x^2+2x-99=0$
$(x+11)(x-9)=0$より，$x=-11,\ 9$
ただし，xは自然数だから，$x=-11$は問題に適さない。
$x=9$は問題に適する。 答え（9番目）〔7点〕

理 科

[1] 1 エ〔2点〕 2 イ〔2点〕 3 ア〔2点〕 4 ウ〔2点〕
5 S（波）（アルファベットのみ可）〔2点〕 6 硫化銅〔2点〕 7 合弁花〔2点〕
8 100（Hz）〔2点〕

[2] 1 〔例〕地表や地表付近で急速に冷え固まってできた。〔3点〕
2 ① 花こう ② せん緑（完答）〔3点〕 3 ア〔3点〕

[3] 1 CO_2〔2点〕 2 質量：0.4（g）〔2点〕 法則：質量保存（の法則）〔2点〕 3 20（mL）〔3点〕

[4] 1 ① 呼吸〔2点〕 ② 光合成〔2点〕 2 気孔〔2点〕 3 昼間：ウ〔2点〕 夜間：イ〔2点〕

[5] 1 電子〔2点〕 2 器具：エ〔2点〕 理由：〔例〕高い電圧を加えるため。〔3点〕
3 真空放電（漢字のみ可）〔2点〕

[6] 1 エ〔3点〕 2 露点〔3点〕 3 イ〔3点〕 4 774（g）〔3点〕

[7] 1 〔例〕電極間に電流を流しやすくするため。〔3点〕
2 小片：C〔2点〕 色：赤（色）〔2点〕
3 OH^-〔2点〕 4 塩化ナトリウム〔3点〕

[8] 1 対立（形質）〔2点〕 2 ① 顕性〔2点〕 ② 潜性〔2点〕
3 Aa〔2点〕 4 ウ〔3点〕

[9] 1 右図〔3点〕 2 24（cm/s）〔2点〕 3 〔例〕等しくなっている。〔3点〕
4 ① 等速直線運動〔2点〕 ② 垂直抗力〔2点〕

[9] 1

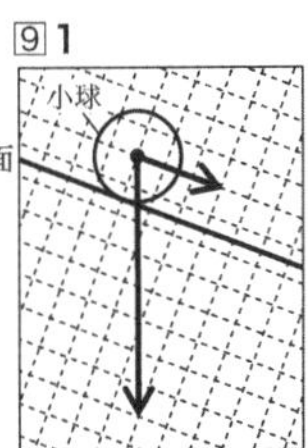

【数学・理科】第187回 解答

解答 R3
186
187
188
189

第187回 下野新聞模擬テスト

国　語　【解　説】

国　語　〔解説〕

1　**3**　(1)「蜜柑」は冬の季語である。
(2) ありありと感じられるという意味で、**イ**「目に浮かぶ」が適当である。
(3)「たどたどしさ」は形容詞「たどたどしい」の語幹に「さ」がついて名詞化したもの。**イ**「訪れ」は動詞「訪れる」の連用形から名詞化したもの。
(4) 初句「足ぶみする」と第三句「寄り集り」はどちらも字余りになっている。
(5) 子供たちの足ぶみで廊下が鳴る音を「とどろとどろと」と表している。

2　**1**　助詞と語頭以外の「はひふへほ」は「わいうえお」に直す。「ひ」を「い」に変える。
2　昼間盗人が入ったのを主人が遠くから見たという文脈なので、①「見て」の主語は「主人」、「待てよ盗人。……いかにいかに」と近寄ったのも「主人」であるから、**ア**が適当である。
3「町を過ぐる時声をかけなば、わかきものどもの棒ちぎり木にて馳せ集り、汝を害せんも計りがたし」とある部分に着目する。主人は盗人を助けようとしたということをつかむ。
4　直後に「過ぎし昼、盗みしてゆるされし命の恩をむくいん」とあることに着目して、盗みを許された命の恩に報いようとしたということをつかむ。
5　**ア**主人は「盗まれたもの」を盗人に与えてはいない。**イ**主人はわかものたちを「引き止め」てはいない。また、「改心して」という内容は本文にない。**ウ**「わかものたちに奪われ」てはいない。**エ**盗人は盗んだものを返すこと以外は何も求められなかったという本文の内容と合っている。
〈口語訳〉
なんとかという村に、昼間盗人が入ったのを主人が遠くから見て、棒を提げてそのあとを追ってゆき、今市という町を過ぎるときには声をかけず、町を百メートルほど過ぎて、「待てよ盗人。町を過ぎるときに声をかけたなら、わかものたちが棒を持って急いで集まってきて、お前にどれほどの危害を加えたかもわからない。ここで呼びかけたのはお前を助けるための一計である。盗んだものをすべて返したなら他に何も求めない。どうだ。どうだ」と近寄ると、盗人は土に手をついて謝り、取ったものはすべて返して去ったが、その後一年ほど過ぎて、この盗人は立派な脇指を持ってきて、「かつての昼に盗みをして許された命の恩に報いたい」と言ったところ、主人は、「お前の物をとろうというのなら、その時そのままお前を帰したりしようか」と叱ったところ、盗人は涙を落としてその場を立ち去ったということである。

3　**1**　少し前に「それは『私がとらえたあの人』であって、それが『本物のあの人』である保証はない」とある。「認識されたあの人」は「本物のあの人」にはなり得ないという文脈である。
2　直後に「認識とは単なる自己による認識ではなく、自己と対象との相互作用のなかでおこなわれているのではないかという発想です」と説明されていることに着目する。
3　空欄のあとでは、「まなざし」の具体的な例を挙げて、「まなざし」の様子によって「私の『その人』に対する認識」が変化することを述べているので、**ア**「たとえば」が適当である。
4　⑤段落の最初で「ひとつだけ『本物の私』を伝える方法がある」と述べ、「それは『私はどんな関係のなかで暮らしているのか』を可能なかぎりていねいに伝えるという方法です。」と続けている。「『私はどんな関係のなかで暮らしているのか』を可能なかぎりていねいに伝える」の部分が答えとして適当である。
5　本文の最後に「関係をつくり、コミュニティを生みだしながら自分たちの存在の場所を形成していくことは、たんなる手段ではなく、人間の本質に属することのはず」とあることに着目して、「関係をつくることが、手段ではなく本質に属することである」という内容でまとめる。
6　**ア** ③段落は①・②段落の内容から次の段階へ進んでいる。**イ** ④段落は前段までの内容をまとめる内容ではないため，適当ではない。**ウ** ⑤段落は「ところが」で始めて、筆者の考える「『本物の私』を伝える方法」について述べている。また、④～⑥段落は、筆者の考えという点で共通しているため適当である。**エ** 後半の問題提起は、④段落の「私の本質まで伝えられるような自己紹介をしようとしたら、そんなことは可能なのでしょうか」とある部分であるため適当ではない。

4　**1**「ほんとうに分かったのかなあ」と疑問に思う様子なので、**イ**「かしげ」が適当。
2　くろは二三が生まれるときに、「安産のお守り」としてもらわれてきた犬で、傍線部(1)の直後に「二三には、ことのほか従順だった」とあるので、**ア**が適当。
3　傍線部(2)の前に「この柏の葉のありさまに、代々の一家繁栄祈願を重ね合わせて祝う」「亮太が柏餅をだれよりも喜ぶのは、甘い物好きだからである」とあるので、この二つの内容が含まれている**エ**が適当。
4　傍線部(3)のあとに、「おかあちゃんが蒸かしてくれるのは、おにいちゃんとおとうちゃんが、畑から帰ってきてからだよ」とあるので、兄と父に遠慮して気づかっていることがわかる。
5「菜種作り」は「家業」なので、「菜種が実を結んでいる」という表現からは、家業がうまくいっていることがわかる。また、花が落ちて菜種が実を結んでいる様子は，跡取りが順調に育っていることを比喩的に表現している。この二つの内容をまとめる。
6　**ア**「一人前だとうらやましがられるのはうれしい」、**イ**「早く大きくなって自分も家族の手伝いをしたい」、**エ**「まだ子どもだからやむを得ない」とは本文にない。**ウ**「跡取りがすこやかに育っているのは、亮助とよしにはこのうえない喜びだった」と本文にあることから合っていると判断できる。

5　・形式　氏名や題名を書かず、二百四十字以上三百字以内で書いているか。二段落の構成になっているか。原稿用紙の正しい使い方ができているか。
・表現　文体が統一されているか、主述の関係や係り受けなどが適切か、副詞の呼応や語句の使い方が適切か、など。
・表記　誤字や脱字がないか。
・内容　第一段落では、現在大切だと思っている教科、得意だと思っている教科、好きだと思っている教科について具体的に説明しているか。第二段落では、第一段落の内容を踏まえて、「自分にとって将来最も役に立つと思う教科」について書いているか。
といった項目に照らし、総合的に判断するものとする。

第187回 下野新聞模擬テスト

社　会　【解　説】

社　　会〔解説〕

1　1(2)　**ウ**は温暖湿潤気候の都市。南半球に位置するため北半球と季節が反対で，６月から９月にかけて冬が訪れる。**ア**は西岸海岸性気候の都市，**イ**はサバナ気候の都市を示している。

(3)　**Q**はアフリカ州で，北部と中南部で宗教や言語の特徴が大きく変わる。北部はイスラム教の影響を受けて，アラビア語を話し，イスラム教を信仰する国が多い。中南部は現地の言語や宗教が信仰されている反面，植民地化の影響を受け，ヨーロッパの言語を公用語とし，キリスト教を信仰する国が多い。

3　**イ**の説明は，南アメリカ大陸に位置するアンデス山脈の様子。アンデス山脈の中でも，赤道付近では標高の違いに伴う気候の違いにより，育てる農作物を変えている。標高4,000m以上の農作物が育たない場所では，リャマやアルパカを飼育している。

4　EUでは，西ヨーロッパと東ヨーロッパの経済格差が大きいため，東ヨーロッパ出身の労働者が西ヨーロッパに移住している。そのため，賃金の高い西ヨーロッパの国の国民が失業するなどの問題がおきている。

2　**1**　日本の標準時子午線は東経135度の経線で，兵庫県明石市を通る。

2　高知城が位置する高知市は，夏の降水量が多い太平洋側の気候である**エ**。**ア**は一年を通じて降水量の少ない瀬戸内の気候で，備中松山城が位置している高梁市，**イ**は年降水量が少なく，気温の差が大きな内陸性の気候の松本市。**ウ**は気温が低い弘前市。

4　愛知県は中京工業地帯の自動車産業が盛んであるため，第２次産業の人口割合が多い**ウ**。**ア**は促成栽培が盛んで第１次産業の割合が多い高知県，**イ**は阪神工業地帯の影響を受けて，第２次産業の割合が多い兵庫県，**エ**は果実栽培が盛んで，第１次産業の割合が多い青森県である。

6　**資料1**からは，加工・生鮮の両方において輸入量の割合が多いことが読み取れる。その原因として**資料2**からは，国産より価格の安い外国産を輸入していることが分かる。

3　**1**　桓武天皇は，平安京の造営とともに東北地方の蝦夷にたびたび大軍を送った。

3　後鳥羽上皇は，鎌倉幕府をたおそうと兵をあげ，幕府はこれに対して御家人を集結させ，京都へ大軍を送った(承久の乱)。幕府はこれに勝利したので，朝廷を監視し，西日本の武士を統率するため，六波羅探題を設置した。

6　**図2**は，イギリス・インド・中国(清)における三角貿易を示している。インドから中国に輸出されたアヘンをめぐってイギリスと中国の間でアヘン戦争がおき，イギリスが勝利した。

7　**A**は奈良時代，**E**は平安時代中頃，**C**は鎌倉時代，**B**は鎌倉時代末から室町時代，**D**は江戸時代前半，**F**は江戸時代後半の人物。

4　**2**　**ア**は江戸時代中期，**イ**は明治時代初期，**エ**は第二次世界大戦後の昭和時代について述べている。

3　**ウ**は大正デモクラシーの動き。第二次世界大戦について，**イ**が大戦前，**ア**が大戦中，**エ**が大戦後のできごと。

5　**エ**日本と韓国の国交が回復したのは1965年。**ア**は1955年，**イ**は1975年，**ウ**は1989年のできごと。

6　**図**から石炭国内生産量が減り，石油輸入量が多くなっていることが分かる。高度経済成長期には，エネルギー源が石炭から石油に変わるエネルギー革命がおき，輸入される石油に対する依存度が高まった。

5　**2**　グローバル化が進んだことで，商品や製品の貿易がしやすくなった。EUでは，製品の輸出入時に関税がかからないため，国際分業が進んでいる。また，世界中でも同様の現象がおきている。

4　インドネシアは，国民の約９割がイスラム教徒である。イスラム教では，豚肉を食べることが禁止されている。

6　**ア**と**ウ**は，全会一致の特徴である。

6　**1**　ロックの「統治二論」，ルソーの「社会契約論」，モンテスキューの「法の精神」は，イギリスやアメリカ，フランスの市民革命に大きな影響を与えた。

3　男女の平等な雇用について規定された男女雇用機会均等法と混同しないように注意する。

5　憲法改正の手続きにおいては，各議院の総議員の「３分の２以上」や国民投票において「過半数」などの数値の違いも覚えておくこと。

6　プライバシーの権利とは，私生活に関する情報を公開されない権利のことで，住所や名前などの個人情報が代表的なものとして挙げられる。情報化の進展に伴い，これらの情報が勝手に公開されたり，流出したりする危険性が出ている。

7　**2**　さくらんぼの国内収獲量は，８割近くを山形県が占めている。

3　社会の利益となる場合，個人の権利が制限されることがある。これを公共の福祉という。

4　五大湖周辺の北側には，鉄鉱石の産出地，南側のアパラチア山脈には石炭の産出地がある。鉄鉱石と石炭は鉄鋼を生産するために必要な原料で，これで自動車を生産し，五大湖から水運で輸出されている。

第187回 下野新聞模擬テスト

英語 【解説】

英 語 〔解説〕

1 リスニング台本と解答を参照。

2 1 (1) 前後の文の動詞が過去形なので，「～をする」という意味の do の過去形 did を選ぶ。

(2) スピーチの話題なので，「話す」という意味の speak を選ぶ。

(3) 「～に語りかける」という意味になるよう talk を選ぶ。

(4) 「スピーチを聞いている人たち」という意味になるよう関係代名詞 who を選ぶ。

(5) 直後に「簡単な英語で十分です」とあるので，don't have to を選ぶ。「第三に，私たちは難しい英語を使う必要はありません」という意味の文にする。

(6) things と複数の語が続くので，these「これらの」を選ぶ。

2 (1) <more＋形容詞の原級＋than ～>「～よりも…です」の形にする。popular は more をつけて比較級にする。

(2) <Have[Has]＋主語＋ever＋過去分詞～?>の現在完了の疑問文にする。「～へ行ったことがありますか」。

(3) <It is ～ (for＋(人))＋to＋動詞の原形>の否定文の形にする。「(人が)…するのは～ではありません」という意味を表す。

3 1 (1) チラシの中の男性のセリフを表す。「～で有名な」は be famous for ～で表す。

(2) ジャックは何人かの女の子が写っている写真について言っている。are dancing (on the stage)などとする。

(4) チラシの中の「北山駅からバスで10分です」という説明から，takes ten minutes by bus などとする。

2 英太は「それは～に開催される予定です」と答えているので，ジャックは「そのお祭りはいつ開催するのですか」とたずねたと考えられる。 hold は「開催する」→受け身の形で be held は「開催される」。hold の過去分詞は held。

3 本文訳参照。ジャックは「僕は毎週土曜日の午後に剣道のけいこをします」と言っている。

4 本文訳参照。「それ(＝和太鼓体験教室)は～に違いない」につながるよう，exciting「わくわくする，楽しい」を選ぶ。

5 本文訳参照。英太とジャックが秋祭りに行くときの予定をまとめなおす。①family は英太の4番目の発言内，②learn は英太の8番目の発言内にある。

6 下線部は「あなたはどの学校行事がいちばん好きですか。僕にそのうちの一つを紹介してくれますか」という意味。いちばん好きな学校行事を具体的に紹介して，開催された時期や，そのときにしたこと，それについての自分の感想などを書くとよい。

4 1 本文訳参照。**A**はホームステイ先の町が自分の町のようだと言っている場面。happy「うれしい」を入れるのが適切。**B**は苗木を植える作業をやってみようと誘われた場面。excited「わくわくした」を入れるのが適切。

2 本文訳参照。下線部直前のジェーン(Jane)の発言内容をまとめる。

3 質問は「カナダの人々はなぜ森を育てるのですか」という意味。第3段落4～6行目を参照。

4 本文訳参照。第3段落3～4行目と最終段落の最後の2文の内容をまとめる。

5 **ア**…第1段落1行目参照。智子はカナダに一か月間滞在したとあるので，誤り。

イ…第2段落参照。智子はジェーンと森に行ったが，そこではグリーンさん(Mr. Green)には会っていないので，誤り。

ウ…第2～3段落参照。同じ内容を読み取ることができるので，正しい。

エ…最終段落1～2行目参照。智子の友だちは森についてあまり知らなかったとあるので，誤り。

5 1 本文訳参照。「それらは介護ロボットと呼ばれています」となるよう called を選ぶ。

2 本文訳参照。take care of ～で「～の世話をする」という意味を表す。

3 本文訳参照。直前の文の内容をまとめる。

4 最終段落最後の文参照。筆者はお年寄りの介護のために，ロボットを適切な時に適切な場所で使えば，お年寄りの生活はよりよくなると言っている。

第187回 下野新聞模擬テスト

英語 【解説】

〔本文訳〕

3 ジャック：やあ，英太。そのチラシは何ですか。
英太：やあ，ジャック。このチラシは，秋祭りについてのものだよ。秋祭りは毎年，あさひ公園で行われるんだ。
ジャック：秋祭り？　そのお祭りでは何をするの。
英太：チラシを見て。この写真は昨年のお祭りでの花火だよ。チラシの男性は，この祭りは花火で有名ですと言っているよ。
ジャック：ああ，とても美しいね。英太，別の写真があるよ。この写真では，何人かの女の子が舞台で踊っている。彼女たちはとても楽しそうに見えるよ。
英太：このお祭りではいくつかのショーを楽しめるよ。今年は5時30分に始まるよ。
ジャック：お祭りはいつ開催するの。
英太：11月20日の土曜日に開催されるよ。僕の家族と一緒に行くかい。
ジャック：もちろん。行きたいけど……。
英太：ああ，何かすることがあるの。
ジャック：うん。5時まで忙しい。毎週土曜日の午後に剣道のけいこをするんだ。
英太：心配しないで。6時までに公園に着けば，和太鼓ショーや花火を楽しむことができるよ。
ジャック：和太鼓とは何なの。
英太：それは「伝統的な日本のドラム」だよ。僕たちはそこで和太鼓体験教室に参加できるんだ。
ジャック：わくわくするに違いないね。オーストラリアでは，僕はブラスバンドに所属していて，ドラムを演奏していたんだ。でも和太鼓のことは聞いたことがないよ。
英太：僕の兄は和太鼓チームの一員なんだ。君はそれを演奏するやり方を習うことができるよ。彼のクラスに参加したいかい？
ジャック：もちろん。僕たちはどこで会おうか。
英太：北山駅で会おう。あさひ公園行きのバスの運行が20分おきにあるんだ。北山駅からあさひ公園までバスで10分かかるよ。
ジャック：わかったよ。では，北山駅からどのバスに乗ったらいいの。
英太：ええと……。5時40分のバスに乗ろう。僕たちは和太鼓ショーが始まる前に到着するよ。この計画でどうかな。
ジャック：すばらしいね。英太，僕たちの学校でも秋祭りのように，いくつかおもしろい行事があるよね。君はどの学校行事がいちばん好きなの。僕にそのうちの一つを紹介してくれるかい。

4 昨年の夏，私はカナダを訪れ，一か月間ホストファミリーのもとに滞在しました。ホストファミリーは山の多い小さな町に住んでいました。私がホストファーザーに会ったとき，彼は「私たちの町へようこそ，智子。滞在を楽しんで」と言いました。私は「ありがとうございます，グリーンさん。私は日本の栃木にある山の近くの小さな町から来ました。この町は日本の私の町みたいなので，私はうれしいです」と言いました。私がカナダに滞在している間，ホストシスターのジェーンはよく私を町にあるいくつかのおもしろい場所に連れて行ってくれました。私は彼女とたくさんのことをして楽しみました。

ある日，ジェーンと私は美しい森に行きました。私たちはそこで何人かの人を見かけました。彼らは森で働いていました。私はジェーンに「彼らは何をしているの」と尋ねました。ジェーンは「彼らは木の世話をしています。彼らは森を育てるために草を刈って，苗木を植えているの」と言いました。私は男の子や女の子を何人か見かけました。彼らは他の大人たちと一緒に働いていました。私は「ここには子どもが何人かいるね。彼らも働いているの」と言いました。ジェーンは「ええ。彼らはボランティアとして大人たちを手伝っているの。私もときどき，彼らを手伝うのよ」と言いました。私は彼らはすばらしいなと思いました。それからジェーンは「彼らは今，苗木を植えているの。今日，あなたはいくつかの苗木を植えることで手伝いができるよ。やってみたい？　きっと楽しめると思うよ」とつけ加えました。私はそれを聞いてわくわくしました。

私はジェーンと一緒に苗木を植えてみました。それは私の初めての経験でした。木を植えることは少し大変でしたが，とても楽しかったです。木を植えた後で，ジェーンは私に「日本の人たちは森のために何をしているの」と尋ねました。私は森について何も知らなかったので，彼女の質問に答えることができませんでした。するとジェーンは「森は私たちにとって大切です。森は私たちに新鮮な空気やたくさんの水や，その他の大切なものをくれるの。森は私たちを自然災害からも守ってくれるのよ。だからカナダでは，森を育てるために毎年苗木を植えているの」と言いました。私はジェーンから森について多くのことを学びました。

栃木に戻った後，私は友だちと森について話しました。しかし，彼らは森についてあまり知りませんでした。私は父とも話しました。父は「以前は山で働くために多くの人が私たちの町に住んでいたよ。でも今では，ここの山で働く人はそれほど多くないね」と言いました。私は，日本の若い人たちは森についてもっと知る必要があると思います。きっと私たちも自国の森のために何かできると思います。

5 今日，介護施設の中にはお年寄りの世話をするために，すでにロボットを使い始めているところがあります。それらは介護ロボットと呼ばれています。介護ロボットはお年寄りのために何ができるのでしょうか。いくつかの例を見てみましょう。

お年寄りの世話をするときには，難しいことがたくさんあります。たとえば，お年寄りをベッドやトイレに連れて行くのはとても大変です。ある介護ロボットは，介護者が仕事をするときに手助けができます。そのロボットは力がもっとあるので，介護者は簡単にお年寄りを世話することができます。この種類のロボットがより頻繁に使われれば，介護者の仕事はより容易になります。そうすれば，お年寄りの生活もより楽になるでしょう。

多くのお年寄りは，うまく歩けないことがよくあります。別の介護ロボットはお年寄りのもつその問題を手助けすることができます。お年寄りがこれらのロボットを使うと，介護者の助けがなくても多くのことができます。たとえば，それらのロボットは，お年寄りが自分でトイレに歩いて行きたいときに彼らの手助けができます。介護者に助けを頼むとき，申し訳ないと思うお年寄りもいます。この種類のロボットはそのような人々を幸せにすることができます。

介護ロボットを介護施設で使うことをよくないと思う人もいます。彼らは人の世話は人がするべきだと考えています。しかしながら，今日の日本ではお年寄りがだんだん増えているので，より多くの介護者が必要になるでしょう。介護ロボットは，介護者とお年寄りの両方にとってとても役立つでしょう。適切な時に適切な場所で介護ロボットを使用すれば，お年寄りの生活をさらによりよくすることができるでしょう。

第187回 下野新聞模擬テスト

英語 【解　説】

英語問題 1 〔リスニング台本〕

台　本	時　間
これから中学3年生　第187回　下野新聞模擬テスト　英語四角1番，聞き方のテストを行います。 なお，練習はありません。 （ポーズ約5秒） これから聞き方の問題に入ります。問題用紙の四角で囲まれた1番を見なさい。問題は1番，2番，3番の三つあります。 最初は1番の問題です。問題は(1)から(3)まで三つあります。英語の対話とその内容についての質問を聞いて，答えとして最も適切なものを**ア**，**イ**，**ウ**，**エ**のうちから一つ選びなさい。対話と質問は2回ずつ言います。 では始めます。 (1)の問題です。　*A* : Good morning. May I help you? *B* : Yes. I would like to buy this cake. *A* : Sure. Anything else? 質問です。　*Q* : Which picture shows this?　（約5秒おいて繰り返す。）（ポーズ約5秒） (2)の問題です。　*A* : Kyoko, what are you going to do tomorrow? *B* : I'm going to watch a basketball game on TV at home. What are your plans for tomorrow, Tom? *A* : I'm going to go to the stadium to see a soccer game. 質問です。　*Q* : What is Tom going to do?　（約5秒おいて繰り返す。）（ポーズ約5秒） (3)の問題です。　*A* : Shun, look at those dogs. *B* : Oh, they are in a box. Are they yours? *A* : Yes. They are so cute. 質問です。　*Q* : What are they looking at?　（約5秒おいて繰り返す。）（ポーズ約5秒）	（1番） 約3分
次は2番の問題です。問題は(1)と(2)の二つあります。英語の対話とその内容についての質問を聞いて，答えとして最も適切なものを**ア**，**イ**，**ウ**，**エ**のうちから一つ選びなさい。質問は問題ごとに①，②の二つずつあります。対話と質問は2回ずつ言います。 では始めます。 (1)の問題です。　*Woman* : Excuse me. This is my first time here. Can you help me? *Man* : Sure. What can I do for you? *Woman* : I want to go to Midori Station. My friend is waiting for me there. Does that yellow train go there? *Man* : Yes. But it stops at every station and will get there at eleven forty. I think you should take another train. *Woman* : Another train? *Man* : Yes. The green train stops at only five stations. *Woman* : That sounds good. *Man* : It will get to Midori Station thirty minutes earlier. It will come in twenty minutes. You can wait for it here. *Woman* : I will take that one then. Thank you very much. *Man* : You're welcome. ①の質問です。　Why does the woman want to go to Midori Station?　（ポーズ約3秒） ②の質問です。　What time will the green train get to Midori Station?　（約5秒おいて繰り返す。）（ポーズ約5秒） (2)の問題です。　*Father* : Ann, what are you looking at? *Ann* : Hi, Dad. I'm looking at the weather news on the internet. Tomorrow, I'm going to go to a park with my teacher and classmates. It will be sunny in Utsunomiya. *Father* : That's good. Ann, tomorrow will be the warmest day this week. Don't forget to take something to drink with you. *Ann* : Of course, Dad. *Father* : Can I check the weather in Osaka this week? I'm going to go there for work. *Ann* : Sure. Oh, Osaka will be warmer than Utsunomiya. *Father* : Really? Let me see .... Oh, no. When I go to Osaka, it will be rainy there. *Ann* : When are you going to come home? *Father* : I'm going to come home on Friday. It will be rainy in Osaka that day, too. *Ann* : I hope you will have a good time in Osaka. ①の質問です。　What day of the week is Ann going to go to a park?　（ポーズ約3秒） ②の質問です。　How many days is Ann's father going to be in Osaka?　（約5秒おいて繰り返す。）（ポーズ約5秒）	（2番） 約5分
次は3番の問題です。あなたは，英語の授業で行う活動についてホワイト先生(Ms. White)による説明を聞いています。説明を聞いて，その内容をまとめた英語のメモを完成させなさい。英文は2回言います。 では始めます。 We'll have a special class on Wednesday next week. Please bring your favorite thing from your house. You will show it to your friends and talk about it in English. So find something this weekend. You must not choose any food. Then please write about it in your notebook in English. On Monday morning, bring me your notebook. I'll read it and give your notebook back to you on Tuesday morning. After that, please practice talking a lot. When you speak in the class, you must not look at your notebook. Do your best and enjoy talking in English! （約5秒おいて）繰り返します。（1回目のみ）　（ポーズ約5秒） これで聞き方の問題を終わります。では，ほかの問題を始めなさい。	（3番） 約3分

第187回 下野新聞模擬テスト

数学 【解説】

数学〔解説〕

① **1** $-9+(+5)=-9+5=-4$

2 $\frac{1}{4}x\times(-8y^2)=-\frac{x\times8y^2}{4}=-2xy^2$

3 $\frac{a^3}{b^2}=\frac{2^3}{(-4)^2}=\frac{8}{16}=\frac{1}{2}$

4 $x^2-64=x^2-8^2=(x+8)(x-8)$

5 $m=\frac{1}{2}(a+b)$の両辺に2をかけて，$2m=a+b$，$a+b=2m$，$a=2m-b$

6 **ア**…自然数は正の整数のことだから0は含まない。**ウ**…循環小数は有理数である。**エ**…$\sqrt{16}=4$だから有理数である。

7 $\angle\mathrm{BCD}=90°+60°=150°$で，BC＝CDだから，

$\angle\mathrm{CBD}=\frac{180°-150°}{2}=15°$である。右の図のように，辺ACと線分BDの交点をEとするとき，△BCEの内角と外角の関係より，

$\angle x=\angle\mathrm{CBE}+\angle\mathrm{BCE}=15°+90°=105°$

①7

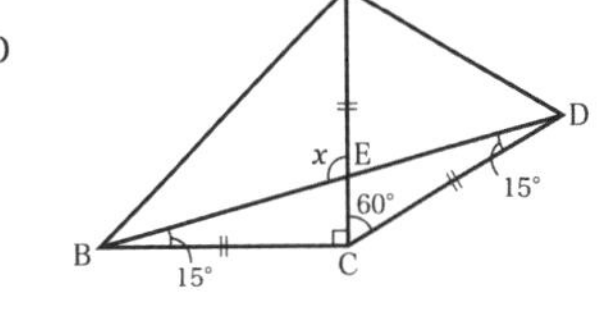
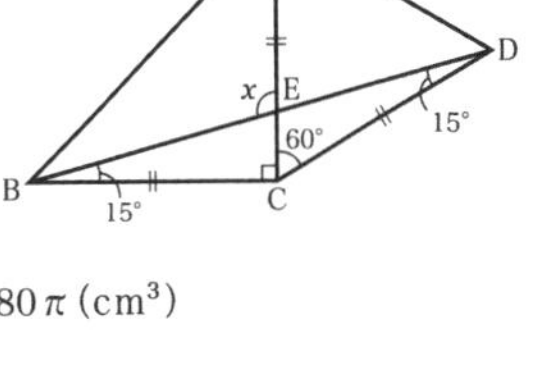

8 (変化の割合)$=\frac{(y\text{の増加量})}{(x\text{の増加量})}$だから，$3=\frac{(y\text{の増加量})}{2}$より，

(yの増加量)$=6$

9 底面の半径が6cm，高さが5cmの円柱を表すから，体積は$\pi\times6^2\times5=180\pi(\mathrm{cm}^3)$

10 $\sqrt{15}\times\sqrt{10}=\sqrt{3\times5}\times\sqrt{2\times5}=\sqrt{3\times5\times2\times5}=5\sqrt{6}$

11 $x^2+3x+1=0$の左辺は因数分解できないから，解の公式を利用して，

$x=\frac{-3\pm\sqrt{3^2-4\times1\times1}}{2\times1}=\frac{-3\pm\sqrt{9-4}}{2}=\frac{-3\pm\sqrt{5}}{2}$

12 x円に10％の消費税が加算されると$\left(1+\frac{10}{100}\right)x=\frac{11}{10}x$(円)になるから，

$\frac{11}{10}x>1000$

①14

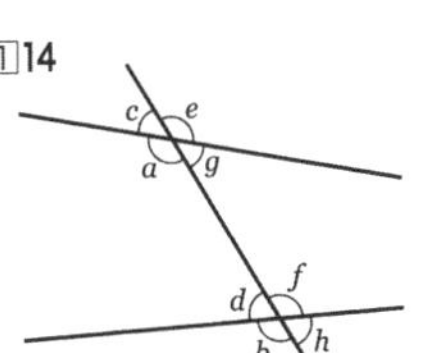

13 $3x+4y=12$…①，$x-2y=4$…②

①＋②×2より，$5x=20$，$x=4$　これを②に代入して，$4-2y=4$，$y=0$

したがって，①，②の交点の座標は（4，0）

14 右の図で，対頂角は$\angle a$と$\angle e$，$\angle c$と$\angle g$，$\angle b$と$\angle f$，$\angle d$と$\angle h$，同位角は$\angle a$と$\angle b$，$\angle c$と$\angle d$，$\angle e$と$\angle f$，$\angle g$と$\angle h$，錯角は$\angle a$と$\angle f$，$\angle g$と$\angle d$，同側内角は$\angle a$と$\angle d$，$\angle g$と$\angle f$である。

② **1** 180°の回転移動だから，点Aに対応する点Pは半直線AO上にあり，AO＝OPである。また，点Bに対応する点Qは半直線BO上にあり，BO＝OQである。

【作図法】① 半直線AOを引く。
② コンパスでAO＝OPとなる点Pを求める。
③ 半直線BOを引く。
④ コンパスでBO＝OQとなる点Qを求める。
⑤ ②，④で求めた点P，Qを両端とする線分PQを引く。

②1

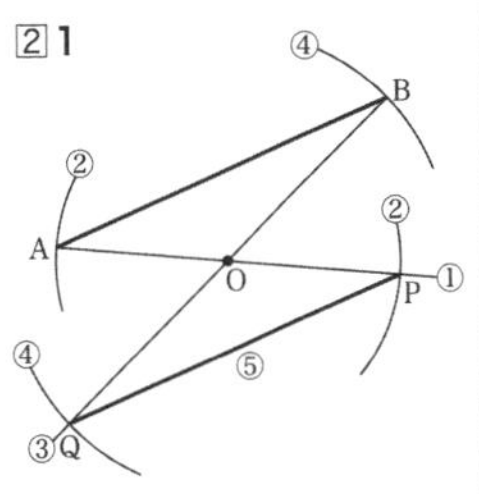

2 Sさんの得点の方がTさんの得点よりも高くなるのは，Sさんの得点が5点(奇数が出たとき)で，Tさんの得点が4点以下になる，次の12通りの場合である。

(Sさん，Tさん)＝(1，1)，(1，2)，(1，3)，(1，4)，(3，1)，(3，2)，(3，3)，(3，4)，(5，1)，(5，2)，(5，3)，(5，4)

2人のさいころの目の出方のすべての場合の数は$6\times6=36$(通り)だから，

求める確率は$\frac{12}{36}=\frac{1}{3}$である。

3 点Aの座標は$(-4,\ 4)$だから，関数$y=ax^2$に，$x=-4$，$y=4$を代入すると，

$4=16a$　これを解いて，$a=\frac{1}{4}$

yの変域に関しては，$a>0$であり，xの変域に0が含まれることから，右の図より，yの最小値は0である。また，-4の方が2よりも絶対値が大きいから，$x=-4$のときの$y=4$が最大値である。

②3

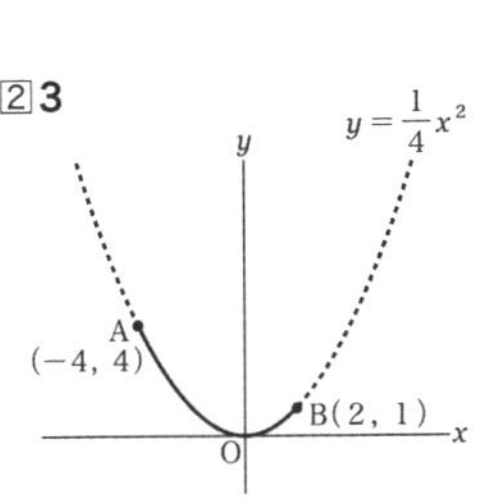

③ **1** 来年の年齢は今日の年齢より1歳多くなり，6年後の年齢は今日の年齢より6歳多くなる。

2 (1) 資料の最小値は2，最大値は47だから，分布の範囲は$47-2=45$である。

第187回 下野新聞模擬テスト

数　学　【解　説】

(2) 資料の個数は15個だから，中央値は小さい方から8番目の19である。また，第1四分位数は小さい方の7個の資料の中央値だから7である。

7個　　　　　中央値　　　　　7個
2　3　5　⑦　11　13　17　⑲　23　29　31　㊲　41　43　47
第1四分位数　　第2四分位数　　第3四分位数

(3) 四分位範囲とは，第3四分位数と第1四分位数の差のことである。第3四分位数は大きい方の7個の資料の中央値だから37であり，四分位範囲は $37-7=30$ である。

④ **1** 直角三角形の合同条件を使って証明する。

2 (1) △DEFを底面とすると，底面積は $\frac{1}{2}\times8\times6=24\,(\mathrm{cm}^2)$ で，高さ(PF)は $7-5=2\,(\mathrm{cm})$ だから，

三角錐P－DEFの体積は $\frac{1}{3}\times24\times2=16\,(\mathrm{cm}^3)$

(2) 切断面である△PDEの面積を $S\,\mathrm{cm}^2$ とすると，
三角錐P－DEFの表面積は，△DEF，△PDF，△PEF，△PDEの面積の和になるから，

$$\frac{1}{2}\times8\times6+\frac{1}{2}\times8\times2+\frac{1}{2}\times6\times2+S=38+S\,(\mathrm{cm}^2)$$

また，立体ABC－DEPの表面積は，△ABC，長方形ABED，台形PCAD，台形PCBE，△PDEの面積の和になるから，

$$\frac{1}{2}\times8\times6+7\times10+\frac{1}{2}\times(5+7)\times8+\frac{1}{2}\times(5+7)\times6+S=178+S\,(\mathrm{cm}^2)$$

したがって，三角錐P－DEFと立体ABC－DEPの表面積の差は，

$(178+S)-(38+S)=140\,(\mathrm{cm}^2)$

⑤ **1** 図2のグラフより，太郎さんは家を出発してから5分間で300m歩いたことがわかる。よって，その速さは，$300\div5=60$ より，毎分60mである。

2 求める式は直線(1次関数)の式だから $y=ax+b$ と表せる。5分後の座標が点(5, 300)であるから，$x=5$，$y=300$ を代入して，$300=5a+b$ …①

また，8分後の座標が点(8, 240)であるから，$x=8$，$y=240$ を代入して，$240=8a+b$ …②

①，②を連立方程式として解くと，$a=-20$，$b=400$

以上より，求める式は $y=-20x+400$

3 $5\leqq x\leqq8$ の範囲で，太郎さんと花子さんの距離は，1分間につき

$(300-240)\div(8-5)=20\,(\mathrm{m})$

ずつ縮まっているから，花子さんの歩く速さは太郎さんより毎分20mだけ速い，毎分80mである。

右の図より，太郎さんが家を出発してからバス停に着くまでに

$720\div60=12$ (分)

かかり，このときの時刻である9時12分には，花子さんはバス停から

$720-80\times(12-5)=720-560=160\,(\mathrm{m})$

の地点にいることになる。したがって，9時13分に発車するバスに乗るまでの1分間を，

$160\div1=160$

より，毎分160m以上の速さで走ればよい。

⑤3

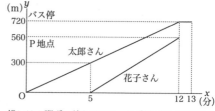

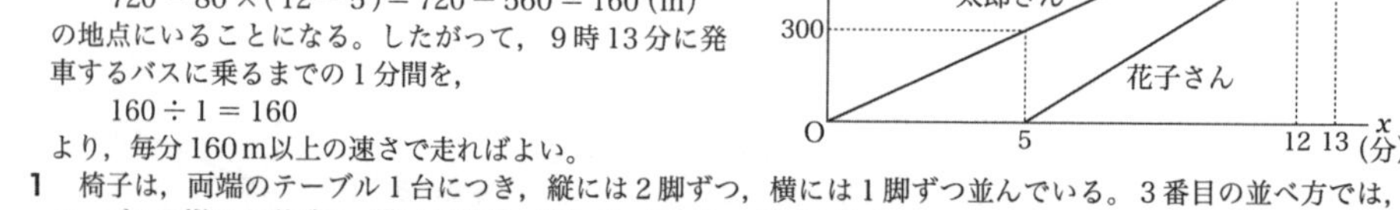

⑥ **1** 椅子は，両端のテーブル1台につき，縦には2脚ずつ，横には1脚ずつ並んでいる。3番目の並べ方では，テーブルが縦に3列ずつ，横に9列ずつ並んでいるから，椅子の数は，

$2\times3\times2+1\times9\times2=12+18=30$ (脚)

また，図や表より，テーブルの横の列数は，縦の列数の2乗になっていることがわかる。したがって，4番目の並べ方におけるテーブルの横の列数は

$4^2=16$ (列)

2 n 番目の並べ方においては，テーブルの縦の列数は n 列，横の列数は n^2 列になるから，テーブルの総数は，

$n\times n^2=n^3$ (台)

3 **1**の解説より，椅子は，両端のテーブル1台につき，縦には2脚ずつ，横には1脚ずつ並んでいる。また，**2**の解説より，x 番目の並べ方においては，テーブルの縦の列数は x 列，横の列数は x^2 列になるから，椅子の数が198脚になるときの並べ方を x 番目とすると，

$2\times x\times2+1\times x^2\times2=198$

これを解くと，$2x^2+4x-198=0$

$x^2+2x-99=0$

$(x+11)(x-9)=0$ より，$x=-11$，9

ただし，x は自然数だから，$x=-11$ は問題に適さない。

$x=9$ は問題に適する。

したがって，9番目の並べ方である。

第187回 下野新聞模擬テスト

理科 【解説】

理　　科 〔解説〕

① 1　溶岩のねばりけが小さいと穏やかな噴火をする。雲仙普賢岳と昭和新山は激しい爆発的な噴火を，マウナロアは穏やかに溶岩を流し出す噴火をする。なお，桜島はこれらの中間的な噴火をする。
2　アンモニアの水溶液(アンモニア水)はアルカリ性を示す。
3　アミラーゼは，デンプンをブドウ糖が2分子結びついている物質に分解するはたらきをもつ。
4　圧力の単位であるPaはパスカルと読み，力の大きさ〔N〕を面積〔m^2〕で割ることで求められるので，N/m^2という単位を用いることもある。なお，Nは力や重さ，g/cm^3は密度，Jは熱量や電力量を表す単位である。
5　ゆれXを主要動といい，S波によって伝えられる。S波はSecondary Wave(2番目の波)の略である。
6　S(硫黄原子)とCu(銅原子)が1：1の個数の割合で結びついている物質は硫化銅である。
7　花弁が互いにくっついている花を合弁花といい，合弁花をさかせる双子葉類を合弁花類という。
8　横軸の2目盛り分の$0.005 \times 2 = 0.01$〔s〕で1回振動しているので，振動数(1秒あたりの振動の回数)は$1 \div 0.01 = 100$〔Hz〕である。

② 1　深成岩は，マグマが地下深くでゆっくりと冷え固まってできた火成岩で，火山岩は，マグマが地表や地表付近で急速に冷え固まってできた火成岩である。
2　花こう岩や流紋岩のように，無色鉱物を多く含んでいるほど白っぽい色になる。また，深成岩は等粒状組織を，火山岩は斑状組織をしていて，岩石Xはせん緑岩，Yは安山岩である。
3　チョウ石はすべての火成岩に高い割合で含まれている。セキエイも無色鉱物であるが，主に無色や白色で不規則な形をしている。

③ 1　うすい塩酸に石灰石の主成分である炭酸カルシウムを加えると，二酸化炭素が発生する。
2　発生した二酸化炭素は空気中に拡散するので，反応前後の全体の質量の差を求めればよい。このことは，化学変化の前後で，その化学変化に関係する物質全体は変化しないという質量保存の法則による。したがって，発生した二酸化炭素の質量は$1.0 + 135.0 - 135.6 = 0.4$〔g〕である。
3　炭酸カルシウムの質量が1.5gまでは，発生した二酸化炭素の質量は加えた炭酸カルシウムの質量に比例しているが，炭酸カルシウムの質量が1.5g以上では二酸化炭素の質量は一定になっている。よって，30mLのうすい塩酸と過不足なく反応した炭酸カルシウムは1.5gであることがわかる。したがって，溶け残っていた炭酸カルシウムは$2.5 - 1.5 = 1.0$〔g〕なので，これを完全に反応させるためには，$30 \times \frac{1.0}{1.5} = 20$〔mL〕のうすい塩酸が必要である。

④ 1　酸素を吸収して二酸化炭素を放出しているはたらきXは呼吸で，二酸化炭素を吸収して酸素を放出しているはたらきYは光合成である。
2　気孔は，呼吸や光合成における酸素や二酸化炭素の出入り口であり，蒸散における水蒸気の出口でもある。
3　日光の量には関係なく，呼吸は常に行っていて，日光が十分に当たっている昼間は，呼吸よりも光合成の方を盛んに行っている。また，日光がまったく当たらない夜間には，光合成を行わずに呼吸のみを行っている。

⑤ 1　電流の正体は，陰極から陽極へ向かって移動する電子の流れである。
2　電源装置や手回し発電機程度の電圧では，空間に電流を流すことはできない。誘導コイルは，非常に高い電圧を加えることができる器具である。
3　空間を電流が流れる現象を放電といい，実験のように圧力の小さな空間で起こる放電を真空放電，雷のように普通の空間で起こる放電を火花放電という。

⑥ 1　気温の変化を水温の変化に置きかえることによる実験なので，気温と水温を同じにしておく必要がある。
2　容器の表面についたくもりは，空気中に含まれている水蒸気が容器の表面にふれて冷やされ，液体の水に変化したものである。このように，空気の温度を下げていったときに，空気中の水蒸気が飽和して水滴に変化し始める温度を露点という。
3　気温25℃，露点19℃における飽和水蒸気量は，それぞれ$23.1 g/m^3$，$16.3 g/m^3$である。したがって，湿度は$\frac{16.3}{23.1} \times 100 = 70.5 \cdots$〔%〕である。
4　空気$1 m^3$中には16.3gの水蒸気が含まれていて，気温23℃における飽和水蒸気量は$20.6 g/m^3$なので，空気$1 m^3$中にあと$20.6 - 16.3 = 4.3$〔g〕の水蒸気を含むことができる。したがって，理科実験室全体では4.3〔g/m^3〕$\times 180$〔m^3〕$= 774$〔g〕の水蒸気を含むことができる。

⑦ 1　リトマス紙の色への影響も考慮して，中性の電解質の水溶液をしみ込ませればよい。
2　うすい塩酸の溶質である塩化水素は，水溶液中で$HCl \rightarrow H^+ + Cl^-$のように電離していて，うすい塩酸が示す酸性の性質は，水溶液中に生じている水素イオン(H^+)による。水素イオンは陽イオンなので，電圧を加えると陰極側に移動する。これにより，陰極側の青色リトマス紙が赤色に変化する。
3　うすい水酸化ナトリウム水溶液の溶質である水酸化ナトリウムは，水溶液中で$NaOH \rightarrow Na^+ + OH^-$のように電離していて，うすい水酸化ナトリウム水溶液が示すアルカリ性の性質は，水溶液中に生じている水酸化物イオン(OH^-)による。水酸化物イオンは陰イオンなので，電圧を加えると陽極側に移動する。
4　塩酸と水酸化ナトリウム水溶液は$HCl + NaOH \rightarrow H_2O + NaCl$のように反応し，水と塩化ナトリウムという塩が生成する。

⑧ 1　種子の形状の「丸」と「しわ」のように，ある一つの形質について同時に現れない二つの形質が存在するとき，これらの形質どうしを対立形質という。
2　異なる形質をもつ純系どうしをかけ合せたとき，子に現れる形質を顕性形質，現れない形質を潜性形質という。
3　子の代の遺伝子の組み合わせはすべてAaなので，子の自家受粉でできる孫の代の遺伝子の組み合わせはAA，Aa，aaの3種類があり，理論上，AA：Aa：aa＝1：2：1の割合で出現する。
4　遺伝子の組み合わせがAAとAaのものに顕性の形質である「丸」が，aaのものに潜性の形質である「しわ」が現れるので，孫の代でできたすべての種子の個数は，$n \times \frac{1+2+1}{1} = 4n$〔個〕ほどであったと考えられる。

⑨ 1　重力を表す矢印を対角線とし，斜面に平行な向きと垂直な向きを隣り合う2辺とする平行四辺形(長方形)を作図することで，重力の二つの分力を求めることができる。これらの分力のうち，斜面に平行な向きの分力によって，斜面上を運動する小球の速さは一定の割合で速くなっていく。
2　A点からC点までの距離は$1.2 + 3.6 = 4.8$〔cm〕であり，この距離を運動するのに0.2秒かかっている。したがって，このときの小球の平均の速さは4.8〔cm〕$\div 0.2$〔s〕$= 24$〔cm/s〕である。
3　斜面上で速さが増加する割合は一定なので，運動を始めてから0.3秒後の瞬間の速さは等しくなる。
4　空気の抵抗や摩擦力を考えないので，水平面上を運動している小球には，その運動の向きには力ははたらいていない。このときの小球には重力と垂直抗力の二つの力がはたらいていて，これらの力はつり合っている。このような場合，運動している物体は慣性により等速直線運動を続けようとする。

第188回 下野新聞模擬テスト

国語・社会・英語 【解　答】

国　語

1　1　(1) えっけん〔2点〕　(2) こうそく〔2点〕　(3) こ（がれる）〔2点〕
(4) ともな（う）〔2点〕　(5) もめん〔2点〕
2　(1) 賛否〔2点〕　(2) 留（まる）〔2点〕　(3) 善処〔2点〕
(4) 浴（びる）〔2点〕　(5) 弁舌〔2点〕
3　(1) **イ**〔2点〕　(2) **エ**〔2点〕　(3) 鶯も枕も〔2点〕　(4) **ア**〔2点〕　**4**　**ウ**〔2点〕

2　1　いえる（ひらがなのみ可）〔2点〕　**2**　**エ**〔2点〕　**3**　**イ**〔2点〕
4〔例〕主君にまっすぐに物を言い、へつらうことがなかったところ。〔2点〕　**5**　**イ**〔2点〕

3　1　**エ**〔3点〕
2〔例〕伝統的な和歌の季節感をもとにして、江戸時代の農業を中心とした生活の中で実感したもの。〔4点〕
3　初め：真夏に　終わり：心躍り（完答）〔3点〕　**4**　**イ**〔3点〕
5〔例〕季語がもともと持っていた季節感に照らして、私たちが抱いている季節感のずれを見直すこと。〔4点〕
6　**ウ**〔3点〕

4　1　**イ**〔3点〕　**2**　**イ**〔3点〕
3〔例〕背筋がまっすぐのび、顔つきも引きしまってき然としており、ふだんと別人のようだ（と感じている。）〔4点〕
4　**ウ**〔3点〕
5〔例〕作太郎のよく通る声の響きに反応して近づいてくる馬の群れの様子に高ぶる気持ち。〔4点〕
6　**エ**〔3点〕

5〔例〕私は自分の好きなことや楽しいことをしているときは時間が経つのを短く感じますが、あまりしたくないことをするときや何かを待っている時間は長く感じます。例えば部活の時間や休み時間は短く感じますが、授業の中でもあまり好きではない教科のときは長く感じられます。
　考えてみると、時間が長く感じるのは、自分が前向きになれていないときのような気がします。そのような気持ちで時間を過ごすことは自分のためにならないし、もったいないと思います。ですから、今あまり好きではない時間も、何か楽しみや、興味をもてるところを見つけて、自分にとって充実した時間を過ごせるようにしたいと思います。〔20点〕

社　会

1　1　**イ**〔2点〕　**2**　**D**〔2点〕　**3**　**ウ**〔2点〕　**4**　混合（農業）〔2点〕
5　**ウ**〔2点〕　**6**　オーストラリア〔2点〕
7〔例〕再生可能エネルギーの割合が多いため，総発電量1kWh当たり二酸化炭素排出量が他の国に比べて少ない。〔4点〕

2　1　**ア**〔2点〕
2　記号：a〔2点〕
理由：〔例〕宮城県は，海岸が複雑に入り組んでいるリアス海岸が広がり，波が穏やかなため養殖漁業がしやすいから。〔2点〕
3　(1) 工業団地〔2点〕　(2) **エ**〔2点〕　**4**　近郊（農業）〔2点〕
5　**ア，エ**（順不同・完答）〔2点〕

3　1　**イ**〔2点〕　**2**　寛政（の改革）〔2点〕　**3**　寺子屋〔2点〕　**4**　**エ**〔2点〕
5　保元の乱〔2点〕　**6**　**ア**〔2点〕　**7**〔例〕営業を独占する権利を認められた同業者の団体。〔4点〕
8　**(A)→D→C→E→F→(B)**（完答）〔2点〕

4　1　**イ**〔2点〕　**2**　**エ→イ→ア→ウ**（完答）〔2点〕　**3**　政党内閣〔2点〕
4〔例〕農産物の価格が下落し，生活が苦しくなったため。〔4点〕　**5**　学徒出陣〔2点〕　**6**　**ア**〔2点〕

5　1　**ア**〔2点〕　**2**　平和主義〔2点〕　**3**　**エ**〔2点〕
4　(1) 情報公開（制度）〔2点〕　(2) **ウ**〔2点〕　**5**　団体行動権〔2点〕

6　1　(1) 秘密（選挙）〔2点〕　(2) **エ**〔2点〕
2〔例〕衆議院は参議院と比べて，任期が短く，解散する可能性もあるため，国民の意見を反映しやすいと考えられているから。〔4点〕
3　**イ**〔2点〕　**4**　**ウ，エ**（順不同・完答）〔2点〕　**5**　国庫支出金〔2点〕

7　1　**イ**〔2点〕　**2**　学制〔2点〕
3　利点：〔例〕育児・介護による退職を防ぎ，労働者の確保につながる。〔2点〕
課題：〔例〕男性の育児休業取得率を上げる必要がある。〔2点〕
4　**ア**〔2点〕　**5**　裁判員（制度）〔2点〕

英　語

1　1　(1) **ウ**〔2点〕　(2) **イ**〔2点〕　(3) **エ**〔2点〕
2　(1) ① **ウ**〔3点〕　② **ア**〔3点〕　(2) ① **ア**〔3点〕　② **エ**〔3点〕
3　(1) nearest〔2点〕　(2) hospital〔2点〕　(3) green〔2点〕　(4) far〔2点〕

2　1　(1) **エ**〔2点〕　(2) **ウ**〔2点〕　(3) **イ**〔2点〕　(4) **エ**〔2点〕　(5) **ア**〔2点〕　(6) **イ**〔2点〕
2　(1) **ア→エ→イ→ウ**（完答）〔2点〕　(2) **エ→ウ→ア→イ**（完答）〔2点〕
(3) **ウ→オ→イ→ア→エ**（完答）〔2点〕

3　1　What time（完答）〔2点〕　**2**　**ウ**〔2点〕　**3**〔例〕7時間から8時間寝ている（こと）〔3点〕
4　(2)〔例〕when we are tired〔3点〕　(3)〔例〕he runs in the park for twenty minutes〔3点〕
(4)〔例〕he does his homework soon〔3点〕
5　① sports〔3点〕　② eat〔3点〕
6〔例〕Yes, I do. I always eat vegetables when I eat breakfast, lunch and dinner. And I don't eat too much. Also, I often go out with my friends. It makes me happy and more active.〔6点〕

4　1　**イ**〔3点〕
2〔例〕カレンが，漢字の意味を分からないまま「米」と書かれたTシャツを「気に入った」と言ったから。〔3点〕
3　looked for（完答）〔2点〕
4　①〔例〕英語をうまく話すことができない〔3点〕　②〔例〕彼らの気持ちを考える〔3点〕
5　**エ**〔3点〕

5　1　**イ**〔2点〕
2〔例〕一生懸命に働くことで，人々は幸せを感じることができ，家族を幸せにすることができるから。〔3点〕
3　**ウ**〔3点〕　**4**　**ア**〔3点〕

第188回 下野新聞模擬テスト

数学・理科 【解 答】

数 学

[1] **1** 6〔2点〕 **2** $-12a^4b^3$〔2点〕 **3** -11〔2点〕 **4** $(x+5)^2$〔2点〕
5 $h=\frac{3V}{S}$〔2点〕 **6** ウ〔2点〕 **7** 36度〔2点〕 **8** $\frac{1}{3}$倍〔2点〕
9 $36\pi\,cm^2$〔2点〕 **10** $3\sqrt{3}$〔2点〕 **11** $x=\pm 9$〔2点〕 **12** $2a+2b=\ell$〔2点〕
13 $a=10$〔2点〕 **14** イ〔2点〕

[2] **1** 右図〔4点〕
2 ① $\frac{7}{20}$〔2点〕 ② 3〔2点〕 **3** 4〔4点〕

[2]1
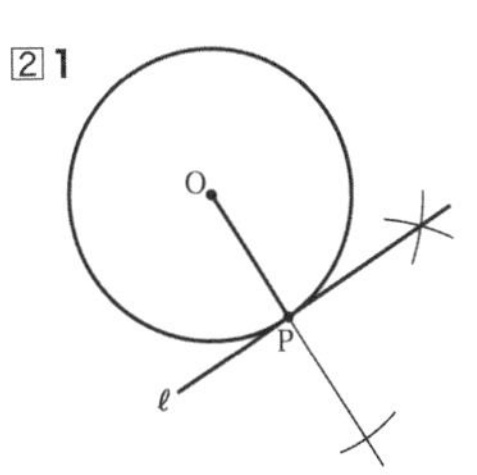

[3] **1** ある自然数をxとすると，
正しい計算の結果はx^2+3と表され，誤った計算の結果は$3x+2$と表されるから，
$3x+2=(x^2+3)-11$より，$-x^2+3x+2-3+11=0$
$x^2-3x-10=0$
$(x+2)(x-5)=0$
$x=-2,\ 5$
xは自然数だから，$x=-2$は問題に適さない。$x=5$は問題に適する。
答え（ 5 ）〔7点〕

2 (1) ① 65〔2点〕 ② 7〔2点〕 (2) 41点〔2点〕
(3) 女子生徒全員の人数をx人とすると，70点以上80点未満の階級の度数は$(x-13)$人と表される。この階級の相対度数が0.35になることから，$x-13=0.35x$
$100x-1300=35x$
$65x=1300,\ x=20$
となり，これは問題に適する。
よって，70点以上80点未満の階級の度数は，$20-13=7$(人) 答え（ 7人 ）〔5点〕

[4] **1** (証明)
△DOEと△BOFにおいて，
仮定から，DO＝BO …①
対頂角は等しいから，∠DOE＝∠BOF …②
AD//BCより，平行線の錯角は等しいから，∠ODE＝∠OBF …③
①，②，③より，1組の辺とその両端の角がそれぞれ等しいから，
△DOE≡△BOF
合同な図形の対応する辺は等しいから，EO＝FO …④
①，④より，対角線がそれぞれの中点で交わるから，四角形EBFDは平行四辺形である。〔8点〕
2 (1) 6本〔3点〕 (2) $72\,cm^3$〔4点〕

[5] **1** $8\,cm^2$〔3点〕 **2** 18cm〔5点〕
3 辺DCが正方形PQRSの内部にある$0 \leqq x \leqq 9$のとき，CR＝$(18-2x)$cmと表され，
四角形DCRSの面積が$88\,cm^2$になることから，$\frac{1}{2}\times(4+18)\times(18-2x)=88,\ x=5$
$0 \leqq x \leqq 9$だから，$x=5$は問題に適する。
辺DCが正方形PQRSの外部にある$9 \leqq x \leqq 15$のとき，CR＝$(2x-18)$cmと表され，
四角形DCRSの面積が$88\,cm^2$になることから，$\frac{1}{2}\times(4+18)\times(2x-18)=88,\ x=13$
$9 \leqq x \leqq 15$だから，$x=13$は問題に適する。 答え（ 5秒後，13秒後 ）〔5点〕

[6] **1** -6〔2点〕 **2** 13個〔2点〕 **3** (1) $4n^2-4n+1$個〔5点〕 (2) $2n^2-3n+1$個〔5点〕

理 科

[1] **1** ウ〔2点〕 **2** ア〔2点〕 **3** イ〔2点〕 **4** ウ〔2点〕
5 海岸段丘〔2点〕 **6** ポリエチレンテレフタラート（カタカナのみ可）〔2点〕
7 臼歯〔2点〕 **8** (力の) 大きさ〔2点〕

[2] **1** 〔例〕煙の粒子を水蒸気が凝結するときの核にするため。〔3点〕
2 ① 引いた ② ふくらんで（完答）〔3点〕 温度：露点〔2点〕 **3** ア，エ（順不同・完答）〔2点〕

[3] **1** $2Ag_2O \rightarrow 4Ag+O_2$〔3点〕 **2** 金属光沢（漢字のみ可）〔2点〕
3 物質：単体〔2点〕 質量比：(P：Q＝) 4：27〔2点〕

[4] **1** 〔例〕対になっている遺伝子が分かれて別々の生殖細胞に入ること。〔3点〕
2 A，B（順不同・完答）〔2点〕 **3** 3番目：P〔2点〕 期間：胚〔2点〕

[5] **1** ① 同心円〔2点〕 ② せまく〔2点〕 **2** 磁界：X〔2点〕 電流：P〔2点〕 **3** ウ〔2点〕

[6] **1** ① 震央〔2点〕 ② マグニチュード〔2点〕 **2** イ〔2点〕
3 イ〔2点〕 **4** 189(km)〔3点〕

[7] **1** ① 中和〔2点〕 ② 水〔2点〕
2 (物質Xは)〔例〕水に溶けにくいから。〔3点〕
3 右図〔3点〕 **4** 2.5(mL)〔2点〕

[7]3
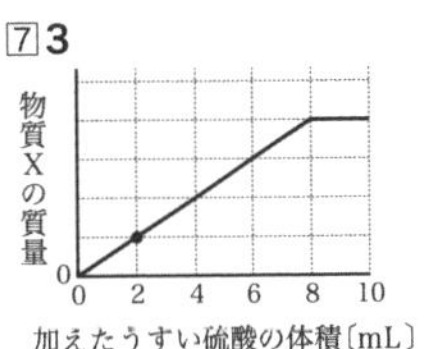

[8] **1** 〔例〕消化酵素は体温程度の温度で最もよくはたらくから。〔3点〕
2 試薬：ヨウ素溶液〔2点〕 色：イ〔2点〕 **3** ア〔2点〕
4 ① ブドウ糖 ② アミラーゼ（完答）〔3点〕

[9] **1** ア〔2点〕 **2** ① 20〔2点〕 ② 0.36〔2点〕
3 仕事の原理〔2点〕 **4** 8.0(N)〔3点〕

第188回 下野新聞模擬テスト

国語 【解説】

国語〔解説〕

□1 **3** (1) 「(雨の)中」が体言止めである。
(2) 「鶯」「すみれ」は春の季語。**ア**「月」…秋。**イ**「涼しさ」…夏。**ウ**「寒雀」…冬。
(3) 「杖も」という表現に作者の存在を感じさせていることをとらえる。
(4) 「たいした」「この」は連体詞。**イ**「少し」…副詞。**ウ**「らしい」…助動詞。**エ**「広い」…形容詞。
4 「花有清香月有陰」は「１４２３５７６」の順で読む。

□2 **1** 助詞と語頭以外の「はひふへほ」は「わいうえお」に直す。「へ」を「え」に変える。
2 領主が舞っているときに「鼓にあはざる所」があったので、与左衛門を責めたのである。
3 領主に鼓が合っていないと言われても、与左衛門は、あなたの失敗ですと言って譲らなかったのである。
4 「君に向ひて直言し、いささか諂諛する事なき志ありし」に着目して答える。
5 **ア**「芸は身を助ける」が合わない。**イ** 与左衛門は自分の誤りを認めず、侯も最後は自分の誤りを認めたことが「さすが寛量の君にてまします」とあるのと合っている。**ウ**、**エ** 全体が本文の内容と合っていない。

〈口語訳〉
ある領主が雇っている鼓打ちで、能勢与左衛門という人が、領主の舞の鼓を打っていたが、舞のうちに鼓に合わないところがあったのを、領主が舞い終わって後、(鼓打ちを)お呼びになって、おとがめなさると、与左衛門は毅然として、「今打ちました鼓には、少しのリズムの違いもありません。舞に合わないのは、恐れ多いことですが、ご主君のご失敗でございます。」といって、少しも屈しなかった。領主は怒って、「そういうことなら、もう一度先のように舞おう。鼓を打て」といって、舞台に出て舞いなさったが、やはり、領主の間違いで、鼓に少しも間違いはなかった。さすがに寛大で度量の大きな主君でいらっしゃったので、かえって大いにお褒めになられて事は済んだ。与左衛門はとても温厚な人物で、人々と親しく交際していたが、給与を受け取る仕事においては、主君に向かってまっすぐに物を言い、少しもへつらうことのない志があったのは、いっそうほめるべきことである。

□3 **1** 空欄の前に「『胡瓜』が夏の季語となったのは、…無理に夏に押し込めたわけではない…真夏にならないと食べられないものだった」とあるので、自然に「夏の季語」になったのである。
2 同じ段落の最後に「『古今集』以来の伝統的な和歌の季節感を踏まえつつ、江戸時代の『里』、すなわち農業を中心とした生活の中で実感された季節感を基盤としている」とあるのを押さえる。
3 最後から二つ目の段落に「真夏になって初めて、自然に実った、独特の香りと甘さを持った『胡瓜』を口にできた昔の人々の心躍り」と具体的に述べられている。
4 同じ段落の少し後に「石油の大量消費の結果、地球温暖化という、人類の生存にもかかわる環境の変化が起こっている」「野菜、果物の季節感などは、跡形もなく吹き飛んでしまうことだろう」とあるので、**イ**が適当である。**ア**「大きな原因の一つ」、**ウ** 筆者が考えていることではない。**エ**「すぐにやめるべき」が適当ではない。
5 本文の最後に「自然暦に沿った季節感に照らして、その歪みをグローバルな環境の視点から、見直す必要はないか」とあるのを踏まえてまとめる。
6 **ア**「古くから実感されてきた…季語は…大切にすべき」ということではない。**イ**「伝統的な感覚の発見」については述べられていない。**ウ** 筆者が最後の段落で「物質的な豊かさよりも、心の豊かさに重きを置く」ことを強調していることと合っている。**エ**「自然と歴史に育まれて磨き上げられてきた」とは本文にない。

□4 **1** 空欄の直前に「馬たちは、…飢えをしのいでいる」とあるので、エサが少ないという意味で、**イ**「とぼしい」が適当である。
2 直後に「水は重たいし…こぼれるから注意がいった」とあり、次の段落に「少し疲れたが、ひと仕事したのが得意だった」とあることから、**イ**が適当。
3 傍線部の直後に「馬上の作太郎は別人のようだった。背筋はまっすぐにのび、顔つきがキリリと引きしまってき然としていた」とある内容を踏まえてまとめる。
4 脱文中の「しかし」と「この声」に着目する。「この声」は作太郎が馬をよぶ声を指している。また、**ウ**の前に「作太郎の腰にまわした手がしびれるように冷たかった。ほおをなでる風も、切るようにいたい」とあり、「体のしんがカッと熱くなった」と反対の内容になっているので、**ウ**が適当である。
5 昭佳は「馬の群れ」が「どんどん近づいて」くる様子に興奮していること、その馬は作太郎のよぶ「声」に反応したものであることをとらえてまとめる。
6 **ア**「馬の世話をするようになった経緯」は過去のことであるので、「現在と過去を融合させて」が不適当。**イ**「野生の馬に興味を持つようになった」「回想の場面をはさみ込む」が不適当。**ウ**「その理由が明かされる推理的な構成」が不適当。**エ**「二月の終わりごろ…」に始まる後半と前半の内容を「くらを見ながら、昭佳は乾草によりかかった。疲れがスーッと、とれていく気がした。…昨年の冬のことが、…頭の中にうかんできた」という文がつないでいる。

□5 ・形式　氏名や題名を書かず、二百四十字以上三百字以内で書いているか。二段落構成で、原稿用紙の正しい使い方ができているか。
・表現　文体が統一されているか、主述の関係や係り受けなどが適切か、副詞の呼応や語句の使い方が適切か、など。
・表記　誤字や脱字がないか。
・内容　第一段落では、「時間を長く感じたり短く感じたりすること」について具体的に書いているか。第二段落では、第一段落の内容を踏まえて、今後どのように時間を過ごしていきたいかについて書いているか。
といった項目に照らし、総合的に判断するものとする。

第188回 下野新聞模擬テスト

社会 【解説】

社　　　会 〔解説〕

1 　1 **図2**は正距方位図法で描かれた地図で，中心からの距離と方位は正しいが，面積や形は正しく示されない。

3 　ａはイスラム教を信仰することからナイジェリア，ｂは英語とフランス語を話すことからカナダ，ｃはヒンドゥー教を信仰することからインドと判断する。ナイジェリアとインドは，イギリスの植民地であったことから英語が話され，カナダはイギリス人とフランス人が多く移住した歴史があるため，英語とフランス語が話される。

5 　アメリカの工業は，中西部から北東部の五大湖周辺で鉄鋼業や自動車産業が発達した。しかし，近年は北緯37度以南のサンベルトで先端技術産業が発達している。**ア**は中西部，**イ**は北東部，**エ**は太平洋岸が当てはまる。

7 　再生可能エネルギーは，水力，地熱，風力，バイオマスなどが当てはまる。ブラジルは，アマゾン川を利用した水力発電量が多いため，総発電量１kWh当たり二酸化炭素排出量が少ない。

2 　2 **図3**の**資料2**が宮城県の海岸線の一部，**資料3**が千葉県の海岸線の一部を示している。宮城県の北部には入り組んだ海岸線のリアス海岸が広がっており，湾内は波が穏やかで養殖漁業に適している。

3(2) 東京都は印刷関連業が集中しているため**エ**，**ア**は北海道が最も多いことから食料品，**イ**は大阪府が最も多いことから金属製品，**ウ**は愛知県が最も多いことから輸送用機械器具が当てはまる。

5 　**ア**人口÷面積で人口密度が求められる。さいたま市は約6044人/㎢，広島市は約1319人/㎢，福岡市は約4525人/㎢である。**エ**人口が50万人以上の都市は政令指定都市に認定される。

3 　1 **A**は古墳時代の様子を述べている。**ア**は弥生時代，**ウ**は平安時代，**エ**は江戸時代のできごと。

4 　**C**は元寇の様子を述べており，**ア**，**イ**，**ウ**はいずれも元寇以前のできごとである。この時期は，領地の分割相続が行われており，御家人は困窮していた。そこに元寇による出費が重なり，御家人がさらに困窮したため，幕府は徳政令を出したが効果はあまり上がらず，幕府に敵対する悪党などが現れた。

7 　同業者ごとに座とよばれた団体をつくり，営業を独占していた。織田信長はこれを廃止することで，自由な商工業を促そうとした。

8 　**A**は古墳時代，**D**は平安時代，**C**は鎌倉時代，**E**は室町時代，**F**は室町時代末から安土桃山時代，**B**は江戸時代のできごと。

4 　2 **エ**は1905年，**イ**は1910年，**ア**は1917年，**ウ**は1918年のできごと。日本は，日露戦争の講和条約であるポーツマス条約で朝鮮半島における優越権を手に入れた後，韓国を併合した。また，第一次世界大戦中にロシア革命がおき，シベリア出兵をみこした米の買い占めがおこったため，米騒動が発生した。その影響で寺内正毅内閣がたおれ，原敬内閣が成立した。

4 　**図**から，農産物の価格が下がっていることを読み取る。農家の中でも，とくに小作人は収入が少なくなったため，生活が立ち行かず，小作争議をおこした。このとき，昭和恐慌も重なっており，日本経済は不況であった。

6 　文科系大学生の召集は第二次世界大戦中のできごとで，日中平和友好条約は1978年のできごと。**イ**は1972年，**ウ**は1950年代，**エ**は1964年のできごとで，**ア**は1991年のできごと。

5 　1 グローバル化により，ヒト・モノ・カネなどが国境を容易に越えるようになった。そのため，外国の経済の動きは，日本にも大きく影響するようになっている。

3 　Ⅰ被選挙権については，基本的に満25歳以上，参議院議員と都道府県知事については満30歳以上となっている。

4(2) **ア**は環境権，**イ**はプライバシーの権利，**エ**は自由権の表現の自由について述べている。

5 　労働基本権は，労働組合などをつくる権利である団結権，雇用主などと雇用条件について話し合う権利である団体交渉権，ストライキなどを行う権利である団体行動権から構成される。

6 　1(1) 選挙の基本原則は，一定の年齢以上になると選挙権を誰もが得られる普通選挙，一人一票の平等選挙，代表者を直接選ぶ直接選挙，無記名で投票する秘密選挙から構成される。

(2) ドント式では各政党の得票数を１，２，３…の整数で割り，商の大きい順に立候補者が当選し，定数に達するまで選ばれる。**図1**では，**A**党は２人，**B**，**C**，**D**党は１人ずつ当選する。得票数の最も少ない**D**党でも当選者がいることから，小さな政党でも当選者を出せる選挙方式で，少数意見の反映のために有効である。

3 　**ア**内閣が予算を作成し，国会に提出する。**ウ**内閣総理大臣には第一党である与党の党首が就任することが多い。**エ**内閣は国会に対し，連帯して責任を負う(議院内閣制)。議会と完全に分離・独立しているのは，大統領制である。

4 　**ア**と**イ**の語句を反対にし，**オ**を国民審査にすると，正しい文となる。

5 　依存財源のうち，地方公共団体間の財政の格差をおさえるためのものが地方交付税交付金である。

7 　1 **ア**人口爆発は，アジア州やアフリカ州の発展途上国でおこっている。**ウ**砂漠化が拡大しているのはサハラ砂漠周辺など，**エ**輸出品が偏るモノカルチャー経済は発展途上国に多い。

3 　育児・介護休業法は，男女ともに育児休業や介護休業を取得させることで，育児や介護をしやすい環境を整備しようとするものである。男性の取得率が低いため，育児や介護への男性の参加が促されている。

4 　**イ**は産出量も国内供給量も多いアメリカ，産出量が非常に少ない**ウ**は日本，国内供給量が多い**エ**は中国である。

第188回 下野新聞模擬テスト

英語 【解説】

英語 〔解説〕

□1 リスニング台本と解答を参照。

□2 **1** (1) take off ～で，「～を脱ぐ」という意味。

(2) doors called *shoji* で，「障子と呼ばれるドア」という意味になる。called ～が，「～と呼ばれる…」という意味で，直前の名詞 doors を後ろから説明している。過去分詞の形容詞的用法。

(3) arrive at［in］～で，「～に到着する」という意味。

(4) 「彼らの娘」という意味になるように，所有格の their を選ぶ。

(5) 「何て～なんでしょう！」という意味の感嘆文を完成させる。<How＋形容詞〔副詞〕＋主語＋動詞～ !>と<What＋a［an］＋形容詞＋名詞＋主語＋動詞～ !>の形があるが，本問は How で始まる前者。

(6) <have［has］＋過去分詞>の現在完了形の文になるように，learned を選ぶ。

2 (1) <that＋動詞～>が，ものを表す名詞(この場合は，a movie)を後ろから説明している。主格の関係代名詞 that の問題。<make＋A＋B>は，「AをB(の状態)にする」という意味。

(2) <～ing＋語句>が，「～している…」という意味で，直前の名詞(この場合は，the boy)を後ろから説明している。現在分詞の形容詞的用法の問題。「～とサッカーをしている少年はだれですか」。

(3) <which＋主語＋動詞～>が，ものを表す名詞(この場合は，the pen)を後ろから説明している。目的格の関係代名詞 which の問題。「彼がそこで見つけたペンは私のものでした」。

□3 **1** 直後でケイトが，寝る時刻を答えているので，なおきは，「何時に」という意味の<What time ～?>を使って，寝る時刻をたずねたと分かる。

2 **A**：本文訳参照。直前でケイトが，昨晩は2時に寝たと言っているので，それを聞いたなおきがケイトに，寝る時刻が「遅い」と言っている場面だと分かる。

B：本文訳参照。ケイトはたいてい12時前に寝ているので，10時前に寝ることは，ケイトにとっては「早い」ので，眠くならないと言っている場面だと分かる。

3 本文訳参照。直前のなおきの発言と，記事のアンケート結果のグラフを参照。

4 (2) 記事の「睡眠はなぜ大切なの？」の内，「疲れているときは」の部分を，接続詞の when を使って英文にする。

(3) 記事の「ある男子高校生のライフスタイル」の内，「公園内を20分間走っています」の部分を英文にする。

(4) 記事の「ある男子高校生のライフスタイル」を参照。帰宅してすぐに宿題をしていることが分かるので，この内容を英文にする。

5 記事の「よく眠るための三箇条」を参照。①「sports」は，なおきの6番目の発話から，②「eat」は，なおきの最後の発話の2行目から，それぞれ抜き出す。

6 下線部は，「あなたは自分の健康のために何かしていますか」という意味。自分が健康のためによいと思ってやっていることを書く。

□4 **1** **A**：本文訳参照。大介がカレンとのコミュニケーションの取り方が分からなかったので，カレンが話しかけた後，彼はいつも少し「悲しかった」と分かる。

B：本文訳参照。カレンが，大介と彩子に感謝の言葉を述べたので，それを聞いて彼らは「うれしかった」と分かる。

2 本文訳参照。下線部直後の彩子の発言を参照してまとめる。

3 質問は，「大介と彩子はデパートで，カレンのために何をしましたか」という意味。第3段落後半から，第5段落までの内容を参照。カレンのTシャツ探しを手伝ったと分かる。look for ～で「～を探す」という意味。

4 ①：第1段落の最後から2番目の文を参照。この内容をまとめる。

②：最終段落のI thoughtで始まる文を参照。この内容をまとめる。

5 **ア**…第1段落の前半の内容を参照。大介がカレンと出会ったのは二年前なので，誤り。

イ…第2段落を参照。彩子は，すぐにカレンと仲良くなり，たくさんのことを話したと書かれているので，誤り。

ウ…第5段落の後半の内容を参照。彩子と大介が，カレンにTシャツを買ってあげたという記載は本文中にない。また，彩子と大介が見つけたTシャツを，カレンが気に入って，I'll take it.「私はそれを買います」と言っていることから，カレンはそのTシャツを自分で買ったと分かるので，誤り。

エ…最終段落の最終文を参照。同じ内容を読み取ることができるので，正しい。

□5 **1** 本文訳参照。空所の後には，日本人が他国の人々よりも働きすぎであるという内容が続いているので，longer を入れて，「ほとんどの日本人は，他国の人々よりも長く働く」という意味にするとうまくつながる。

2 本文訳参照。直後の文の内容をまとめる。

3 本文訳参照。オーストラリア出身の筆者が，働きすぎである日本人に対して，仕事以外の自由な時間を楽しむように勧めている場面であるところから判断する。

4 最終段落を参照。筆者が，「皆さんにもうひとつ大切なことを伝えます」と前置きをした後に，「何か新しいことを始めるときに，他人と違うことを恐れるべきではない」と言っており，このことが，筆者が伝えたいことだと分かる。

第188回 下野新聞模擬テスト

英語 【解 説】

〔本文訳〕

3 ケイト：こんにちは，なおき。何をしているの。
なおき：やあ，ケイト。インターネットの記事を読んでいるよ。
ケイト：あら，本当。何についてなの。
なおき：睡眠についてだよ。十分な睡眠をとるのは大切だと言ってる。僕はたいてい10時前に寝るよ。きみはたいてい何時に寝るの。
ケイト：私はたいてい12時前に寝るわ。けれども昨晩は，宿題を終わらせなければならなかったから，2時に寝たわ。
なおき：えっ，それは遅すぎるよ，ケイト。この記事を見て。僕が思っていたより，学生は寝ているんだ。たくさんの学生が7時間から8時間寝ている。
ケイト：およそ40パーセントの学生がそうしているわね。私たちは毎日，どのくらい寝るべきなのかな。
なおき：医者は，学生は8時間より多く寝るべきだと言っているけど，およそ25パーセントの学生しかそうしてないね。
ケイト：私は毎日，およそ6時間だけ寝ているわ。どうして私たちは，そんなに眠らないといけないのかな。
なおき：この記事には僕たちが寝ている間に，僕たちの体はたくさん成長ホルモンをつくっているから，睡眠は子どもにとって，とても大切だと書いてあるよ。あと，睡眠はストレスを減らしてくれるんだ。疲れているときは，十分に眠る必要があるよ。
ケイト：分かったわ。でも，10時前に眠るのは，私には難しいわ。そんなに早く眠くならないもの。
なおき：この少年を見て。彼は6時に起きているよ。その後，彼は健康のために，公園内を20分間走っているよ。よく眠りたいなら，彼のように短い時間の運動をすることは，とてもいいよ。
ケイト：それはいい考えだわ。彼は夜に自由時間があるけど，早く寝ているのね。
なおき：彼がそうできるのは，帰宅してすぐに宿題をしているからだよ。
ケイト：そうなのね。彼はリラックスするために，寝る前に星空を眺めているわ。あなたはよく眠るために何かするの。
なおき：僕はたいてい，寝る前に本を読むよ。ケイト，きみはどうなの。
ケイト：ええと…，私はたいてい，寝る前はスマートフォンでゲームをするわ。
なおき：えっ，それはするべきじゃないよ。光が明るすぎて，僕たちの睡眠を妨げるらしいよ。それと夜遅くには，何も食べるべきじゃない。胸焼けを起こして，よく眠れなくなるよ。これを見て。僕たちはよく眠るために，これらの三箇条を守るべきだね。
ケイト：分かったわ，なおき。これらのことをよく覚えておくようにするわ。健康のために，眠ることがとても大切なことは分かったわ。あなたは自分の健康のために何かしているの。多くの人が朝食を食べることは健康にいいと言ってるから，私は朝食を毎朝食べるようにしているわ。

4 僕の名前は大介です。僕は15歳で，中学校へ通っています。僕は家族と栃木県の小さな町に住んでいます。僕はさまざまな国のたくさんの人と会って，彼らと話すことを楽しみたいと思ってきました。僕は二年前，オーストラリア出身の女の子，カレンと出会いました。最初に僕は，「英語をじょうずに話すことができないから，彼女に話しかけることは僕にとって難しいだろう」と思っていました。でも後で考えが変わりました。

カレンは二年前に僕の町に来て，僕の家族の所に三週間滞在しました。彼女はすぐに，僕の姉の彩子と仲良くなりました。彼女たちはしばしば，たくさんのことについて話していました。僕はカレンとのコミュニケーションの取り方が分からなかったので，カレンが僕に話しかけてきた後は，いつも少し悲しい気持ちでした。

カレンが栃木県に滞在中のある日，彩子と僕は，カレンを大きなデパートへ連れて行きました。僕たちがそこに着いたとき，カレンが，「私は今日，滞在の思い出としてTシャツを買いたいわ」と言いました。彩子は，「あら，それはいい考えね，カレン。どんな種類のTシャツを買う予定なの」と言いました。カレンは，「漢字が印刷されたTシャツがほしいの。いいのを探すのを手伝ってくれるかしら」と言いました。彩子は，「もちろんよ。服屋さんに行きましょう」と言いました。

それから僕たちは，女性向けの服屋に入りました。カレンはそのお店で，漢字が書かれたTシャツを見つけました。彼女は僕たちにそれを見せて，「私はこれを気に入ったわ」と言いました。彩子と僕はそれを見たとき，笑ってしまいました。彩子は，「カレン，そのTシャツの漢字は，「米」という意味よ。笑っちゃったじゃない」と言いました。カレンも笑って，「あら，それは知らなかったわ。日本のお米は大好きだけど，このTシャツを買う必要はないわね。別のを探すわ」と言いました。

およそ10分後，彩子と僕は，すてきなTシャツを見つけました。僕たちは，それをカレンに持って行き，「カレン，これはどうかな」と言いました。カレンは，「そうね…，色はすてきだけど，そのTシャツの漢字はどんな意味なの」と聞いてきました。それを英語で説明することは，僕にとってとても難しかったので，僕は何も言えませんでした。そのとき，彩子が，「『栃木派』と読むのよ。その言葉は，あなたが日本の都道府県のなかで，栃木県が一番好きなことを意味しているのよ」と言いました。カレンは，「あら。あなたたちは最高のものを見つけてくれたのね。私は栃木県と栃木県の人たちが大好きなの。だからこれを買うわ。大介，彩子，どうもありがとう」と言いました。僕たちはカレンの言葉を聞いて，とてもうれしくなりました。

悲しいことに，三週間はあっという間に過ぎました。カレンがオーストラリアに帰る前，彼女は僕たちに，「私はあなたたちと楽しい時間を過ごしたわ。あなたたちが私の国に来るなら，私の家族と私は，あなたたちを歓迎するわ。いつかオーストラリアでまた会えたらいいな」と言いました。僕は，「外国の人たちの気持ちを考えることができれば，彼らとのコミュニケーションを楽しむことができるんだ」と思いました。僕はいつか，オーストラリアを訪れて，カレンと彼女の家族に会えることを願っています。

5 私はインターネットで興味深い記事を見つけました。それには，「ほとんどの日本人は，他国の人々よりも長く働く」と書かれていました。日本人はたいてい熱心に働きますが，一つ疑問があります。彼らはなぜ，休日や夜遅くまで働くのでしょうか。オーストラリアの私の町では，人々はより多くの自由な時間があり，たくさんのことを楽しみます。例えば，魚を捕まえに湖へ行ったり，山でハイキングを楽しむ人もいれば，ほとんど毎週末に海へ行く人もいます。彼らは太陽の下で休息して，海からのそよ風を楽しみます。みんなが好きなように自由な時間を楽しむことができるのです。

日本人の友達の多くは，「一生懸命に働くことはいいことだ」と言います。私は彼らに賛成です。なぜなら私たちの生活において，働くことはとても大切な部分だからです。一生懸命に働くことで，人々は幸せを感じることができ，家族を幸せにすることができます。しかし，人生を楽しむために仕事以外に他の何かがある，と私は考えます。多忙な生活を抜け出して，自由な時間で新しい何かを始めてみてはどうですか。スポーツクラブの会員になることもできますし，外国語を学ぶこともできます。また，一度も訪れたことのない場所へ行くこともできます。

最後に，私は皆さんにもうひとつ大切なことを伝えます。何か新しいことを始めるときに，他人と違うことを恐れるべきではありません。私の国では，違っていることは私たちにとって当然のことです。このことを知っていれば，人生を本当に楽しむことができるでしょう。

第188回 下野新聞模擬テスト

英　語　【解　説】

英語問題 1 〔リスニング台本〕

台　　本	時　間
これから中学3年生　第188回　下野新聞模擬テスト　英語四角1番，聞き方のテストを行います。 なお，練習はありません。 (ポーズ約5秒) これから聞き方の問題に入ります。問題用紙の四角で囲まれた1番を見なさい。問題は1番，2番，3番の三つあります。 最初は1番の問題です。問題は(1)から(3)まで三つあります。英語の対話とその内容についての質問を聞いて，答えとして最も適切なものを**ア**，**イ**，**ウ**，**エ**のうちから一つ選びなさい。対話と質問は2回ずつ言います。 では始めます。 (1)の問題です。　*A*：This store is open all day long. *B*：Wonderful! Can we buy many kinds of things here? *A*：Sure. I often buy food, drinks and books here. 質問です。　*Q*：Where are they talking?　(約5秒おいて繰り返す。)(ポーズ約5秒) (2)の問題です。　*A*：We should take the next train. What time is it now? *B*：Well..., it's nine thirty. *A*：Then, the next train will come in just ten minutes. 質問です。　*Q*：What time will they take the train?　(約5秒おいて繰り返す。)(ポーズ約5秒) (3)の問題です。　*A*：This is a present for you. *B*：Thank you. Wow! It looks delicious. Let's eat it together! *A*：Yes, let's. I'll help you cut it. 質問です。　*Q*：What did the boy get from the girl?　(約5秒おいて繰り返す。)(ポーズ約5秒)	(1番) 約3分
次は2番の問題です。問題は(1)と(2)の二つあります。英語の対話とその内容についての質問を聞いて，答えとして最も適切なものを**ア**，**イ**，**ウ**，**エ**のうちから一つ選びなさい。質問は問題ごとに①，②の二つずつあります。対話と質問は2回ずつ言います。 では始めます。 (1)の問題です。*Reina*：Hello, Jack. How was your trip last week? *Jack*：Hi, Reina. It was great. We stayed in Kyoto for three days. *Reina*：What did you do there? *Jack*：On the first day, we went to some museums. We learned about the history of Kyoto there. *Reina*：Sounds interesting. What else did you do? *Jack*：The next day, we visited some famous temples and shrines. All of them were really beautiful. *Reina*：Wow! I hear the old temples and shrines are popular among foreign people. *Jack*：Yes, they are. On the third day, when we were going to the station, a woman asked me how to get to a temple. I was happy because I could tell her in Japanese. *Reina*：Well done, Jack! You had many good experiences in Kyoto. *Jack*：Yes, Reina. I enjoyed the trip a lot. I'd like to visit there again. ①の質問です。How many days did Jack stay in Kyoto?　(ポーズ約3秒) ②の質問です。Why was Jack happy on the third day of his trip?　(約5秒おいて繰り返す。)(ポーズ約5秒) (2)の問題です。　*Mike*：Hinako, we are going to have a work experience program next Friday. *Hinako*：Right, Mike. I want to work at the library in the future, so I'm going to work there. *Mike*：That's nice. I hear Nancy will go there, too. *Hinako*：Oh, really? I'll talk to her about that later. How about you, Mike? *Mike*：I wanted to go to the elementary school, but it was too popular to join. So, I changed my plan. *Hinako*：Then, where will you go? *Mike*：I decided to go to the post office. *Hinako*：Why? *Mike*：It's near our school, so I can work there the longest of the four. *Hinako*：I see. We are meeting at the bus stop that day. I need to get up early and go there by bike. *Mike*：Oh, take care, Hinako. ①の質問です。How long will Hinako work at her work experience place in the morning?　(ポーズ約3秒) ②の質問です。How is Mike going to go from the meeting place to his work experience place?　(約5秒おいて繰り返す。)(ポーズ約5秒)	(2番) 約5分
次は3番の問題です。あなたは，アメリカの学校に留学しています。友達のダニエル(Daniel)があなたの留守番電話にメッセージを残しました。そのメッセージを聞いて，その内容をまとめた英語のメモを完成させなさい。英文は2回言います。 では始めます。 Hello. This is Daniel. We are going to meet at the museum and visit there together next Sunday, right? I'm sorry, but I forgot to tell you something important. You don't know how to get to the museum, do you? To get to the museum from your nearest station, you need to take the No. 55 bus that goes to the hospital. The color of the bus is white and green. The bus comes every fifteen minutes. The museum is three stops from your station, so get off at the Green Park bus stop. The museum is far from the bus stop, so I'll come to the stop to meet you. (約5秒おいて) 繰り返します。(1回目のみ)　(ポーズ約5秒) これで聞き方の問題を終わります。では，ほかの問題を始めなさい。	(3番) 約3分

第188回 下野新聞模擬テスト

数学 【解　説】

数　　学 〔解説〕

① 1 $8+(-2)=8-2=6$

2 $-4a^3b\times3ab^2=-4\times3\times a^3b\times ab^2=-12a^4b^3$

3 $a-b^2=(-2)-3^2=-2-9=-11$

4 $x^2+10x+25=x^2+2\times x\times5+5^2=(x+5)^2$

5 $V=\frac{1}{3}Sh$の両辺に3をかけて，$3V=Sh$，$Sh=3V$，$h=\frac{3V}{S}$

6 ウ…y軸ではなく，x軸について，$y=-ax^2$のグラフと線対称である。

7 多角形の外角の和は360°で，正十角形のすべての外角は等しいから，1つの外角$\angle x=360°\div10=36°$

8 yがxに反比例するとき，xの値が2倍，3倍，4倍，…になると，それに対するyの値は$\frac{1}{2}$倍，$\frac{1}{3}$倍，$\frac{1}{4}$倍，…になる。

9 半径rの球の表面積は$4\pi r^2$と表されるから，$4\pi\times3^2=36\pi$(cm²)

10 $\sqrt{48}-\sqrt{3}=\sqrt{2\times2\times2\times2\times3}-\sqrt{3}=4\sqrt{3}-\sqrt{3}=3\sqrt{3}$

11 $x^2-81=0$，$(x+9)(x-9)=0$，$x=\pm9$

【別解】$x^2-81=0$，$x^2=81$，$x=\pm9$

12 右の図のように，長方形の縦，横に相当する辺は2本ずつあるから，

$2a+2b=\ell$　　問題の指示に従って，等式の右辺はℓにすること。

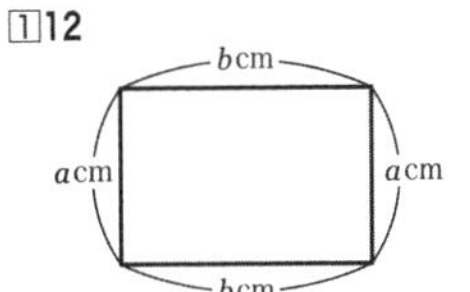

13 $\ell /\!/ m /\!/ n$であるから，

$8:12=a:15$

$12a=8\times15$

$a=10$(cm)

14 AB//CDであるときには，線分CDを共通な底辺とすると，△ACDと△BCDの高さが等しくなり，面積が等しくなる。

② 1 円周上の点Pを通る直線のうち，半径OPと垂直になる直線は，点Pにおける円Oの接線である。

【作図法】① 半径OPの延長上に，OP＝PQとなるような点Qをとる。

② 点Oを中心とする円(半径はOPより長くする)をかく。

③ 点Qを中心とする円(②でかいた円と同じ半径)をかく。

④ ②，③でかいた円の交点と点Pを通る直線がℓである。

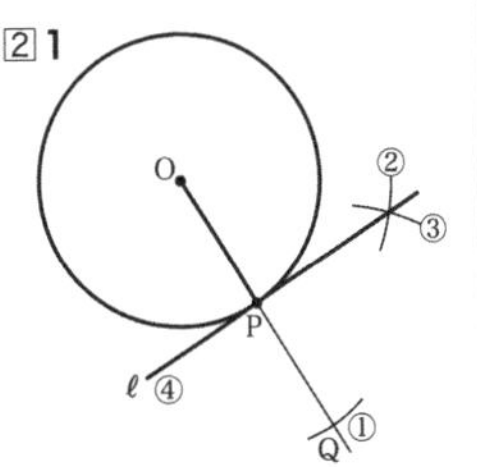

2 箱A，Bからカードを1枚取り出す場合の数は，それぞれ5通り，4通りだから，作ることができる2けたの整数は

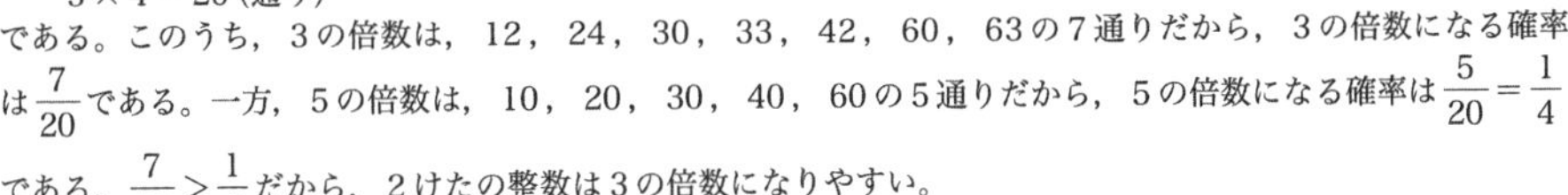

$5\times4=20$(通り)

である。このうち，3の倍数は，12，24，30，33，42，60，63の7通りだから，3の倍数になる確率は$\frac{7}{20}$である。一方，5の倍数は，10，20，30，40，60の5通りだから，5の倍数になる確率は$\frac{5}{20}=\frac{1}{4}$である。$\frac{7}{20}>\frac{1}{4}$だから，2けたの整数は3の倍数になりやすい。

3 点Aのy座標は8だから，$y=\frac{1}{2}x^2$に$y=8$を代入すると，$8=\frac{1}{2}x^2$，$x^2=16$，$x=\pm4$

点Aのx座標は正だから，$x=4$　よって，A(4，8)である。

点Bのx座標は-2だから，$y=\frac{1}{2}x^2$に$x=-2$を代入すると，$y=\frac{1}{2}\times(-2)^2=2$

よって，B$(-2，2)$である。

直線ABの式を$y=ax+b$と表し，点A(4，8)を通ることから$x=4$，$y=8$を代入して，$8=4a+b$…①

点B$(-2，2)$を通ることから，$x=-2$，$y=2$を代入して，$2=-2a+b$…②

①，②を連立方程式として解くと，$a=1$，$b=4$

したがって，直線ABの式は$y=x+4$となり，このグラフの切片は4だから，点Cのy座標は4である。

③ 1 正しい計算の結果と誤った計算の結果をそれぞれxを用いた式で表し，

(誤った計算の結果)＝(正しい計算の結果)－11という関係を表す方程式をつくる。

2 (1) 60点以上70点未満の階級の階級値は，$(60+70)\div2=65$(点)である。また，60点以上70点未満の階級までの累積度数は，$1+1+5=7$(人)である。

(2) 実際の得点の最小値が49点，最大値が90点のときを考えると，範囲は最小で$90-49=41$(点)になる。

(3) 70点以上80点未満の階級の度数は$x-(1+1+5+4+2)=x-13$(人)と表され，その相対度数が0.35であることから方程式をつくる。

第188回 下野新聞模擬テスト

数　学　【解　説】

④ **1**　△DOEと△BOFの合同から，対角線がそれぞれの中点で交わることを導く。

2　⑴　対角線AGとねじれの位置にある辺は，辺BC，CD，BF，DH，EF，EHの6本である。

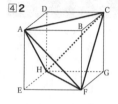

⑵　右の図のように，立体ACFHは正四面体であり，立方体ABCDEFGHから合同な4つの三角錐A-BCF，A-DCH，A-EFH，C-GFHを切り離した立体である。したがって，その体積は，

$$6\times6\times6-\left(\frac{1}{3}\times\frac{1}{2}\times6\times6\times6\right)\times4=72\,(\text{cm}^3)$$

⑤ **1**　長方形が移動し始めてから1秒後はCQ＝2cmだから，長方形と正方形が重なった部分は，縦4cm，横2cmの長方形になり，その面積は$4\times2=8\,(\text{cm}^2)$

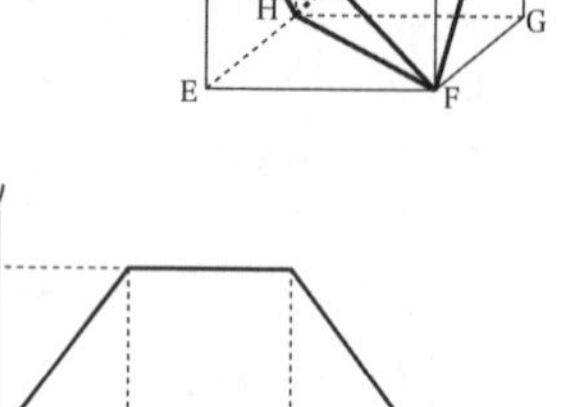

2　右の図より，長方形が移動し始めてから4秒後に辺ABと辺PQが重なり，9秒後に辺CDと辺RSが重なる。よって，正方形PQRSの1辺の長さは，$2\times9=18\,(\text{cm})$

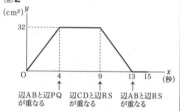

3　右下の図のように，$0\leqq x\leqq9$のとき，CQ＝$2x$cmだから，CR＝QR－CQ＝$18-2x$(cm)と表され，四角形DCRSは上底4cm，下底18cm，高さ$(18-2x)$cmの台形になる。よって，その面積は，

$$\frac{1}{2}\times(4+18)\times(18-2x)=11(18-2x)$$

と表される。

また，$9\leqq x\leqq15$のとき，CQ＝$2x$cmだから，CR＝CQ－QR＝$2x-18$(cm)と表され，四角形DCRSは上底4cm，下底18cm，高さ$(2x-18)$cmの台形になる。よって，その面積は，

$$\frac{1}{2}\times(4+18)\times(2x-18)=11(2x-18)$$

と表される。

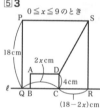

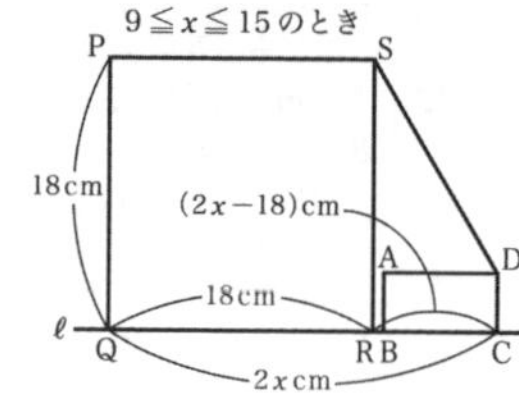

これらの面積がどちらも88cm²になるから，$11(18-2x)=88$，$11(2x-18)=88$という2つの方程式をつくる。

⑥ **1**　表より，黒石の個数から白石の個数を引いた差は，奇数番目では正の数，偶数番目では負の数になっている。また，その数の絶対値は，1，2，3，4，5，…と自然数の列になっている。6は偶数だから，6番目の図形において，黒石の個数から白石の個数を引いた差は－6になる。

2　偶数番目の図形の右端・下端には白石が並んでいる。よって，偶数番目である6番目の図形の次に7番目の図形をつくるときには，6番目の図形の右・下・右下に黒石を並べることになる。6番目の図形の黒石と白石の個数の合計は$6^2=36$(個)，7番目の図形の黒石と白石の個数の合計は$7^2=49$(個)である。したがって，7番目の図形をつくるときには，6番目の図形の右・下・右下に$49-36=13$(個)の黒石を加えればよい。

3　⑴　表より，1番目，2番目，3番目，4番目，5番目の図形では，黒石の個数と白石の個数の和は，それぞれ

1個(1^2個)，4個(2^2個)，9個(3^2個)，16個(4^2個)，25個(5^2個)

になっているから，$(2n-1)$番目の図形における黒石の個数と白石の個数の和は，

$(2n-1)^2=4n^2-4n+1$(個)

⑵　黒石の個数をa個，白石の個数をb個，黒石の個数と白石の個数の和をp個，黒石の個数から白石の個数を引いた差をq個とすると，何番目の図形においても，

$a+b=p$　…①，$a-b=q$　…②

が成り立つ。①－②より，$2b=p-q$，$b=\dfrac{p-q}{2}$　…③

$(2n-1)$番目の図形において，黒石の個数と白石の個数の和は⑴より$(4n^2-4n+1)$個である。

また，$(2n-1)$番目は奇数番目だから，黒石の個数から白石の個数を引いた差は$(2n-1)$個である。

よって，これらを③に代入すると，

$$\frac{p-q}{2}=\frac{(4n^2-4n+1)-(2n-1)}{2}=\frac{4n^2-4n+1-2n+1}{2}=\frac{4n^2-6n+2}{2}$$
$$=2n^2-3n+1\,(個)$$

第188回 下野新聞模擬テスト

理　科　【解　説】

理　　科 〔解説〕

1　**1**　1013 hPa ＝ 101300 Pa なので，1 m^{2}あたりの面が 101300 N の力で押されている。
2　うすい塩酸に亜鉛を加えると水素が発生する。
3　仮根には，水を吸収するはたらきは特にない。
4　電流は電圧に比例し，電流 I〔A〕，電圧 V〔V〕，抵抗 R〔Ω〕が $V = IR$ または $I = \frac{V}{R}$ という式で表されることをオームの法則という。
5　海岸段丘は，上の段丘面ほど古い時代に形成されたものである。
7　草食動物の臼歯は，消化に時間のかかる植物をすりつぶすことに適している。
8　矢印の向きは力の向きに，矢印の始点は力の作用点に相当する。また，矢印の長さは力の大きさに比例させる。

2　**1**　煙の正体は微細な固体で，その粒子を核とすることで，水滴ができやすくなる。
2　ピストンを引くと，ガラスびんの内部の気圧が低くなり，気温が下がる。そのため，風船の内部の気圧の方が相対的に高くなって風船はふくらむ。また，気温が露点以下にまで下がると，空気中の水蒸気が水蒸気として存在できなくなって水滴に変化する。
3　選択肢**ア**，**エ**は，どちらも上昇気流によって雲が発生する。

3　**1**　加熱によって，酸化銀が銀と酸素とに分解された。分解のうち，加熱によるものを熱分解という。
2　固体Yは白色の銀で，硬いものでこすると金属光沢が現れる。
3　11.6 g の酸化銀が，10.8 g の銀と 11.6 − 10.8 ＝ 0.8〔g〕の酸素とに分解された。このことと**1**で書いた化学反応式より，0.8 g の酸素と 10.8 g の銀をつくる酸素原子と銀原子の個数の比は，2：4＝1：2になっていることがわかる。したがって，1個の酸素原子と1個の銀原子の質量比は（0.8 ÷ 1）：(10.8 ÷ 2)＝4：27と表される。

4　**2**　減数分裂は，染色体の本数が半分になる特別な細胞分裂で，生殖細胞である卵や精子がつくられるときに行われる。
3　図2は，R→S→P→Qの順に進行する。このような胚をつくる細胞は，細胞分裂を繰り返すことによってその数をふやし，初期の段階では一つ一つの細胞の大きさは小さくなっていく。

5　**1**　導線に近いところほど，磁界の強さが強い。
2　方位磁針Aの針のようすから，コイルの左端がN極になっていることがわかる。よって，コイルの内部にできる磁界の向きはX，右手の法則より，導線を流れる電流の向きはPである。
3　方位磁針Bの左側の導線を電流は下向きに流れているので，右ねじの法則より，上から見ると導線のまわりに時計回りの磁界ができる。

6　**1**　地震の規模(地震がもつエネルギーの大きさ)を表すマグニチュードの値が1大きくなると，そのエネルギーは約32倍になる。
2　地震によるゆれの程度を表す震度階級は，現在の日本では0，1，2，3，4，5弱，5強，6弱，6強，7の10段階に分けられている。
3　初期微動継続時間が震源からの距離に比例していることより，地点Bと地点Cの震源からの距離の比は
24〔s〕：16〔s〕＝3：2である。よって，
(震源から地点Cまでの距離)：(震源から地点B，Cまでの距離の差)＝2：(3－2)＝2：1となり，初期微動を伝えるP波が震源から地点B，Cまでの距離の差を伝わるのに6秒かかっているので，その2倍の距離である震源から地点Cまでの距離を伝わるのにかかった時間は12秒である。したがって，地震が発生した時刻は，地点Cで初期微動が始まった時刻の12秒前である。
4　初期微動継続時間が最も長かったのは地点Aで，P波が伝わるのに27秒かかっていることから，その震源からの距離は 7〔km/s〕× 27〔s〕＝ 189〔km〕である。

7　**1**　酸とアルカリの間に起こる，互いの性質を打ち消し合う化学変化を中和という。中和では，酸の水溶液中に生じている水素イオンH^+と，アルカリの水溶液中に生じている水酸化物イオンOH^-が結びついて水ができる。この反応は，$H^+ + OH^- \rightarrow H_2O$と表される。
2　物質Xは，水酸化バリウム水溶液中のバリウムイオンBa^{2+}と，うすい硫酸中の硫酸イオンSO_4^{2-}が結びついてできた，硫酸バリウム$BaSO_4$という，水に溶けにくい塩である。
3　中和は水溶液が中性になるまで起こり，物質Xの質量は加えたうすい硫酸の体積に比例する。また，中性になった後は中和は起こらないので，物質Xの質量は一定になる。
4　ビーカーDより，水酸化バリウム水溶液 10 mL とうすい硫酸 8 mL とで中性になることがわかる。ビーカーEはビーカーDよりもうすい硫酸が 2 mL 多いので，これを中性にするためには，$10 \times \frac{2}{8} = 2.5$〔mL〕の水酸化バリウム水溶液が必要である。

8　**1**　消化酵素のはたらきは，温度の条件に大きく左右される。体温程度の温度のときに最もよくはたらき，高すぎても低すぎてもはたらきが悪くなる。
2　ヨウ素溶液を加えると，デンプンが検出された場合は青紫色になる。また，その色の濃さで，残っているデンプンの量の多少がわかる。
3　ベネジクト溶液を加えて加熱すると，ブドウ糖や麦芽糖などの糖分が検出された場合は赤褐色の沈殿ができる。
4　リパーゼは脂肪に，ペプシンはタンパク質にはたらきかける消化酵素である。

9　**1**　12.0 N の力で 60 cm(0.6 m)引き上げたので，台車がされた仕事の大きさは 12.0〔N〕× 0.6〔m〕＝ 7.2〔J〕である。
2　3 cm/s の速さで 60 cm 引き上げたので，要した時間は 60〔cm〕÷ 3〔cm/s〕＝ 20〔s〕である。したがって，その仕事率の大きさは 7.2〔J〕÷ 20〔s〕＝ 0.36〔W〕であった。
3　摩擦などを考えないならば，道具を用いても，同じ物体の高さを同じだけ高くする仕事の大きさは変わらない。このことを仕事の原理という。
4　仕事の原理により，実験(1)，(2)で台車がされた仕事の大きさは等しい。斜面に沿って 90 cm（0.9 m）移動させたので，台車を引く力の大きさは 7.2〔J〕÷ 0.9〔m〕＝ 8.0〔N〕である。

第189回 下野新聞模擬テスト

国語・社会・英語 【解 答】

国　語

1 1 (1) かもく〔2点〕 (2) こっけい〔2点〕 (3) つたな（い）〔2点〕
(4) とぼ（しい）〔2点〕 (5) ゆくえ〔2点〕
2 (1) 豊富〔2点〕 (2) 望（む）〔2点〕 (3) 裁決〔2点〕
(4) 勢（い）〔2点〕 (5) 親展〔2点〕
3 (1) **ア**〔2点〕 (2) **イ**〔2点〕 (3) **イ**〔2点〕 (4) **エ**〔2点〕 **4** **ウ**〔2点〕

2 1 かわらんと（ひらがなのみ可）〔2点〕 **2** **ア**〔2点〕 **3** **ウ**〔2点〕
4〔例〕自分の祈りが神に通じて、挙周の病がよくなったと思ったから。〔2点〕 **5** **エ**〔2点〕

3 1 **イ**〔3点〕
2〔例〕プレゼンテーションを聞いて、企画に対するアイディアを出すことが、場に対する貢献であると学ぶこと。〔4点〕
3 言葉によっ・思考が進み〔3点〕（順不同・完答） **4** **エ**〔3点〕
5〔例〕対話を重ね、他者が自分の中に内在化されることで可能となる視点移動が、考えることにおいて重要だから。〔4点〕
6 **ウ**〔3点〕

4 1 **ア**〔3点〕 **2** **ウ**〔3点〕
3〔例〕さっきやったと表現して、見栄を張っている〔4点〕 **4** **エ**〔3点〕
5〔例〕洪作の目から見ると、少年たちの海での自在な動きがまぶしく輝いて見え、引け目を感じている気持ち。〔4点〕
6 **イ**〔3点〕

5〔例〕私は人とコミュニケーションをとるとき、話すことと聞くこととのバランスに気をつけるよう心がけたいと思います。その理由は、ふだん人と話していて、自分だけが話し過ぎて相手の話を十分に聞いていないと思うことがあり、そのことを、後々気にしてしまうことが多いからです。
人と話すことには、単なる情報交換だけでなく自分について新しい発見をしたり、相手のもつ新たな一面にふれたりするという目的があると思います。私は今後、相手についての発見をもっと多く経験して、自分の人間的成長に生かしていきたいです。そのためにまず、相手の話にきちんと耳をかたむけるという意識を持ちたいと思います。〔20点〕

社　会

1 1 **イ**〔2点〕 **2** 東海（工業地域）〔2点〕 **3** **エ**〔2点〕 **4** **エ**〔2点〕
5 水力（発電所）〔2点〕
6〔例〕冬の降雪により，屋根がつぶれないようにするため。〔4点〕 **7** **ウ**〔2点〕

2 1 **ウ**〔2点〕 **2** ハリケーン〔2点〕 **3** **ウ**〔2点〕 **4** **ア**〔2点〕 **5** インド〔2点〕
6〔例〕米を世界で最も多く生産しているが，国内で消費する量が多いため，輸入量も多くなっている。〔4点〕

3 1 **イ**〔2点〕 **2** 荘園〔2点〕 **3** **イ**〔2点〕 **4** 長篠の戦い〔2点〕
5 **ア**〔2点〕 **6** 朝鮮通信使〔2点〕 **7** **イ→ア→エ→ウ**（完答）〔2点〕
8〔例〕外国船がひんぱんに来航するようになり，軍事力を強化する〔4点〕

4 1 **イ**〔2点〕 **2** 韓国併合（漢字のみ可）〔2点〕 **3** **ア**〔2点〕
4〔例〕ソ連の成立により，共産主義勢力が日本で拡大しないようにするため。〔4点〕
5 原水爆禁止（運動）〔2点〕 **6** **ウ→イ→ア→エ**（完答）〔2点〕

5 1 **ア**〔2点〕 **2** **ウ**〔2点〕 **3** **ウ**〔2点〕 **4** **エ**〔2点〕
5 (1) 住民投票〔2点〕 (2) **イ**〔2点〕

6 1 **ア, ウ, エ**（順不同・完答）〔2点〕 **2** **エ**〔2点〕 **3** デフレーション〔2点〕
4 (1) **イ**〔2点〕
(2)〔例〕歳出における国債の利子や元金の支払いの割合が多くなり，将来の世代の負担となる。〔4点〕
5 **ウ**〔2点〕

7 1 大政奉還〔2点〕 **2** **エ**〔2点〕 **3** **イ**〔2点〕 **4** **ア**〔2点〕
5〔例〕高齢者への給付費が増加する一方，働く世代の減少により保険料収入と税収も減少する。〔4点〕

英　語

1 1 (1) **ア**〔2点〕 (2) **ウ**〔2点〕 (3) **エ**〔2点〕
2 (1) ① **イ**〔3点〕 ② **エ**〔3点〕 (2) ① **イ**〔3点〕 ② **ウ**〔3点〕
3 (1) Tuesday〔2点〕 (2) library〔2点〕 (3) send〔2点〕 (4) message〔2点〕

2 1 (1) **ウ**〔2点〕 (2) **エ**〔2点〕 (3) **ア**〔2点〕 (4) **エ**〔2点〕 (5) **ウ**〔2点〕 (6) **イ**〔2点〕
2 (1) **エ→ア→ウ→イ**（完答）〔2点〕 (2) **ウ→イ→エ→ア**（完答）〔2点〕
(3) **イ→オ→ウ→ア→エ**（完答）〔2点〕

3 1 **イ**〔2点〕
2 (1)〔例〕stay there for three〔3点〕 (3)〔例〕all of them need to join〔3点〕
(4)〔例〕most popular among girls〔3点〕
3〔例〕オーストラリアへ行く前に，そこについて学んでおくこと。〔3点〕
4 Who〔2点〕 **5** ① Forty〔3点〕 ② free〔3点〕
6〔例〕I want to visit Canada with my family. I have an uncle who lives there. So, I'd like to see him again. Also, there are beautiful mountains in Canada. I want to take a lot of pictures of them. And I want to enjoy skiing with my family and uncle.〔6点〕

4 1 **エ**〔3点〕
2〔例〕自分が本当に伝えたいことを人に伝えようと努力すること〔3点〕
3 became interested in（完答）〔2点〕
4 ①〔例〕およそ30人の若者（たち）〔3点〕 ②〔例〕貧しい子どもたちのために働く〔3点〕
5 **イ**〔3点〕

5 1 **ウ**〔2点〕 **2** **ア**〔3点〕
3〔例〕多くの国が二酸化炭素の削減に取り組む中で，いまだに車や工場などにたくさんの石油を使って，二酸化炭素を放出している国があること。〔3点〕 **4** **エ**〔3点〕

第189回 下野新聞模擬テスト

数学・理科 【解　答】

数　学

[1]　**1**　-6〔2点〕　**2**　$6a^3b^2$〔2点〕　**3**　-1〔2点〕　**4**　$(x+2)(x+4)$〔2点〕

5　$h=\dfrac{S}{2\pi r}$〔2点〕　**6**　**イ**〔2点〕　**7**　126度〔2点〕　**8**　$0 \leqq y \leqq 8$〔2点〕

9　$36\pi\,\mathrm{cm}^3$〔2点〕　**10**　$2\sqrt{2}$〔2点〕　**11**　$x=0,\ 5$〔2点〕　**12**　$a=bc+d$〔2点〕

13　$8\sqrt{2}\,\mathrm{cm}^2$〔2点〕　**14**　**ウ**〔2点〕

[2]　**1**　右図〔4点〕

[2] **1**

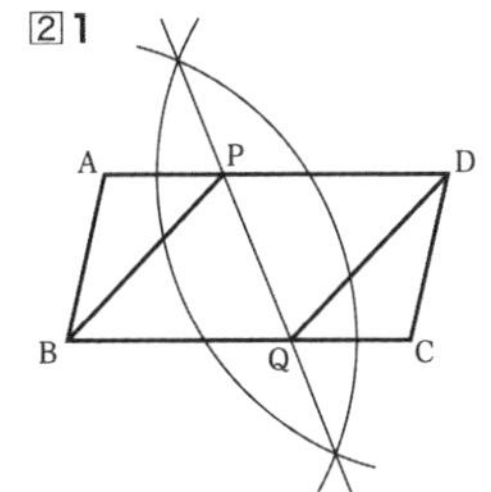
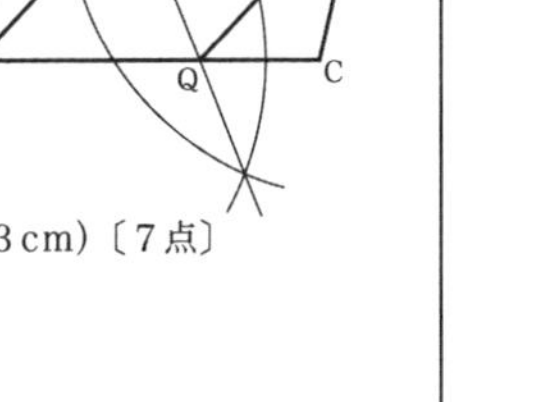

2　$\dfrac{3}{16}$〔4点〕　**3**　①　$x+6$〔2点〕　②　$\dfrac{27}{2}$〔2点〕

[3]　**1**　線分AEの長さを$x$cmとすると，$\mathrm{BC}=\mathrm{AB}=(x+9)$cmと表され，
△AECの面積は18cm²だから，

$\dfrac{1}{2}\times x\times(x+9)=18$ より，$\dfrac{1}{2}x(x+9)=18$

$$x(x+9)=36$$
$$x^2+9x-36=0$$
$$(x+12)(x-3)=0$$
$$x=-12,\ 3$$

$x>0$だから，$x=-12$は問題に適さない。$x=3$は問題に適している。　　答え（3cm）〔7点〕

2　(1)　0.9〔2点〕　(2)　①　60〔2点〕　②　30〔2点〕　(3)　66分〔3点〕

[4]　**1**（証明）

△ABEと△ACDにおいて，

共通な角だから，∠BAE＝∠CAD　…①

仮定より，∠BEC＝∠BDC　…②

また，　∠AEB＝180°－∠BEC　…③

∠ADC＝180°－∠BDC　…④

②，③，④より，∠AEB＝∠ADC　…⑤

①，⑤より，2組の角がそれぞれ等しいから，

△ABE∽△ACD〔7点〕

2　(1)　①　$\dfrac{32}{7}$〔2点〕　②　$2\sqrt{65}$〔2点〕　(2)　$V:W=8:31$〔5点〕

[5]　**1**　70L〔3点〕　**2**　$y=-6x+102$〔5点〕

3　排水口A，Bの両方から排水した時間をa分間とすると，最後に排水口Aのみから排水した時間は，

$$17\frac{30}{60}-9-a=\frac{17}{2}-a\ (\text{分間})$$

と表されるから，$4\times9+(2+4)\times a+2\times\left(\dfrac{17}{2}-a\right)=70$

$$36+6a+17-2a=70$$
$$4a=17,\quad a=\frac{17}{4}$$

この解は問題に適している。

したがって，$\dfrac{17}{4}$分間$=4\dfrac{1}{4}$分間＝4分15秒間　　答え（ 4分15秒間 ）〔6点〕

[6]　**1**　①　3〔2点〕　②　14〔2点〕　**2**　$5n+2$ 枚〔5点〕　**3**　141番目の図形〔5点〕

理　科

[1]　**1**　**イ**〔2点〕　**2**　**エ**〔2点〕　**3**　**イ**〔2点〕　**4**　**ウ**〔2点〕　**5**　孔辺（細胞）〔2点〕

6　二酸化マンガン〔2点〕　**7**　0.4(A)〔2点〕　**8**　寒冷（前線）〔2点〕

[2]　**1**〔例〕外界の温度変化にともなって体温も変化する動物。〔3点〕

2　①　相同〔2点〕　②　進化〔2点〕　**3**　**イ**〔2点〕

[3]　**1**　33.3(%)〔3点〕　**2**　39(g)〔3点〕　**3**　①　58　②　12（完答）〔3点〕

[4]　**1**　電磁誘導〔3点〕　**2**　**エ**〔3点〕

3〔例〕磁界が変化していないので，検流計の針は振れない。〔3点〕

[5]　**1**　①　高温　②　低く（完答）〔3点〕　**2**　季節風〔2点〕　**3**　海風：**エ**〔2点〕　陸風：**ア**〔2点〕

[6]　**1**　①　被子〔2点〕　②　単子葉〔2点〕

2〔例〕花弁が1枚ずつ分かれている。〔2点〕

3　X：胞子〔2点〕　Y：仮根〔2点〕　**4**　**ク**〔2点〕

[7]　**1**　SO_4^{2-}〔3点〕　**2**　**エ**〔3点〕　**3**　**イ**〔2点〕

4　＋極：銅（板）〔2点〕　電池：一次（電池）〔2点〕

[8]　**1**　**イ**〔3点〕　**2**　力学的エネルギー〔3点〕

3　右図〔3点〕　**4**　24(cm)〔3点〕

[8] **3**

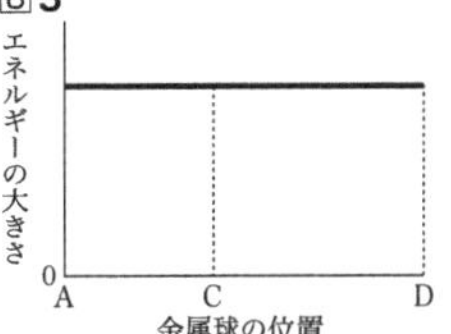

[9]　**1**　恒星（漢字のみ可）〔2点〕　**2**　D〔2点〕

3　①　15〔2点〕　②　日周〔2点〕

4　位置：S〔2点〕

理由：〔例〕地球から見て太陽と同じ方向におとめ座があるから。〔2点〕

国語 〔解説〕

□1 **3** ⑴ 「向日葵」を人にたとえて「身にあびて」と表現しているため、**ア**「擬人法」が正しい。
⑵ 「向日葵」や日差しの強烈さから**イ**「夏」が正しい。
⑶ 「何かしら」「いかにも」は副詞。**ア**「印象的に」は形容動詞。**ウ**「表現にも」は名詞「表現」＋助詞「に」＋助詞「も」。**エ**「楽しい」は形容詞。
⑷ 「ひそまり」や「またひとり」という表現からさみしさが感じられる。

4 「子ハ非ズ㆑魚ニ。安クンゾ知ランヤ㆓魚之楽シムヲ㆒。」は「１３２。４８５６７。」の順で読む。

□2 **1** 助詞と語頭以外の「はひふへほ」は「わいうえお」に直す。「は」を「わ」に変える。

2 ①「母赤染右衛門、住吉にまうでて」、②「挙周いみじく嘆きて、……と思ひて、住吉にまうでて」とある文脈をつかむ。

3 傍線部⑴の前後に、「重病をうけて」、「母赤染右衛門、……『このたびたすかりがたくは、……』と申して」とあることから、治る見込みが少ないことがわかる。

4 傍線部⑵の前の「神感やありけん」とあることから、母は自分の祈りが通じたのだと思っていることがわかる。

5 **ア**「その願いを聞き入れなかった」、**イ**「挙周の代わりに病気になった」が合わない。**ウ**「和歌」を詠んだのは母である。**エ** 母と挙周二人とも「住吉にまうでて」、それぞれ自分の命に代えてお助けくださいと祈ったことに対して、「神あはれみて……事ゆゑなく侍りけり」とあるのと合っている。

〈口語訳〉
挙周朝臣という人が、重病になって、治る見込みが少なそうに見えたので、母の赤染右衛門は、住吉神社にお参りして、七日間籠もって、「この度助かるのが難しければ、速やかに私の命と引きかえてください。」と申し上げて、七日に達した日に、お供え物の紙に書きつけ申し上げたことには、代わろうと祈る命は惜しくはないがそれにしても別れることはかなしいものだ　このように詠みお供えしたところ、神のご加護があったのだろうか、挙周の病気がよくなった。母はお参りからもどって、喜びながらこの様を語ると、挙周はひどく嘆いて、「自分が生きても、母を失っては何の生きがいがあるだろう。また、親不孝な身である。」と思って、住吉神社にお参りして申し上げるには、「母が自分に代わって命を終えることになっているのならば、速やかに元のように自分の命を召して、母をお助けください。」と泣く泣く祈ったところ、神はあわれんでお助けがあったのであろう、母子ともに何事もなかったということだ。

□3 **1** 空欄の前の段落に「アイディアを出すことが場に対する貢献である」とあるので、「コメントがない」というのは、話にならない(＝論外である)という意味であることをつかむ。

2 傍線部⑴の直後の内容と第三段落に「アイディアを出すことが場に対する貢献であるということを学ぶのが、この授業の目的である」とあることに着目してまとめる。

3 傍線部⑵の次の段落に、「これを積み重ねていくと、……また、……になっていく」とあることに着目して、条件に合うように二か所抜き出す。

4 傍線部⑶の三つ後の段落に「アイディアを出し合う対話」、さらに次の段落に「アイディアに弱点がある場合でも、……どうすればさらによくなるか……意見を積み重ねていく」とあるので、**エ**が適当である。**ア〜ウ**はそれぞれ本文の内容と合っていない。

5 最後の段落に「『考える』ことにおいては、視点をずらす、視点移動ということが非常に重要である」とあり、そのために、最後から二つ目の段落の「他の人が自分の中に内在化されて」いることが必要だという内容をとらえてまとめる。

6 **ア**「相手の弱点を指摘することは逆効果である」という主張はない。**イ**「現実を冷静に見る」とは述べられていない。**ウ**「対話」と「視点移動」の重要性について述べていることと合っている。**エ** 全体が本文にない内容である。

□4 **1** 傍線部⑴の前に「少年は台の上に立つと、洪作の頭のてっぺんからつま先までしげしげと見わたし」とあり、空欄前後の部分はこの部分を受けていることをとらえる。

2 傍線部⑴⑵の部分や他にもカタカナの会話文が見られるが、カタカナ表現であることからは、少年たちが遊んでいることがわかる。また、「若サマ」「オ助ケ申ソウカ」という表現からは、優しさが感じられる。

3 洪作は「突き落とされて、飛び込んだ」ことを「さっきやった」とまるで自分から飛び込んだかのように表現していることから、見栄を張っていることがわかる。

4 少年たちが三人とも特別な理由もなく飛び込みを繰り返し、そのことによって、洪作に何かを働きかけている様子も見られないことから、飛び込みを純粋に楽しんでいることがわかる。「洪作を助けに来た合間にも飛び込みを楽しんでいる」とある**エ**が適当である。

5 傍線部⑸の前の段落で、洪作が少年たちの動作を「まぶしく感じ」「きらきらしたもの」と感じている様子が描かれていることなどから、引け目を感じていることをとらえてまとめる。

6 **ア**「一人称の視点」が不適当。**イ** 櫓に取り残されても、とり立ててあわてないおっとりした様子や、少年たちの描写が、洪作の視点に寄り添って描かれているのと合っている。**ウ**「泳ぐことに興味を抱いていく」「多様な視点」が不適当。**エ**「自然に対する距離感の違いが心理に影響する様子」「客観的な視点」が不適当。

□5
- 形式　氏名や題名を書かず、二百四十字以上三百字以内で書いているか。二段落構成で、原稿用紙の正しい使い方ができているか。
- 表現　文体が統一されているか、主述の関係や係り受けなどが適切か、副詞の呼応や語句の使い方が適切か、など。
- 表記　誤字や脱字がないか。
- 内容　第一段落では、「人とコミュニケーションをとる上で心がけたいと思うこと」について理由を含めて具体的に書いているか。第二段落では、第一段落の内容を踏まえて、人とコミュニケーションをとることを，今後どのように生かしていきたいかについて自分の考えを書いているか。

といった項目に照らし、総合的に判断するものとする。

第189回 下野新聞模擬テスト

社 会 【解 説】

社　会 〔解説〕

□1 1 **イ**は香川県で，高松市が県庁所在地であり，岡山県と瀬戸大橋でつながっている。**ア**は広島県，**ウ**は三重県，**エ**は石川県である。

3 **A**の島は屋久島で，縄文杉を含む島の約2割が世界自然遺産に登録されている。**ア**は山梨県，**イ**は知床，**ウ**は対馬について述べている。

4 **ア**は新潟県で，冬の降雪の雪解け水を利用して米の生産が多い，**イ**は長野県で，高地の気候を利用した，レタスの生産が多い，**ウ**は福岡県で，筑紫平野で小麦の栽培が盛んである。

5 原料のほとんどを輸入に頼る日本では，海の近くに原子力発電所や火力発電所が立地する。ダムなどの水流を利用する水力発電所は，山間部に立地する。ブラジルは，アマゾン川での水力発電が盛んである。

7 火山が多い地域では，温泉を観光資源としている地域が多い。

□2 3 **P**の都市は赤道に近く，年中気温が高い熱帯に位置する。**ア**は1月の平均気温が低い**R**，**イ**はサハラ砂漠に位置し，降水量が少ない**Q**，**エ**は南半球に位置するため，北半球と季節が反対になる**S**である。

4 **C**の国はニュージーランドで，羊が最も多い**ア**，**イ**は**B**のブラジル，**ウ**は**A**のアメリカ，**エ**は日本である。

5 インドは，アメリカやヨーロッパのＩＣＴ関連企業の進出により，ＩＣＴ産業が盛んになっている。この理由には，英語が準公用語であることや，アメリカと標準時が約半日ずれた位置にあることで，アメリカが夜の間に日中のインドで業務を引き継げることなどが挙げられる。

6 中国は世界で最も人口が多いため，その分食料生産量が多くなる。人口の増加に伴って，生産が追いつかなくなり，米の輸入量が増加した。一人っ子政策により人口が抑えられてきたが，現在は，急速な高齢化により一人っ子政策は緩和されている。

□3 1 日本書紀は奈良時代の書物。**イ**は平安時代の書物である。

2 奈良時代に土地の私有が認められ，貴族や寺社が新しく土地を開墾したことにより荘園は広げられた。平安時代になると，荘園の所有者が上級の貴族や皇族などから保護を得るため，荘園を寄進するようになった。

5 織田信長が武力で従わせた自治都市は堺(大阪府)で，国友(滋賀県)と並んで，鉄砲が多く生産され，商人が多く集まる都市であった。**イ**は京都，**ウ**は博多，**エ**は江戸時代の江戸について述べている。

7 **イ**は1517年，**ア**は1688年～1689年，**エ**は1776年，**ウ**は1804年のできごと。

8 江戸時代末に外国船が来航するようになったため，海防への意識が高まった。また，アヘン戦争で清がイギリスに敗北したことを知り，幕府は異国船打払令を取りやめたが，肥前藩や長州藩などでは軍備強化のため，大砲などを製造していた。

□4 2 日本は1910年に韓国を併合し，朝鮮総督府を設置して，植民地支配を進めた。

3 「ヨーロッパの火薬庫」とよばれたバルカン半島で，オーストリア皇太子夫妻が暗殺された事件をきっかけに，第一次世界大戦が始まった。

4 シベリア出兵の語から，ソ連の成立であることを読み取る。その影響を受けて，日本国内で共産主義の勢力が拡大することを警戒した政府は，治安維持法を制定した。

6 **ウ**は第二次世界大戦直後の1945年，**イ**は特需景気がおこった1950年代，**ア**は高度経済成長期の1968年，**エ**は1991年のできごと。

□5 1 被選挙権の制限は，都道府県知事と参議院議員は満30歳以上で，他は満25歳以上である。

3 Ⅱ予算の先議権は衆議院にある。Ⅲ内閣総理大臣の指名については，衆議院の議決の後，参議院が異なった議決を出し，両院協議会で意見が一致しなくても，衆議院の議決が国会の議決となる。

4 最高裁判所長官は内閣が指名する。

5(2) 条例の制定の直接請求には，対象地域の有権者の50分の1以上の署名が必要である。有効とされる署名は，有権者である満18歳以上の者の署名とされている。

□6 1 **イ**株主が出席するのは株主総会，**オ**株を購入する人が増えると，一般的に株価は上がる。

2 **X**に設定することは，需要曲線と供給曲線が交わる均衡価格より高い価格設定をすることである。この時，供給量が需要量を上回り，商品をつくりすぎている状態となるため，売れ残りが発生する。

4(1) **ア**は直接税について，**ウ**は累進課税について述べている。**エ**日本では，歳入に占める直接税の割合の方が多い。

5 **ウ**過疎地域のように，人口が少ない地域で経済を活性化させるためには，一人当たりの労働生産性を上げる必要がある。

□7 2 埼玉県は周りを陸に囲まれているため，海上輸送はできない。**ア**は愛知県，**イ**は北海道，**ウ**は神奈川県である。

3 日本銀行は，好況時に景気を引き締めるため，市中に出回る通貨量を減らそうとする。そのため，一般銀行が持つ通貨量を減らすために，国債を売り，一般の銀行の貸し出しをしにくくする。**ウ**，**エ**は政府が行う財政政策について述べている。

5 **図3**から，今後の日本の人口は，老年人口の割合が増え，生産年齢人口の割合が減ることが予想されている。つまり，**図4**の高齢者関係の社会保障費の給付費は増えるが，保険料や税金を支払って社会保障を支える生産年齢人口が減る，という課題があることを示している。

第189回 下野新聞模擬テスト

英　語　【解　説】

英　語〔解説〕

1 リスニング台本と解答を参照。

2 **1** (1) 直後の文に，「先週の金曜日に左足を骨折して，父が私をここに連れて来てくれた」とあることから，書き手が今いる場所は，hospital「病院」だと分かる。

(2) stand up「立ち上がる，起き上がる」。wake up「目が覚める」。

(3) 「ベッドでは一日中安静にしなければならないので，病院での生活はあまり〜でない」という文なので，空所には interesting「おもしろい」が入る。not very 〜で「あまり〜でない」という意味。

(4) 足がまだ痛むことと，いつもより早く寝なければならないことが書かれているので，difficult「難しい」を入れて，「夜に眠りにつくことがとても難しい」という意味の文にする。

(5) 「強い(じょうぶな)足をもっていればいいのに」という意味の文。このように，現実とは異なる願望を表現するとき，I wish I 〜に続く動詞は過去形になる。この文のことを仮定法過去という。

(6) 「私の〜が，約一か月後にそれ(＝ギプス)を外してくれる」という文なので，空所には doctor「医者」が入る。

2 (1) 疑問詞で始まる一般動詞を使った疑問文が文中に入ると，疑問文で主語の前に置く do，does，did はなくなって，<疑問詞＋主語＋動詞(三単現の s や過去形に戻す場合もある)>の語順になる。間接疑問文の問題。

(2) 「彼らは，約一時間ずっとテニスをしています」という意味。過去のある時点から現在まで継続している動作や出来事を表すときは，現在完了進行形<have[has] been＋動詞の ing形>を用いる。

(3) <How about＋動詞の ing形〜？>で「〜するのはどうですか」という意味。また，<ask＋人＋to＋動詞の原形>で「(人)に〜するように頼む」という意味。

3 **1** 本文訳参照。ボブが，プログラムＡの滞在期間が 10 日間だと聞いて，「それは短すぎると思う」と言った場面。

2 (1) プログラムＣの「期間(日数)」を参照。21 日間なので，参加者は三週間滞在できると分かる。

(3) 「事前説明会」を参照。下部の注意書きの部分を参考に英文を考える。

(4) グラフを参照。オーストラリアは，女子生徒の間で一番人気だと分かる。popular の最上級は，前に the most を置く。「〜の間で」は among を使う。

3 本文訳参照。直前のボブの発言を参照。

4 ボブは友香に，だれが申し込みできるのかを聞いている。

5 ① プログラムＢの「募集人数」を参照。40 人と書かれている。

② プログラムの「備考」を参照。語学学校がない日は，自由時間と書かれている。

6 下線部は，「あなたはどの国を訪れてみたいですか」という意味。理由を含めて書くので，その国でやってみたいことや，会いたい人，行ってみたい場所などについて書くとよい。複数の国を挙げてもよい。

4 **1** **A**：本文訳参照。西先生が，「ホールに約300人いるが，『恐れる』必要はない」と，かなこを励ます場面。

B：本文訳参照。かなこがスピーチの最中に，怖くなって声が弱々しくなってしまったが，西先生のアドバイスを思い出して，再び「力強い」声でスピーチを続ける場面。

2 本文訳参照。第 3 段落の The most important thing 〜で始まる西先生の発言を参照。

3 質問は，「かなこはなぜボランティアとして働き始めたのですか」という意味。第 1 段落の前半を参照。答えの文は，「かなこがボランティアについて学んだあと，それ(＝ボランティアとして働くこと)に興味をもったからである」という意味。

4 ①② 本文訳参照。いずれも最終段落の内容をまとめる。

5 **ア**…第 1 段落の後半の内容を参照。かなこが所属しているボランティアグループが，外国の貧しい子どもたちにお金を送るためにバザーを開いていると書かれている。よって，「外国の貧しい子どもたちによってバザーが開催される」という部分が誤り。

イ…第 2 段落の後半の内容を参照。同じ内容を読み取ることができるので正しい。

ウ…第 3 段落の後半の内容を参照。西先生は，英語の発音のことを気にする必要はないと言っているので誤り。

エ…最終段落の第 1 文を参照。かなこはスピーチコンテストで賞をとることはできなかったので誤り。

5 **1** 本文訳参照。第 2 段落は，地球温暖化の悪影響について書かれている。「〜を失う」という意味の lose を入れると内容がつながる。

2 本文訳参照。直後に石油を使うことの便利さについて書かれていることから判断する。

3 本文訳参照。直前の二つの文の内容をまとめる。

4 筆者が最終段落の冒頭で，「どのようにして地球温暖化を止めることができるか」と問題提起をして，だれにでもできるようなことを紹介していることから判断する。

第189回 下野新聞模擬テスト

英語 【解説】

〔本文訳〕

③ボブ：友香，このポスターは何かな。
友香：それは夏休み期間中の語学留学プログラムについてよ。
ボブ：へぇ，それは英語を学ぶいい機会になりそうだね。きみはそのプログラムに興味があるのかい。
友香：ええ，どれか一つに参加したいわ。
ボブ：そのプログラムについて教えてよ。
友香：いいわよ。それぞれのプログラムにいいところがあるの。プログラムＡだと，語学学校で週に５日英語を勉強することができるけど，10日間しか滞在できないの。
ボブ：それは短すぎると思うな。
友香：私もそう思うわ。プログラムＢはほぼ一か月の長さだけど，高校生が対象で，中学生は対象じゃないのよ。
ボブ：それじゃあ，きみはプログラムＣに参加したいの。
友香：うん。シドニーの語学学校で英語を勉強できて，三週間滞在できるの。
ボブ：おお，それはいいね。何人の生徒がそれに参加できるのかい。
友香：25人の生徒よ。私は本当にそれに参加したいわ。子どものときからずっとオーストラリアに行ってみたかったの。
ボブ：それを聞いてうれしいよ。まだきみが僕の国について知らないことがたくさんあると思うな。例えば，「オーストラリアに何人住んでいるか」とか，「彼らがよく食べるものは何か」とかね。
友香：ええと ...，あなたの言うとおりね。
ボブ：オーストラリアに行く前に，オーストラリアについて学ぶことはきみにとって大切だと思うよ。
友香：分かったわ。そうするようにするわ。
ボブ：だれがそれに申し込むことができるの。
友香：語学学校での勉強とホームステイに興味がある生徒ができるわ。それと，すべての参加希望者は事前説明会に参加する必要があるわ。
ボブ：なるほど。ええと...，このグラフは何かな。
友香：それは，「あなたはどの国を訪れてみたいですか」という質問への回答を示しているの。全校生徒が回答しているわ。オーストラリアは女子の間で一番人気があるわね。
ボブ：おお，それはよかった。およそ60人の女子がそう答えているね。僕には，つつじ市に住んでいる日本人の友達がいて，僕たちはよく，メールのやりとりをしているんだ。メールで彼に，「きみはどの国を訪れてみたいの」って聞いてみるよ。
友香：あら，それはいいアイデアね。

④　私は栃木の中学校に通っています。ある日の英語の授業で，私はボランティアについて学びました。彼らは本当にすごいなと思いました。その後，私はボランティアとして働くことに興味を持ちました。私は今，あるボランティアグループで働いています。そのグループは，外国の貧しい子どもたちを助けるために，たくさんのことをしています。例えば，その子どもたちにお金を送るために，バザーを開いたりしています。
　９月のある日，私の英語の先生である西先生が，授業で私たちに，「来月に市民ホールで，英語のスピーチコンテストがあります。参加したい場合は，私に教えてください」と言いました。それを聞いたとき，「私たちには，仕事を手伝ってくれるもっと多くのボランティアが必要だ。そのコンテストは，自分のスピーチを通して，自分たちのボランティアの仕事について多くの人に伝えるためのいい機会になるかもしれない」と思いました。だから私は，そのコンテストに参加することに決めました。私が参加したがっていることを西先生が知ったとき，先生はうれしそうに見えました。
　その後，私はコンテストに向けて練習を始めました。西先生は私をたくさん助けてくれました。私は初めに，自分のスピーチを日本語で書き，それを英語にしました。それから，スピーチを何度も何度も練習しましたが，いくつかの英単語をうまく発音することができませんでした。すぐに私は自信を失い始めていました。西先生は私に，「かなこさん，そのことについて心配する必要はないよ。スピーチで最も大切なことは，きみが本当に伝えたいことを人に伝えようと努力することだよ」と言いました。私はほほえんで，「アドバイスをありがとうございます，西先生」と言いました。
　ついに，コンテストの日が来ました。私はホールに着いた後，西先生に，「ホールには何人の人がいますか」と尋ねました。先生は，「約300人いるけど，恐れる必要はないよ」と言いました。私は，「分かりました，西先生。みなさんが私のスピーチに興味を持ってくれると思うようにします」と言いました。
　およそ一時間後，私の順番が来ました。私はなぜボランティアの仕事が必要なのかについて話し始めました。目の前のたくさんの人を見たとき，私は突然に怖くなり，弱々しい声になってしまいました。そのとき，練習中の西先生のアドバイスを思い出しました。私は力強い声で，「世界中には，私たちの支援を必要としている貧しい子どもたちがたくさんいます。私たちは本当に彼らを助けたいのです。私たちのボランティアグループには，みなさんの助けが必要です。私たちに加わりませんか」と言いました。
　私はコンテストで賞をとることはできませんでしたが，その後すてきなことが起きました。翌週に，私のスピーチに感銘を受けたおよそ30人の若者たちが，私たちのボランティアグループを訪ねて来ました。彼らは私たちに加わって，ボランティアとして貧しい子どもたちのために働きたいと思ったのです。私は，「コンテストに参加してスピーチをして，本当によかった」と思いました。

⑤　地球は今，ますます暑くなりつつある。今年の夏，日本のほとんどの地域で，摂氏約35度になる日が何日もあり，死者も出た。いくつかの日本の都市では摂氏40度近いこともあった。その原因は地球温暖化である。
　私たちは，地球温暖化により，世界中の自然に多く変化が生じているのを目にしている。例えば，北極と南極の氷が溶け，海面が上昇している。世界中の高山の氷河も溶けている。多くの浜辺，島，そのような場所に住んでいるいくらかの種類の動植物も失われるかもしれない。
　そうした理由の一つは，私たちが石油を使いすぎることだ。数千年前，人々は石油を見つけ，それがとても役に立つことを知った。現在，私たちが自動車，船，飛行機を使うときに石油を使う。また，私たちは照明を使ったり，テレビゲームをやったりするときでさえ石油が必要だ。私たちはたくさん石油を使い，そして同時に二酸化炭素を放出している。だから，地球はますます暑くなっている。多くの国は二酸化炭素を削減しようとしているが，中にはそうでない国もある。そのような国は，今でも自動車や工場のためにたくさん石油を使い，二酸化炭素を放出している。これは大きな問題だ。
　私たちは，どうしたら地球温暖化を止めることができるのだろうか。どうしたら，石油の使用量を少なくできるのだろうか。私たちにとっては，とても難しい問題だ。しかし，日常生活の中には私たちができる小さなことがいくつかある。例えば，自家用車よりも自転車，バス，電車をより頻繁に使った方がよい。また，夏には扇風機を，冬にはこたつを，エアコンよりも頻繁に使った方がよい。そうすれば，石油をあまりたくさん使わなくなるだろう。小さなことと思うかもしれないが，みんなで一緒にこういったことに取り組めば，将来，地球温暖化に歯止めをかけることができるだろう。

第189回 下野新聞模擬テスト

英語 【解説】

英語問題 1 〔リスニング台本〕

台本	時間
これから中学3年生　第189回　下野新聞模擬テスト　英語四角1番，聞き方のテストを行います。 なお，練習はありません。 （ポーズ約5秒） これから聞き方の問題に入ります。問題用紙の四角で囲まれた**1**番を見なさい。問題は**1**番，**2**番，**3**番の三つあります。 最初は**1**番の問題です。問題は(1)から(3)まで三つあります。英語の対話とその内容についての質問を聞いて，答えとして最も適切なものを**ア**，**イ**，**ウ**，**エ**のうちから一つ選びなさい。対話と質問は2回ずつ言います。 では始めます。 (1)の問題です。　*A*：What did you do last Sunday? *B*：I stayed home all day. I enjoyed reading a book. How about you? *A*：I went to the beach with my family. Next Sunday, I'd like to go to the mountains. 質問です。　*Q*：Where did the girl go last Sunday?　（約5秒おいて繰り返す。）（ポーズ約5秒） (2)の問題です。　*A*：Where are you going? *B*：I'm going to the stadium to watch a baseball game. *A*：That's nice. Oh, look! Here comes the bus for the stadium. Have a good time. 質問です。　*Q*：Where are they talking now?　（約5秒おいて繰り返す。）（ポーズ約5秒） (3)の問題です。　*A*：My class answered the question, "What color do you like the best?" This shows our answers. *B*：Oh, that sounds interesting. *A*：Twenty students answered they like red. Eight students like pink, and there were four students who like blue. I like green the best, but it's not so popular. 質問です。　*Q*：Which one is the boy's class?　（約5秒おいて繰り返す。）（ポーズ約5秒）	（1番） 約**3**分
次は**2**番の問題です。問題は(1)と(2)の二つあります。英語の対話とその内容についての質問を聞いて，答えとして最も適切なものを**ア**，**イ**，**ウ**，**エ**のうちから一つ選びなさい。質問は問題ごとに①，②の二つずつあります。対話と質問は2回ずつ言います。 では始めます。 (1)の問題です。　*Erika*：Hi, Nick. Are you enjoying your stay in Japan? *Nick*：Yes, Erika. But I don't think my Japanese is good. *Erika*：Don't worry. Your Japanese is getting better. *Nick*：Thank you. My friend told me to watch Japanese movies, so I tried that. But it was difficult for me to understand them. I want to try something new. *Erika*：How about comics? *Nick*：What do you mean? *Erika*：You can study Japanese by reading comics written in Japanese. *Nick*：That's interesting! I'll try! What else can I do to improve my Japanese? *Erika*：You should talk with your friends in Japanese. I'll help you. *Nick*：Thanks. I'll do that. ①の質問です。　What did Nick think of Japanese movies?　（ポーズ約3秒） ②の質問です。　What did Erika tell Nick to do to improve his Japanese?　（約5秒おいて繰り返す。）（ポーズ約5秒） (2)の問題です。　*Woman*：Excuse me. I want to go to the hospital to see my son. He is a doctor and works there. *Man*：We have two hospitals around here. *Woman*：I don't remember the name of the hospital. My son said, "It takes about five minutes from the station to my hospital." *Man*：Umm..., both of them are near here. Is it a big hospital? *Woman*：I think so. My son works on the seventh floor. *Man*：OK. Your son works at Kita Hospital. Nishi Hospital is smaller than Kita Hospital. *Woman*：Oh, I see. How can I go there? *Man*：It's easy. Now we are in front of the station. Can you see the post office over there? Walk along this street to the post office and turn right. Then you'll find Kita Hospital on your left. *Woman*：Oh, thank you very much. ①の質問です。　Which is Kita Hospital?　（ポーズ約3秒） ②の質問です。　Why does the woman want to go to Kita Hospital?　（約5秒おいて繰り返す。）（ポーズ約5秒）	（2番） 約**5**分
次は**3**番の問題です。あなたは，学校の英会話クラブの部員です。部員会議でのブラウン先生(Ms. Brown)による連絡を聞いています。連絡を聞いて，その内容をまとめた英語のメモを完成させなさい。英文は2回言います。 では始めます。 This year, we are going to meet on Tuesday and Friday every week. I'd like to do many things with you in the club. We will talk a lot in English, of course. We will go to the library, find some English books and read them together. We will also use the computer room in our school. There we will write and send e-mails to students in Australia. Next Friday, we will have a party for the new club members. I want you to write a message to them in English. You are going to give it to them at the party. That's all. （約5秒おいて）繰り返します。（1回目のみ）　（ポーズ約5秒） これで聞き方の問題を終わります。では，ほかの問題を始めなさい。	（3番） 約**3**分

第189回 下野新聞模擬テスト

数　学　【解　説】

数　　学　〔解説〕

□1 **1**　$-5+(-1)=-5-1=-6$

2　$2ab\times 3a^2b=2\times 3\times ab\times a^2b=6a^3b^2$

3　$3a^2-b^2=3\times 1^2-(-2)^2=3-4=-1$

4　$x^2+6x+8=x^2+(2+4)x+2\times 4=(x+2)(x+4)$

5　$S=2\pi rh$の両辺を入れかえて，$2\pi rh=S$　両辺を$2\pi r$で割って，$h=\dfrac{S}{2\pi r}$

6　**イ**…x軸やy軸について線対称ではなく，原点について点対称になっている。

7　線分PQは半円Oの接線だから，$\angle\mathrm{OCQ}=90^\circ$であり，$\angle\mathrm{OCB}=90^\circ-63^\circ=27^\circ$となる。線分OB，OCは半径だから，△OBCはOB＝OCの二等辺三角形である。求める$\angle x$は△OBCの頂角だから，
$\angle x=180^\circ-27^\circ\times 2=126^\circ$

8　xの変域に0を含んでいるから，yの最小値は$y=0$になる。また，-1よりも2の方が絶対値が大きいから，yの最大値は$x=2$のときの$y=2\times 2^2=8$

9　底面の半径が3cm，高さが4cmの円柱の体積は，$\pi\times 3^2\times 4=36\pi\ (\mathrm{cm^3})$

10　$\dfrac{6}{\sqrt{2}}-\sqrt{2}=\dfrac{6\times\sqrt{2}}{\sqrt{2}\times\sqrt{2}}-\sqrt{2}=\dfrac{6\sqrt{2}}{2}-\sqrt{2}=3\sqrt{2}-\sqrt{2}=2\sqrt{2}$

11　$x^2-5x=0$，$x(x-5)=0$より，$x=0$，5

12　割られる数aは，割る数bと商cの積に余りdをたした数になるから，
$a=bc+d$

13　頂点Aから底辺BCに垂線AHを引くと，△ABHで三平方の定理より，
$\mathrm{AH}^2=\mathrm{AB}^2-\mathrm{BH}^2=6^2-2^2=32$
$\mathrm{AH}>0$だから，$\mathrm{AH}=\sqrt{32}=4\sqrt{2}$ (cm)
したがって，$\triangle\mathrm{ABC}=\dfrac{1}{2}\times 4\times 4\sqrt{2}=8\sqrt{2}\ (\mathrm{cm^2})$

□1 **14**

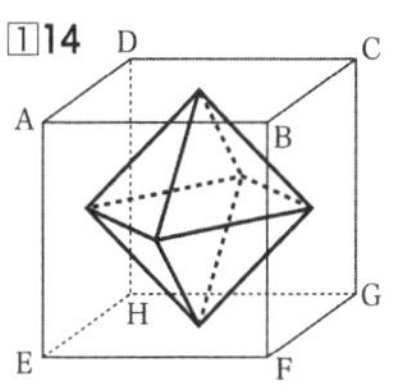

14　立方体の6つの面の中心(対角線の交点)を6個の頂点とする立体は，右の図のような正八面体である。

□2 **1**　ひし形は，2本の対角線が垂直に交わる平行四辺形であるから，ひし形PBQDの頂点P，Qは，平行四辺形ABCDの対角線BDの垂直二等分線と辺AD，BCとの交点になる。

【作図法】① 頂点Bを中心とする円をかく。
② 頂点Dを中心とする，①の円と半径の等しい円をかく。
③ ①，②でかいた円どうしの2つの交点を通る直線を引く。
④ ③で引いた直線と辺ADとの交点が点P，辺BCとの交点が点Qである。
⑤ 頂点Bと点P，頂点Dと点Qを結ぶ線分を引く。

□2 **1**

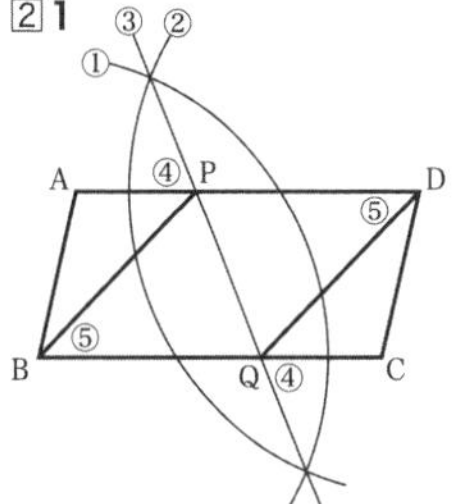

2　白の碁石と黒の碁石の並び方は，右の樹形図によって表される。すべての場合の数は，$2\times 2\times 2\times 2=16$(通り)であり，このうち，＊印をつけた3通りになればよいから，求める確率は，$\dfrac{3}{16}$

□2 **2**

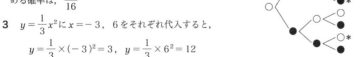

3　$y=\dfrac{1}{3}x^2$に$x=-3$，6をそれぞれ代入すると，
$y=\dfrac{1}{3}\times(-3)^2=3$，$y=\dfrac{1}{3}\times 6^2=12$
よって，A$(-3,\ 3)$，B$(6,\ 12)$である。直線ABの式を$y=ax+b$と表し，$x=-3$，$y=3$と$x=6$，$y=12$をそれぞれ代入して，
$3=-3a+b$，$12=6a+b$
これらを連立方程式として解くと，$a=1$，$b=6$であるから，直線ABの式は$y=x+6$である。よって，直線ABの切片である点Cのy座標は6となり，OC＝6である。また，点Mのx座標は$\dfrac{-3+6}{2}=\dfrac{3}{2}$だから，
$\triangle\mathrm{OAM}=\triangle\mathrm{OAC}+\triangle\mathrm{OMC}=\dfrac{1}{2}\times 6\times 3+\dfrac{1}{2}\times 6\times\dfrac{3}{2}=9+\dfrac{9}{2}=\dfrac{27}{2}$

□3 **1**　線分AEの長さを$x$cmとすると，$\mathrm{BC}=\mathrm{AB}=(x+9)$cmと表されるから，△AECの面積は，
$\dfrac{1}{2}\times x\times(x+9)=\dfrac{1}{2}x^2+\dfrac{9}{2}x\ (\mathrm{cm^2})$と表される。

2　(1)　90分以上120分未満の階級までの累積度数は$10-1=9$(人)だから，累積相対度数は，$9\div 10=0.9$
(2)　階級の幅は，$60-0=60$(分)である。また，0分以上60分未満の階級の度数は$10-4-1=5$(人)であり，これはどの階級の度数よりも多いから，最頻値(モード)はこの階級の階級値である
$(0+60)\div 2=30$(分)

第189回 下野新聞模擬テスト

数　学　【解　説】

(3) 度数分布表から平均値を求めるときは，各階級に含まれるデータの値がすべてその階級値に等しいとみなす。(階級値×度数)の合計を(度数の合計)で割ると，$(30\times5+90\times4+150\times1)\div10=66$ (分)

④ **1** 三角形の外角が等しいならば，その内角も等しくなることを利用して∠AEB＝∠ADCを導く。

2 (1) 線分DPは面ABCD上に，線分PFは面BCGF上にある。四角柱ABCD-EFGHの展開図の一部を表した右の図において，DP＋PFの長さが最も短くなるとき，線分DPと線分PFは線分DF上にあり，点Pは線分DFと辺BCの交点になる。

△DCP∽△FBPだから，BP＝$x$cmとすると，

DC：FB＝CP：BPより，$6:8=(8-x):x$

これを解いて，$x=\dfrac{32}{7}$ (cm)

また，△DFGで三平方の定理より，

$DF^2=DG^2+FG^2=14^2+8^2=260$

DF＞0だから，$DF=\sqrt{260}=2\sqrt{65}$ (cm)

(2) 四角柱ABCD-EFGHの体積は，

$\dfrac{1}{2}\times(5+8)\times6\times8=312$ (cm^3)

で，辺BFを含む立体(三角錐F-ABC)の体積Vは，

$V=\dfrac{1}{3}\times\dfrac{1}{2}\times8\times6\times8=64$ (cm^3)であるから，

辺DHを含む立体の体積Wは，

$W=312-64=248$ (cm^3)である。

したがって，体積の比は$V:W=64:248=8:31$である。

⑤ **1** 最初の8分間に，排水口Aのみから$2\times8=16$ (L)排水する。また，グラフより，排水を始めてから8分後の水の量は54Lだから，満水の状態の水の量は$16+54=70$ (L)

2 右の図より，2点(8，54)，(13，24)を通る直線の式を求める。

$y=mx+n$に$x=8$，$y=54$と$x=13$，$y=24$をそれぞれ代入して，

$54=8m+n$，$24=13m+n$　これらを連立方程式として解くと，

$m=-6$，$n=102$より，$y=-6x+102$

⑤2

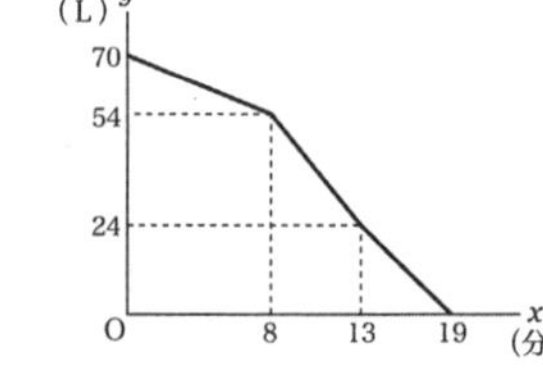

3 排水口A，Bの両方から排水した時間をa分間とすると，最後に排水口Aのみから排水した時間は$\left(\dfrac{17}{2}-a\right)$分間と表されるから，

方程式$4\times9+(2+4)\times a+2\times\left(\dfrac{17}{2}-a\right)=70$を導く。

⑥ **1** 使用する黒いタイルは，奇数番目の図形ごとに1枚ずつ多くなっていき，1番目〔$(2\times1-1)$番目〕では1枚，3番目〔$(2\times2-1)$番目〕では2枚，5番目〔$(2\times3-1)$番目〕では3枚になる。なお，$(2n-1)$番目ではn枚と表される。

また，使用する白いタイルは，2番目では6枚で，その後は偶数番目ごとに4枚ずつ多くなっていく。2番目〔(2×1)番目〕では6枚〔$(4\times1+2)$枚〕，4番目〔(2×2)番目〕では10枚〔$(4\times2+2)$枚〕，6番目〔(2×3)番目〕では14枚〔$(4\times3+2)$枚〕になる。なお，$2n$番目では$(4n+2)$枚と表される。

2 **1**の解説より，$2n$番目の図形をつくるのに使用する白いタイルの枚数は$(4n+2)$枚と表され，$2n$番目の図形をつくるのに使用する黒いタイルの枚数は$(2n-1)$番目の図形をつくるのに使用する黒いタイルの枚数と同じだから，n枚と表される。したがって，使用するすべてのタイルの枚数は，

$(4n+2)+n=5n+2$ (枚)

3 偶数番目($2n$番目)であるとすると，**2**の解説より，$5n+2=353$と表されるが，これを方程式として解いてもnの値は整数にならないから，問題に適さない。

奇数番目〔$(2n-1)$番目〕の図形をつくるのに使用するすべてのタイルの枚数は，偶数番目($2n$番目)の図形をつくるのに使用するすべてのタイルの枚数より4枚少ないから，**2**の解説より，$(5n+2)-4=5n-2$ (枚)と表される。ただし，$n\geqq2$である。よって，

$5n-2=353$

これを方程式として解くと，$5n=355$，$n=71$

となるから，問題に適している。したがって，$2n-1=2\times71-1=141$ (番目)

第189回 下野新聞模擬テスト

理　科　【解　説】

理　　科〔解説〕

□1 **2**　炭酸水素ナトリウムを加熱して分解すると，固体の炭酸ナトリウム，気体の二酸化炭素，液体の水が得られる。
3　物体の１点から出て凸レンズの中心を通る光は，そのままスクリーン上の１点（P点とする）まで直進する。また，凸レンズの軸に平行に進んできた光は，凸レンズを通過してから反対側の焦点を通ってP点に達する。このことから作図すると，焦点は方眼２目盛り分になる。
4　石灰岩やチャートは生物の遺骸などが固まってできたものである。
6　二酸化マンガンにオキシドールを加えると，オキシドールの溶質である過酸化水素が酸素と水とに分解される。
7　使用している－端子と指針のようすから，電熱線には12Vの電圧が加わっていることがわかる。したがって，12〔V〕÷30〔Ω〕＝0.4〔A〕の電流が流れている。
8　閉そく前線は，寒冷前線が温暖前線に追いつくことでできる。

□2 **1**　両生類に属するカエル，ハチュウ類に属するワニは，外界の温度変化にともなって体温も変化する変温動物である。一方，鳥類に属するスズメ，ホニュウ類に属するコウモリ，クジラ，ヒトは，外界の温度が変化しても体温をほぼ一定に保つことができる恒温動物である。
2　セキツイ動物の前あしやそれにあたる部分の骨格には，共通点が見られる。
3　セキツイ動物は，魚類→両生類→ハチュウ類→ホニュウ類→鳥類の順に出現したと考えられる。

□3 **1**　質量パーセント濃度は $\dfrac{50〔g〕}{50〔g〕+100〔g〕}\times 100 = 33.3\cdots$〔%〕である。
2　20℃における物質Xの溶解度は11gなので，50－11＝39〔g〕の結晶が出てくる。
3　物質Xの溶解度が50gになる温度は，約58℃である。また，60℃の飽和水溶液においては，57gの溶質が100gの水に溶けているので，溶質が50gの飽和水溶液における水の質量は $100\times\dfrac{50〔g〕}{57〔g〕} = 87.7\cdots$〔g〕になる。よって，100－88＝12〔g〕ほどの水を蒸発させればよい。

□4 **1**　コイルの内部の磁界が変化すると，コイルに電圧が生じて電流が流れる。このような現象を電磁誘導といい，電磁誘導によって流れる電流を誘導電流という。
2　実験(1)では，コイルの上端にN極が近づいている。三つの下線部のうちの一つか三つが反対になると逆向きの誘導電流が流れ，二つが反対になると同じ向きの誘導電流が流れる。最初はコイルの上端にS極が近づくので検流計の針は左側に振れ，その後はコイルの下端からN極が遠ざかるので検流計の針は右側に振れる。
3　磁力が強い磁石を用いても，磁界が変化しない限り電磁誘導は起こらない。

□5 **1**　水はあたたまりにくく冷めにくいので，日射のある昼間は，陸上の空気の方が高温になる。空気は，温度が高いほど体積が大きくなって密度が小さくなるので，海上よりも陸上の方が低圧部になる。空気は高圧部から低圧部に向かって流れるため，昼間には海上から陸上に向かって海風がふく。
2　日本の周辺では，海が太平洋，陸がユーラシア大陸に相当する。
3　夏には高圧部の太平洋（小笠原気団）からユーラシア大陸に向かって南東の季節風が，冬には高圧部のユーラシア大陸（シベリア気団）から太平洋に向かって北西の季節風がふくことが多くなる。

□6 **1**　「子葉が１枚」のなかまである単子葉類は，葉脈は平行に通っていて，根はひげ根である。
2　「子葉が２枚」のなかまである双子葉類は，花弁が１枚ずつ分かれている離弁花類と，花弁が１枚につながっている合弁花類とに分類することができる。
3　スギゴケやゼニゴケなどのコケ植物のなかまは，雄株と雌株の２種類の株があり，雌株にできる胞子のうの中に胞子がつまっている。また，仮根には水を吸収する役割は特になく，水は体の表面全体から吸収している。
4　Aは単子葉類，Bは裸子植物，Cはシダ植物に属する植物であり，選択肢のアブラナは双子葉類，トウモロコシは単子葉類，ソテツは裸子植物に属する植物である。

□7 **1**　水溶液中で，硫酸亜鉛は $ZnSO_4 \rightarrow Zn^{2+} + SO_4{}^{2-}$ のように，硫酸銅は $CuSO_4 \rightarrow Cu^{2+} + SO_4{}^{2-}$ のように電離している。
2　亜鉛板の表面では，亜鉛板をつくる亜鉛原子が電子を２個放出して亜鉛イオンとなり，水溶液中に溶け出している。一方，銅板の表面では，$Cu^{2+} + 2e^{-} \rightarrow Cu$ のように，水溶液中の銅イオンが銅板から電子を受けとって銅原子になっている。
3　亜鉛板は溶け出すのでボロボロになり，銅板には銅が付着する。
4　電子は亜鉛板からモーターを経由して銅板へと移動していくので，亜鉛板が－極，銅板が＋極である。また，使いきりの一次電池に対して，鉛蓄電池やリチウムイオン電池のような，充電することで繰り返し使用できる電池を二次電池という。

□8 **1**　選択肢**ア**の「V」は電圧，**ウ**の「W」は電力や仕事率，**エ**の「Hz」は振動数や周波数の単位である。
2　位置エネルギーと運動エネルギーは互いに移り変わることができるが，これらの和である力学的エネルギーの大きさは一定に保たれる。このことを力学的エネルギー保存の法則（力学的エネルギーの保存）という。
3　**2**の解説より，力学的エネルギーの大きさは変化しない。
4　B点でもっていた力学的エネルギーの大きさを3＋2＝5とすると，これはA点でもっていた位置エネルギーの大きさに等しい。したがって，B点の基準面からの高さは $40〔cm〕\times\dfrac{3}{5} = 24$〔cm〕である。

□9 **1**　恒星どうしの位置関係は変化しないので，地球から見える星座の形も変化しない。
2　星座や太陽は，時間が経過するにつれて，東から西に向かって移動していくように見える。
3　星座や太陽の日周運動の向きが東から西であるのは，地球が西から東の向きに自転しているからである。また，日周運動と自転の割合は，１時間に約15度である。
4　おとめ座が真夜中に南中するときには，地球から見ると，太陽と反対の方向におとめ座が位置している。また，図２において，半年後の地球の位置はQ付近なので，地球から見ると，太陽と同じ方向におとめ座がある。

MEMO

2020・2021

[令和5年高校入試受験用]

解答・解説編

令和2年度

10月　4日実施　第180回
11月　1日実施　第181回
12月　6日実施　第182回
1月24日実施　第183回

第180回 下野新聞模擬テスト

国語・社会・英語 【解　答】

国　語

□1 1 (1) せつり〔2点〕　(2) つぐな（う）〔2点〕　(3) とうたつ〔2点〕
(4) もう（でる）〔2点〕　(5) いつだつ〔2点〕
2 (1) 姿勢〔2点〕　(2) 激（しい）〔2点〕　(3) 複雑〔2点〕
(4) 延（ばす）〔2点〕　(5) 投票〔2点〕
3 (1) **ウ**〔2点〕　(2) **ア**〔2点〕　(3) めし（ひらがなのみ可）〔2点〕
(4) **イ**〔2点〕　(5) **エ**〔2点〕

□2 1 きわめて（ひらがなのみ可）〔2点〕　2 **イ**〔2点〕
3〔例〕老いた母親の体力や気力が衰えていき、長生きができなくなる〔2点〕
4 **ア**〔2点〕　5 **エ**〔2点〕

□3 1 **エ**〔2点〕　2 (I) 若い植物〔3点〕　(II) **ウ**〔3点〕
3〔例〕夜になると間もなく立ち上がり始め、明けがた前にはすでに東を向いている〔4点〕
4〔例〕ヒマワリの品種、年齢、角度の測定法、天候などに違いがある（から。）〔4点〕　5 **イ**〔4点〕

□4 1 しかった。〔2点〕　2 **エ**〔4点〕　3〔例〕無遠慮な質問をしたことに気づいて動揺している〔4点〕
4 誇り高く〔2点〕　5 **ア**〔4点〕　6 **ウ**〔4点〕

□5〔例〕資料Aからは、八割以上の高校生が家族と話をしながら食事をしていることが読み取れます。また、資料Bからは、「学校での出来事」や「友だちのこと」といった身近な生活状況を話題として食事中に家族と話す人が多いことがわかります。
私も食事中に、自分の友だちのことを話します。小学生の時、友だちが私の家に遊びに来たことがありました。その際私の母が、友だちの名前を呼んで「算数が得意な〇〇ちゃん、いらっしゃい」と言ったのです。友だちは母ともすぐに仲良くなり、今では家族ぐるみでお付き合いをしています。食事中の会話をきっかけに新しい世界が広がることもあるので、積極的に会話をするべきだと思います。〔20点〕

社　会

□1 1 (1) 屯田兵〔2点〕　(2) オホーツク海〔2点〕　(3) **ア**〔2点〕　(4) **イ**〔2点〕　2 **ウ**〔2点〕
3 **エ**〔2点〕　4〔例〕大消費地から遠いので，生乳を加工して乳製品にする割合が高い。〔4点〕

□2 1 (1) **イ**〔2点〕　(2) **ア，ウ，エ**（順不同・完答）〔2点〕　(3) **ウ**〔2点〕
(4) （3月）2（日）午後6（時）（完答）〔2点〕
2 **エ**〔2点〕
3 (1) **ウ**〔2点〕
(2)〔例〕ガソリンに代わるバイオ燃料の生産のため，原料となるさとうきびの生産量が増加している。〔4点〕

□3 1 卑弥呼〔2点〕　2 (1) 調〔2点〕　(2)〔例〕地方の特産物を都まで運んで納めた。〔4点〕
3 勘合〔2点〕　4 **エ**〔2点〕　5 **ウ→エ→ア→イ**（完答）〔2点〕　6 **エ**〔2点〕

□4 1 (1) **ウ**〔2点〕　(2) **エ**〔2点〕
2 (1) 三国干渉〔2点〕
(2)〔例〕死者や戦費が日清戦争を大きく上回ったが，ポーツマス条約では賠償金を得ることができなかったから。〔4点〕
3 (1) 孫文〔2点〕　(2) **イ**〔2点〕

□5 1 **ウ**〔2点〕　2 治安維持法〔2点〕　3 ベルサイユ（条約）〔2点〕　4 **ア**〔2点〕
5 **ウ**〔2点〕　6 財閥〔2点〕

□6 1 **エ**〔2点〕　2〔例〕一定の時間内で決定することができる〔4点〕
3 (1) グローバル（カタカナのみ可）〔2点〕　(2) **ウ**〔2点〕　(3) 国際分業（漢字のみ可）〔2点〕
(4) 情報リテラシー〔2点〕

□7 1 (1) **イ**〔2点〕　(2) 核家族（漢字のみ可）〔2点〕　2 **ア**〔2点〕
3 (1) **イ**〔2点〕
(2)〔例〕高度経済成長によって，農村部から都市部へ人口が移動し，第二次産業，第三次産業に従事した。〔4点〕

英　語

□1 1 (1) **エ**〔2点〕　(2) **ウ**〔2点〕　(3) **ア**〔2点〕
2 (1) ① **イ**〔3点〕　② **エ**〔3点〕　(2) ① **ア**〔3点〕　② **ウ**〔3点〕
3 (1) family〔2点〕　(2) two〔2点〕　(3) zoo〔2点〕　(4) spring〔2点〕

□2 1 (1) **ア**〔2点〕　(2) **イ**〔2点〕　(3) **ウ**〔2点〕　(4) **ウ**〔2点〕　(5) **エ**〔2点〕　(6) **エ**〔2点〕
2 (1) **ウ→ア→イ→エ**（完答）〔2点〕　(2) **エ→ウ→ア→イ**（完答）〔2点〕
(3) **ア→エ→ウ→オ→イ**（完答）〔2点〕

□3 1 **イ**〔2点〕
2 (1)〔例〕they enjoyed listening to the stories〔3点〕　(4)〔例〕between the flower shop〔3点〕
(5)〔例〕sing songs in English〔3点〕
3 old people（完答）〔3点〕
4〔例〕友香のいる音楽部が，ボランティアとして音楽を演奏するために，病院を訪れたこと。〔3点〕
5 **ウ**〔3点〕　6 call〔2点〕
7〔例〕Last month I joined a volunteer activity with my friends. We cleaned the river in our city. A lot of people joined it. The river is large, so it was very hard. After cleaning, we were happy because the river became clean. I hope Bob will join this volunteer activity.〔6点〕

□4 1〔例〕Can[May] I ask〔2点〕　2 **ア**〔3点〕
3 ①〔例〕病気の動物たちのために何かをすることができる〔3点〕
②〔例〕自分の将来のための計画について考えている〔3点〕
4 **ア，エ**（順不同）〔3点×2〕

□5 1〔例〕ほとんどの人が，インターネットを利用するためには，たくさんの訓練が必要だと考えていたから。〔3点〕
2 **イ**〔3点〕　3 **イ**〔2点〕　4 **エ**〔3点〕

第180回 下野新聞模擬テスト

数学・理科 【解　答】

数　　学

1　**1**　−6〔2点〕　**2**　$-\frac{4}{3}$〔2点〕　**3**　$2\sqrt{15}$〔2点〕　**4**　$x^2-4x-21$〔2点〕
5　$b=a+2c$〔2点〕　**6**　$(x-3)^2$〔2点〕　**7**　2〔2点〕　**8**　$x=0$，1〔2点〕
9　1〔2点〕　**10**　$\frac{1}{3}$〔2点〕　**11**　**ウ**〔2点〕　**12**　$\angle x=66$度〔2点〕
13　$60\pi\,\text{cm}^3$〔2点〕　**14**　K，M（完答）〔2点〕

2　**1**　右図〔4点〕
2　①　$25mn-20m-15n+12$〔1点〕
②　$25mn-20m-15n+10$〔1点〕
③　$5mn-4m-3n+2$〔1点〕
3　5個〔4点〕

2 1（図）

3　**1**　$10x+x\times(19-10)\times(1-0.3)=13040$
$10x+6.3x=13040$
両辺を10倍して，$100x+63x=130400$
$163x=130400$
$x=800$
この解は問題に適している。
答え（一般の人1人あたりの入場料金　800円）〔6点〕
2　(1)　2g〔2点〕　(2)　①　67〔1点〕　②　65〔1点〕　(3)　14個〔3点〕

4　**1**（証明）
△EABと△FCDにおいて
仮定より　∠AEB＝∠CFD＝90°　…①
平行四辺形の対辺は等しいから　AB＝CD　…②
AB//DCより，平行線の錯角は等しいから　∠ABE＝∠CDF　…③
①，②，③より，直角三角形の斜辺と1つの鋭角がそれぞれ等しいから
△EAB≡△FCD〔7点〕
2　(1)　辺OC〔3点〕　(2)　$\frac{64}{3}\,\text{cm}^3$〔4点〕

5　**1**　10km〔3点〕　**2**　$y=-\frac{1}{2}x+\frac{55}{2}$〔5点〕
3　(1)　3回〔3点〕　(2)　午前7時41分40秒〔6点〕

6　**1**　55個〔2点〕　**2**　30個〔3点〕
3　(1)　①　a^2〔2点〕　②　$\frac{1}{2}x^2$〔2点〕　③　$\sqrt{2}\,a$〔2点〕　(2)　$\sqrt{2}\,n+2$ (cm)〔6点〕

理　　科

1　**1**　**イ**〔2点〕　**2**　**イ**〔2点〕　**3**　**ウ**〔2点〕　**4**　**エ**〔2点〕　**5**　石基〔2点〕
6　0.005（秒）〔2点〕　**7**　血小板〔2点〕　**8**　コークス（カタカナのみ可）〔2点〕

2　**1**　**ア**〔2点〕　**2**　**ウ**〔3点〕
3　化石：示準（化石）〔2点〕　条件：〔例〕ある時期にだけ栄えていた。〔3点〕

3　**1**　電磁石〔3点〕　**2**　**ア**〔3点〕　**3**　誘導電流〔3点〕

4　**1**　**ア**〔2点〕　**2**　すき間：気孔〔2点〕　細胞：孔辺（細胞）〔2点〕　**3**　**エ**〔3点〕

5　**1**　名称：二酸化炭素〔2点〕　割合：**ア**〔2点〕　**2**　**イ**〔2点〕　**3**　**ウ**，**オ**（完答）〔3点〕

6　**1**　**エ**〔2点〕　**2**　**ウ**〔3点〕　**3**　73（%）〔3点〕　**4**　霧〔3点〕

7　**1**　弾性力〔3点〕　**2**　**イ**〔2点〕　**3**　右図〔3点〕
4　①　B〔2点〕　②　1500〔2点〕

7 3

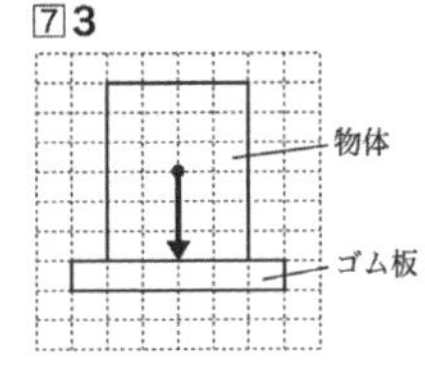

8　**1**　〔例〕親とまったく同じ形質になっている。〔3点〕
2　栄養（生殖）〔3点〕　**3**　**イ**〔2点〕
4　個数：**イ**〔2点〕　過程：発生〔2点〕

9　**1**　$HCl \rightarrow H^+ + Cl^-$〔3点〕　**2**　〔例〕塩素は水に溶けやすいから。〔3点〕
3　**イ**〔2点〕　**4**　①　中性子〔2点〕　②　17〔2点〕

第180回 下野新聞模擬テスト

国 語 【解 説】

国 語 〔解説〕

1 **3** (1) 手紙文の日付が「七月八日」と記されているので夏の盛りのことを表現した**ウ**を選ぶ。**ア**は春の始めの二〜三月、**イ**は夏の始めの五〜六月、**エ**は旧暦の六〜七月(現在の八月七日頃)に使う時候の挨拶文である。

(4) 「有意義」は「有＋意義」となり、**イ**「同時代(同＋時代)」と同じ構成となる。**ア**は「注意＋報」、**ウ**は「天＋地＋人」、**エ**は「観察＋眼」という成り立ち。

(5) 手紙の書き出しには「頭語」といわれる決まった言い回しがあり、「結語」と組み合わせて使う。この手紙文の「頭語」は「拝啓」で、これと対になる「結語」は「敬具」となる。

2 **3** 傍線部(1)の直後にある「母の若き頃より好めるたぐひを、今さらかたく止めはべらば、老いの力いよいよ衰へ、寿、保ちがたからんにやと(＝母が若い頃から好む物を、今さら厳しくお止めすると、老いた母親の体力や気力はますます衰えていき、母が長生きできないのではないかと思って)」の部分を使ってまとめる。

5 **ア**「(宗融長老は)時がたつにつれ、世間の人から忘れ去られていった」、**イ**「高貴な僧は、二人を経済的に援助した」、**ウ**「(宗融長老が)偉大な僧であることを知り、世間の人は驚いた」の部分が、それぞれ適切ではない。

〈口語訳〉

高雲禅寺の宗融長老は、肥前国の生まれである。(宗融長老には)一人の老いた母がいて、よく奉仕し面倒をみており、とても親孝行であった。(宗融長老の)母は普段から魚料理を好んだ。言うまでもなく(魚は)寺の中に持ちこむことを禁止された品であるが、母が若い頃から好む物を、今さら厳しくお止めすると、老いた母親の体力や気力はますます衰えていき、(母が)長生きできないのではないかと思って、時々魚類を買い求め、寺の門の近くの家に住んでいる男に頼んで、その家で魚を料理して母親におすすめしていた。寺は貧しいので、頼みごとができるような下働きの者もいない。(そのため、宗融長老が)普段外出するときには、たいがい供の人もいなかった。ある時、(宗融長老が)一人で市場を歩いていると、母親が好きな新鮮な魚を売っている者に出会った。(宗融長老は)喜んで、近くにいる知人に銭を借り、その魚を買い、自分の手に提げて持って帰り、いつもの寺の門の近くの家に住んでいる男の家で(その魚を)料理し、母親におすすめした。ひたすらに母親を愛する真心が深く、人からほめられたり、けなされたりすることを考えず、自分自身の世間の評判を気にしていなかった。こうしたことから、とても尊い僧だと知った。

3 **2** (I) 第二段落の最後の一文に「この実験は若い植物が太陽の動きを追って首を振る現象を鮮やかに説明するものであり」とあるのに注目する。 (II) 第二段落の二文目に「多量の光を受けた葉は多量のオーキシン(成長ホルモン)をつくり、これが主軸(茎)のその葉がついている側に送られるため、主軸は葉のついている側だけがよく伸び、太陽の方へ曲がる」とあるのを参考に**ウ**を選ぶ。**ア**、**イ**は「主軸が曲がらなくなる」の部分がそれぞれ適切ではない。また、**エ**は「葉が枯れ落ちて主軸(茎)の重心が傾き」という内容が本文には述べられていない。

3 傍線部(2)の疑問の答えを、第四段落で「夜間のヒマワリの動きを調べた研究論文」から筆者は導き出している。「夜になると、西を向いていたヒマワリは間もなく立ち上がり始め、明けがた前にはすでに東を向いている」という部分を使ってまとめる。

4 傍線部(3)の直後に「どうやら、ヒマワリの品種、年齢、角度の測定法、天候などで、かなり違った結果がえられるようだ」とあるので、夜間のヒマワリの動きを調べた三編の研究論文では、ヒマワリの品種、年齢、角度の測定法、天候などが、それぞれ異なっていたために、結果にも違いが出たのだとわかる。

5 最後の段落に「ヒマワリは本来太陽を追って動くものではあるが、それが繰り返されると、そのように動く〝くせ〟がつき」とあるのに注目する。つまり、毎日太陽を追って動いているうちに、ヒマワリに「くせ(＝内因的なもの、内因性)」がついたため、その「くせ」が抜けずに、一八〇度回転させられても、太陽の方向を無視して動いてしまったということである。**ア**「太陽の位置を無視して動くという習性を取り除くことができなかった」、**ウ**「ヒマワリの体内のオーキシンの量が極端に減少した」、**エ**「以前よりも効率的にオーキシンを生産できるようになった」の部分が、それぞれ適切ではない。

4 **1** 本文の終わりから十行目に「中学生になってから」とあり、ここで「中学生」の真子の場面に戻ったことがわかる。よって、その直前までが「一度遊びに行った」ときのこととなる。

2 傍線部(2)の直前に「照れたみたいな笑顔だった。それから唇を尖らせて」とあるのに注目する。岩鞍くんが照れたのは、牛に対する愛情の深さを真子から指摘されたことが恥ずかしかったからだと推察できる。その恥ずかしい気持ちを隠すために、「唇を尖らせ」て少し怒った表情を見せたり、あえて「ぶっきらぼうな口調」でしゃべったりしているのである。**ア**「普段は名字で呼ぶ」、**イ**「適当に話を合わせてくる真子に、反省を促したかった」、**ウ**「なれなれしく呼ばれたことを少し不快に思い」の部分が、それぞれ適切ではない。

3 傍線部(3)の七〜十一行後の内容をヒントにまとめる。かわいがっていた牛の「ガンコ」がいなくなり、岩鞍くんが悲しんでいることは容易に推察できたはずなのに、気づかいもせず、「ガンコ」のことに触れてしまったため、真子は「心臓が縮こまった(＝うろたえた)」のである。

5 「そんな会話」とは「二言三言」の「とりとめのない会話」を指す。本文の四行目にある「真子は頬がほんのりと熱くなるのを感じた」から、岩鞍くんに好意を寄せる真子の様子がわかるので、そうした「とりとめのない会話」でも真子にとっては「楽しい」と感じられるのである。

6 **ア**「第三者の客観的な視点によって主人公の心情を説明している」、**イ**「(擬音語を用いて)周囲の景色の様子が鮮やかに描き出されている」、**エ**「(岩鞍くんと真子を比較して)二人の人間性の違いを浮かび上がらせている」の部分が、それぞれ適切ではない。

5 ・形式　氏名や題名を書かず、二百四十字以上三百字以内で書いているか。二段落の構成になっているか。原稿用紙の正しい使い方ができているか。

・表現　文体が統一されているか、主述の関係や係り受けなどが適切か、副詞の呼応や語句の使い方が適切か、など。

・表記　誤字や脱字がないか。

・内容　第一段落に、提示されている二つの資料から読み取った内容を書いているか。また、第二段落に、第一段落に書いたことを踏まえて、「食事中に家族と話をすること」についての自分の考えを、自分自身の体験(見聞きしたことなども含む)に触れて書いているか。

といった項目に照らし、総合的に判断するものとする。

第180回 下野新聞模擬テスト
社 会 【解 説】

社 会 〔解説〕

1 1(3) 北方領土の一つである国後島は，面積が約1500㎢で，沖縄島よりも大きい。
(4) 札幌市は，北西からの季節風の影響を受けるので，冬の降水量が多い。旭川市は，内陸部に位置するので，夏と冬の気温の差が大きい。根室市は，親潮の影響で，夏の気温が比較的低い。
2 **ウ**の十勝平野の説明。**ア**の石狩平野，**イ**の上川盆地は米作，**エ**の根釧台地は酪農が盛ん。
3 北海道は，広大な土地を生かした酪農などの畜産が盛んなことから牧草地の割合が高い。**ア**は米作が盛んな富山県，**イ**は畑作・畜産が盛んな鹿児島県，**ウ**は野菜の栽培など近郊農業が盛んな千葉県。
4 北海道では生乳を，牛乳よりも日もちする粉乳やバターなどの乳製品に加工し，全国に出荷している。

2 1(2) **イ**のブラジルはポルトガル語が公用語である。
(3) **ア**はメキシコなどからアメリカ合衆国に移住してきた人々，**イ**はニュージーランド，**エ**はオーストラリアの先住民。
(4) 東京と**A**の時差は，(135＋75)÷15＝14(時間)。3月3日午前8時から14時間を引くと3月2日午後6時となる。
2 標高4000m以上のところは農業に不向きなので，アルパカやリャマの放牧が行われている。**ア**はバナナなどの熱帯性の作物，**イ**はとうもろこし，**ウ**はじゃがいもの耕作地である。
3(1) ブラジルはアマゾン川など豊富な水資源をいかした水力発電が主力である。**ア**は中国，**イ**は日本，**エ**はフランス。
(2) バイオ燃料(バイオエタノール)は，さとうきびやとうもろこしなど，植物を原料としてつくられる燃料で，ブラジルでは石油に代わる燃料として生産量が増加している。

3 **1** 「魏志倭人伝」に，卑弥呼は鬼道(まじない)によって人々をうまく従えた，と記されている。
2 律令制のもとで，農民には租・調・庸の税や雑徭などの労役，兵役の義務が課せられていた。
3 明との貿易は，正式な貿易船に明から与えられた勘合という証明書をもたせていたことから，勘合貿易ともよばれる。日本は刀や銅，漆器などを輸出し，明から銅銭や生糸・絹織物などを輸入した。
4 **エ**雪舟は禅宗の僧で，室町時代の1469年に明から帰国後，水墨画を大成した。**ア**は鎌倉時代，**イ**は奈良時代，**ウ**は古墳時代。
5 **ウ**は11世紀末に始まり，13世紀末まで7回派遣された。イエズス会は，1517年の宗教改革の後，カトリックの布教団体として創設され，ザビエルはその一員だったので**エ**，**ア**の順になる。**イ**は1582年。

4 1(1) 江戸幕府は1858年，日米修好通商条約を結んだ。この条約で函館，神奈川，長崎，新潟，兵庫の5港を開いて外国との貿易を始めた。
2(1) 三国干渉は，1895年に下関条約を結んだ直後，ロシアが，フランス・ドイツとともに，遼東半島の清への返還を要求したできごと。日本は賠償金とひきかえにこれに応じた。
(2) 日露戦争では日清戦争より多くの死者を出し，戦費も増大した。ポーツマス条約では賠償金を得られなかったことに，国民は大きな不満を抱いた。
3(2) 辛亥革命で成立した中華民国は，第二次世界大戦後の内戦で中華人民共和国が成立したので，政府を台湾に移した。

5 **2** 治安維持法は，1925年，加藤高明内閣が普通選挙法と同時に制定した法律。
3 ベルサイユ条約でドイツは領土を縮小され，すべての植民地を失い，巨額の賠償金が課せられた。
4 **イ**は1880年代，**ウ**の学制公布は1872年，**エ**の日米安全保障条約の改正は1960年。
5 日中戦争は，1937年7月7日に北京郊外の盧溝橋付近でおきた日中両国軍の衝突をきっかけに始まった。

6 **1** 七五三は，11月15日に氏神様(地元の神社)にお参りし，子どもの健やかな成長と幸福を祈願する行事。
3(2) インターネットは，2000年以降，急激に普及したことから，**B**が当てはまる。テレビは**A**，新聞は**C**，ラジオは**D**である。
(4) 情報を得るときだけでなく，発信する際にも，個人情報などに対してよく考えて行動する能力(リテラシー)が求められる。

7 1(1) **イ**が正解。1950年から2015年にかけて世帯数は3倍以上に増加している。
(2) 核家族は，夫婦のみ，もしくは夫婦と未婚の子ども，または父母のうち一方と未婚の子どもからなる家族の形態。高度経済成長期に核家族化が進み，家族の形態は大きく変化した。
2 「東南アジアの国」ということから，ベトナムが当てはまる。
3(1) **ア**は第一次産業，**ウ**と**エ**は第二次産業である。
(2) 1950年代後半から1970年代前半(1973年)までを高度経済成長期といい，この時期に関東地方から北九州の沿岸部に鉄鋼や石油化学工業が発展し，都市部に人口が集中して太平洋ベルトが形成された。

第180回 下野新聞模擬テスト

英語【解説】

英語〔解説〕

□1 リスニング台本と解答を参照。

□2 **1** ⑴ be famous for ～で「～で有名な」という意味。

⑵ from A to Bで「AからBまで」という意味。

⑶ 過去時制の文なので，過去形を選ぶ。win「勝つ」の過去形はwon。

⑷ <will be＋動詞の過去分詞>で「～されるでしょう」という意味。未来の受け身の文。hold「～を開催する」の過去分詞はheld。

⑸ becauseは接続詞で「～なので」という意味。接続詞は，前後の文をつなぐ働きをする。前後関係に注意して判断する。「私は英語が大好きなので，それにまた参加するつもりです」。

⑹ practice ～ingで「～の練習をする」という意味。動詞のpracticeは動名詞を目的語にとる。

2 ⑴ <buy＋(もの)＋for＋(人)>で「(人)に(もの)を買ってあげる」という意味。

⑵ <What is the date today?>で「今日は何月何日ですか(今日の日付は何ですか)」という意味。

⑶ <make＋A＋B>で「AをB(の状態)にする」という意味。Aにはたいてい，(人)を表す語が入り，代名詞のときは目的格になる。Bにはたいてい，状態を表す形容詞が入る。

□3 **1** それぞれ，look for ～「～を探す」，look at ～「～を見る」，look like ～「～のような」，look after ～「～の世話をする」という意味になる。

2 ⑴ ポスター内の「参加者の声」を参照。「彼らは物語を聞くことを楽しんでくれました」の部分を英語に直す。「～を楽しむ」は，enjoyを使う。enjoyに続く動詞は，～ing形(動名詞)になる。

⑷ ポスター内の「地図」を参照。保育所は，花屋と交番の間にあるとわかる。between A and Bで「AとBの間に」という意味。

⑸ ポスター内の「活動内容」を参照。「英語で歌をうたう」の部分を英語に直す。sing a song[sing songs]で「歌をうたう」という意味。

3 themはたいてい，直前で述べられている複数名詞を指す。「(人)が～するのを手伝う」という意味の<help＋(人)＋with ～>が使われているので，themは二文前のold peopleを指すと判断する。

4 本文訳を参照。直前の友香のボランティア活動の内容を指している。

5 直後で友香が期間(約2時間)を答えていることから，期間をたずねるHow long ～?が正しい。

6 ポスター内の「応募方法」を参照。応募方法は電話のみなので，call「～に電話をかける」が正しい。

7 自分が参加したことのあるボランティア活動の体験などを書くとよい。理由を述べるときは，接続詞のbecauseやsoを使う。

□4 **1** <Can[May] I＋動詞の原形～？>で「～してもいいですか」という意味。askは，<ask＋(人)＋(もの)>で「(人)に(もの)をたずねる」という意味。

2 **A** 岡田さんも自分と同じで，動物が好きだということがわかった直後の文なので，happy「うれしい」またはglad「うれしい」，あるいはexcited「わくわくした」が入ると判断する。

B 直前の岡田さんの発言に感動したナンシーが，「これ(＝岡田さんの発言)を聞いたとき，とても心が温かく感じました」と言ったと考え，warmが正しいと判断する。

よって，**A**・**B**ともに正しい語を含む選択肢は，**ア**となる。

3 ① 本文訳を参照。第5段落の最後の文である岡田さんの発言をまとめる。

② 本文訳を参照。最終段落の最後から二つめの文であるナンシーの発言をまとめる。

4 **ア**…第1段落の拓也の発言を参照。同じ内容が書かれているので正しい。

イ…第3段落の最後の文を参照。岡田さんと話す十分な時間がなかったと書かれているので誤り。

ウ…第4段落前半を参照。動物病院へは，ナンシーの母親の車で行ったと書かれているので誤り。

エ…第4段落を参照。同じ内容を読み取ることができるので正しい。第3段落で，図書館で岡田さんと話をしたのは土曜日なので，第4段落の初めの「翌朝」とは，日曜日の朝だとわかる。

オ…第4段落を参照。「岡田さんが獣医として働いていることを知って驚いた」と書かれていることから，ナンシーはそのことを知らなかったということがわかるので誤り。

カ…最終段落を参照。ナンシーは今，将来について真剣に考えていると述べているが，病気の人を助けるために医者になるとは述べていないので誤り。

□5 **1** 直後の文で理由が述べられている。本文訳を参照。

2 直後のIn their classesは，英語の先生がコンピュータを使う授業のことを指している。本文訳を参照。

3 follow「～に従う」。to followが「従うべき」という意味で，直前のimportant rulesを修飾している。

4 筆者の主張は，英文の場合も段落の最初か最後に述べられることが多い。本文はインターネットの有用性とともに，最終段落でインターネットを利用する際の，ルールの必要性についても言及している。

第180回 下野新聞模擬テスト

英語 【解説】

〔本文訳〕

3 友香：ねぇ，ボブ。このポスターを見て。保育所でのボランティア活動についてのポスターなの。私はこれに参加したいわ。
ボブ：それはいい考えだね。きみはボランティア活動に興味があるんだね。
友香：そうよ。兄もボランティア活動に興味があるの。兄は昨年，このボランティア活動に参加したのよ。このポスターでコメントをしているわ。
ボブ：えっ，この少年はきみのお兄さんなの。
友香：ええ，そうなの。兄は，「子どもたちに本を読んであげたとき，彼らは物語を聞くことを楽しんでくれました。彼らの笑顔が見られて，本当にうれしかったです」と言っているわ。
ボブ：きみのお兄さんはすごいね。僕も自分の国でボランティア活動に参加したよ。友達と老人ホームを訪ねたんだ。僕たちはお年寄りの人たちと，お話をして楽しんだよ。彼らの話から多くのことを学んだよ。それと，僕たちは庭で，彼らの散歩のお手伝いをしたよ。
友香：あら，あなたもボランティア活動に興味があることを知ってうれしいわ。
ボブ：きみは今までに何かボランティア活動をしたことはあるの。
友香：ええ，あるわよ。私は学校の音楽部に入っているの。昨年の冬に，私たちはボランティアとして音楽を演奏するために，病院を訪れたのよ。
ボブ：それはすばらしいね。きみとこのボランティア活動に参加したいな。この保育所はどこにあるの。
友香：ここに地図があるわよ。中央公園は知っているわよね。公園の隣にお花屋さんがあるのは知っているかしら。
ボブ：うん，知っているよ。
友香：保育所はそのお花屋さんと交番の間よ。
ボブ：わかったよ。ありがとう，友香。保育所では何をするのかな。
友香：子どもたちに本を読んであげたり，一緒に英語ゲームをしたりするのよ。それと，一緒に英語で歌をうたうわ。
ボブ：いいね。子どもたちが僕たちと遊んで楽しくなってくれたらいいな。
友香：そうだといいわね。
ボブ：どのくらい子どもたちと遊ぶのかな。
友香：ええと…，だいたい2時間くらいね。
ボブ：なるほどね。それじゃあ，青葉市のウェブサイトから，メールでボランティア活動に申し込もうよ。
友香：だめよ，ボブ。それに参加するためには，市役所に電話する必要があるの。
ボブ：えっ，そうなんだ。日本にいる間に，たくさんの種類のボランティア活動に参加してみたいな。

4 ある日，私の友達の真理子と拓也が，教室で私に話しかけてきました。真理子は，「ナンシー，将来は何になりたいの。私は英語が好きだから英語の先生になりたいわ」と言いました。拓也は，「僕は料理が好きだからレストランで働きたいな」と言いました。私は自分の将来について何も言えませんでした。私は，「真理子と拓也は将来の夢があるのに，私にはない」と思いました。

私は動物に関する本を読むのが好きで，土曜日によくバスで市立図書館へ行きます。そこへ行くとき，ひとりの若い男性がよくバスに乗ってきます。私たちは同じバス停でバスを降りて図書館へ行きます。そこで彼はいつも本を読んでいて，(それらは)難しそうに見えます。彼に話しかけてみたかったのですが，そうする勇気がありませんでした。

この前の土曜日の午後，バスで再びその男性を見かけました。いつものように，私たちはバスを降りて図書館に入りました。彼が本を読んでいると，本の表紙が見えました。それは動物についての本だったのです。私は彼に興味を持ち，とうとう彼に，「すみません。質問をしてもいいですか」と話しかけました。「もちろん」と彼は答えました。私は，「ここでよくあなたを見かけます。本を読むのが好きなのですか」と言いました。「うん。私は岡田健太といいます。はじめまして」と彼は言いました。私は，「私はナンシー・ウィリアムズです。こちらこそはじめまして。岡田さん，今日は何の本を読んでいるのですか」と言いました。「動物に関する本を読んでいるよ。私は動物が大好きなんだ」と彼は言いました。私はそれを聞いてうれしかったです。私は，「あら，本当ですか。私も動物が大好きです。どんな動物が好きですか」と言いました。それから私たちは，お気に入りの動物について話をしました。その日，彼と話をする十分な時間はありませんでしたが，とても楽しく過ごしました。

翌朝，私は飼い犬のサスケの具合がよくないことに気付きました。母と私は，母の車で図書館の近くの動物病院に，サスケを連れて行きました。病院の中で待っているとき，岡田さんを見かけたのです。彼がそこで獣医として働いていることを知って，私はとても驚きました。それから彼も私に気付いて，「おや。こんにちは，ナンシー。どうしたの」と言ってくれました。

その後，岡田さんはサスケのためにあらゆることをしてくれました。彼は私たちに，「今，サスケは落ち着いています。すぐによくなるでしょう」と言いました。私は，「本当にありがとうございました，岡田さん」と言いました。「どういたしまして」と彼は言いました。それから，彼は私に動物病院の中のいくつかの部屋を見せてくれました。私は猫や犬，そして他の動物たちを見ました。彼は，「職員たちと私が彼らのお世話をしているよ」と言いました。彼らはとても忙しそうに見えました。彼は私に，「私たち全員が病気の動物のために，一緒に働いているんだ。とても大変な仕事だけど，すべての病気の動物たちを助けたいと思っているよ。私たちは病気の動物たちのために何かをすることができると信じているよ」と言いました。

これを聞いたとき，とても心が温かく感じました。私は岡田さんの言葉から何か大切なことを学びました。私は今，真剣に自分の将来のための計画について考えています。岡田さんにもう一度会ったときに，そのことについて彼に話をしたいです。

5 今日では，多くの人がインターネットを利用しています。インターネットは世界中で最大規模のコンピュータネットワークです。仕事や勉強，友達作りのためにインターネットを利用する人もいます。おそらく彼らはインターネットがなければ生きられないと思っているでしょう。

しかし，約30年前は，ほとんどの人がインターネットを利用することはとても難しいと思っていたのです。彼らはインターネットを利用するためには，たくさんの訓練が必要だと考えていました。今では多くの人が，特別な知識を必要とすることなく，インターネットを利用することを楽しんでいます。彼らはインターネットで，多くの情報を簡単に入手することができます。ほとんどすべてのことに関する情報を見つけるのにインターネットはとても役立ちます。

日本のほとんどの学校では，コンピュータの授業があります。学生はインターネットのいくつかの利用方法について学ぶことができます。英語の先生もときどき，授業でコンピュータを使います。彼らの授業では，学生が英語のメッセージを，インターネットを通じて他の国の学生に送ります。彼らはお互いに，学校生活や家族，将来の夢について話をします。学生が英語を学ぶときに，インターネットはとても役に立ちます。また，インターネットは，世界で友達を作り，彼らの国について学ぶ機会を学生に与えることができます。

インターネットは，人と出会うためのすばらしい場所になります。しかし，現実の世界と同様に，架空の世界にも従うべき大切なルールがあります。そのルールは子どもたちについてもあてはまります。親は，自分の子どものインターネット上での活動に目を光らせるべきであり，親子でインターネットの利用に関するルールについて話し合う必要があります。

第180回 下野新聞模擬テスト

英　語　【解　説】

英語問題 1 〔リスニング台本〕

〔注〕(1)はカッコイチ，①はマルイチと読む。以下同じ。斜字体で表記された部分は読まない。

台　本	時　間
これから中学3年生　第180回　下野新聞模擬テスト　英語四角1番，聞き方のテストを行います。 なお，練習はありません。 *(ポーズ約5秒)* これから聞き方の問題に入ります。問題用紙の四角で囲まれた**1**番を見なさい。問題は**1**番，**2**番，**3**番の三つあります。 最初は**1**番の問題です。問題は(1)から(3)まで三つあります。英語の対話とその内容についての質問を聞いて，答えとして最も適切なものを**ア**，**イ**，**ウ**，**エ**のうちから一つ選びなさい。対話と質問は2回ずつ言います。 では始めます。 (1)の問題です。　*A* : What do you want to eat, Reika? *B* : Well ..., I want to eat curry and rice. How about you, Bob? *A* : I'll have a hamburger, and I want to eat it here. Let's order. 質問です。　*Q* : Where are they talking?　*(約5秒おいて繰り返す。) (ポーズ約5秒)* (2)の問題です。　*A* : Where are you going, Susie? *B* : I'm going to the supermarket. I have to buy some eggs and milk. *A* : Susie, you should take this. The TV says it's going to rain soon. 質問です。　*Q* : What did Susie get from her father?　*(約5秒おいて繰り返す。) (ポーズ約5秒)* (3)の問題です。　*A* : Good morning, Kenta. Did you watch the soccer game on TV last night? *B* : I wanted to watch it, but I couldn't. After eating dinner and taking a bath, I had to do my homework. After I finished it, I became tired and went to bed early. *A* : Oh, I see. The game was exciting. I'll tell you about it later. 質問です。　*Q* : What did Kenta do after doing his homework?　*(約5秒おいて繰り返す。) (ポーズ約5秒)*	(1番) 約3分
次は**2**番の問題です。問題は(1)と(2)の二つあります。英語の対話とその内容についての質問を聞いて，答えとして最も適切なものを**ア**，**イ**，**ウ**，**エ**のうちから一つ選びなさい。質問は問題ごとに①，②の二つずつあります。対話と質問は2回ずつ言います。 では始めます。 (1)の問題です。　*Keiko* : Hi, Nick. Have you ever been to the city library near Higashi High School? *Nick* : No, I haven't. What is it like, Keiko? *Keiko* : It has many English books. *Nick* : Oh, really? I want to go there. *Keiko* : Then, let's go to the library together this Saturday. *Nick* : Oh, I'm sorry, but I am going to play tennis in the park with my friends then. How about Sunday? *Keiko* : I'll clean my house with my mother in the morning, but I'll be free in the afternoon. Let's meet at the station at one in the afternoon. *Nick* : OK. See you then, Keiko. *Keiko* : See you, Nick. ①の質問です。　Where will Keiko go with Nick?　*(ポーズ約3秒)* ②の質問です。　When will Keiko and Nick meet?　*(約5秒おいて繰り返す。) (ポーズ約5秒)* (2)の問題です。　*＜電話の呼び出し音＞* *Satoshi* : Hello? *Alice* : Hi, Satoshi. This is Alice. *Satoshi* : Hi, Alice. What's up? *Alice* : Thank you for inviting me to your sister's birthday party today. I made a birthday cake for her. I'll bring it to your house. *Satoshi* : Oh, thank you, Alice! My sister wants to see you. Are you coming to my house soon? *Alice* : Yes. Can you tell me the way to your house? *Satoshi* : Sure. Where are you now? *Alice* : I'm in front of the station. *Satoshi* : OK. Go along the street and turn left at the second corner. You can see a post office, a bank, and a restaurant. My house is between the post office and the restaurant. *Alice* : All right, thank you, Satoshi. I want to buy some flowers for your sister. Is there a flower shop near your house? *Satoshi* : Yes, there is. My sister will be happy. There is a nice flower shop near here. Go along the street and turn right at the first corner. The flower shop is next to the park, and it's in front of the supermarket. *Alice* : OK. I'll come to your house after I buy flowers there. *Satoshi* : Thank you, Alice. We are looking forward to seeing you. ①の質問です。　What did Alice do for Satoshi's sister?　*(ポーズ約3秒)* ②の質問です。　Which is true for [A] and [B] in the picture?　*(約5秒おいて繰り返す。) (ポーズ約5秒)*	(2番) 約5分
次は**3**番の問題です。ALTのスミス先生(Mr. Smith)の英語の授業で，クラスメイトの真理子(Mariko)が英語でスピーチをしています。真理子のスピーチを聞いて，スミス先生に提出する感想文を完成させなさい。英文は2回言います。 では始めます。 Hello, everyone. I'm Mariko. Today I'm going to talk about my summer vacation. I visited Australia with my family to see my sister. She started living there two years ago. We left Japan on July 31 and got to Australia the next day. We were happy to see my sister and stayed at her house. On August 2, we went to a zoo. I like animals very much, so I had a good time there. The next day was my birthday. My sister gave me a book about animals in Australia. I was really happy to get it. On August 4, my family and I left Australia, and we came back to Japan. We'll go to Australia again next spring. Thank you. *(約5秒おいて)繰り返します。(1回目のみ)*　*(ポーズ約5秒)* これで聞き方の問題を終わります。では，ほかの問題を始めなさい。	(3番) 約3分

第180回 下野新聞模擬テスト
数　学　【解　説】

数　学 〔解説〕

① 1　$24\div(-4)=-(24\div4)=-6$

2　$-\frac{5}{6}-\frac{1}{2}=-\frac{5}{6}-\frac{3}{6}=-\frac{8}{6}=-\frac{4}{3}$

3　$\sqrt{10}\times\sqrt{6}=\sqrt{2\times5}\times\sqrt{2\times3}=\sqrt{2\times5\times2\times3}=2\sqrt{15}$

4　$(x+3)(x-7)=x^2+(3-7)x+3\times(-7)=x^2-4x-21$

5　$\frac{a-b}{2}=-c$　両辺を2倍して　$a-b=-2c$，$-b=-a-2c$　両辺を-1で割って　$b=a+2c$

6　-6は-3の2倍，9は-3の2乗であるから　$x^2-6x+9=(x-3)^2$

7　(変化の割合)$=\frac{(y\text{の増加量})}{(x\text{の増加量})}=\frac{1}{2}$であるから　$\frac{(y\text{の増加量})}{4}=\frac{1}{2}$より，($y$の増加量)$=2$

8　$x^2-x=0$　$x(x-1)=0$　$x=0,\ 1$

9　$a^2+2a-3=(a+3)(a-1)$　これに$a=\sqrt{5}-1$を代入して
$(\sqrt{5}-1+3)(\sqrt{5}-1-1)=(\sqrt{5}+2)(\sqrt{5}-2)=(\sqrt{5})^2-2^2=5-4=1$

10　2人をA，Bとする。手の出し方はグーをグ，チョキをチ，パーをパで表すと
(A，B)⇒(グ，グ)，(グ，チ)，(グ，パ)，(チ，グ)，(チ，チ)，(チ，パ)，(パ，グ)，(パ，チ)，(パ，パ)の9通りで，あいこになるのは(A，B)⇒(グ，グ)，(チ，チ)，(パ，パ)の3通りであるから，求める確率は
$\frac{3}{9}=\frac{1}{3}$

11　正四面体，正八面体，正二十面体の3種類である。

12　平行四辺形の対角は等しいから　$\angle D=48°$　△CDEはCD＝DEの二等辺三角形であるから　$\angle DEC=(180°-48°)\div2=66°$　平行線の錯角は等しいから　$\angle x=\angle DEC=66°$

13　投影図の立体は，底面の半径が$12\div2=6$〔cm〕，高さが5cmの円錐である。
よって，この立体の体積は　$\frac{1}{3}\times\pi\times6^2\times5=60\pi$〔cm³〕

14　展開図を組み立てた立体は，右の図のようになり，頂点Pは頂点K，Mと重なる。

①14
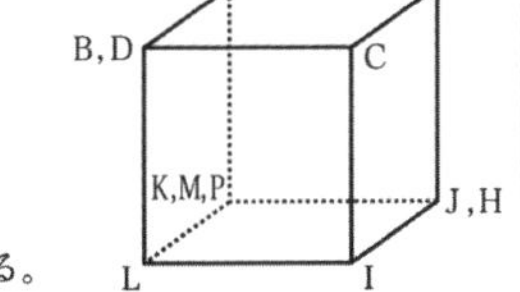

② 1　線分A′B′は，直線ℓを対称の軸として，線分ABと線対称の位置にある。よって，2点A，Bとそれぞれ線対称の位置にある2点A′，B′を求め，これらの点を結べばよい。

【作図法】①　右の図のように，点Aを中心とする円弧をかく。
②　①の円弧と直線ℓの2つの交点を中心とし，①の円弧と等しい半径の2つの円弧の交点を求めると，その交点が点A′である。
③　①，②と同様に，点B′を求める。
④　2点A′，B′を結んで線分A′B′を作図する。

②1
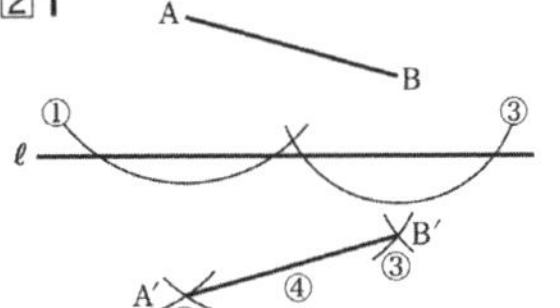

2　5の倍数より3小さい自然数と5の倍数より4小さい自然数の積を
$(5m-3)(5n-4)=25mn-20m-15n+12=25mn-20m-15n+10+2$
$=5(5mn-4m-3n+2)+2$と変形する。

3　$x=1$のとき，$0<y<4$の範囲にある点は(1，1)，(1，2)，(1，3)の3個，
$x=2$のとき，$0<y<2$の範囲にある点は(2，1)の1個，
$x=3$のとき，$0<y<\frac{4}{3}$の範囲にある点は(3，1)の1個，
$x=4$のとき，$0<y<1$の範囲にある点はない。
さらに，$x\geqq5$の場合は，$y<1$になるから，条件を満たす点はない。よって，$3+1+1=5$〔個〕

③ 1　x円で入場したのは10人，3割引きの$0.7x$円で入場したのは$19-10=9$〔人〕である。

2　(1)　階級の幅は　$62-60=2$〔g〕

(2)　調べた卵の個数が19個のとき，66g以上68g未満の階級の度数は$19-(1+3+6+2)=7$〔個〕となり，この度数が最も多い。また，中央値は$(19+1)\div2=10$〔番目〕の質量で64g以上66g未満の階級に属する。

(3)　66g以上68g未満の階級の度数をx個とすると
$61\times1+63\times3+65\times6+67x+69\times2=66.0\times(12+x)$という方程式が成り立つ。これを解いて　$x=14$

④ 1　平行四辺形の対辺，および平行線の錯角は等しいことを利用して，直角三角形の合同を示す。

2　(1)　ねじれの位置にある2直線とは，同じ平面上にない2直線のことである。

第180回 下野新聞模擬テスト

数学 【解説】

(2) △OABの辺OA，△OPBの辺OPを底辺とすると，これらの三角形の高さは等しいから △OABと△OPBの面積比は，OA：OP＝(2＋1)：2＝3：2になる。よって △OPB＝△OAB×$\frac{2}{3}$＝$\frac{1}{2}$×4×8×$\frac{2}{3}$＝$\frac{32}{3}$〔cm²〕である。右の図のように，立体OPBCは三角錐であり，△OPBを底面とすると，高さCBは6cmだから，求める体積は，$\frac{1}{3}\times\frac{32}{3}\times6=\frac{64}{3}$〔cm³〕

④2(2)

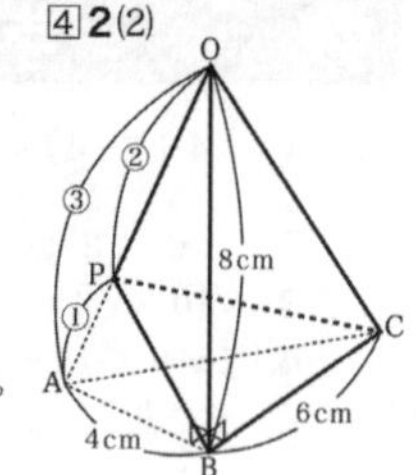

⑤ 1 毎分0.4kmの速さで25分かかるから，求める道のりは0.4×25＝10〔km〕である。

2 バスの速さは毎分0.5kmであるから，求める直線の傾きは－0.5＝$-\frac{1}{2}$である。

よって，求める直線の式を$y=-\frac{1}{2}x+b$と表し，点(35，10)を通ることから$x=35$，$y=10$を代入すると，

$10=-\frac{1}{2}\times35+b$より$b=\frac{55}{2}$ したがって，$y=-\frac{1}{2}x+\frac{55}{2}$

3 (1) 拓也さんがB停留所に着くまでに10÷0.1＝100〔分〕かかるから，右の図より，午前7時50分にB停留所に着くまでにバスと3回出会う。

(2) 右の図より，バスは午前7時40分にB停留所を出発するから，拓也さんは最後にこのバスとすれ違う。拓也さんが進む速さは毎分0.1$\left(\frac{1}{10}\right)$kmであるから，拓也さん

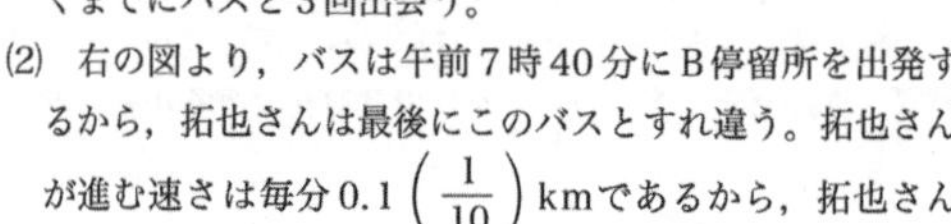

⑤3(1)，(2)

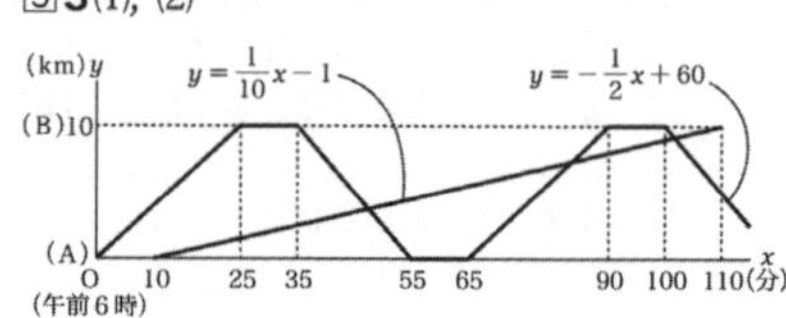

についての式を$y=\frac{1}{10}x+c$と表し，点(10，0)を通ることから$x=10$，$y=0$を代入すると，

$0=\frac{1}{10}\times10+c$より$c=-1$ よって，拓也さんについての式は$y=\frac{1}{10}x-1$…①である。また，午前7時40分にB停留所を出発するバスについての式を$y=-\frac{1}{2}x+d$と表し，点(100，10)を通ることから

$x=100$，$y=10$を代入すると，$10=-\frac{1}{2}\times100+d$より$d=60$ よって，バスについての式は

$y=-\frac{1}{2}x+60$…②である。①，②を連立方程式として解くと，$x=\frac{305}{3}$となるから，午前6時から

$\frac{305}{3}$分後(＝$101\frac{2}{3}$分後＝1時間41分40秒後)の午前7時41分40秒であることが求められる。

⑥ 1 4番目のかたまりは，全部で4＋1＝5〔段〕が重なっていて，上から1段目に1個，2段目に2^2＝4〔個〕，3段目に3^2＝9〔個〕，4段目に4^2＝16〔個〕，5段目に5^2＝25〔個〕の球が並んでいるから

1＋4＋9＋16＋25＝55〔個〕

2 5番目のかたまりは，全部で5＋1＝6〔段〕が重なっていて，並んでいるすべての球の個数は
55＋6^2＝91〔個〕である。また，見えている球の個数は上から1段目に1個，2段目に2×4－4＝4〔個〕，3段目に3×4－4＝8〔個〕，4段目に4×4－4＝12〔個〕，5段目に5×4－4＝16〔個〕，6段目に6×4－4＝20〔個〕である。

したがって，見えていない球の個数は

91－(1＋4＋8＋12＋16＋20)＝30〔個〕

3 (1) 正方形の面積は1辺の長さの2乗で求められる。また，ひし形の面積は$\frac{1}{2}$×(対角線)×(対角線)で求められる。よって，$a^2=\frac{1}{2}x^2$より，$x^2=2a^2$ $a>0$，$x>0$であることから $x=\sqrt{2}a$

(2) 最も上にある球の中心をP，真上から見て最も左下，右下，右上に見えている球の中心をそれぞれQ，R，Sとすると，△PQS≡△RQSである。また，PQ＝PS＝RQ＝RS＝2$n$cmであることから，
△PQSは等しい辺の長さが2$n$cmの直角二等辺三角形になり，(1)より，QSを底辺としたときの高さは$\sqrt{2}\times2n\div2=\sqrt{2}n$〔cm〕と表される。ここで，点Qから平面上までの距離，点Pから頂上までの距離はいずれも1cmであることから，求める高さは
$\sqrt{2}n+1+1=\sqrt{2}n+2$〔cm〕

⑥3(2)

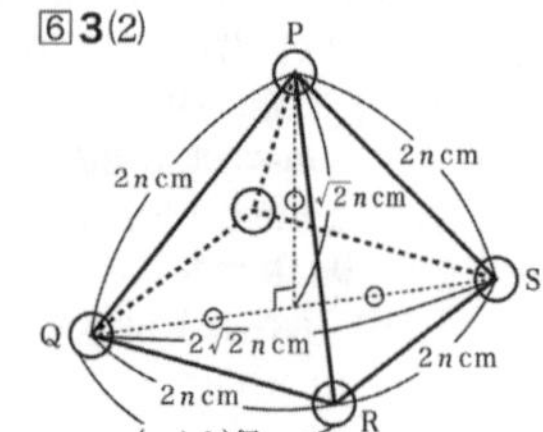

第180回 下野新聞模擬テスト

理　科　【解　説】

理　科（解説）

1 **1** 日本付近で見られる停滞前線は，北側の寒気と南側の暖気の勢力がほぼつり合ったときにできる。
2 V〔V〕×I〔A〕で求められる電気の量を電力といい，その単位にはワット〔W〕を用いる。
3 体細胞分裂においては，細胞分裂の直前に染色体の複製が起こるので，２倍の本数になった染色体が見られる。
4 g/Lは気体の密度を表すときによく用いられる。hPaは気圧，m/sは速さ，N/m^2は圧力を表す単位である。
5 石基の中に斑晶(比較的大きな鉱物の結晶)が点在している火山岩のつくりを斑状組織という。
6 200Hzの音は1秒間に200回振動しているので，1回の振動には1〔s〕÷200〔Hz〕＝0.005〔s〕かかる。
7 血小板以外には，体内に進入した異物などを分解する白血球や，酸素を運搬している赤血球などの固形成分がある。
8 鉄鉱石(主成分は酸化鉄)は還元され，コークス(主成分は炭素)は酸化される。

2 **1** 図1のアンモナイトは，シソチョウや恐竜などと同じく中生代に栄えていた生物で，現在の軟体動物に近い生物であると考えられている。
2 図2のサンヨウチュウは，フズリナなどと同じく古生代に栄えていた生物で，現在の節足動物に近い生物であると考えられている。なお，約5.41億年前～約2.52億年前を古生代，約2.52億年前～約0.66億年前を中生代，約0.66億年前～現在を新生代とよぶ。
3 示準化石に対して，地層が堆積した当時の自然環境を推測する手がかりとなる化石を示相化石という。

3 **1** 電磁石に対して，U字形磁石や棒磁石などを永久磁石という。
2 AB間をB→Aの向きに流れる電流により，電流が流れる向きに向かって右回り(時計回り)の磁界ができる。したがって，U字形磁石による磁界と電流によってできる磁界が，AB間の南側では強め合い，北側では弱め合う。その結果，コイルは北向きに振れる。
3 磁界の変化によってコイルに電流が流れる現象を電磁誘導といい，電磁誘導によって得られる電流を誘導電流という。

4 **1** 根毛から吸収した水の通路を道管といい，葉脈内では葉の表側寄りを通っている。また，葉でつくられた養分の通路を師管といい，葉脈内では葉の裏側寄りを通っている。
2 孔辺細胞のはたらきにより，気孔を開閉している。
3 気孔は，蒸散における水(水蒸気)の出口であるとともに，光合成や呼吸における酸素と二酸化炭素の出入り口にもなっている。

5 **1** 選択肢**イ**はアルゴン，**ウ**は酸素，**エ**は窒素の割合である。
2 二酸化炭素には，酸素のように他のものが燃えるのを助ける性質はない。また，水素のように空気中で燃える気体でもない。
3 選択肢**ア**は水素，**イ**は硫化水素，**エ**は酸素が発生する。

6 **1** 1m^3の空気中に含むことができる水蒸気の質量を表すことから，飽和水蒸気量の単位には「g/m^3」を使う。
2 容器とふれている空気の温度が下がって飽和水蒸気量が小さくなると，空気中に含みきれなくなった水蒸気が凝結して水滴へと状態変化する。このときの温度が露点である。
3 気温，露点における飽和水蒸気量は，それぞれ12.1 g/m^3，8.8 g/m^3なので，湿度は$\frac{8.8}{12.1}\times 100 = 72.7\cdots$〔%〕である。
4 雲は，空気中の水蒸気が上空で凝結することで生じた水滴が，そのまま上空に浮遊してるものをいう。

7 **1** ゴム板に生じている弾性力により，物体は支えられている。
2 弾性力の大きさは，物体がゴム板を押す力と同じく18Nである。
3 重力を表す矢印は，物体の中心を作用点とする下向きの矢印で表す。また，矢印の長さは18〔N〕÷6〔N〕＝3〔目盛り〕分にする。
4 圧力は，物体とゴム板がふれる面積が大きいほど小さくなる。最も面積が大きいのはB面なので，その圧力は$\frac{18〔N〕}{0.12〔m〕\times 0.10〔m〕} = 1500$〔Pa〕である。

8 **1** 無性生殖では，子は親の遺伝子をそのまま受けつぐ。
2 ジャガイモのいもは茎(地下茎)，サツマイモのいもは根の一部に養分がたまってできたものである。
3 雌親の卵巣でつくられるXを卵，雄親の精巣でつくられるYを精子といい，卵と精子をまとめて生殖細胞という。また，精子が卵に受け入れられて，これらの核どうしが合体することを受精といい，受精後の卵は受精卵とよばれる。動物の場合，受精卵が細胞分裂を始めてから，自分で食物をとることのできる個体となる前までの期間を胚という。
4 3時間(180分)後には，1＋(180－90)÷30＝4〔回〕の細胞分裂が行われていることになるので，全部で$1\times 2^4 = 16$〔個〕の細胞ができている。

9 **1** 塩酸中では，塩化水素が水素イオンH^+と塩化物イオンCl^-に分かれている。
2 陰極から発生した水素(気体Y)は水にほとんど溶けない気体であるが，陽極から発生した塩素(気体X)は水に溶けやすい気体である。
3 塩化水素の電気分解は$2HCl \rightarrow H_2 + Cl_2$と表され，塩化水素２分子から水素と塩素が１分子ずつできることがわかる。
4 塩素を発生させるもととなったのは塩化物イオン(Cl^-)で，塩素原子が電子を１個受けとってできたものである。よって，陽子(＋の電気をもっている粒子)の個数は，電子の18個より１個少ない。

第181回 下野新聞模擬テスト

国語・社会・英語 【解　答】

国　語

1 1 (1) きゅうえん〔2点〕 (2) とどこお（る）〔2点〕 (3) こうそく〔2点〕
(4) ふ（やす）〔2点〕 (5) ひくつ〔2点〕
2 (1) 故障〔2点〕 (2) 逆（らって）〔2点〕 (3) 干満〔2点〕
(4) 導（く）〔2点〕 (5) 穀類〔2点〕
3 (1) **エ**〔2点〕 (2) 明日の昼休みに放送すればよい〔2点〕
(3) **ウ**〔2点〕 (4) **イ**〔2点〕 (5) おっしゃって（ひらがなのみ可）〔2点〕
2 1 いいけるたび（ひらがなのみ可）〔2点〕 **2 ウ**〔2点〕 **3 ア**〔2点〕
4〔例〕「この足のかわりに自分の足を斬れ」とわめき、「悪人」の足を斬らせようとしない〔2点〕
5 **エ**〔2点〕
3 1 **イ**〔4点〕
2〔例〕こわすときに便利なように高層ビルのなかに爆薬をしかける装置が設計されている（こと。）〔4点〕
3 人間関係のおそるべき荒廃（が生じる）〔2点〕 **4 ウ**〔2点〕
5〔例〕何のための便利さか、何のための合理主義かという問い。〔4点〕 **6 ア**〔4点〕
4 1〔例〕練習内容を見てくれていたことを知って、うれしくなった〔4点〕
2 **イ**〔4点〕 **3 エ**〔2点〕 4 急に頭の中〔2点〕
5 a：〔例〕負けて傷つく〔2点〕 b：必死で取り組む〔2点〕 **6 ウ**〔4点〕
5〔例〕A案は、よりよい学級づくりのために必要なことを、クラス全員に具体的に働きかける意図があり、B案と比べ、何をすればよいのかがわかりやすく示されている。一方、B案は、よりよい学級づくりをするには、あらゆる場面で一人ひとりが責任をもって行動することが大事だということを、端的な言葉で伝える意図があり、A案よりも広い範囲の物事に当てはめて考えることが求められている。
　よりよい学級をつくるにはA案がよいと私は考える。なぜなら、具体的にやることを決めたほうが、クラス全体が一つの方向で動くことができ、決められたルールを守ろうとみんなが意識をすることで、よりよい学級づくりの基礎となる団結力ができると思うからだ。〔20点〕

社　会

1 1 ⓐ 奈良（県）〔2点〕 ⓑ 兵庫（県）〔2点〕 **2** 扇状地〔2点〕
3 **P**：促成（栽培） 記号：**エ**（完答）〔2点〕 **4 ア**〔2点〕 **5** 遠洋（漁業）〔2点〕
6〔例〕国内消費量に対する輸入量の割合が高くなっているので，自給率が下がっている。〔4点〕
2 1 記号：**ア** 山脈名：ヒマラヤ（山脈）（完答）〔2点〕 **2** ユーラシア（大陸）〔2点〕
3 **イ**〔2点〕 **4** サンベルト〔2点〕 **5 ウ**〔2点〕
6 **X**：イギリスなどヨーロッパ州からの移民が大部分であった〔2点〕
Y：アジア州からの移民も増加した〔2点〕
3 1 (1) メソポタミア（文明） 記号：**ウ**（完答）〔2点〕 (2) 土偶〔2点〕
2 (1) 万葉集（漢字のみ可）〔2点〕 (2) **イ**〔2点〕 **3 ウ**〔2点〕
4 (1) 書院造〔2点〕 (2) **イ**〔2点〕
5〔例〕領地と江戸を往復するための費用や江戸屋敷での生活費のため大きな負担となった。〔4点〕
4 1 **ウ→エ→イ→ア**（完答）〔2点〕
2〔例〕伊藤博文が憲法調査のためにヨーロッパに派遣され，帰国後，内閣制度がつくられた。〔4点〕
3 **ア**〔2点〕 **4** 疎開〔2点〕 **5 イ**〔2点〕 **6 エ**〔2点〕
5 1 (1) 人権宣言（漢字のみ可）〔2点〕 (2) **ア**〔2点〕 (3) **エ**〔2点〕
2 (1) 国民主権〔2点〕 (2) 象徴〔2点〕 (3) **イ**〔2点〕
6 1 男女共同参画社会基本法〔2点〕 **2 イ**〔2点〕
3〔例〕貧富の差が広がり，人間らしい生活の保障が求められるようになったから。〔4点〕
4 健康（漢字のみ可）〔2点〕 **5 ウ**〔2点〕 **6** 自己決定権〔2点〕
7 1 **イ**〔2点〕 **2** 記号：**エ** 都市名：水俣（市）（完答）〔2点〕 **3** 公害対策（漢字のみ可）〔2点〕
4 環境アセスメント（環境影響評価）〔2点〕
5 Ⅰ：天候によっては発電量が減るため，不安定である〔2点〕
Ⅱ：発電所当たりの発電量が小さいので，発電所を多くつくらなければならない〔2点〕

英　語

1 1 (1) **ウ**〔2点〕 (2) **ア**〔2点〕 (3) **イ**〔2点〕
2 (1) ① **エ**〔3点〕 ② **イ**〔3点〕 (2) ① **ウ**〔3点〕 ② **ア**〔3点〕
3 (1) must〔2点〕 (2) Wednesday〔2点〕 (3) spring〔2点〕 (4) drink〔2点〕
2 1 (1) **イ**〔2点〕 (2) **ア**〔2点〕 (3) **エ**〔2点〕 (4) **ア**〔2点〕 (5) **ウ**〔2点〕 (6) **エ**〔2点〕
2 (1) **エ→ア→ウ→イ**（完答）〔2点〕 (2) **エ→イ→ア→ウ**（完答）〔2点〕
(3) **イ→ウ→ア→オ→エ**（完答）〔2点〕
3 1 **エ**〔2点〕
2 (1)〔例〕don't like reading（books）〔3点〕 (2)〔例〕two thousand books（in the library）〔3点〕
(5)〔例〕fifteen students〔3点〕 (6)〔例〕talking about it（together）〔3点〕
3 little children（完答）〔3点〕
4〔例〕（その絵本は）私たちみんなが，だれかに必要とされていること（を意味していること）。〔3点〕
5 **イ**〔2点〕
6〔例〕I agree. But I'm busy every day, so I don't have much time to read. I have a lot of homework to do, and I also take part in my club activity after school. Of course, I know reading books is important for us. It's a lot of fun, and I love reading books.〔6点〕
4 1〔例〕What will you〔2点〕 **2 ウ**〔3点〕
3 ①〔例〕だれかが野菜や牛乳をよく，残している〔3点〕
②〔例〕（私たちに）食べ物を提供するために，一生懸命に働いている〔3点〕
4 **ア**，**カ**（順不同）〔3点×2〕
5 1〔例〕英語を学ぶことで，世界中で多くの友達を作ることができること。〔3点〕
2 **ウ**〔3点〕 **3 ア**〔2点〕 **4 エ**〔3点〕

第181回 下野新聞模擬テスト

数学・理科 【解　答】

数　学

1
1　21〔2点〕　2　$-\frac{4}{15}$〔2点〕　3　$-2\sqrt{3}$〔2点〕　4　$\frac{-5a+b}{4}$〔2点〕

5　$x^2-18x+81$〔2点〕　6　$x=2$〔2点〕　7　$V=\frac{1}{3}Sh$〔2点〕　8　$y=-\frac{18}{x}$〔2点〕

9　$n=6$〔2点〕　10　$\frac{5}{12}$〔2点〕　11　$80\pi\,\mathrm{cm}^2$〔2点〕　12　△AEC，△FEC〔2点〕

13　60度〔2点〕　14　$32-8\pi\,\mathrm{cm}^2$〔2点〕

2
1　右図〔4点〕

2　①　$4n^2+12n+5$〔1点〕
②　$4n^2+12n+9$〔1点〕
③　$2n+3$〔1点〕

3　$p=-1$，$q=2$〔4点〕

2 1

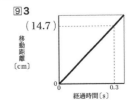

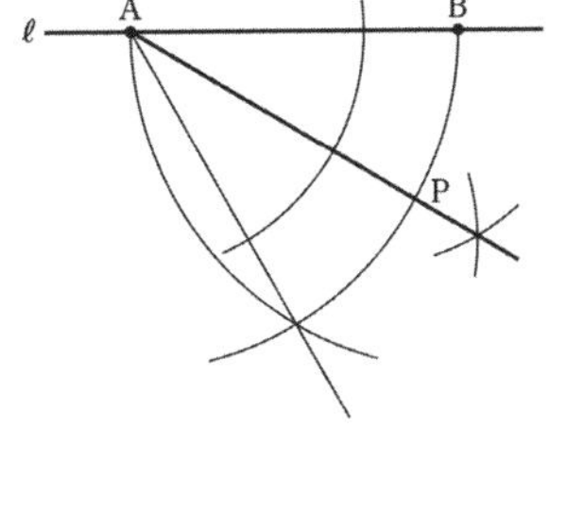

3
1　$(24-2x)(30-2x)=24\times30\times0.6$
左辺の2つのかっこ内からそれぞれ2をくくり出して
$2(12-x)\times2(15-x)=24\times30\times0.6$
両辺を4で割って　$(12-x)(15-x)=6\times30\times0.6$
$(12-x)(15-x)=108$
$180-27x+x^2=108$
右辺の108を移項して　$x^2-27x+72=0$
$(x-3)(x-24)=0$
$x=3,\ 24$
ただし，$x<12$だから　$x=3$は問題に適している。
$x=24$は問題に適していない。
よって，容器の深さは3cmとなり，容器の底面の縦，横の長さはそれぞれ
$24-2\times3=18$〔cm〕，$30-2\times3=24$〔cm〕
であるから，容器の容積は　$18\times24\times3=1296$〔cm^3〕
答え（容器の容積　1296 cm^3）〔6点〕

2　(1)　9分〔2点〕　(2)　①　0〔1点〕　②　5〔1点〕　(3)　7人〔3点〕

4
1（証明）
△AOEと△DOFにおいて
AC，BDは正方形の対角線であるから　∠OAE＝∠ODF＝45°　…①
点Oは正方形の対角線の交点であるから　AO＝DO　…②
∠AOD＝90°　…③
③より　∠AOE＝90°−∠DOE　…④
仮定より　∠EOF＝90°だから　∠DOF＝90°−∠DOE　…⑤
④，⑤より　∠AOE＝∠DOF　…⑥
①，②，⑥より，1組の辺とその両端の角がそれぞれ等しいから
△AOE≡△DOF〔7点〕

2　(1)　3本〔3点〕　(2)　140 cm^3〔4点〕

5
1　2800円〔3点〕　2　(1)　$y=10x+2200$〔3点〕　(2)　83分20秒〔5点〕
3　76分40秒〔6点〕

6
1　3〔3点〕　2　①　43〔2点〕　②　-3〔2点〕
3　(1)　$T=25n-9$〔4点〕　(2)　192〔6点〕

理　科

1
1　ア〔2点〕　2　ウ〔2点〕　3　ウ〔2点〕　4　エ〔2点〕
5　初期微動〔2点〕　6　てんびん〔2点〕　7　じん臓〔2点〕　8　振動数〔2点〕

2
1　イ〔3点〕　2〔例〕マグマのねばりけが強い。〔3点〕　3　ア〔3点〕

3
1　CO_2〔3点〕　2　①　酸素〔2点〕　②　還元〔2点〕　3　エ〔2点〕

4
1　イ〔3点〕　2　種子(植物)〔3点〕　3　ウ〔2点〕

5
1　電子〔2点〕　2　①　A〔2点〕　②　D〔2点〕　3　真空放電〔3点〕

6
1　1016(hPa)〔3点〕
2〔例〕中心の気圧が周囲より高くなっているところ。〔3点〕
3　イ〔2点〕　4　①　2〔2点〕　②　A〔2点〕

7
1〔例〕電極間に電流を流しやすくするため。〔3点〕　2　イ〔2点〕
3　水酸化物(イオン)〔3点〕　4　①　H^+〔2点〕　②　C〔2点〕

8
1　系統：純系〔2点〕　形質：対立(形質)〔2点〕　2　ウ〔2点〕
3　①　生殖〔2点〕　②　減数〔2点〕　4　450(個)〔3点〕

9
1　196(cm/s)〔3点〕　2　イ〔2点〕　3　右図〔3点〕
4　①　自由落下(自由落下運動)〔2点〕　②　等速直線運動〔2点〕

9 3
(14.7)
移動距離〔cm〕
0
0.3
経過時間〔s〕

第181回 下野新聞模擬テスト

国語 【解説】

国語〔解説〕

1 3 (4) 「楽しそうに」の後に「 、(読点)」を入れることによって、「娘」と「楽しそう」との関係を切り離すとともに、「母」との関係が深いことを表すことができる。
(5) 「言う」の尊敬語「おっしゃる」を使って直す。

2 4 傍線部(3)の前にある「その斬らんとする足の上にのぼりて、『この足のかはりに我が足を斬れ……』とをめきければ(＝その斬ろうとしている足の上にのぼって、『この悪人の足のかわりに私の足を斬りなさい……』とわめくので)」の部分を使ってまとめる。

5 **ア**「相人は、徳の高い僧に菩提講を開くよう依頼した」、**イ**「厳しく処罰される悪人の様子を目撃した盗人」、**ウ**「検非違使は、自分が処罰してきた数多くの悪人の極楽往生を願うために僧となった」の部分が、それぞれ適切ではない。

〈口語訳〉
東北院という寺院の菩提講を始めた徳の高い僧は、もともと大変な悪人であり、牢屋に七度も入った。七度目に検非違使が、「大変な悪人である。この悪人の足を斬ってしまおう」と決めて、足を斬るために(悪人を)連れ出し、斬ろうとしたところに、すばらしい人相見がいた。(人相見が悪人の)足を斬ろうとする人に近寄っていって、「この人を私(＝人相見)に免じて許してやってほしい。この人物は必ず徳を積んで極楽に行くであろう人相をしている」と言うので、「根も葉もないことを言う僧であることよ」と言って、(人相見の言葉を無視して悪人の足を)斬ろうとするので、(人相見は)その斬ろうとしている足の上にのぼって、「この(悪人の)足のかわりに私の足を斬りなさい。極楽に行くであろう人相をしている者の足を(自分の目の前で)斬られてしまうのを、どうして見過ごすことができようか(いや、見過ごすことはできない)」とわめくので、(悪人の足を)斬ろうとしている者たちも(人相見の言動を)扱いかねて、手に負えないので、検非違使に、「これこれのこと(＝人相身が悪人の足を斬らせないためにしていること)があります」と言うので、特別に貴い人相見の言うことでもあり、さすがに採用しないわけにもいかなくて、(悪人の足を斬ることを)免除なさったのだった。その時に、この盗人は心を改めて法師になり、すばらしく徳の高い僧にまでなって、この菩提講を始めたのであった。

3 1 第一段落にある「便利だということと、住みいいということとはおなじではない」→「人間は便利さのためにのみ生きるのではない」→「『住むというのは居住するということではない。住むということは、その本質において詩的』なのである」という流れを読み、「居住することの本質的な意味を理解しない」「便利さだけを追求していこう」とある**イ**を導き出す。また、**ア**「科学的な理論も重視していこう」、**ウ**「伝統文化を否定し、新しいものに価値を見いだすべき」、**エ**「外見上の芸術性よりも」という部分が、それぞれ適切ではない。

2 傍線部(2)の二〜四文前にある「最近では高層ビルのなかに爆薬をしかける装置がちゃんと設計されているという。こわすときに便利なように、である」という二文を参考にまとめる。

3 傍線部(3)の次の段落にある「現にそうなりつつある」の「そう」は「人間の使い捨て」を指しており、その直後に「最近の人間関係のおそるべき荒廃は、こうした使い捨て文明のもたらした報酬以外の何ものでもない」とあるのに注目する。

5 傍線部(4)の二文前にある「何のための便利さか、何のための合理主義か、それを問い直す」の部分を参考にまとめる。

6 **イ**「日本がかつての豊かな生活を取り戻すには」「物を捨てない社会をつくるべき」、**ウ**「『使い捨て文明』や『インスタント文化』の利点をうまく取り入れ」、**エ**「学校での歴史教育を充実させるべき」の部分が、それぞれ適切ではない。

4 1 「にやけそうに」なっている「おれ(葵)」の心情を踏まえた上で、傍線部(1)の直前にある「まだ練習始めて二十分くらいしか経ってないと思うんだけど、(真白ちゃんが)その間にもおれがどんな練習してるのか見てくれてた」という部分を参考にしてまとめる。

2 **ア**「真白ちゃんの言葉から、彼女が瀬賀に好意を抱いている」様子はうかがえない。**ウ**「あたふたする様子をわざと見せる」つもりならば「カッコ悪い」と「自己嫌悪に陥りそうに」はならない。**エ**「絶対に触れてほしくないと思っていた話題」ならば話を確認したりしないし、「不快な思いを隠し切れずにいる」というのもおかしい。つまり、真白ちゃんの前では瀬賀に言われたことを気にしていないという風をよそおおうとしているものの、実際には気にしていて、いきなり真白ちゃんからそのことを切り出されたために、どう答えればよいのかわからず、うろたえている葵の様子が傍線部(2)に表れているのである。

4 傍線部(3)は頭が混乱し、どうすればよいのかわからなくなっている状態を表している。それとは対照的な葵の状態として「頭の中がクリア(澄み切ったさま)になっていく」(傍線部(3)の五行後)を導き出す。

5 傍線部(4)の三行後から始まる葵の会話文に注目する。この会話文の中で葵は「瀬賀に負けても自分が傷つかへんように逃げ道つくってた」というこれまでの「ちゃらんぽらんでええかげんなおれ」から、「瀬賀に勝つ」「負けて傷つくことを恐れない」「逃げ道に頼らない」ように「しゃかりきに努力するおれに、今日から変わる」と言っているのである。この内容を踏まえて、それぞれの空欄に当てはまることばを導き出す。

6 **ア**「互いに不信感を抱くようになっていく少年と少女の様子」「第三者の客観的な視点」、**イ**「心情を、色鮮やかな情景描写に重ねて」、**エ**「会話の途中に回想を差し込む」「不思議な世界観を作り上げている」の部分が、それぞれ適切ではない。

5 ・形式　氏名や題名を書かず、二百四十字以上三百字以内で書いているか。二段落の構成になっているか。原稿用紙の正しい使い方ができているか。
・表現　文体が統一されているか、主述の関係や係り受けなどが適切か、副詞の呼応や語句の使い方が適切か、など。
・表記　誤字や脱字がないか。
・内容　第一段落に、提示されているＡ案とＢ案の二つを比較し、それぞれの案からどのような意図を読み取ることができるか、自分の考えを書いているか。また、第二段落に、よりよい学級づくりを行うためには、Ａ案とＢ案のうち、どちらを掲示した方がよいと考えるか、理由を含めて書いているか。

といった項目に照らし、総合的に判断するものとする。

第181回 下野新聞模擬テスト
社 会 【解 説】

社 会 〔解説〕

1 **2** 山梨県の甲府盆地では，扇状地が主にぶどうなどの果樹園として利用されている。
4 人口が最も多いので**D**は東京都。大阪府は第2位で**A**，愛知県は，製造品出荷額が全国1位であることから**B**，**C**は福岡県。
5 遠洋漁業は，大型の漁船で1か月以上にわたっておこなわれる。1970年代に各国が200海里の排他的経済水域を設定したことや石油危機による漁船の燃料代の高騰などにより，漁獲量は激減した。
6 食料自給率は，国民が消費する食料のうち，国内生産でまかなえる比率。魚介類の自給率は，1980年は約97％であったが，2017年には約52％に低下した。

2 **3** 雨温図は，気温の変化から温帯で，夏に乾燥する地中海性気候を示す。ⓐは熱帯，ⓒは南半球にあるので，6～9月が冬になる。①は熱帯，③は冷帯の伝統的住居の特徴である。
4 サンベルトは，アメリカ合衆国の北緯37度以南の温暖な地域のこと。地価が安く，労働力が豊富なことから，1970年代以降，先端技術産業を中心に工業が盛んになり，人口も増えた。
5 アメリカ合衆国は，西経100度を境に，西側は牧畜や小麦栽培，東側はとうもろこしや綿花の栽培，北東部では酪農が盛んである。オレンジは，南西部のカリフォルニア州で生産量が多い。

3 **1**⑴ メソポタミア文明は，紀元前3000（3500）年頃，チグリス川とユーフラテス川の流域（現在のイラク）で生まれた。くさび形文字は粘土板に刻まれた文字。
⑵ 土偶は，高さが20㎝前後の土製の人形で，女性をかたどったものが多い。
2⑴ 万葉集は奈良時代の8世紀後半に成立したといわれている。天皇から農民，防人まで幅広い身分の人たちの和歌が約4500首おさめられている。
⑵ **イ**の墾田永年私財法は743年に出された。**ア**の坂上田村麻呂は，797年に桓武天皇より，征夷大将軍に任命された。**ウ**は672年，**エ**は630年。
3 承久の乱後，北条氏による執権政治が確立し，西国にも幕府の御家人が地頭として派遣されて幕府の西国支配が強まった。「京都所司代」は江戸幕府が設置した。
4⑴ この頃，東山文化とよばれる禅宗の影響を受けた簡素な文化が生まれた。
⑵ **イ**は江戸時代の様子。この頃，千歯こきや唐箕など，農具の改良が進んだ。
5 参勤交代の制度で大名は，領地と江戸を一年交代で住むこと，妻子は江戸住まいすることを義務付けられた。その費用が大名に大きな負担となった。

4 **1** **ウ**は1868年，**エ**は1869年，**イ**は1873年，**ア**は1877年のできごと。
2 伊藤博文は1882年にヨーロッパに派遣され，主にドイツの憲法を研究して1883年に帰国。1885年に内閣制度を創設し，初代の内閣総理大臣となった。
3 ソ連は「五か年計画」とよばれる社会主義の経済政策をとり，世界恐慌の影響をあまり受けなかった。**イ**はイギリス，フランスの政策，**ウ**はドイツやイタリアの政策，**エ**はアメリカのニューディール政策。
5 中東では，1948年にイスラエルが建国されて以来，イスラム教の国々との間でたびたび軍事衝突がおこっている。1973年の第四次中東戦争は，先進工業国に石油危機をもたらした。
6 **エ**は1978年，**ア**は1946年から1950年にかけておこなわれた，**イ**は1964年，**ウ**は1960年である。

5 **1**⑵ ルソーは18世紀半ばに「社会契約論」を著し，人民主権を唱えた。**イ**はアメリカ大統領。1863年のゲティスバーグ演説が有名。**ウ**はフランスの思想家。三権分立を説いた。**エ**はイギリスの思想家。
⑶ **C**は1689年，**B**は1776年，**A**は1789年。
2⑴ 「国民主権」は，国の政治の決定権は国民が持ち，政治は国民の意思に基づいておこなわれるべきであるという原理。日本国憲法は，前文に「主権が国民に存する」ことを明記している。

6 **2** 「団結権」は社会権，「信教の自由」は自由権のうち，精神の自由である。
3 社会権は，「人間らしく生きるための権利」で，1919年にドイツのワイマール憲法によって初めて定められた。
5 **ア**と**イ**は請求権，**エ**は平等権。
6 自己決定権は，「個人が自分の生き方や生活のしかたについて自由に決定する」権利。医療では，医者が十分説明し，患者が治療方法などを自ら決定できるインフォームド・コンセントがおこなわれる。

7 **1** 田中正造は1890年代に足尾銅山の鉱毒問題を国会で追及した。**ア**は江戸時代の19世紀初め頃，**ウ**は1914年から1918年，**エ**は1937年である。
2 水俣市は，熊本県南部に位置している。「水俣病」は，四大公害病の一つである。
5 **図2**から，太陽光発電は，出力が天候に左右されること，**図3**から一つの発電所当たりの発電量が水力発電や火力発電よりも少ないことに着目する。

第181回 下野新聞模擬テスト

英語 【解 説】

英 語 〔解説〕

□1 リスニング台本と解答を参照。

□2 **1** (1) 主語が「ジャックと僕」という複数で，文末に now があるので，are を選ぶ。

(2) get on ～で「～に乗る」という意味。よって，bus を選ぶ。前後の文脈からも判断できる。

(3) 直後で，「新しい(テニス)ラケットを買った」とあるので，sports shop を選ぶ。

(4) after ～で「～の後で」という意味。直前までの内容が，スポーツ店や洋服店での買い物について書かれているので，shopping を選ぶ。

(5) 直後の文で，「そこでたくさんの種類の動物を見ることを楽しみました」と書かれているので，zoo「動物園」を選ぶ。

(6) 直前で，「ジャックが僕の家に来ました」と書かれているので，at school と in his room は不適切。どのくらいの時間ゲームをしたかということで，**エ**の「約２時間」が適切。

2 (1) ＜call＋A＋B＞で「AをBと呼ぶ」という意味。「Aは何と呼ばれていますか」は＜What is A called ～?＞で表す。

(2) ＜～ing＋語句＞が「～している」という意味で，直前の名詞 a train を後ろから修飾している(分詞の形容詞的用法)。leave for ～で「～に向けて出発する」という意味。

(3) ＜It is …＋for＋(人)＋to＋動詞の原形～＞で「(人)にとって～することは…である」という意味。

□3 **1** 学級通信の「～読書週間に向けて～」を参照。10月なので October を選ぶ。

2 (1) 学級通信の「読書は好きですか」のグラフを参照。５人の生徒が，「いいえ」と答えているので，「(あなたのクラスの５人の生徒は) 読書が好きではない」などの英文にする。

(2) 学級通信の「図書館案内」を参照。蔵書数が約 2,000 冊だと分かるので，「(図書館には,) 約 2,000 冊の本(があります)」などの英文にする。

(5) 学級通信の「月に何冊の本を読みますか」のグラフを参照。「読書をしない生徒」の人数を読みとる。15人の生徒が，月に一冊も本を読まないと分かるので，fifteen students が入る。

(6) 学級通信の「田中先生より」を参照。「それについて話すこと」の部分を英語に直す。talk about ～「～について話す」。

3 them はたいてい，直前で述べられている複数名詞を指す。英文は，「絵本はふつう，them によって読まれます」という意味なので，them は人を指すと考え，直前の little children であると判断する。

4 本文訳を参照。直前の宏和の絵本についての感想を指している。

5 学級通信の「月に何冊の本を読みますか」のグラフを参照。３人の生徒は，月に５冊以上本を読むと分かるので，「～以上」を意味する more than が入る。英語の more than は，日本語の「～以上」と意味が異なり，more than four は「４」を含まない。

6 自分の読書に対する考えや気持ちについて書く。理由を述べるときは，接続詞の because や so を使うとよい。

□4 **1** 直後で陸が，I'll(＝I will の短縮形)を使って，「僕は～するつもりです」と言っているので，陸の父は＜What will you do ～?＞「あなたは何をするつもりですか」を使って，予定を尋ねたと判断する。

2 **A** 直前で陸が，「一部の大きな野菜はとても重かった」と言っているので，hard「大変な」，もしくは difficult「難しい」が入ると判断する。

B 当初，陸は牛乳を搾ることは簡単だと考えていたが，やってみると難しいことが分かったという流れなので，「僕は間違っていた」となるように，wrong が選択肢として正しいと分かる。

よって，**A**・**B**ともに正しい語を含む選択肢は，**ウ**となる。

3 ① 本文訳を参照。最終段落前半の，陸の祖父の発言をまとめる。

② 本文訳を参照。最終段落半ばの，Second, ～で始まる文の内容をまとめる。

4 **ア**…第１段落の内容を参照。同じ内容を読み取ることができるので正しい。

イ…第１段落，第２段落を参照。陸が父親に祖父母の家へ行きたいと伝えたのが７月で，第２段落の冒頭から，祖父母の家を訪れたのは(７月の)翌月(＝８月)だと分かるので誤り。

ウ…第３段落の冒頭を参照。陸たちは同じ時間に起きていると分かるので誤り。

エ…第３段落，第４段落を参照。先に畑へ行き，その後で乳搾りをしたので誤り。

オ…第４段落の最後の文を参照。陸は「少し疲れた」と述べているので誤り。

カ…第５段落後半の祖母の発言を参照。同じ内容を読み取ることができるので正しい。

□5 **1** 本文訳を参照。直前の文の内容をまとめる。

2 本文訳を参照。英語の学び方を，泳ぎ方を学ぶときに例えて説明している場面に入れるとよい。

3 直後の内容から，家での英語の上達のさせ方を紹介していると分かる。at home「家で」。

4 筆者の主張は，英文も段落の最初か最後に述べられることが多い。本文は最終段落で，英語を上達させるためには何が一番重要かについて，筆者の考えが述べられている。

第181回 下野新聞模擬テスト

英語 【解説】

〔本文訳〕

③ ※先生＝スミス先生
先生：こんにちは，宏和。何を読んでいるの。
宏和：あっ，こんにちは，スミス先生。壁の学級通信を読んでいます。
先生：いいわね。今月の話題は何かしら。
宏和：読書についてです。「読書週間」が10月21日から始まります。
先生：あら，それはいいイベントね。でも…，あなたのクラスの５人の生徒は読書が好きではないのね。彼らが読書に興味を持ってくれるといいけれど。あなたは読書が好きかしら，宏和。
宏和：はい。よく学校の図書館へ行きます。図書館には約2,000冊の本があるので，たくさんの種類の本を読むことができます。スミス先生はどんな種類の本が好きですか。
先生：そうね…，絵本が好きだわ。
宏和：えっ，そうなんですか。絵本は小さな子ども向けに書かれていますよね。
先生：そうね。絵本はふつう彼らに読まれるものだけれど，大人も多くのことを学ぶことができるの。それに，絵本は簡単な言葉で書かれているから，私は日本語の絵本を読むことで日本語を勉強しているのよ。
宏和：なるほど。お気に入りの絵本は何ですか。
先生：ゾウについての絵本が大好きよ。そのゾウは多くの場所で働くのだけれど，そこの人たちは彼のことを気に入らなかったの。そのゾウは悲しかったけれど，あきらめなかったのよ。最終的に，そのゾウは幼稚園で働き始めて，そこの多くの子どもたちから愛されたの。
宏和：それはすてきなお話ですね。僕たちみんなが，だれかに必要とされているということを意味しているのかもしれませんね。
先生：私もそう思うわ。
宏和：スミス先生，このグラフを見てください。先月，図書委員が僕たちに，「月に何冊の本を読みますか」と尋ねました。僕たちは全員，彼らの質問に回答しました。その後，彼らは僕たちにそのグラフを示しました。
先生：ええと…，あら，あなたのクラスの15人の生徒は月に１冊も本を読まないのね。
宏和：彼らはもっと本を読むべきだと思います。
先生：そうね…，でも，３人の生徒は月に５冊以上(＝４冊よりも多く)の本を読むのね。
宏和：僕もおどろきました。僕は月に３，４冊読みます。
先生：十分よ，宏和。あなたたちの先生の田中先生は，お昼休みの間に職員室でよく，本を読んでいるわ。昨日彼は，『坊っちゃん』を読んでいたわ。
宏和：あっ，夏目漱石によって書かれた本ですね。田中先生は学級通信で，「ひとりで本を読むことも楽しいですが，友達といっしょに同じ本を読み，それについて話すことも楽しいですよ」とおっしゃっていました。
先生：それはいい考えね。読書週間を通じて，多くの生徒が読書はとても楽しいと知ってくれるといいわね。

④ 僕は夏休みにすばらしい経験をしました。この前の７月，僕は父に，「お父さん，僕は今年の夏に祖父母のところに泊まりたいな。僕をそこまで連れて行ってよ」と言いました。父は，「いいよ，陸。彼らも陸に会えて喜ぶだろうからね。彼らと何をするつもりだい」と言いました。僕は，「農場で彼らの仕事を手伝うよ。この前の日曜日にお母さんとスーパーマーケットへ行ったとき，僕は野菜や牛乳のような食べ物について，よく知らないことに気づいたんだ。だから僕は，農場で働いて，それについて学びたいんだ」と答えました。父は，「おや，それはいいね。陸にとっていい経験になるだろう」と言いました。
翌月，両親と僕は祖父母に会いに行きました。彼らは僕たちを歓迎してくれました。僕は彼らに自分の考えを伝えました。祖父は僕に，「陸，食べ物について学びたいなら，農場での私たちの仕事を注意深く見ておくんだよ」と言いました。
最初の朝，僕たちは４時30分に起きました。僕たちは畑へ行って，いっしょに野菜を収穫しました。一部の大きな野菜はとても重かったので，それらを運ぶのはとても大変でした。祖父母がそれらを簡単に運ぶと知って，とてもおどろきました。彼らはたくましいです。
その後，ウシから牛乳を搾ることにも挑戦しました。祖母が牛乳の搾り方を僕に見せてくれました。それは簡単だと思っていましたが，僕は間違っていました。ウシたちから牛乳を搾ることはとても難しかったです。朝食後，祖父が僕に，牛舎とニワトリ小屋の掃除の仕方を教えてくれました。午前中の仕事で少し疲れましたが，彼らと働くことが(できて)うれしかったです。
その日の夕方，僕たちはたくさんの種類の野菜で夕食を作りました。それらは祖父母の畑で採れたものでした。僕たちはいっしょに夕食を楽しみ，それはとてもおいしかったです。夕食後，僕は居間で祖父母に話しかけました。僕たちは農場での仕事について話しました。僕は彼らに，「農場での仕事を楽しんでいるの」とたずねました。祖母は，「もちろん，楽しんでいるわよ。私たちは農場のすべての動物と野菜を愛しているわ。彼らが生まれたときからお世話をしているの。彼らは私たちの子どもたちみたいなものよ」と言いました。僕は祖父母の家に三日間，滞在しました。そこでの仕事は大変でしたが，とてもよい時間を過ごしました。
僕は今，みなさんに二つの大切なことを伝えたいです。第一に，僕たちはお皿の上の食べ物はすべて食べてみるべきです。野菜や牛乳を好きではない人たちがいて，彼らは全部食べません。祖父は，「だれかが野菜や牛乳をよく，残していることを知ったら悲しい気持ちになるね」と言いました。第二に，多くの人たちが，僕たちに食べ物を提供するために，一生懸命に働いていることを覚えておくべきです。みなさんはスーパーマーケットへ，よく行きますか。現在，僕たちはスーパーマーケットでたくさんの種類の食べ物を買うことができます。それらを注意深く見てください。牛乳はすでに(パックに)包装されて，野菜に土はついていません。僕たちの多くは食べ物についてよく知りません。僕は，僕たちが毎日の食べ物にもっと興味を持つべきだと思います。

⑤ あなたは英語を上達させたいですか。あなたたちの多くは，「はい」と答えるでしょう。英語は世界の多くの国で話されています。英語は国際的な言語のひとつです。あなたは英語を学ぶことで，世界中で多くの友達を作ることができます。これは英語を学ぶべき正当な理由のひとつだと思います。それでは，あなたはどのようにして英語を上達させることができるでしょうか。
現在，一部の日本人は英語を学ぶために留学をします。彼らは毎日英語を話さなければならないので，留学は英語を上達させるためのよい方法のひとつです。しかし，外国にいる場合でも，日本語をたくさん話してしまうなら，あなたの英語は上達しません。英語学習は，泳ぎ方を学ぶようなものだと思います。もし私たちが泳げるようになりたいなら，水に入って泳ぐ努力をすべきです。だから，あなたが英語を上達させたいなら，英語をよく，話す努力をすべきなのです。
あなたは留学をしなくても英語を上達させることができます。あなたは学校でほとんど毎日英語を勉強します。あなたは授業中に英語を話す機会がたくさんあります。最初は，じょうずに英語を話す必要はないのです。あなたの先生とクラスメイトがあなたを理解すれば，それで大丈夫です。
あなたは家でも英語を上達させることができます。英語の歌をうたったり，英語で映画を見たりすることはとても効果的です。でもそれだけでは不十分です。それを何度も何度も繰り返す必要があります。また，あなたの身の回りのことを，英語で表現しようとすることも効果的です。例えば，あなたが宿題をしなければならないとき，「あっ，今日は宿題がたくさんある。それを終わらせなくちゃ」と英語で言うのです。
あなたは多くの方法で英語を上達させることができます。しかし，一番重要なことは，英語を話す多くの機会を得るようにすることです。もしあなたが本当に英語を上達させたいならば，このことを覚えておくべきです。

第181回 下野新聞模擬テスト

英 語 【解 説】

英語問題 1 〔リスニング台本〕

〔注〕(1)はカッコイチ，①はマルイチと読む。以下同じ。斜字体で表記された部分は読まない。

<table>
<tr><th>台　本</th><th>時 間</th></tr>
<tr><td>
これから中学3年生　第181回　下野新聞模擬テスト　英語四角1番，聞き方のテストを行います。
なお，練習はありません。
（ポーズ約5秒）
これから聞き方の問題に入ります。問題用紙の四角で囲まれた1番を見なさい。問題は1番，2番，3番の三つあります。
最初は1番の問題です。問題は(1)から(3)まで三つあります。英語の対話とその内容についての質問を聞いて，答えとして最も適切なものをア，イ，ウ，エのうちから一つ選びなさい。対話と質問は2回ずつ言います。
では始めます。
(1)の問題です。　A : Betty, do you have any pets?
B : I have a little cat. I love her. How about you, Osamu?
A : I have a dog and a bird.
質問です。　Q : What kind of pets does Osamu have?　（約5秒おいて繰り返す。）（ポーズ約5秒）

(2)の問題です。　A : Kate, are you doing your homework?
B : No, Father. I've finished it. I'm writing grandmother a letter.
A : OK. I can take you to the post office in my car after you finish writing it.
質問です。　Q : What is Kate doing now?　（約5秒おいて繰り返す。）（ポーズ約5秒）

(3)の問題です。　A : Taku, did you know we will have a summer festival on August twelfth and thirteenth?
B : Yes, I did. I'll go there on both days. Are you going to go there, Karen?
A : Yes. I'll go there with my friends on the second day.
質問です。　Q : When will Karen go to the summer festival?　（約5秒おいて繰り返す。）（ポーズ約5秒）
</td><td>（1番）
約3分</td></tr>
<tr><td>
次は2番の問題です。問題は(1)と(2)の二つあります。英語の対話とその内容についての質問を聞いて，答えとして最も適切なものをア，イ，ウ，エのうちから一つ選びなさい。質問は問題ごとに①，②の二つずつあります。対話と質問は2回ずつ言います。
では始めます。
(1)の問題です。　Tom : Hi, Miku. Your T-shirt is nice!
Miku : Thank you, Tom. I bought this yesterday when I went to the new clothes shop near our school.
Tom : I see. Miku, what will you do today? Can you go to see a movie with me?
Miku : Sorry, I want to, but I am going home now to help my mother. We'll cook dinner together.
Tom : All right, Miku. Let's make it another day.
Miku : Tom, do you want to come to my house for dinner?
Tom : Yes, but is that OK?
Miku : Sure, Tom. We'll have dinner from 7:00 in the evening, so please come ten minutes before dinner starts.
Tom : OK, Miku. See you later.
Miku : See you.
①の質問です。Where did Miku go yesterday?　（ポーズ約3秒）
②の質問です。What time will Tom go to Miku's house this evening?　（約5秒おいて繰り返す。）（ポーズ約5秒）

(2)の問題です。Mr. Abe : How was your first weekend in Japan, Jane?
Jane : Hello, Mr. Abe. I enjoyed it a lot. My host family took me to a lot of places in Hikari City.
Mr. Abe : Oh, that's nice. Where did you go?
Jane : On Saturday morning, we went to the famous shrine. Many people were there taking pictures.
Mr. Abe : I see. Did you go to any other places?
Jane : After lunch, we went to the museum. We learned about many kinds of plants there.
Mr. Abe : Good. Did you go out the next day, too?
Jane : Yes. On Sunday, we went to the lake. It was very large and beautiful. The flowers around it were also beautiful.
Mr. Abe : Do you know there is a nice restaurant near the lake?
Jane : Yes! We had lunch there. I ate curry and rice, and it was delicious. After that, we went to the amusement park. I had a wonderful time there.
①の質問です。Who went to many places in Hikari City with Jane last weekend?　（ポーズ約3秒）
②の質問です。Which is true for [A] and [B] in Jane's plan?　（約5秒おいて繰り返す。）（ポーズ約5秒）
</td><td>（2番）
約5分</td></tr>
<tr><td>
次は3番の問題です。あなたはテニス部に所属しています。今度の試合についてのコーチのウッド先生(Mr. Wood)からの連絡を聞いて，学校を欠席したピーター(Peter)へのEメールを完成させなさい。英文は2回言います。
では始めます。
As you know already, we are going to have an important match in Midori City next Friday. We can have three more practices before the match. You have to come to all practices. The practices will be held on Monday, Wednesday and Thursday, from four thirty in the afternoon to six o'clock. When we had a match in Midori City this spring, we went there by bus. Next Friday we will also go there by bus. Come to school by eight fifteen in the morning. Bring your lunches, drinks, uniforms and school bags that day.

（約5秒おいて）繰り返します。（1回目のみ）　（ポーズ約5秒）
これで聞き方の問題を終わります。では，ほかの問題を始めなさい。
</td><td>（3番）
約3分</td></tr>
</table>

第181回 下野新聞模擬テスト

数　学　【解　説】

数　学 〔解説〕

□1 **1** $-7\times(-3)=+(7\times3)=21$

2 $-\dfrac{3}{5}-\left(-\dfrac{1}{3}\right)=-\dfrac{3}{5}+\dfrac{1}{3}=-\dfrac{9}{15}+\dfrac{5}{15}=-\dfrac{4}{15}$

3 $\dfrac{3}{\sqrt{3}}-3\sqrt{3}=\dfrac{3\times\sqrt{3}}{\sqrt{3}\times\sqrt{3}}-3\sqrt{3}=\dfrac{3\sqrt{3}}{3}-3\sqrt{3}=\sqrt{3}-3\sqrt{3}=-2\sqrt{3}$

4 $\dfrac{a+3b}{4}-\dfrac{3a+b}{2}=\dfrac{a+3b}{4}-\dfrac{2(3a+b)}{4}=\dfrac{a+3b-2(3a+b)}{4}=\dfrac{a+3b-6a-2b}{4}=\dfrac{-5a+b}{4}$

5 $(x-9)^2=x^2-2\times x\times9+9^2=x^2-18x+81$

6 $(x+1):2=3:x$，$x(x+1)=6$，$x^2+x=6$，$x^2+x-6=0$，$(x+3)(x-2)=0$　$x>0$であるから　$x=2$

7 三角錐の体積は$\dfrac{1}{3}\times$(底面積)$\times$(高さ)で求められるから　$V=\dfrac{1}{3}Sh$

8 反比例の式を$y=\dfrac{a}{x}$と表すと，$a=xy$　これに$x=\dfrac{1}{2}$，$y=-36$を代入して　$a=\dfrac{1}{2}\times(-36)=-18$，$y=-\dfrac{18}{x}$

9 150を素因数分解すると，$150=2\times3\times5^2$だから　$\sqrt{150n}=\sqrt{2\times3\times5^2\times n}=5\sqrt{6\times n}$
この値が自然数になるためには，根号内が平方数(ある自然数の2乗の数)にならなければならない。したがって，$6\times n$が平方数になるための整数nのうち，最小のnの値は$n=6$である。

10 2つのさいころの目の数の和は2以上12以下であり，この範囲にある素数は2，3，5，7，11である。よって，(大，小)＝(1，1)，(1，2)，(2，1)，(1，4)，(2，3)，(3，2)，(4，1)，(1，6)，(2，5)，(3，4)，(4，3)，(5，2)，(6，1)，(5，6)，(6，5)の15通りであるから，求める確率は，$\dfrac{15}{6\times6}=\dfrac{5}{12}$

11 底面は半径5cmの円であるから，2つの底面積は$\pi\times5^2\times2=50\pi$〔$\mathrm{cm}^2$〕
また，底面の円周は$2\pi\times5=10\pi$〔cm〕であるから，側面積は$3\times10\pi=30\pi$〔cm^2〕
したがって，表面積は$50\pi+30\pi=80\pi$〔cm^2〕

12 AE＝EBであるから，これらを底辺とすると，高さが等しいから△EBC＝△AEC　AF//ECであるから，ECを共通な底辺とすると，△AEC＝△FEC

13 対角線AFを引くと，AC＝CF＝AFより，△ACFは正三角形になる。よって　∠ACF＝60°

14 △ACD$=\dfrac{1}{2}\times8\times8=32$〔$\mathrm{cm}^2$〕　対角線ACと円弧BDの交点をEとすると，∠DAE＝45°であるから，おうぎ形ADE$=\pi\times8^2\times\dfrac{45°}{360°}=8\pi$〔$\mathrm{cm}^2$〕　したがって，うすくぬった部分の面積は$32-8\pi$〔$\mathrm{cm}^2$〕

□2 **1** 30°は60°(正三角形の1つの内角)の半分である。また，点Pは，点Aを中心とし，線分ABを半径とする円の円周上にある。
【作図法】① 点A，Bを中心とし，線分ABを半径とする2つの円弧を，直線ℓの下側にかく。
② ①でかいた2つの円弧の交点と，点Aを通る直線を引く。
③ 点Aを中心とする円弧をかく。
④ ③でかいた円弧と直線ℓとの交点を中心とする円弧をかく。
⑤ ③でかいた円弧と②で引いた直線との交点を中心とする円弧をかく。(④でかいた円弧と等しい半径)
⑥ ④，⑤でかいた円弧の交点と点Aを通る直線を引き，①でかいた円弧との交点をPとする。

2 最も小さい奇数と最も大きい奇数の積を，
$(2n+1)(2n+5)=4n^2+12n+5=4n^2+12n+9-4=(2n+3)^2-4$と変形する。

3 $y=2x-1$に$x=1$を代入して，$y=2\times1-1=1$より，点Aの座標は(1，1)である。よって，$y=ax^2$に$x=1$，$y=1$を代入して，$1=a\times1^2$，$a=1$が求められる。$y=x^2$に$x=-2$を代入して，$y=(-2)^2=4$より，点Bの座標は(−2，4)である。したがって，$p=\dfrac{1-4}{1-(-2)}=-1$となり，
$y=-x+q$は点A(1，1)を通るから，$x=1$，$y=1$を代入して　$1=-1+q$，$q=2$

□3 **1** 右の図のように，容器の底面の縦の長さは$(24-2x)$cm，横の長さは$(30-2x)$cmと表される。また，底面積はもとの長方形の面積の60％であるから，$24\times30\times0.6$〔cm^2〕である。

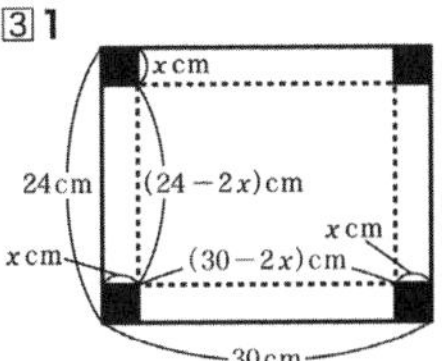

2 (1) 階級値は$(8+10)\div2=9$〔分〕
(2) 4分以上10分未満の階級に9人，12分以上14分未満の階級に7人いるから，10分以上12分未満の階級が0人であっても，時間が短い方から15人目は12分以上14分未満の階級に入る。また，4分以上12分未満の4つの階級に14人いても15人目は12分以上14分未満の階級に入ることになり，このとき10分以上12分未満の階級の度数は$14-9=5$〔人〕になる。

第181回 下野新聞模擬テスト

数　学　【解　説】

(3) 10分以上12分未満の階級の度数をx人，14分以上16分未満の階級の度数をy人とすると，相対度数より$\dfrac{x}{30}+\dfrac{y}{30}=0.4$，合計時間より$11x=15y+2$という式が成り立つ。これらを連立方程式として解いて，$x=7$，$y=5$

④ **1** ∠AOEと∠DOFは，どちらも90°から∠DOEを引いた角度になることを利用する。

2 (1) 辺EFと垂直に交わる辺は辺BE，CF，DFの3本である。なお，辺EFと平行な辺は辺BC，辺EFとねじれの位置にある辺は辺AB，AC，ADである。

(2) 立体MDEFは，△DEFを底面，頂点Mから辺EFに引いた垂線を高さとする三角錐で，その体積は

$\dfrac{1}{3}\times\dfrac{1}{2}\times6\times8\times10=80$〔$cm^3$〕

立体MCDFは，△CDFを底面，辺MCを高さとする三角錐で，その体積は

$\dfrac{1}{3}\times\dfrac{1}{2}\times10\times8\times3=40$〔$cm^3$〕

立体DCMNは，△CMNを底面，頂点Nから辺DFに引いた垂線を高さとする三角錐で，その体積は

$\dfrac{1}{3}\times\dfrac{1}{2}\times3\times4\times10=20$〔$cm^3$〕

以上より，立体NMC－DEFの体積は

$80+40+20=140$〔cm^3〕

⑤ **1** 60分の通話時間のうち，30分は基本料金の2500円に含まれ，超過した$60-30=30$〔分〕については1分間につき10円かかることから，通話料金は$2500+30\times10=2800$〔円〕である。

2 (1) 通話時間が30分を超える範囲において，プランAは傾きが10で点(30, 2500)を通る直線になることから，$y=10x+m$と表して，$x=30$，$y=2500$を代入すると

$2500=10\times30+m$，$m=2200$

したがって　$y=10x+2200$

(2) プランAにおける通話料金のグラフに，プランBにおける通話料金のグラフを記入すると，右の図のようになる。

⑤**2**(2)

(円) y　プランA　プランB　2500　1700　O　30　$\dfrac{250}{3}$　x (分)

$x\geqq30$のとき，プランBは傾きが25で点(30, 1700)を通る直線になることから，

$y=25x+n$と表して，$x=30$，$y=1700$を代入すると，$1700=25\times30+n$，$n=950$

したがって　$y=25x+950$

プランA，Bの式$y=10x+2200$，$y=25x+950$を連立方程式として解くと

$10x+2200=25x+950$，$-15x=-1250$，$x=\dfrac{250}{3}$であるから，通話時間が$\dfrac{250}{3}$分を超えると

プランAの方が安くなる。以上より　$\dfrac{250}{3}$分$=83\dfrac{1}{3}$分$=83$分$+\dfrac{1}{3}\times60$秒$=83$分20秒

3 夫から妻に発信した電話の通話時間も，妻から夫に発信した電話の通話時間も30分以上であったことから，夫から妻に発信した電話の通話時間をz分，妻から夫に発信した電話の通話時間を$(120-z)$分とすると，

夫の通話料金は$y=10x+2200$に$x=z$を代入して$10z+2200$〔円〕と表され，

妻の通話料金は$y=25x+950$に$x=120-z$を代入して$25(120-z)+950=-25z+3950$〔円〕と表される。

これらの合計が5000円であるから，方程式 $(10z+2200)+(-25z+3950)=5000$を解いて

$z=\dfrac{230}{3}$分$=76\dfrac{2}{3}$分$=76$分$+\dfrac{2}{3}\times60$秒$=76$分40秒である。

⑥ **1** 上の段は，5列ごとに同じパターンが繰り返される。したがって，5の倍数である15列目より2大きい17列目には，3を記入する。

2 上の段は5列ごと，下の段は4列ごとに同じパターンが繰り返されるから，5と4の最小公倍数である20列分が1つのまとまりになっている。したがって，1つのまとまり内の3列目と同じ枡目は，3列目，23列目，43列目，63列目，…に現れる。また，上の段の1つのパターン内の自然数の和は$1+3+5+7+9=25$で，下の段の1つのパターン内の自然数の和は$2+4+6+8=20$である。ここで，$43\div5=8$余り3，$43\div4=10$余り3より，1列目から43列目までに上の段は8パターン，下の段は10パターンがあることから，$S_1=25\times8+(1+3+5)=209$，$S_2=20\times10+(2+4+6)=212$である。

よって，$S_1-S_2=209-212=-3$となる。

3 (1) $(5n-1)$列目より1列多い$5n$列目までの上の段には$5n\div5=n$〔パターン〕があり，nパターン内のすべての自然数の和は，$25n$と表される。また，$5n$列目には9を記入するから，1列目から$(5n-1)$列目までに記入する自然数の和Tは，$T=25n-9$と表される。

(2) $T=191$となることから，$25n-9=191$より$n=8$となり，$(5n-1)$列目は$5\times8-1=39$〔列目〕である。ここで，下の段においては，1列目から39列目までに　$39\div4=9$余り3より9パターンがあることから，39列目までに記入する自然数の和は，$20\times9+(2+4+6)=192$である。

第181回 下野新聞模擬テスト

理 科 【解 説】

理 科 〔解説〕

1 **1** 太平洋上に位置する小笠原気団からの空気の流れは，南東の季節風となって日本の夏の気候に大きな影響をおよぼしている。
2 1個の窒素原子に3個の水素原子が結びつくことで，1個のアンモニア分子をつくっている。
3 なかまをふやすための細胞を生殖細胞といい，動物の生殖細胞は精子・卵である。
4 重力と垂直抗力のつり合いのように，作用点が一致する必要はない。
5 P波到着によって初期微動が，S波到着によって主要動が引き起こされる。
6 図の向かって左側の器具は電子てんびん，右側の器具は上皿てんびんである。
7 器官Aはじん臓，管Bは輸尿管(尿管)，袋Cはぼうこうを表している。
8 1秒間あたりに繰り返される周期の回数を振動数といい，振動数が多いほど高い音になる。

2 **1** 火山ガスの主成分は水蒸気で，他に二酸化炭素や二酸化硫黄などが含まれる。
2 ねばりけが強いマグマによる溶岩は流れにくいので，火山の形は盛り上がったドーム状になる。また，爆発的な噴火をすることが多く，火山噴出物の色は白っぽい。
3 昭和新山と雲仙普賢岳はA，マウナロアはBの形をしている。

3 **1** 石灰水を白く濁らせる気体は二酸化炭素である。
2 酸化銅からは酸素がとり去られて銅ができ，その酸素は炭素と化合して二酸化炭素になる。このように，還元と酸化が同時に起こっている。これらの化学変化は，まとめて $2CuO + C \rightarrow 2Cu + CO_2$ と表される。
3 8.0 gの酸化銅に含まれている酸素は8.0 − 6.4 = 1.6〔g〕であり，この酸素が0.6 gの炭素と化合するので，1.6 + 0.6 = 2.2〔g〕の二酸化炭素が発生する。

4 **1** タンポポのがく(X)は，将来は綿毛になる。また，マツの花粉のう(Y)の中には，花粉が入っている。
2 花をさかせて種子でふえる植物を種子植物といい，タンポポは種子植物の中の被子植物，マツは種子植物の中の裸子植物に分類される。
3 将来種子になるつくりを胚珠，果実になるつくりを子房という。被子植物の胚珠は子房に包まれているが，裸子植物には子房がなくて胚珠がむき出しになっている。

5 **1** 蛍光板上に現れた明るいすじを電子線(陰極線)といい，クルックス管の陰極(誘導コイルの−端子につないだ方の電極)から飛び出した電子の流れである。
2 図2より，電極BD間の右側で電子線が曲がっているので，電極Aを誘導コイルの−極につないでいた。また，電子は−の電気をもっているので，電源装置の＋極につないでいた電極D側に引かれて曲がった。
3 空間を電流が流れる現象を放電といい，圧力の低い空間で起こるものを真空放電，普通の空間で起こるものを火花放電という。

6 **1** Xで示した位置の東側にある高気圧の中心気圧は1022 hPaなので，その高気圧のすぐ外側の太い等圧線は1020 hPaのものであることがわかる。また，隣り合う等圧線の間隔は4 hPaなので，Xで示した位置の気圧は1020 − 4 = 1016〔hPa〕である。
2 周囲よりも中心の気圧が高くなっているところが高気圧なので，1気圧(1013 hPa)よりも気圧が低い高気圧もある。
3 偏西風の影響を受け，前線をともなった温帯低気圧や移動性高気圧は，およそ西から東へと移動していく。
4 図4の天気記号より，ほぼ一日中天気がよかったことがわかる。この日は，日本列島に前線がまったくかかっていない図2の日である。また，Aが気圧，Bが湿度，Cが気温の変化を表すグラフである。

7 **1** リトマス紙の色に影響がないように，中性の電解質の水溶液をしみ込ませる。硝酸カリウム水溶液は中性である。
2 pHの値は，中性が7であり，アルカリ性では7より大きく，酸性では7より小さくなる。
3 水酸化ナトリウム水溶液の溶質は$NaOH \rightarrow Na^+ + OH^-$のように電離していて，アルカリ性の性質は$OH^-$(水酸化物イオン)による。$OH^-$は陰イオンなので，電圧を加えると陽極側に移動し，リトマス紙Bの色を青色に変化させる。
4 うすい硫酸の溶質は$H_2SO_4 \rightarrow 2H^+ + SO_4^{2-}$のように電離していて，酸性の性質は$H^+$(水素イオン)による。$H^+$は陽イオンなので，電圧を加えると陰極側に移動し，リトマス紙Cの色を赤色に変化させる。

8 **1** 種子の形状や子葉の色などのように，2種類の形質のうちのどちらか一方しか現れない形質を対立形質という。
2 「まる」の親からA，「しわ」の親からaの遺伝子を一つずつ受け継ぐので，子の代の遺伝子の組み合わせは，すべてAaになる。
3 対になっている遺伝子は，減数分裂によって生殖細胞(エンドウでは精細胞・卵細胞)がつくられるときに，分かれて別々の生殖細胞に入る。このことを分離の法則という。
4 孫の代の遺伝子の組み合わせはAA：Aa：aa = 1：2：1になり，Aの遺伝子をもつものに優性の形質である「まる」が現れるので，$600 \times \frac{1+2}{1+2+1} = 450$〔個〕である。

9 **1** 5打点は0.1秒にあたる。0.2秒間で14.7 + 24.5 = 39.2〔cm〕移動しているので，平均の速さは39.2〔cm〕÷ 0.2〔s〕= 196〔cm/s〕である。
2 0.1秒間に$\frac{14.7〔cm〕- 4.9〔cm〕}{0.1〔s〕} = \frac{24.5〔cm〕- 14.7〔cm〕}{0.1〔s〕} = 98〔cm/s〕= 0.98〔m/s〕$ずつ増加している。
3 台車は一定の速さ(49 cm/s)で運動しているので，移動距離は経過時間に比例する。また，0.3秒間では49〔cm/s〕× 0.3〔s〕= 14.7〔cm〕移動する。
4 重力がはたらくことによって真下の向きに落ちていく運動を自由落下(自由落下運動，落下運動)といい，一定の速さで真っすぐに進む運動を等速直線運動という。

第182回 下野新聞模擬テスト

国語・社会・英語 【解　答】

国　語

1　1　(1) ほんそう〔2点〕　(2) まかな（う）〔2点〕　(3) いしょく〔2点〕
(4) ほころ（び）〔2点〕　(5) たいぜんじじゃく〔2点〕
2　(1) 丈夫〔2点〕　(2) 推（す）〔2点〕　(3) 秘蔵〔2点〕
(4) 謝（った）〔2点〕　(5) 残像〔2点〕
3　(1) **ウ**〔2点〕　(2) **ウ**〔2点〕　(3) **ウ**〔2点〕　(4) **エ**〔2点〕　(5) **イ**〔2点〕
2　1　いであい（ひらがなのみ可）〔2点〕
2〔例〕以前一休にやり込められた仕返しがしたかったから。〔2点〕　3　**ア**〔2点〕
4　a：〔例〕ひらがなで書かれていた〔2点〕　b：〔例〕端を渡ることなく〔2点〕
3　1〔例〕自分の世界をうち立てて世界を所有し、一体化する〔4点〕　2　**ア**〔3点〕
3　実用的な機能〔3点〕　4　**イ**〔2点〕　5　**イ**〔2点〕
6　a：専門分化〔3点〕　b：自分の手でものをつくる〔3点〕
4　1　広場の木立〔3点〕
2〔例〕カバンをつくえの上に置いた音に、神経質にせきばらいをして反応したこと〔4点〕
3　**ア**〔2点〕　4　**エ**〔3点〕
5　a：〔例〕ママチャリに乗り、胸をはっている〔4点〕　b：〔例〕動揺している〔4点〕
5〔例〕小学六年生の方が中学三年生より、近所の人に会ったときにあいさつをしている割合が高いが、いずれも半数以上があいさつをしていることがグラフからは読み取れる。
　半数以上が近所の人にあいさつをしているとはいえ、私はもっと積極的にあいさつを交わすべきだと思う。最近ニュースで一人暮らしの老人が、誰とも会話せず地域で孤立している話をよく聞く。孤立している人にとっては、たとえ形式的なあいさつであっても、声をかけられただけでうれしいのではないだろうか。あいさつ一つで人の孤独感を和らげることができるなら、犯罪や事故防止の観点からも、近所の人には積極的にあいさつをするように心がけたい。〔20点〕

社　会

1　1　(1) ⓐ 信濃〔2点〕　ⓑ 流域〔2点〕　(2) 園芸〔2点〕　(3) **エ**〔2点〕　2　**ウ**〔2点〕
3　**イ**〔2点〕　4　Ⅰ：〔例〕重量は軽いが高価なもの〔2点〕　Ⅱ：〔例〕工業の原料や燃料〔2点〕
2　1　(1) **イ**〔2点〕　(2) ⓑ〔2点〕　(3) **エ**〔2点〕
2　(1) フィヨルド（カタカナのみ可）〔2点〕　(2) **ア**〔2点〕
3　Ⅰ：〔例〕一人あたりのGNIが少ない〔2点〕　Ⅱ：〔例〕加盟国間の経済格差が大きい〔2点〕
3　1　**イ**〔2点〕　2　平等院鳳凰堂〔2点〕　3　**ア**〔2点〕
4〔例〕分割相続のため，小さくなった〔4点〕　5　**ウ**〔2点〕　6　分国法（漢字のみ可）〔2点〕
7　身分（漢字のみ可）〔2点〕　8　**エ**〔2点〕
4　1　県令〔2点〕　2〔例〕領事裁判権(治外法権)を撤廃した。〔4点〕
3　大正デモクラシー〔2点〕　4　**イ**〔2点〕　5　**エ**〔2点〕　6　**ア**〔2点〕
5　1　(1) Ⅰ：秘密　Ⅱ：平等（完答）〔2点〕　(2) **イ**〔2点〕
2　(1) **ア**〔2点〕　(2) 連帯（漢字のみ可）〔2点〕　(3) **イ**〔2点〕　(4) 総辞職〔2点〕
6　1　(1) **エ**〔2点〕　(2) 国民審査〔2点〕　2　**ウ**〔2点〕
3　(1) 控訴〔2点〕　(2) 再審（制度）〔2点〕
4〔例〕弁護士の数が少ない地域をふくめ，だれもが司法に関するサービスを利用しやすくする〔4点〕
7　1　**イ**〔2点〕　2　(1) **イ→ウ→エ→ア**（完答）〔2点〕　(2) **X**：両院協議会〔2点〕　**Y**：**ウ**〔2点〕
3　Ⅰ：〔例〕若い人たちに働く場所を提供する〔2点〕
Ⅱ：〔例〕多くの観光客を受け入れ，観光収入を増やす〔2点〕

英　語

1　1　(1) **イ**〔2点〕　(2) **エ**〔2点〕　(3) **ア**〔2点〕
2　(1) ① **ウ**〔3点〕　② **イ**〔3点〕　(2) ① **エ**〔3点〕　② **ア**〔3点〕
3　(1) thousand〔2点〕　(2) days〔2点〕　(3) three〔2点〕　(4) weekend〔2点〕
2　1　(1) **ウ**〔2点〕　(2) **ア**〔2点〕　(3) **ア**〔2点〕　(4) **エ**〔2点〕　(5) **ウ**〔2点〕　(6) **イ**〔2点〕
2　(1) **イ→ウ→ア→エ**（完答）〔2点〕　(2) **エ→イ→ア→ウ**（完答）〔2点〕
(3) **エ→ウ→オ→ア→イ**（完答）〔2点〕
3　1　seventh〔2点〕　2　**ウ**〔3点〕　3　**イ**〔2点〕
4　(2)〔例〕going to talk about your friends〔3点〕　(3)〔例〕There are one hundred seats〔3点〕
(5)〔例〕important (for me) to try new things〔3点〕
5　the picture on the poster（完答）〔3点〕
6〔例〕あゆみが，自分の家に来て一緒に練習をしましょうと言ってくれたから。〔3点〕
7〔例〕I want to talk about Japanese comics. I like reading them very much. Some people say that reading comics is not good. But I think we can learn a lot of things from them. So, I want to tell many people that reading comics is interesting (through my speech).〔6点〕
4　1〔例〕Do you want〔2点〕　2　**ア**〔3点〕
3　①〔例〕もっと自分自身の人生を楽しんでほしい〔3点〕
②〔例〕英会話学校へ行き，もう一度英語を勉強したい〔3点〕
4　**エ**，**カ**（順不同）〔3点×2〕
5　1　**ウ**〔3点〕　2　**ウ**〔2点〕
3〔例〕豆腐はやわらかいので，おはしで食べるのは外国人だけでなく，日本人にとっても少し難しいこと。〔3点〕
4　**エ**〔3点〕

第182回 下野新聞模擬テスト
数学・理科 【解答】

数学

1 1 -7〔2点〕 2 $-\frac{5}{4}$〔2点〕 3 -1〔2点〕 4 $-\frac{5a+29b}{6}$〔2点〕
5 $3(x-2)(x-8)$〔2点〕 6 $a=\frac{b+5m}{2}$〔2点〕 7 $x=2\pm\sqrt{5}$〔2点〕
8 2〔2点〕 9 24.39〔2点〕 10 $\frac{7}{8}$〔2点〕 11 $\angle x=25$度〔2点〕
12 ウ〔2点〕 13 $24\pi\,\mathrm{cm}^2$〔2点〕 14 4cm〔2点〕

2 1 右図〔4点〕
2 ① $4n^2+4n+1$〔1点〕 ② $4n^2+4n+8$〔1点〕 ③ n^2+n+2〔1点〕
3 12〔4点〕

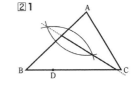

2 1
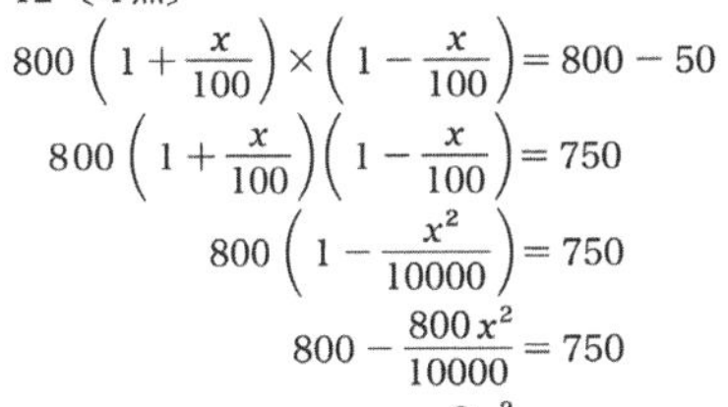

3 1 $800\left(1+\frac{x}{100}\right)\times\left(1-\frac{x}{100}\right)=800-50$

$$800\left(1+\frac{x}{100}\right)\left(1-\frac{x}{100}\right)=750$$
$$800\left(1-\frac{x^2}{10000}\right)=750$$
$$800-\frac{800x^2}{10000}=750$$
$$800-\frac{2x^2}{25}=750$$
$$\frac{2x^2}{25}=50$$
$$x^2=625$$
$$x=\pm25$$

ただし，$x>0$であるから，$x=25$は問題に適している。
$x=-25$は問題に適していない。

答え（xの値 25）〔6点〕

2 (1) 3人〔2点〕 (2) ① 10〔1点〕 ② 45〔1点〕 (3) $a=0.30$，$b=0.05$〔3点〕

4 1 (証明)
△ABEと△ACDにおいて，
共通な角であるから，∠BAE＝∠CAD …①
仮定より，∠BEC＝∠BDC …②
また，∠AEB＝180°－∠BEC …③
∠ADC＝180°－∠BDC …④
②，③，④より，∠AEB＝∠ADC …⑤
①，⑤より，2組の角がそれぞれ等しいから，
△ABE∽△ACD〔7点〕

2 (1) $27\pi\,\mathrm{cm}^3$〔3点〕 (2) 120度〔4点〕

5 1 6秒後〔3点〕 2 4cm〔3点〕 3 $y=-4x+40$〔5点〕 4 $\frac{3}{2}$秒後〔6点〕

6 1 4通り〔3点〕
2 (1) ① 6〔2点〕 ② 5〔2点〕 (2) $(15n-6)$cm〔4点〕 (3) 74個〔6点〕

理科

1 1 ウ〔2点〕 2 ア〔2点〕 3 ウ〔2点〕 4 イ〔2点〕
5 フィリピン海（プレート）〔2点〕 6 50（回）〔2点〕 7 蒸散〔2点〕 8 分銅〔2点〕

2 1 図1：火山岩〔2点〕 図2：深成岩〔2点〕 2 イ〔3点〕 3 ウ〔2点〕

3 1 電磁誘導〔3点〕 2 〔例〕棒磁石を速く動かした。〔3点〕 3 エ〔3点〕

4 1 P：柱頭〔2点〕 Q：胚珠〔2点〕 2 ア〔3点〕 3 胚〔3点〕

5 1 〔例〕熱が発生する反応である。〔3点〕 2 エ〔2点〕
3 ① 化合物〔2点〕 ② 硫化鉄〔2点〕

6 1 熱帯（低気圧）〔2点〕 2 エ〔2点〕
3 ① 等圧線〔2点〕 ② せまく〔2点〕
4 気団：小笠原（気団）〔2点〕 風：偏西風〔2点〕

7 1 イ〔2点〕 2 ① 5〔2点〕 ② 90〔2点〕
3 仕事の原理〔3点〕 4 （実験(1)：実験(2)＝） 1：3〔3点〕

8 1 〔例〕かむ（ことによって，食物を）細かく（している。）〔3点〕
2 ヨウ素溶液〔3点〕 3 エ〔2点〕 4 イ〔3点〕

9 1 $\mathrm{HCl}\rightarrow\mathrm{H}^{+}+\mathrm{Cl}^{-}$〔3点〕 2 A，B，C（完答）〔2点〕
3 ① NaCl〔2点〕 ② 塩〔2点〕 4 右図〔3点〕

9 4
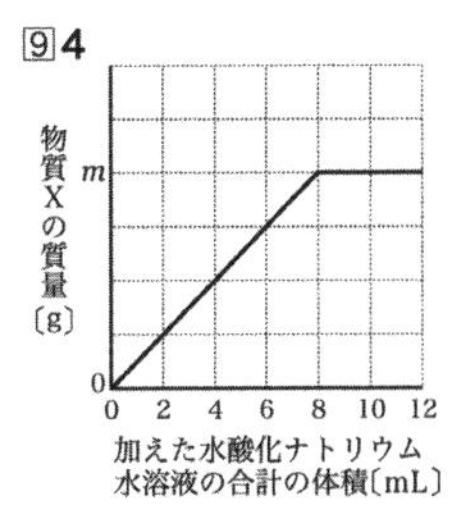

第182回 下野新聞模擬テスト

国　語　【解　説】

国　語〔解説〕

□1 **3** (2)「為鶏口」「為牛後」は一二点、「無為」はレ点が付いているので、それぞれ返って読む。

□2 **2** 注釈にある通り、例の主人は以前一休にやり込められていたため、「かの返報せばやとたくみける(＝例のことの仕返しをしたいとたくらんだ)」のである。

3 続く文章から、この橋を渡らなければ「内へ入る道なし」と解する。なお、助詞「で」には上の語句を打ち消す働きがあり、「～せずに」と訳す。

4 高札には「此の『はしをわたる』事」とひらがなで書いてあったので、一休たちは橋の『端』ではなく真ん中を渡った。ルールを破ったわけではないので、主人は何も言い返せなかったのである。

〈口語訳〉

その後、例の主人は養叟和尚を食事に招待すると「一休もご一緒に」と申しあげた。この前の仕返しがしたいとたくらんだのだが、入り口の門の前に橋のかかっている家だったので、高札をひらがなで書いて立てた。「このはしをわたることを固く禁止する。」と書きつけた。養叟が、食事の頃合いだと、一休を召し連れて、その人の所へお出かけになり、橋の札をご覧になって、「この橋を渡ることなしには、家の中へ入る道がない。一休どう思う」と言ったところ、一休が申されたことには「いや、『このはし渡ること』とひらがなで書いてございますので、橋の真ん中をお渡りなされませ」と真ん中を渡って、家の中へ入ったので、例の主人が出てきて「禁制の札を見たはずなのに、どうして橋をお渡りになったのか」ととがめると、「いいえ、われわれは端は渡っておらず、真ん中を渡りました」と(一休が)おっしゃったので、主人も口を閉じなさったそうでございます。

□3 **1** 第五段落の「つまるところ～うち立てるのである」「さらにいえば～世界と一体化しようとしているのである」という二文を参考にまとめる。

2 直前の「おのずと物の一つのシリーズ、一つの総体＝集合をめざす」ことに対して脅かされるものであるから、［A］には蒐集が完成しないこと、すなわちシリーズがそろわないことへの不安を表す語が入る。

3 傍線部(2)のような知識は、第二段落でいうところの「用いられる」物の一部であり、「実用的な機能」を持っている。

5 〈ブリコラージュ〉とは、「身近にある使い慣れた道具や材料を自在に組み合わせ行う創造的行為」であり、「あり合わせの道具や材料を十分生かして自分の手でものをつくること」である。

6 「科学の専門分化とともに科学的知識が～私たち個々人の日常生活や生きられた経験からは遠いもの、無関係なものになってしまった」(第七段落)ため、「あり合わせの道具や材料を十分生かして自分の手でものをつくること」(第八段落)が求められるようになったのである。

□4 **1** 「広場の木立の葉が、ゆですぎたスパゲッティのようにぐんなりと、なまあたたかい風にゆれている。」という表現が、夏の暑さの比喩表現になっている。

2 傍線部(2)は「モーツァルトはどたっと音を立てて、つくえにカバンを置いた。思いのほか、その音が館内にひびいた。どこかで、だれかがせきばらいをする声がきこえた。」ということを受けての発言である。このせきばらいが「静かにしろ」という意味を込めてのものであることを踏まえて、字数に合うようにまとめる。

3 ［　　］の三行後に「なんでこいつは、こんなに田村に対してムキになるのだろう」とある。前文から、田村のぼくに対する好意をモーツァルトは知っていて、そのことでいら立っていると判断できる。

4 ぼくが田村のことでこれ以上反発して関係を悪化させないよう「バランスよくおさめる」ために「帰る」と言っていることを、モーツァルトは理解している。**ア**「敵意を抱いている」、**イ**「なんとかして伝えようと」、**ウ**「本心では田村と和解したがっているのに」の部分が適切ではない。

5 「おまえって、うそのつけないやつだな」という言葉から、モーツァルトに田村への好意を見抜かれたことで、ぼくがどんな顔をしているのか見られたくないことがわかる。さらに自分ならママチャリを恥ずかしいと思うに違いないのに、そんなことを全く気にしていないモーツァルトの様子を見て、本当は動揺しているのに自尊心から何でもないことのように装いたかったと読みとれる。何事も堂々としている彼に比べ、「なぜだかわからないけれど、肩身のせまい思い」を感じ、自分を「器の小さい、小心もの」と思いながらも、そうした劣等感を表に出さないようにしているのである。

□5 ・形式　氏名や題名を書かず、二百四十字以上三百字以内で書いているか。二段落の構成になっているか。原稿用紙の正しい使い方ができているか。

・表現　文体が統一されているか、主述の関係や係り受けなどが適切か、副詞の呼応や語句の使い方が適切か、など。

・表記　誤字や脱字がないか。

・内容　第一段落に、グラフから読み取れることを小学六年生と中学三年生とを比較して書いているか。また、第二段落に、第一段落に書いたことを踏まえて、近所の人にあいさつをすることに対する自分の考えを、体験を交えて書いているか。

といった項目に照らし、総合的に判断するものとする。

第182回 下野新聞模擬テスト

社　会　【解　説】

社　　会〔解説〕

1 1(2) 大都市の市場向けに野菜や果物，花などを栽培する農業を園芸農業という。愛知県は菊の生産量が全国一で，渥美半島は，電照菊の生産で知られている。

(3) レタスの生育適温は15℃～20℃。Ⅰの長野県では，夏でも涼しい気候を利用して，レタスやキャベツなどの野菜を他県の出荷が少なくなる夏期に出荷する抑制栽培がおこなわれている。Ⅱの茨城県は，適温の春と秋に栽培し，出荷する。静岡県は，冬でもレタス栽培に適した気候のため，12月～3月にかけての出荷が多い。このことから，Ⅰが**C**，Ⅱが**B**となる。

2 東京都(23区)は，昼間人口が増加するので**ウ**。東京都に最も近い川崎市は**ア**，千葉市は**エ**，宇都宮市は**イ**。

3 輸送用機械器具は自動車関連工業が中心。愛知県や神奈川県のほか，関東内陸部の群馬県にも工場が進出していることから**イ**，電子部品は高速道路や空港の整備が進んで，東北地方や九州地方でも生産が盛んになったので**ウ**，鉄鋼業は原料の鉄鉱石の輸入に便利な臨海部で発達したことから**ア**となる。

2 1(2) ⓐの方位は北北西，ⓒの距離は1万km以下，ⓓの方位は南南東である。

(3) 西経120度と東経135度の経度の差は255度になる。時差は，255÷15＝17時間。日本は日付変更線の西側に位置するので，4月12日午後2時から17時間進めると，13日午前7時となる。

2(2) 小麦は，冷涼でやや乾燥した気候が栽培に適しているので**A**，オリーブは夏に乾燥する地中海沿岸で栽培が盛んであるから**C**，残る**B**がぶどうである。

3 東ヨーロッパの国々は，2004年以降にEUに加盟している。西ヨーロッパの国々に比べ，工業化が遅れたため，EU内での経済的な格差が大きくなった。

3 **1** **ア**の国司には中央の貴族が任命された。**ウ**は603年，聖徳太子が定めた。**エ**は室町幕府のしくみ。

2 平等院鳳凰堂は，11世紀の半ば，京都の宇治に藤原頼通が建立したもので，建物の中堂には阿弥陀如来像が置かれている。

3 日蓮は，13世紀中ごろ，題目(「南無妙法蓮華経」)を唱えれば国も人も救われると説く日蓮宗を開いた。**イ**は浄土真宗，**ウ**は浄土宗，**エ**は禅宗を日本に伝え，曹洞宗を開いた。

4 御家人の領地は女子をふくめ，子どもたちで分割して相続した。これを繰り返すうちに領地は小さくなり，生活は苦しくなっていった。

5 応仁の乱は，15世紀後半の室町時代のできごと。これ以後，地方では山城国一揆や加賀の一向一揆など大きな動きが始まった。**ア**は江戸時代の初期，**イ**は10世紀半ばの平安時代，**エ**は16世紀末の安土桃山時代のできごと。

8 (Ⅱ)1716年に始まった享保の改革→(Ⅲ)1825年→(Ⅰ)1841年に始まった水野忠邦による天保の改革。

4 **2** 不平等条約の改正は，岩倉使節団の派遣，欧化政策を経て，1894年の領事裁判権の撤廃，1911年の小村寿太郎外相による関税自主権の完全な回復によって達成された。

3 大正時代に入ると，民主主義(デモクラシー)の風潮が強まり，護憲運動を通して政党政治や普通選挙が実現した。

4 **ア**は日露戦争中に「君死にたまふことなかれ」を発表し，戦場にいる弟を思いやる気持ちをうたった。**ウ**は「湖畔」などを残した洋画家。**エ**はアフリカで黄熱病を研究した。

6 1956年，日ソ共同宣言でソ連と国交が回復したため，国際連合への加盟が実現した。**イ**は1965年，**ウ**は1951年，このとき，ソ連とは平和条約を結ばなかった。**エ**は1955年。

5 1(2) **イ**が誤り。最高裁判所は2012年の衆議院議員選挙について，違憲判決をおこなっている。

2(1) **イ**，**ウ**，**エ**は内閣の仕事，天皇は国会を召集するが，臨時会の召集の決定は内閣がおこなう。

(3) 国務大臣の多くは省庁(財務省や外務省など)の長を務める。任免(任命と罷免)権は内閣総理大臣が持つ。

(4) 総辞職とは，内閣総理大臣と国務大臣の全員が辞職すること。

6 1(1) **エ**が正答。違憲審査権はすべての裁判所が持っているが，最高裁判所は最終的に判断する権限を持っているので，「憲法の番人」とよばれる。

(2) 国民審査は，最高裁判所の裁判官に対して，衆議院の総選挙の際におこなわれる。

2 裁判員裁判は，地方裁判所でおこなわれる刑事裁判の第一審のみである。検察官が，被疑者を裁判所に起訴した場合，被疑者は被告人となる。

3(1) 三審制は，一つの事件について3回まで裁判を受けられるしくみである。**X**は第一審の判決に不服のある場合に，第二審を求める控訴である。

7 **1** 東京都は情報産業や商業などの第三次産業の有業者の割合が全国で最も高い。また，中心部の地価が高く，地下鉄や私鉄などの公共交通機関が発達しているので，乗用車の保有率は全国で最も低い。このことから**イ**が当てはまる。**ア**は高齢化が進む徳島県，**ウ**は観光業が盛んな京都府，**エ**は栃木県である。

2(1) **イ** 1931年→**ウ** 1933年→**エ** 1936年→**ア** 1940年。

(2) 衆議院の優越のうち，法律案の議決については，出席議員の三分の二以上の賛成で再可決されると法律となる。よって $420 \times \frac{2}{3} = 280$ となる。

第182回 下野新聞模擬テスト

英語 【解説】

英語 〔解説〕

1 リスニング台本と解答を参照。

2 **1** (1) be late for～で「～に遅刻する，遅れる」という意味。

(2) 直前までの内容から，時間帯は朝だと分かるので，breakfast「朝食」を選ぶ。

(3) 大介(Daisuke)が遅刻したことで，先生が怒ったという流れ。angry「怒っている」を選ぶ。

(4) started を入れて，「テストはすでに始まりました」という意味の文にする。現在完了<have[has]+過去分詞>の完了用法。他の選択肢では意味が通じない。

(5) 前後の内容から，時制は過去だと分かるので，過去形の called を選ぶ。

(6) 寝坊して遅刻したことが夢だと分かって安心したという内容。よって dream「夢」を選ぶ。

2 (1) <how to+動詞の原形～>で「～する方法，仕方」という意味。

(2) <who+動詞～>が，人を表す名詞を後ろから修飾している(主格の関係代名詞)。

(3) 疑問詞で始まる疑問文が文中に入ると<疑問詞+主語+動詞>の語順になる(間接疑問文)。

3 **1** ポスターのタイトルの「第７回」の部分を参照。seventh「第７(番目)の」。

2 ポスターの参加資格の「日本在住３年未満の外国人留学生」の部分を参照。

3 ポスターの<スピーチテーマ>の「五つの中から一つを選択」の部分を参照。choose～「～を選ぶ」。

4 (2) 直前でケビンは，ポスターの<スピーチテーマ>の２番目が他よりも好きだと言っている。２番目のテーマは「友達について」なので，あゆみは，「あなたは自分の友達についてスピーチをする予定なのかしら」などとたずねたと考える。

(3) ポスターの「座席数」の部分を参照。100席なので，あゆみは，「体育館には100席あります」などと答えたと考える。

(5) ポスターの「昨年度コンテスト参加者紹介」の「新しいことに挑戦することは大切だと思った」の部分を参照。<It is …+for+(人)+to+動詞の原形～>で「(人)にとって～することは…である」という意味。

5 it はたいてい，直前で述べられている単数名詞を指す。ここでは，直前のあゆみの発言中にある the picture on the poster を指す。

6 本文訳を参照。直前のあゆみの親切な発言を受けて，ケビンはお礼を言っている。

7 自分がスピーチで話してみたいことについて，その理由も含めて書く。理由を述べるときは，接続詞の because や so を使うとよい。

4 **1** 直後で将宏が，「はい，行きたいです」と答えて，祖母とお年寄りの家に一緒に行っていることから，祖母は将宏に，「私と一緒に行きたいですか」などとたずねたと考える。<Do you want to+動詞の原形～?>で「あなたは～したいですか」という意味。

2 **A** 「家族の理解がなければ，これらのことをするのは難しいので～」に続く文なので，thank を入れて，「私はあなた(=将宏)とあなたの両親にいつも感謝している」という内容にすると自然な流れになる。

B 直後で将宏の祖母は，「人はいつでも学ぶことができる」と言っているので，late を入れて，「遅すぎるとは思わない」という内容にすると，後の文にうまくつながる。

よって，**A**・**B**ともに正しい語を含む選択肢は，**ア**となる。

3 ① 本文訳を参照。第４段落後半の将宏の両親の発言をうまくまとめる。

② 本文訳を参照。第５段落の将宏の祖母の発言をうまくまとめる。

4 **ア**…第１段落前半から半ばまでの内容を参照。将宏の祖母が公園へ行くのは午前中なので誤り。

イ…第１段落後半を参照。将宏の祖母が小学校近くの通りですることは，子どもたちが通りを渡ることの手伝いであり，通りを掃除することだとは書かれていないので誤り。

ウ…第４段落前半を参照。将宏の祖母が66歳のときは，ボランティア活動を始めた時期であり，英会話学校へ行くことを決めた時期ではないので誤り。

エ…第５段落前半を参照。同じ内容を読み取ることができるので正しい。

オ…第５段落半ばを参照。将宏の祖母に英会話学校のパンフレットを見せたのは，将宏ではなく，彼女の友達なので誤り。

カ…最終段落を参照。同じ内容を読み取ることができるので正しい。

5 **1** **ウ**の直後からカレンという女の子の話になっていることから判断する。

2 今はニューヨークのスーパーマーケットでも「簡単に」豆腐が手に入るが，昔はそうではなかったという内容が第２段落の前半に書かれている。

3 本文訳を参照。下線部後の文の内容をまとめる。

4 **ア**…第１段落前半を参照。日本人の僧侶が中国から日本に戻るときに，豆腐を持ち込んだと書かれているので誤り。

イ…第２段落前半を参照。古賀先生は，約20年前にアメリカに住んでいたと書いているが，20年間住んでいたわけではないので誤り。

ウ…第２段落後半を参照。カレンも彼女の家族も日本食が好きだったと書かれているので誤り。

エ…最終段落半ばを参照。同じ内容を読み取ることができるので正しい。

第182回 下野新聞模擬テスト

英語 【解説】

〔本文訳〕

3 ケビン：ねぇ，あゆみ。これは何かな。
あゆみ：それは私たちの学校が毎年行っている，日本語スピーチコンテストについてのポスターよ。そのコンテストは外国人留学生向けなの。
ケビン：日本語スピーチコンテストかい。それは興味深いね。
あゆみ：今年は12月19日の土曜日にあって，それが7回目になるわね。
ケビン：それはすごい。それについて僕にもっと教えてよ。
あゆみ：いいわよ。日本に住んで3年以上の外国人留学生は参加できないの。あなたは昨年日本に来たから，そのコンテストに参加できるわ。
ケビン：このコンテストでは，どんな話題についてもスピーチをしていいのかな。
あゆみ：いいえ。ポスターに五つのテーマが書かれていて，それらから一つを選ぶ必要があるわ。
ケビン：ええと…，僕は2番目のテーマが他のより好きだね。
あゆみ：それじゃあ，あなたは自分の友達についてスピーチをする予定なのかしら。
ケビン：うん。僕が日本に来たとき，君たちは僕にとても親切にしてくれたからね。何人くらいの人がスピーチを聞きに来るの。
あゆみ：正確にはわからないけど，多くの人が来るわ。体育館には100席あるわよ。
ケビン：そんなにたくさんの席が。
あゆみ：ええ。ポスターの写真を見て。それは昨年撮られたものよ。
ケビン：ええと…，それの中では，男の子がたくさんの人の前でスピーチをしているね。彼は笑っているよ。僕は彼みたいにスピーチができるかな。
あゆみ：ええ，できるわ。あなたの日本語はじょうずよ。それに，スピーチをするときは原稿を見ていいのよ。
ケビン：本当に。それなら簡単になりそうだね。でも10分間話すのは，かなり長いね。
あゆみ：じゃあ，ここを読んでみて。女の子がポスターで，「私は日本での滞在中に，新しいことに挑戦することは大切だと思ったので，スピーチコンテストに参加しました。私は最初，自信がありませんでしたが，日本語を話すことを毎日練習しました。友達が私を大いに助けてくれて，コンテストではよいスピーチができました」と言っているわ。
ケビン：彼女はすごいね。僕も全力を尽くすよ。
あゆみ：私の家に来てもいいわ。一緒に練習しましょう。手伝うわよ。
ケビン：えっ，本当に。ありがとう，あゆみ。一生懸命に練習するよ。ところで，あゆみは，今までにスピーチコンテストに参加したことはあるの。
あゆみ：いいえ，ないの。いつか参加してみたいわ。
ケビン：もしコンテストでスピーチをするなら，何について話すつもりなの。僕にそれについて教えてよ。

4 僕の祖母は今77歳ですが，とても活動的な人です。祖母は多くのボランティア活動をしています。祖母はほぼ毎朝，家の近くの公園へ行き，そこで花のお世話をしています。午後には，お年寄りの家をよく訪れます。祖母は彼らと話して，彼らの部屋を掃除します。そのあと，祖母は小学校の近くの通りへ行き，子どもたちが通りを渡るときに彼らを手伝います。

ある日曜日，祖母が僕に，「将宏，今日の午後にお年寄りの男性を訪ねるの。あなたも私と一緒に行きたいかしら」と言いました。「うん，行きたい」と僕は答えました。僕は祖母と彼の家へ行きました。祖母は僕をそのお年寄りの男性に紹介してくれました。彼は北野さんといって，ひとりでそこに住んでいます。彼は僕に，「君のおばあちゃんがよく私に会いに来てくれるから，私はさみしくないよ」と言いました。彼が祖母と話していたとき，彼は本当にうれしそうでした。北野さんはお手伝いなしではうまく動くことができないので，祖母と僕が彼の家を掃除しました。そのあと，彼は僕たちに，「どうもありがとう」と言ってくれました。

僕たちが歩いて帰る途中，僕は祖母に，「他の人のために何かいいことをするのはすばらしいことだね」と言いました。祖母はほほえんで僕に，「将宏，あなたがそう思ってくれて私はうれしいわ」と言いました。僕は，「僕はおばあちゃんみたいなやさしい人になりたいな。おばあちゃんはボランティア活動をすることで，たくさんの人をよろこばせているよね」と言いました。祖母は，「ありがとう。でも，これを覚えておいて，将宏。家族の理解なしでこれらのことをすることは難しいの。だから，私はいつもあなたとあなたのお父さん，お母さんに感謝しているのよ」と言いました。

祖母は66歳のときに，これらのボランティア活動を始めました。祖母は18歳のときに，高校を卒業して看護師として働き始めました。65歳のときに，祖母は仕事を辞めました。祖母は自由な時間がたくさんありました。それで，ボランティア活動を始めたのです。両親はよく祖母に，「おばあちゃんはいつも他の人のために働いている。もっと自分自身の人生を楽しんではどうか」と言っていました。「私は本当に自分の人生を楽しんでいるわ。人のために何かをする機会をたくさん得られて私はうれしいの。私はただ自分がやりたいことをしているだけなのよ」と祖母は答えていました。

ある夕方，僕が家族と夕食を食べているとき，祖母が僕たちに，「私は来月から英会話学校へ行くわ」と言いました。両親と僕はとてもおどろきました。僕は祖母に，「どうしてそうすることに決めたの」とたずねました。祖母は，「私の友達の一人が，その学校のパンフレットを見せてくれたの。彼女はそこで英語を勉強しているわ。彼女の話を聞いたあと，英語を勉強することに興味を持ったの。私が学生のときは，熱心に英語を勉強しなかった。だから，もう一度英語を勉強してみたいわ。私は若くないから，もう一度英語を勉強することは大変だとわかっている。でも，遅すぎることはないと思うの。人はいつでも勉強できるわ」と答えました。祖母はうれしそうでした。祖母が自分のために何かをすることを決めてくれたので，両親もうれしそうでした。

祖母は今，とても一生懸命に英語を勉強しています。祖母は英語学習のテレビ番組を見たり，英語でラジオを聞いたりしています。僕は祖母を誇りに思います。将来僕は，祖母のようなやさしくて活動的な人になりたいです。

5 あなたは豆腐の歴史が中国で始まったことを知っていますか。700年代に，数名の日本人の僧侶が文化を学ぶために中国へ行きました。彼らが日本へ戻ったとき，初めて豆腐を持ち込みました。豆腐は大豆から作られ，それらは「畑の肉」と呼ばれています。私たちは豆腐から多くのたんぱく質を摂取でき，それは低カロリーの食べ物です。

現在，豆腐は健康によいので，世界中で人気があります。人々は，ニューヨークのほとんどのスーパーマーケットで簡単に豆腐を買うことができるそうです。私が約20年前にアメリカに住んでいたときは，一部のお店でしか豆腐を売っていなかったので，私にとってスーパーマーケットで豆腐を手に入れることは難しかったのです。私は高校生のときに，留学をしてニューヨークの学校に行きました。そこでの私の学校生活は大変でしたが，おもしろかったです。私は学校で，ある女の子と親友になりました。彼女の名前はカレンで，私はよく彼女の家へ行きました。カレンと彼女の家族は日本食に興味があったので，私はよく彼女たちに日本の料理を作りました。豆腐は彼女たちの間で最も人気のある日本食の一つでした。

私たちは豆腐を使ってたくさんの料理を作ることができます。豆腐は多くの種類の肉や野菜と一緒に料理されます。快晴で暑い日は，多くの人が冷やっこを食べます。カレンのお父さんもそれがとても好きでした。豆腐はすべての季節で食べられていて，それは豆腐が多くの人から好まれていることを意味しています。豆腐には多くのすばらしい点がありますが，一つだけ問題があります。それをおはしで食べることは，外国人にとって少し難しいです。そして私たち日本人でさえも(少し難しいです)。どうしてかわかりますか。豆腐はふつう，とてもやわらかいからです。

第182回 下野新聞模擬テスト
英　語　【解　説】

英語問題 1 〔リスニング台本〕

〔注〕(1)はカッコイチ，①はマルイチと読む。以下同じ。斜字体で表記された部分は読まない。

台　本	時　間
これから中学3年生　第182回　下野新聞模擬テスト　英語四角1番，聞き方のテストを行います。 なお，練習はありません。 （ポーズ約5秒） これから聞き方の問題に入ります。問題用紙の四角で囲まれた**1**番を見なさい。問題は**1**番，**2**番，**3**番の三つあります。 最初は**1**番の問題です。問題は(1)から(3)まで三つあります。英語の対話とその内容についての質問を聞いて，答えとして最も適切なものを**ア**，**イ**，**ウ**，**エ**のうちから一つ選びなさい。対話と質問は2回ずつ言います。 では始めます。 (1)の問題です。　*A* : What sports do you like, Anna? *B* : Umm..., I like tennis, soccer and basketball. How about you, Eita? *A* : I also like all of them, but I like baseball the best. 質問です。　*Q* : What is Eita's favorite sport?　（約5秒おいて繰り返す。）（ポーズ約5秒）	（**1**番） 約**3**分
(2)の問題です。　*A* : Happy birthday, Emily. This is a present for you. *B* : Thank you, Father. I've wanted this for a long time. I'll take this when I go to Nikko next winter. *A* : That's nice. I hope you take nice pictures there. 質問です。　*Q* : What did Emily get from her father on her birthday?　（約5秒おいて繰り返す。）（ポーズ約5秒）	
(3)の問題です。　*A* : Good morning, Bob. Are you waiting for a bus? *B* : Hi, Yuki. Yes, I'm going to visit the museum. My bus will come here at ten. *A* : At ten? You have to wait for forty minutes. 質問です。　*Q* : What time is it now?　（約5秒おいて繰り返す。）（ポーズ約5秒）	
次は**2**番の問題です。問題は(1)と(2)の二つあります。英語の対話とその内容についての質問を聞いて，答えとして最も適切なものを**ア**，**イ**，**ウ**，**エ**のうちから一つ選びなさい。質問は問題ごとに①，②の二つずつあります。対話と質問は2回ずつ言います。 では始めます。 (1)の問題です。　*Mayu* : Kevin, your Japanese is good. How long have you been in Japan? *Kevin* : For one year, Mayu. *Mayu* : Really? Did you start learning Japanese before coming to Japan? *Kevin* : Yes. I started learning it when I was in Australia five years ago. *Mayu* : Great. You are interested in traditional Japanese things, right? *Kevin* : That's right, Mayu. I like *kabuki*. My father and I often go to Tokyo to see it. *Mayu* : That's nice. How did you learn about *kabuki*? *Kevin* : My father told me about it. He lived in Kyoto when he was a student. He saw *kabuki* for the first time then. *Mayu* : Does your father speak Japanese? *Kevin* : Yes. My father, my brother and I speak Japanese, but my mother doesn't. My father and I teach Japanese to her. ①の質問です。　Where did Kevin's father see *kabuki* for the first time?　（ポーズ約3秒） ②の質問です。　Who teaches Japanese to Kevin's mother?　（約5秒おいて繰り返す。）（ポーズ約5秒）	（**2**番） 約**5**分
(2)の問題です。　*Ms. Lee* : Hi, Hayato. What are you looking at? *Hayato* : Hello, Ms. Lee. We talked about our future dreams in class today. *Ms. Lee* : That sounds interesting. Does this graph show your answers? *Hayato* : Yes. In my class, to be a teacher is the most popular. *Ms. Lee* : Oh, that's nice. Five boys and eight girls answered so. *Hayato* : Yes. To be an office worker is also popular. Five boys and six girls answered so. *Ms. Lee* : I see. I'm surprised to learn that only boys want to be a nurse. *Hayato* : Three boys answered so, and I'm one of them. *Ms. Lee* : Oh, you have a nice dream. And only two girls want to be a doctor. *Hayato* : Right. My good friend, Kenji, wants to be a soccer player. In my class, four boys want to be a sports player, but girls don't. ①の質問です。　What does Hayato want to be in the future?　（ポーズ約3秒） ②の質問です。　Which is true for [A] and [B] in the graph?　（約5秒おいて繰り返す。）（ポーズ約5秒）	
次は**3**番の問題です。あなたはアメリカの留学先の学校で，グリーン先生(Ms. Green)から図書館についての説明を受けています。その説明を聞いてメモを完成させなさい。英文は2回言います。 では始めます。 Our school library has about three thousand books. Many students come here every day. You can read books, study and do your homework here. Of course, you can borrow books. You can keep five books for a week. When you look for books, you can use a computer. There are four computers over there, but one of them isn't working now. So, you can use three of them. The library opens at eight in the morning and closes at six thirty in the evening. Also, please remember that it doesn't open on Saturdays and Sundays. （約5秒おいて）繰り返します。（1回目のみ）　（ポーズ約5秒） これで聞き方の問題を終わります。では，ほかの問題を始めなさい。	（**3**番） 約**3**分

第182回 下野新聞模擬テスト

数学 【解説】

数学 〔解説〕

□1 **1** $63 \div (-9) = -(63 \div 9) = -7$

2 $-\frac{1}{2} + \left(-\frac{3}{4}\right) = -\frac{1}{2} - \frac{3}{4} = -\frac{2}{4} - \frac{3}{4} = -\frac{5}{4}$

3 $(\sqrt{12} - \sqrt{27}) \div \sqrt{3} = \frac{\sqrt{12}}{\sqrt{3}} - \frac{\sqrt{27}}{\sqrt{3}} = \sqrt{4} - \sqrt{9} = 2 - 3 = -1$

4 $\frac{1}{2}(a-3b) - \frac{2}{3}(2a+5b) = \frac{a-3b}{2} - \frac{2(2a+5b)}{3} = \frac{3(a-3b)-4(2a+5b)}{6}$
$= \frac{3a-9b-8a-20b}{6} = \frac{-5a-29b}{6} = -\frac{5a+29b}{6}$

5 $3x^2 - 30x + 48 = 3(x^2 - 10x + 16) = 3(x-2)(x-8)$

6 両辺に5をかけ，さらに両辺を入れかえて，$2a - b = 5m$　左辺の$-b$を移項して，$2a = b + 5m$
両辺を2でわって，$a = \frac{b+5m}{2}$

7 解の公式$x = \frac{-b \pm \sqrt{b^2 - 4ac}}{2a}$に$a = 1$，$b = -4$，$c = -1$を代入して，
$$x = \frac{-(-4) \pm \sqrt{(-4)^2 - 4 \times 1 \times (-1)}}{2 \times 1} = \frac{4 \pm \sqrt{16+4}}{2} = \frac{4 \pm \sqrt{20}}{2} = \frac{4 \pm 2\sqrt{5}}{2} = 2 \pm \sqrt{5}$$

8 $x = 2$，6のときのyの値は，それぞれ$\frac{1}{4} \times 2^2 = 1$，$\frac{1}{4} \times 6^2 = 9$であるから，変化の割合は$\frac{9-1}{6-2} = 2$

9 $\sqrt{50} + \sqrt{300} = \sqrt{2 \times 5^2} + \sqrt{2^2 \times 3 \times 5^2} = 5\sqrt{2} + 10\sqrt{3}$
$= 5 \times 1.414 + 10 \times 1.732 = 7.07 + 17.32 = 24.39$

10 1回につき表か裏かの2通りずつあるから，すべての場合の数は$2 \times 2 \times 2 = 8$〔通り〕である。このうち，3回とも裏になる1通りを除けばよい。したがって，求める確率は$1 - \frac{1}{8} = \frac{7}{8}$

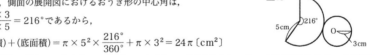

□1 11

11 右の図において，$\angle PAC = \angle ACQ = 70°$（平行線の錯角）であり，$\angle BAC = 45°$（直角二等辺三角形の底角）であるから，$\angle x = 70° - 45° = 25°$

12 関数$y = \frac{6}{x}$は，yがxに反比例する関数である。$y = \frac{6}{x}$の両辺にxをかけて$xy = 6$と変形することで，xとyの積は6になることがわかる。

□1 13

13 右の図のように，側面の展開図におけるおうぎ形の中心角は，
$360° \times \frac{2\pi \times 3}{2\pi \times 5} = 216°$であるから，
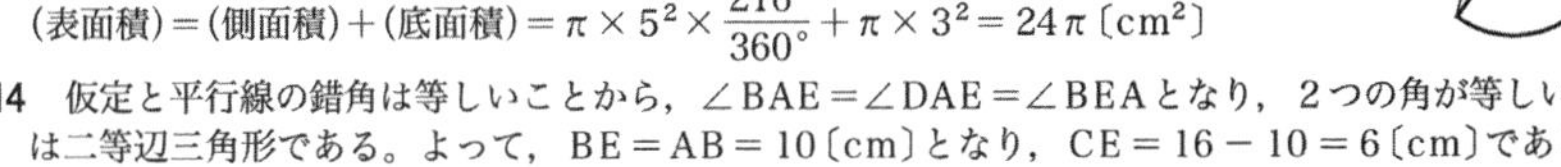
(表面積) = (側面積) + (底面積) $= \pi \times 5^2 \times \frac{216°}{360°} + \pi \times 3^2 = 24\pi$〔cm²〕

14 仮定と平行線の錯角は等しいことから，∠BAE = ∠DAE = ∠BEAとなり，2つの角が等しいから，△ABEは二等辺三角形である。よって，BE = AB = 10〔cm〕となり，CE = 16 − 10 = 6〔cm〕である。また，同様に，△CDFも二等辺三角形であるから，CF = DC = AB = 10〔cm〕である。したがって，EF = CF − CE = 10 − 6 = 4〔cm〕

□2 **1** 折り目となる直線は，線分ADの垂直二等分線である。
【作図法】① 頂点Aを中心とする円弧をかく。
② 点Dを中心とする，①の円弧と半径の等しい円弧をかく。
③ ①，②でかいた円弧どうしの2つの交点を通る直線を△ABCの内部に引く。

□2 1

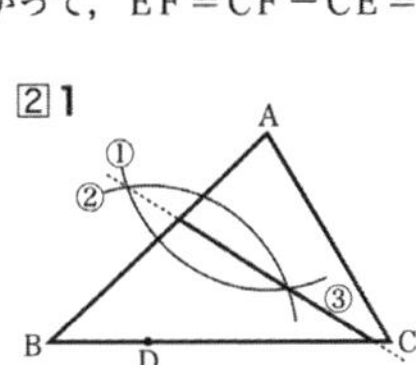

2 $(2n+1)^2 + 7 = 4n^2 + 4n + 1 + 7 = 4n^2 + 4n + 8 = 4(n^2 + n + 2)$
と変形して，4×(整数)の形で表されることを導く。

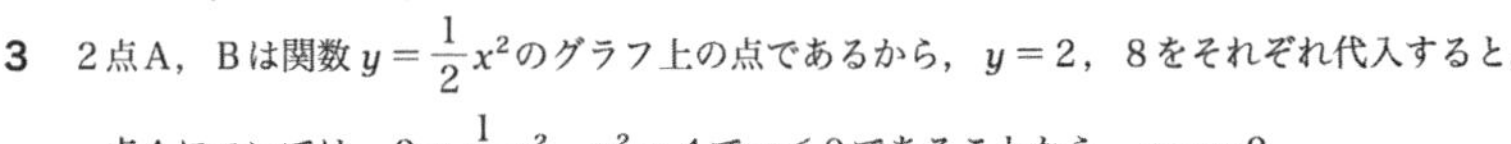

3 2点A，Bは関数$y = \frac{1}{2}x^2$のグラフ上の点であるから，$y = 2$，8をそれぞれ代入すると，

点Aについては，$2 = \frac{1}{2}x^2$，$x^2 = 4$で$x < 0$であることから，$x = -2$

点Bについては，$8 = \frac{1}{2}x^2$，$x^2 = 16$で$x > 0$であることから，$x = 4$

2点A(−2，2)，B(4，8)を通る直線ABの式を$y = ax + b$と表すと，$a = \frac{8-2}{4-(-2)} = 1$である。
直線$y = x + b$が点A(−2，2)を通るから，$2 = -2 + b$より，$b = 4$，$y = x + 4$
よって，直線ABとy軸の交点をCとすると，C(0，4)となる。
以上より，$\triangle OAB = \triangle OAC + \triangle OBC = \frac{1}{2} \times 4 \times 2 + \frac{1}{2} \times 4 \times 4 = 12$

第182回 下野新聞模擬テスト

数学 【解説】

③ **1** 原価にx%の利益を見込んで定価をつけたことから，定価は$800\left(1+\frac{x}{100}\right)$〔円〕と表される。

また，売った値段は定価のx%引きだから，$800\left(1+\frac{x}{100}\right)\times\left(1-\frac{x}{100}\right)$〔円〕と表される。

2 (1) $20\times0.15=3$〔人〕

(2) 階級値15m，25m，35m，45mの階級の度数はそれぞれ1人，3人，5人，4人であるから，下位から10番目と11番目(上位から10番目)の記録は階級値45mの階級に含まれている。

(3) 階級値55m，65mの階級の度数より，$20a+20b=20-(1+3+5+4)$，
平均値より$15\times1+25\times3+35\times5+45\times4+55\times20a+65\times20b=42.0\times20$という式が成り立つ。これらを連立方程式として解いて，$a=0.30$，$b=0.05$

④ **1** ∠AEBと∠ADCについては，同じ大きさの角(∠BECと∠BDC)の外角であることを利用する。

2 (1) 底面の半円の面積は，$\pi\times3^2\div2=\frac{9}{2}\pi$〔$\text{cm}^2$〕であるから，体積は$\frac{9}{2}\pi\times6=27\pi$〔$\text{cm}^3$〕

(2) $\angle AO_1P=x^\circ$とすると，図2の立体の2つの底面の面積は$\pi\times3^2\times\frac{x^\circ}{360^\circ}\times2=\frac{\pi x}{20}$〔$\text{cm}^2$〕

曲面の側面積は$2\pi\times3\times\frac{x^\circ}{360^\circ}\times6=\frac{\pi x}{10}$〔$\text{cm}^2$〕　2つの平面の側面積は$6\times3\times2=36$〔$\text{cm}^2$〕であるから，

$$\frac{\pi x}{20}+\frac{\pi x}{10}+36=18\pi+36$$

という方程式が成り立つ。これを解いて，$x=120^\circ$

⑤ **1** 正方形EFGHの1辺の長さは6cmであるから，頂点Cと頂点Gが重なるのは6秒後である。

2 図4より，頂点Bと頂点Fが重なったときの斜線部の面積は16cm^2になることがわかる。このときの斜線部の面積は正方形ABCDの面積に等しくなるから，正方形の1辺の長さは$\sqrt{16}=4$〔cm〕である。

3 右の図で，FC$=x$〔cm〕より，BG$=10-x$〔cm〕と表せる。
したがって，$y=4\times(10-x)=-4x+40$

4 右の図のように，ID$=x$〔cm〕，CG$=6-x$〔cm〕と表されるから，

四角形EIDH$=\frac{1}{2}\times(x+6)\times2=x+6$〔$\text{cm}^2$〕

四角形DCGH$=\frac{1}{2}\times(4+6)\times(6-x)=30-5x$〔$\text{cm}^2$〕

と表される。四角形DCGHの面積が四角形EIDHの3倍になるとき，

$30-5x=3(x+6)$より，$x=\frac{3}{2}$

四角形EIDHの面積が四角形DCGHの3倍になるとき，

$x+6=3(30-5x)$より，$x=\frac{21}{4}$

が求められるが，$0\leqq x\leqq4$であるから，$x=\frac{21}{4}$は問題に適さない。

⑤3

⑤4

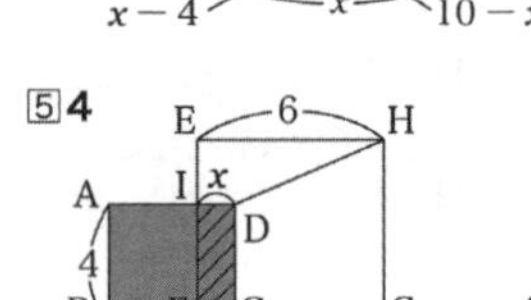

⑥ **1** 白い短冊をx枚，赤い短冊をy枚並べるものとすると，全体の長さを90cmにすることから，$9x+6y=90$という等式が成り立ち，これをxについて解くと，$x=10-\frac{2}{3}y$

ここで，xは整数であり，yは3の倍数であるが，$y\geqq15$になると$x\leqq0$になるから適さない。
したがって，$y=3$，6，9，12の4通りである。なお，それぞれの場合におけるxは$x=8$，6，4，2となる。

2 (1) 表より，つないだ輪の合計の個数が奇数のときには，白い短冊でつくった輪の方が赤い短冊でつくった輪より1個多くなっていることがわかる。よって，白い短冊でつくった輪を$(11+1)\div2=6$〔個〕，赤い短冊でつくった輪を$(11-1)\div2=5$〔個〕つないでいる。

(2) $a=2n-1$と表されることより，aは奇数である。よって，
白い短冊でつくった輪を$(a+1)\div2=(2n-1+1)\div2=n$〔個〕
赤い短冊でつくった輪を$(a-1)\div2=(2n-1-1)\div2=n-1$〔個〕
つないでいることになり，使用した短冊の合計の長さは，
$9\times n+6\times(n-1)=15n-6$〔cm〕

(3) 使用した短冊の合計の長さが555cmになるとき，使用した短冊の合計の個数が奇数であるならば，$15n-6=555$という式が成り立つが，これを解くとnは整数にならない。よって，つないだ輪の合計の個数は偶数である。表より，つないだ輪の合計の個数が偶数のときには，白い短冊でつくった輪と赤い短冊でつくった輪の個数が等しく，これらの1組の合計の長さは$9+6=15$〔cm〕であることから，全部で$555\div15=37$〔組〕使用していることがわかる。したがって，その合計の個数は$37\times2=74$〔個〕である。

第182回 下野新聞模擬テスト

理　科　【解　説】

理　　科　〔解説〕

① **1**　P波とS波は震源で同時に発生するが，P波の方が伝わる速さが速いので，観測地点には最初にP波が到着し，その後S波が到着する。
2　力のはたらく点(作用点)，力の大きさ，力の向きのことを，まとめて力の三要素という。
3　子の遺伝子の組み合わせは，理論上RR：Rr：rr＝1：2：1となり，Rの遺伝子をもつRRとRrに優性の形質が現れるので，その割合は$\frac{1+2}{1+2+1}\times 100 = 75$〔%〕である。
4　炭素原子が含まれ，加熱すると黒くこげたり，燃えて二酸化炭素が発生する物質を有機物という。ただし，二酸化炭素や炭酸カルシウム，単体の炭素のように，炭素原子が含まれていても無機物に分類される物質もある。
5　もう1枚の海洋プレートは太平洋プレートであり，西にある大陸プレートはユーラシアプレート，東にある大陸プレートは北アメリカプレートである。
6　東日本に供給されている交流の周波数は50Hzである。
7　蒸散とは，植物の体内の水が気孔から水蒸気として放出される現象のことをいう。

② **1**　図1は斑状組織をしているので火山岩，図2は等粒状組織をしているので深成岩とわかる。
2　斑晶に対して，粒がよくわからない部分を石基という。石基は，地表や地表付近まで上昇したマグマが急速に冷えて形成されたものである。
3　深成岩は，白っぽいものから黒っぽいものの順に，花こう岩・せん緑岩・斑れい岩の3種類に分けられる。

③ **1**　磁界の変化によってコイルに電流が流れる現象を電磁誘導といい，電磁誘導によって流れる電流を誘導電流という。
2　磁界が変化する速さが速いほど，大きな誘導電流が流れる。
3　コイルの上端にN極が近づいてから遠ざかることになる。検流計の針は，実験(1)でS極が近づくときに＋端子側に振れたので，N極が近づくときには－端子側に振れ，N極が遠ざかるときには＋端子側に振れる。

④ **1**　被子植物における受粉とは，花粉が柱頭(めしべの先端部分)につくことをいい，受粉後には花粉から花粉管がのびる。また，被子植物の胚珠は子房に包まれている。
2　精細胞と卵細胞は減数分裂によってできるので，染色体の数は体細胞の半分になる。また，受精卵の染色体の数は体細胞と同じになる。
3　受精卵は，体細胞分裂を繰り返して胚になる。

⑤ **1**　発生した熱(反応熱という)によって，加熱するのを止めても，次々と反応が最後まで進行する。
2　物質Aは鉄とも硫黄とも異なる性質をもっている。
3　鉄と硫黄の化合は，$Fe + S \rightarrow FeS$という化学反応式で表される。

⑥ **1**　中心付近の風速が17.2m/s(風力8)以上になるまでに発達した熱帯低気圧を台風という。
2　台風は低気圧の一種であるため，一般の温帯低気圧などと同じく，北半球では周囲から中心に向かって反時計回りに風がふき込み，中心付近には強い上昇気流が生じて，厚い積乱雲が鉛直方向に分布している。ただし，前線をともなうことはない。
3　等圧線の間隔がせまい所ほど強い風がふいていると考えられる。
4　台風は小笠原気団(太平洋高気圧)のふちに沿って進む傾向があるので，8月から10月にかけて小笠原気団の勢力が弱まるにつれ，日本付近での台風の進路は東にずれていくことが多い。

⑦ **1**　1.5kg(15N)の物体を30cm(0.3m)引き上げたので，15〔N〕×0.3〔m〕＝4.5〔J〕の仕事を行った。
2　加える力の大きさは，力点から支点までの距離と支点から作用点までの距離に反比例するので，力点に$15〔N〕\times\frac{1}{3} = 5〔N〕$の力を加えたと考えられる。また，力点を押し下げた距離は，力点から支点までの距離と支点から作用点までの距離に比例するので，力点を$30〔cm〕\times\frac{3}{1} = 90〔cm〕$押し下げたと考えられる。
3　道具を使って仕事を行っても，道具の質量や摩擦などを無視すると，その仕事の大きさと道具を使わない場合の仕事の大きさは等しくなる。このことを仕事の原理という。
4　$仕事率〔W〕= \frac{仕事〔J〕}{仕事にかかった時間〔s〕}$である。実験(1)と実験(2)で仕事率が等しかったということは，仕事にかかった時間が等しかったということである。実験(2)では実験(1)の3倍の距離を移動しているので，実験(1)の3倍の速さで手を動かしたことになる。

⑧ **1**　「かむ」という行為によって，口に入れた食物を細かく砕いている。ただし，消化酵素のはたらきとは異なり，食物を化学的に変化させるわけではない。
2　ヨウ素溶液を加えると，デンプンがあればヨウ素溶液は青紫色に変化する。
3　ベネジクト溶液は，糖(ブドウ糖が何分子か結びついている物質)の検出に用いる試薬である。ベネジクト溶液を加えて加熱すると，糖があれば赤褐色の沈殿ができる。
4　麦芽糖などの糖分は，最終的にはブドウ糖にまで分解されてから吸収される。

⑨ **1**　塩酸の溶質は塩化水素という気体で，塩化水素のように水に溶けてイオンに分かれる物質を電解質という。
2　ビーカー内の液の色より，ビーカーA，B，C内の液は酸性である。これは，ビーカー内に水素イオンがあることを意味していて，ビーカー内に塩酸が残っていることになる。したがって，金属であるマグネシウムリボンを加えると，これらのビーカーからは気体(水素)が発生する。
3　酸性の水溶液中の陽イオン(水素イオン)とアルカリ性の水溶液中の陰イオン(水酸化物イオン)が結びついて水ができ，酸性の水溶液中の陰イオンとアルカリ性の水溶液中の陽イオンが結びついて塩ができる。
4　表のビーカー内の液の色より，塩酸10mLと水酸化ナトリウム水溶液8mLとで完全に中和することがわかる。また，このときにm〔g〕の物質X(塩化ナトリウム)ができる。したがって，グラフは，点(8，m)までは比例し，それ以降は物質Xの質量はm〔g〕のままで変化しない。

第183回 下野新聞模擬テスト

国語・社会・英語 【解　答】

国　　語

1　**1**　(1) しんぼく〔2点〕　(2) つや〔2点〕　(3) もほう〔2点〕
　　(4) あや（しい）〔2点〕　(5) べんぎ〔2点〕
　2　(1) 右折〔2点〕　(2) 蒸（らす）〔2点〕　(3) 住居〔2点〕
　　(4) 担任〔2点〕　(5) 授（かる）〔2点〕
　3　(1)〔例〕一日中〔2点〕　(2) **イ**〔2点〕　(3) かん(いちじゅう・ほす)（ひらがなのみ可）〔2点〕
　　(4) 八（漢数字のみ可）〔2点〕　(5) **ウ**〔2点〕

2　**1**　いうよう（ひらがなのみ可）〔2点〕　**2**　初め：母に食　終わり：らん。（完答）〔2点〕
　3　**ウ**〔2点〕　**4**　兄弟（張孝張礼）〔2点〕　**5**〔例〕お互いの命を助ける〔2点〕

3　**1**　②〔3点〕　**2**　経験は記憶〔2点〕　**3**　a：行為のプロセスを意識〔2点〕　b：単純な経験〔2点〕
　4　**ウ**〔4点〕　**5**　身も世もない悲しみ〔3点〕
　6〔例〕経験から実感として得た知識は、真実とは異なる〔4点〕

4　**1**　**ウ**〔2点〕　**2**〔例〕不安が上回っていた〔4点〕　**3**　**エ**〔3点〕
　4〔例〕不安が募っていただけに、あっけなく目標が見つかり拍子抜けした（気持ち。）〔4点〕
　5　**ア**〔3点〕　**6**　**ウ**〔4点〕

5〔例〕私は②の意見に共感します。難しいことを考えたり激しく身体を動かしたりした後でリフレッシュするために、おいしい食べ物や飲み物ほど効果的なものはないと思うからです。
　私は野球部に所属していますが、部活動でへとへとに疲れ切った後の胃袋に勢いよく食べ物を流しこむことは、身体にはあまり良くないと分かっていても、このために生きているとさえ感じさせてくれます。つらい時や悲しい時でも、自分の好きなものを食べると、そのつらさや悲しさをはね返そうという意欲がわいてきます。そうした意味で食事は、単なるエネルギーや栄養の補給だけではなく、精神的なエネルギーにもなっていると思います。
〔20点〕

社　　会

1　**1**　(1) 宮崎（県）〔2点〕　(2) **ウ**〔2点〕　(3) **イ**〔2点〕
　　(4) **ア→エ→ウ→イ**（完答）〔2点〕　(5) ハブ空港〔2点〕
　2　ヒートアイランド〔2点〕
　3〔例〕アジアの国々の工業化が進み，アジアからの輸入が増加したから。〔4点〕

2　**1**　(1) **ウ**〔2点〕　(2) **ア**〔2点〕　(3) ©〔2点〕
　　(4) **A**：**イ**　**B**：プランテーション（カタカナのみ可）（完答）〔2点〕
　2　**ウ**〔2点〕
　3　（カナダは，他の3か国より）〔例〕化石燃料による発電量の割合が低いので，総発電量1kWhあたりの二酸化炭素排出量が少ない。〔4点〕

3　**1**　銅鐸〔2点〕　**2**　**ウ**〔2点〕　**3**　**エ**〔2点〕　**4**　荘園〔2点〕
　5　御成敗式目（貞永式目）〔2点〕　**6**　**イ**〔2点〕
　7〔例〕一揆の中心人物がわからないようにするため。（共同で責任を取ることを明確にするため。）〔4点〕
　8　**(A)→C→D→E→B→(F)**（完答）〔2点〕

4　**1**　株仲間〔2点〕　**2**　**イ**〔2点〕　**3**　**イ→ウ→ア→エ**（完答）〔2点〕　**4**　国家総動員（法）〔2点〕
　5〔例〕満20歳以上のすべての男女に与えられた〔4点〕　**6**　非核三原則〔2点〕

5　**1**　(1) **エ**〔2点〕　(2) 委員会（漢字のみ可）〔2点〕　(3) **ウ**〔2点〕
　　(4) Ⅰ：〔例〕任期が短い〔2点〕　Ⅱ：〔例〕国民の意思を反映しやすい〔2点〕
　2　(1) **イ**〔2点〕　(2) 地方分権〔2点〕

6　**1**　クーリング・オフ（制度）〔2点〕　**2**　(1) 団結〔2点〕　(2)〔例〕仕事と家庭生活を両立〔4点〕
　3　**ア**〔2点〕　**4**　**エ**〔2点〕

7　**1**　**ウ**〔2点〕　**2**　バリアフリー〔2点〕　**3**　減災（漢字のみ可）〔2点〕　**4**　**イ**〔2点〕
　5　Ⅰ：〔例〕家族と話し合い，避難経路や避難場所を確認する〔2点〕
　　Ⅱ：〔例〕防災訓練に積極的に参加する〔2点〕

英　　語

1　**1**　(1) **エ**〔2点〕　(2) **ア**〔2点〕　(3) **ウ**〔2点〕
　2　(1) ① **エ**〔3点〕　② **イ**〔3点〕　(2) ① **ウ**〔3点〕　② **ア**〔3点〕
　3　(1) animals〔2点〕　(2) camera〔2点〕　(3) lunch〔2点〕　(4) eight〔2点〕

2　**1**　(1) **イ**〔2点〕　(2) **エ**〔2点〕　(3) **エ**〔2点〕　(4) **ア**〔2点〕　(5) **ウ**〔2点〕　(6) **ウ**〔2点〕
　2　(1) **エ→ウ→ア→イ**（完答）〔2点〕　(2) **イ→ア→エ→ウ**（完答）〔2点〕
　　(3) **ア→エ→イ→オ→ウ**（完答）〔2点〕

3　**1**〔例〕浮世絵についての本を読んだり，テレビ番組を見たりして学んでいる。〔3点〕
　2　(2)〔例〕What time does it start〔3点〕　(3)〔例〕How long does it take〔3点〕
　　(4)〔例〕If we have some[any] questions〔3点〕
　3　**ウ**〔2点〕　**4**　**ア**〔3点〕　**5**　eat[have]〔2点〕
　6　many nice places in our city（完答）〔3点〕
　7〔例〕There is a nice park in our city. In spring, we can see many kinds of flowers there. Some people take pictures of them. Emma can take pictures of flowers if she goes to the park. So, I want to take her there.〔6点〕

4　**1**　**イ**〔3点〕　**2**〔例〕looking[to look] for〔2点〕
　3　①〔例〕健太の英語をよりよくさせる〔3点〕　②〔例〕自分の手助けが健太のためにならない〔3点〕
　4　**ア**，**カ**（順不同）〔3点×2〕

5　**1**　**エ**〔3点〕　**2**　**エ**〔2点〕
　3〔例〕皇帝は，兵士が結婚してしまうと，強い兵士になることができないと考えていたから。〔3点〕
　4　**ウ**〔3点〕

第183回 下野新聞模擬テスト

数学・理科 【解　答】

数　学

①　**1**　-40〔2点〕　**2**　$-\dfrac{7}{12}$〔2点〕　**3**　$\sqrt{5}-3\sqrt{2}$〔2点〕　**4**　$\dfrac{7a-11b}{10}$〔2点〕
　5　$(x+6y)(x-6y)$〔2点〕　**6**　12〔2点〕　**7**　$x=0,\ 3$〔2点〕
　8　$0 \leqq y \leqq 27$〔2点〕　**9**　14個〔2点〕　**10**　$\dfrac{7}{10}$〔2点〕　**11**　$\angle x=32$度〔2点〕
　12　$\dfrac{16}{9}$倍〔2点〕　**13**　30本〔2点〕　**14**　$2\sqrt{6}$ cm〔2点〕

②　**1**　右図〔4点〕
　2　①　$4\pi mnr$〔1点〕　②　$2mn$〔1点〕　③　$2\pi r$〔1点〕
　3　$(2\sqrt{2},\ 16)$〔4点〕

②1 (A, B, C, H)

③　**1**　$A<B$より，奇数Bは$x+2$と表される。
奇数Bを2乗した数は，奇数A，Bの和の7倍よりも1大きくなることから，
$(x+2)^2=7\{x+(x+2)\}+1$
という等式が成り立つ。$(x+2)^2=7(2x+2)+1$
$x^2+4x+4=14x+14+1$
$x^2-10x-11=0$
$(x+1)(x-11)=0$
$x=-1,\ 11$
$x>0$だから，$x=-1$は問題に適していない。
$x=11$は問題に適している。
したがって，奇数Aは11であり，小さい方から数えてn番目の正の奇数は$2n-1$と表されるから，
$2n-1=11$より，$n=6$
よって，奇数Aは小さい方から数えて6番目の奇数である。
答え（6番目）〔6点〕
　2　(1)　41点〔2点〕　(2)　①　800〔1点〕　②　12〔1点〕　(3)　$p=1$，$q=9$（完答）〔3点〕

④　**1**（証明）
△ABCと△CEPにおいて，
弧BC，弧ABに対する円周角は等しいから　∠BAC＝∠BEC　…①
∠ACB＝∠AEB　…②
BE//CDより平行線の錯角は等しいから　∠BEC＝∠ECP　…③
平行線の同位角は等しいから　∠AEB＝∠CPE　…④
①，③より，∠BAC＝∠ECP　…⑤
②，④より，∠ACB＝∠CPE　…⑥
⑤，⑥より，2組の角がそれぞれ等しいから，
△ABC∽△CEP〔7点〕
　2　(1)　$\dfrac{8}{27}$倍〔3点〕　(2)　$\dfrac{3\sqrt{2}}{2}$ cm〔4点〕

⑤　**1**　$p=28$，$q=800$（完答）〔3点〕　**2**　20秒間〔3点〕
　3　(1)　$y=-96x+3840$〔5点〕　(2)　$\dfrac{95}{3}$秒後〔6点〕

⑥　**1**　21個〔3点〕　**2**　$a=2$，$b=4$（完答）〔4点〕
　3　(1)　$\dfrac{1}{2}n^2+\dfrac{1}{2}n$ 個〔4点〕　(2)　200段と201段〔6点〕

理　科

①　**1**　**エ**〔2点〕　**2**　**イ**〔2点〕　**3**　**ア**〔2点〕　**4**　**ウ**〔2点〕
　5　離弁花〔2点〕　**6**　熱分解〔2点〕　**7**　陸風〔2点〕　**8**　整流子〔2点〕
②　**1**　①　右心室〔2点〕　②　静脈〔2点〕　**2**　**ア**〔2点〕　**3**　**ウ**〔3点〕
③　**1**〔例〕水を溶媒とする溶液のこと。〔3点〕　**2**　①　溶解度〔2点〕　②　飽和〔2点〕　**3**　**イ**〔3点〕
④　**1**　しゅう曲：**イ**〔2点〕　断層：**ウ**〔2点〕
　2　環境：〔例〕あたたかくて浅い海。〔2点〕　堆積岩：チャート〔2点〕
　3　2番目：B　5番目：F（完答）〔2点〕
⑤　**1**　**エ**〔3点〕　**2**　50(Hz)〔2点〕　**3**　抵抗　40(Ω)〔2点〕　電流　14.5(A)〔2点〕
⑥　**1**　**ウ**〔3点〕　**2**　孔辺（細胞）〔3点〕　**3**　**ア**〔3点〕　**4**　33.3(mm)〔3点〕
⑦　**1**　**イ**〔2点〕　**2**　H_2〔3点〕　**3**　**ア**，**エ**（完答）〔2点〕
　4　①　燃料〔2点〕　②　二次〔2点〕
⑧　**1**　カシオペヤ（座）〔2点〕　**2**　**イ**〔2点〕
　3〔例〕北極星は地球の地軸のほぼ延長上にあるから。〔3点〕
　4　①　日周運動〔2点〕　②　自転〔2点〕
⑨　**1**　①　重力〔2点〕　②　慣性〔2点〕　**2**　0.54(J)〔3点〕
　3　**エ**〔2点〕　**4**　右図〔3点〕

⑨4
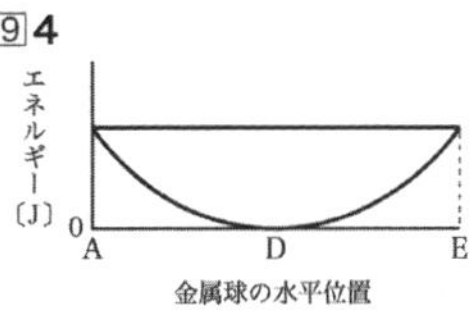

第183回 下野新聞模擬テスト

国語 【解説】

国語 〔解説〕

1 3 (1) 「ひねもす」は「終日」と書き、一日中、朝から晩まで同じ状態が続くことを指す副詞。
(2) 「雲雀奴」に否定的な感情は込められていない。「かわいい奴(やつ)だ」程度の意味合いである。
(3) 部首が「かん(いちじゅう・ほす)」の漢字は、他に「干」「年」「幸」「幹」などがある。
(4) 菜の花／畑／で／風／に／吹か／れ／て と単語に分けられる。

2 1 「ア段の音＋ウ(ふ)」(au)は「オ段の音＋ウ」(ou)と読む。また、「イ段の音＋ウ(ふ)」(iu)は「イ段の音＋ウ」(yuu)と読むが、「言ふ」は例外的に「いう」と書く。
2 一行前の「この約束」と同じなので、指示語の内容を探す。
3 「まれなり」は「稀なり」と書き、「めったになくて珍しい」という意味である。
4 「孝道(＝親孝行)」を「なした」のは張孝と張礼の兄弟である。
5 張孝は「われは、張礼より肥えたるほどに、食するによかるべし。われを殺し、張礼を扶けよ(＝私の方が弟より太っているので、食べるのによろしかろう。私を食べて、弟を助けてくれ)」と言い、張礼は「われ、初めよりの約束なり(＝私は最初から約束していたのだ)」と言って兄を助けようとした。兄弟はお互いの命を助けようとして死を争ったのである。
〈口語訳〉
張孝と張礼は兄弟でした。世の中が飢饉の時に八十歳を超えた母を養っていました。木の実を拾いに行った所、一人の疲れ切った者が現れて張礼を殺して食おうとしました。張礼は「私には一人の年老いた母親がいます。今日はまだ母が食事をしていないので、少しだけ時間を下さい。母に食事をさせればすぐに戻って来ます。もしこの約束を破れば、家に来て一家もろとも殺して下さい」と言って帰りました。母親の食事を済ませて約束のとおり盗賊の所に戻って来ました。兄の張孝はこれを聞いて盗賊の所に行って言ったこととは、「私の方が弟より太っているので、食べるのによろしかろう。私を食べて、弟を助けてくれ」と言います。張礼は「私は最初から約束していたのだ」と言ってお互いを助けようと死を争ったところ、あの非道なはずの盗賊も兄弟の孝義の心に打たれ、二人とも死を赦(ゆる)し、この様な兄弟は見た事が無いと言って、米二石と塩一駄を与えました。兄弟はそれらを持って帰り、更に孝行を尽くしたということです。

3 1 挿入する文の冒頭に「そうした経験の完成」とある。②段落の最終文に「初めて経験として完成されます」とあるので、このあとに入る。
2 ②段落に、「経験は記憶によって濾過され、それと照合されて、初めて経験として完成されます」とあり、③段落の『サフラン』の話はその具体例である。
3 傍線部(2)は「現実行動にあたって失敗を避けるには、まずもって練習をしなければ」ならないということであるが、それは「私たちの行動能力は、単純な経験をいくら繰り返しても、決して高まることは」ないので、練習を通じて「行為のプロセスを意識し、身に付け」直す必要があるからである。
5 「身も世もない悲しみ」とは、悲しみがひどく、自分のことも世間のことも考えていられない気持ちを表す慣用句。
6 最後の文に、「昔の人も現代人もそれ(＝太陽が朝は東の空に上って、夕方は西の空へ沈むこと)を経験上知っていますが、真実はそうではないということを、知識として身に付けているのが現代人でしょう」とある。これは、経験上得られた実感としての知識と真実とは多くの場合で異なり、(教育を受けている)現代人は真実を知識として習得しているということである。

4 1 「見かねた」は、そのまま平気で見ていられなくなった気持ちを表す慣用表現である。洋次が「あまりにだらだらしている」ため、母親は放っておけなくなったのである。
2 傍線部(1)の後に「『ひとりで行きなさい。〜』母親は冷たく言った」とあり、「どきどきして眠れないほどうれしい」いつもと違い、ひとりで行かなければならないことを察して、とまどいや不安を覚えたことがわかる。
3 洋次は「母親の言いつけを守らなかった」せいで「間違ったバスに乗って」しまい、「どうしていいかわからず」、「行き先の間違いは、もうこりごりであった」とあり、歩いていける距離なら歩いたほうがいいと思っておじさんに尋ねたのである。
4 洋次は「初めて見る景色に自分はまた行き先を間違っているのではないか、という思いが頭をよぎ」り、だんだん不安になっていたところ、「明るいところに出た瞬間、探していた(目標の)デパートのうしろ姿が、真正面に見えた」ので、拍子抜けするとともに安心して「力が抜けた」と推察できる。
5 「まず洋次は中二階へ行き、父親の万年筆を引き取った。それから、自分が読む本を選んだ。」という部分からも分かる通り、一度は失敗しても、その後は父親からの頼まれごとを真っ先に済ませるなど、優先順位に沿って的確に行動している。**イ**「大人とうまく会話ができない」、**ウ**「時間も無視して」、**エ**「一度や二度の失敗にはこだわらない」の部分が、それぞれ適切ではない。
6 **ア**「リズム感とともに緊迫感」、**イ**「要所要所で擬態語や擬声語を効果的に用い」、**エ**「さまざまな比喩表現が多用」の部分が、それぞれ適切ではない。

5 ・形式 氏名や題名を書かず、二百四十字以上三百字以内で書いているか。二段落の構成になっているか。原稿用紙の正しい使い方ができているか。
・表現 文体が統一されているか、主述の関係や係り受けなどが適切か、副詞の呼応や語句の使い方が適切か、など。
・表記 誤字や脱字がないか。
・内容 食事に対する自分の考えと、そのように考える理由を、自分自身の体験を交えて書いているか。
といった項目に照らし、総合的に判断するものとする。

第183回 下野新聞模擬テスト

社 会 【解 説】

社 会 〔解説〕

1 1(1) 日の出の時刻は，東から西に行くほど遅くなるので，九州地方にある**B**の宮崎県となる。
(2) **D**は群馬県。関東地方は，冬は「からっ風」が吹き，乾燥するので，1月の降水量が少ない**ウ**が当てはまる。**ア**は7月の降水量が多い**B**の宮崎県の宮崎市，**イ**は1月の降水量が多い**C**の秋田県の秋田市，**エ**は県庁所在地の神戸市の人口が100万人以上である**A**の兵庫県。
(3) 盆地は内陸にあって山に囲まれた平地，台地は周りよりも高いところに広がる台状の平地。
(4) **ア**愛知県，**エ**京都府，**ウ**岡山県，**イ**福岡県の順になる。
3 日本は1980年代以降，電子機器の組み立てや輸送機械の製造などを，人件費の安い東南アジアや中国でおこなうようになり，それらの国々から製品輸入をおこなっているので，アジアからの輸入割合が高くなっている。

2 1(1) **ア図1**の図法では，北緯20度の緯線上の東西の方位は正しく表せない。**イ**西経140度から180度回ると，東経40度である。**エ**経度の差が同じであるとき，実際の距離は赤道上が最も長い。
(4) **Y**国はフィリピン。国名のフィリピンは16世紀にこの地域を植民地としたスペイン皇太子フェリペの名前からつけられた。のちにアメリカの植民地となったが，1946年に独立した。
2 小麦は，中国，インドのほか，ヨーロッパやアメリカ合衆国で生産が多い。一方，米は，90％以上がアジアで生産される。Ⅲは小麦の輸出国，Ⅰは米の生産国を示している。
3 化石燃料は，石油，石炭，天然ガスなど動植物の死骸が地中に堆積し，長い年月をかけて形成された資源で，これらの大量使用で発生する二酸化炭素などの温室効果ガスの量の増加が問題になっている。このため，水力や太陽光，風力，地熱などの再生可能エネルギーの活用が進められている。

3 **2** 太閤検地は，豊臣秀吉の政策。**ウ**は鎌倉幕府がほろんだ直後の1333年，後醍醐天皇が始めた政治。
3 724年に即位した聖武天皇は，741年に国分寺・国分尼寺建立の詔を出し，国分寺の本山として東大寺を建てた。
4 私有地の管理のための事務所や倉庫は「荘」とよばれたので，貴族や寺院の私有地はやがて荘園とよばれるようになった。
5 御成敗式目(貞永式目)は，1232年に制定された。51か条からなり，守護・地頭の職務内容，御家人同士や御家人と荘園領主の間の争いを公平に裁くための裁判の基準などを示している。
6 **ア**は中世に活躍した運送業者，**ウ**は年貢の納入や犯罪防止などで連帯責任を負う，江戸時代の農村の組織，**エ**は江戸時代，貨幣の交換や金貸しなどをおこなった金融業者。
8 **A**弥生時代，**C**奈良時代，**D**鎌倉時代，**E**室町時代，**B**安土桃山時代，**F**江戸時代の順となる。

4 **1** 株仲間は，江戸時代の商人が結成した同業者の組織。田沼意次は商人の力を利用するため，この結成を奨励したが，水野忠邦は，物価上昇の原因となっているとして，この解散を命じた。
2 **イ**富岡製糸場は1872年に設立。**ア**は1825年，**ウ**は日露戦争後の1906年，**エ**は日露戦争後の1910年。
3 **イ**1917年，**ウ**は第一次世界大戦後の講和会議で1919年，**ア**1921～22年，**エ**1929年。
4 1938年のできごと。これ以後国民生活への統制が強まり，生活必需品が配給制や切符制になった。
6 1971年，沖縄返還協定の議決の際に非核三原則が，衆議院で決議された。

5 1(1) **エ**は，間接民主制ともいう。**ウ**はアメリカ合衆国の大統領のように，行政の長が議会とは関係なく選挙で選ばれるしくみ。
(2) 衆議院と参議院それぞれに予算委員会など17の委員会が常任委員会として設置されており，必要に応じて特別委員会が設置される。
(4) 参議院議員の任期は6年であるが，3年ごとに半数が改選される。衆議院議員の任期は4年。解散があるので，任期の途中に総選挙がおこなわれることがある。
2(1) **イ**議会による首長の不信任決議に対して，首長による議会の解散で均衡を保っている。

6 **1** 「クーリング・オフ制度」は，訪問販売やキャッチセールス，マルチ商法などに適用され，インターネットによる通信販売には適用されない。そのため，2001年に「消費者契約法」が施行され，消費者保護が強化された。
2(1) 労働基本権の具体的内容については，労働者と使用者の対立を予防・解決するために，労働関係調整法が定められている。
3 需要量は消費者が買おうとする量。ある商品の価格が上昇すれば，需要量は減少するので，右下がりの曲線になる。需要量と供給量が一致したときに決まる価格を均衡価格という。

7 **1** **ウ**水深が8000mをこえる海溝は，日本列島の太平洋側に連なっている。
2 「バリアフリー」は，段差などの障壁(バリア)を取り除こうという考え。「ノーマライゼーション」は，全ての人が区別されることなく，社会の中で普通の生活を送るという考え方。
4 **イ**国際連合の平和維持活動をPKOといい，自衛隊は1992年に初めてカンボジアのPKOに参加した。

第183回 下野新聞模擬テスト

英語 【解説】

英　　語〔解説〕

1 リスニング台本と解答を参照。

2 **1** (1) know を入れて，「あなたは自分が毎日，どれくらい長くテレビを見るか知っていますか」とすると自然な文になる。
(2) decide(s)を入れて，「私の家族の中では，たいてい父がどのテレビ番組を見るか決めます」とすると自然な文になる。
(3) <want＋(人)＋to＋動詞の原形～>で「(人)に～してほしい」という意味。
(4) 直後の one は文中にある my own TV を指す。これまでの流れから，buy を入れて，「両親は私にテレビを買ってくれないだろう」とする。
(5) <would like to＋動詞の原形～>で「～したいと思う」という意味。I'd は I would の短縮形。
(6) choose を入れて，「どのテレビ番組を見るか選べる人になりたい」とする。

2 (1) <take care of ～>で「～の世話をする」という意味。この問題では be taken care of by ～という受け身の形で用いている。
(2) made in 1990 が，直前の a computer を後ろから修飾している。分詞の形容詞的用法の文。
(3) <too＋形容詞＋for＋(人)＋to＋動詞の原形～>で「(人)にとって…すぎて～できない」という意味。

3 **1** 本文訳を参照。エマの最初の発言中の最終文を参照。本とテレビ番組を通じて浮世絵を学んでいると分かる。
2 (2) 直後で大介が時刻を答えている。ツアー案内の「日時」や「内容」から，13:00 はツアー(講座)が始まる時刻なので，エマは，「それは何時に始まりますか」などと尋ねたと考える。
(3) 直後で大介が所要時間を答えている。ツアー案内の「交通手段」を参照。エマは，もみじ美術館前駅までの所要時間を尋ねたと考える。
(4) ツアー案内の「内容」を参照。「(浮世絵に関する) 質問がございましたら」の部分を英語に直す。
3 ツアー案内の「日時」を参照。開始時刻の 10 分前には来るようにと書かれているので，12:50 が入る。
4 ツアー案内の「参加料金」を参照。大介とエマは，学生なので 500 円で参加できると分かる。
5 ツアー案内の「内容」を参照。「お食事はご遠慮ください」と書かれているので，eat[have]を入れると文意が通る。
6 them はたいてい，直前で述べられている複数名詞を指す。ここでは，直前の many nice places in our city を指す。
7 エマの依頼に対して，自分の考えや提案を書く。理由を述べるときは，接続詞の because や so を使うとよい。

4 **1** **A** angry を入れて，「彼らは決して僕を悲しくさせたり，怒らせたりはしませんでした」という内容にすると，それまでの流れに合う文になる。
B 健太の日本の友達は，彼にいつも賛成してくれたが，エリック(Eric)は賛成してくれなかったので，エリックの発言を聞いて「驚いた」と分かる。
よって，**A**・**B**ともに正しい語を含む選択肢は，**イ**となる。
2 健太は財布をなくしてしまったが，ジョン(John)がいっしょに財布を探してくれたという内容にすると，前後の内容に合う。<start＋～ing 形>または<start to＋動詞の原形～>で「～し始める」，<look for ～>で「～を探す」という意味。
3 ①，② 本文訳を参照。第５段落後半の内容をうまくまとめる。
4 **ア**…第１段落前半の内容を参照。同じ内容を読み取ることができるので正しい。
イ…第２段落を参照。健太は，日本にたくさんの親友がいると思っていたと書かれているので誤り。
ウ…第３段落を参照。エリックは健太のホストブラザーではない。第５段落の前半も参照。健太のホストブラザーはパットだったと分かるので誤り。
エ…第３段落半ばを参照。エリックは健太の考えに賛成せずに，反対の意見を述べたと分かるので誤り。
オ…第４段落を参照。健太が修学旅行先のボストンで財布をなくしたとき，ジョンが健太に話しかけたと書かれているので誤り。
カ…第５段落半ばを参照。同じ内容を読み取ることができるので正しい。

5 **1** **エ**の直前に，「このイベントを楽しむために，恋をする必要はない」とあるので，この直後に入れるのが適切。その他の位置では，前後の内容と合わない。
2 第３段落は，聖バレンタインという男性の生き様によって，かつての聖バレンタイン・デーのお祭りの日付が「変わった」という内容。
3 本文訳を参照。直後の文に書かれている皇帝の考えをまとめる。
4 **ア**…第２段落の第１文を参照。「多くの人が毎年，たくさんの方法で聖バレンタイン・デーを楽しみます」と書かれているので誤り。
イ…第２段落の第１文の but 以下を参照。「ほとんどの人が聖バレンタイン・デーの歴史について知りません」と書かれているので誤り。
ウ…第２段落後半を参照。同じ内容を読み取ることができるので正しい。
エ…第４段落を参照。選択肢の内容は，日本における聖バレンタイン・デーの習慣であり，他の国々の聖バレンタイン・デーの様式は，日本のものとは少し異なると書かれているので誤り。

第183回 下野新聞模擬テスト

英語 【解説】

〔本文訳〕

3 大介：やあ，エマ。きみは浮世絵に興味があるそうだね。
エマ：その通りよ，大介。私は日本美術，特に浮世絵に興味があるの。私が昨年，浮世絵についてのテレビ番組を見たとき，それに興味をもったの。私は今，浮世絵について勉強するために，それについての本を読んだり，テレビ番組を見たりしているわ。
大介：それはすごいね。浮世絵を見に，今までもみじ美術館へ行ったことはあるかい。
エマ：いいえ，ないわ。でもどうして。
大介：これを見てよ，エマ。3月22日に浮世絵についての講座があるんだ。
エマ：あら，本当。それについてもっと教えて。
大介：その講座では，もみじ文化会館で有名な浮世絵についての話を聞くことができるよ。そのあと，もみじ美術館で浮世絵を見ることができるんだ。
エマ：それはおもしろそうね。あなたはその講座に参加する予定なの。
大介：うん。きみも僕とそれに参加したいかい。
エマ：もちろん。それは何時に始まるの。
大介：午後1時だよ。でも，12時50分までにはもみじ文化会館に着く必要があるよ。
エマ：それなら，正午にもみじ駅で会いましょう。
大介：いいよ。もみじ駅から電車に乗ろう。
エマ：もみじ美術館前駅までどのくらいかかるの。
大介：ええと…，約10分だね。そのあと，文化会館まで約5分歩く必要があるよ。
エマ：分かったわ。その講座に参加するには1,500円必要なのかしら。
大介：いや，僕たちは学生だから，500円だけ必要だよ。
エマ：あら，それはよかったわ。もみじ美術館はもみじ文化会館の近くなの。
大介：うん。この地図を見て。美術館は文化会館のとなりだよ。
エマ：そうなのね。文化会館で講座を受けたあと，私たちは美術館へ行くのでしょう。そこでは自由に見て回れるの。
大介：うん。美術館では浮世絵展が開かれているよ。僕たちは1時間，浮世絵を鑑賞して楽しめるね。浮世絵について何か質問があれば，そこで働いている人にたずねることができるよ。
エマ：それはいいわね。すてきな浮世絵を見つけたときは，それの写真を撮るわ。
大介：えっ，だめだよ，エマ。美術館内でそれをしたり，食事をしたりすることはできないんだ。
エマ：あら，ごめんなさい。知らなかったの。やめておくわ。
大介：きみは写真を撮ることが好きなのかい。
エマ：ええ。市内のたくさんのすてきな場所を訪れて写真を撮りたいけれど，私はそれらについてあまり知らないわ。あなたは訪れるべきたくさんのすてきな場所を知っているわよね。浮世絵ツアーの後にいつか，私を他の場所に連れて行ってよ。あなたと写真を撮りたいわ。
大介：いいよ。考えておくね。

4 僕は昨年の秋にアメリカへ行き，あるニューヨークの高校で勉強しました。僕はそこに1年間滞在して，すばらしい経験をしました。僕がニューヨークにいたときに，友情についての大切なことを学びました。僕は今日，そのことについて話すつもりです。
アメリカを訪れる前，僕は日本にたくさんの親友がいると思っていました。彼らはいつも僕といっしょにいてくれて，僕を楽しくさせてくれました。僕は学校で，いつも彼らと楽しく話しました。彼らはいつも僕に賛成してくれました。彼らは決して僕を悲しくさせたり，怒らせたりはしませんでした。僕はそんな友達が自分にとって本当の友達だと思っていました。
僕がニューヨークにいたときに，親友についての自分の考えが大きく変わりました。僕は滞在を通じて，別の形の友情について学んだのです。僕はそこで3人の男の子と友達になりました。エリックは彼らのうちの一人です。エリックと僕は，放課後によくいっしょに話しました。ある日，僕たちはマンガを読むことについて話しました。僕は彼に，「マンガの読みすぎは子どもたちにとって悪いことだと思う」と言いました。エリックは僕に賛成しませんでした。彼はマンガを読むことが大好きだったのです。彼は僕に，「きみの考えは間違っているよ，健太」と言いました。僕の日本の友達はいつも僕の考えに賛成してくれたので，僕は彼の言葉を聞いて驚きました。最初，僕は少し怒りましたが，僕たちは長い時間話し合いました。そのあと僕たちは，違う意見を持つことはいいことだと学びました。僕たちはたくさん話したあと，お互いのことをよく理解し，親友になりました。僕は，本当の友達は正直に意見を交換することができるということを学びました。
ジョンもアメリカに住んでいる僕の親友です。僕たちが修学旅行でボストンへ行ったとき，僕は財布をなくしてしまいました。僕は何をすべきか分かりませんでした。そのとき，ジョンが僕のところへ来て，僕といっしょに僕の財布を探し始めました。彼は学校で，僕にあまり話しかけませんでしたが，彼は僕に，「心配しないで，健太」と言ってくれました。しばらくして，彼が通りで僕の財布を見つけてくれました。僕はとてもうれしくて，彼に感謝しました。僕は，本当の友達は，たとえ言葉をよく交わさなくても，僕を助けてくれるということを学びました。
パットも僕の親友の一人です。彼は僕のホストブラザーでした。ある日，先生が僕にたくさんの宿題を出しました。僕はパットに助けを求めましたが，彼は，「それはきみの宿題だろ，健太。きみが自分でやらなくちゃ」と言いました。僕は彼がなぜそんなことを言ったのか理解できませんでしたが，今では，なぜ彼が僕の宿題を手伝わなかったのかが分かります。彼は僕の英語をよりよくさせるために，彼の助けなしで宿題をするように僕に言ったのです。彼は自分の手助けが僕のためにならないことを分かっていました。
僕はこのような親友がいてうれしいです。エリックは違う意見を持ち，僕に賛成しませんでした。ジョンは僕にあまり話しかけませんでした。パットは僕の宿題を手伝いませんでした。しかし彼らは全員，友達に対して何をすべきかを分かっていたのです。彼らは僕に真の友情とは何を意味するのかを教えてくれました。

5 聖バレンタイン・デーは世界の多くの人に知られており，彼らはその日を，一年で最もロマンチックな日のひとつだと考えています。その日，人々はチョコレートといっしょに，自分の愛を誰かへ伝えようとします。一部の人々は，その日に愛する人に結婚を申し込みます。
多くの人が毎年，たくさんの方法で聖バレンタイン・デーを楽しみますが，彼らのほとんどはその歴史について知りません。聖バレンタイン・デーの歴史についてはいくつか話があります。それらのうちのひとつによると，それは約2,000年前に始まりました。それは最初，2月15日の冬祭りでした。その日に，人々は神様に，「どうか私たちにおいしい果物や野菜などの食べ物をお恵みください」とお願いしたのです。
しかし，ある物語がそのお祭りを変えました。キリスト教徒たちがイギリスに来たとき，彼らはひとりの男についてのある物語を持ち込みました。彼の名は聖バレンタインで，彼は三世紀の人物でした。彼はキリスト教徒でしたが，当時のローマ皇帝はキリスト教徒ではありませんでした。皇帝は兵士たちに結婚をしないように命じました。皇帝は，「兵士が結婚などしようものなら，強い兵士になることなどできない」と考えていました。それで聖バレンタインが，ひとりの兵士が結婚することを手伝ったとき，皇帝はとても怒りました。聖バレンタインは投獄されましたが，彼は看守の娘と恋に落ちました。彼は皇帝に殺される前に，彼女に伝言を残しました。彼は伝言の最後に，「あなたのバレンタイン」と書きました。彼は2月14日に死亡したので，そのお祭りの日付が2月15日から2月14日に変わりました。
今日では，聖バレンタイン・デーは日本人の間でも人気があります。この日に日本では，女性が男性にチョコレートを贈るのが一般的です。しかし，他の国々の様式は，日本のものとは少し異なります。聖バレンタイン・デーに関するこれらの違いについて学ぶことはおもしろいかもしれません。
世界のほとんどの人々は，聖バレンタイン・デーは，自分の気持ちをだれかに伝えるための特別な日と考えています。しかし，このイベントを楽しむために，恋をする必要はありません。私たちはただ「ハッピーバレンタインデー」とだれかに言えばよいのです。

第183回 下野新聞模擬テスト

英　語　【解　説】

英語問題 1 〔リスニング台本〕

〔注〕(1)はカッコイチ，①はマルイチと読む。以下同じ。斜字体で表記された部分は読まない。

台　本	時　間
これから中学3年生　第183回　下野新聞模擬テスト　英語四角1番，聞き方のテストを行います。 なお，練習はありません。 (ポーズ約5秒) これから聞き方の問題に入ります。問題用紙の四角で囲まれた1番を見なさい。問題は1番，2番，3番の三つあります。 最初は1番の問題です。問題は(1)から(3)まで三つあります。英語の対話とその内容についての質問を聞いて，答えとして最も適切なものを**ア**，**イ**，**ウ**，**エ**のうちから一つ選びなさい。対話と質問は2回ずつ言います。 では始めます。 (1)の問題です。　*A* : Do you know where my pen is, Mother? *B* : Look on the table, Tom. It's on your notebook. *A* : Oh, thank you. 質問です。　*Q* : Where is Tom's pen?　(約5秒おいて繰り返す。)(ポーズ約5秒) (2)の問題です。　*A* : Look at this picture of my family, Emma. *B* : Oh, this is a nice picture, Kenta. Who is the woman between your father and mother? *A* : She is my grandmother. We took this picture at her house. 質問です。　*Q* : What are Emma and Kenta doing now?　(約5秒おいて繰り返す。)(ポーズ約5秒) (3)の問題です。　*A* : Excuse me. I can't understand the Japanese written on this poster. What does this mean? *B* : Let me see..., it means you must take off your shoes here. *A* : Oh, I see. Thank you very much. 質問です。　*Q* : Which poster are they talking about?　(約5秒おいて繰り返す。)(ポーズ約5秒)	(1番) 約3分
次は2番の問題です。問題は(1)と(2)の二つあります。英語の対話とその内容についての質問を聞いて，答えとして最も適切なものを**ア**，**イ**，**ウ**，**エ**のうちから一つ選びなさい。質問は問題ごとに①，②の二つずつあります。対話と質問は2回ずつ言います。 では始めます。 (1)の問題です。　*Mike* : What did you do during winter vacation, Junko? *Junko* : I went to Australia with my family. We stayed there for five days. *Mike* : Oh, that's nice! How was your stay? *Junko* : It was great! We enjoyed the beautiful sea. I enjoyed swimming there. How about you, Mike? *Mike* : I went to Kyoto and took pictures of famous shrines and temples. *Junko* : Good. I'm happy to learn you are enjoying your stay in Japan. *Mike* : I'll go to Hokkaido next winter. How about you? *Junko* : Umm..., my father and I want to go to Spain, but my mother and brother want to go to China. *Mike* : I want to visit China because I like Chinese food. *Junko* : I see. We still have lots of time to talk about which place to visit, so we'll talk about it more. ①の質問です。　How long did Junko stay in Australia this winter?　(ポーズ約3秒) ②の質問です。　Where does Junko want to go next winter?　(約5秒おいて繰り返す。)(ポーズ約5秒) (2)の問題です。　*Lucy* : Good morning, Mr. Sano. *Mr. Sano* : Good morning, Lucy. What are you doing here? *Lucy* : I'm looking for Mr. Takeda. I want to ask him some questions about my science homework. *Mr. Sano* : Oh, you're a good student, Lucy. Did you go to the teachers' room? *Lucy* : Yes, but he wasn't there. *Mr. Sano* : Umm..., how about the art room? Mr. Takeda is the art club teacher. *Lucy* : Oh, really? I didn't know that. OK, I'll go there. Well..., is the art room in front of the teachers' room? *Mr. Sano* : No. There is a computer room there. You need to go to the second floor. Have you ever been to the music room? *Lucy* : Yes, I have been there once. *Mr. Sano* : The art room is next to the music room. ①の質問です。　Why does Lucy want to see Mr. Takeda?　(ポーズ約3秒) ②の質問です。　Which is true for [A] and [B] in the picture?　(約5秒おいて繰り返す。)(ポーズ約5秒)	(2番) 約5分
次は3番の問題です。友達のジャック(Jack)があなたの留守番電話にメッセージを残しました。そのメッセージを聞いてジャックへの返事となるEメールを完成させなさい。英文は2回言います。 では始めます。 Hello. This is Jack. Do you have any plans on Sunday? I'll go to the zoo with my host family that day. We can see many kinds of animals there. Can you come with us? We'll be happy if you come. There is a panda in the zoo. Next Sunday is its birthday, and students and small children don't have to pay to go to the zoo. If you want to take pictures, please bring your camera. You don't need to bring your lunch because my host mother will make it. Please come to my house by eight thirty in the morning. (約5秒おいて) 繰り返します。(1回目のみ)　(ポーズ約5秒) これで聞き方の問題を終わります。では，ほかの問題を始めなさい。	(3番) 約3分

第183回 下野新聞模擬テスト
数　学　【解　説】

数　学〔解説〕

1　1　$8\times(-5)=-(8\times5)=-40$

2　$-\frac{5}{4}+\frac{2}{3}=-\frac{15}{12}+\frac{8}{12}=-\frac{7}{12}$

3　$\sqrt{5}(1-\sqrt{10})+2\sqrt{2}=\sqrt{5}-\sqrt{5\times10}+2\sqrt{2}=\sqrt{5}-5\sqrt{2}+2\sqrt{2}=\sqrt{5}-3\sqrt{2}$

4　$\frac{a-b}{2}-\frac{3b-a}{5}=\frac{5(a-b)}{10}-\frac{2(3b-a)}{10}=\frac{5(a-b)-2(3b-a)}{10}=\frac{5a-5b-6b+2a}{10}$
$=\frac{7a-11b}{10}$

5　$x^2-36y^2=x^2-(6y)^2=(x+6y)(x-6y)$

6　$-2a^2b^2\div ab=-\frac{2a^2b^2}{ab}=-2ab=-2\times(-2)\times3=12$

7　$x^2=3x$，$x^2-3x=0$，$x(x-3)=0$，$x=0$，3

8　比例定数が正でxの変域に0を含むから，yの最小値は0である。また，-9の方が6よりも絶対値が大きいから，$x=-9$のときにyは最大値 $\frac{1}{3}\times(-9)^2=27$ となる。よって，$0\leqq y\leqq27$

9　$7<\sqrt{n}<8$より，$\sqrt{49}<\sqrt{n}<\sqrt{64}$　したがって，$n=50$，51，52，53，54，55，56，57，58，59，60，61，62，63の14個

10　赤球をR_1，R_2，R_3，白球をW_1，W_2とすると，同時に2個を取り出す場合の数は
<u>R_1とR_2</u>，<u>R_1とR_3</u>，R_1とW_1，R_1とW_2，<u>R_2とR_3</u>，R_2とW_1，R_2とW_2，R_3とW_1，R_3とW_2，W_1とW_2
の10通りで，下線を引いた3通りにならなければよいから，求める確率は$\frac{10-3}{10}=\frac{7}{10}$

11　弧ABに対する中心角は円周角の2倍であるから，$\angle AOB=\angle ACB\times2=29^\circ\times2=58^\circ$
$\triangle OAB$は頂角が58°の二等辺三角形であるから，$\angle OAB=(180^\circ-58^\circ)\div2=61^\circ$
$AO/\!/BC$より，平行線の錯角は等しいから，$\angle OAC=\angle ACB=29^\circ$
よって，$\angle x=\angle OAB-\angle OAC=61^\circ-29^\circ=32^\circ$

12　$\triangle ABC\backsim\triangle ADE$で，相似比は$AB:AD=(3+2):3=5:3$であるから，
面積比は$\triangle ABC:\triangle ADE=5^2:3^2=25:9$である。
よって，$\triangle ADE$：四角形DBCE$=9:(25-9)=9:16$である。
したがって，四角形DBCEの面積は$\triangle ADE$の面積の$16\div9=\frac{16}{9}$〔倍〕

13　1つの内角と1つの外角の和は180°であるから，1つの外角の大きさは
$180^\circ\times\frac{1}{14+1}=12^\circ$になる。多角形の外角の和は常に360°になるから，
$360^\circ\div12^\circ=30$，正三十角形で辺の数は30本。

14　右の図の，直角三角形MBFにおいて，
$MF^2=MB^2+BF^2=2^2+4^2=20$，$MF>0$であるから$MF=2\sqrt{5}$ cm
直角三角形MFNにおいて，
$MN^2=MF^2+FN^2=(2\sqrt{5})^2+2^2=24$，$MN>0$であるから$MN=2\sqrt{6}$ cm

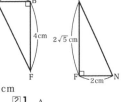

1 14
M　2cm　B　4cm　F
M　$2\sqrt{5}$ cm　F　2cm　N

2　1　線分AHは△ABCの高さであることから，線分AHと底辺BCは垂直になる。
【作図法】①　頂点Aを中心とする円弧をかく。
②　①でかいた円弧と辺BCとの2つの交点を中心とする，等しい半径の2つの円弧をかく。
③　②でかいた2つの円弧の交点と頂点Aを結ぶ直線を引く。
④　③で引いた直線と辺BCとの交点が点Hである。

2 1
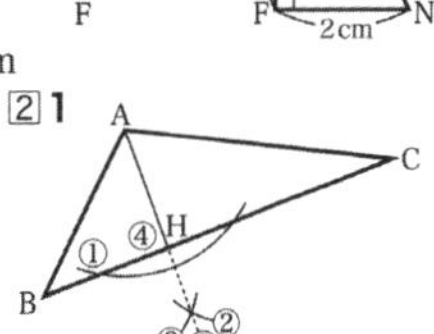

2　計算の結果は$\pi(r+n)^2\times m-\pi(r-n)^2\times m=4\pi mnr$となり，これを長方形ABCDの面積を表す$2mn$と，点Eがえがく円の円周の長さを表す$2\pi r$の積の形に変形する。

3　点A，Bのx座標をtとすると，点Aは関数$y=2x^2$のグラフ上の点であるから，$y=2t^2$より$A(t,\ 2t^2)$
点Bは関数$y=-x^2$のグラフ上の点であるから，$y=-t^2$より$B(t,\ -t^2)$と表される。
よって，$AB=2t^2-(-t^2)=3t^2$と表されるから，$3t^2=24$，$t^2=8$，$t>0$より$t=2\sqrt{2}$
$2t^2=2\times8=16$　したがって，$A(2\sqrt{2},\ 16)$

3　1　連続する2つの奇数の差は2である。また，1を1番目とすると，n番目の正の奇数は$2n-1$と表される。

2　(1)　最も高い得点は98点，最も低い得点は57点であるから，レンジは$98-57=41$〔点〕

(2)　度数分布表に入るAグループの度数は，上から順に1，1，2，4，2である。したがって，度数分布表から求められる合計得点は，$55\times1+65\times1+75\times2+85\times4+95\times2=800$〔点〕であり，実際の合計得点は　$87+62+80+73+93+57+76+82+98+80=788$〔点〕である。

(3)　度数の合計より，$1+p+4+3=q$という式が成り立ち，合計得点より，
$65\times1+75p+85\times4+95\times3=85q$という式が成り立つ。これらを連立方程式として解いて，
$p=1$，$q=9$

第183回 下野新聞模擬テスト

数 学 【解 説】

④ **1** 同じ弧に対する円周角は等しくなることと，平行線の錯角・同位角を利用する。

2 (1) 3点A，B，Oを通る平面で切断すると，右の図で，△AOM∽△POQとなり，その相似比は
AM：PQ＝3：2である。また，容器全体の円錐と容器内の水による円錐は相似であり，その相似比が3：2であるから，体積比は，$3^3：2^3＝27：8$である。
よって，水の体積は，容器の容積の

$8 \div 27 = \dfrac{8}{27}$〔倍〕である。

④2(1)
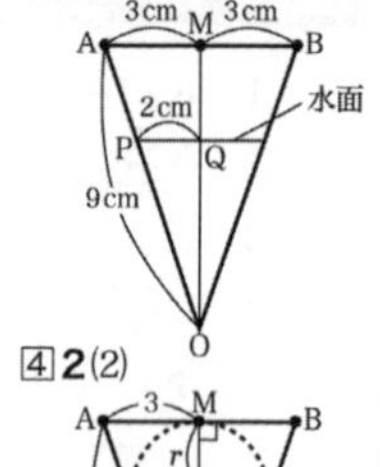

(2) $MO^2 = AO^2 - AM^2 = 9^2 - (6 \div 2)^2 = 72$　MO＞0より，$MO = 6\sqrt{2}$ cm
ここで，球の中心をR，球と母線である線分AOの接点をS，球の半径を$r$cmとすると，右の図で，RS＝RM＝$r$cmであるから，$RO = (6\sqrt{2} - r)$cmと表される。△AOM∽△ROSであるから，AO：RO＝AM：RSとなり，

$9：(6\sqrt{2} - r) = 3：r$，$9r = 18\sqrt{2} - 3r$，$12r = 18\sqrt{2}$，$r = \dfrac{3\sqrt{2}}{2}$〔cm〕

④2(2)
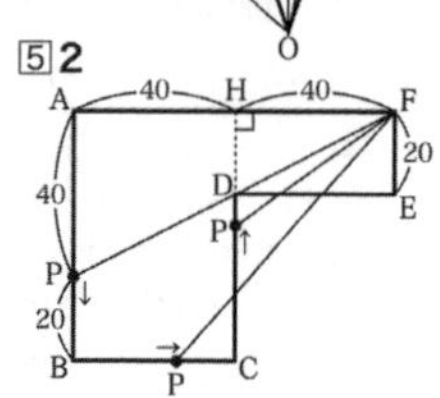

⑤ **1** 点Pは毎秒5cmの速さで動くから，頂点Aを出発してから12秒後に頂点B，20秒後に頂点C，28秒後に頂点D，36秒後に頂点E上にあり，40秒後に頂点Fに到着する。また，頂点A～F上にあるときの△APFの面積は，それぞれ$0\,cm^2$，$2400\,cm^2$，$2400\,cm^2$，$800\,cm^2$，$800\,cm^2$，$0\,cm^2$である。

2 右の図のように，頂点Dから辺AFに垂線DHを引くと，点Pが線分FDの延長上にあるとき，△APF∽△HDFで相似比がAF：HF＝2：1になる。
DH＝20cmだから，AP＝20×2＝40〔cm〕となり，このときの時間は
40÷5＝8〔秒後〕である。8秒後から点Pが頂点D上にくる28秒後までは，
△APFの辺PFの一部が図形ABCDEFの外側にあるから，28－8＝20〔秒間〕

⑤2
A —40— H —40— F
20
40
D
E
P
P
20
B
P
C

3 (1) △ABFはAB：AF：BF＝3：4：5の直角三角形であるから，$BF = 60 \times \dfrac{5}{3} = 100$〔cm〕である。
したがって，点Qは40秒で60＋100＝160〔cm〕動くから，頂点Bまで動くのに$40 \times \dfrac{60}{160} = 15$〔秒〕かかり，このときの△AQFの面積は$2400\,cm^2$である。また，頂点Fまで動くのに40秒かかり，このときの△AQFの面積は$0\,cm^2$である。以上より，$x = 15$のとき$y = 2400$，$x = 40$のとき$y = 0$となる1次関数の式を求めると，$y = -96x + 3840$

(2) 点Qによるxとyの関係を表すグラフを図2にかき入れると，右の図のようになり，$y = 800$のときに面積が最後に等しくなる。よって，

$800 = -96x + 3840$より，$x = \dfrac{95}{3}$〔秒後〕

⑤3(2)
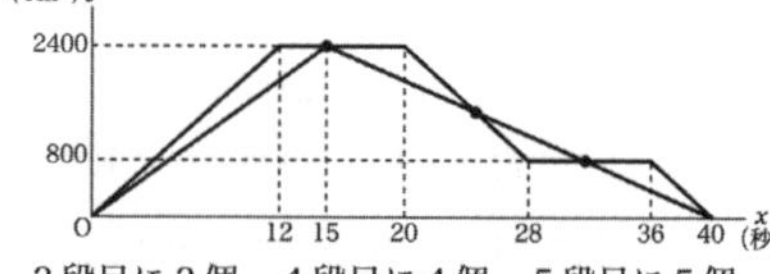

⑥ **1** 6段のピラミッドにおいては，1段目に1個，2段目に2個，3段目に3個，4段目に4個，5段目に5個，6段目に6個の碁石を並べるから，その総数は1＋2＋3＋4＋5＋6＝21〔個〕

2 7段のピラミッドにおいては，1段目に1個，3段目に3個，5段目に5個，7段目に7個の黒石を並べるから，その総数は1＋3＋5＋7＝16〔個〕となり，これを素因数分解すると，$16 = 2^4$となる。したがって，
$a = 2$，$b = 4$

3 (1) n段のピラミッドに対して図2のような操作を行うと，縦の個数はピラミッドの段数と同じだから，n個である。また，横の個数はピラミッドの段数に1を加えたものになるから，$(n+1)$個である。したがって，碁石は縦にn個，横に$(n+1)$個並ぶ。これはn段のピラミッド2つ分の碁石の個数であるから，n段のピラミッドをつくるのに並べる碁石の総数は

$1 + 2 + 3 + 4 + \cdots + n = \dfrac{1}{2} \times n \times (n+1) = \dfrac{1}{2}n^2 + \dfrac{1}{2}n$〔個〕

(2) 並べる白石の総数は，2段目に2個，4段目に2＋4〔個〕，6段目に2＋4＋6〔個〕，
8段目に2＋4＋6＋8〔個〕であるから，求めるピラミッドを$2x$段のピラミッドとすると，
並べる白石の総数は，$2 + 4 + 6 + 8 + \cdots + 2x$〔個〕と表され，この式は
$2 + 4 + 6 + 8 + \cdots + 2x = 2(1 + 2 + 3 + 4 + \cdots + x)$〔個〕
と変形できる。ここで，かっこ内の式は(1)より$\dfrac{1}{2}x^2 + \dfrac{1}{2}x$

になるから，並べる白石の総数は$2\left(\dfrac{1}{2}x^2 + \dfrac{1}{2}x\right)$〔個〕と表される。これが10100個になるから，

$2\left(\dfrac{1}{2}x^2 + \dfrac{1}{2}x\right) = 10100$，$x^2 + x - 10100 = 0$，$(x + 101)(x - 100) = 0$

これを解いて，$x = -101$，100　$x > 0$だから，$x = -101$は問題に適していない。
$x = 100$は問題に適している。

したがって，$2x = 2 \times 100 = 200$〔段のピラミッド〕
また，201段目には黒石を並べるから，200段のピラミッドと201段のピラミッドにおける白石の総数は同じである。

第183回 下野新聞模擬テスト

理　科　【解　説】

理　科　〔解説〕

1　**1**　「体が外骨格でおおわれている」，「えらで呼吸をしている」という特徴をもつものは，水中生活をする甲殻類である。アサリは軟体動物，カブトムシは昆虫類，カメはセキツイ動物のハチュウ類に属する。
2　BTB溶液の色は，酸性で黄色，中性で緑色，アルカリ性で青色であり，フェノールフタレイン溶液の色は，酸性と中性で無色，アルカリ性で赤色である。
3　カンラン石，磁鉄鉱，カクセン石は，いずれも有色鉱物である。
4　水圧とは水の圧力のことなので，その単位にはPaやN/m^2を用いる。kgは質量，g/cm^3は密度，Nは力や重さを表す単位である。
5　図は，アブラナの花である。花弁が互いにくっついている花は合弁花という。
6　1種類の物質が別の2種類以上の物質に分かれる化学変化を分解といい，熱エネルギーを与えて起こるものを熱分解，電気エネルギーを与えて起こるものを電気分解という。
7　晴れた日の夜間には，高温・低圧になる海上に向かって，陸上から空気が流れる。
8　整流子とブラシのはたらきにより，コイルを流れる電流は，コイルが半回転するごとに逆向きになる。

2　**1**　図の動脈は，肺動脈が枝分かれしたもので，心臓の右心室から送り出された静脈血(二酸化炭素を多く含む血液)が流れている。
2　不要な水分の一部は，呼気として排出されている。寒い日には，呼気に含まれている水蒸気が凝結するので，呼気は白く見える。
3　体積の割合で20.79－15.26＝5.53〔%〕の酸素が吸収されていると考えると，10L(10000mL)に対する体積は，10000〔mL〕×$\frac{5.53}{100}$＝553〔mL〕である。

3　**1**　溶液において，溶けている物質を溶質といい，溶質を溶かしている液体を溶媒という。
2　溶質が固体の物質の場合，温度が高くなるほど溶解度が大きくなるものが多い。
3　60℃での溶解度は約109gであり，20℃での溶解度は約32gなので，109－32＝77〔g〕ほどが溶けきれなくなり，結晶となって出てくる。

4　**1**　しゅう曲は地層を両側から押す力がはたらいてできる。また，図の断層は，向かって左側の層に対し右側の層が滑り落ちている。このような断層を正断層といい，地層を両側に引く力がはたらいてできる。
2　サンゴの化石は，その地域があたたかくて浅い海であったことを示す示相化石である。
3　地層は，下にあるものほど古い。また，断層面が比較的きれいであることから，断層ができたのはしゅう曲のあとであることがわかる。したがって，D→B→C→B→F→A→Eの順である。

5　**1**　キッチンに限らず家庭の配線は並列回路で，すべての電気器具に100Vの電圧が加わるようになっている。
2　東日本の家庭には50Hz，西日本の家庭には60Hzの交流が供給されている。
3　ミキサーに100Vの電圧が加わると，250〔W〕÷100〔V〕＝2.5〔A〕の電流が流れる。よって，ミキサーの抵抗は100〔V〕÷2.5〔A〕＝40〔Ω〕である。また，電気炊飯器に100Vの電圧が加わると，1200〔W〕÷100〔V〕＝12〔A〕の電流が流れるので，同時に使用したときには，テーブルタップの延長コードに2.5＋12＝14.5〔A〕の電流が流れる。

6　**1**　道管を通して葉に運ばれた水の一部は光合成の材料などに使われるが，大部分は気孔から水蒸気として大気中に放出されている。
2　孔辺細胞のはたらきにより，気孔を開閉している。
3　茎にも気孔が分布しているので，枝Dの水位の変化4.2mmは，茎から放出された水の量を表している。
4　枝Aの42.2mmは葉の表側の面と裏側の面と茎から放出された水の量を，枝Bの13.1mmは葉の表側の面と茎から放出された水の量を，枝Dの4.2mmは茎から放出された水の量を表している。枝Aと枝Bの差である42.2－13.1＝29.1〔mm〕が葉の裏側の面から放出された水の量になるので，これと枝Dの和である29.1＋4.2＝33.3〔mm〕が枝Cの水位の変化である。

7　**1**　亜鉛板では，亜鉛原子が電子を2個放出して亜鉛イオンになり，水溶液中に溶け出している。また，銅板では，電子(亜鉛原子が放出し，導線や電子オルゴールを通って銅板に移動してきたもの)を水溶液中の水素イオンが受けとって水素原子になり，2個の水素原子が結合して1個の水素分子ができている。これらの化学変化は，電子1個を表す記号をe^-とすると，次のように表される。
亜鉛板：$Zn \rightarrow Zn^{2+} + 2e^-$　　銅板：$2H^+ + 2e^- \rightarrow H_2$
2　レモン汁のpHが2～3であることから，レモン汁は酸性であり，水素イオン(H^+)が存在している。したがって，**1**の解説で述べたように，銅板から(亜鉛板からも)水素が発生している。
3　電池(化学電池)には，電解質の水溶液と2種類の金属板が必要である。食塩(塩化ナトリウム)と塩化銅は電解質であり，砂糖とエタノールは非電解質である。
4　燃料電池は，水素と酸素が化合して水ができる化学変化($2H_2 + O_2 \rightarrow 2H_2O$)を利用することで，電気エネルギーをとり出している。

8　**1**　カシオペヤ座と北斗七星は，北極星を探すための目印として利用される。
2　地球が1時間に約15°ずつ西から東の向きに自転しているので，北の空の星は北極星を中心として反時計回りに1時間に約15°の速さで回転しているように見える。
3　地球は，地軸(北極と南極を結ぶ軸)を中心に自転している。そのため，地軸のほぼ延長上にある北極星は，ほとんどその位置を変えない。
4　**2**の解説で述べた地球の自転によって起こる星の見かけの動きを，星の日周運動という。

9　**1**　運動している物体は，慣性により，そのまま等速直線運動を続けようとする。
2　質量300g(重さ3N)の物体の高さを18cm(0.18m)高くしたので，仕事は3〔N〕×0.18〔m〕＝0.54〔J〕である。
3　A点とB点の基準面からの高さの比は18cm：12cm＝3：2である。静止しているA点の位置エネルギーの大きさを3とすると，運動エネルギーの大きさは0なので，これらの和である力学的エネルギーの大きさは3になる。また，B点の位置エネルギーの大きさは2と表され，運動エネルギーの大きさは3－2＝1となる。よって，2÷1＝2〔倍〕になっている。
4　図3は位置エネルギーの大きさを表すグラフである。位置エネルギーと運動エネルギーの和を力学的エネルギーといい，空気の抵抗や摩擦を考えないならば，力学的エネルギーの大きさは一定に保たれる。このことを，力学的エネルギーの保存(力学的エネルギー保存の法則)という。

高校入試CHUサポ講座

合格への近道

下野新聞は、過去40年以上にわたり高校進学を目指す中学生の進学指導を行っており、教育関係者の方々より高い評価を得ています。4月から土曜日と日曜日の週2回、11月からは月・水・金・土・日曜日の週5回**「高校入試CHUサポ講座」**を新聞紙上に掲載しています。学校の授業内容と並行して出題される問題を通じ、実力アップを図ってください。

下野新聞社キャラクター「ぴっとこちゃん」

令和4年度 日程・出題内容一覧表

下野新聞紙上で連載中!

◆国語・社会・数学・理科・英語各25回ずつ掲載。基礎からしっかり学べます。

回＼教科	国語	社会	数学	理科	英語
1	4/9(土) 説明的文章、漢字	4/10(日) 地球の姿をとらえよう	4/16(土) 正の数・負の数	4/17(日) 植物の特徴と分類	4/23(土) be動詞(現在、過去)
2	4/24(日) 説明的文章、漢字	4/30(土) 文明のおこりと日本の成り立ち、古代国家の歩みと東アジアの世界	5/1(日) 文字式と式の計算	5/7(土) 動物の特徴と分類	5/8(日) 一般動詞(現在、過去)
3	5/14(土) 文学的文章(小説)、漢字	5/15(日) 世界の国々の姿をとらえよう	5/21(土) 1次方程式とその利用	5/22(日) いろいろな物質、気体の発生と性質	5/28(土) 進行形
4	5/29(日) 説明的文章、漢字	6/4(土) 中世社会の展開と東アジアの情勢、世界の動きと天下統一	6/5(日) 比例と反比例	6/11(土) 水溶液、物質の状態変化	6/12(日) 助動詞、未来表現
5	6/18(土) 古文、小問	6/19(日) 日本の姿をとらえよう、身近な世界を調べよう	6/25(土) 平面図形と空間図形	6/26(日) 光による現象、音による現象	7/2(土) 名詞、代名詞、冠詞
6	7/3(日) 文学的文章(随筆)、漢字	7/9(土) 近世社会の発展、近代ヨーロッパの世界支配と日本の開国	7/10(日) 連立方程式の基礎	7/16(土) 力による現象	7/17(日) 形容詞、副詞
7	7/23(土) 文学的文章(小説)、漢字	7/24(日) 世界の国々を調べよう	7/30(土) 連立方程式の利用	7/31(日) 火山、地震	8/6(土) 比較
8	8/7(日) 説明的文章、漢字	8/13(土) 近代日本の歩み	8/14(日) 1次関数の基礎	8/20(土) 地層、大地の変動	8/21(日) いろいろな文(命令文、There is～など)
9	8/27(土) 俳句・短歌(和歌)	8/28(日) 世界から見た日本の姿	9/3(土) 1次関数の応用	9/4(日) 物質の成り立ち、さまざまな化学変化	9/10(土) いろいろな疑問文
10	9/11(日) 説明的文章、漢字	9/17(土) 現代社会とわたしたちの生活	9/18(日) 平行と合同 ※反例追加	9/24(土) 化学変化と物質の質量の規則性	9/25(日) 不定詞(1)
11	10/1(土) 文学的文章(随筆)、漢字	10/2(日) 二度の世界大戦と日本、現代の日本と世界	10/8(土) 三角形	10/9(日) 生物の体をつくる細胞、植物の体のつくりとはたらき	10/15(土) 不定詞(2)、動名詞(1)
12	10/16(日) 説明的文章、漢字	10/22(土) 都道府県を調べよう	10/23(日) 平行四辺形	10/29(土) 動物の体のつくりとはたらき、感覚と運動のしくみ	10/30(日) 1・2年の総復習
13	11/2(水) 古文、小問	11/4(金) 人間の尊重と日本国憲法	11/5(土) データの活用と確率 ※箱ひげ図追加	11/6(日) 地球の大気と天気の変化	11/7(月) 受け身
14	11/9(水) 説明的文章、漢字、敬語	11/11(金) 歴史のまとめ(古代～平安時代)	11/12(土) 展開と因数分解	11/13(日) 電流の性質	11/16(水) 現在完了(1)
15	11/18(金) 文学的文章(小説)、漢字	11/19(土) 世界地理のまとめ	11/20(日) 平方根	11/21(月) 電流の正体、電流と磁界	11/23(水) 現在完了(2)、現在完了進行形
16	11/25(金) 説明的文章、漢字	11/26(土) 現代の民主政治と社会	11/27(日) 2次方程式とその利用	11/28(月) 生命の連続性 ※多様性と進化追加	11/30(水) 前置詞、接続詞、連語
17	12/2(金) 古文	12/3(土) 歴史のまとめ(鎌倉～江戸時代)	12/4(日) 関数y=ax²	12/5(月) 力と物体の運動 ※水圧、浮力追加	12/7(水) いろいろな会話(1)、原形不定詞
18	12/9(金) 説明的文章、漢字	12/10(土) 日本地理のまとめ	12/11(日) 関数y=ax²の応用	12/14(水) 仕事とエネルギー	12/16(金) 関係代名詞
19	12/17(土) 文学的文章(小説)、漢字	12/18(日) わたしたちの暮らしと経済	12/19(月) 図形と相似の基礎 ※誤差と有効数字追加	12/21(水) 水溶液とイオン	12/23(金) 分詞、動名詞(2)
20	12/24(土) 文学的文章(随筆)、漢字	12/25(日) 歴史のまとめ(明治時代～現代)	1/6(金) 図形と相似の応用	1/7(土) 酸・アルカリと塩	1/8(日) 間接疑問文
21	1/9(月) 小問、古典総合	1/11(水) 地球社会とわたしたち	1/13(金) 円、三平方の定理の基礎	1/14(土) 地球の運動と天体の動き	1/15(日) いろいろな会話(2)
22	1/16(月) 作文	1/18(水) 地理分野の総合	1/20(金) 三平方の定理の応用	1/21(土) 太陽系の天体、恒星の世界	1/22(日) 仮定法
23	1/23(月) 小問、古文	1/25(水) 公民のまとめ(政治)	1/27(金) 図形の総合問題	1/28(土) 自然と人間	1/29(日) 総合問題(Ⅰ)
24	1/30(月) 説明的文章総合	2/1(水) 歴史分野の総合	2/3(金) 数式と規則性の総合問題	2/4(土) 総合問題(1)	2/5(日) 総合問題(Ⅱ)
25	2/6(月) 文学的文章(小説)総合	2/8(水) 公民のまとめ(経済)	2/10(金) 関数の総合問題	2/11(土) 総合問題(2)	2/12(日) 総合問題(Ⅲ)

※新聞休刊日の変更や紙面の都合上、掲載日程や内容が変わる場合がございます。

2020・2021

[令和5年高校入試受験用]

解答用紙を切り取りましょう。
拡大コピーすると使いやすくなります。

解答用紙

令和3年

第186回下野新聞模擬テスト 国語 【解答用紙】

第186回下野新聞模擬テスト（令和3年10月3日）国語解答用紙(1)

1

- 1 (1)① (2)② (3)③ げる (4)④ られる (5)⑤
- 2 (1)⑥ (2)⑦ める (3)⑧ (4)⑨ る (5)⑩
- 3 (1)⑪ (2)⑫ (3)⑬ (4)⑭
- 4 ⑮

2点×15

2

- 1 ⑯
- 2 ⑰
- 3 ⑱
- 4 ⑲ （20）（30）
- 5 ⑳

2点×5

3

- 1 ㉑
- 2 ㉒㉓ （40）（50）
- 3 ㉔
- 4 ㉕
- 5 ㉖
- 6 ㉗

1，3，4，5　3点×4
2，6　4点×2

4

- 1 ㉘
- 2 ㉙
- 3 ㉚
- 4 ㉛
- 5 ㉜㉝ （40）（50）
- 6 ㉞

1，2，3，4　3点×4
5，6　4点×2

国語〈第186回〉

氏　名		会場名	

受験番号

〈キリトリ線〉

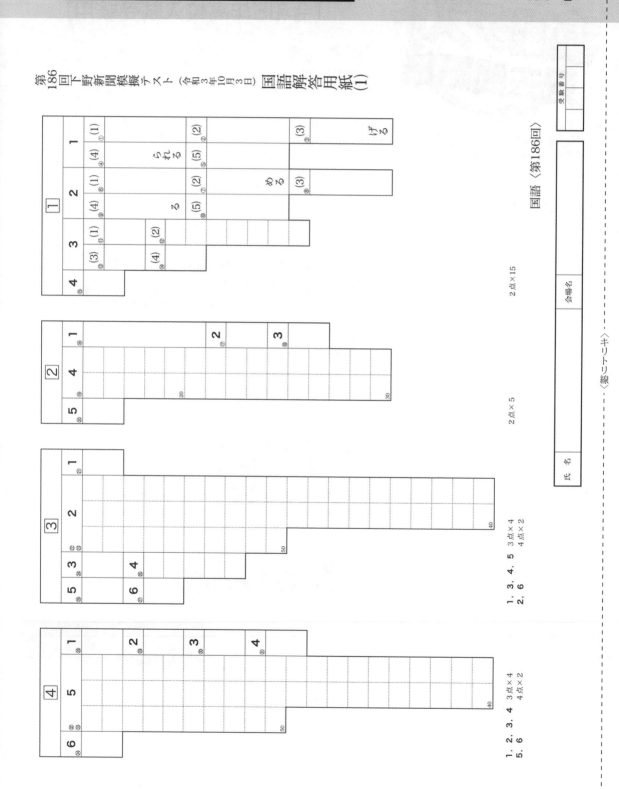

第186回 下野新聞模擬テスト

国語 【解答用紙】

国語解答用紙(2)

形式 ㉟	表現 ㊱	表記 ㊲	内容 ㊳
/4	/4	/4	/8

5

◎氏名と題名は書かないこと。

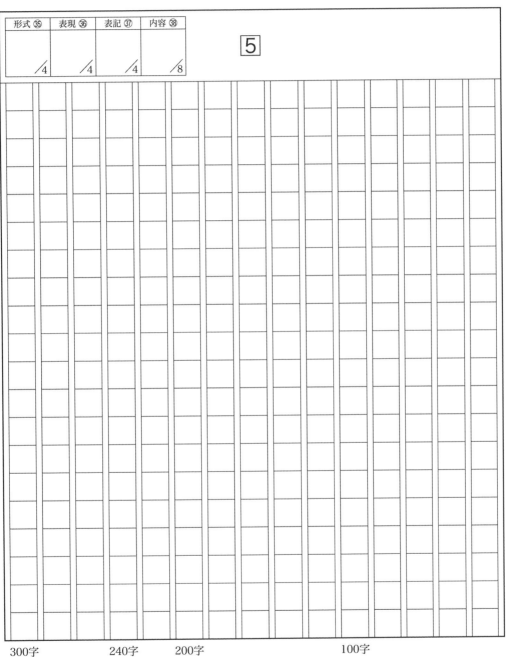

300字　240字　200字　100字

20点

〈キリトリ線〉

第186回 下野新聞模擬テスト

社　会　【解答用紙】

第186回下野新聞模擬テスト（令和3年10月3日実施）社会解答用紙

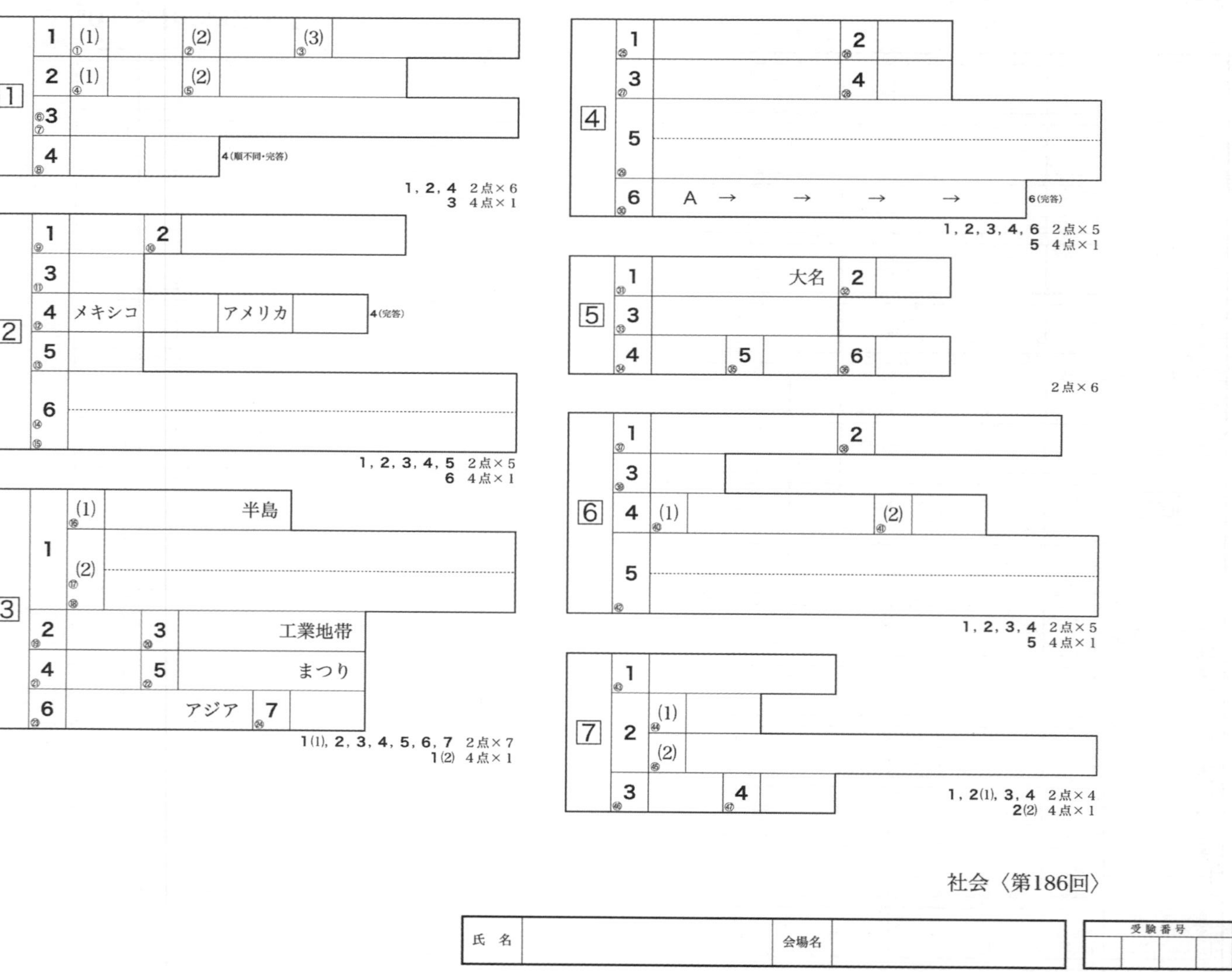

1		
1	(1) ①	(2) ②	(3) ③
2	(1) ④	(2) ⑤
3 ⑥⑦		
4 ⑧		4（順不同・完答）

1，2，4　2点×6
3　4点×1

2		
1 ⑨		2 ⑩
3 ⑪		
4 ⑫	メキシコ	アメリカ　4（完答）
5 ⑬		
6 ⑭⑮		

1，2，3，4，5　2点×5
6　4点×1

3		
1	(1) ⑯	半島
	(2) ⑰⑱	
2 ⑲		3 ⑳　工業地帯
4 ㉑		5 ㉒　まつり
6 ㉓	アジア	7 ㉔

1(1)，2，3，4，5，6，7　2点×7
1(2)　4点×1

4		
1 ㉕		2 ㉖
3 ㉗		4 ㉘
5 ㉙		
6 ㉚	A →　→　→　→	6（完答）

1，2，3，4，6　2点×5
5　4点×1

5		
1 ㉛	大名	2 ㉜
3 ㉝		
4 ㉞	5 ㉟	6 ㊱

2点×6

6		
1 ㊲		2 ㊳
3 ㊴		
4	(1) ㊵	(2) ㊶
5 ㊷		

1，2，3，4　2点×5
5　4点×1

7		
1 ㊸		
2	(1) ㊹	
	(2) ㊺	
3 ㊻		4 ㊼

1，2(1)，3，4　2点×4
2(2)　4点×1

社会〈第186回〉

氏　名		会場名		受験番号

〈キリトリ線〉

第186回 下野新聞模擬テスト

英　語　【解答用紙】

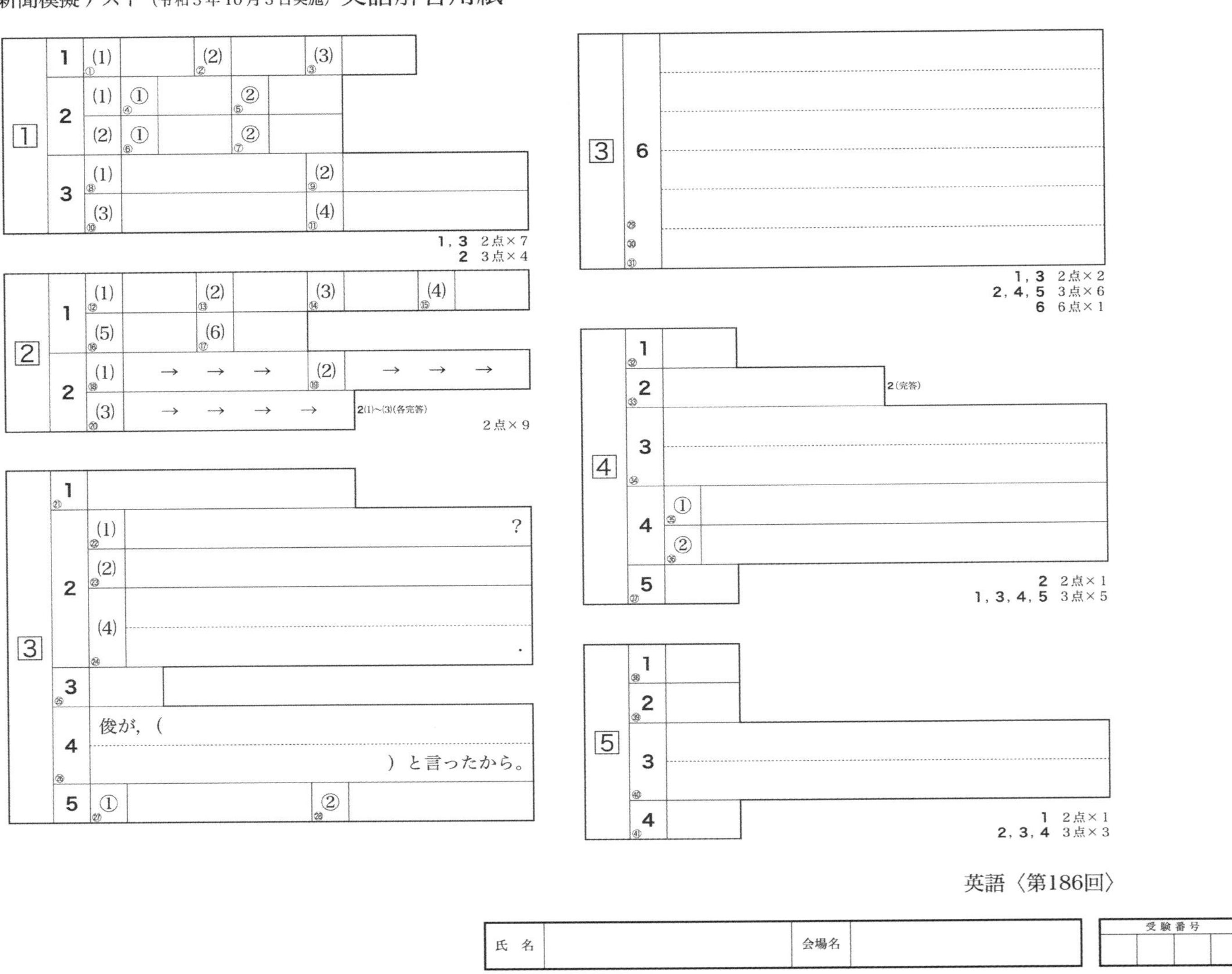
第186回下野新聞模擬テスト（令和3年10月3日実施）英語解答用紙

1　1 (1) (2) (3)　2 (1) ① ② (2) ① ②　3 (1) (2) (3) (4)

1, 3　2点×7
2　3点×4

2　1 (1) (2) (3) (4) (5) (6)　2 (1) → → → (2) → → → (3) → → → →

2(1)~(3)(各完答)　2点×9

3　1　2 (1) ? (2) (4) .　3　4 俊が、（　　）と言ったから。　5 ① ②

3　6

1, 3　2点×2
2, 4, 5　3点×6
6　6点×1

4　1　2　3　4 ① ②　5

2(完答)
2　2点×1
1, 3, 4, 5　3点×5

5　1　2　3　4

1　2点×1
2, 3, 4　3点×3

英語〈第186回〉

氏名　会場名　受験番号

第186回 下野新聞模擬テスト

数学 【解答用紙】

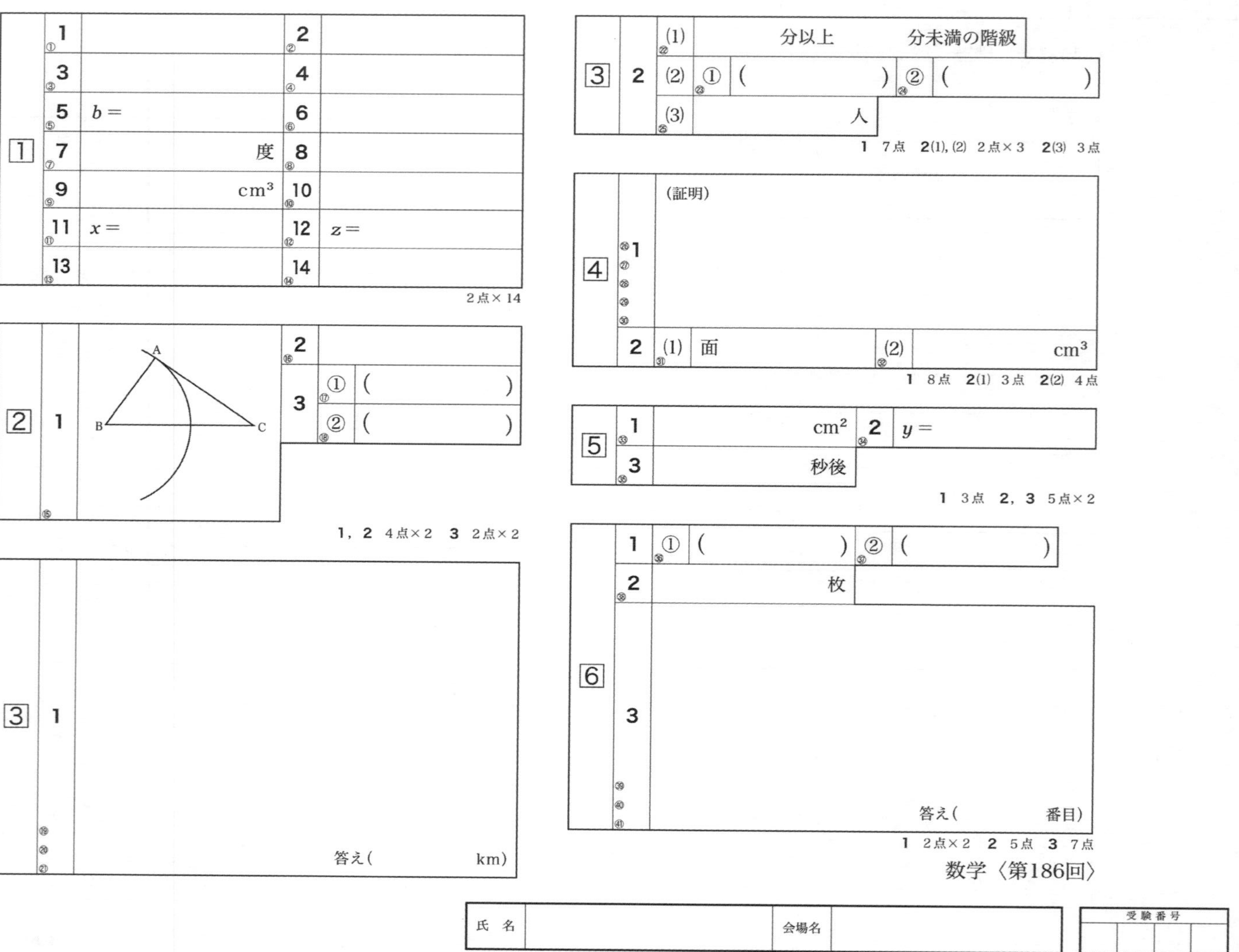

第186回下野新聞模擬テスト（令和３年10月３日実施）数学解答用紙

1
1 ①
2 ②
3 ③
4 ④
5 ⑤ $b=$
6 ⑥
7 ⑦ 度
8 ⑧
9 ⑨ cm^3
10 ⑩
11 ⑪ $x=$
12 ⑫ $z=$
13 ⑬
14 ⑭
2点×14

2
1 ⑮
A
B
C
2 ⑯
3 ① ⑰ （　　）
3 ② ⑱ （　　）
1，2　4点×2　3　2点×2

3
1 ⑲ ⑳ ㉑
答え（　　km）

3
2 (1) ㉒ 分以上　分未満の階級
2 (2) ① ㉓ （　　）
2 (2) ② ㉔ （　　）
2 (3) ㉕ 人
1　7点　2(1), (2)　2点×3　2(3)　3点

4
1 ㉖ ㉗ ㉘ ㉙ ㉚ （証明）
2 (1) ㉛ 面
2 (2) ㉜ cm^3
1　8点　2(1)　3点　2(2)　4点

5
1 ㉝ cm^2
2 ㉞ $y=$
3 ㉟ 秒後
1　3点　2，3　5点×2

6
1 ① ㊱ （　　）
1 ② ㊲ （　　）
2 ㊳ 枚
3 ㊴ ㊵ ㊶
答え（　　番目）
1　2点×2　2　5点　3　7点

数学〈第186回〉

氏名
会場名
受験番号

〈キリトリ線〉

第186回 下野新聞模擬テスト

理　科　【解答用紙】

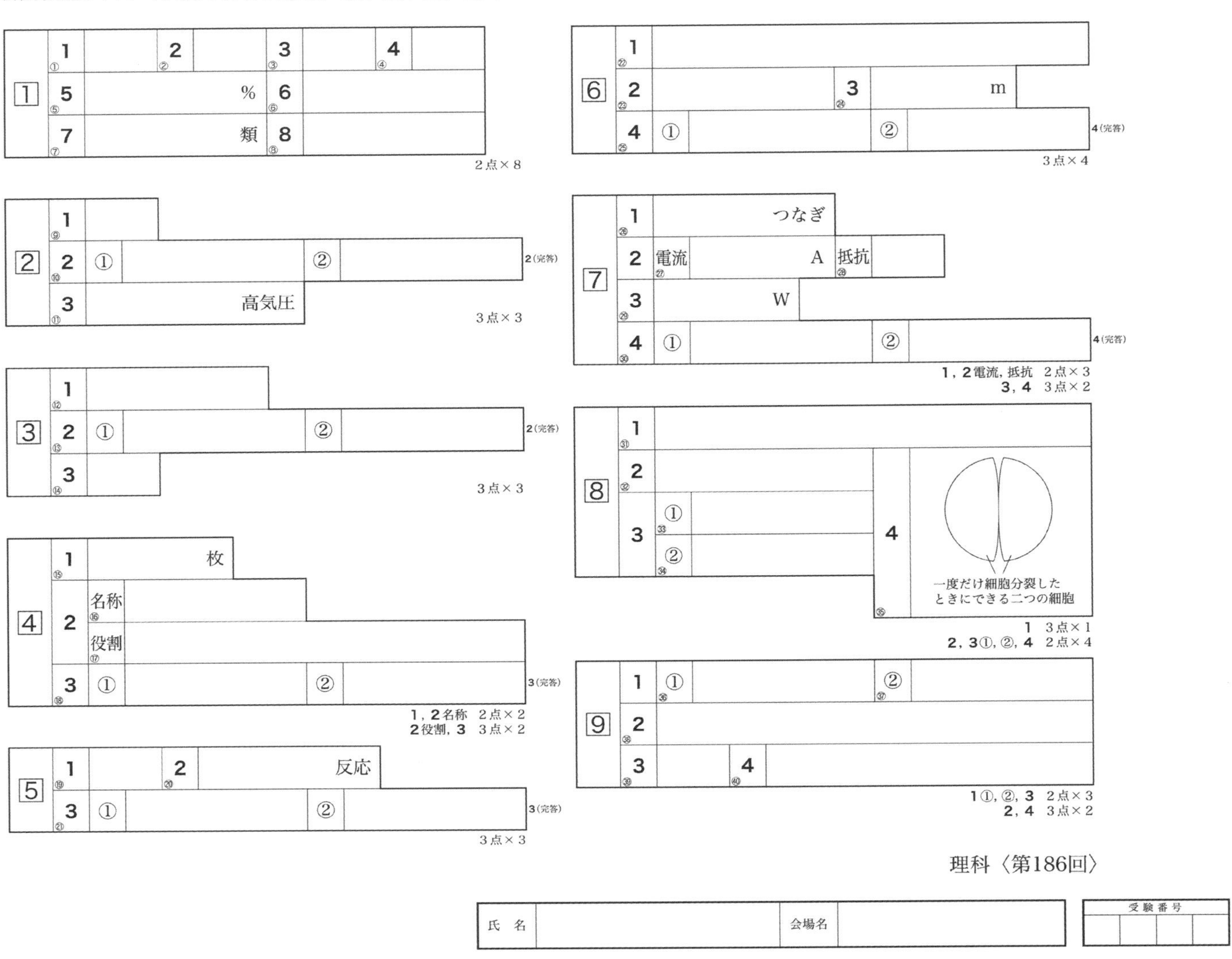
第186回下野新聞模擬テスト（令和3年10月3日実施）理科解答用紙

1　1　2　3　4　5 %　6　7 類　8　2点×8

2　1　2 ①②　2(完答)　3 高気圧　3点×3

3　1　2 ①②　2(完答)　3　3点×3

4　1 枚　2 名称 役割　3 ①②　3(完答)　1，2名称 2点×2　2役割，3 3点×2

5　1　2 反応　3 ①②　3(完答)　3点×3

6　1　2　3 m　4 ①②　4(完答)　3点×4

7　1 つなぎ　2 電流 A 抵抗　3 W　4 ①②　4(完答)　1，2電流，抵抗 2点×3　3，4 3点×2

8　1　2　3 ①②　4 一度だけ細胞分裂したときにできる二つの細胞　1 3点×1　2，3①，②，4 2点×4

9　1 ①②　2　3　4　1①，②，3 2点×3　2，4 3点×2

理科〈第186回〉

氏　名　会場名　受験番号

〈キリトリ線〉

第187回下野新聞模擬テスト 国語 【解答用紙】

第187回下野新聞模擬テスト（令和3年11月7日）国語解答用紙(1)

1

1　(1)①　(2)②　(3)③ える　(4)④ る　(5)⑤

2　(1)⑥　(2)⑦ れる　(3)⑧　(4)⑨ む　(5)⑩

3　(1)⑪　(2)⑫　(3)⑬　(4)⑭　(5)⑮

2点×15

2

1⑯　2⑰　3⑱　4⑲（20、30）　5⑳

2点×5

3

1㉑　2㉒　3㉓　4㉔ 初め　終わり　4（完答）　5㉕㉖（30、40）　6㉗

1，2，3，4　3点×4
5，6　4点×2

4

1㉘　2㉙　3㉚　4㉛（15、20）　5㉜㉝（20、30）　6㉞

1，2，3，4　3点×4
5，6　4点×2

国語〈第187回〉

氏　名		会場名	

受験番号			

〈キリトリ線〉

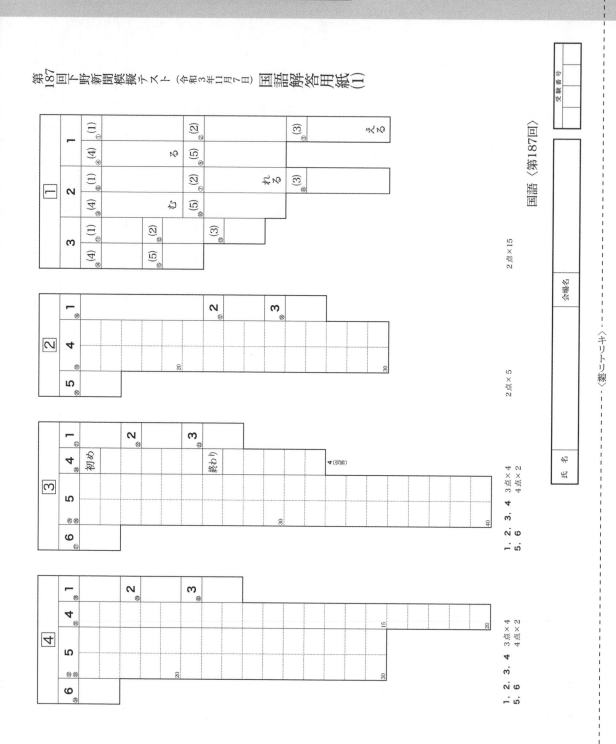

第187回下野新聞模擬テスト

国語 【解答用紙】

国語解答用紙(2)

形式 ㉟	表現 ㊱	表記 ㊲	内容 ㊳
/4	/4	/4	/8

5

◎氏名と題名は書かないこと。

100字 200字 240字 300字

20点

〈キリトリ線〉

第187回 下野新聞模擬テスト

社 会 【解答用紙】

第187回下野新聞模擬テスト（令和3年11月7日実施）社会解答用紙

1

1	(1) ①		(2) ②		(3) ③		(4) ④	
2 ⑤								
3 ⑥								
4 ⑦								

1，2，3　2点×6
4　4点×1

2

1 ⑧		2 ⑨	
3 ⑩			
4 ⑪		5 ⑫	
6 ⑬ ⑭			

1，2，3，4，5　2点×5
6　4点×1

3

1 ⑮			2 ⑯	
3	記号 ⑰			
	目的 ⑱			
4 ⑲			5 ⑳	
6 ㉑				
7 ㉒	A → → → → → F			

7（完答）

1，2，3記号，4，5，6，7　2点×7
3目的　4点×1

4

1 ㉓		2 ㉔	
3 ㉕	→ → →		
4 ㉖		5 ㉗	
6 ㉘ ㉙			

3（完答）

1，2，3，4，5　2点×5
6　4点×1

5

1 ㉚		2 ㉛	
3 ㉜		4 ㉝	
5 ㉞		6 ㉟	

6（順不同・完答）

2点×6

6

1 ㊱		2 ㊲	
3 ㊳			
4 ㊴		5 ㊵	
6 ㊶			

1，2，3，4，5　2点×5
6　4点×1

7

1 ㊷		2 ㊸	
3 ㊹			
4 ㊺ ㊻			
5 ㊼			

1，2，3，5　2点×4
4　4点×1

社会〈第187回〉

氏　名		会場名		受験番号				

〈キリトリ線〉

第187回 下野新聞模擬テスト

英語 【解答用紙】

〈キリトリ線〉

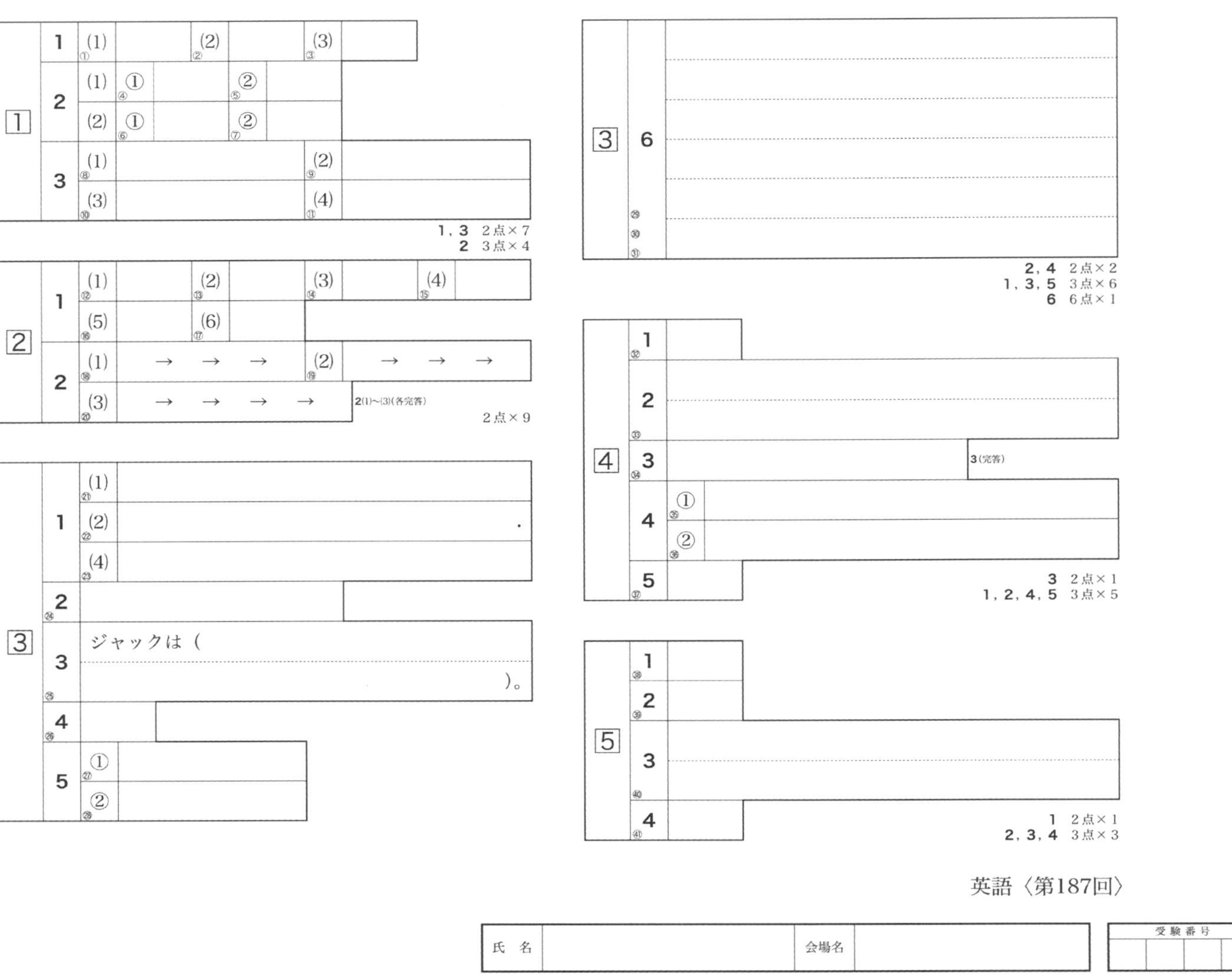

第187回 下野新聞模擬テスト

数学 【解答用紙】

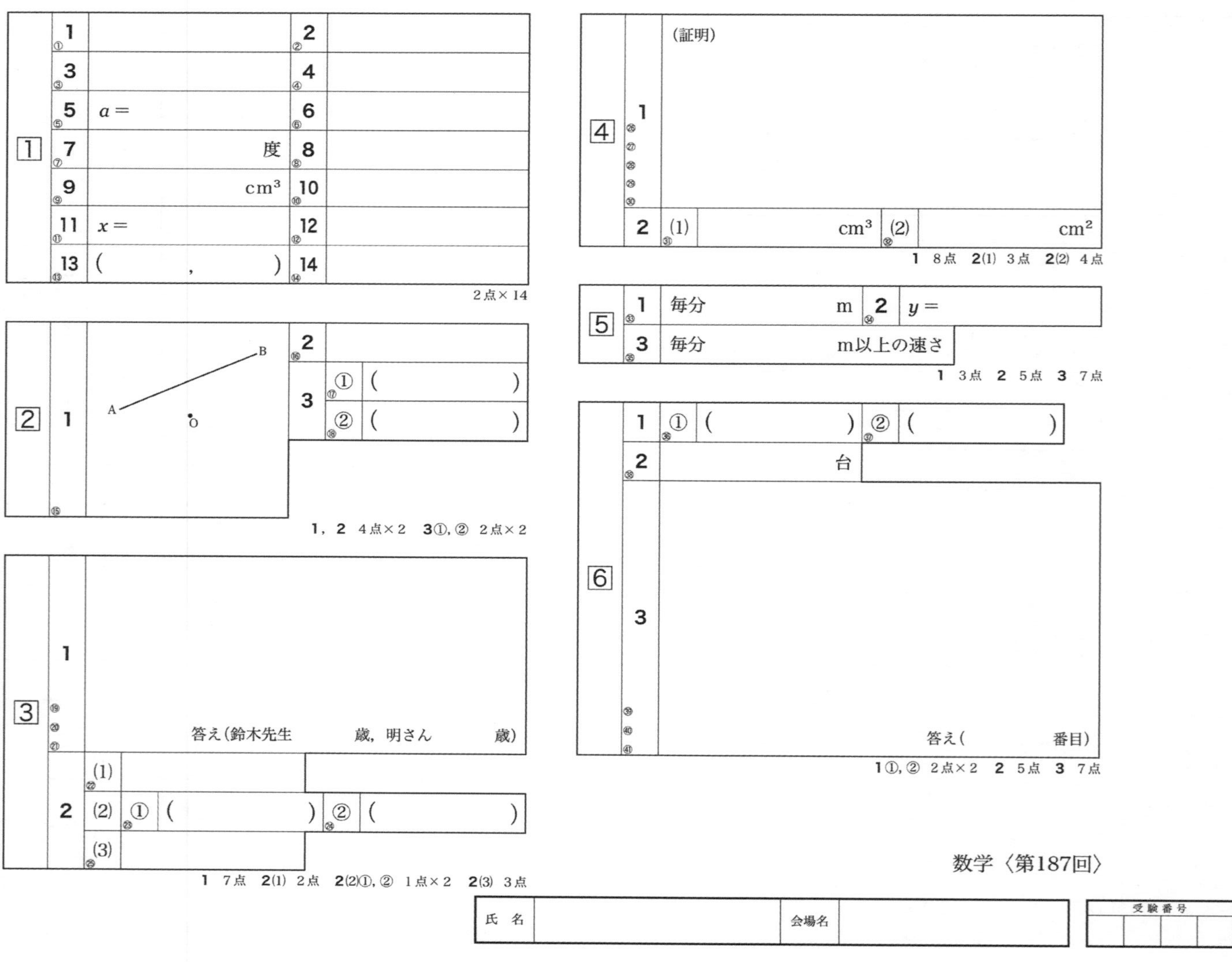

第187回下野新聞模擬テスト（令和3年11月7日実施）数学解答用紙

1

1		2	
3		4	
5	$a=$	6	
7	度	8	
9	cm^3	10	
11	$x=$	12	
13	(　　,　　)	14	

2点×14

2

1	A, B, O	2	
		3 ①	(　　)
		3 ②	(　　)

1，2 4点×2　3①，② 2点×2

3

1

答え(鈴木先生　　歳，明さん　　歳)

2	(1)		
	(2)	① (　　)	② (　　)
	(3)		

1 7点　2(1) 2点　2(2)①，② 1点×2　2(3) 3点

4

1 (証明)

2 (1)	cm^3	(2)	cm^2

1 8点　2(1) 3点　2(2) 4点

5

1	毎分　　m	2	$y=$
3	毎分　　m以上の速さ		

1 3点　2 5点　3 7点

6

1	① (　　)	② (　　)
2	台	

3

答え(　　番目)

1①，② 2点×2　2 5点　3 7点

数学〈第187回〉

氏名		会場名		受験番号

〈キリトリ線〉

第187回 下野新聞模擬テスト

理　科　【解答用紙】

〈キリトリ線〉

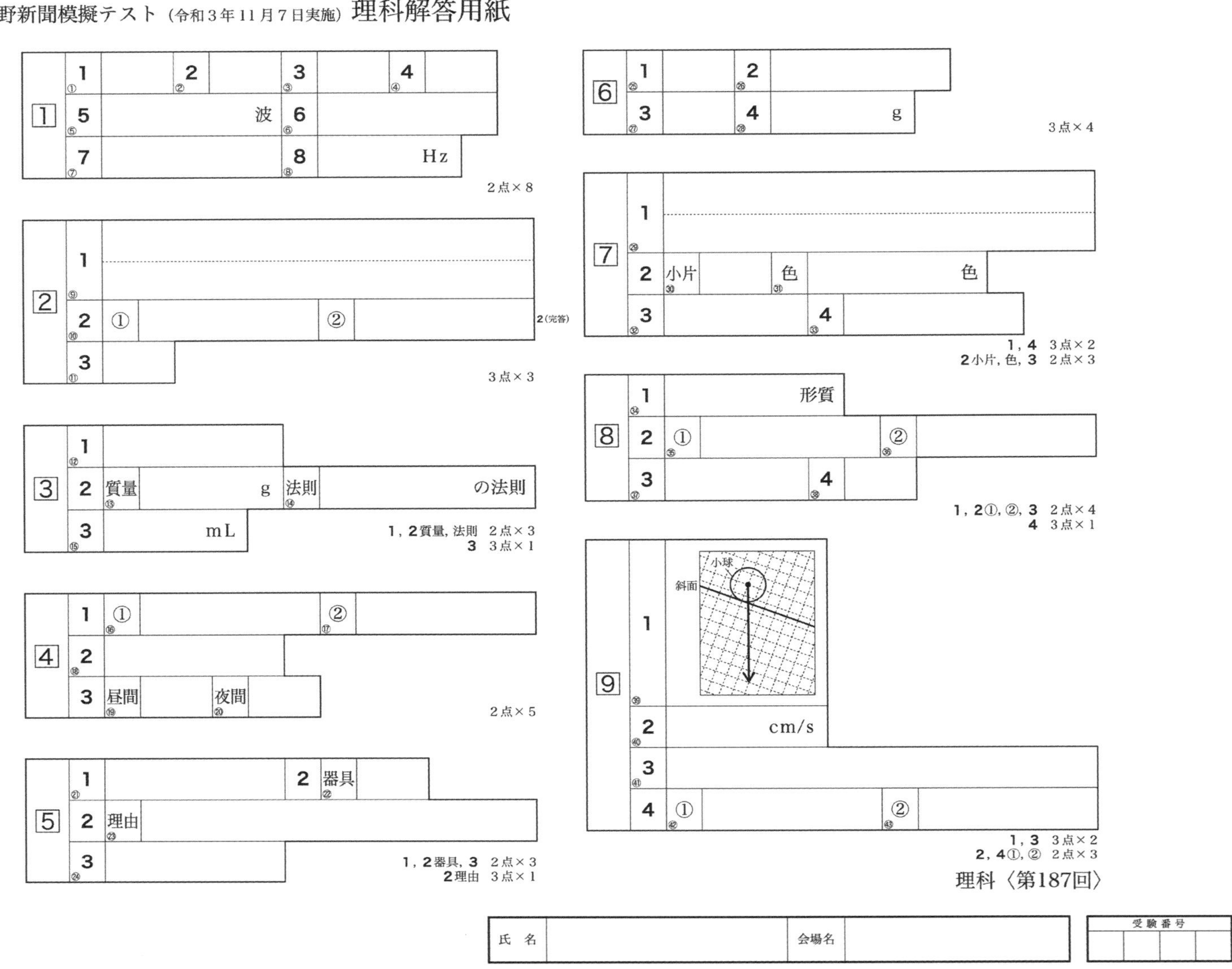
第187回下野新聞模擬テスト（令和3年11月7日実施） 理科解答用紙

大問	小問	解答欄	配点
1	1		2点×8
	2		
	3		
	4		
	5	波	
	6		
	7		
	8	Hz	
2	1		3点×3
	2（完答）	① ②	
	3		
3	1		1，2質量，法則 2点×3
	2	質量　g　法則　の法則	3 3点×1
	3	mL	
4	1	① ②	2点×5
	2		
	3	昼間　夜間	
5	1		1，2器具，3 2点×3
	2	器具　理由	2理由 3点×1
	3		
6	1		3点×4
	2		
	3		
	4	g	
7	1		1，4 3点×2
	2	小片　色　色	2小片，色，3 2点×3
	3		
	4		
8	1	形質	1，2①，②，3 2点×4
	2	① ②	4 3点×1
	3		
	4		
9	1	（図：小球，斜面）	1，3 3点×2
	2	cm/s	2，4①，② 2点×3
	3		
	4	① ②	

理科〈第187回〉

氏名　会場名　受験番号

第188回 下野新聞模擬テスト

国語 【解答用紙】

第188回下野新聞模擬テスト（令和3年12月5日）国語解答用紙(1)

1

- 1 (1)① (2)② (3)③ がれる (4)④ う (5)⑤
- 2 (1)⑥ (2)⑦ まる (3)⑧ (4)⑨ びる (5)⑩
- 3 (1)⑪ (2)⑫ (3)⑬ (4)⑭
- 4 ⑮

2点×15

2

- 1 ⑯ 2 ⑰ 3 ⑱
- 4 ⑲
- 5 ⑳

2点×5

3

- 1 ㉑
- 2 ㉒㉓
- 3 ㉔ 初め 終わり
- 4 ㉕
- 5 ㉖㉗
- 6 ㉘

3（完答）

1，3，4，6 3点×4
2，5 4点×2

4

- 1 ㉙ 2 ㉚
- 3 ㉛㉜ と感じている。
- 4 ㉝
- 5 ㉞㉟
- 6 ㊱

1，2，4，6 3点×4
3，5 4点×2

国語〈第188回〉

氏名		会場名	

受験番号

〈キリトリ線〉

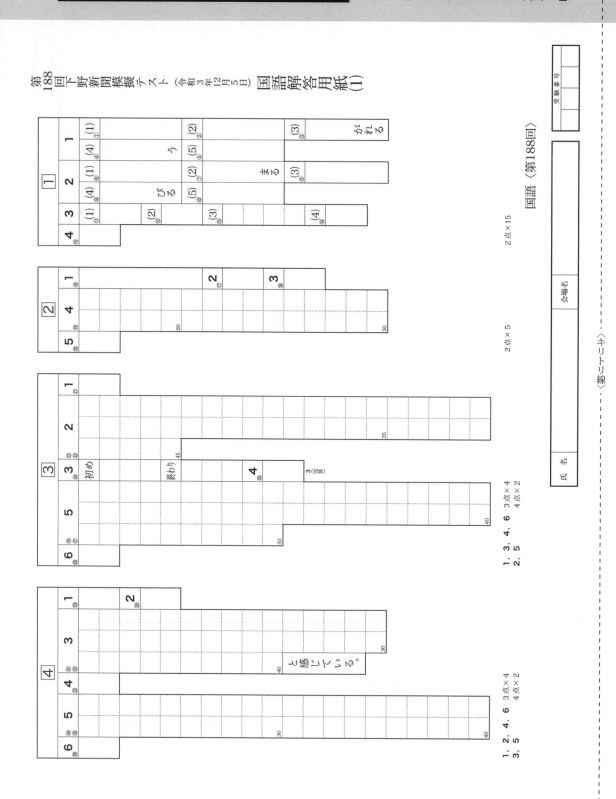

第188回 下野新聞模擬テスト

国 語 【解答用紙】

国語解答用紙(2)

形式 ㊲	表現 ㊳	表記 ㊴	内容 ㊵
／4	／4	／4	／8

5

◎氏名と題名は書かないこと。

300字　240字　200字　100字

20点

〈キリトリ線〉

第188回 下野新聞模擬テスト

社　会　【解答用紙】

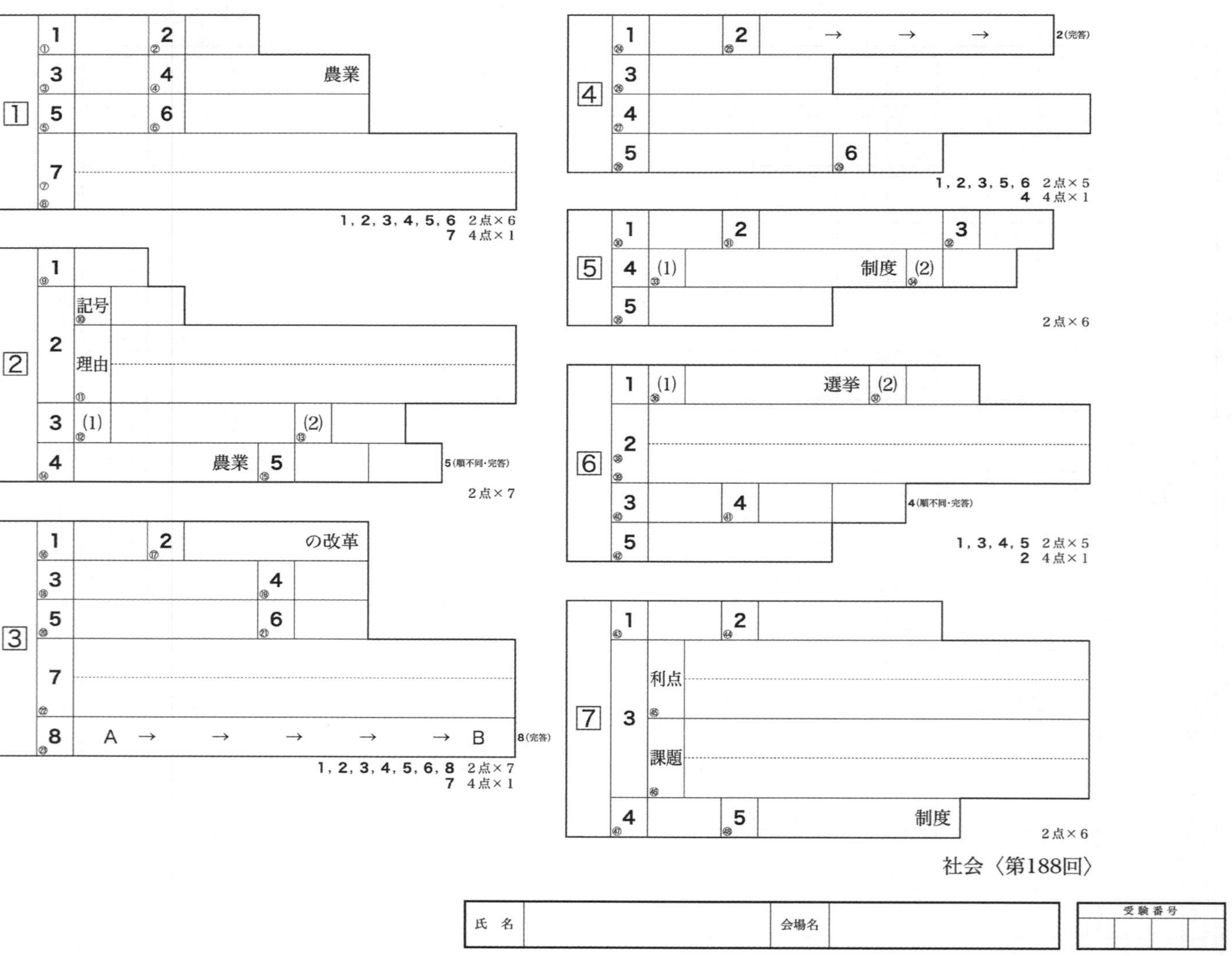

第188回 下野新聞模擬テスト

英　語　【解答用紙】

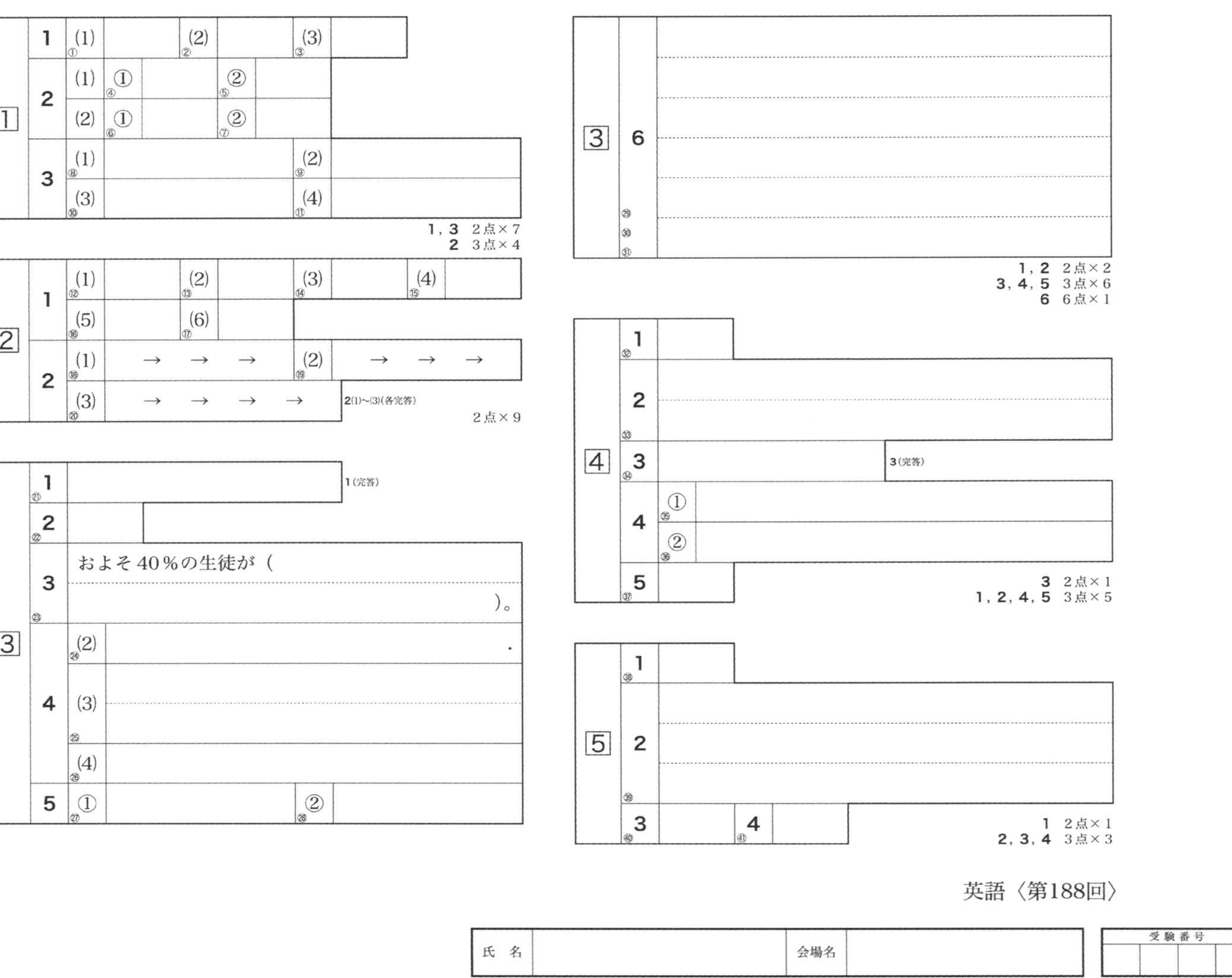

〈キリトリ線〉

第188回下野新聞模擬テスト（令和3年12月5日実施）　英語解答用紙

1	1	(1)	(2)	(3)
	2	(1) ① ②	(2) ① ②	
	3	(1) (2)	(3) (4)	

1，3　2点×7　2　3点×4

2	1	(1) (2) (3) (4)	(5) (6)
	2	(1) → → →	(2) → → →
		(3) → → → →	

2(1)〜(3)(各完答)　2点×9

3	1	1(完答)
	2	
	3	およそ40％の生徒が（　　　　）。
	4	(2) (3) (4)
	5	① ②
	6	

1，2　2点×2　3，4，5　3点×6　6　6点×1

4	1	2	3	4 ① ②	5

3(完答)　3　2点×1　1，2，4，5　3点×5

5	1	2	3	4

1　2点×1　2，3，4　3点×3

英語〈第188回〉

氏名	会場名	受験番号

第188回 下野新聞模擬テスト
数　学
【解答用紙】

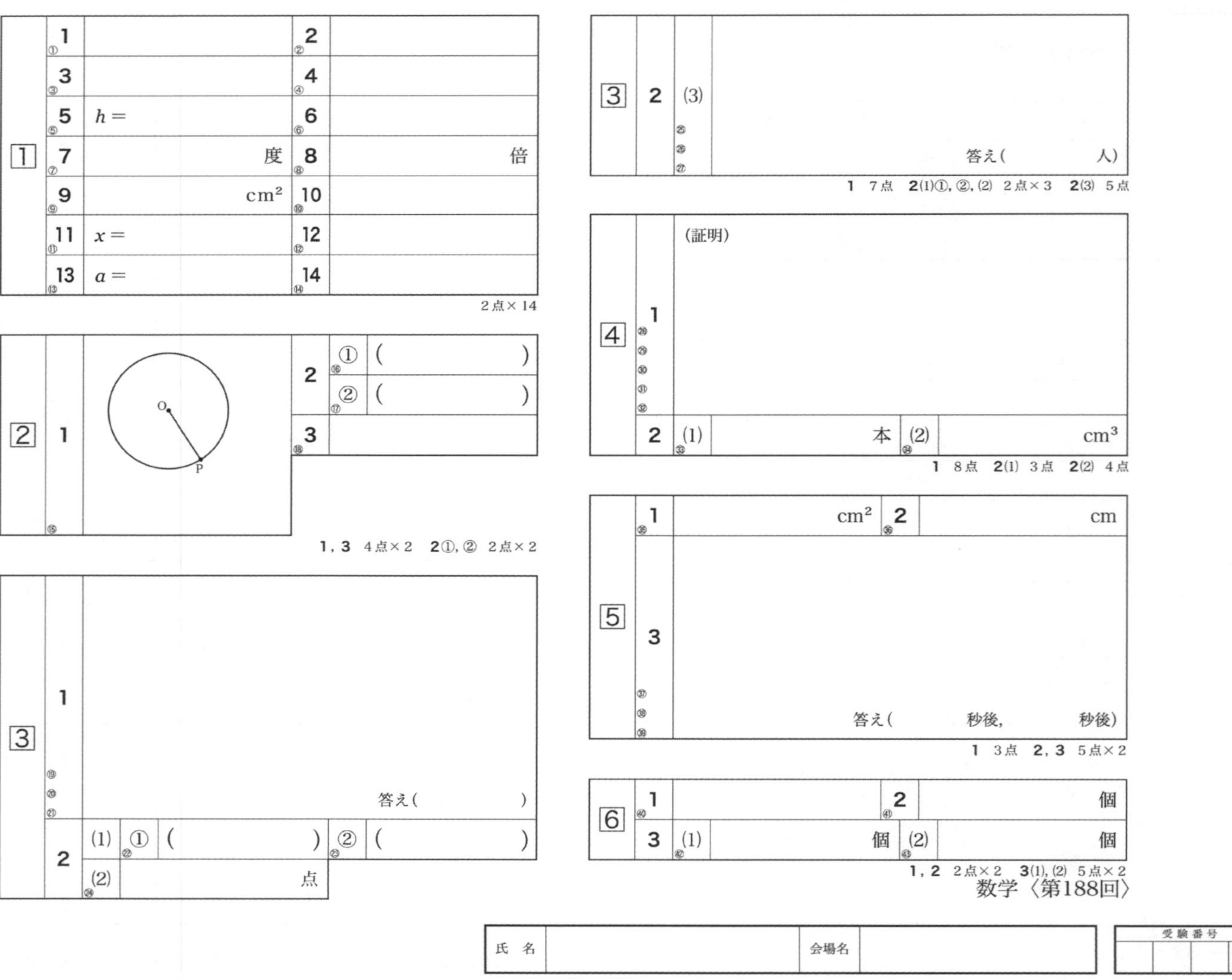

第188回下野新聞模擬テスト（令和3年12月5日実施） 数学解答用紙

1	1 ①		2 ②	
	3 ③		4 ④	
	5 ⑤	$h=$	6 ⑥	
	7 ⑦	度	8 ⑧	倍
	9 ⑨	cm^2	10 ⑩	
	11 ⑪	$x=$	12 ⑫	
	13 ⑬	$a=$	14 ⑭	

2点×14

2	1 ⑮		2	① ⑯	（　　）
				② ⑰	（　　）
			3 ⑱		

1，3　4点×2　2①，②　2点×2

3	1 ⑲ ⑳ ㉑	答え（　　）			
	2	(1) ① ㉒	（　　）	② ㉓	（　　）
		(2) ㉔	点		

3	2	(3) ㉕ ㉖ ㉗	答え（　　人）

1　7点　2(1)①，②，(2)　2点×3　2(3)　5点

4	1 ㉘ ㉙ ㉚ ㉛ ㉜	（証明）			
	2	(1) ㉝	本	(2) ㉞	cm^3

1　8点　2(1)　3点　2(2)　4点

5	1 ㉟	cm^2	2 ㊱	cm
	3 ㊲ ㊳ ㊴	答え（　　秒後，　　秒後）		

1　3点　2，3　5点×2

6	1 ㊵		2 ㊶		個
	3	(1) ㊷	個	(2) ㊸	個

1，2　2点×2　3(1)，(2)　5点×2

数学〈第188回〉

氏　名		会場名	

受験番号			

〈キリトリ線〉

第188回 下野新聞模擬テスト

理　科　【解答用紙】

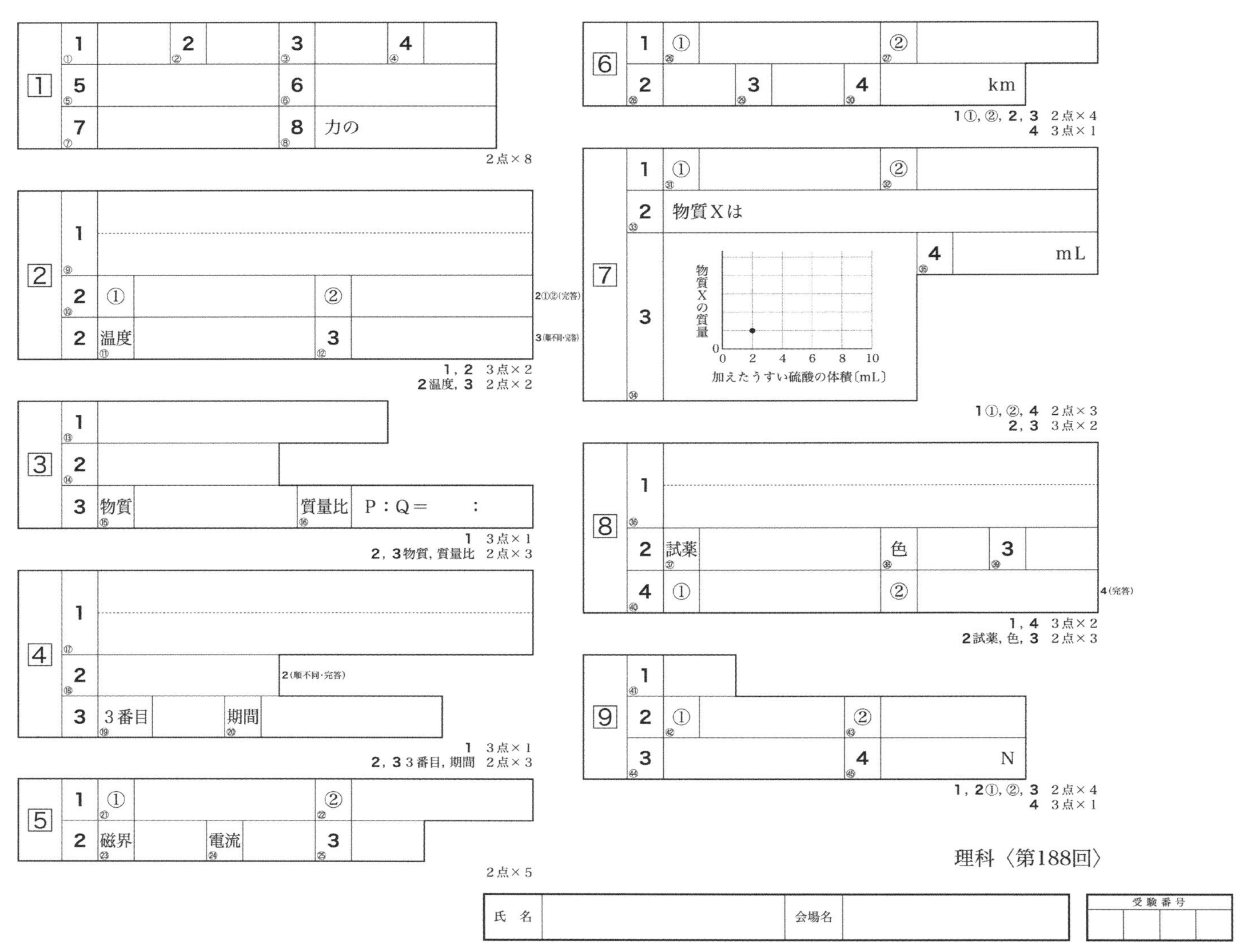

第189回下野新聞模擬テスト

国語 【解答用紙】

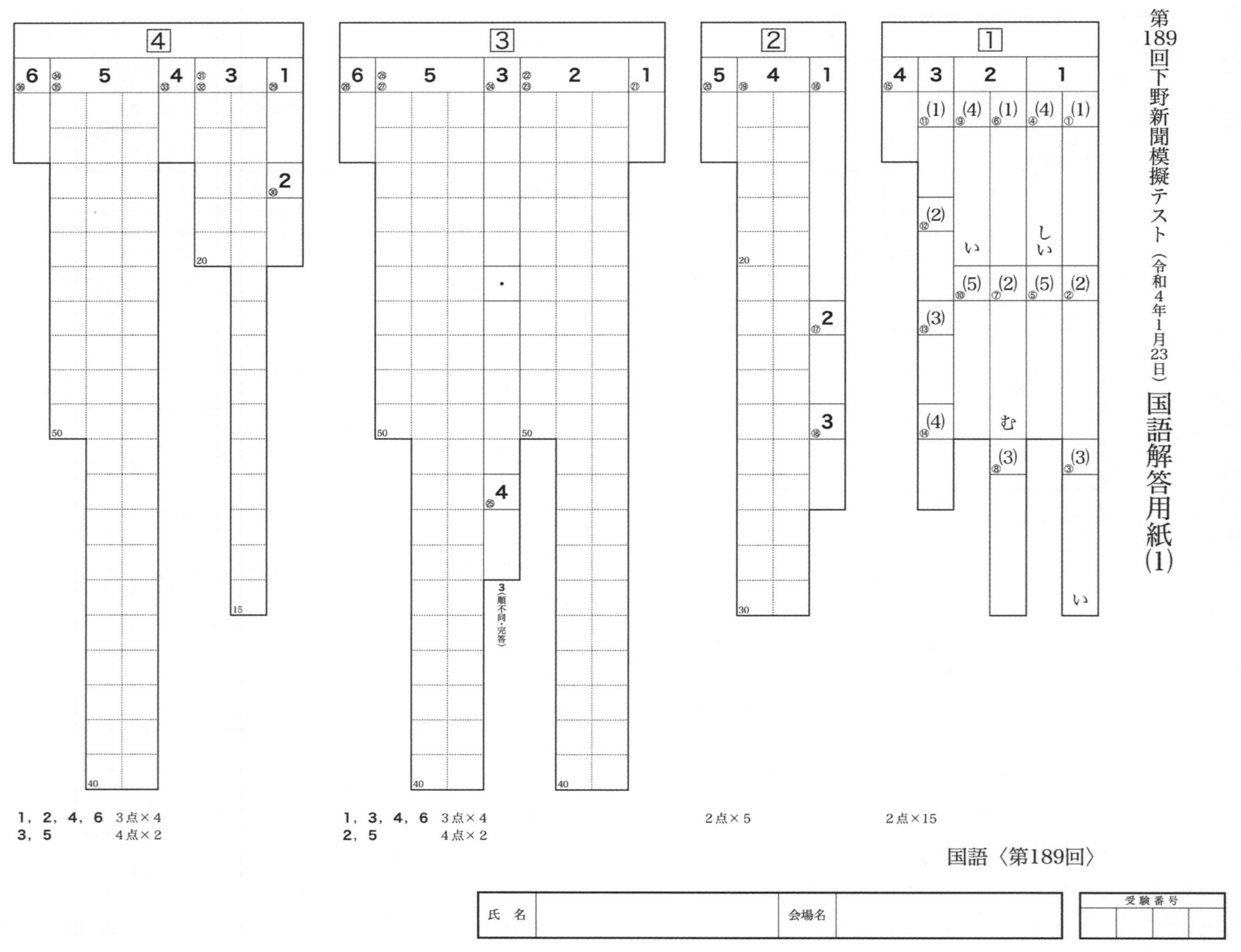

第189回 下野新聞模擬テスト

国語 【解答用紙】

国語解答用紙(2)

◎氏名と題名は書かないこと。

形式 ㊲	表現 ㊳	表記 ㊴	内容 ㊵
/4	/4	/4	/8

5

300字　240字　200字　100字

20点

〈キリトリ線〉

第189回下野新聞模擬テスト（令和4年1月23日実施）社会解答用紙

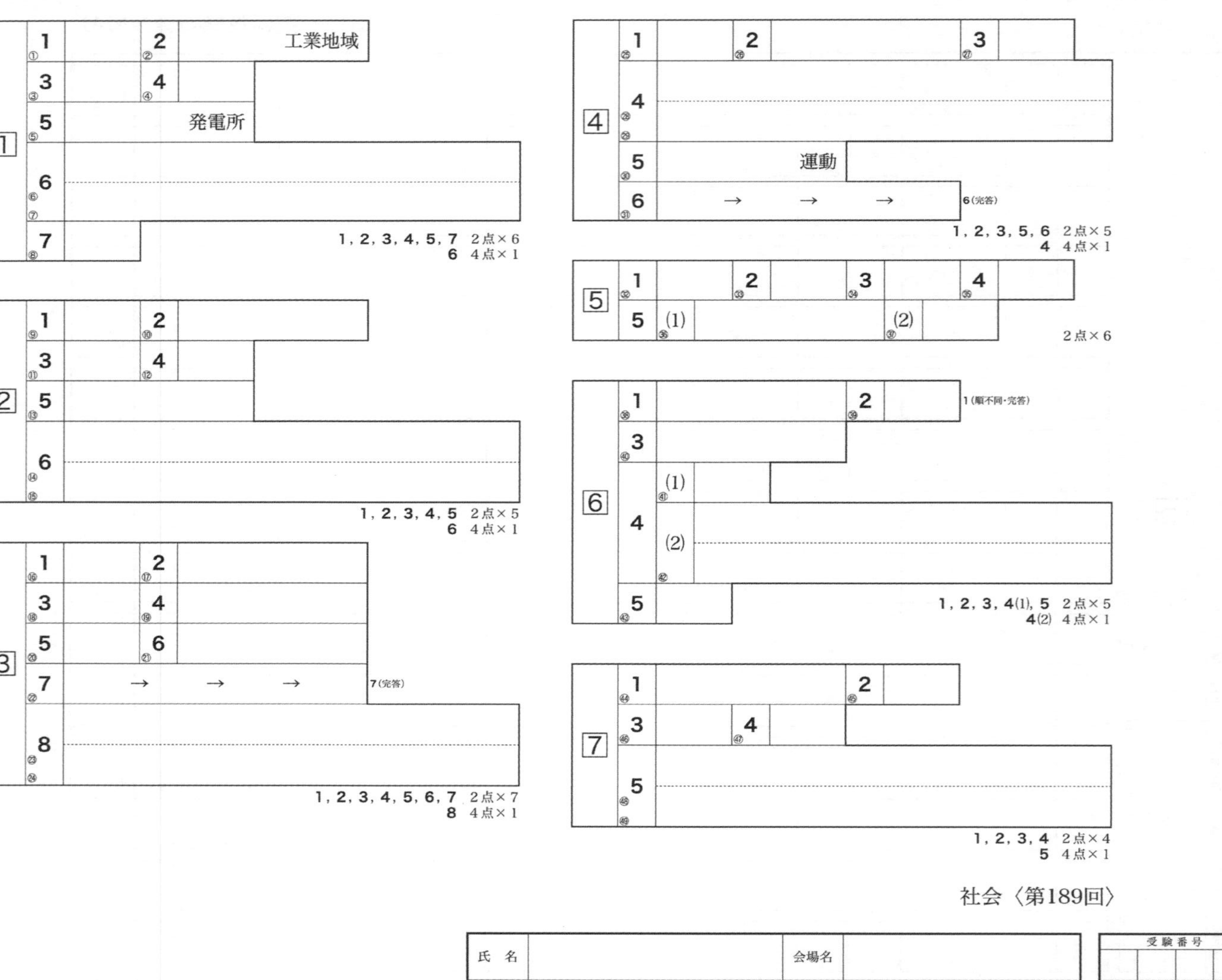

1
1 ①　2 ②　工業地域
3 ③　4 ④
5 ⑤　発電所
6 ⑥⑦
7 ⑧
1, 2, 3, 4, 5, 7　2点×6
6　4点×1

2
1 ⑨　2 ⑩
3 ⑪　4 ⑫
5 ⑬
6 ⑭⑮
1, 2, 3, 4, 5　2点×5
6　4点×1

3
1 ⑯　2 ⑰
3 ⑱　4 ⑲
5 ⑳　6 ㉑
7 ㉒　→　→　→　7（完答）
8 ㉓㉔
1, 2, 3, 4, 5, 6, 7　2点×7
8　4点×1

4
1 ㉕　2 ㉖　3 ㉗
4 ㉘㉙
5 ㉚　運動
6 ㉛　→　→　→　6（完答）
1, 2, 3, 5, 6　2点×5
4　4点×1

5
1 ㉜　2 ㉝　3 ㉞　4 ㉟
5 (1) ㊱　(2) ㊲
2点×6

6
1 ㊳　2 ㊴　1（順不同・完答）
3 ㊵
4 (1) ㊶　(2) ㊷
5 ㊸
1, 2, 3, 4(1), 5　2点×5
4(2)　4点×1

7
1 ㊹　2 ㊺
3 ㊻　4 ㊼
5 ㊽㊾
1, 2, 3, 4　2点×4
5　4点×1

社会〈第189回〉

氏名		会場名	

受験番号			

〈キリトリ線〉

第189回 下野新聞模擬テスト

社　会　【解答用紙】

〈キリトリ線〉

第189回下野新聞模擬テスト（令和4年1月23日実施）英語解答用紙

1

1	(1) ①		(2) ②		(3) ③	
2	(1)	① ④		② ⑤		
	(2)	① ⑥		② ⑦		
3	(1) ⑧		(2) ⑨			
	(3) ⑩		(4) ⑪			

1，3　2点×7
2　3点×4

2

1	(1) ⑫		(2) ⑬		(3) ⑭		(4) ⑮
	(5) ⑯		(6) ⑰				
2	(1) ⑱	→ → →	(2) ⑲	→ → →			
	(3) ⑳	→ → → →					

2(1)〜(3)(各完答)
2点×9

3

1 ㉑		
2	(1) ㉒	
	(3) ㉓	
	(4) ㉔	
3 ㉕		
4 ㉖		
5	① ㉗	
	② ㉘	

3

6 ㉙ ㉚ ㉛	

1，4　2点×2
2，3，5　3点×6
6　6点×1

4

1 ㉜		
2 ㉝		
3 ㉞		
4	① ㉟	
	② ㊱	
5 ㊲		

3(完答)
3　2点×1
1，2，4，5　3点×5

5

1 ㊳		2 ㊴	
3 ㊵			
4 ㊶			

1　2点×1
2，3，4　3点×3

英語〈第189回〉

氏名		会場名	

受験番号			

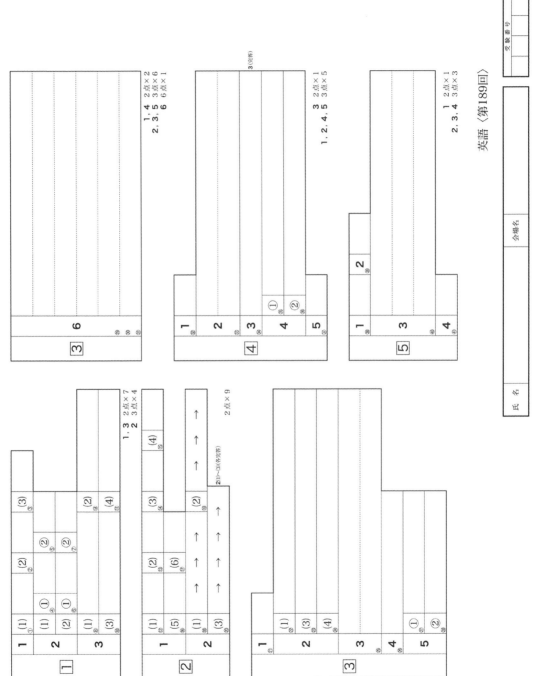

第189回下野新聞模擬テスト（令和4年1月23日実施）数学解答用紙

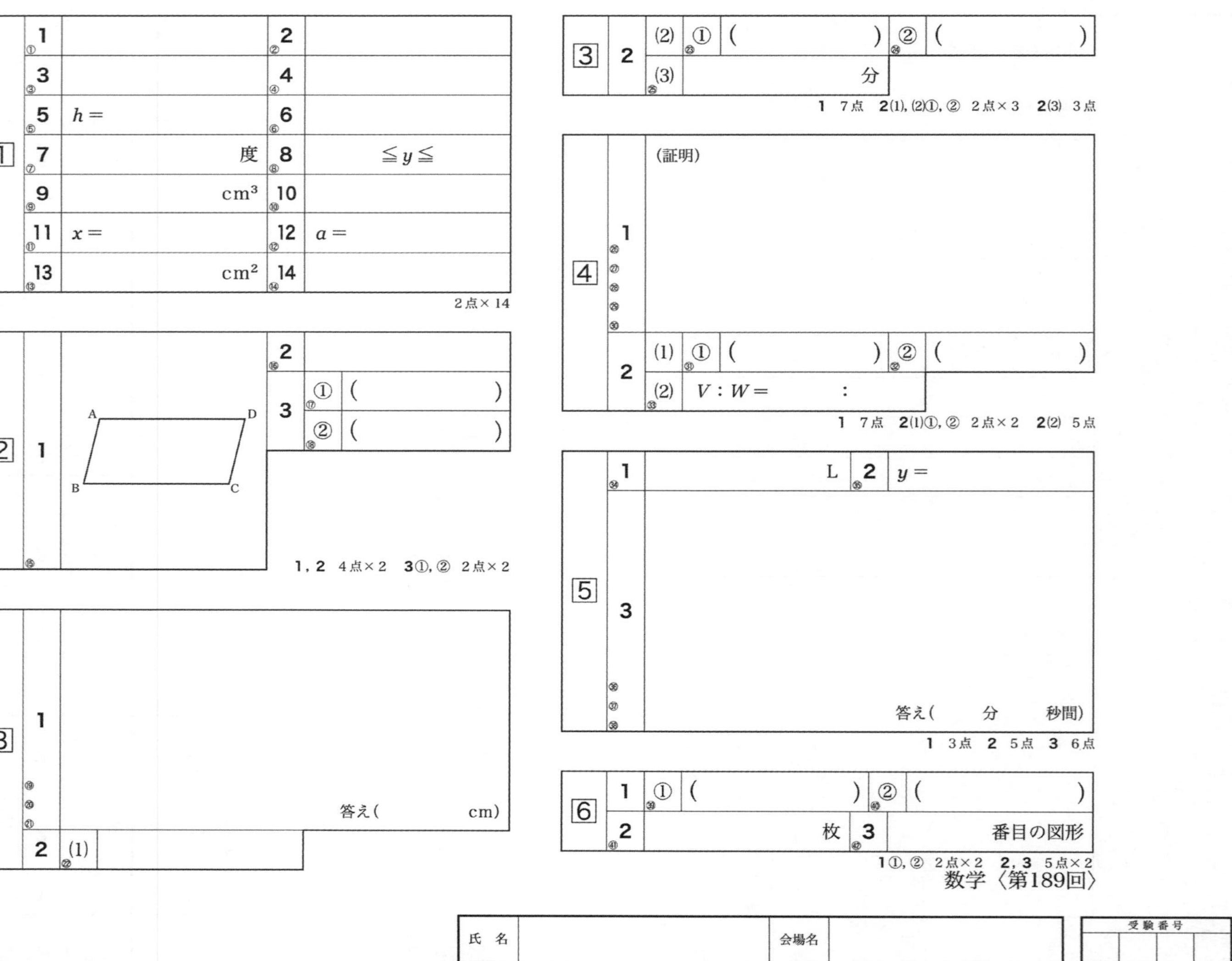

1	番号	解答	番号	解答
	1		2	
	3		4	
	5	$h=$	6	
	7	度	8	$\leqq y \leqq$
	9	cm^3	10	
	11	$x=$	12	$a=$
	13	cm^2	14	

2点×14

2

1　A B C D

2

3　①（　　）　②（　　）

1，2　4点×2　3①，②　2点×2

3

1　答え（　　cm）

2　(1)　(2) ①（　　）②（　　）　(3)　分

1　7点　2(1)，(2)①，②　2点×3　2(3)　3点

4

1　（証明）

2　(1) ①（　　）②（　　）　(2)　$V:W=$　：

1　7点　2(1)①，②　2点×2　2(2)　5点

5

1　L　2　$y=$

3　答え（　　分　　秒間）

1　3点　2　5点　3　6点

6

1　①（　　）②（　　）

2　枚　3　番目の図形

1①，②　2点×2　2，3　5点×2

数学〈第189回〉

氏　名		会場名	

受験番号			

〈キリトリ線〉

第189回 下野新聞模擬テスト

数　学

【解答用紙】

第189回 下野新聞模擬テスト

理　科　【解答用紙】

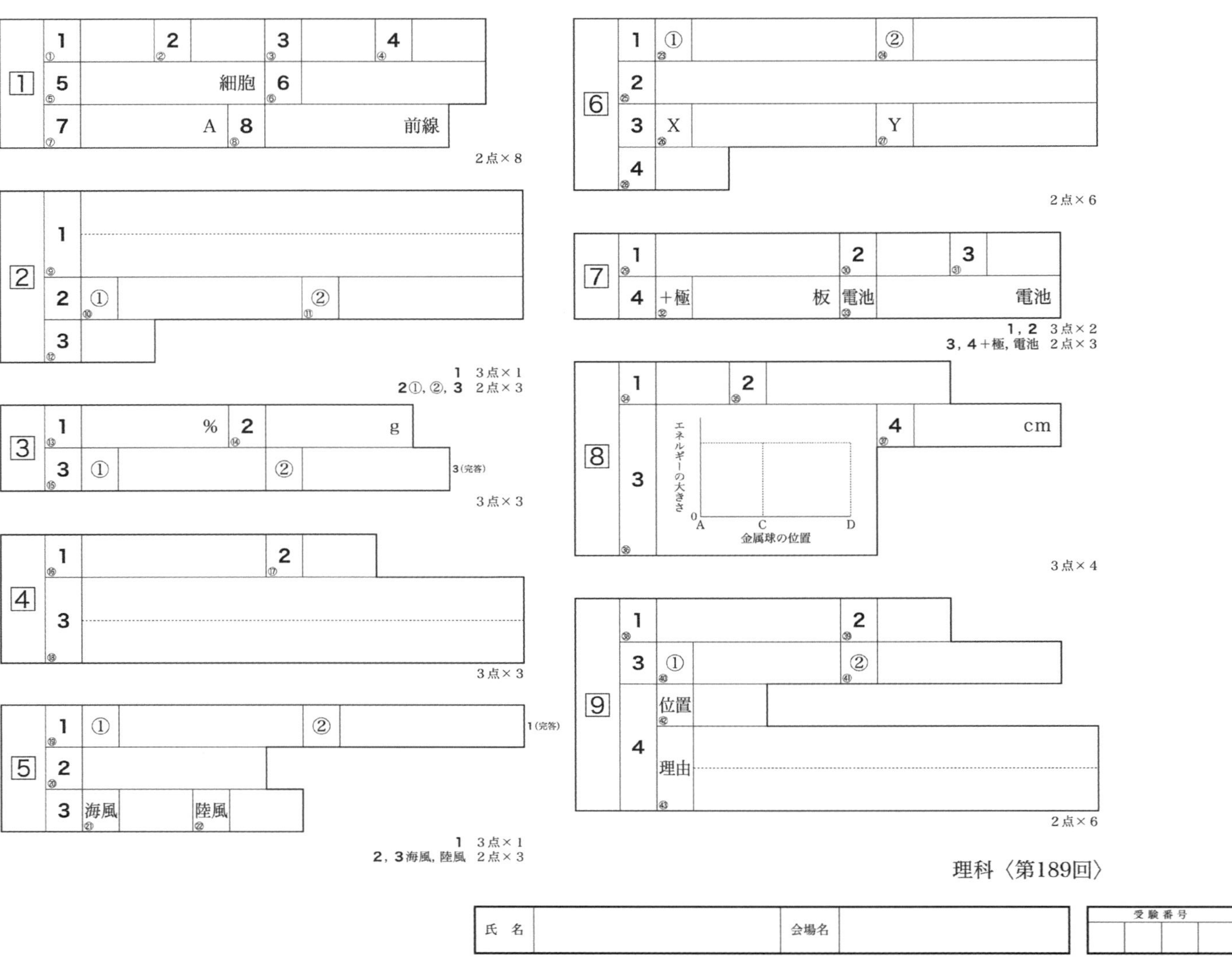

第189回下野新聞模擬テスト（令和4年1月23日実施） 理科解答用紙

1　1 ①　2 ②　3 ③　4 ④　5 ⑤ 細胞　6 ⑥　7 ⑦ A　8 ⑧ 前線　2点×8

2　1 ⑨　2 ① ⑩　② ⑪　3 ⑫　1 3点×1　2①, ②, 3 2点×3

3　1 ⑬ %　2 ⑭ g　3 ① ⑮　②　3（完答）　3点×3

4　1 ⑯　2 ⑰　3 ⑱　3点×3

5　1 ⑲ ①　②　1（完答）　2 ⑳　3 海風 ㉑　陸風 ㉒　1 3点×1　2, 3海風, 陸風 2点×3

6　1 ① ㉓　② ㉔　2 ㉕　3 X ㉖　Y ㉗　4 ㉘　2点×6

7　1 ㉙　2 ㉚　3 ㉛　4 +極 ㉜　板　電池 ㉝　電池　1, 2 3点×2　3, 4+極, 電池 2点×3

8　1 ㉞　2 ㉟　3 ㊱　4 ㊲ cm　3点×4

9　1 ㊳　2 ㊴　3 ① ㊵　② ㊶　4 位置 ㊷　理由 ㊸　2点×6

理科〈第189回〉

氏名　会場名　受験番号

〈線リトリキ〉

2020・2021

[令和5年高校入試受験用]

解答用紙を切り取りましょう。
拡大コピーすると使いやすくなります。

解答用紙

令和2年

第180回下野新聞模擬テスト

国語 【解答用紙】

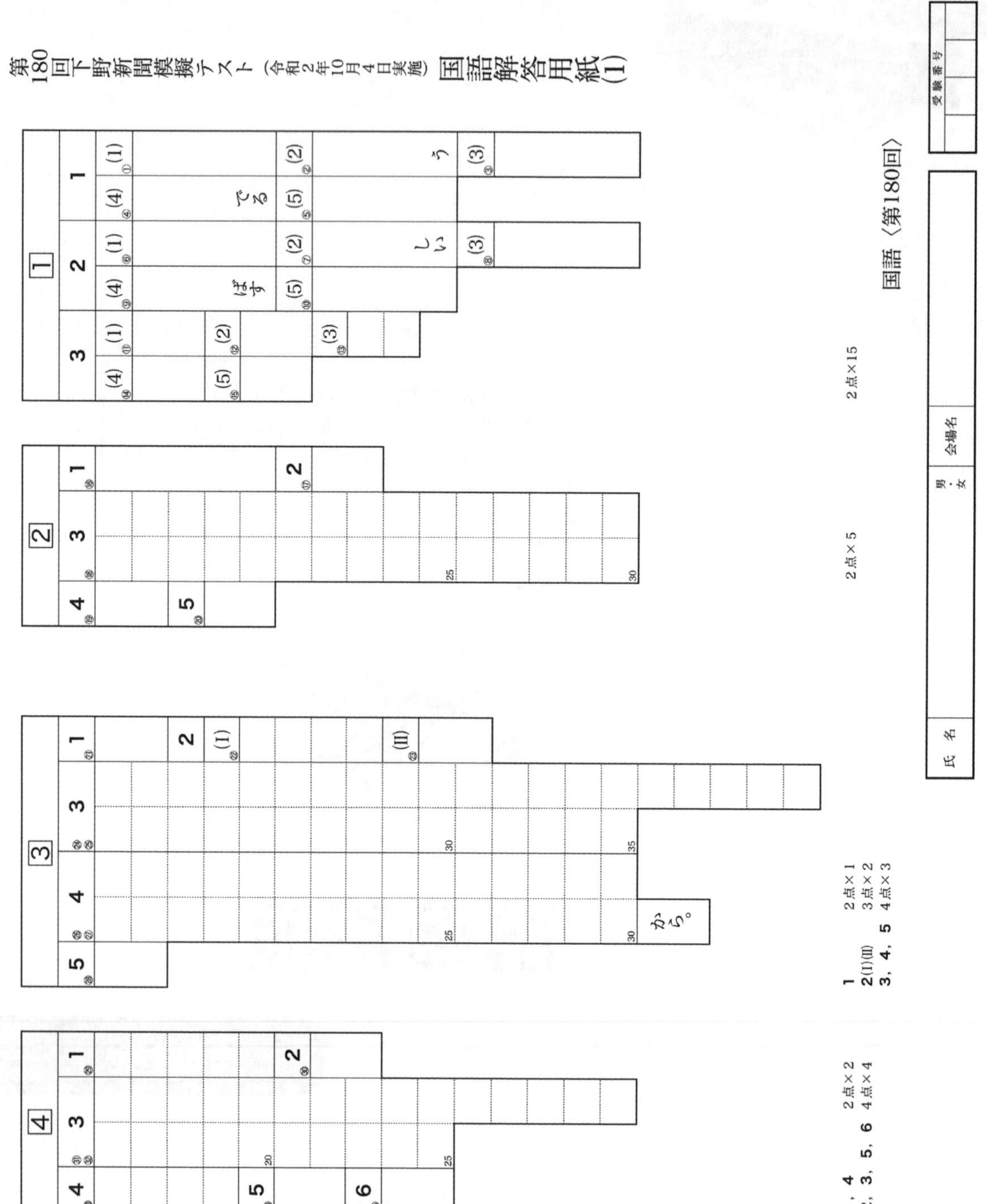

第180回下野新聞模擬テスト（令和2年10月4日実施）国語解答用紙(1)

国語〈第180回〉

受験番号

氏名

男・女

会場名

1

1 (1)① (2)② う (3)③ (4)④ でる (5)⑤

2 (1)⑥ (2)⑦ しい (3)⑧ (4)⑨ ぼす (5)⑩

3 (1)⑪ (2)⑫ (3)⑬ (4)⑭ (5)⑮

2点×15

2

1 ⑯ 2 ⑰ 3 ⑱ 4 ⑲ 5 ⑳

2点×5

3

1 ㉑ 2 (I)㉒ (II)㉓ 3 ㉔㉕ 4 ㉖㉗ から。 5 ㉘

1 2点×1

2(I)(II) 3点×2

3, 4, 5 4点×3

4

1 ㉙ 2 ㉚ 3 ㉛㉜ 4 ㉝ 5 ㉞ 6 ㉟

1, 4 2点×2

2, 3, 5, 6 4点×4

〈キリトリ線〉

第180回 下野新聞模擬テスト

国語 【解答用紙】

国語解答用紙(2)

形式 ㊱	表現 ㊲	表記 ㊳	内容 ㊴
/4	/4	/4	/8

5

300字 240字 160字

20点

◎氏名と題名は書かないこと。

〈キリトリ線〉

第180回 下野新聞模擬テスト

社　会　【解答用紙】

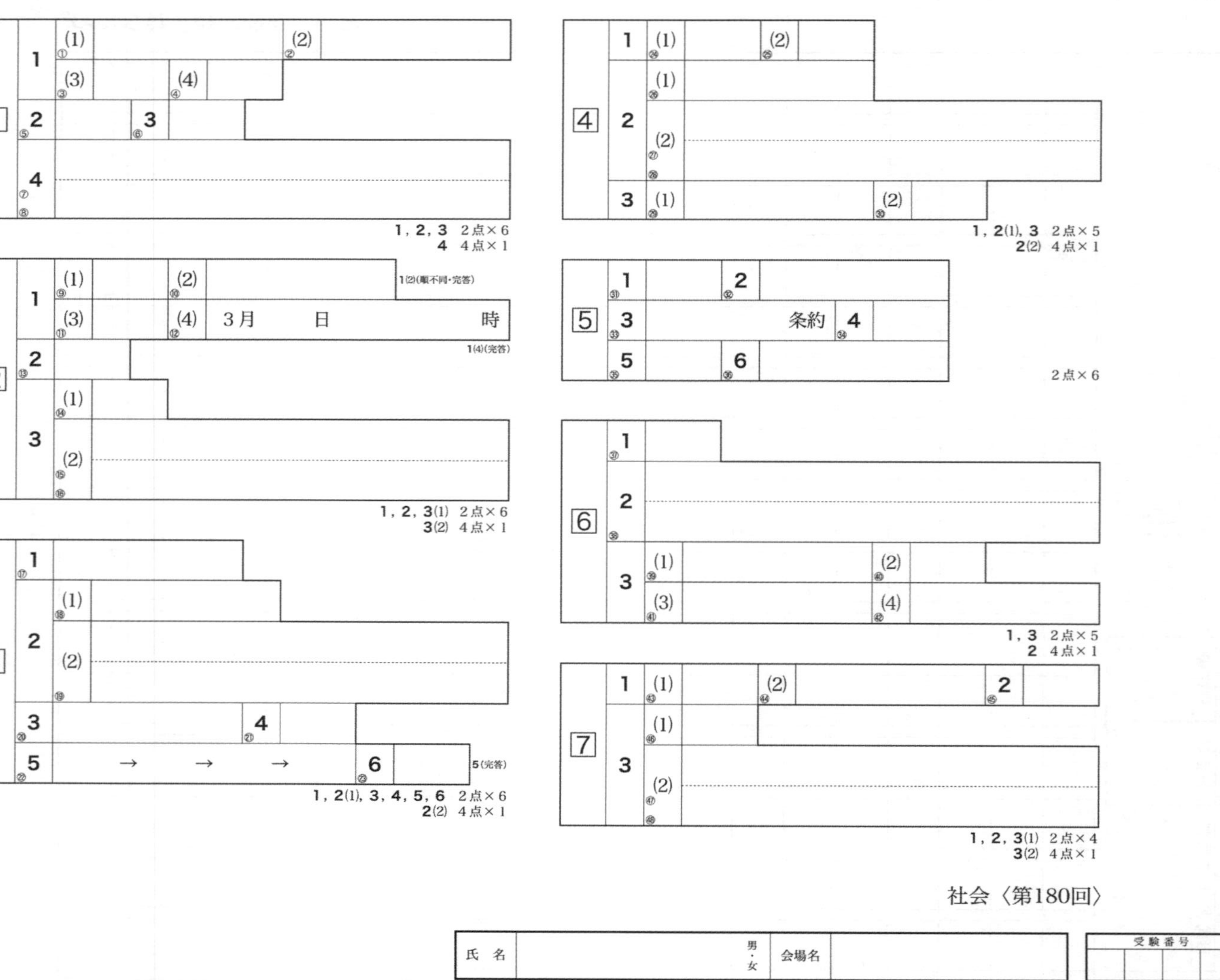

第180回下野新聞模擬テスト（令和2年10月4日実施）社会解答用紙

1
1 (1) (2) (3) (4)
2
3
4
1, 2, 3　2点×6
4　4点×1

2
1 (1) (2) (3) (4) 3月　日　時
1(2)(順不同・完答)
1(4)(完答)
2
3 (1) (2)
1, 2, 3(1)　2点×6
3(2)　4点×1

3
1
2 (1) (2)
3
4
5 →　→　→
6
5(完答)
1, 2(1), 3, 4, 5, 6　2点×6
2(2)　4点×1

4
1 (1) (2)
2 (1) (2)
3 (1) (2)
1, 2(1), 3　2点×5
2(2)　4点×1

5
1
2
3 条約
4
5
6
2点×6

6
1
2
3 (1) (2) (3) (4)
1, 3　2点×5
2　4点×1

7
1 (1) (2)
2
3 (1) (2)
1, 2, 3(1)　2点×4
3(2)　4点×1

社会〈第180回〉

氏名		男・女	会場名	

受験番号			

〈キリトリ線〉

第180回 下野新聞模擬テスト

英　語　【解答用紙】

〈キリトリ線〉

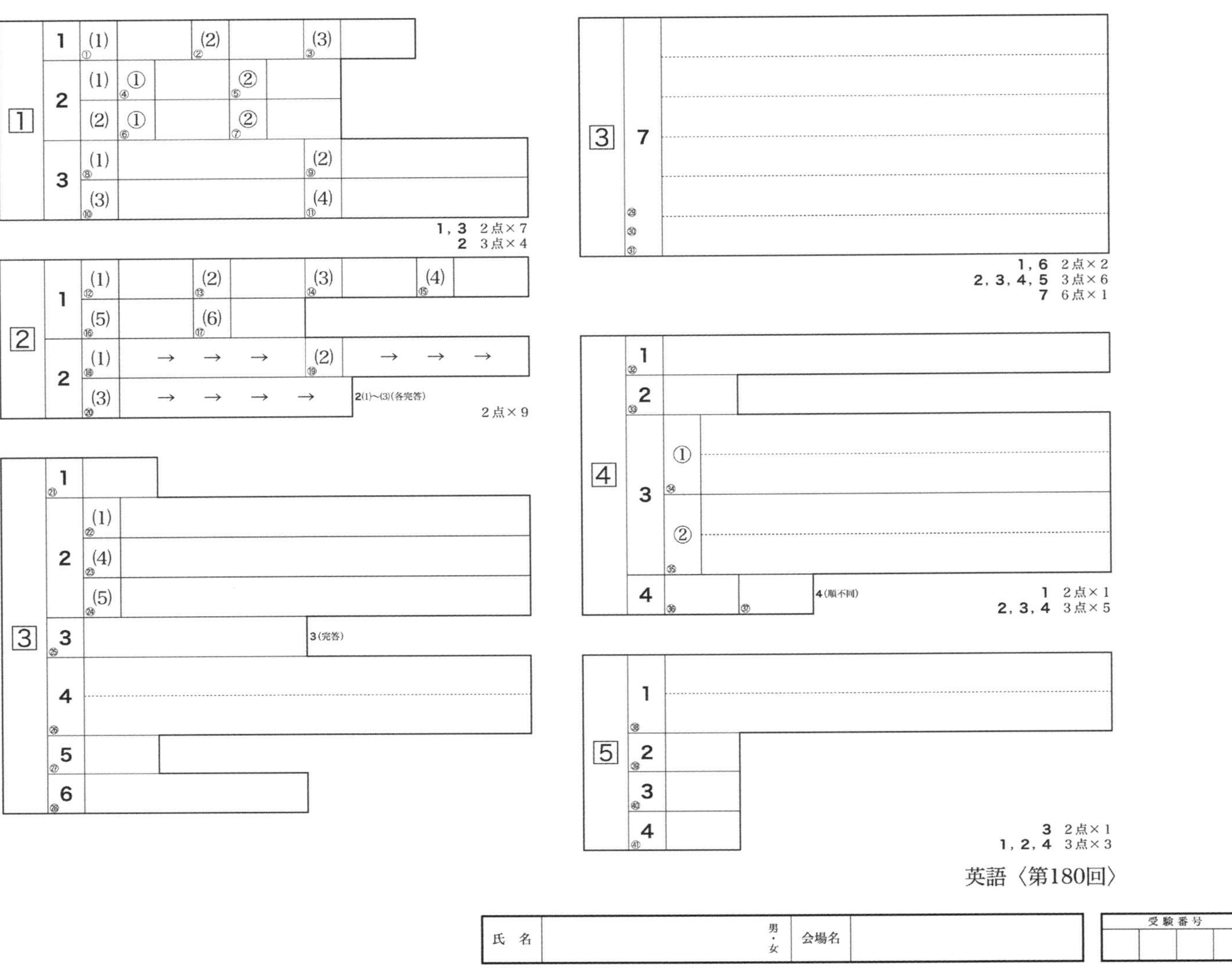
第180回下野新聞模擬テスト（令和2年10月4日実施）　英語解答用紙

1　1 (1) (2) (3)　2 (1) ① ② (2) ① ②　3 (1) (2) (3) (4)

1，3　2点×7
2　3点×4

2　1 (1) (2) (3) (4) (5) (6)　2 (1) → → → (2) → → → (3) → → → →

2(1)～(3)(各完答)
2点×9

3　1　2 (1) (4) (5)　3　4　5　6

3(完答)

3　7

1，6　2点×2
2，3，4，5　3点×6
7　6点×1

4　1　2　3 ① ②　4

4(順不同)
1　2点×1
2，3，4　3点×5

5　1　2　3　4

3　2点×1
1，2，4　3点×3

英語〈第180回〉

氏名　男・女　会場名　受験番号

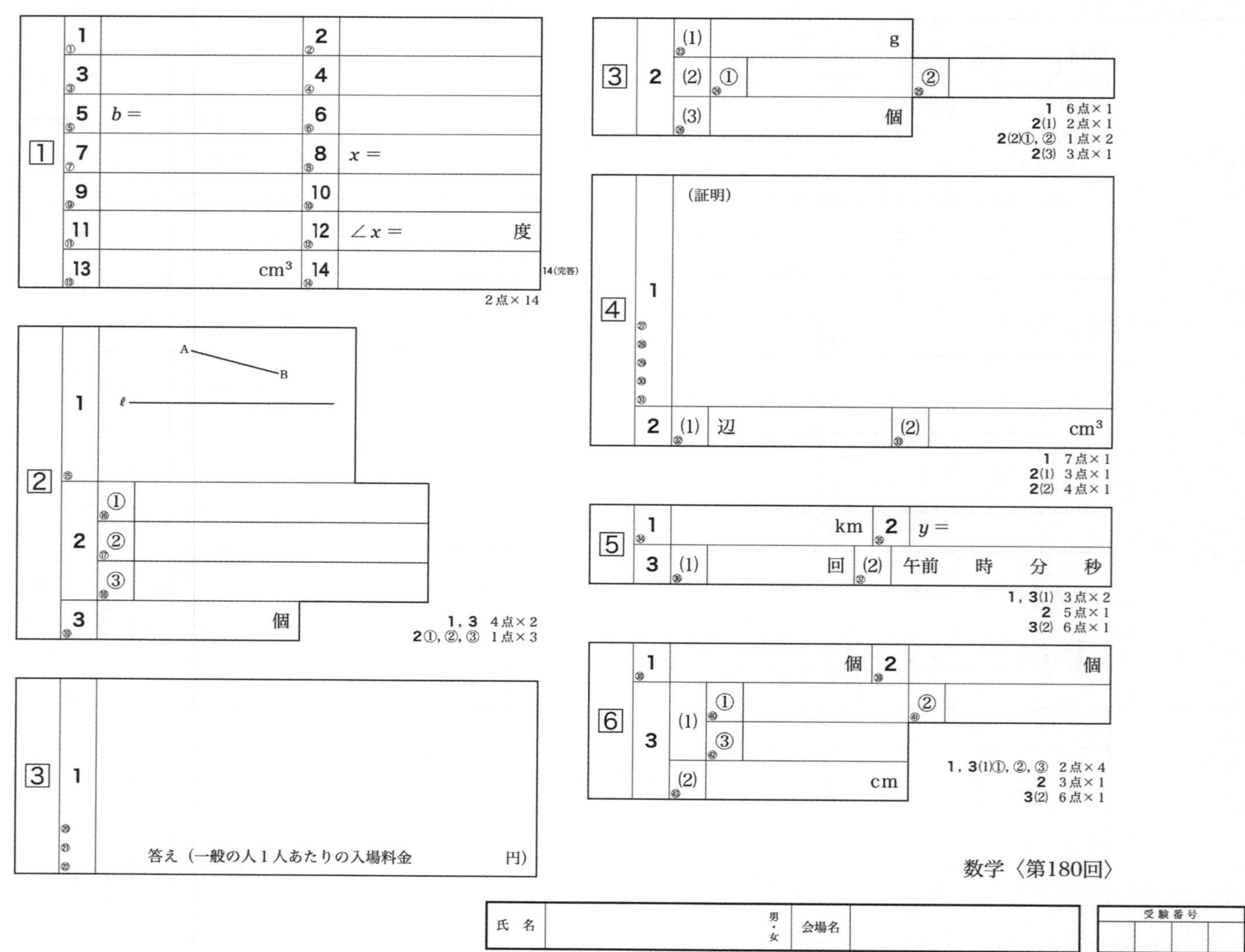

第180回下野新聞模擬テスト（令和2年10月4日実施） 数学解答用紙

1

1 ①		2 ②	
3 ③		4 ④	
5 ⑤	$b=$	6 ⑥	
7 ⑦		8 ⑧	$x=$
9 ⑨		10 ⑩	
11 ⑪		12 ⑫	$\angle x=$　　度
13 ⑬	cm^3	14 ⑭	

14（完答）

2点×14

2

1 ⑮		A, B, ℓ
2	① ⑯	
	② ⑰	
	③ ⑱	
3 ⑲		個

1，3　4点×2
2①，②，③　1点×3

3

1 ⑳ ㉑ ㉒

答え（一般の人1人あたりの入場料金　　　円）

2	(1) ㉓		g		
	(2)	① ㉔		② ㉕	
	(3) ㉖		個		

1　6点×1
2(1)　2点×1
2(2)①，②　1点×2
2(3)　3点×1

4

1 ㉗ ㉘ ㉙ ㉚ ㉛

（証明）

2	(1) ㉜	辺	(2) ㉝	cm^3

1　7点×1
2(1)　3点×1
2(2)　4点×1

5

1 ㉞		km	2 ㉟	$y=$
3	(1) ㊱	回	(2) ㊲	午前　　時　　分　　秒

1，3(1)　3点×2
2　5点×1
3(2)　6点×1

6

1 ㊳			個	2 ㊴	個
3	(1)	① ㊵		② ㊶	
		③ ㊷			
	(2) ㊸		cm		

1，3(1)①，②，③　2点×4
2　3点×1
3(2)　6点×1

数学〈第180回〉

氏名		男・女	会場名	

受験番号			

〈キリトリ線〉

第180回 下野新聞模擬テスト

数　学　【解答用紙】

第180回 下野新聞模擬テスト

理　科　【解答用紙】

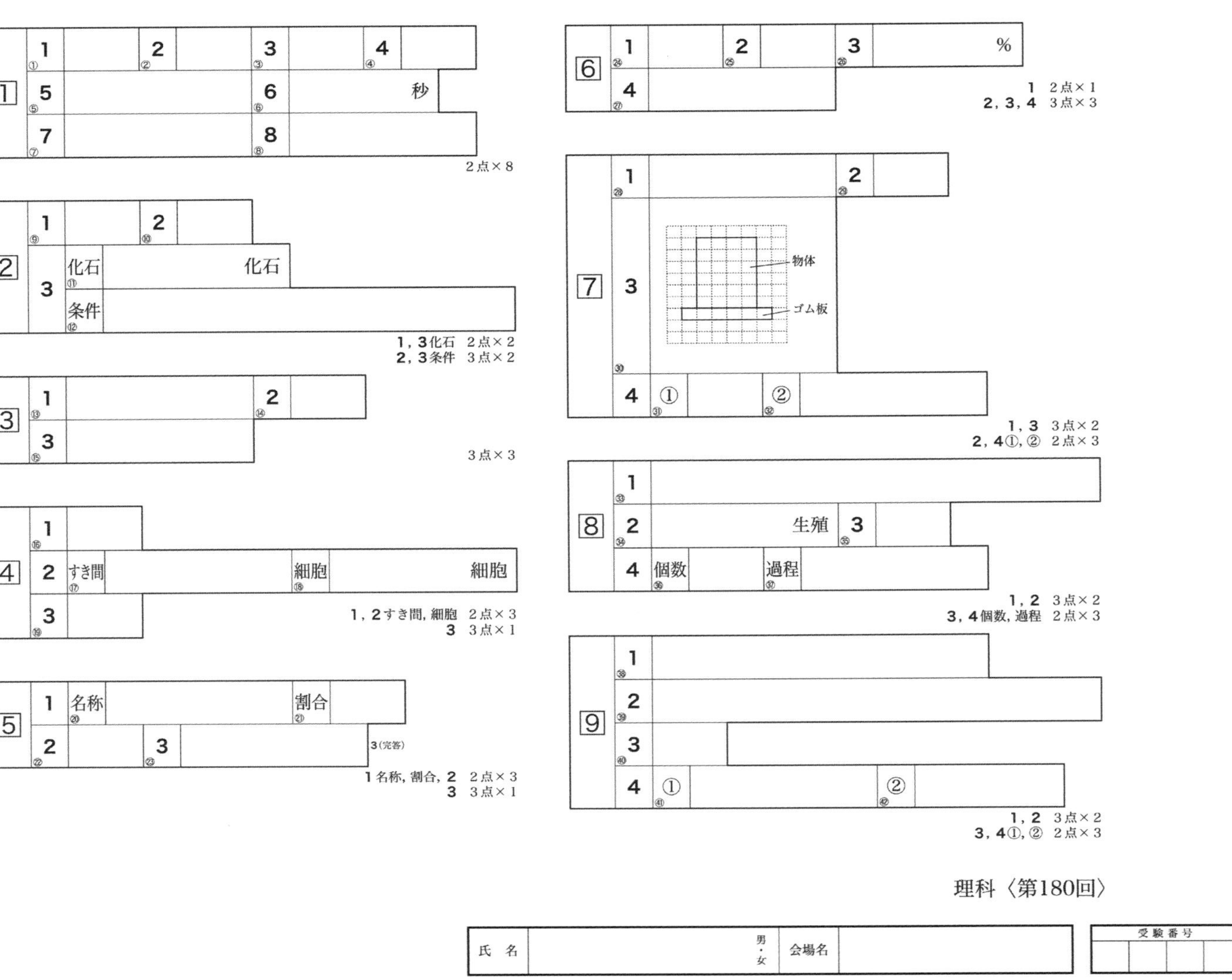

第181回下野新聞模擬テスト

国語 【解答用紙】

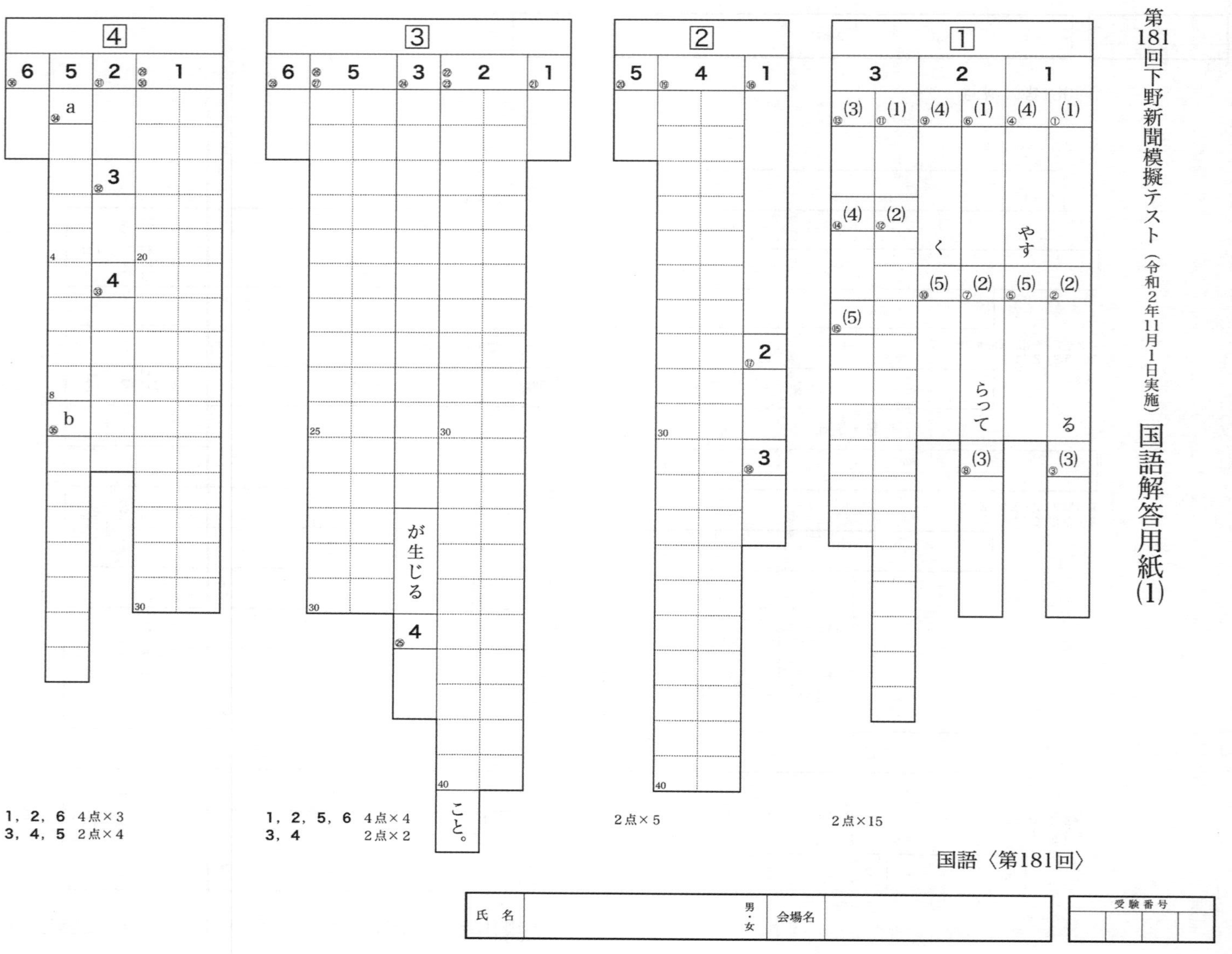

第181回下野新聞模擬テスト

国語 【解答用紙】

国語解答用紙(2)

形式 ㊲	表現 ㊳	表記 ㊴	内容 ㊵
／4	／4	／4	／8

5

300字　240字　160字

20点

◎氏名と題名は書かないこと。

〈キリトリ線〉

第181回 下野新聞模擬テスト

社 会 【解答用紙】

第181回下野新聞模擬テスト（令和2年11月1日実施）社会解答用紙

1

1	ⓐ ①	県	ⓑ ②	県	
2 ③					
3 ④	P	栽培	記号		3(完答)
4 ⑤		5 ⑥	漁業		
6 ⑦ ⑧					

1, 2, 3, 4, 5 2点×6
6 4点×1

2

1 ⑨	記号		山脈名	山脈	1(完答)
2 ⑩	大陸	3 ⑪			
4 ⑫		5 ⑬			
6	X ⑭				
	Y ⑮				

2点×7

3

1	(1) ⑯	文明	記号		1(1)(完答)
	(2) ⑰				
2	(1) ⑱		(2) ⑲		
3 ⑳					
4	(1) ㉑		(2) ㉒		
5 ㉓ ㉔					

1, 2, 3, 4 2点×7
5 4点×1

4

1 ㉕	→ → →			1(完答)
2 ㉖ ㉗				
3 ㉘		4 ㉙		
5 ㉚		6 ㉛		

1, 3, 4, 5, 6 2点×5
2 4点×1

5

1	(1) ㉜		(2) ㉝		(3) ㉞	
2	(1) ㉟		(2) ㊱			
	(3) ㊲					

2点×6

6

1 ㊳		2 ㊴	
3 ㊵			
4 ㊶		5 ㊷	
6 ㊸			

1, 2, 4, 5, 6 2点×5
3 4点×1

7

1 ㊹		2 ㊺	記号		都市名	市	2(完答)
3 ㊻		4 ㊼					
5	Ⅰ ㊽						
	Ⅱ ㊾						

2点×6

社会〈第181回〉

氏 名		男・女	会場名	

受験番号

〈キリトリ線〉

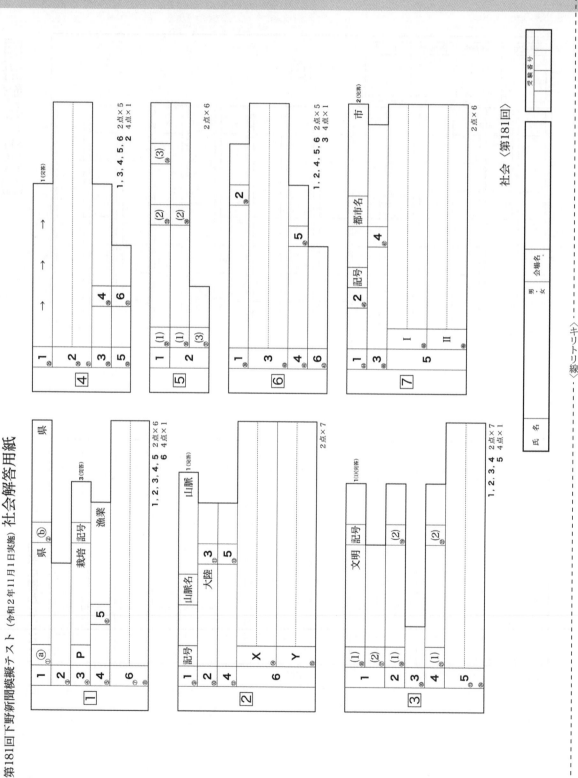

第181回 下野新聞模擬テスト 英語 【解答用紙】

〈キリトリ線〉

第181回下野新聞模擬テスト（令和２年11月１日実施） 英語解答用紙

1	1	(1) ①		(2) ②		(3) ③
1	2	(1)	① ④		② ⑤	
1	2	(2)	① ⑥		② ⑦	
1	3	(1) ⑧		(2) ⑨		
1	3	(3) ⑩		(4) ⑪		

1，3　2点×7
2　3点×4

2	1	(1) ⑫		(2) ⑬		(3) ⑭		(4) ⑮
2	1	(5) ⑯		(6) ⑰				
2	2	(1) ⑱	→ → →	(2) ⑲	→ → →			
2	2	(3) ⑳	→ → → →					

2(1)～(3)(各完答)
2点×9

3	1 ㉑		
3	2	(1) ㉒	
3	2	(2) ㉓	
3	2	(5) ㉔	
3	2	(6) ㉕	
3	3 ㉖		
3	4 ㉗		
3	5 ㉘		

3(完答)

3	6 ㉙ ㉚ ㉛	

1，5　2点×2
2，3，4　3点×6
6　6点×1

4	1 ㉜		
4	2 ㉝		
4	3	① ㉞	
4	3	② ㉟	
4	4	㊱	㊲

4(順不同)
1　2点×1
2，3，4　3点×5

5	1 ㊳	
5	2 ㊴	
5	3 ㊵	
5	4 ㊶	

3　2点×1
1，2，4　3点×3

英語〈第181回〉

氏　名		男・女	会場名	

受験番号

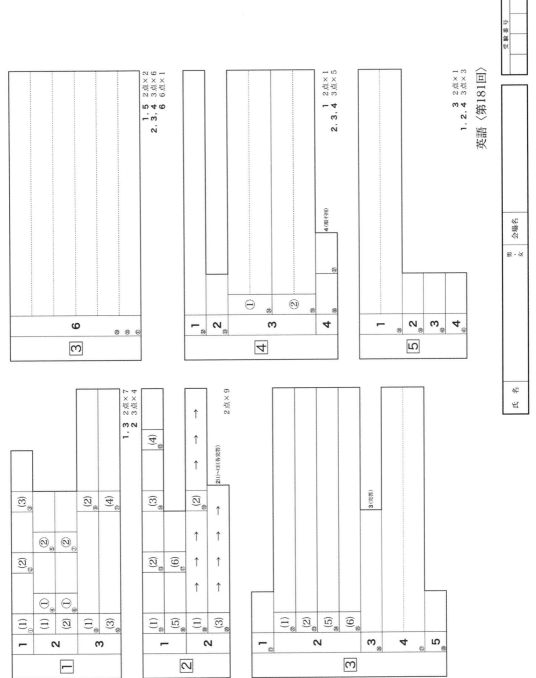

第181回 下野新聞模擬テスト

数学 【解答用紙】

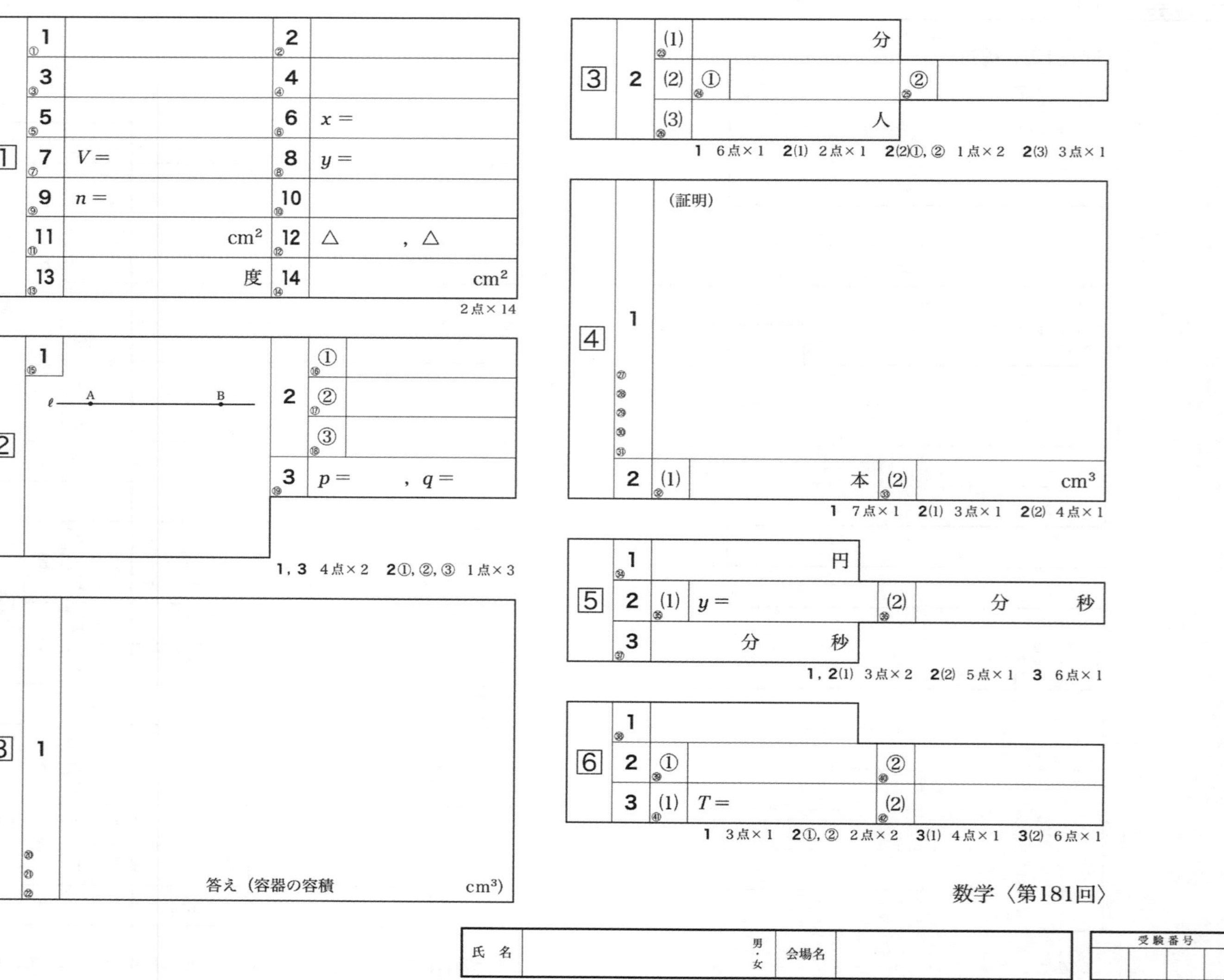

第181回下野新聞模擬テスト（令和2年11月1日実施） 数学解答用紙

1

1		2	
3		4	
5		6	$x=$
7	$V=$	8	$y=$
9	$n=$	10	
11	cm^2	12	△　　，△
13	度	14	cm^2

2点×14

2

1	ℓ ―A――――B―
2	①
	②
	③
3	$p=$　　，$q=$

1，3　4点×2　2①，②，③　1点×3

3

1	答え（容器の容積　　　cm^3）
2	(1)　　分
	(2) ①　　②
	(3)　　人

1　6点×1　2(1)　2点×1　2(2)①，②　1点×2　2(3)　3点×1

4

1	（証明）
2	(1)　　本　(2)　　cm^3

1　7点×1　2(1)　3点×1　2(2)　4点×1

5

1	円
2	(1) $y=$　(2)　　分　　秒
3	分　　秒

1，2(1)　3点×2　2(2)　5点×1　3　6点×1

6

1	
2	①　　②
3	(1) $T=$　(2)

1　3点×1　2①，②　2点×2　3(1)　4点×1　3(2)　6点×1

数学〈第181回〉

氏名		男・女	会場名	

受験番号				

〈キリトリ線〉

第181回 下野新聞模擬テスト

理 科 【解答用紙】

〈キリトリ線〉

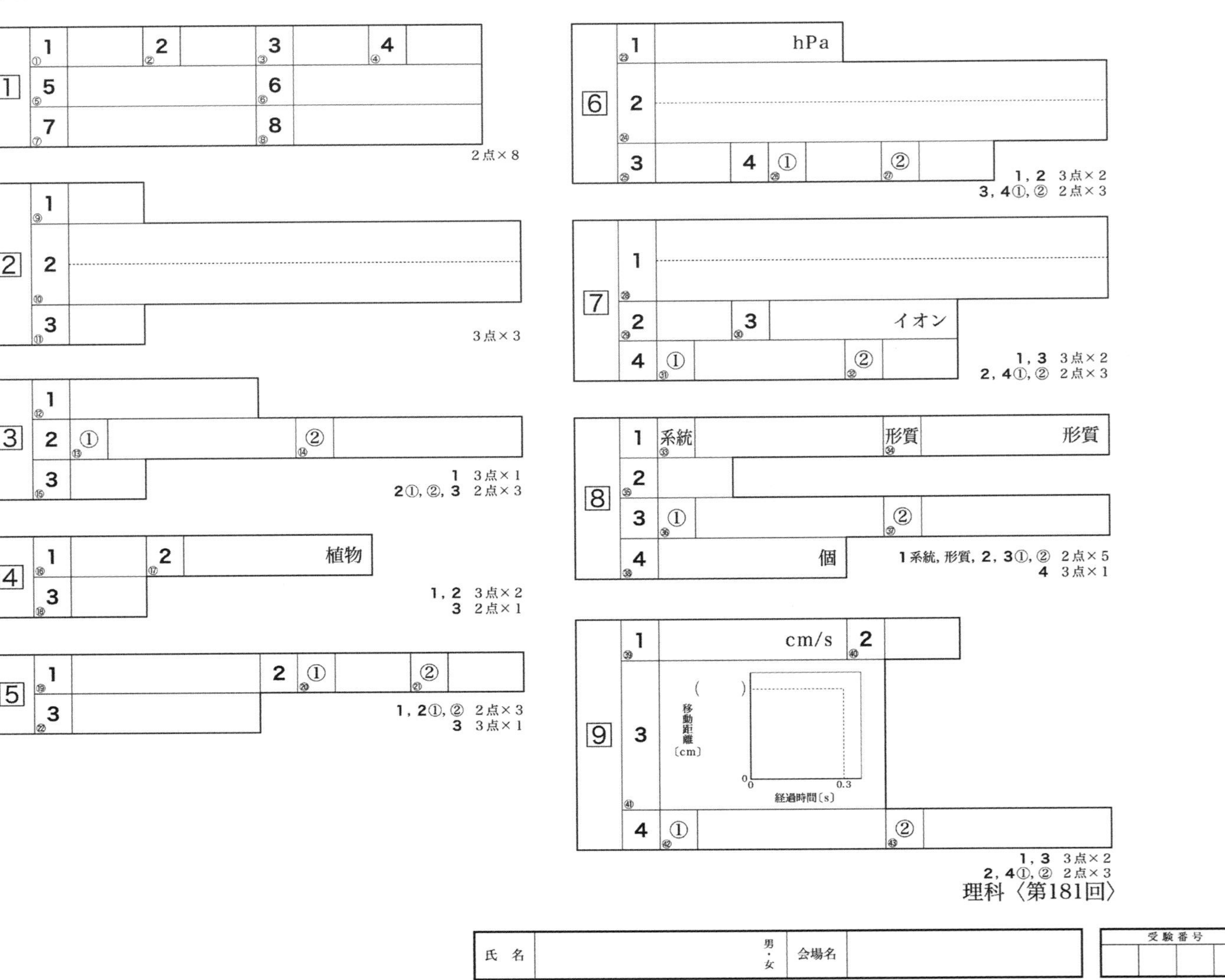
第181回下野新聞模擬テスト（令和2年11月1日実施） 理科解答用紙

1	1	2	3	4	5	6	7	8

2点×8

2	1	2	3

3点×3

3	1	2 ①	2 ②	3

1 3点×1
2①, ②, 3 2点×3

4	1	2 植物	3

1, 2 3点×2
3 2点×1

5	1	2 ①	2 ②	3

1, 2①, ② 2点×3
3 3点×1

6	1 hPa	2	3	4 ①	4 ②

1, 2 3点×2
3, 4①, ② 2点×3

7	1	2	3 イオン	4 ①	4 ②

1, 3 3点×2
2, 4①, ② 2点×3

8	1 系統	1 形質 形質	2	3 ①	3 ②	4 個

1系統, 形質, 2, 3①, ② 2点×5
4 3点×1

9	1 cm/s	2	3	4 ①	4 ②

1, 3 3点×2
2, 4①, ② 2点×3

理科〈第181回〉

氏名	男・女	会場名

受験番号	

第182回下野新聞模擬テスト

国語 【解答用紙】

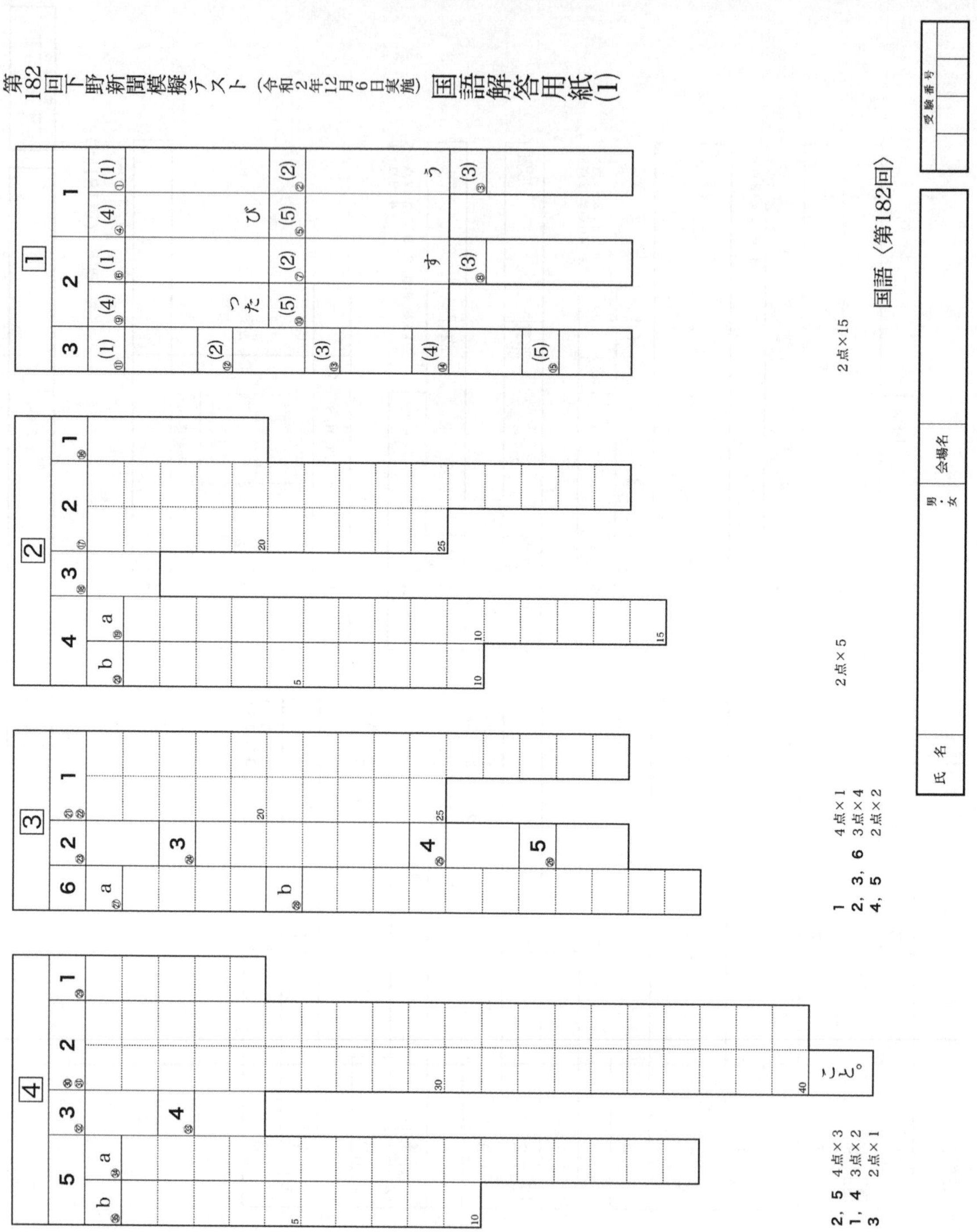

第182回下野新聞模擬テスト（令和2年12月6日実施） 国語解答用紙(1)

国語〈第182回〉

受験番号

会場名　男・女

氏名

1
1 (1)① (2)② (3)③ (4)④ (5)⑤ び う
2 (1)⑥ (2)⑦ (3)⑧ (4)⑨ (5)⑩ った す
3 (1)⑪ (2)⑫ (3)⑬ (4)⑭ (5)⑮

2点×15

2
1 ⑯
2 ⑰
3 ⑱
4 a ⑲ b ⑳

2点×5

3
1 ㉑㉒
2 ㉓ 3 ㉔ 4 ㉕ 5 ㉖
6 a ㉗ b ㉘

1　4点×1
2, 3, 6　3点×4
4, 5　2点×2

4
1 ㉙
2 ㉚㉛ こと。
3 ㉜ 4 ㉝
5 a ㉞ b ㉟

2, 5　4点×3
1, 4　3点×2
3　2点×1

〈キリトリ線〉

第182回 下野新聞模擬テスト

国語 【解答用紙】

国語解答用紙(2)

形式 ㊱	表現 ㊲	表記 ㊳	内容 ㊴
/4	/4	/4	/8

5

300字 240字 160字

20点

◎氏名と題名は書かないこと。

〈キリトリ線〉

第182回下野新聞模擬テスト（令和2年12月6日実施）社会解答用紙

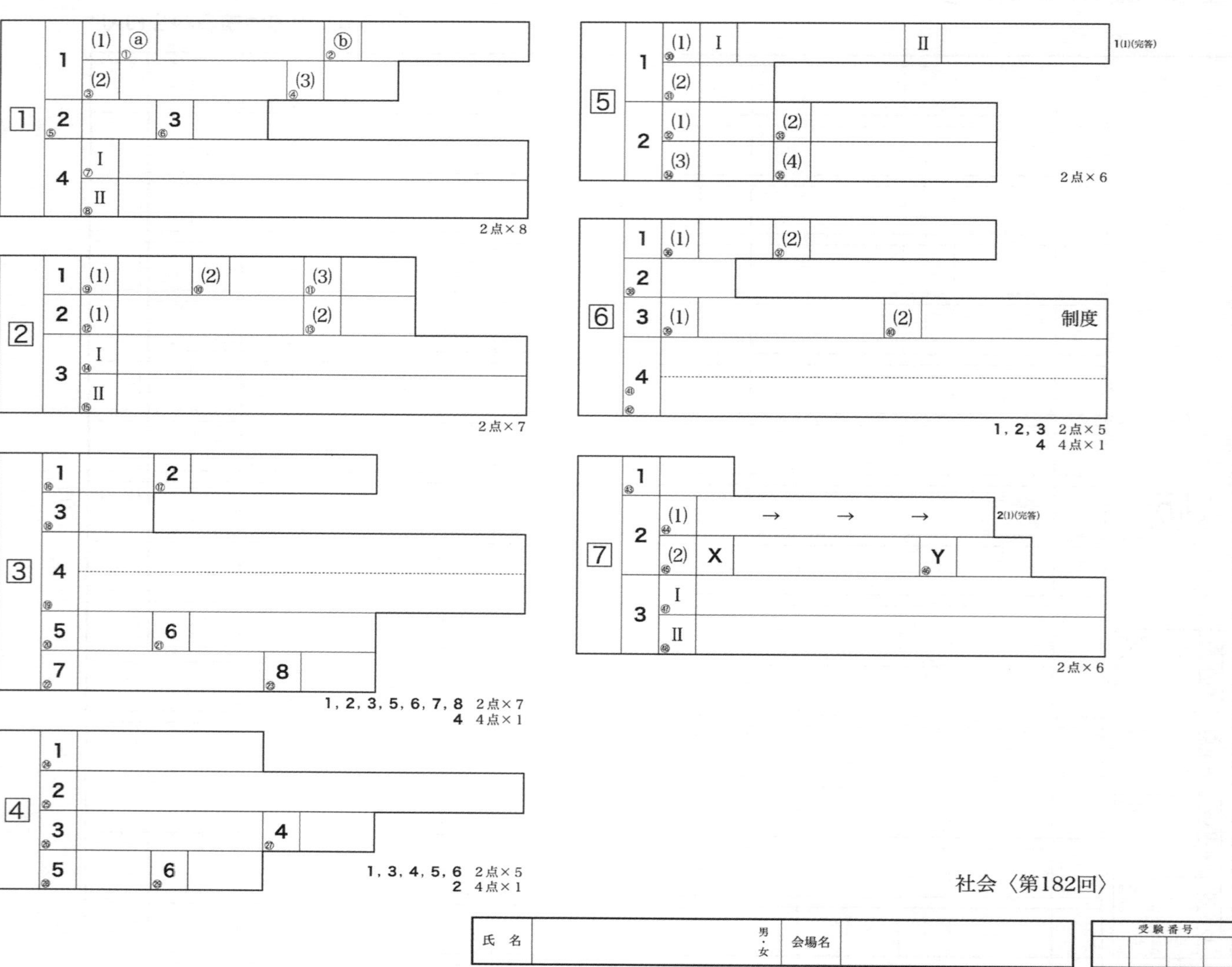

1　1 (1) ⓐ ⓑ (2) (3)　2　3　4 Ⅰ Ⅱ　2点×8

2　1 (1) (2) (3)　2 (1) (2)　3 Ⅰ Ⅱ　2点×7

3　1　2　3　4　5　6　7　8　1，2，3，5，6，7，8　2点×7　4　4点×1

4　1　2　3　4　5　6　1，3，4，5，6　2点×5　2　4点×1

5　1 (1) Ⅰ Ⅱ (2)　2 (1) (2) (3) (4)　1(1)(完答)　2点×6

6　1 (1) (2)　2　3 (1) (2) 制度　4　1，2，3　2点×5　4　4点×1

7　1　2 (1) → → → (2) X Y　3 Ⅰ Ⅱ　2(1)(完答)　2点×6

社会〈第182回〉

氏　名　男・女　会場名

受験番号

〈キリトリ線〉

第182回 下野新聞模擬テスト

社　会　【解答用紙】

第182回 下野新聞模擬テスト

英　語　【 解答用紙 】

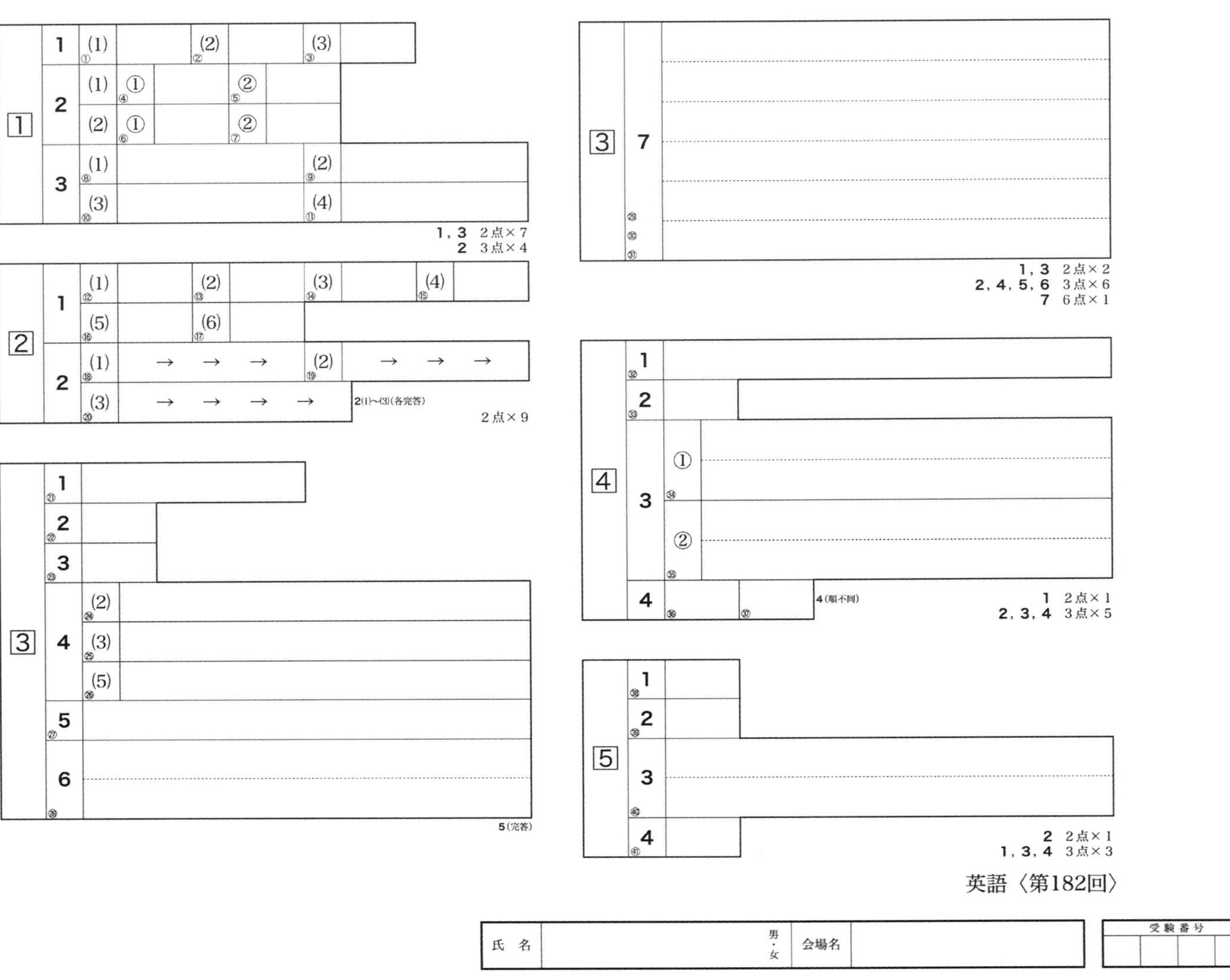

〈キリトリ線〉

第182回下野新聞模擬テスト（令和2年12月6日実施） 英語解答用紙

1
1 (1) (2) (3)
2 (1) ① ② (2) ① ②
3 (1) (2) (3) (4)
1, 3　2点×7
2　3点×4

2
1 (1) (2) (3) (4) (5) (6)
2 (1) → → → (2) → → → (3) → → → →
2(1)〜(3)(各完答)
2点×9

3
1
2
3
4 (2) (3) (5)
5
6
5(完答)

3
7
1, 3　2点×2
2, 4, 5, 6　3点×6
7　6点×1

4
1
2
3 ① ②
4
4(順不同)
1　2点×1
2, 3, 4　3点×5

5
1
2
3
4
2　2点×1
1, 3, 4　3点×3

英語〈第182回〉

氏　名　男・女　会場名

受験番号

第182回 下野新聞模擬テスト

数学 【解答用紙】

第182回下野新聞模擬テスト（令和２年12月６日実施） 数学解答用紙

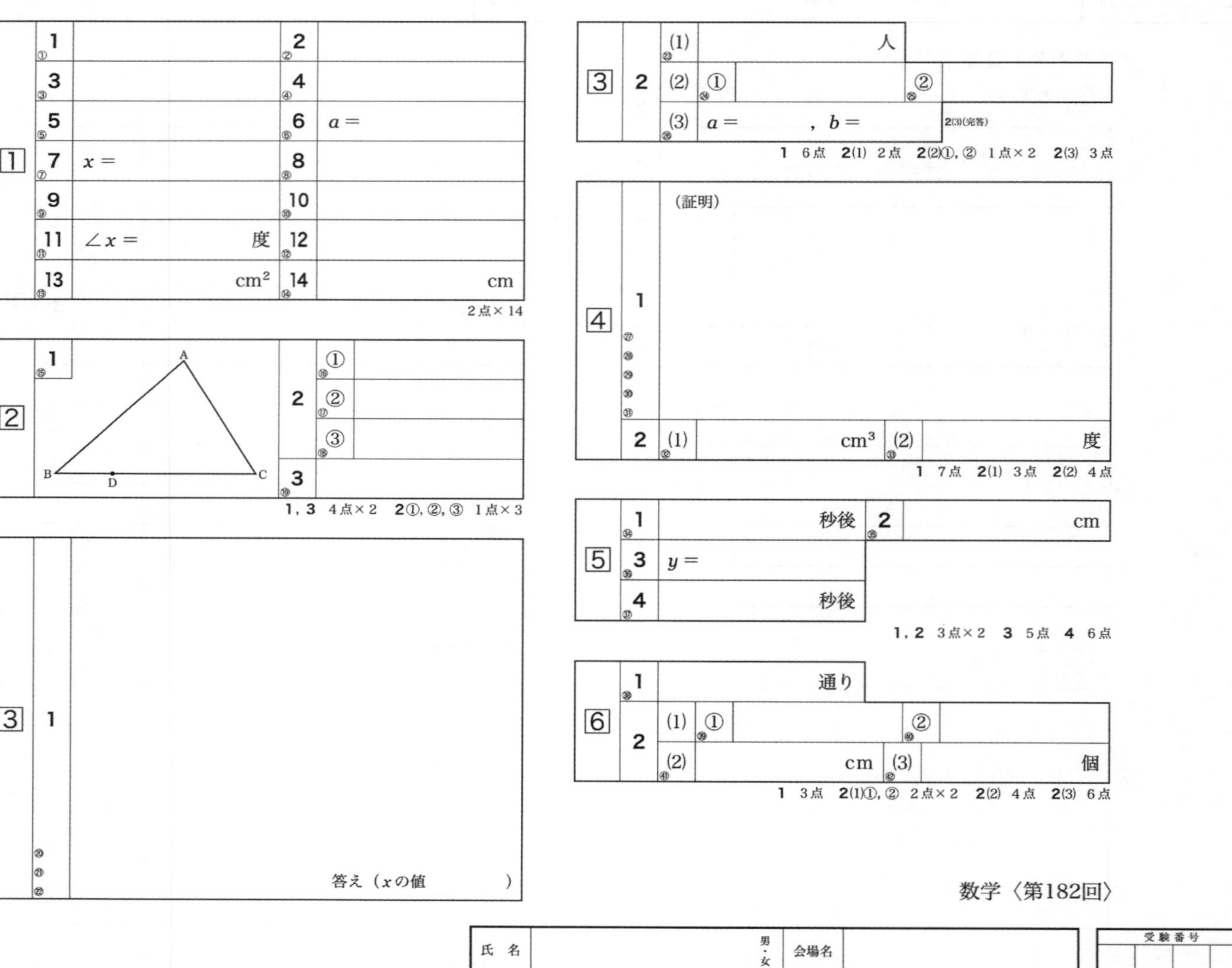

1

1		2	
3		4	
5		6	$a=$
7	$x=$	8	
9		10	
11	$\angle x=$ 度	12	
13	cm^2	14	cm

2点×14

2

1	2	①
		②
		③
	3	

1，3　4点×2　2①，②，③　1点×3

3

1

答え（xの値　　　）

3

2	(1)	人
	(2)	①　　②
	(3)	$a=$　　，$b=$

2(3)(完答)

1　6点　2(1)　2点　2(2)①，②　1点×2　2(3)　3点

4

1（証明）

2	(1) cm^3	(2)	度

1　7点　2(1)　3点　2(2)　4点

5

1	秒後	2	cm
3	$y=$		
4	秒後		

1，2　3点×2　3　5点　4　6点

6

1		通り
2	(1)	①　　②
	(2)	cm　(3)　個

1　3点　2(1)①，②　2点×2　2(2)　4点　2(3)　6点

数学〈第182回〉

氏　名	男・女	会場名		受験番号

〈キリトリ線〉

〈キリトリ線〉

第182回 下野新聞模擬テスト 理科 【解答用紙】

第182回下野新聞模擬テスト（令和２年12月６日実施） 理科解答用紙

1

1 ①		2 ②		3 ③		4 ④	
5 ⑤	プレート	6 ⑥	回				
7 ⑦		8 ⑧					

2点×8

2

1	図1 ⑨	図2 ⑩	
2 ⑪		3 ⑫	

1図1，図2，3　2点×3
2　3点×1

3

1 ⑬	
2 ⑭	
3 ⑮	

3点×3

4

1	P ⑯	Q ⑰	
2 ⑱		3 ⑲	

1 P，Q　2点×2
2，3　3点×2

5

1 ⑳			
2 ㉑			
3	① ㉒		② ㉓

1　3点×1
2，3①，②　2点×3

6

1 ㉔	低気圧	2 ㉕	
3	① ㉖		② ㉗
4	気団 ㉘	気団	風 ㉙

2点×6

7

1 ㉚			
2	① ㉛		② ㉜
3 ㉝			
4 ㉞	実験(1)：実験(2)＝　　：		

1，2①，②　2点×3
3，4　3点×2

8

1 ㉟	ことによって，食物を　　　　していする。				
2 ㊱		3 ㊲		4 ㊳	

1，2，4　3点×3
3　2点×1

9

1 ㊴			
2 ㊵			
3	① ㊶		② ㊷
4 ㊸			

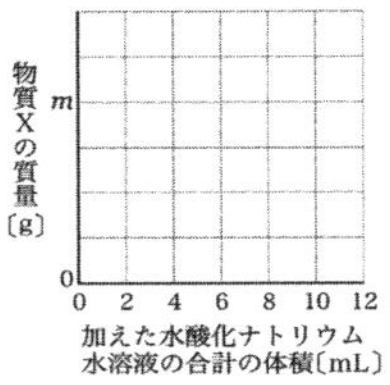

2（完答）

1，4　3点×2
2，3①，②　2点×3

理科〈第182回〉

氏　名		男・女	会場名	

受験番号			

第183回下野新聞模擬テスト
国語 【解答用紙】

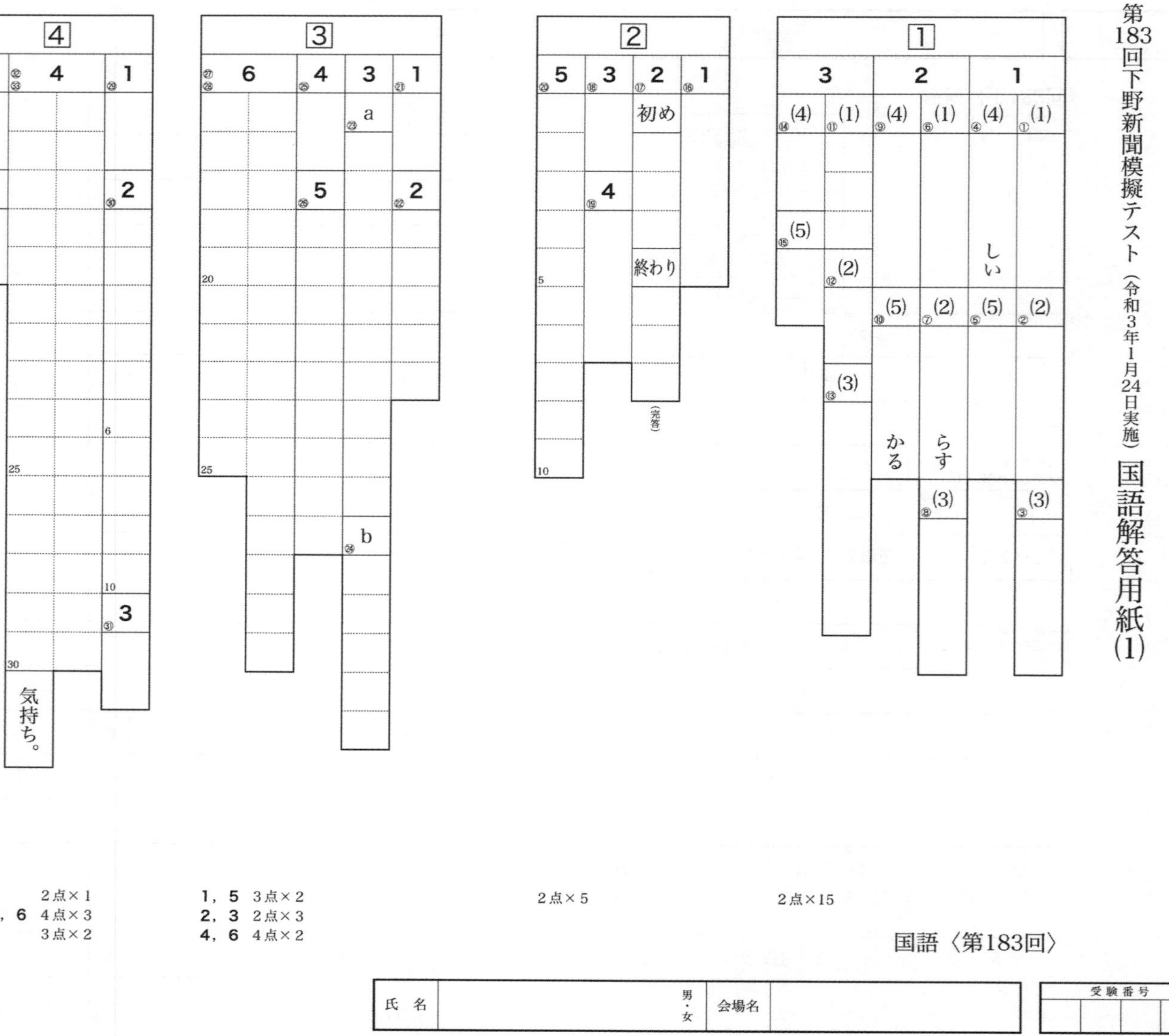

第183回下野新聞模擬テスト（令和3年1月24日実施）国語解答用紙(1)

1
1 (1)① (2)② (3)③ (4)④ しい (5)⑤
2 (1)⑥ (2)⑦ らす (3)⑧ (4)⑨ かる (5)⑩
3 (1)⑪ (2)⑫ (3)⑬ (4)⑭ (5)⑮

2
1 ⑯
2 ⑰ 初め　終わり　（完答）
3 ⑱　4 ⑲
5 ⑳

3
1 ㉑　2 ㉒
3 a ㉓　b ㉔
4 ㉕　5 ㉖
6 ㉗㉘

4
1 ㉙　2 ㉚　3 ㉛
4 ㉜㉝　気持ち。
5 ㉞　6 ㉟

1　2点×1
2, 4, 6　4点×3
3, 5　3点×2

1, 5　3点×2
2, 3　2点×3
4, 6　4点×2

2点×5

2点×15

国語〈第183回〉

氏名　男・女　会場名

受験番号

〈キリトリ線〉

第183回下野新聞模擬テスト

国語　【解答用紙】

国語解答用紙(2)

◎氏名と題名は書かないこと。

形式 ㊱	表現 ㊲	表記 ㊳	内容 ㊴
/4	/4	/4	/8

5

300字　240字　160字

20点

〈キリトリ線〉

第183回下野新聞模擬テスト（令和3年1月24日実施） 社会解答用紙

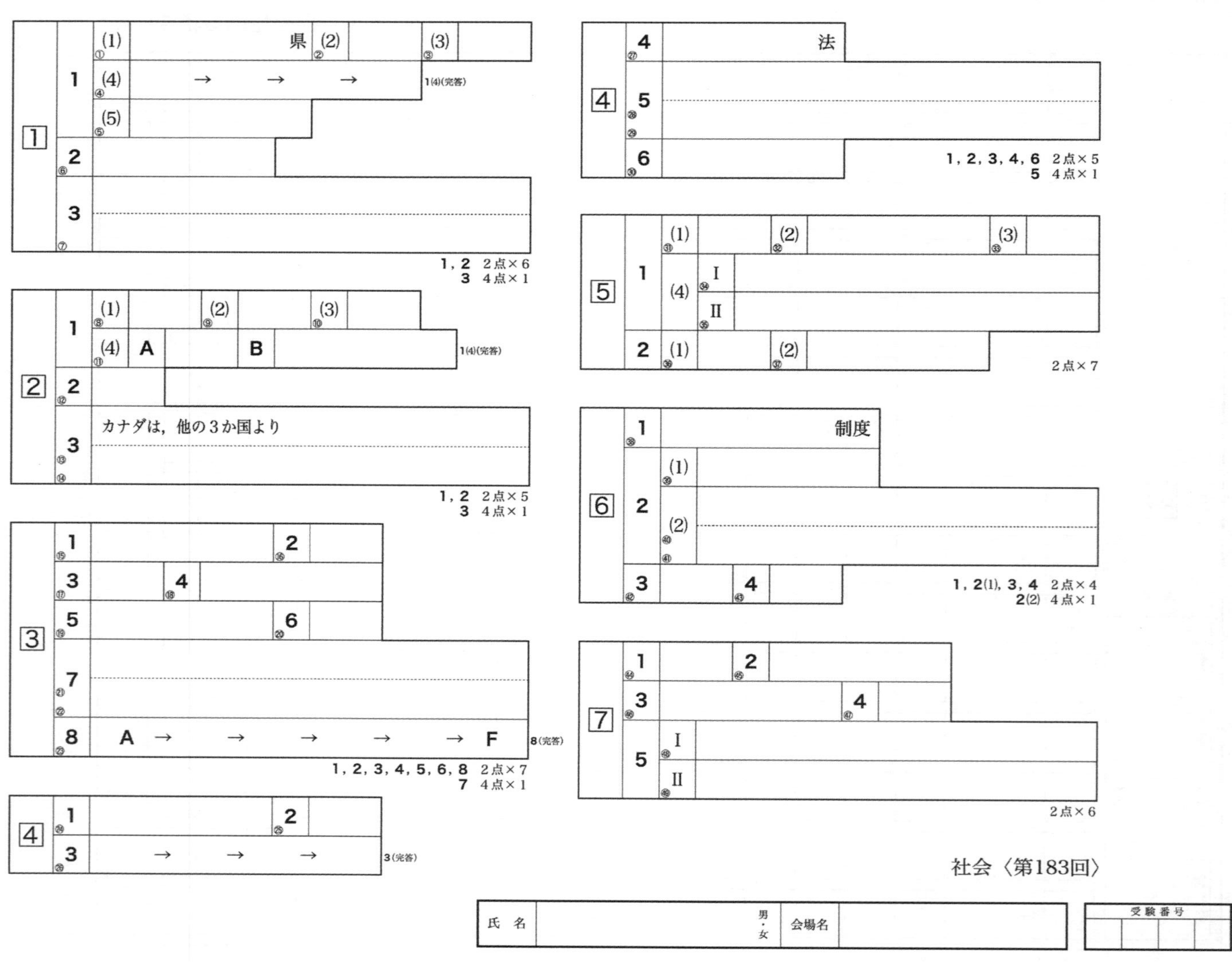

1
1 (1) ① 県 (2) ② (3) ③
(4) ④ → → → 1(4)(完答)
(5) ⑤
2 ⑥
3 ⑦
1, 2 2点×6
3 4点×1

2
1 (1) ⑧ (2) ⑨ (3) ⑩
(4) ⑪ A B 1(4)(完答)
2 ⑫
3 ⑬⑭ カナダは，他の3か国より
1, 2 2点×5
3 4点×1

3
1 ⑮ 2 ⑯
3 ⑰ 4 ⑱
5 ⑲ 6 ⑳
7 ㉑㉒
8 ㉓ A → → → → → F 8(完答)
1, 2, 3, 4, 5, 6, 8 2点×7
7 4点×1

4
1 ㉔ 2 ㉕
3 ㉖ → → → 3(完答)
4 ㉗ 法
5 ㉘㉙
6 ㉚
1, 2, 3, 4, 6 2点×5
5 4点×1

5
1 (1) ㉛ (2) ㉜ (3) ㉝
(4) Ⅰ ㉞ Ⅱ ㉟
2 (1) ㊱ (2) ㊲
2点×7

6
1 ㊳ 制度
2 (1) ㊴
(2) ㊵㊶
3 ㊷ 4 ㊸
1, 2(1), 3, 4 2点×4
2(2) 4点×1

7
1 ㊹ 2 ㊺
3 ㊻ 4 ㊼
5 Ⅰ ㊽ Ⅱ ㊾
2点×6

社会〈第183回〉

氏名　男・女　会場名

受験番号

〈キリトリ線〉

第183回 下野新聞模擬テスト

社　会　【解答用紙】

第183回 下野新聞模擬テスト

英　語　【解答用紙】

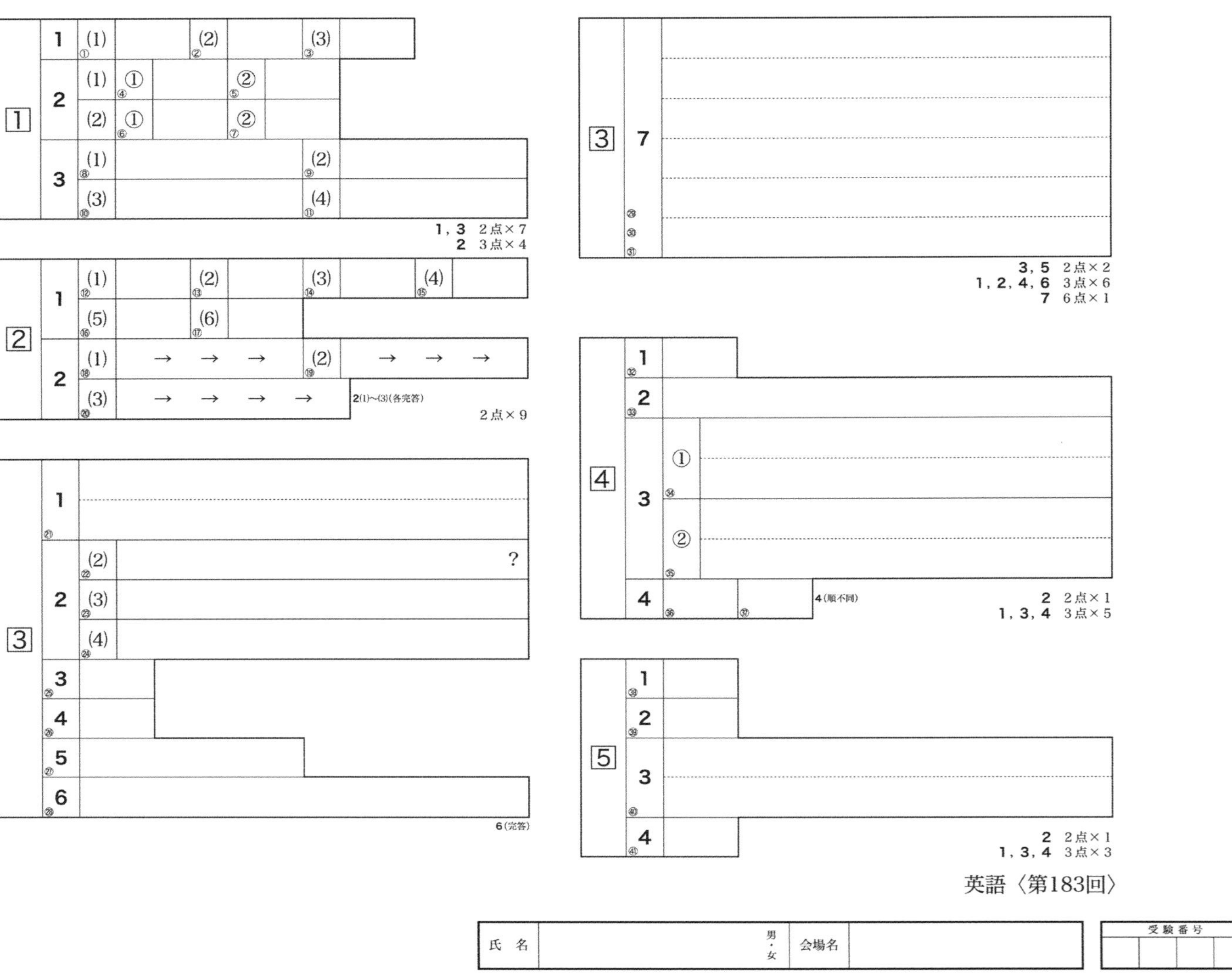

第183回 下野新聞模擬テスト

数学 【解答用紙】

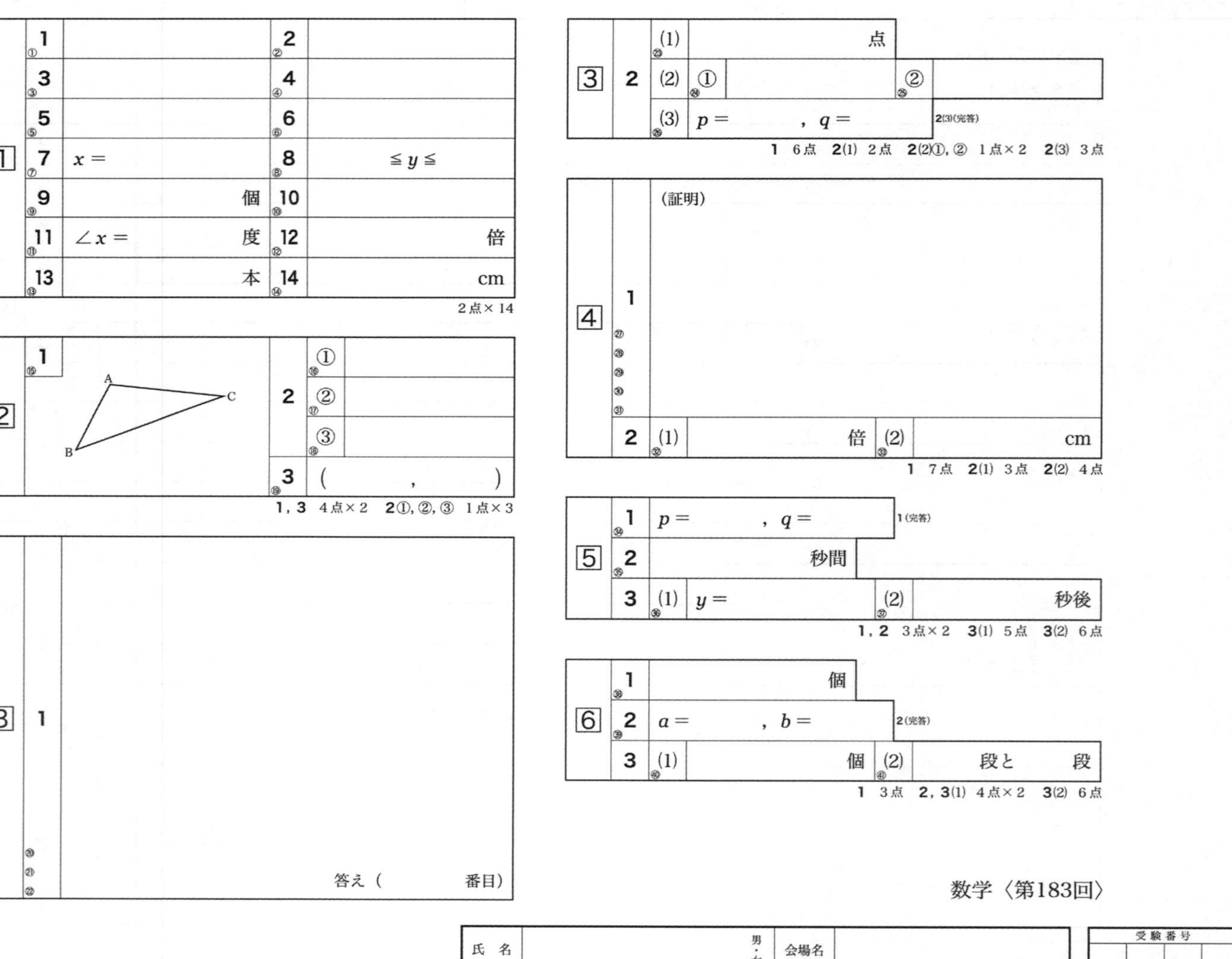

第183回下野新聞模擬テスト（令和3年1月24日実施） 数学解答用紙

1	1		2	
	3		4	
	5		6	
	7	$x=$	8	$\leqq y \leqq$
	9	個	10	
	11	$\angle x=$　度	12	倍
	13	本	14	cm

2点×14

2	1		2	①
				②
				③
			3	（　　，　　）

1，3　4点×2　2①，②，③　1点×3

3	1	答え（　　番目）

3	2	(1)	点
		(2)	①　　②
		(3)	$p=$　，$q=$

2(3)（完答）

1　6点　2(1)　2点　2(2)①，②　1点×2　2(3)　3点

4	1	（証明）			
	2	(1)	倍	(2)	cm

1　7点　2(1)　3点　2(2)　4点

5	1	$p=$　，$q=$			
	2	秒間			
	3	(1)	$y=$	(2)	秒後

1（完答）

1，2　3点×2　3(1)　5点　3(2)　6点

6	1	個			
	2	$a=$　，$b=$			
	3	(1)	個	(2)	段と　段

2（完答）

1　3点　2，3(1)　4点×2　3(2)　6点

数学〈第183回〉

氏名		男・女	会場名		受験番号

〈キリトリ線〉

第183回 下野新聞模擬テスト

理　科　【解答用紙】

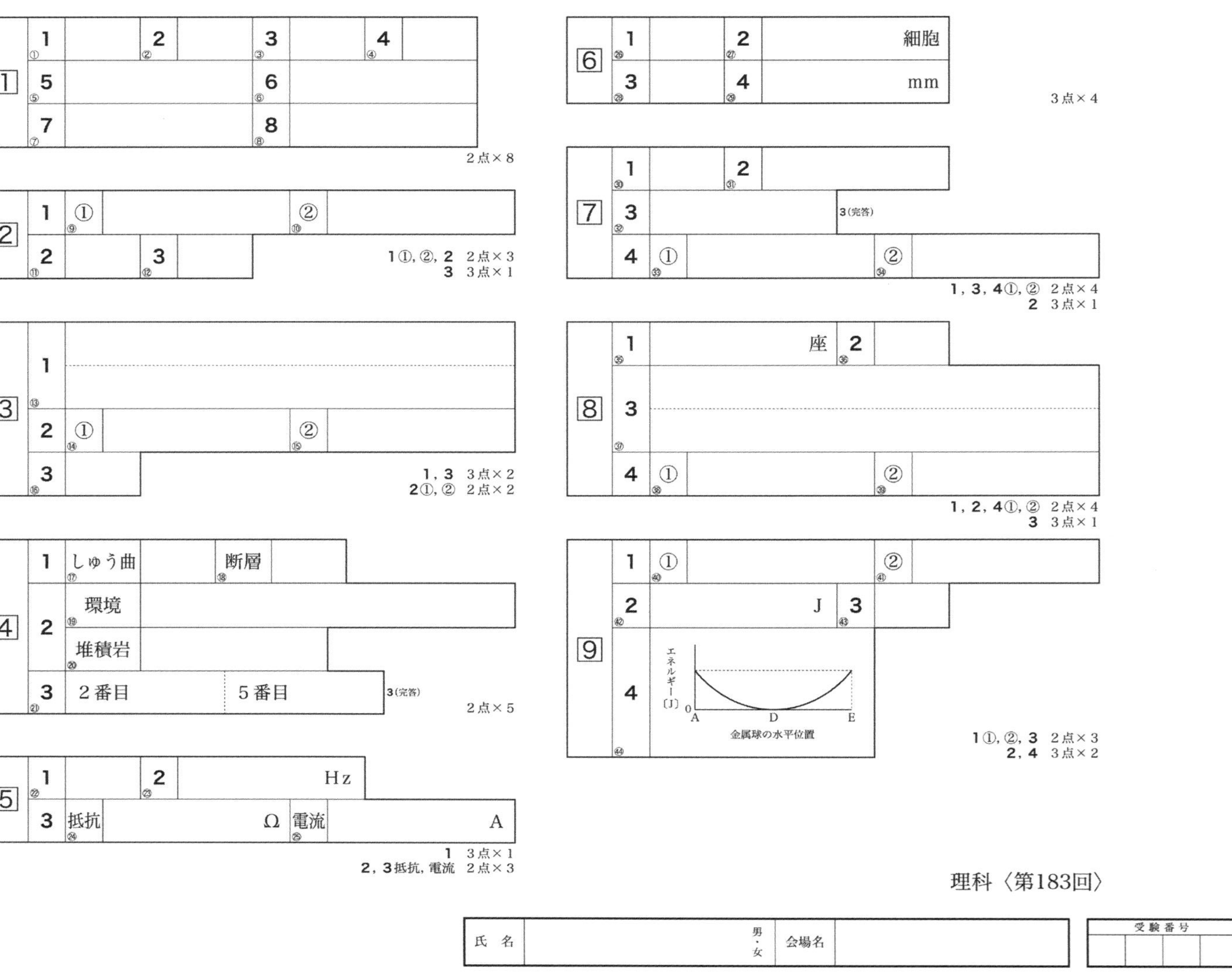

〈キリトリ線〉

第183回下野新聞模擬テスト（令和3年1月24日実施）理科解答用紙

1　1 ①　2 ②　3 ③　4 ④　5 ⑤　6 ⑥　7 ⑦　8 ⑧
2点×8

2　1 ① ⑨　② ⑩　2 ⑪　3 ⑫
1①, ②, 2　2点×3
3　3点×1

3　1 ⑬　2 ① ⑭　② ⑮　3 ⑯
1, 3　3点×2
2①, ②　2点×2

4　1 しゅう曲 ⑰　断層 ⑱　2 環境 ⑲　堆積岩 ⑳　3 2番目　5番目 ㉑　3(完答)
2点×5

5　1 ㉒　2 ㉓ Hz　3 抵抗 ㉔ Ω　電流 ㉕ A
1　3点×1
2, 3抵抗, 電流　2点×3

6　1 ㉖　2 ㉗ 細胞　3 ㉘　4 ㉙ mm
3点×4

7　1 ㉚　2 ㉛　3 ㉜　3(完答)　4 ① ㉝　② ㉞
1, 3, 4①, ②　2点×4
2　3点×1

8　1 ㉟ 座　2 ㊱　3 ㊲　4 ① ㊳　② ㊴
1, 2, 4①, ②　2点×4
3　3点×1

9　1 ① ㊵　② ㊶　2 ㊷ J　3 ㊸　4 ㊹

1①, ②, 3　2点×3
2, 4　3点×2

理科〈第183回〉

氏名		男・女	会場名	

受験番号			

MEMO

MEMO

令和5年高校入試受験用
下野新聞模擬テスト過去問題集

令和4年6月30日　第1刷　発行

●監　修●
下野新聞社
高校進学指導委員会

●制作発行●
下野新聞社
〒320-8686　栃木県宇都宮市昭和1-8-11
TEL028-625-1111(代表)
028-625-1135(コンテンツ推進部)

●印　刷●
凸版印刷(株)